图书在版编目（CIP）数据

雨花年鉴. 2016 / 长沙市雨花区年鉴编纂委员会编
. -- 北京 : 方志出版社, 2017.10
ISBN 978-7-5144-2586-4

Ⅰ. ①雨… Ⅱ. ①长… Ⅲ. ①区（城市）—长沙—2016—年鉴 Ⅳ. ①Z526.44

中国版本图书馆 CIP 数据核字（2017）第 254630 号

雨花年鉴（2016）

编　　者：长沙市雨花区年鉴编纂委员会
责任编辑：齐　笑

出 版 人：冀祥德
出 版 者：方志出版社
地址　北京市朝阳区潘家园东里 9 号（国家方志馆 4 层）
邮编　100021
网址　http://www.fzph.org
发　　行：方志出版社图书经销中心
电话（010）67110500
经　　销：各地新华书店
印　　刷：长沙市雅捷印务有限公司

开　　本：889 × 1194　　1/16
印　　张：37
字　　数：906 千字
版　　次：2017 年10月第 1 版　　2017 年10月第 1 次印刷
印　　数：0001~1200 册

ISBN 978-7-5144-2586-4　　定价：120.00 元

《 考察调研 》

2015 年 8 月 7 日，湖南省委书记、省人大常委会主任徐守盛（右二）考察雨花区拆违控违开展情况

（黎托街道 提供）

2015 年 12 月 31 日，湖南省委副书记、省长杜家毫（右二）出席洞株公路开通仪式 （颜丹 摄）

2015 年 7 月 4 日，公安部党委委员、副部长孟庆丰（左二）到火车南站调研督导反恐维稳工作

（杨新明　摄）

2015 年 10 月 12 日，教育部副部长刘利民（左一）带队督查雨花区社会救助工作

（区教育局　提供）

2015 年 6 月 25 日，湖南省委常委、长沙市委书记易炼红（左一）在雨花区委书记邱继兴（右一）陪同下考察圭塘河流域综合整治工作　（李维毅　摄）

2015 年 7 月 13 日，湖南省副省长何报翔（中）考察高桥大市场

2015 年 3 月 7 日，湖南省副省长黄兰香（左）为“机器人产业集聚区”授牌

2015 年 6 月 3 日，湖南省副省长蔡振红（左一）调研雨花区司法工作

（熊婷婷　提供）

2015 年 9 月 10 日，湖南省副省长张剑飞（左三）观摩高铁新城片区拆违综合整治

2015 年 10 月 8 日，湖南省政协副主席王晓琴（前排左二）考察社区建设

2015 年 2 月 16 日，长沙市委副书记、市长胡衡华（中）督察火车南站春运工作

（颜丹　摄）

2015 年 9 月 30 日，长沙市委副书记徐宏源（左二）调研城市建设管理工作

（区委宣传部　提供）

2015 年 11 月 11 日，长沙市委常委、组织部部长程水泉（前排左二）调研社区党建工作

2015 年 8 月 3 日，长沙市委常委、统战部部长文树勋（左二）调研雨花区统战工作

2015 年 10 月 28 日，长沙市委常委、副市长张迎春（右四）调研公交都市建设工作

（颜丹　摄）

2015 年 8 月 26 日，长沙市委常委、纪委书记李军（前排中）督察安全生产工作

（区安监局　提供）

2015年7月15日，长沙市人大常委会副主任刘新程（左二）调研棚改和拆违工作

（朱煌超　摄）

2015年7月6日，长沙市副市长何寄华（中）调研物流仓储建设工作

2015 年 2 月 3 日，长沙市副市长黎石秋（左一）慰问军属

2015 年 2 月 10 日，长沙市副市长、市公安局党委书记、局长唐向阳（右二）调研雨花区基层基础工作

（杨新明　摄）

2015 年 10 月 17 日，区委书记邱继兴（中）调研雨花“非遗”产业园区建设

2015 年 6 月 6 日，区委副书记、区长张能峰（左二）、副区长李国军（左三）和副区长罗予武（右一）考察长沙重型机器厂棚户改造项目。（李景明　摄）

2015 年 12 月 22 日，区委副书记刘素月（左二）调研工作 （朱煌超 摄）

2015 年 6 月 19 日，区委副书记汪娟（中）调研工作 （肖 嘉 摄）

2016年9月23日，区人大常委会主任龚景顺（左二）考察圭塘河综合整治工作 （何瑛 摄）

2015年11月26日，区政协主席李电晖（左三）调研阿里云创客+孵化器（长沙）

2015年3月3日，区委常委、组织部部长、统战部部长冯聪龙（前排左三）调研宗教场所建设工作

2015年11月3日，区委常委、经开区党工委书记郭四军（左二）深入跳马镇曙光垸村开展“一进二访”活动 （伍松荣 摄）

2015年6月10日，区委常委、宣传部部长何托林（左一）讲授党课

2015年1月22日，副区长余宏卿（中）检查黎托区域性火灾隐患

2015年11月24日，区委常委、区委政法委书记王维宁（中）回访冬斯港村村民

2015年8月21日，副区长、区公安分局局长谭应林（中）检查家乐福超市

重要会议

2015 年 12 月 23 日，雨花区党的十八届五中全会精神宣讲报告会

2015 年 12 月 10 日，省委巡视第一组巡视雨花区工作动员会

2015年9月23日，雨花区落实党风廉政建设“两个责任”座谈会

2015年1月13日，长沙市雨花区第四届人民代表大会第三次会议

2015 年 1 月 12 日，政协长沙市雨花区第四届委员会第三次会议

2015 年 2 月 12 日，雨花区反腐败工作会议　（区纪委　提供）

2015 年 1 月 6 日，雨花区社区职能职责清理减负增效改革工作会议

2015 年 3 月 10 日，雨花区 2015 年经济工作会议

2015 年 12 月 9 日，雨花区安全生产工作专题会议

2015 年 12 月 29 日，长沙市雨花区科协第三届代表大会

2015 年 3 月 11 日，雨花区重点工程建设暨拆迁拆违工作会议

2015 年 11 月 4 日，雨花区住宅小区物业管理改革工作会议　　（秦俭　摄）

2015 年 11 月 4 日，雨花区“最美雨花 幸福家园”创建活动工作推进会

魅力雨花

获评“全国和谐社区建设示范城区”　　（邓颖晴　摄）

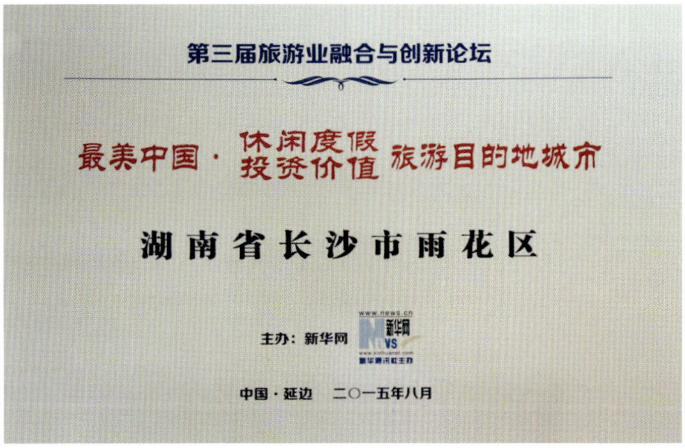

获评“最美中国·休闲度假及投资价值旅游目的地城市”

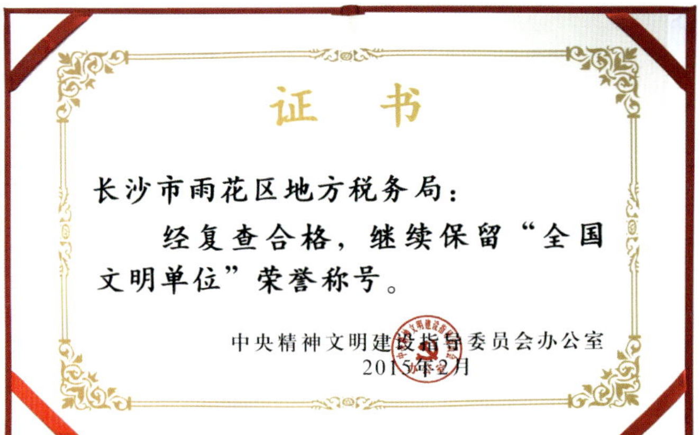

雨花区地税局连续四届蝉联“全国文明单位”殊荣

圭香路　（李新甜　提供）

木莲冲路　（李新甜　提供）

石坝路　（李新甜　提供）

曙光南路交通微循环工程

洞株公路　（颜丹　摄）

万侯路　　（李新甜　提供）

香月路　　（李新甜　提供）

区老年人大学路况

“水木沙湾”

樟木坝路

雅塘村路

圭塘河

洪塘村开通公交车

（颜丹　摄）

圭塘河民生休闲绿道工程

万家丽高架桥

长沙磁悬浮列车

仿古景观街巷雨花巷　　（余志雄　摄）

雨花家园社区

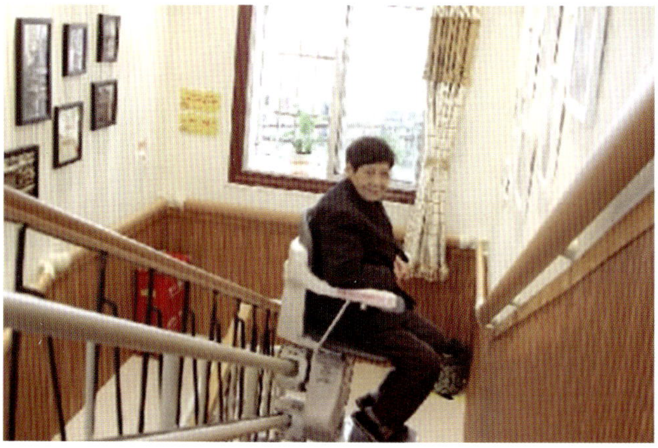

枫树山养老服务中心

洪塘佳苑保障性住房

品质楼盘

麻园湾小学　　（李新甜　提供）

黎托派出所　　（李新甜提供）

长沙火车南站西广场

雨花区区治

长沙重型机器厂棚户改造项目（周霞 摄）

湖南机器人研发演示中心外景（陈朔 摄）

长沙雨花经济开发区一角（罗丹 摄）

①运达中央广场
②嵩山古寺
③石燕湖
④同升湖

左宗棠墓

清泉寺

湖南省森林植物园

老首长工作室　　（肖嘉 摄）

2015 年 3 月 18 日，民建湖南省委“同心社区”揭牌　　（刘响铃 摄）

2015 年 11 月 19 日，中国・雨花“非遗”文化节　　（黄靖宇 摄）

2015 年 7 月 7 日， 8 家机器人企业签约入驻湖南省机器人产业集聚区

新能源比亚迪电动大巴 K9 整装待发

2015 年 11 月 24 日，2015 中国中部（湖南）农博会闭幕

2015 年 12 月 1 日，全国社区治理和服务能力经验交流会　（邓颖晴 摄）

2015 年 10 月 13 日，全国第四届中国小学校长大会

2015 年 10 月 21 日，阿里云创客 + 孵化器（长沙）揭牌　　（赵佩　提供）

2015 年 11 月 25 日，工信部考察中小企业　　（赵佩　提供）

2015 年 3 月 7 日，湖南机器人产业集聚区产业推介活动现场

长沙雨花经济开发区

长沙比亚迪公司

高桥大市场

①
② ③
④

①红星会展中心
②东塘
③长沙德思勤城市广场
④长沙国际研创中心

农博会会场

雨花“非遗”文化节

爱心送考启动仪式

文化雨花

2015年5月7日，雨花区文化产业工作推进会

2015年9月6日，湖南省纪念抗日战争胜利70周年大型原创作品交响音乐会 （黄靖宇 摄）

2015年9月9日，雨花区“平安进社区”文艺宣传巡回演出活动

2015年5月29日，雨花区“团结奋进·建功雨花”职工合唱比赛 （区总工会）

①
②
③ ④

①2015 年 4 月 30 日，雨花区合唱比赛
②2015 年 3 月 7 日，《健步圭塘河 “羊” 帆新雨花》大型公益健行活动
（李霜洁　摄）
③2015 年 1 月 10 日，喜盈门·范城文体广场舞蹈表演
④2015 年 10 月 29 日，社区科普大学结业典礼
（区委宣传部）

2015 年 2 月 10 日，雨花区“红红火火雨花年”公益文化活动

2015 年 2 月 12 日，黎托街道“文体竞赛展风采”活动

2015 年 11 月 7 日，“美丽长沙美德先行”少儿即兴手绘活动 （区委宣传部）

2015 年 9 月 22 日，海外华裔青少年“中国寻根之旅”湖南长沙营开营

2015 年 11 月 19 日，中国·雨花“非遗”文化节 （黄靖宇 摄）

2015 年 11 月 19 日，雨花非遗文化节“拦门酒”　　（黄靖宇　摄）

2015 年 10 月 20 日，井巷社区重阳节活动　（赵伊冰　摄）

2015 年 2 月 13 日，区人社局新春晚会

2015 年 9 月 29 日，雅塘村社区文艺汇演

2015 年 10 月 23 日，庆祝湖南省第二十届环卫节文艺汇演　（赵伊冰　摄）

2015 年 5 月 22 日，雨花区承办全国青少年校园足球冠军杯赛长沙揭幕战　　（区教育局　提供）

2015 年 3 月 7 日，机关女干部职工参加登山比赛　　（吴晓红　摄）

2015 年 6 月 16 日，雨花区第三届社区安全文化节　　（刘丽香　提供）

2015 年 5 月 13 日，东塘街道青蓝工程启动仪式　　（肖嘉　摄）

2015 年 1 月 9 日，雨花亭小学表演舞蹈《数数》　　（王志伟　摄）

2015 年 1 月 13 日，雨花区校园文化节　　（陈飞　摄）

2015 年 1 月 10 日，“活力雨花　激情飞扬”新年拔河比赛总决赛

2015 年 10 月 23 日，雨花区“同心杯”非公经济人士羽毛球比赛　　（戴鹰　摄）

2015 年 1 月 23 日，东山街道“东山杯”男子篮球赛

① 2015 年 5 月 1 日，第四届 “高桥杯” 谁是球王乒乓球争霸赛
② 2015 年 5 月 22 日，校园足球比赛
③ 2015 年 5 月 22 日，郝海东指导小球员
④ 2015 年 7 月 14 日，雨花区 “群星耀雨花” 第二届原创文艺作品大赛 （黄靖宇 摄）

2015 年 6 月 1 日，跳马镇冬斯港小学庆“六一”文艺汇演

2015 年 8 月 8 日，作家王臣签售会　　（黄靖宇　摄）

2015 年 10 月 15 日，雨花区主办黄土地写生画展　　（黄靖宇　摄）

2015 年 9 月 6 日，湖南省纪念抗日战争胜利 70 周年大型原创作品交响音乐会　　（黄靖宇　摄）

2015 年 11 月 28 日，深圳大学雨花区非公企业家研修班　　（戴鹰　摄）

2015 年 5 月 20 日，侯家塘街道韶山路社区第二届“520 邻里节”活动

2015年5月30日，井湾子街道树最美家风、享“书式生活”活动启动仪式（朱煌超 摄）

2015年10月18日，优儿推小儿推拿交流活动（朱煌超 摄）

2015年2月13日，黎托街道趣味运动会（周李琦 摄）

2015年1月25日，雨花巷廉政文化长廊灯谜展

2015年1月19日，新塘垅社区公园开放（余志雄 摄）

2015 年 1 月 21 日，长沙市首届网友节暨首届微电影文化节颁奖典礼

2015 年 1 月 20 日，东山镇 “绿之恋” 恒大绿洲业主迎春晚会

2015 年 3 月 4 日，雨花区教育局小雨滴合唱团做客湖南公共频道

2015 年 5 月 30 日，朗读《弟子规》

法治雨花

2015 年 6 月 1 日，武警总部、公安部治安局督导公安武警联勤武装巡逻工作 （杨新明　摄）

2015 年 11 月 18 日，公安部消防局督查企业消防安全 （雨花经开区　提供）

2015 年 3 月 11 日，司法部调研考察基层司法行政工作 （熊婷婷　摄）

2015 年 6 月 28 日，湖南省公安厅督导反恐维稳工作 （杨新明　摄）

2015 年 10 月 28 日，长沙市合成作战现场推进会　（杨新明　摄）

2015 年 9 月 9 日，新邵县委政法委参观考察红旗法治文化广场　（熊婷婷　摄）

2015 年 12 月 4 日，雨花区红旗法治文化广场国家宪法日宣传　（熊婷婷　摄）

2015 年 3 月 12 日，省法律援助中心调研指导法律援助和公共法律服务工作　（熊婷婷　摄）

2015 年 7 月 17 日，雨花区社区矫正工作领导小组联席会议　（熊婷婷　摄）

①
② ③
④

①2015年4月29日，湖南省百家企业职业卫生知识宣讲 （刘丽香 提供）
②2015年4月27日，高铁片区东山街道“法律维权工作室”挂牌
③治安巡逻
④2015年11月6日，水污染突发公共卫生事件应急演练 （吴军 摄）

2015 年 3 月 31 日，雨花区“走进基层 法惠民生”宣传活动（熊婷婷 摄）

2015 年 6 月 1 2 日，安全生产执法培训（刘丽香 提供）

2015 年 6 月 16 日，雨花区安全生产月宣传（秦俭 摄）

2015 年 8 月 21 日，高桥火焰大市场夜市整治（刘新飞 摄）

2015 年 4 月 1 日，雨花区“税悦雨花·感恩有你”系列税收宣传活动

2015 年 3 月 23 日，货运检查　　（张仁来　摄）

2015 年 7 月 29 日，校车检查　（刘丽香　提供）

2015 年 5 月 20 日，出租车计价器专项检查

2015 年 6 月 1 日，电梯安全宣传

2015 年 1 月 27 日，烟花爆竹打非治违　　　　（刘丽香　提供）

2015 年 1 月 14 日，环保执法

2015 年 10 月 20 日，销毁假冒伪劣商品　　　　（陈婷　摄）

2015 年 5 月 20 日，湖南省教育督导委员会“两项督导评估考核”

2015 年 7 月 7 日，全市审计局长座谈会
（刘庆 摄）

2015 年 6 月 4 日，雨花区内部审计工作会议
（刘庆 摄）

2015 年 7 月 28 日，统计法制知识宣传 （程钰超 摄）

2015 年 11 月 26 日，反对家庭暴力宣传
（肖嘉 摄）

2015 年 4 月 22 日，区检察院与东塘街道预防职务犯罪共建
（肖嘉 摄）

2015 年 6 月 12 日，安全管理培训

2015 年 3 月 25 日，《法制日报》基层联系点挂牌仪式

2015 年 2 月 3 日，消防知识讲座

2015 年 3 月 12 日，雨花区环境保护工作会议

2015 年 11 月 1 日，全国百佳优秀志愿者孟繁英发放禁毒宣传手册

2015 年 11 月 3 日，雨花区《中华人民共和国反间谍法》颁布实施一周年宣传

2015 年 5 月 7 日，雨花亭街道环保知识公益宣传

2015 年 5 月 7 日，雨花区政法综治集中宣传活动

2015 年 5 月 14 日，全市道路交通事故矛盾调处中心建设现场推进会

2015 年 6 月 1 日，公安武警联勤武装巡逻演习

和谐雨花

2015 年 4 月 30 日，雨花区在职党员进社区工作推进会

2015 年 3 月 6 日，失地农民招聘会

2015 年 7 月 17 日，“人社进社区 惠民在身边”大型户外公益活动

2015 年 4 月 17 日，劳动用工培训

2015 年 9 月 25 日，黎托潭阳拆迁拆违失地农民专场招聘会

2015 年 5 月 11 日，创业培训班

2015 年 11 月 27 日，长沙市物业维修资金由业主自管试点小区　（秦　俭　摄）

2015 年 6 月 16 日，雨花区成立全省首个区（县）蓝天应急救援队

2015 年 5 月 11 日，雨花区防灾减灾宣传活动

2015年3月4日，全国最美志愿者孟繁英、全国道德模范洪战辉、任菲莉、廖月娥领誓“我们的中国梦　志愿服务进万家”活动

2015年6月11日，“请让我来帮助你”社会组织公益巡展　（肖嘉　摄）

2015年6月18日，园林局联点廖家湾社区开展党建活动

2015年6月26日，红星冷库液氨应急救援演练　（刘丽香　提供）

2015年7月2日，中小学生防灾应急救援实战综合演练　（刘丽香 提供）

2015 年 9 月 19 日，湖南首个“绿色循环日”暨“绿色湘依”旧物循环利用启动仪式

2015 年 10 月 20 日，长沙市“弘扬孝道文化 共建和谐社区”社会主义核心价值观进社区活动

2015 年 7 月 22 日，雨花区直机关无偿献血活动

（吴晓红　摄）

2015 年 8 月 5 日，长沙市委书记易炼红慰问区环卫局一线职工

（赵伊冰　摄）

2015 年 11 月 6 日，庆祝湖南省第 20 届环卫工人节

（赵伊冰　摄）

2015年10月15日，区委议军会议
（邓星　提供）

2015年3月4日，雨花民兵学雷锋活动　（邓星　提供）

2015年7月1日，少数民族服务站揭牌仪式

2015年10月16日，高桥大市场民族联谊

2015年10月27日，雨花区民族和宗教界人士同心恳谈会

2015 年 8 月 13 日，雨花区经济界人士同心恳谈会

2015 年 5 月 20 日，“情系湘西 助学扶贫”活动

2015 年 6 月 10 日，宗教场所工作会议

2015 年 9 月 16 日，区领导接待信访群众

（刘清帝 摄）

2015年7月6日，廖家湾社区书记刘映先在全国首期志愿服务实践基地培训班暨“邻里守望”社区志愿服务座谈会做典型发言 （区委宣传部）

2015年8月19日，“爱，不孤独”孤残儿童帮扶活动 （区委宣传部）

2015年5月30日，“邂逅爱情”相亲活动 （肖嘉 摄）

2015年2月13日，“今生有约 让爱延续”关爱失独家庭公益活动 （肖嘉 摄）

①2015 年 5 月 15 日上午，长沙市城中村改造拆迁现场推进会
②2015 年 5 月 29 日，关注留守儿童
③2015 年 6 月 2 日，高桥街道环保快闪活动
④2015 年 6 月 5 日，雨花区“民意快线”工程民生问题首轮调度会

数据雨花

地区生产总值

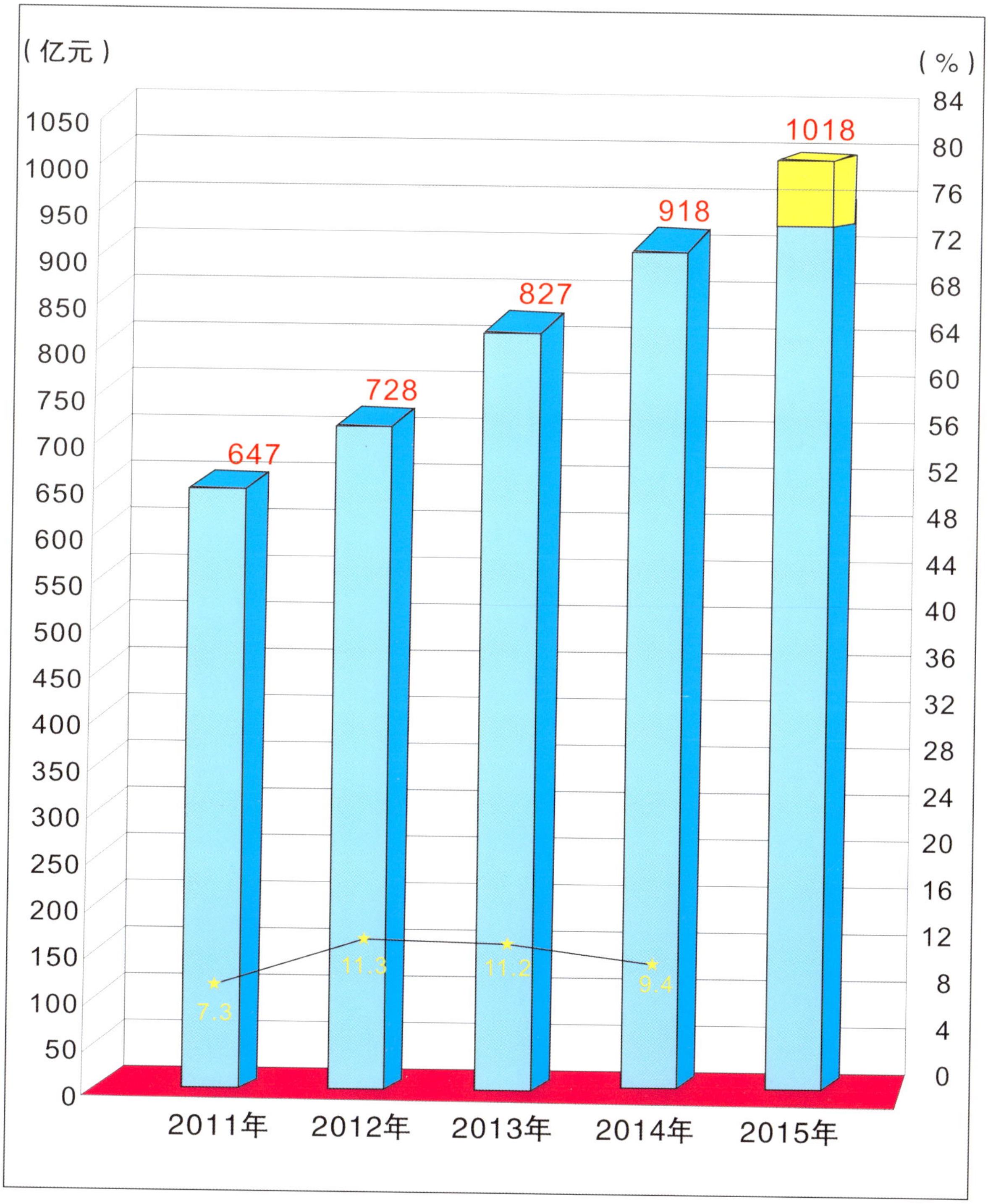
（亿元）
（%）
1050
1000
950
900
850
800
750
700
650
600
550
500
450
400
350
300
250
200
150
100
50
0
84
80
76
72
68
64
60
56
52
48
44
40
36
32
28
24
20
16
12
8
4
0
647
728
827
918
1018
7.3
11.3
11.2
9.4
2011年
2012年
2013年
2014年
2015年

城镇居民人均可支配收入

单位:元

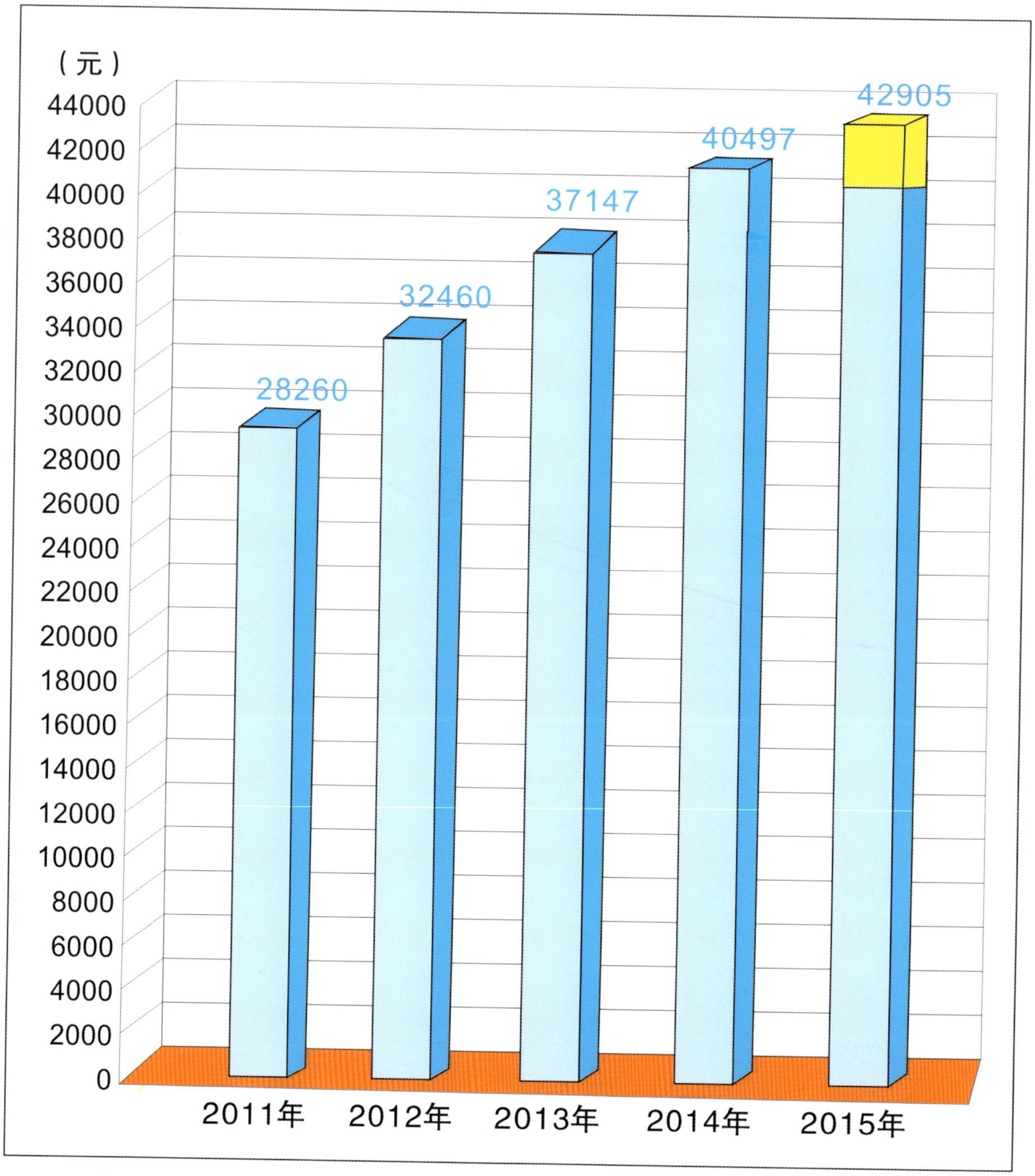

《雨花年鉴》编纂委员会

顾　问	张　敏	龚景顺	冯聪龙	
主　任	刘素月			
副主任	陈永高	龚　畅	王清政	余宏卿
	成　钢	周海毅	王维宁	邹春林
	叶　松	黄健元	陈怀宇	王明玖
	张良欣	刘江红	易　静	周凌云
委　员	黄生文	刘助斌	刘昌军	彭谱诚
	周　宏	刘　波	夏　杨	周红雨
	尹亿民			

《雨花年鉴（2016）》编辑部

主　编	刘科明		
副主编	程景华	刘　玲	
编　辑	刘小华	唐清明	曾六元
编　务	唐　佳	李侃如	
校　对	唐慧芳	涂　珍	

《雨花年鉴（2016）》组稿人员

（按篇目顺序排列）

杨小军　单东霞　吴　旭　胡一兮　叶　坚　杨　莎　黎　薇　李　茜
周婷婷　阮丹征　柳美丽　李　婷　张艳君　朱江梅　刘泳麟　刘双果
刘　娟　刘　麟　陈福湘　邓　滴　唐清明　吴晓红　陈　伟　刘希颖
何晓丽　孙　琴　王　卓　刘青帝　卿小洁　罗　宁　刘　娟　戴　鹰
凌　敏　吴　杨　李霜洁　曾　慧　易海清　范年慧　田小青　杨新明
符雅梅　余　颖　魏小晓　熊婷婷　凌艳辉　徐　越　秦高辉　王　莎
邓　星　王　媛　梁　丹　秦　俭　李新甜　梁　坤　李红林　陆红连
伍　君　石　懿　周永平　王珍珍　谢　琴　刘新飞　赵伊冰　易　佳
彭炬勋　王　鑫　刘应强　周立新　颜　丹　袁　首　李　欣　刘超超
周　慧　王　慧　程钰超　刘　庆　刘丽香　易　燕　陈亮友　任启友
陈长志　胡　索　陈　婷　蔡丽琴　胡　娜　闵　露　杨　婷　赵　佩
梁郁喜　刘　柠　王红艳　周　密　刘　玮　刘　红　黎　华　于夏娃
易　花　赵　芳　孙　雯　何　娟　彭　芳　余素梅　何兵生　刘子溶
黄靖宇　张剑屏　尹　平　黄　江　谢姣梅　张　静　吴　军　徐　杰
杨　珊　邓颖晴　龚德文　谢佳曦　刘响玲　郑　琼　卢金慧　刘伊祉
琚　涛　黄金山　吴学智　杨　军　肖　嘉　王　艳　周李琦　刘承爱
朱煌超　李　梅　何　奎　刘希贤

编 辑 说 明

一、《雨花年鉴》是以马克思列宁主义、毛泽东思想、邓小平理论、“三个代表”重要思想和科学发展观为指导，贯彻落实习近平总书记系列重要讲话精神和治国理政新思想、新战略，坚持辩证唯物主义和历史唯物主义的立场、观点和方法，系统反映雨花自然、政治、经济、文化、社会等方面情况。《雨花年鉴（2016）》记载2015年全区各部门、各行业的主要工作、重要事件，收录若干文献和统计资料，所载资料全面、系统、翔实、准确，是了解雨花区的权威性工具书。

二、本卷年鉴采用分类编辑法。设类目、分目、条目3个层次，部分分目下设子目，条目为记述基本层次。正文体例有概况、条目、附录、资料、图表等，以条目为主体。

三、本卷年鉴均由各部门专人撰写，领导审核，年鉴编辑部编辑人员加工整理后再反馈原单位核对，最后由编委会定稿。统计资料由区统计局提供。文稿中有些地区性、部门性数据，由于统计口径不同等原因，与统计局公布的可能不完全一致，请读者在查阅和引用时注意。

四、本卷年鉴资料收录时间为2015年1月1日至2015年12月31日；县级以上领导和区直单位、各街道负责干部名单以2015年12月31日在职者为准，有任免的分别予以注明。

目　录

要　闻

领导视点

重大活动

重大事件

大事记

雨花区概况

自然地理

建置·区划

中共雨花区委员会

雨花区人民代表大会

雨花区人民政府

政协雨花区委员会

民主党派·工商联

社会团体

城乡建设

园区建设

经济监管管理

农业·林业·水利

综述

农业

林业

水利

财政·税收·金融

财政

税务

·国家税务·

·地方税务·

金融

教育·科技

教育

文化·体育

医疗卫生

社会生活

街道（镇）

砂子塘街道

东塘街道

圭塘街道

黎托街道

洞井街道

井湾子街道

人　物

统计资料

文献选录

附　录

专文选录

索　引

Main Contents

Important news

chronicle of events

Overviews of Yuhua District

Yuhua District Committee of the CPC

Yuhua District Standing Committee of people's Congress

Yuhua District people's Government

Yuhua District Committee of the CPPCC

Democratic parties & Federation of industry and Commerce

Social groups

Public Security and Administration of Justice

Local Military

Urban and rural Construction

Urban Management

Industrial Park Construction

Economic Management and Supervision

Business & Service

Industry

Agriculture & Forestry & Water Conservation

Finance & Taxation & banking

Education & Science and Technology

Culture & Sports

Health Care

Social Life

Street & Town

Figures

Statistics

Selecting Literature

Appendix

Selecting article

Indexes

要　闻

领导视点

【徐守盛考察拆违控违工作】 2015年8月7日，湖南省委书记、省人大常委会主任徐守盛一行到高铁新城片区黎托街道拆违现场考察雨花区拆违控违开展情况。省委常委、长沙市委书记易炼红，雨花区委书记邱继兴等市、区领导，黎托街道工委书记王明玖参与或陪同调研。邱继兴详细汇报雨花区拆违经验与做法，全面介绍拆违七大成效。徐守盛肯定雨花区拆违工作。他指出，进入“高铁时代”，雨花区区位优势日趋明显，雨花区要抓住这一战略机遇，加快自身发展，将经济社会向前迈进一大步。他要求，拆违工作要加强顶层设计，注重巩固成果，防止一边拆一边建，坚决杜绝城市顽瘴痼疾反复出现；既依法依规，又有情操作，把群众路线、人文关怀贯彻拆违工作始终，把工作做细做实，努力让老百姓安居乐业。（柳　旻）

【杜家毫出席洞株公路开通仪式】 2015年12月31日，洞株公路通车。湖南省委副书记、省长杜家毫，省委常委、长沙市委书记易炼红，省委常委、省长株潭两型试验区工委书记、管委会主任林武，副省长张剑飞，长沙市委副书记、市长胡衡华，株洲市委副书记、市长毛腾飞，湘潭市委副书记、市长胡伟林，市领导张迎春、夏建平、刘明理，市政府秘书长谭勇出席洞株公路开通仪式。（柳　旻）

【陈肇雄调研市场】 2015年2月13日，湖南省委常委、常务副省长陈肇雄率省直相关部门负责人，深入长沙市红星蔬菜批发市场调研春节市场供应和物价工作。长沙红星蔬菜批发市场内人来车往，辣椒、蒜苗、大白菜等新鲜蔬菜应有尽有。陈肇雄与销售商交谈，询问其货源、销售、价格等情况。他要求市场方面保障蔬菜、肉类、粮油等商品供应，加强食品安全检测，确保市场货源充足、品种多样，满足市民节日需求。调研中，陈肇雄要求有关部门把食品质量安全放在首位，加大抽查和突击检查密度，严防假冒伪劣产品进入市场，让消费者买得放心、吃得安全。加强市场监测分析，密切关注市场变化，保持价格平稳。抓好物资调度、储运，保障市场供应，让人民群众过一个欢乐祥和的春节。

（柳　旻）

【易炼红调研考察雨花区】 2015年3月30日，省委常委、市委书记易炼红一行先后到雨花区川河南路项目、沪昆高铁配套工程项目、高速两厢整治、大桥两安用地（北块）项目等四个拆违项目现场，了解雨花区两年拆违控违工作推进情况。区委书记邱继兴，区委副书记、区长张能峰等区主要领导陪同调研。

5月20日，易炼红一行深入雨花区多个拆违现场，实地督查拆违控违工作，观看拆违现场，听取区、街主要负责人汇报，详细询问了解相关情况，对区、街前期拆违工作给予充分肯定。对雨花人勇于担当、务实作为的工作成效给予肯定，他指出，市委、市政府部署大规模拆违控违工作以来，基层干部奋力攻坚，体现了坚定不移的决心和雷厉风行的作风，展现了组织调度的能力，拆违态度坚决、力度很大、措施得力，并鼓励大家创造新的更大的成绩。“违法建筑侵占了城市公共空间，损害的是大多数群众的公共利益，还带来一系列安全隐患，我们要对这种违法行为坚决说不。”他强调，全市各级各部门要咬定目标、排除万难，依法依规打赢拆违控违攻坚战，以此带动城市空间拓展、城市品质提升和城市公共服务改善，让广大市民共享拆违控违成果。他要求，把拆违还路、拆违治脏、拆违改造、拆违增绿、拆违添景有机结合起来，实施产城深度融合，建设宜居宜业的品质长沙，让公共资源重新回到公众手中。邱继兴、张能峰等区领导陪同视察。

6月25日，易炼红，长沙市委副书记、市长胡衡华，市人大常委会主任袁观清等市领导一行考察指导项目工作，现场听取圭塘河项目讲解介绍及工作汇报，详细询问了解项目相关情况，沿河岸绿道观摩游览公园。易炼红对圭塘河项目进度及成效给予充分肯定，对项目在新技术应用和理念创新方面表示高度认可。他称赞圭塘河项目已建设出自身的特色。邱继兴，张能峰，区委副书记汪娟，区委常委、副区长罗予武，副区长李国军等陪同考察。

7月7日，易炼红在市领导陈献春、夏建平、雨花区委书记邱继兴等陪同下考察调研长塘里小学。易炼红一行观看学校书法展板，对学校能运用拟人书写法在全校开展写字教学、弘扬中华传统不时地颔首称赞；参观学校的录播室，听取校长谢秀云关于学校运用“互联网+”助力生命教育有效开展并取得丰硕成果的工作汇报。到学校绿茵场上观看足球小将踢球，夸赞小球员们训练有素、球技专业了得，在得知长塘里小学二十五年如一日地开展校园足球活动，并向国家输送了一大批专业人才时，“足球的希望在这里。”“长塘里小学发展定位准确、思路清晰、优势明显、前景广阔，希望能继续秉承办人民满意的教育为目标，坚持走特色办学之路，实现办学个性化、多样化”。易炼红表示，教师是太阳底下最光辉的事业，做教育是一件幸福的事，它承载着人民群众对幸福生活的期待，寄托着亿万家庭对美好未来的期盼。还向学校所有教师多年来的辛勤耕耘表示崇高的敬意和深切的问候，勉励全体教师能适应新常态，满足人民群众新期盼，在锐意改革创新中，推动长沙教育事业大发展，跃上新台阶。

7月15日，易练红一行到平阳三角洲项目、中泛四期项目，看望慰问雨花区奋战在拆违一线的工作人员，勉励大家乘势而为、合力攻坚、一气呵成，坚决打赢拆违攻坚战。市领导陈献春、黎春秋参加慰问。区领导邱继兴、张能峰等陪同看望。易炼红强调，长沙启动“史上最大规模拆违”行动以来，已取得阶段性成绩，广大党员干部充分展示讲政治、顾大局、守规矩的政治品格；充分展示理解力、执行力、战斗力超强的职业特质；充分展示严密法治思维、严格依法办事的高度自觉；充分展示敢做、乐做、善做群众工作的能力水平；充分展示出敢打硬仗、善打胜仗的务实作风，值得全市广大党员、干部和群众学习，勉励大家务必再接再厉，做好发展现代产业、改善人居环境、提升城市品质等各项工作，把公共资源还给群众，共同建设好“宜居宜业、精致精美、人见人爱”的品质长沙。

8月5日，易炼红一行到雨花区侯家塘街道红旗法治广场，看望慰问高温下坚守一线的环卫工人。跟每一位正在清扫保洁的环卫工人握手致意，亲切询问他们的个人、家庭及工作情况，叮嘱大家，高温作业一定要注意自身安全，做好防暑降温。长沙市委常委、市委秘书长陈献春，市人大常委会副主任、市总工会主席赵建强，市城市管理局局长邓鹏宇，雨花区委副书记、区长张能峰，副区长李国军等陪同看望；市总工会相关负责人现场发放绿豆、白糖等防暑降温物资及慰问金。

8月30日，易炼红一行考察指导湖南高桥大市场建设与发展情况，现场考察了解高桥立交桥桥下公园、高桥酒店用品城等，听取湖南高桥大市场股份有限公司董事长罗映红汇报湖南高桥大市场提质改造成果及市场未来发展规划。雨花区委书记邱继兴，区委副书记、区长张能峰，高桥街道工委书记李才军，办事处主任莫志刚等陪同考察。

10月14日，易炼红到潭阳片区、东山片区，就大量违法建设倒地后的复绿及开发建设工作作专题调研。他强调，要一鼓作气保质保量实现“全面清零”目标，把公共空间还给人民群众，让市民早日享受拆违控违带来的舒适愉悦。易炼红向雨花区奋战在一线的拆违干部和工作人员表示亲切慰问，向广大理解支持拆违控违工作的人民群众表示感谢。他希望广大党员在拆违中把群众工作做实、做细、做到位，实现阳光拆迁、和谐拆迁、惠民拆迁，坚决按时间节点完成拆违清零任务。市领导夏建平、黎春秋参加调研，区领导邱继兴、张能峰、冯聪龙、黄文先、王明玖陪同视察。易炼红说，违法建设触犯国家法律、侵占公共空间、损害公共利益，拆除违法建设是为法律尊严而战、为公共利益而战、为长沙发展而战。长沙的发展离不开全体市民的共同努力，也只有长沙发展得更好更快，才能让每一位市民分享更多实惠，必须坚定不移地将拆违控违工作持续推向深入，确保拆得下、拆得好、拆得稳。违法建设拆除之后，要实行严管严控、群防群治，以“零容忍”的态度确保实现“零违建”目标，做好违建垃圾的集中处理、循环利用。要坚持高起点规划、高标准建设、高水平配套，彰显先进的规划理念、抓紧跟进复绿工作、加快启动项目建设，加强公共设施配套，确保片区品质和形象得到全面改善和提升。

11月4日，易炼红到雨花区调研经济社会发展情况。易炼红考察雨花经开区项目建设情况和雨花区大健康产业园规划建设情况，要求当地瞄准国际领域更高目标，运用互联网、大数据、云计算等技术手段，积极抢占市场制高点，培育更多的龙头企业和主打产品，以此提升长沙乃至湖南机器人产业核心竞争力。希望长沙比亚迪基地企业继续抢抓国家大力发展新能源汽车产业带来的重大机遇，在推动转型创新发展中不断拓展合作空间，把长沙基地建成辐射全球的新能源汽车战略基地。易炼红说，雨花区认真贯彻市委、市政府的决策部署，启动史上最大规模的拆违拆迁行动，史无前例，波澜壮阔，成绩骄人，极大地拓展了未来发展空间，为转型创新提速奠定了坚实基础，充分展示了雨花区干部忠诚担当、负责敬业、勤奋奉献的精神风貌，创造了令人骄傲的“雨花经验”“雨花速度”。易炼红要求雨花区，要强力推进项目建设。科学布局项目，优质引进项目，重点是引进智能制造项目、高端服务业项目，要做到优中选优、好上加好，以项目的升级支撑产业的升级。要扎实落地项目，攻克手续办理、征地拆迁、要素保障等难题。要大幅提升雨花城乡品质。攻克基础设施不配套、不完善等发展难点，拉开城乡建设的框架，展示精美城区的特色，做到规划设计大气精美，建设精致，管理精细。要进一步打造亮点，大力推进高铁新城建设。要提升城市品质，高标准做好顶层设计，予以统筹实施。要积极做好违建拆除后的还绿于民、还路于民、项目建设等工作，加大对围而未建地块的清理整治。要切实提升治理水平。着力构建现代化的治理理念、治理方式、治理体系和治理机制。着力保障改善民生，全面提升就业、住房、出行等保障水平，让人民群众有更强的幸福感、舒适感和获得感。着力抓好安全稳定，时刻绷紧安全生产这根弦。加强社会治安防控，给人民群众更多安全感。要全面落实从严治党。结合开展“三严三实”专题教育，强化主体责任，强化作风建设，营造更加风清气正、山清水秀的政治生态。进一步加强基层党建，不断增强基层党组织的创造力、凝聚力、战斗力。易炼红强调，要扎实做好当前工作，把学习贯彻十八届五中全会精神作为当前的一项重大政治任务，抓好抓实；奋力冲刺，全力完成全年各项目标任务，交出更加令人满意的答卷；科学谋划来年工作和“十三五”规划，绘制建成更美新雨花的新蓝图。市委常委、市委秘书长夏建平参加调研。　　（柳　旻）

【林武调研考察雨花区】　2015年9月28日，湖南省委常委、长株潭“两型社会”试验区工委书记、管委会主任林武一行调研雨花区绿心保护工作情况。省人大常委会财经委副主任委员、预算委副主任委员文富恒，省长株潭两型试验区工委、管委会副巡视员宋娟娟，市委副书记、市长胡衡华，市委常委、常务副市长陈泽珲，市直有关部门负责人和雨花区委书记邱继兴，区委副书记、区长张能峰参加调研。调研组一行实地考察跳马镇石燕湖村砖厂、湖南机器人产业集聚区89号地块、智能制造企业长沙长泰机械股份有限公司。深入了解雨花区有关工作情况后，调研组表示，雨花区在两型建设特别是绿心保护上进行不懈努力，取得良好成效，要求涉绿心区县（市）要继续高度重视绿心保护工作，发展两型产业、做好工业企业有序退出等工作，严格落实绿心条例，切实抓好生态绿心保护工作。（柳　旻）

【刘利民督查社会救助工作】 2015年10月12日，教育部副部长刘利民率教育部基础教育一司义务教育处处长王岱、学校德育处主任赵珊、办公厅秘书张权，中国银监会法规部调研员单明伟、民政部社会事务司生活无着人员救助管理处副处长富强等组成的全国社会救助专项治理第四督查组到雨花区督查社会救助工作，湖南省副省长张剑飞，省人民政府办公厅党组成员、研究室副主任黎咸兴，省民政厅厅长段林毅、副厅长邓磊，省民政厅社会救助管理局副局长刘勇、副局长刘灵芝，市民政局副局长贵志平、社会救助局局长周义中等陪同督查。督察组一行询问雨花区社会救助政策、平台建设等工作落实情况，考察砂子塘街道“一门受理，协同办理”的一口式受理公共服务平台、信息系统建设、网格化云指挥中心和街道社会救助对象管理档案，查看金地社区社会救助服务中心建设，观摩社区社会组织参与社会救助服务活动的现场。督查组对雨花区社会救助工作和砂子塘街道社会救助平台建设给予充分肯定，对雨花区创新“一门受理，协调办理”工作机制和建设“一口式”受理平台给予高度评价。刘利民要求，要充分利用信息化、网络化的手段，完善梯级社会救助体系，优化“一门受理，协同办理”工作机制，实现服务效率和水平的不断提质。（柳　旻）

【谢勇、王小琴参加防灾减灾日活动】 2015年5月11日，湖南省防灾减灾宣传周活动在高桥街道怡园社区启动，湖南省人大常委会副主任谢勇，省政协副主席王晓琴，省政府副秘书长王光明，省民政厅长段林毅、省民政厅副厅长唐白玉，长沙市人大常委会副主任谭杭生、市政府副秘书长戴建文、市民政局副局长伍仁华等，雨花区委书记邱继兴、副区长陈怀宇、区政协副主席康长萍参加，区委宣传部、区政府办、区民政局、区应急办、区消防大队、区交警队、高桥街道等单位共同参与组织活动。宣传现场布置宣传拱门、气球、展板、条幅、桌椅、宣传资料等设施，工作人员向市民现场发放防灾减灾宣传资料2000余份，并提供咨询，启动仪式后，进行高楼火灾逃生应急演练和防灾减灾知识互动活动。（柳　旻）

【徐明华考察雨花区】 2015年11月25日，湖南省人大常委会副主任徐明华、长沙市人大常委会主任袁观清等省、市领导一行到圭塘河二期施工现场考察指导工作，区委副书记、区长张能峰全程陪同。视察组沿河边绿道一路观摩，昔日“龙须沟”如今换新颜，沿岸截污系统改造完成，水体生态修复初见成效，河堤两岸碧草相连，视察组连连称赞“不错不错”。（柳　旻）

【何报翔考察高桥大市场】 2015年7月13日，湖南省副省长何报翔、省商务厅厅长徐湘平、省政府副秘书长熊方平一行，在长沙市副市长何寄华、市政府副秘书长王体泽、市商务局局长刘素月等陪同下，实地察看高桥大市场提质改造情况，指导开展“市场采购”贸易方式试点申报工作。听取高桥大市场负责人汇报高桥大市场基本情况和未来发展规划，听取雨花区委书记邱继兴、副区长余宏卿汇报上半年雨花区经济运行、高桥大市场转型升级以及“市场采购”贸易方式试点工作开展情况。何寄华要求雨花区发挥高桥片区市场集群作用，推动产业转型升级，将高桥大市场打造为国际商品汇集中心、本地产品展销中心和线上线下商品交易中心。何报翔强调，对于湖南商贸服务业未来的发展，政府和企业需要认真思考，深入研究，共同谋划。要客观认识，准确把握，切实转变经济发展方式，实现由外需拉动向内需拉动转变、由投资驱动向创新驱动转变、由第二产业带动向第三产业带动转变，推动区域商贸经济繁荣发展。要认真研究、科学谋划，结合“十三五”规划编制，做好长沙市商贸服务业发展的整体规划。雨花区市场集群的升级改造，不是简单的搬迁，应统筹考虑、长远规划，可适当采取倒逼机制，推动行业健康持续快速发展。要摸清数据，掌握实情，树立面向全国、面向全球的眼光，引进更多的全国总代理、全球总代理，做到内外贸相结合、“线上”“线下”相结合、“走出去”和“引进来”相结合，努力创造雨花商贸服务业发展的全省经验。何报翔肯定高桥大市场建设取得的成绩，希望高桥大市场进一步解放思想、开拓进取，做好“品牌化、信息化、专业化、国际化”等四化文章，赢得更大的发展空间。（柳　旻）

【黄兰香调研雨花经开区】 2015年2月2日，湖南省副省长黄兰香，省政府办公厅副秘书长陈仲伯率省经信委主任谢超英、副主任殷林波，省政府办公厅五处处长徐林军赴雨花经开区调研湖南工业机器人产业示范园建设情况。市委常委、副市长张迎春，雨花区委副书记、区长张能峰，区委常委、雨花经开区党工委书记杜旭辉等陪同。黄兰香视察长泰机器人生产区、比亚迪汽车机器人自动化焊装线、湖南省工业机器人示范园一期89号地，在长泰机器人研发中心会议室座谈。张能峰、杜旭辉及长泰机器人公司总经理杨漾等分别汇报湖南机器人产业示范园建设进展和长泰机器人智能工厂。黄兰香高度肯定机器人产业示范园的建设进展。她指出，省政府将雨花经开区定位为全省第一个机器人产业聚集区，打造示范园，是把工业经济转型提质，智能制造发展的新突破口放在这里；省政府会重点支持机器人产业的发展，希望雨花区、雨花经开区将机器人示范园做出品牌、做出特色、做成产业。她强调，要认真贯彻落实省政府第五次全会要求，把握新常态，着力稳增长、调结构、转方式，推动信息技术与工业经济深度融合，大力培育发展工业经济新产业、新业态、新模式。推进机器人产业发展，要培育壮大已有企业与招大引强相结合，研发攻关与推广应用相结合，体制改革与人才配套相结合，市、区、企业的努力与省里的支持相结合。

3月7日，湖南机器人产业集聚区产业推介暨长泰机器人CTR新产品发布会在雨花经济开发区企业长泰机器人车间举行。湖南省副省长黄兰香，中国机械工业联合会执行副会长宋晓刚，中国中轻集团副总经理马思一，省政府副秘书长陈仲伯，长沙市委常委、副市长张迎春，省经信委、发改委、重庆市及长沙市相关部门领导出席，新华社、《人民日报》《光明日报》及省内主要媒体，省内高校、机器人生产、应用企业代表参加活动。推介会通过多媒体、现场演示等方式重点就湖南机器人产业聚集区（雨花经济开发区）长泰机器人的新产品进行推介，宋晓刚、马思一及市区领导分别致辞，黄兰香向雨花区区长张能峰授予雨花经开区“湖南机器人产业集聚区”的牌匾。张迎春在致辞中表示，“湖南机器人产业集聚区产业推介和新产品发布会在此隆重召开，是机器人产业发展史上的一件大好事、大实事，标志着园区机器人产业再次攀上智能制造的新高峰，为机器人产业做大做强提供更为广阔的交流平台。希望雨花经开区与园区机器人厂商以此次推介会及《长沙市工业机器人产业发展三年行动计划（2015—2017年）》为契机，进一步深化与国内外行业组织、龙头企业的全方位、多层次合作，加快培育壮大机器人产业。同时也希望广大机器人应用厂商，切实加大机器人推广应用力度，更加重视采用本地机器人产品投入生产，加快实现自身机器人的规模化应用，全力助推工业转型升级再次迈上新的台阶，携手共创机器人产业发展的灿烂明天。”邱继兴表示，“雨花区委、区政府将一如既往地贯彻落实好中央和省、市的部署要求，以最大诚意，尽最大努力，创造最优环境，助推新兴产业的发展，实现互利双赢。真诚希望各位嘉宾、各界朋友为我区发展牵线搭桥，宣传推介，也热忱欢迎社会各界人士来我区考察调研，投资兴业，共同发展，打造中部地区机器人产业集聚区。”（柳 旻）

【蔡振红调研法治工作】 2015年6月3日，湖南省人民政府副省长蔡振红、副秘书长王光明一行在省司法厅厅长谈敬纯、副厅长黄春阳，长沙市委常委、政法委书记钟钢，市司法局局长魏华松等领导的陪同下视察指导雨花亭街道人民调解委员会驻雨花区交警大队人民调解工作室工作，区委书记邱继兴、副区长李国军全程陪同。蔡振红一行听取区司法局局长梁云伟关于驻区交警大队人民调解室规范化建设情况及工作成效介绍；听取雨花区法院党组书记、副院长彭智勇汇报交通事故巡回法庭的规范化建设情况，重点介绍雨花区人民法院、雨花区交警大队、省保险行业协会、雨花亭街道人民调解委员会共同建立的“四位一体、联署办公”纠纷处理新机制。详细了解道路交通事故纠纷“四位一体”调解新机制的运作模式，仔细翻阅案卷、台账等资料，认真察看人民调解工作流程图，调解员名单、工作职责等上墙公示图。蔡振红一行参观交通法庭，旁听一起交通事故案件的庭前调解会议。蔡振红指出，雨花亭街道人民调解委员会驻雨花区交警大队调解室建设标准高、机制新、效果好，在前一阶段的实践中取得显著成效。在肯定成绩的基础上，要认清当前形势，客观评估道路交通事故调处工作的难度。特别是各相关部门要密切配合，以服务经济建设、维护社会和谐稳定为首任，以规范操作流程、健全工作机制为抓手，全面构筑资源共享、力量共用、协调联动的“大调解”工作体系，努力开创道路交通事故矛盾纠纷调处工作新局面。（柳 旻）

【张剑飞指导拆迁拆违工作】 2015年9月10日，湖南省拆违工作现场会议在长沙召开，副省长张剑飞率会议团到雨花区高铁新城片区观摩拆违综合整治现场。省住建厅等10家单位负责人和全省各市州分管拆违工作的负责人参加观摩。在高铁新城城投1号地、2号地项目拆违现场，张剑飞一行听取雨花区拆违工作情况汇报。在全省拆违工作现场会议上，雨花区作为长沙城区唯一代表发言，向全省各市州推介雨花经验。张剑飞指出，拆违控违是一场攻坚战，重在整体推进、依法推进，贵在持之以恒、严格落实。他要求各市州学习长沙经验，进一步强化主体责任，加大推进力度，把握工作节奏，积极稳妥推进全省拆违工作，将品质湖南建设推上新台阶。（柳 旻）

【戴道晋督导雨花区】 2015年2月14日，湖南省副省长戴道晋从长沙市汽车东站到长沙火车南站督导春运相关安全工作。向安检人员了解车站安检工作现状，查看车站派出所综控室各站点列车进出站情况，他要求相关负责人全力防止出现安全死角和漏管地方；从高铁站搭乘地铁2号线前往地铁五一广场站，就地铁运行情况和乘客进行交谈。下午，戴道晋深入长沙市的批发市场、超市和农贸市场，检查节日市场食品安全和供应情况。走进步步高超市红星店，节日的气息扑面而来，日常用品、蔬菜肉食、家居百货琳琅满目，前来采购年货的市民络绎不绝。戴道晋仔细检查散装食品、生鲜水果、熟食加工区和乳制品等重点品种的食品安全保障情况。要求超市一定要把好食品进货源头，严格市场准入，始终把食品质量安全放在首位，让消费者买得放心、吃得安全。戴道晋一行到长沙高桥大市场和电力农贸市场，与经营户亲切交流，详细了解商品价格、食品卫生、销售服务和市场供应等情况。他要求，相关各级各部门要积极组织货源，保证节日市场商品供应，切实强化产品质量和食品安全监督检查力度，维护市场流通秩序，确保人民群众度过一个欢乐祥和的新春佳节。（柳 旻）

【胡衡华调研雨花区】 2015年2月16日，长沙市委副书记、市长胡衡华检查节日市场供应及春运工作时要求，各级各部门要加强协同合作，统筹衔接，确保市民和旅客春节喜乐祥和，出行安全便捷。市领导何寄华、刘明理，市政府秘书长谭勇参加检查。胡衡华检查长沙火车南站停车场运行情况，要求一定要加强应急停车场的管理工作，建立相关机制，确保既能缓解旅客停车难的问题，又能杜绝挤占公共资源的现象。胡衡华看望慰问在长沙火车南站执勤的民警、交警、巡警、武警、运政、城管执法人员和其他工作人员，感谢大家为春运付出的辛勤劳动，勉励大家协同合作，加强衔接，确保为旅客提供安全、便捷和舒适的出行环境。胡衡华强调，火车南站既是春运的重点、难点，也是关键点，高铁、地铁、公交已经实现“零换乘”，春运也是火车南站面临的一次大考，要做好高铁与公共交通的接驳，同时火车南站也是展示长沙形象的重要窗口，要通过不断提升管理水平、服务水平等软件设施，让旅客都感受到长沙人的热情和文明，打造沿线高铁枢纽的标杆。胡衡华仔细检查车站的安保、安检等工作，并叮嘱工作人员，不能因为旅客的减少就放松安全这根弦，要落实春运各项应急机制。砂子塘农贸市场，蔬菜、粮油、水产等一应俱全、品种丰富，胡衡华向商户详细了解进货渠道和价格等情况，叮嘱商户要从正规渠道进货，保证市民舌尖上的安全，让大家买得放心、吃得安心，并祝愿大家生意兴隆。胡衡华指出，食品安全关系到千家万户，一方面要从批发源头严把质量关，另一方面要在市场严把食品检测关，发现问题要硬起手腕、及时处置，同时要做好稳定市场物价工作，严禁节假日哄抬物价。

6月7日，胡衡华、市委常委夏建平、市政府秘书长谭勇一行专题调研高桥街道泰时·阳光丽都未开发项目用地复绿“围而未建”地块专项整治情况。胡衡华强调，全面推进闲置地块整治工作任重道远，关键是要把“围而未建”的土地用好用活。专项整治工作既要注重生态保护，又要兼顾便民利民。要以建设带动拆围，促成项目开工建设。要通过拆围复绿敞开空间，向社会开放，与市民共享，切实做到因地制宜开发，最大限度减少投入，花小钱办大事、办好事。要兼顾当前与长远两个大局，因地制宜开发，以公共停车场建设和绿化改造为抓手，让闲置土地透出绿色、重焕生机。将永久绿化与过渡建设项目区别对待，确保持续发展。雨花区委副书记、区长张能峰，区委常委、副区长罗予武等陪同调研。

7月27日，胡衡华考察高桥街道实地城中村改造工作。副市长黎石秋、黎春秋，区委书记邱继兴，区委副书记、区长张能峰等陪同考察。高桥社区筹委会书记李争光展示高桥社区筹委会城中村改造规划图，简要汇报社区的城中村改造情况及亟须解决的问题，调研组一致认为该规划方案标准高、可持续，既能改善居住环境，又能促进经济发展，值得肯定。胡衡华一行查看拆迁拆违地域，了解高桥村拆迁拆违实际情况，胡衡华告诉陪同的区、街、村负责人，要再加把劲，彻底扫尾拆迁拆违，同时要求市、区相关部门要依法依规解决高桥村面临的资金缺口等一些问题，确保高桥村城中村改造改到位，改出形象，真正让村民得实惠。

9月15日，胡衡华在市委常委、副市长张迎春，市政府秘书长谭勇陪同下，率市经信委、市发改委、市科技局、市财政局、市人社局、市商务局、市规划局、市政府研究室主要负责人深入雨花经开区现场办公，调研调度湖南省机器人产业集聚区产业发展，考察长沙长泰机器人生产组装车间、89号地购地机器人产业集聚区、建设中的机器人产业展示中心暨研发大楼、新松机器人南方大区运营中心及湖南正著智能科技（福厚电子）等项目，对长泰机器人、拓野机器人、佛山精一等多个机器人企业负责人提出的购地建厂、企业发展等具体问题一一现场答复。召开专题调度会，对涉及机器人产业集聚区建设与发展的具体问题进行具体研究和调度安排。听取机器人产业集聚区工作情况汇报，肯定机器人产业集聚区发展所取得的成效。胡衡华指出，机器人产业是智能制造的关键点，但长沙机器人产业还刚刚起步，要抢抓“窗口期”，迎头赶上。要以只争朝夕的精神来抓机器人产业集聚区的发展，要用创新的思维主动作为担当来抓项目落地。邱继兴，张能峰，雨花区委常委、雨花经开区党工委书记郭四军，雨花经开区党工委副书记、管委会主任李国军等陪同参加。

（柳　旻）

【徐宏源调研城管工作】 2015年9月30日，长沙市委副书记徐宏源实地走访高铁新城片区拆违现场、长沙比亚迪汽车有限公司、德思勤城市广场项目和圭塘河生态景观区项目，现场调研雨花区城市建设管理工作，听取区委书记邱继兴的工作汇报。徐宏源充分肯定雨花区所取得的成绩，并指出，要切实增强责任感使命感，充分认识新形势下提升城市规划建设管理水平的重要性和紧迫性；突出问题导向，以精细化的手段和高标准的要求，实现城市规划、建设和管理水平的新提升；加大投入，完善机制，为城市规划建设管理工作提供有力保障。徐宏源强调，做好城市管理这篇大文章，要加强顶层设计，解决规划衔接不够紧密的问题；加强基础设施建设，解决综合承载能力相对较弱的问题；加强城市管理服务，解决失之于宽、失之于软的问题。加快城市规划建设管理，必须瞄准问题，精准施策、精准施力，实现品质的新提升。城市建设既要“面子”，把地上的建筑打扮得漂漂亮亮；更要“里子”，把地下的基础设施建设得扎扎实实。 （柳 旻）

【袁观清考察雨花区环城绿带建设情况】 2015年3月31日，长沙市人大常委会主任袁观清一行考察雨花区环城绿带建设情况，听取环城绿带建设情况汇报，强调要科学规划，加强宣传，广泛动员群众，让造绿、爱绿、护绿成为全市人民的自觉行动，真正形成齐心协力建设绿色城市的浓厚氛围和强大合力。雨花区委书记邱继兴，副书记、区长张能峰等主要领导陪同考察。 （彭炬勋）

【范小新调研雨花区】 2015年5月6日，长沙市政协党组书记、主席范小新率市政协主席会议成员调研高铁片区建设管理和雨花区政协工作，考察长沙火车南站、东山片区拆违和黎托片区拆迁拆违现场。市政协副主席龚振湘主持汇报会听取雨花区工作汇报。区长张能峰介绍雨花区经济社会发展，高铁片区建设管理和后段工作打算；区委邱继兴书记汇报工作形势、工作目标、工作措施、干部队伍等情况；区政协党组书记、主席李电晖汇报雨花区政协工作。市政协党组副书记谢明德作为市联点雨花区领导，高度评价雨花自加压力，争创一流的工作态度，充分肯定区政协工作定位准、品位高、效果好。范小新强调，市政协主席会议成员视察调研区县工作，既是调研学习，也是鼓劲助推，还是市政协科学履职的重要方式。按照市委市政府的安排，市政协有8位副主席联点雨花区，表明雨花区在全市的地位非常重要。雨花区工作成绩卓有成效，视察很受感动，调研很有收获。对雨花拆违控违工作充分肯定，在全市各项工作任务重、难度大、要求高的情况下，雨花走在全市前列，展现的是实力、活力、魅力。雨花区委、政府工作思路清、目标明，雨花发展建设管理措施实、力度大，雨花干部人心齐、合力大。雨花区委班子强、氛围好。范小新鼓励雨花区要抓住机遇，搞好产业优化升级转型，发展新能源、机器人、现代服务业；抓好武广新城区的提质，提升城市品质；进一步做实民生事业；更牢地打好基础，抓好班子队伍建设和组织建设；努力完成各项工作任务，实现雨花的大发展。市政协副主席钟新莲、王力力、段安娜、彭继球、唐志浩、石长松、袁志恒、刘明理，市政协秘书长彭志一及相关领导参加调研。区领导汪娟、黄文先、康长萍、陈国强、廖云伟、罗艳辉、任壮岳等陪同调研。

（柳 旻）

【陈泽珲调研雨花区】 2015年7月6日，长沙市委常委、常务副市长陈泽珲一行调研雨花区绿心保护工作。市农委、市财政局、市国土资源局、市交通运输局、市林业局、市规划局、市环保局、市两型办、湘江新区国土规划部等单位负责人参与调研。调研组一行实地查看湖南机器人产业集聚区项目和湖南绿心科技公司生态速生草项目，市政府副秘书长高伟在雨花经开区主持召开全市绿心保护工作座谈会。市两型办主任彭鉴西报告全市绿心保护工作。雨花区委常委、常务副区长邹春林汇报雨花区绿心保护工作，雨花区委书记邱继兴介绍生态绿心区内跳马镇的保护与发展工作思路。市直相关部门、岳麓区、天心区、浏阳市、长沙县等单位负责人在会上发言。陈泽珲充分肯定生态绿心保护工作取得的成效。他指出，要继续高度重视，切实有效抓好生态绿心保护工作。他强调，要搞好一个顶层设计，通过加强长沙绿心保护的宏观研究形成顶层设计，重点研究产业引导、企业退出、基础设施、民生改善的问题；要拿出一套综合规划，实现城市总体规划、绿心保护规划、土地利用规划、产业发展规划“四规合一”，生态、生产、生活“三位一体”；要充实一支执法队伍，在现有林业执法队伍的基础上进行充实加强；要设立一项专项基金，改变绿心地区基础设施滞后、产业发展薄弱、民生保障乏力等现象；要建立一个工作机制，完善绿心范围内上下联通、区县协调、项目建设的沟通协调机制。（柳　旻）

【程水泉调研雨花区党建工作】 2015年6月30日，市委常委、组织部部长程水泉在雨花区委书记邱继兴，区委副书记、区长张能峰，区委副书记汪娟的陪同下，到雨花区东山街道与奋战在征拆一线的基层党总支书记包新伟共迎党的生日，为这名长期工作在基层的老支书、老党员送上节日的祝福和关怀。长托社区党总支书记包新伟，长期坚持为群众办实事。拆迁拆违工作开展以来，他以强化党建为引领，以做拆迁群众的“贴心人”为目标，“五加二”“白加黑”攻坚克难，耐心细致做好政策解释、困难帮扶等全程服务，真正“把拆老百姓的房子当成是拆自己的房子”，辖区征拆工作取得明显进展，赢得社区群众的信任和肯定。程水泉对包新伟的工作成效表示充分肯定，勉励他继续带领基层干部将拆迁拆违工作做细做实，确保和谐有序推进。程水泉部长指出，把群众利益放在首位才能获得百姓认同、群众拥戴，要始终保持与人民群众的血肉联系，切实发挥基层党组织书记的领头人作用和基层党组织的战斗堡垒作用。（柳　旻）

【文树勋调研雨花区】 2015年6月3日，长沙市委常委、统战部部长文树勋调研雨花区拆违拆迁工作，文树勋一行先到环城绿带建设用地、D-09号地等项目现场，察看和了解拆违拆迁工作的进展情况。并在黎托街道召开调研座谈会，黎托街道主要负责人汇报落实市、区拆违拆迁指示精神的情况，邱继兴、张能峰、汪涓、冯聪龙、邹春林等区领导就如何推动拆违拆迁工作提出意见和建议。文树勋对雨花区的拆违拆迁进展给予充分肯定，并表示调研组一行将认真地吸收、理解、消化好大家提出的意见和建议。他指出，雨花区面临的拆违拆迁任务最繁重、时间最紧迫，市领导多次调研视察并作重要指示，显示市委、市政府高度重视。雨花作为长沙的窗口和门面，要做实做细前期工作，扎实做好拆违拆迁的思想动员、人员铺排、班子搭建等工作；全面执行完成任务，对市委、市政府作出的决策，要倒排任务，不折不扣落实到位，形成的机制、流程、经验，要总结好、坚持好；提前规划拆后工作，未雨绸缪，研究解决安置方式、后期建设、失地农民就业等问题。他表示，雨花发展面临爬坡过坳、“啃硬骨头”的关键时期，区、街干部要敢于担当，敢于负责，全力以赴按时完成市委、市政府部署的拆违拆迁任务，对发展有贡献，对群众有交代。市规划局副局长程展鹏、市规划监察执法支队队长厉少平等参与调研，雨花区委书记邱继兴，区委副书记、区长张能峰，区委副书记汪娟，区委常委、组部织部长、统战部部长冯聪龙，区委常委、常务副区长邹春林陪同调研或参加会议。

6月30日，文树勋一行在雨花区委常委、组织部部长、统战部部长冯聪龙，高桥街道工委书记李才军等陪同走访高桥街道怡园社区慰问走访瘫痪在床的特困党员陈仕希，送上3000元的慰问金。陈仕希，1959年出生，中共党员，南海舰队退伍军人，曾担任过怡园社区的书记，2009年退休后，一直关心支持着社区的工作，经常参加文明创建等公益活动。在担任志愿者期间，小区内没有一处牛皮癣，曾多次被区、街、社区评为优秀志愿者。2014年6月由于身体不适，中风瘫痪在床生活完全不能自理，只能靠吃流食维持生命，妻子为了照顾他辞去环卫工人的工作，他将自己的房子卖掉租住在上河国际小区支付高昂的医药费用，生活极其困窘。文树勋对陈仕希一如既往坚持党性修养的行为表示高度赞扬，鼓励他要树立生活信心，坚持治疗。文树勋一行到怡园社区听取怡园社区党总支书记游端霞汇报社区群工站，建议群工站深入困难群众家中，对苦难群众多关心，不只要提供物质上的支持，更多的是要精神上慰问，让群众感受到组织的温暖；平时工作时要腿勤、眼尖、嘴甜，要及时发现困难，即时解决问题。不能解决的问题，要耐心接待，详细记录，及时给予群众回复；是惠民工程要坚持，要关心社会基层人员，环卫工人暖心屋的建设要抓紧落实，责任到位。

8月3日，文树勋率队到雨花区调研统战工作，实地考察调研高桥大市场民族之家，听取雨花区创新“五种模式”整合党委政府职能部门和社会各界力量服务少数民族流动人员，维护民族团结和睦的具体做法和生动事例。对于雨花区主动作为，以帮难解困、联络联谊、政策宣传多管齐下稳定在长少数民族流动人员表示肯定；观摩焕然一新的长沙（雨花）群英会阳光锦城新阵地，对雨花区构建统战一盘棋，区、街道联动大手笔扶持雨花重点统战品牌提质升级给予赞许，勉励长沙（雨花）群英会不辜负各级党委统战部门的厚爱，常创常新；参观“四位一体”雨花党外人士之家，与每一位雨花党派工委负责人亲切交流，详细了解雨花党外人士之家的运行模式，询问各民主党派对雨花合作共事氛围的感受，高度赞赏雨花区委区政府切实履责，迅速落实中央统战工作会议精神，大力营造优良合作共事环境的胸襟和格局。市委统战部常务副部长刘映群，区委副书记、区长张能峰，区委副书记汪娟，区委常委、组织部部长、统战部部长冯聪龙，副区长王清华、陈怀宇，区政协副主席罗艳辉，雨花经开区管委会副主任朱江等陪同调研。文树勋一行考察高铁新城片区潭阳洲分片区的拆迁拆违现场，听取工作汇报并提出工作指导意见。文树勋表示，雨花统战工作连续多年获得全市先进，工作成效显著，亮点纷呈，创出多个响当当的工作品牌，这些与雨花区委区政府一以贯之的高度重视和切实履责分不开，与雨花统战人的务实创新和勇于争先分不开。同时他勉励大家要继续保持“严实”作风，再接再厉，再创佳绩。 （柳　旻）

【李军调研指导雨花区工作】 2015年2月12日，长沙市委常委、市纪委书记李军率相关部门负责人暗访雨花区安全生产工作。李军一行不发通知、不打招呼、不听汇报、不用陪同和接待，直奔基层、直插现场，深入到星城新宇·莲景苑建设项目和红星大市场开展安全督查，随机检查大市场周边的酒店、商场、社区。在红星大市场旁的湘府百货和通程盛源酒店，李军走进消防通道实地察看，仔细检查消防演练记录、安全检查记录、安全工作人员证件等，要求安全人员现场操作火警报警器和控制中心报警设备；叮嘱在场的工作人员：商场、酒店人流密集，安全制度不能只贴在墙上、挂在嘴上，关键要落到实处，安全管理决不能有盲区、留死角，要全面排查安全隐患，保障群众的安全。在莲湖社区，李军打开居民楼内的消火栓试水、查看电梯检查记录，指出消火栓无消防水带等问题，要求物业单位立即整改。他强调，要树立牢固的安全意识，把安全制度落在实处，切实加强隐患排查，保障百姓过一个安全祥和的春节。针对安全生产检查中发现的相关问题，雨花区委、区政府立即组织相关部门负责人召开紧急调度会，对安全隐患的整改进行部署和落实，针对安全问题在辖区内展开举一反三的全方位大检查。切实加强隐患排查，保障百姓过一个安全祥和的春节。

5月29日，李军一行调研雨花区拆迁拆违工作。区委副书记汪娟，区委常委、纪委书记王清政，区委常委、副区长罗予武，副区长李国军等区领导陪同调研。区委书记邱继兴、区长张能峰参加调研座谈会。李军一行现场察看黎托街道D-09号地和京珠高速两厢，实地了解拆迁拆违工作的进展情况，并就有关拆迁项目进行现场指导。在黎托街道召开调研座谈会，黎托等四个街道的主要负责人和区直相关部门分别汇报拆迁拆违工作情况。邱继兴、张能峰、汪娟、王清政等畅谈在拆迁拆违工作中的心得体悟，并提出意见和建议。李军肯定雨花区的拆迁拆违模式，表示调研组一行将认真地吸收、理解、消化好大家提出的意见和建议。他指出，有效推进拆迁拆违，要全面提升能力，展示担当。提升做群众工作的能力，民之所望，政之所向，在拆迁拆违过程中，要统筹考虑，想群众所想，急群众所急，要得到老百姓的理解、认同和支持；提升依法依规办事的能力，要改变过去的惯性思维，用法制的思维和法制的方法推进工作，要经得住历史的考验；提升推进科学发展的能力，要用发展提升城市的竞争能力，让发展提高群众的生活水平。同时，干部就要干事，干事就要担当，他表示，市纪委、监察部门将为大胆干事、大胆改革、大胆创新的干部们撑腰鼓劲，为平稳顺利地推进拆迁拆违工作做好坚强的后盾。

8月26日，李军在雨花区委书记邱继兴，区委副书记、区长张能峰等陪同下，督查雨花区中石化红星加油站、湖南红星盛业食品股份有限公司和长沙市莲湖医用氧厂安全生产工作，边看边听取雨花区安全生产工作的相关情况介绍，强调要切实夯实企业安全生产主体责任，落实当地党委政府属地责任，抓好各级职能部门监管责任。（柳　旻）

【张迎春调研雨花区】 2015年7月14日，长沙市委常委、副市长张迎春调研雨花区黎托街道“临建、违建市场和物流仓储火灾事故隐患整治”工作。查看原黎托货运物流市场和花侯小学，详细了解安全责任制度、消防设施配备及安全管理措施的落实情况。张迎春表示，区、街安全监管工作涉及的门类多、领域广，压力和难度都很大。区、街整治安全隐患重点突出、成效明显。安全责任重于泰山，区、街要继续把安全生产工作当作大事来抓，做到定岗定责、严防死守，绝对不能有丝毫懈怠。区委书记邱继兴陪同视察，街道工委书记王明玖汇报相关情况。（柳　旻）

【钟钢调研综合治理工作】 2015年11月5日，长沙市委常委、市委政法委书记钟钢调研高铁新城片区疏堵治乱和拆违控违工作。钟钢要求，要进一步强化法治保障，政法机关要一鼓作气，强力推进拆违控违工作；要用法治思维和方式解决面临的问题和困难，切实维护好人民群众的合法权益。要高效快捷服务、努力为疏堵治乱工作挖潜提效。要打通断头路，打通“微循环”，打通堵口节点，增加停车设施，结合拆违控违工作优化城区交通，让市民出行更加安全、畅通、便捷。（柳　旻）

【刘新程调研民生工程】 2015年7月15日，市人大常委会党组副书记、副主任、市安居工程和棚户区改造工作领导小组常务副组长刘新程，率市相关部门负责人考察井湾子街道长橡及周边地区棚改和莲湖物流基地拆违项目，实地查看棚改项目的整体推进情况，听取街道工委书记刘江红对棚改项目的情况汇报，详细了解长橡及周边地区棚改项目整体改造、安置的具体情况；查看莲湖物流基地拆违进展情况，对井湾子街道的棚改和拆违工作给予肯定。刘新程表示，长橡及周边地区棚改工作是典型棚户区改造工程，是媒体关注的焦点，是群众最迫切的需求，是实实在在的民生工程。各级主管部门要发挥职能，严格履职，做好群众走访、拆迁安置和拆违控违工作，结合全市大事拆违控违形势，把握重点，攻坚克难，务必加快项目进度，确保8月底前见到实效。区委常委、副区长罗予武，副区长王海军陪同考察。

11月6日，刘新程专题调研井湾子街道长橡棚改工作，现场察看长橡棚改项目进度和房屋腾空拆除情况，雨花区副区长王海军汇报长橡棚改相关工作情况。刘新程充分肯定长橡棚改所取得的成绩，指出长橡棚改签约率和项目进度都走在棚改项目前列，证明街道的工作得到群众认可，要求棚改工作要继续稳打稳扎、做实做细，将长橡棚改项目做成长沙棚改工作的典范。市住房保障局局长李志坚等陪同调研。（柳　旻）

【何寄华指导工作】 2015年1月14日，长沙市副市长何寄华一行来到雨花区工商分局，详细了解商事制度改革、消费维权、队伍建设等工作情况。

在香樟路农贸市场，他向经营户们仔细询问肉类、豆制品等人民群众消费量大的食品进货渠道，现场检查市场消防安全工作。在市工商行政管理局，他观看商事主体电子地理监管系统演示，并专题听取工商行政管理工作汇报。何寄华要求工商部门，以改革为引领，努力将商事制度进一步深化拓展；以维权为主线，搭建与消费者快速沟通渠道；以发展为主责，更好发挥电子地理监管平台作用；以维护公平为着力，全过程加强市场监管以激发市场活力为源头，进一步打造专业化工商队伍。

1月28日，何寄华，市食药监局局长孙卫东，区食安办主任何小林、副主任谢松林一行，督查指导食品安全工作，检查红星大市场检测市场、零售区、华润万家超市生鲜区及全家园、玉楼东等单位，听取街道食安办负责人关于食品安全监管工作情况的汇报，详细查阅台账信息。何寄华表示，食品安全工作关系人民群众身体健康和社会稳定，要“绷紧这根弦”，针对节日市场特点，结合辖区实际，采取有效措施，切实加强对重点区域、重点品种、重点部位食品监管力度，严厉打击假冒伪劣和标识不明、过期等不合格产品在市场上销售。要严格执行食品安全值班制度，保持信息畅通，做好食品安全应急处置准备工作，一旦发生重大食品安全事故，快速反应、妥善处置。要全面加强食品安全监测，确保节日期间责任到位、措施到位、落实到位。

7月6日，何寄华率队实地调研雨花区物流仓储建设工作，察看雨花电商物流园的3个临建点，了解园区的用地情况、招商情况，实地考察园区1号用地情况。调研高铁新城片区拆迁拆违现场，看望高铁新城片区拆迁拆违指挥部市仓储物流对接帮扶工作组成员，询问仓储物流对接帮扶工作组的工作情况，鼓励大家加大工作力度，全力搞好服务工作，组织好供需双方对接，切实解决片区内尚未找到合适仓库的仓储需求方困难，推动高铁新城片区的拆迁拆违工作按进度、按节点完成。

11月23日，何寄华调研东山街道东山古镇项目。雨花区委常委、宣传部部长余宏卿陪同调研。何寄华查看现场后指出，雨花区浏阳河文化旅游产业带应当充分发挥浏阳河的知名度，讲好浏阳河九道湾的故事。东山古镇有悠久的历史和浓厚的文化底蕴，要对其合理开发，与浏阳河文化旅游产业带其他项目点一起合力打造雨花区乃至长沙市的新名片。（柳　旻）

【黎石秋指导工作】 2015年2月3日，长沙市副市长黎石秋一行到左家塘街道树木岭社区残疾人、军属欧阳少林家中，详细询问欧阳少林的身体、家庭和生活情况，并送上春节慰问金。在红花坡社区，黎石秋看望视力一级残疾人（全盲）邹信炎家和社区优秀残疾人专职委员唐黎，对其自强不息、尽自己能力做好残疾人工作的精神表示感谢，希望他一如既往地安心基层工作，更好地为残疾人服务。慰问结束后，黎石秋叮嘱市残联和雨花区负责人，积极做好贫困残疾人春节走访问慰问工作，多深入基层、深入社区，了解困难残疾人家庭生活情况，及时提供帮助和扶持，要切实把党和政府的温暖送到残疾人家中，使贫困残疾人过一个幸福安详的春节。

7月24日，长沙市副市长、市城中村改造工作领导小组副组长黎石秋，市政府副秘书长、市城中村改造工作领导小组办公室主任戴建文，市政府办公厅副调研员、市城中村改造工作领导小组办公室副主任蒋功明，率市城中村改造工作领导小组办公室工作人员到雨花区调研城中村改造工作。现场视察高桥村、大塘村、天华村、井塘村拆迁地块，详细了解雨花区纳入2015年市级考核范围的四个城改村的拆迁安置情况，到雨花区城中村改造五年指挥部听取各村情况汇报。各城改村就目前城中村改造工作进度，面临的两安用地指标不足、改造资金缺口、规划修编落地难等主要困难和请求解决的事项进行集中汇报，副区长、区城中村改造工作领导小组常务副组长陈怀宇补充汇报全区城中村改造情况和存在的问题。黎石秋肯定雨花区推进城中村改造工作认识深刻、计划积极、推进力度大、效果良好，下阶段要坚决攻坚、实现拆迁拆违全面清零，要贯彻市指导、区统筹的指导思想，通过以地补缺、整村改造解决制约城中村发展的攻坚难题。（柳　旻）

【夏建平慰问群众】 2015年2月13日下午，长沙市副市长夏建平在市民政局党委委员、工会工委主任张龙洋的陪同下慰问雨花区老党员和困难对象。雨花区委书记邱继兴、区长张能峰、区纪委书记王清政、副区长陈怀宇等陪同慰问。家住在砂子塘干休所的老红军吴国厚，1921年出生，1937年参加革命，中华人民共和国成立后参加工作，一生为革命事业贡献自己的力量，退休后，发挥余热，积极参与街道、社区的建设。夏建平到吴国厚家中，送上慰问金和物资，关切地询问老人家的身体、生活、饮食等方面情况，仔细询问老人家庭的困难，并叮嘱街道、社区要想办法解决好。49岁的湖南冶金机械厂下岗职工陈晓红，失业在家，其小孩在读大学，家庭收入低，生活比较困难。李光娥离异多年，身患癌症，多次住院花费巨额费用，靠着低保过日子。圭塘街道的88岁烈士遗属黄自然，儿子许俊海在执行公务时不幸牺牲。夏建平分别上门慰问，每到一处，夏建平都亲自送上慰问金和物资，与慰问对象亲切握手、拉家常，询问家庭生活情况、有什么困难，鼓励他们放松心情，积极面对困难。再三嘱咐随行干部一定要多关注困难群体的生活情况，带着感情做好救助帮扶工作，切实解决实际困难，让他们感受社会大家庭的温暖。慰问活动中，夏建平要求雨花区要扎扎实实搞好春节期间的走访慰问活动，确保困难群众过上一个祥和、平安的新春佳节。（柳　旻）

【廖健调研高桥大市场】 2015年10月22日，长沙市副市长廖健一行考察调研高桥大市场，了解“市场采购”贸易方式试点办公室的前期工作进展，听取办公室负责人的简要汇报。查看高桥大市场2012—2015年出口企业实绩情况表和商户进出口备案登记证，并对区试点办公室细化申报目标、规定推进时限等举措表示充分的肯定。实地查看高桥片区物流货运市场外迁情况。召开专题工作会，雨花区副区长余宏卿详细汇报市场采购贸易试点、仓储物流外迁和建设等工作。高桥大市场负责人罗晓表示市场已将申报市场采购贸易方式试点工作列为公司重要发展目标。市商务局副局长汪东华从发展机遇、部门联动、工作进程、政策制定、顶层设计等方面提出具体的建议。廖健副表示，“高桥大市场是长沙市重要的品牌企业，为长沙商贸发展做出了巨大贡献。现在面对新的发展契机，我们将给予前所未有的关注与支持！”他要求，坚定信心，稳步推进，抓住时机，重点落实；建立完善联席会议制度，定期或不定期召开；将高桥市场纳入“十三五”发展规划，并出台相关政策，重点支持高桥大市场外贸发展；加强相关部门学习，借鉴义乌等地区成功经验；加强宣传力度，打造高桥国际品牌。市财政局、市国资委、市商务局等部门的相关领导陪同调研。（柳　旻）

【李蔚调研城管工作】 2015年11月10日，长沙市副市长李蔚、市政府副秘书长潘胜强、市城管执法局局长邓鹏宇一行调研雨花区城市管理工作，实地查看“一点两线”综合整治、潭阳洲拆违拆迁、火车南站综合整治及高速出入城口（李家塘）绿化带建设等工作情况，并就相关项目实施提出指导意见。区委书记邱继兴，区委副书记、区长张能峰，区委常委、副区长罗予武，副区长王明玖等陪同调研。其后，召开座谈会，王明玖简要汇报全区城市管理工作情况，张能峰详细汇报雨花区2016年城市管理项目化及重点项目，李蔚充分肯定雨花区在城市管理工作中所取得的成绩。他指出，雨花干部奋发有为的工作状态、敢于拼搏的工作作风、敢于担当的责任精神，值得大家学习。他强调，要牢记使命，以服务城市为己任，履行政府公共服务职责；要立足当前，以提升保障能力为手段，提高城市服务质量，均衡发展水平；要以问题为导向，规划下年工作，补齐城市管理中的短板。区城管执法局、区市政局、区环卫局、区园林局等相关单位参加座谈。（柳　旻）

【陈中考察城中村改造工作】 2015年11月9日，长沙市副市长陈中一行考察指导洞井街道天华社区筹委会城中村改造工作，了解天华村60号令及103号令的拆迁、村民安置和医社保等情况。要求尽快完成整村规划修编工作，招商引资，引进开发项目；确保年底前拆迁工作清零；加快推进集体经济产权制度改革等其他工作。雨花区副区长陈怀宇等陪同考察。（柳　旻）

【国家发改委调研雨花经开区】 2015年6月24日，国家发改委产业协调司司长年勇一行到雨花经济开发区考察调研。省发改委副主任卓群，长沙市委常委、副市长张迎春，雨花区委常委、雨花经开区党工委书记杜旭辉，雨花经开区工委副书记、管委会主任郭四军等相关领导陪同考察。年勇一行实地查看长沙长泰机器人有限公司、长沙比亚迪汽车有限公司，听取两家企业负责人关于项目发展情况的汇报，通过观看“舞狮机器人”的现场表演和乘坐比亚迪电动大巴参观生产线详细了解企业当前的生产经营状况。年勇肯定企业当取得的成绩，强调，要进一步加大技术研发力度，提升产品的智能化水平；要进一步加大市场开拓力度，提升民族品牌的市场占有率；要进一步运用自身产业链的优势，持续做大做强。（柳　旻）

重大活动

【2015中国中部（湖南）国际农业博览会】 2015年11月17—24日，由农业部和湖南省人民政府共同主办的2015中国中部（湖南）国际农业博览会（简称“农博会”）在长沙红星国际会展中心举办。该届农博会以“绿色与品牌·交流与合作”为主题，实行“政府引导、企业为主、市场运作”的运营模式，以“立足中部、面向全国、融入世界、打造云农博”为办会思路，充分运用“互联网+”思维和技术，全面涉“电”触“网”，充分发挥“手机农博汇”“网上农博会”和“农博二维码”的电商服务功能，链接“线上线下”，构建智慧型农博生态系统，打造智慧农业企业品牌联盟，逐步实现从“传统农博”到“智慧云农博”的华丽转身。展区总面积3万平方米，共设展位1500个。其中特装展260个，标准展位400个。划分国际展区、休闲农业展区、农业精品展区等，中部6省300多家国家级、省级农业龙头企业携手1500多家中外企业参展，17—18日为专业观众参观日，19—24日向公众开放。除开幕式和专业观众观展以外，推出产销对接商务洽谈、“互联网+”大智慧农业峰会、小辣椒逛农博、系列评奖、中国中部企业风采巡礼、2015中国·雨花“非遗”文化节、星城年货抢购节七大主体活动。展会期间，合同成交和现金交易总额205亿元“掌上农博”用户数新增4万余人，日均增加近6000人，交易总额超1000万元。（柳　旻）

【长沙·雨花（北京）招商推介会】 2015年9月18日，由长沙市人民政府主办，长沙市商务局、长沙市雨花区人民政府承办的“2015长沙·雨花（北京）招商推介会”在北京举行，雨花区携高铁新城武广片区、湖南省工业机器人产业示范园等九大板块、26个项目进京招商。商务部研究院消费经济研究部副主任赵萍为雨花区作投资环境推介，国家创新与发展战略研究会副秘书长申平华，中国民营经济国际合作商会常务副会长兼秘书长王燕国，长沙市人民政府副市长廖健等领导应邀出席，区领导邱继兴、张能峰、龚景顺、李电晖、黄文先、郭四军、刘海秋、余宏卿、王明玖、陈国强出席招商推介会，雨花区经开区、相关街道、部门负责人及近90余家企业参加该次招商推介会。推介会上，湖南健康产业园项目、众神之车主题公园项目、新松机器人南方运营中心项目等九大重点项目成功签约，签约总投资近300亿元。（柳　旻）

【湖南民建同心社区】 2015年3月18日，民建湖南省委“同心社区”在长沙市高桥街道办事处高桥大市场社区正式成立。省政协副主席、民建省委主委赖明勇，高桥大市场社区书记方燕平共同为“湖南民建同心社区”揭牌。高桥街道办事处主任莫志刚简要介绍高桥近年来的发展情况和未来的蓝图，表态将民建活动深入地办下去，办出特色，办出成效。赖明勇表示，民建省委将充分发挥密切联系经济界的特色和优势，帮助社区扶弱解困。届时，民建省委将在社区成立社情民意采集点、参政调研基地，并征集100个商户定期收集数据情况积累调研素材；组织开展社会服务活动，利用民建经济法律委员会的资源对社区商户进行法律援助，对社区商户提供金融融资小额贷款、咨询等服务；组织成立社区同心书屋、爱心超市等。希望能站在全局高度，扎实推进高桥大市场“同心社区”建设，做到有资料档案、有组织形式、有载体平台、有志愿队伍、有常态活动、有宣传展示，希望社区“两委”班子成员发扬和继承优良传统，同心同德、奋发进取，积极探索“同心社区”的有效办法，服务社区居民，力争将该“同心社区”创建成为省级“同心社区”。省人大常委、民建湖南省委专职副主委朱皖，民建省委副主委、长沙市政协副主席、民建长沙市委主委段安娜，中共长沙市委统战部常务副部长刘映群，中共雨花区委书记邱继兴，中共雨花区委常委、组织部部长、统战部部长冯聪龙等出席揭牌仪式。（柳　旻）

【“民意快线”工程】 2015年，长沙市实行新一轮群众工作“一推行四公开”活动。3月，中共雨花区委将群众工作办公室（简称“群工办”）从区信访局调整到区委办，推出群众工作“民意快线”工程。“民意快线”，就是民意的快速传达和解决。“民”，即把群众摆在首位，突出群众的主体地位。“意”，即尊重民意，让群众满意。“快”即快速办理民生问题，提升办事效率，突出5个“快”：党员干部快速下沉、群众诉求快速掌握、社情民意快速传递、民生问题快速解决、工作保障快速跟进。“线”，即基层一线，干部往一线走，资金往一线投，力量往一线倾斜。4月15日，全区群众工作暨第一季度党建工作会议全面部署群众工作“民意快线”工程，区委书记邱继兴强调“要以党建工作统揽群众工作，以群众工作统揽信访工作，要把群众工作作为最大的一把手工程来抓，始终把群众放在心上，始终把群众利益摆在首位，始终把群众工作方法作为制胜法宝”，深入基层开展群众工作。4月21日，“民意快线”工程启动。

雨花区制定“民意快线实施意见”等从宏观部署到微观推进的文件11个，形成一套完整体系。建立特约督察员机制，成立9个督查组，聘请群众工作“特约督办员”，采取明察和暗访相结合的方式进行督查，对全区各个群工办、群工站为群众解决问题情况开展刚性督查，重点关注联点的领导、干部、区直部门为群众办事情况。区委6次专题部署群众工作，全区68个县级领导、79个区直部门分别联点13个街道（镇）、163个社区，2280名党员干部一对一、点对点联系困难群众，实现机关干部参与全覆盖、社区（筹委会、村）以及规模以上企业联系全覆盖、重大项目挂钩服务全覆盖。开展“万卷问民心——民情大走访”活动，围绕人民群众对政府工作的意见、建议以及困难诉求进行走访；区四大家领导班子开展群众工作“民意快线”工程“走基层、抓调研、谋发展”活动。雨花区率先创建“433”民生问题快速解决机制，实行市级、区级、街道、社区四级解决问题机制，要求干部事前、事中和事后与群众“三见面”，切实了解实情。对民生问题的解决，区委甄别分类后列出问题清单、时间清单、责任清单“三张清单”，交付相关责任单位。3次召开群众工作“民意快线”工程交办调度会，集中交办民生问题。针对民调集中反映的共性问题部署“道路交通秩序、城乡面貌和生态环境、食品安全、就业和社会保障、社会治安和医疗卫生服务”六大专项行动，全年办结民生问题5131件，其中，区级问题955个，街道、社区一级4176个，办结率100%。494件为民承诺实事全部办结。建立“两网两报两平台”（雨花政务网、雨花新闻网，《民意快线报》《雨花手机报》，“飞梦雨花”和“民意快线”微信公众号），及时向群众发布区情、政情和社情。同时，以短信向全区30万群众群发，倡导“同住一座城市，共爱一个家”。（柳　旻）

【全国社区治理和服务能力建设示范培训班】 2015年11月30日至12月5日，全国社区治理和服务能力建设示范培训班暨经验交流会在长沙市雨花区举办。12月1日，举行经验交流会，民政部基层政权和社区建设司司长徐立出席并讲话，湖南省民政厅副厅长李劲夫，长沙市人民政府副市长陈中出席并致辞。全国各省（自治区、直辖市）民政厅（局）、新疆生产建设兵团民政局基层政权和社区建设处负责人；第一、二、三批全国社区治理和服务创新实验区民政局局长及经验交流实验区的党政主要负责人参加会议。民政部基层政权和社区建设司副司长刘勇主持会议。徐立对雨花区的社区治理和服务工作给予高度认可，将雨花区经验向全国推介推广，并对接下来做好社区建设作提出要求。雨花区作为典型代表向来自全国各地的与会人员展示雨花区的整体社区情况特别是实验区的创建情况，播放雨花区社区建设情况专题片，区委书记邱继兴作题为《做好“加减乘除”法 全面提升社区治理和服务现代化水平》的发言，介绍雨花经验：做好“加法”，强化党建引领。坚持党建工作重心下移，通过三道“加法”，最大限度加强党委对社区治理工作的统筹领导；做好“减法”，强化服务提效。立足服务提质，通过三道“减法”，实现社区职能从“多头”向“专业”、社区干部工作方式从“坐诊”到“出诊”、群众办事从“一门式”到“一口式”转变；做好“乘法”，强化社会协同。坚持调动全社会力量共同参与社区治理，通过三道“乘法”，用社会力量的“大合唱”代替党委政府的“独角戏”，最大程度激发了社区活力；做好“除法”，强化和谐稳定。坚持把一切工作的出发点和落脚点，放在解民忧、帮民困、惠民生上，确保百姓安居乐业，通过三道“除法”，治标固本，不断维护基层社会的稳定。来自全国各地民政部门的官员参观考察雨花区侯家塘街道韶山路社区、砂子塘街道社会事务受理中心和砂子塘街道金地社区，并就社区治理和服务创新经验进行交流，开展社区治理和服务能力建设示范培训。（柳　旻）

重大事件

【雨花区全面小康建设全省“三连冠”】 2015年，雨花区全面小康建设五大指标体系实现程度均达到90%以上，22项指标中有18项指标实现程度达100%，总体实现程度96.1%。综合考核排名全省一类县（市、区）第一，蝉联全省“三连冠”。

（柳　旻）

【跳马镇划归雨花区】 2014年11月17日，长沙市委常委会议研究，18日，长沙市区划微调领导小组决定，长沙县暮云、南托街道划归天心区管理，跳马镇划归雨花区管理。27日，长沙市雨花区第四届人民代表大会常务委员会举行第十六次会议，会议审议通过长沙市雨花区人民政府关于提请审议接管跳马镇的议案，批准成建制接管长沙县跳马镇。2015年1月14日，长沙市雨花区跳马镇挂牌仪式举行，跳马镇正式划入长沙市雨花区。调整行政区划后，雨花区辖雨花亭、左家塘、侯家塘、东塘、砂子塘、高桥、圭塘、井湾子、洞井、黎托、同升、东山12个街道和跳马1个镇，总面积304.9平方千米，总人口76.47万人。

跳马镇是1995年5月长沙县“撤区并乡”时，由原跳马、团然、石门三乡合并而成，辖跳马、关刀、嵩山、杨林、沙仙、复兴、双溪、三仙岭、石桥、梅怡岭、曙光垸、冬斯港、白竹、喜雨、石燕湖、新田、田心桥17个村和金屏、斑竹塘2个社区，423个村民小组，总面积183平方千米，其中山林面积9293.33公顷，耕地面积4086.67公顷，水面面积335.2公顷。跳马镇北承长沙，南衔株洲，东临浏阳，西接湘潭，正好位于“全国资源节约型和环境友好型社会（简称‘两型社会’）建设综合配套改革试验区”的长株潭城市群中央，距长沙市区12千米，株洲市区10千米，湘潭市区18千米，中国首批“花木之乡”和“红继木之乡”。跳马镇是生态旅游胜地，自然资源独特，环境秀美，石燕湖生态旅游公园是国家级AAAA级旅游景区，境内的跳马涧是长沙地区著名的古战场，是历来兵家必争之地。明代的吉简王、悼王、庄王、宣王的墓地葬于天鹅池和三仙岭村。始建于唐代的嵩山古寺座落在嵩山村。清末著名爱国将领左宗棠的忠骨埋葬在白竹村。

跳马镇划归雨花区，在一定程度上缓解雨花区土地资源紧张局面，优化资源配置，将有效增加雨花区产业发展腹地和空间，推动现代服务业转型升级、融合发展。跳马镇受益长沙市区得到较好的公共交通设施，有利于跳马镇招商引资，充分发挥生态优势、资源优势。（柳　旻）

【机构改革会议】 2015年10月23日，长沙市雨花区召开政府职能转变和机构改革动员大会，全面安排部署机构改革相关工作，会议印发《长沙市雨花区人民政府职能转变和机构改革方案的实施意见》《关于长沙市雨花区人民政府机构设置的通知》《关于抓紧拟订区政府涉改单位“三定”规定及职责和机构编制调整文件草案的通知》《关于严肃政府机构改革纪律的通知》等文件，雨花区政府职能转变和机构改革从全面启动进入到推进实施阶段。区委常委、组织部部长、统战部部长冯聪龙主持会议，区委常委、常务副区长邹春林宣读《长沙市雨花区人民政府职能转变和机构改革方案的实施意见》，区委副书记、区长张能峰动员部署区政府职能转变和机构改革工作。全体县级领导出席会议，区直各部门单位主要负责人和分管领导参加会议。区委书记邱继兴指出，机构改革不是简单的部门整合、人员调整，更重要的是转职能、转方式、转作风，加快推进治理体系和治理能力的现代化，为推进“四个全面”战略布局提供保障。思想要统一，正确看待政府职能转变和机构改革。各部门要认识到，这是全面深化改革的必然要求，是转型创新发展的关键之举，是法治政府建设的必由之路。任务要明确，科学推进政府职能转变和机构改革。要通过优化政府组织结构、理顺部门职权职责、科学配置机构编制，全面提升行政效能。要通过深入推进简政放权、规范行政权力运行、改进完善监管方式，大力优化发展环境。要通过强化依法决策、依法行政、依法履职，加快建设法治政府。组织要有力，全力保障政府职能转变和机构改革。各部门要高度重视，务必进一步加强领导，进一步做细工作，进一步严肃纪律，全力保障各项改革任务的顺利推进和圆满完成。区委副书记、区长张能峰强调，本轮政府职能转变和机构改革，目的是要促成政府职能转变，建设人民满意的法治政府和服务型政府。全区各部门要严格按照区委、区政府统一部署，要以高度的政治责任感和使命感，精心部署，抓紧推进，狠抓落实：抓牢深化改革“主线”，积极应对、主动作为；把好机构编制“红线”，把握关键、规范操作。三是要守住勤政廉政这条“底线”，严明纪律、稳妥推进。（柳　旻）

【物业管理改革】 2015年，雨花区针对当前物业领域业主委员会成立难、物业维修资金使用难、物业投诉和纠纷处理难、物业费收取上涨难、物业行政监管难等事关万千百姓生活，群众反映最为强烈，各级党委政府十分重视的物业管理难题，以问题为导向，本着服务民生、执政为民的宗旨，在广泛调研走访、征询意见的基础上，按照“政府监管、市场主导、业主自治、综合施策”的原则，区委、区政府研究出台物业管理改革总方案，指导全区的物业管理改革工作；物业管理改革是雨花区继基层治理创新“社区职能职责清理减负增效改革”之后的又一重要的民生类改革。11月4日，雨花区召开物业管理改革工作会议，会议出台《雨花区物业管理改革实施方案》，配套出台四个实施办法和工作细则，全面动员、系统推进物业管理深度改革和创新。区有关领导，区直相关部门、各街道（镇）党工委书记、各社区（筹委会）负责人、物业服务企业负责人、各住宅小区业委会主任参加会议。长沙市住房和城乡建设委员会相关领导应邀出席会议。

物业管理改革方案分为五大部分30条。方案加强小区党组织、业委会、业主监事会建设，把党组织建设覆盖到各住宅小区，创新业主监事会业主自治新方式。方案加强物业服务的规范提质，强化物业服务企业对物业管理区域的公共安全事务责任，试行"菜单式"物业服务合同，实现质价相符的物业服务；探索物业费调价机制，拓展物业维修资金改革，试点业委会自行管理使用维修资金。方案严把物业企业进出关口，严格执行招投标准入机制，通过信任等级评定、星级物业评选、创设街道社区考评物业企业办法等加大对物业服务企业的监督力度。方案创新物业纠纷调处机制，区、街两级设立物业纠纷调处中心，引入法律人士、专家顾问团队，建立纠纷调处联席会议制度，确保各类物业纠纷投诉难题得到及时、合理、依法调处。总方案配套四个细则和办法，对物业纠纷调处、物业管理细则、业委会工作流程、监事会工作细则等作明确规定。全区选取40个不同类型的住宅小区开展物业管理改革试点。（柳　旻）

【全省首个县级蓝天应急救援队】 2015年6月16日，雨花区成立全省首个区（县）蓝天应急救援队，其总部和装备仓库设在雨花区高桥街道办事处。蓝天救援队是中国第一个全国公益性机构，2008年11月成立，总部设在北京。2010年6月，长沙市蓝天救援队成立；2014年3月正式注册为长沙市蓝天救援服务中心，正式队员60余人，预备队员400余人，自成立以来，参与省内外大型救援活动50余次，开展自救互救培训4.3万余人次。2015年5月，组建和注册雨花区蓝天应急救援队。雨花区蓝天应急救援队首批9名骨干队员均为具有资深医疗护理、水上救援和山野救援经验的专业公益人士，装备有无人机、冲锋艇和生命探测仪等高科技应急救援设备，随时应急待命。雨花区以政府购买公益服务方式和蓝天应急救援队合作，奉行“崇尚公益，生命至上，博爱奉献，精准施救”的理念，为湖南地区遇险人员免费提供生命抢救和危难解救，并积极参与相关政府部门组织的扶危济困、灾害救援等行动。根据社会需求，走进社区、学校、企事业单位，普及全民自救与互救知识、防灾减灾常识，做好雨花区政府应急救援的辅助力量，成为主力救援的助手。（易　燕）

【企业生活小区社会职能分离移交】 2015年9月15日，雨花区第一批市属企业生活小区社会职能分离移交协议签订仪式在区会议中心举行，区政府副区长、区企业办社会职能分离移交工作领导小组常务副组长余宏卿代表雨花区人民政府与企业主管部门或企业行办签订移交协议。签约涉及市交通局、市机械行办等11个主管部门单位、22家市属企业24个生活小区，长沙市企改办副主任、市国资委副主任陈军等市、区领导出席签约仪式。陈军要求全市思想要统一、认识要提高，组织要严密、移交要到位，工作要抓紧、任务要完成。余宏卿感谢市分离办、企业主管部门、企业行办对雨花区社会职能分离移交工作中的大力支持，感谢区直相关部门、街道、社区的辛勤劳动，对完成好后续工作提出明确要求。此次签约，区分离移交办、区直相关部门、街道社区以及市属企业多方联动，配合紧密、准备工作认真扎实，会务组织严谨精细，率先在全市完成第一批市属企业的移交协议签订任务，得到市国资委、市企改办领导的充分肯定，为推动后续分离移交任务积累成功经验。标志着雨花区企业办社会职能分离移交工作在各方共同努力下取得阶段性成果，对雨花区企业办社会职能分离移交工作具有里程碑意义。（柳　旻）

【“最美中国·旅游目的地”】 2015年8月，“延伸幸福，快乐无边”延边旅游推介会暨第三届旅游业融合与创新论坛（以下简称“论坛”）在延边朝鲜族自治州召开，长沙市雨花区凭借其优美的生态环境、丰富的自然资源及浓厚的人文底蕴，获“最美中国·休闲度假及投资价值旅游目的地”光荣称号。论坛秉承“发现最美、报道最美”的原则，依靠三年来的专业权威和丰厚积累，围绕“区位环境、特色文化、智慧旅游、休闲风尚、自然风情、绿色环保、管理创新、配套服务、品牌引领、责任凝聚、人才管理”11个方面，历时半年向全社会公布“2015最美中国榜”。雨花区集山水灵秀神韵于一体，是省会长沙的生态文明城区，是国家级生态示范区、中国生态文明示范区，拥有“中部高铁枢纽，省会东南门户”的优越区位，是湖南参与“泛珠三角”经济合作的重要通道。区内风景优美，环境怡人，集山的灵秀与水的神韵于一体，被誉为长沙市的生态城区。雨花区拥有AAAA级景区两个(被誉为“天然氧吧”的湖南省森林植物园、流淌都市田园风光的石燕湖生态旅游公园)、省级工业旅游示范点两个(长沙比亚迪工业园、克明面业)、省级旅游购物示范点1个(神农茶都)、市级工业旅游示范街道1个(同升街道)、现代城市综合体1个(德思勤广场)。辖区内有流水潺潺、绿树成荫的圭塘河生态景观区;享誉盛名的千年古刹清泉寺;莲花朵朵、暗香浮动的桂花公园以及东山古镇、肖家祠堂等人文古迹,关帝古庙、跳马涧、观光庙、明吉简王墓、左宗棠墓等具有文化底蕴的可供开发景点。随着跳马镇的划入,雨花区旅游资源进一步丰富,发展前景可观。雨花区宜游宜乐,以其在休闲度假和投资价值方面的核心优势入围榜单,获得专家、媒体及国民的一致认可。（柳　旻）

【国内首条中低速磁浮线试运行】 2015年12月26日,长沙火车南站至长沙黄花机场的中低速磁浮线,正式开通不载客试运行。磁浮列车采用独特的“抱轨”运行方式,通过电磁力使车辆悬浮在轨道上,是唯一实现无接触运行、无脱轨风险的轨道交通方式。长沙磁浮快线连接长沙南站和长沙黄花机场,长18.54千米,设计时速100千米/小时,由中国中车株洲电力机车有限公司牵头自主研发,具有安全、噪声小、转弯半径小、爬坡能力强等特点,车辆在防火安全、隔音降噪、乘坐舒适性等方面达到国际标准,运行时无烟尘排放,是国内首条自主设计、自主施工、自主制造、自主管理的,具备完全自主知识产权的磁浮轨道交通线路商业运营示范线,是国内首条投入运营的中低速磁浮线,是世界上规划线路最长的中低速磁浮线路。长沙磁浮工程由铁四院设计、中国铁建实施设计施工总包管理,投资估算总额约42亿元,2014年5月16日开工建设。磁浮线设火车南站、榔梨站和黄花机场站3个站点,预留会展站和汽车城站两个站,长沙火车南站至黄花国际机场仅需10分钟。长沙中低速磁浮工程标志着继德国、日本、韩国后,中国成为全球第四个掌握中低速磁浮技术的国家。（柳　旻）

大事记

2015年雨花区大事记

1月

5日　雨花区委副书记、代区长张能峰，区委常委、常务副区长王雄文，区委常委、副区长罗予武调研高铁新城沪昆配套18号、20号地块的拆迁工作和全区棚户区改造工作。

6日　雨花区委四届十九次全体（扩大）会议召开。区委书记邱继兴，张能峰等全体在职县级领导参加。

8日　雨花区2014年度“六个走在前列”大竞赛暨绩效、廉政考核述职述廉测评大会召开。

同日雨花区召开院区合作座谈会，张能峰主持会议，会议邀请省内和驻区13家省部级、市级医院领导和专家参加，共话院区合作事宜，邱继兴出席并讲话。

9日　雨花区“学身边雷锋 扬文明新风”社会主义核心价值观教育基地活动展演在湖南省教育电视台演播厅举行。

12日　政协长沙市雨花区第四届委员会第三次会议在雨花区会议中心召开。

13日　长沙市雨花区第四届人民代表大会第三次会议在雨花大会堂召开。

14日　长沙市雨花区跳马镇揭牌授印仪式在跳马镇政府驻地举行。长沙市委常委、市人民政府常务副市长陈泽珲宣读市人民政府批复文件，邱继兴、张能峰分别授中共雨花区跳马镇党委、雨花区跳马镇人民政府印鉴。区委常委、区委组织部部长冯聪龙宣读《中共雨花区委关于跳马镇领导班子成员分工的决定》。

19日　雨花区组织召开2015年第1次安委会例会暨防范重特大安全事故会议，区委常委、区委办主任黄文先主持会议。张能峰，副区长余宏卿、谭应林出席。

2月

2日　湖南省副省长黄兰香，省政府办公厅副秘书长陈仲伯率省经信委主任谢超英，省经信委副主任殷林波，省政府办公厅五处处长徐林军赴雨花经开区调研湖南工业机器人产业示范园建设情况。长沙市委常委、副市长张迎春，张能峰，区委常委、雨花经开区党工委书记杜旭辉等陪同调研。

4日　雨花区2014年度履行基层党建工作责任述职测评大会召开，区属党工委（党组）书记就履行基层党建工作责任进行述职，其中12个街道党工委书记进行现场述职，回答基层党代表的现场提问，邱继兴逐一进行现场点评，并开展现场测评打分。

5日　雨花区圭塘河流域综合治理研讨会召开。邱继兴，张能峰，区人大常委会主任龚景顺，区政协主席李电晖，王雄文，罗予武，雨花经开区党工委副书记、管委会主任郭四军，区人大常委会副主任谢爱龙，副区长李国军，区政协副主席任壮岳参加。

8日　邱继兴、张能峰、区委副书记汪娟一行督查长沙火车南站地区春运工作。

10日　邱继兴、张能峰、汪娟、龚景顺、李电晖、黄文先、王雄文、副区长陈怀宇一行出席跳马镇干部大会，实地调研跳马镇 。

11日　张能峰、余宏卿带领区政府办、区城乡建设局、区安监局、区消防大队等部门督查春节前夕安全生产工作。

同日湖南省政府召开安全工作电视电话会议，张能峰，雨花经开区、区委办、区人大办、区政协办、区委组织部、区委宣传部、区委政法委有关负责人，区安委会成员单位主要负责人，各街道（镇）行政主要负责人，部分重点企业的负责人在雨花分会场收听收看会议。

12日　中共长沙市雨花区第四届纪委第五次全会暨全区反腐败工作会议召开。区委常委、区纪委书记王清政作工作报告。

同日雨花区离休和县级退休干部迎春座谈会暨春节团拜会举行，邱继兴、张能峰、汪娟、龚景顺、李电晖、冯聪龙、黄文先、王雄文参加。

16日　长沙市委副书记、市长胡衡华督查长沙火车南站春运工作。

28日　区委公选20名年轻干部到社区挂职“第一书记”，推动年轻干部去基层干实事、接地气，其中多名原挂职干部再次报名，主要解决项目攻坚、拆迁拆违、村级经济股份制改造、城中村改造和夯实党建等“筑基础、破难局”等工作。

3月

3日　雨花区城中村改造工作会议在区会议中心中型会议室召开。邱继兴、王雄文、罗予武、余宏卿、李国军、陈怀宇，区人大常委会副主任胡和平、区政协副主席康长萍出席会议。

4日　雨花区群众和信访工作会议召开。黄文先主持会议，邱继兴，张能峰，汪娟，冯聪龙，王雄文，区委常委、政法委书记王维宁，谭应林出席。

5日　张能峰、王雄文率区政府办、区财政局、区后勤中心等部门主要负责人现场调研指导区治二办大院老干部活动中心、老干部大学新址建设工作。

7日　湖南机器人产业集聚区产业推介暨长泰机器人CTR新产品发布会在雨花经济开发区企业长泰机器人车间举行。邱继兴、张能峰出席活动。

9日　雨花区绩效考核工作领导小组会议召开。邱继兴、张能峰、汪娟、冯聪龙、王清政、黄文先、王雄文、罗予武、余宏卿参加。

10日　南昌市委副书记、市委政法委书记欧阳海泉一行考察侯家塘街道廖家湾社区，长沙市委常委、市委政法委书记钟钢，市委副秘书长夏文斌，市委宣传部副部长、市文明办主任郑力虎，区委常委、区委宣传部部长何托林，副区长、区公安分局局长谭应林等领导陪同。

同日雨花区2015年经济工作会议暨安全生产工作会议在雨花大会堂召开，张能峰作工作报告，邱继兴发表讲话。

11日　雨花区重点工程建设暨拆迁拆违工作会议召开，张能峰主持会议。李国军作拆违控违工作报告，罗予武作重点工程建设及拆迁工作报告，王雄文宣读2014年度重点工程建设、征拆工作、拆违控违工作考核情况通报，邱继兴发表讲话。

12日　雨花区环境保护工作大会召开，会议号召大家统一思想，凝心聚力，筑牢基础，破解难局，全力打造雨花环保新格局。张能峰出席会议。

同日雨花区领导干部经济责任审计工作领导小组暨审计工作调研会议召开，区领导张能峰、冯聪龙、王清政、王雄文、刘海秋，以及雨花区领导干部经济责任审计工作领导小组成员单位负责人出席会议。

13日　雨花区党务工作暨绩效考核讲评大会召开。

16日　汪娟、何托林、罗予武在湘府十城售楼部参加省交响乐团引进工作调度会。

20日　邱继兴、张能峰等全体在职县级领导参加区党务工作会议暨绩效考核讲评大会。

同日洪鑫湖南智能物流集配枢纽项目设计方案评审会在雨花区政府 A101 会议室召开。张能峰主持会议。

24 日　雨花区 2015 年干教工作领导小组会议召开。

26 日　雨花区 2015 年重点工作建设领导小组会议召开。邱继兴、张能峰、王清政、王雄文、罗予武参加。

30 日　湖南省委常委、长沙市委书记易炼红一行考察雨花区环城绿带、沪昆高铁配套工程项目等 5 个拆违项目现场，邱继兴、张能峰等区主要领导陪同考察。

31 日　长沙市人大常委会主任袁观清一行考察雨花区环城绿带建设情况。

4 月

1 日　张能峰、王雄文、余宏卿率区政府办、区发改局、区商务和旅游局、区城管局、区财政局等部门主要负责人，调研高桥街道项目建设和企业运营情况，调研东塘街道新芙蓉之都专业服务业示范楼宇招商情况。

9 日　雨花区 2015 年一季度经济形势分析会召开。王雄文主持会议，张能峰出席。

13 日　雨花区召开政府系统廉政工作会议、安全生产和防汛抗旱工作会议。王雄文主持，张能峰、罗予武，李国军、陈怀宇出席会议。

14 日　“南台湾基层民众湖南行”参访交流活动在侯家塘街道廖家湾社区举行，汪娟、冯聪龙参加。

15 日　雨花区民兵预备役工作会议召开，邱继兴，区委常委、人武部部长宋尊德，人武部政委罗永垂，陈怀宇，人武部副部长温利锋参加。

16 日　长沙市委常委、市委秘书长陈献春带队到雨花区专项调研高速公路两厢整治拆违工作。

同日雨花区群众工作暨一季度党建工作会议召开。

同日雨花区举行涉拆党员干部动员大会，充分发挥涉拆党员“关键少数”先锋模范作用，率先落实市委“四个带头”要求。全区街道（镇）、部门一把手、党群副书记、社区（筹委会）、村党组织书记、主任以及全区 200 多名本人或者亲属涉及拆迁拆违工作的党员干部参加会议，邱继兴、李电晖、刘海秋出席会议，张能峰主持会议。

同日长沙市经信委党委书记、主任邓自力一行调研雨花区，张能峰、余宏卿出席调研汇报会，雨花区经开区工委副书记、纪工委书记洪健参与调研活动。

17 日　雨花区残联被湖南省人民政府评为民办实事项目贫困残疾人家庭无障碍改造工作“先进单位”。

20 日　雨花区 2015 年第二次安委会例会暨防范重特大事故会议召开，张能峰主持，罗予武出席会议。

22 日　雨花区防范和打击涉众型经济犯罪领导小组会议召开。

同日区纪委、区委组织部联合制定下发《关于进一步规范国家工作人员因私事出国（境）审批管理工作的通知》，分级分类严格审批程序，将干部监督严到实处。

同日长沙市委常委、市委统战部部长文树勋率市相关部门到雨花区黎托街道调研拆违控违工作，实地察看川河 D-09 项目、粟塘文化产业园项目和环城绿带拆违指挥部工作进展情况。邱继兴、汪娟、冯聪龙、王雄文等陪同调研。

24 日　张能峰一行调研雨花经开区，实地考察比亚迪大巴生产车间、比亚迪垃圾处理场、东湖高新工业地产、九泰置业总部基地、雨花污水处理厂、机器人产业集聚区的标准厂房、展示中心和研发中心、克明面业等工业企业和重点项目。

25 日　黎托街道拆迁拆违推进会召开。邱继兴、张能峰、冯聪龙、王雄文、李国军，区人大常委会副主任杨平等区领导出席会议。

26 日　位于湖南省府 CBD 的德思勤四季汇购物中心开业。省财政厅厅长郑建新，长沙市副市长何寄华，省环境保护厅副厅长潘碧灵，省发展研究中心党组成员粟志远，邱继兴、张能峰、龚景顺、李电晖、王雄文等出席开业仪式或参加剪彩。

27日　长沙市政协副主席彭继球到雨花区内四塘街道调研，实地查看左家塘街道赤岗社区和东塘街道第八设计院现场拆违情况。

同日雨花区委、区政府召开专题会议，学习贯彻湖南省党政代表团赴江西、广西考察总结暨经济工作推进会精神。张能峰主持会议

28日　雨花区庆“五一”劳模座谈会召开，汪娟、冯聪龙、陈怀宇参加。

29日　雨花区2015年第一季度全区重大项目建设工作调度会召开。

30日　长沙市政协副主席龚振湘带领市政协法团委主任张业军、市规划局副局长程展鹏一行到潭阳片区调研拆违工作。

5月

4日　雨花区防汛工作紧急调度会召开，部署近期防汛工作。

5日　易炼红调研雨花区养老服务业发展情况，陈献春、邱继兴、张能峰、陈怀宇陪同调研。

6日　长沙市政协党组书记、主席范小新率市政协主席会议成员一行考察雨花区调研高铁片区建设管理和政协工作。邱继兴、张能峰、汪娟、李电晖、黄文先、康长萍、陈国强、廖云伟、罗艳辉、任壮岳等陪同考察调研。

8日　雨花区社区党建和社区建设工作座谈会召开，研究贯彻落实《长沙市社区党建和社区建设三年行动计划（2015—2017年）》的意见建议。

11日　凌晨1:00许，雨花区迎来新一轮雷暴灾害天气，狂风、响雷伴随强降雨肆虐着雨花大地，各主要道路易受渍（堵）点相继出现短时严重积水。区委、区政府主要领导第一时间启动防涝排渍应急预案，张能峰、李国军指挥、调度全区防涝排渍应急抢险工作。

12日　省减灾委在高桥街道怡园社区举行2015年防灾减灾宣传周活动启动仪式，纪念全国第七个“防灾减灾日”，省人大常委会副主任谢勇、省政协副主席王晓琴出席。

13日　陈泽珲率领市直部门负责人调研雨花区井湾子街道德思勤城市广场。邱继兴、张能峰、杜旭辉、邹春林、罗予武、余宏卿等参与调研。

14日　邱继兴、张能峰带队逐一到黎托、东山、洞井街道等10余个拆违项目现场督办拆违控违工作。

15日　长沙市城中村改造拆迁现场推进会在雨花区召开。邱继兴、张能峰等参会。

同日“企业上市培育孵化基地”揭牌仪式暨长沙雨花经开区首批优选版（Q板）企业挂牌仪式在雨花经开区举行，邱继兴、张能峰、杜旭辉、郭四军参加。

19日　湖南省政府教育督导评估考核专家组一行11人评估考核雨花区教育工作两项督导工作。张能峰汇报区教育工作。

20日　易炼红实地督查雨花区高速公路两厢整治（环城绿带建设）项目拆违控违工作。邱继兴、张能峰等陪同。

同日雨花区组织召开重点企业负责人安全生产谈心对话活动，全力推进企业安全生产责任体系、“五落实五到位”和安全生产长效机制建设。黄文先主持，张能峰讲话。

22日　全国青少年校园足球冠军杯赛2015赛季长沙揭幕战启动式在南雅中学举行。

27日　湖南省“珍爱生命·快乐成长”暨长沙“呵护成长”大学生志愿者结对帮扶活动在雨花区少年宫启动，邱继兴、汪娟、何托林，副区长王清华参加。

28日　雨花区综治委全会暨政法综治宣传工作部署会召开，汪娟、王维宁、胡和平、李国军、谭应林、陈国强参加。

29日　雨花区“三严三实”专题教育工作座谈会召开，安排部署雨花区专题教育工作。张能峰主持会议，邱继兴讲授专题党课。

6 月

1 日　长沙市人民政府主办、市高铁新城开发建设领导小组、市商务局、雨花区人民政府等单位共同承办的“长沙高铁新城楼宇专题招商推介会”在香港港岛海逸君绰酒店隆重举行，张能峰全程出席活动。

3 日　文树勋一行调研雨花区拆违拆迁工作，并在黎托街道召开调研座谈会。邱继兴，张能峰陪同调研或参加会议。

同日雨花区建设品质雨花工作推进会召开。

5 日　“雨花区第二届同升汽车·房产旅游消费季”暨“大爱同升，爱心送考”启动仪式在雨花黄谷路汽车 6S 街区凯迪拉克 4S 店前坪启动。

6 日　张能峰、罗予武、李国军率有关部门督查洞株公路施工项目。

7 日　胡衡华，市委常委夏建平，市政府秘书长谭勇一行专题调研高桥街道，“围而未建”地块专项整治情况。张能峰、罗予武等陪同调研。

10 日　湖南省委副秘书长赵小明率领省委督查室一行深入高铁新城片区调研指导拆违拆迁工作。陈献春、邱继兴、张能峰等陪同调研。

11 日　长沙市副市长黎春秋一行专题调研高铁新城片区拆违拆迁工作。

15 日　陈献春带队督查高铁新城片区调研拆违工作。

16 日　雨花区“拒绝毒品·健康成长”禁毒宣传进校园巡讲活动在砂子塘新世界小学启动。

19 日　高铁新城片区拆违拆迁指挥部指挥长、副市长黎春秋调度高铁新城片区拆违拆迁工作进度。常务副指挥长周庆年，副指挥长潘胜强、执行副指挥长邱继兴等参加。

25 日　易炼红、胡衡华、袁观清率市四大班子和全市拆违拆迁干部代表考察指导雨花区拆违拆迁工作，察看黎托片区文化产业园、新花侯小学、环城绿带建设项目，邱继兴、张能峰、汪娟、罗予武、李国军等陪同考察。

30 日　长沙市委常委、组织部部长程水泉在邱继兴、张能峰、汪娟陪同下看望奋战在征拆一线的东山街道基层党总支部书记包新伟。

7 月

1 日　受易炼红的委托，陈献春带队专程看望慰问雨花区高铁新城片区拆违攻坚一线的党员干部。

3 日　2015 乐购雨花房产消费节“节会大起航”活动启动，全体在职县级领导参加。

6 日　陈泽珲率市直有关部门负责人调研长株潭城市群生态绿心保护工作。

同日全国首期志愿服务实践基地培训班暨“邻里守望”社区志愿服务座谈会在武汉市百步亭社区召开，授予侯家塘街道廖家湾社区“全国社区学雷锋志愿服务联络工作示范站”荣誉称号。

7 日　上海挚优、深圳繁兴科技、广州意戈力自动化等 8 家机器人企业，与长沙雨花经开区签订正式投资协议，入驻湖南省机器人产业集聚区。签约总投资额 5 亿元。

8 日　长沙市首场“践行三严三实，争当发展先锋”先进典型事迹报告会在雨花区召开。芙蓉区政协主席刘建新、雨花区黎托街道办事处副主任王铁龙等 6 位先进典型代表作先进事迹报告。

10 日　张迎春，市政协副主席、市交通运输局局长刘明理，副局长罗齐宏考察洞株公路建设。

15 日　易练红看望慰问奋战在拆违一线的工作人员，勉励大家乘势而为、合力攻坚、一气呵成，坚决打赢拆违攻坚战。陈献春、黎春秋、邱继兴、张能峰等陪同看望。

16 日　长沙市在比亚迪充电站举办“告别黄标车 更新纯电动”启动仪式，胡衡华、张迎春、刘明理、邱继兴、张能峰等出席启动仪式。

21 日　长沙市发改委主任张智勇率市发改委投资局、财贸物流处、高新处、服务业处等相关部门负责人调研井湾子街道德思勤城市广场。张能峰、邹春林等陪同调研。

22 日　湖南省委组织部副部长蔡建和一行督

查调研雨花经开区“三严三实”专题教育，考察长泰机器人和比亚迪汽车有限公司。程水泉、邱继兴、杜旭辉等陪同调研。

23日　雨花区2015年第3次安委会例会暨防范重特大事故会议召开。

24日　雨花区2015年上半年政情通报会召开。邹春林代表区政府通报上半年经济社会发展情况。

27日　胡衡华、黎石秋、黎春秋一行实地考察雨花区高桥街道城中村改造工作。邱继兴、张能峰等陪同考察。

28—30日　韩国CJ集团代表团一行到雨花区进行实地考察。邱继兴、张能峰、余宏卿，区委宣传部、区商务和旅游局、区文体局、区农林水局、区现代服务业办公室等相关职能部门参加接待并座谈。

29日　湖南省卫计委副主任张义昌、长沙市卫计委主任周敏一行调研砂子塘街道进行流动人口网格化工作，邱继兴、张能峰等陪同调研。

30日　长沙市“一府两院”向市人大代表雨花联组代表通报2015年上半年工作会议召开。代表们听取并审议市“一府两院”和雨花区人民政府上半年工作汇报。市人大常委会副主任刘新程，副市长黎春秋，区领导邱继兴、张能峰出席会议。

31日　雨花区合作共事同心恳谈会召开。

8月

3日　文树勋率队调研雨花区统战工作。

5日　易炼红到雨花区侯家塘街道，看望慰问高温下坚守一线的环卫工人。陈献春，市人大常委会副主任、市总工会主席赵建强，市城市管理局局长邓鹏宇，张能峰，李国军，区城市管理局、区环卫局、侯家塘街道等部门领导陪同。

6日　张能峰主持召开全区棚改工作调度会，传达市委副书记、市长胡衡华的指示，研究2015年下半年棚改工作。

7日　省委书记、省人大常委会主任徐守盛率队到长沙调研，考察高铁新城片区拆违工作。

8日　雨花区第七届“书香雨花”读书节开幕式在德思勤四季汇购物中心举行。

10日　岳阳市委书记盛荣华，市委副书记、市长刘和生率党政代表团到长沙，学习考察城市规划建设管理、控违拆违、产业园区发展的成功经验，进一步推动两地深度合作。

12日　雨花区浏阳河文化旅游产业带建设工作会议召开，余宏卿主持，邱继兴、张能峰、汪娟、邹春林、罗予武出席。

13日　雨花区“同心合作共赢 圆梦五新雨花”经济界人士同心恳谈会举行。邱继兴、张能峰、冯聪龙、邹春林，区人大常委会副主任、区工商联主席周凌云，余宏卿出席。

18日　邱继兴组织召开安全生产谈心对话活动会议，张能峰主持，罗予武传达各级领导的重要批示、指示及讲话精神和有关会议精神。黄文先、雨花经开区、各街道（镇）、区安委会重点成员单位行政主要负责人参加会议。

19日　张能峰率区政府办、区城建局、区安监局、区消防大队、区质监分局等相关单位主要负责人到雨花亭街道辖区内的重点企业进行安全生产突击检查。

20日　台湾媒体《联合报》A12专版专题推介“飞梦雨花”名片。专版以《中部大枢纽 湖南新门户 长沙雨花齐聚天下客》《三大高铁干线汇聚长沙 拉来万亿规模商机》《长沙雨花经开区 工业机器人及电动车制造重镇》为题，重点介绍雨花区独具特色的区位优势、产业基础、商贸经济、人文环境，凸显了雨花发展优势，全方位展示雨花区发展前景。

21日　雨花区国土规划领导小组会议召开。

25日　区委党管武装工作调研会召开。

26日　李军督查带队雨花区中石化红星加油站、湖南红星盛业食品股份有限公司和长沙市莲湖医用氧厂安全生产工作，邱继兴、张能峰等陪同。

27日　雨花区跳马镇保护性开发建设专题协商会召开。李电晖主持会议，邱继兴、张能峰、邹春林、罗予武、陈怀宇，区政协副主席康长萍、陈国强、廖云伟、罗艳辉、任壮岳等领导出席专题协商会议。

30日 易炼红一行考察指导湖南高桥大市场建设与发展情况，邱继兴、张能峰等陪同考察。

9月

1日 雨花区“铭记历史 雨花青年当自强”纪念抗日战争胜利70周年主题演讲沙龙在德思勤24小时书店举行，邱继兴、冯聪龙、余宏卿出席。抗战老兵刘吉星、周海清、王聿新讲述自己的抗战故事。

7日 雨花区召开高铁新城拆违拆迁“东山大会战、清零200万”工作推进大会。

同日工信部中小企业局局长郑昕一行调研雨花经开区中小企业发展情况。省经信委主任、党组书记谢超英，市经信委主任邓自力，邱继兴，张能峰，区委常委、雨花经开区党工委书记郭四军，党工委副书记、管委会主任李国军陪同调研。

9日 长沙市委顾问谢树林、市人大常委会副主任芮英姿、市政协党组副书记谢明德、市政府副秘书长王体泽组织市住建委、市财政局、市国土局、市交通局、市商务局、市城管局、市规划局、市政府研究室、市公安局交警支队、市政府督查室、市绩效办、市国资委、市工商局等，调研高桥市场片区提质改造和仓储物流外迁工作 。

同日雨花区“平安进社区”文艺宣传巡回演出活动启动仪式在雨花区东塘街道第六都小区举行。省委政法委综治三室副调研员姚细泉，市委政法委副书记、综治办主任谭学军，张能峰、王维宁等领导出席启动仪式。

10日 湖南省拆违工作现场会议在长沙召开，副省长张剑飞率代表团赴雨花区高铁新城片区观摩拆违综合整治现场。省住建厅等10家单位负责人和全省各市州分管拆违工作的负责人参加观摩。

14日 湖南省委组织部副厅级纪检员梁平，省司法厅党组副书记、副厅长黄春阳，省司法厅政策法规处处长魏威等领导一行在钟钢，市人大常委会副主任谭杭生，市委政法委副书记、市司法局局长魏华松的陪同下检查验收雨花区“六五”普法依法治理工作。邱继兴、张能峰、李电晖、王维宁，副区长王明玖出席汇报会。

15日 胡衡华、张迎春、谭勇率市经信委、市发改委、市科技局、市财政局、市人社局、市商务局、市规划局、市政府研究室主要负责人调研调度湖南省机器人产业集聚区机器人产业发展。邱继兴、张能峰、郭四军、李国军等陪同参加。

18日 由长沙市人民政府主办，长沙市商务局、长沙市雨花区人民政府承办的“2015长沙·雨花（北京）招商推介会”在北京举行。区领导邱继兴、张能峰、龚景顺、李电晖、黄文先、郭四军、刘海秋、余宏卿、王明玖、陈国强出席招商推介会。

19日 湖南首个“绿色循环日”暨“绿色湘依”旧物循环利用启动仪式，在砂子塘街道凯德广场举行，活动由长沙市文明办、雨花区文明委共同主办，雨花区东塘街道、砂子塘街道共同承办。

23日 雨花区落实党风廉政建设“两个责任”座谈会召开。

24日 雨花区委四届二十次全体（扩大）会议召开。

28日 湖南省委常委、长株潭“两型社会”试验区工委书记、管委会主任林武一行调研雨花区绿心保护工作情况。省人大常委会财经委副主任委员、预算委副主任委员文富恒，省长株潭两型试验区工委、管委会副巡视员宋娟娟，胡衡华、陈泽珲，邱继兴、张能峰等参加调研。

10月

9日 张能峰主持召开区第四届人民政府第29次常务会议，研究进一步做好全区安全生产工作。

10日 长沙市委组织部副部长、市绩效办主任易敏华，市绩效办常务副主任李湘越，市绩效办区县处处长刘克刚调研指导雨花区绩效考核工作，区领导邱继兴、张能峰、冯聪龙、黄文先、王维宁、邹春林、罗予武、郭四军、余宏卿、谭应林、陈怀宇、王明玖、王海军出席会议。

11 日　雨花区社区党建和社区建设工作推进会召开。

12 日　湖南省纪委副书记、省监察厅厅长周农调研侯家塘街道韶山路社区稳增长重大政策落实情况，黎春秋、蒋集政、张能峰等市区领导及街道党政主要负责人全程参加。

13 日　湖南省卫生计生委综合考评检查组调研雨花区计划生育工作考评综合工作。

14 日　易炼红、夏建平、黎春秋专题调研潭阳片区、东山片区违法建设倒地后的复绿及开发建设工作。邱继兴、张能峰、冯聪龙、黄文先、王明玖陪同调研。

15 日　党管武装工作述职暨区委议军会议召开。

16 日　“中华台北长沙同乡会”一行 19 人到雨花区侯家塘街道廖家湾社区开展基层交流活动。

19 日　雨花区学习“乐东经验”会议召开。

20 日　张能峰专题调度雨花区房产办证处遗工作，8 个重点项目包案县级领导、区房产办证遗留问题协调领导小组成员单位负责人及街道办事处的主任和分管副职参加会议。

21 日　胡衡华、张迎春、谭勇、刘明理等市领导及市经信委、市财政局、市政府研究室等部门主要负责人到雨花经开区进行汽车企业与机器人企业专题调研。张能峰陪同调研。

22 日　雨花区举办拆违拆迁工作人员“我在一线有话说”主题故事会。省委督查室副主任赵爱平，邱继兴、张能峰、李电晖等出席。

23 日　雨花区召开全区政府职能转变和机构改革动员大会，全面安排部署机构改革相关工作。

27 日　雨花区“同心中国梦 携手雨花情”港澳台侨和民族宗教界人士同心恳谈会举行。

28 日　高桥大市场对外贸易经营者集中颁证暨首期外贸业务培训举行，邱继兴、张能峰、余宏卿参加开班仪式。

29 日　全体在职县级领导参加观摩学习湖南省党史陈列馆，开展军事日活动。

31 日　首届（湖南）中韩经贸文化活动周开幕式举行，区领导邱继兴、张能峰、龚景顺、李电晖、黄文先、王维宁、邹春林、刘海秋、余宏卿、陈怀宇、陈国强参加。

11 月

3 日　雨花区落实党风廉政建设主体责任与街镇党（工）委书记集体约谈会召开，邱继兴、王清政、黄文先参加。

4 日　雨花区住宅小区物业管理改革工作会议召开。

同日 2015 年雨花区建设更高水准文明城市暨“最美雨花·幸福家园”创建活动工作

推进会召开。

同日易炼红、夏建平等调研雨花经开区调研机器人产业集聚区、比亚迪电动卡车与专用车两个重特大产业项目的建设现场。

4—6 日　邱继兴、张能峰率雨花区党政代表团，到江西南昌、四川成都考察学习。

5 日　钟钢率市政法委、市委督查室、市综治办、市公安局调研雨花区拆违控违司法保障工作，王维宁陪同调研。

7 日　长沙市中国中部（湖南）国际农博会调度会在红星会展中心召开。副市长陈中，张能峰、王维宁、陈怀宇、王明玖等出席会议。

10 日　长沙市政府副市长李蔚调研雨花区城市管理工作，邱继兴、张能峰参加座谈。

11 日　程水泉调研雨花区社区党建和社区治理工作。邱继兴、张能峰、冯聪龙等陪同。

同日雨花经开区湖南省精一自动化有限公司、长沙长泰机器人有限公司、湖南大捷智能装备有限公司、湖南桥康智能科技有限公司、湖南省拓野机器人自动化有限公司和湖南智蚁机器人有限公司 6 家机器人企业集中开工，6 个项目总占地约 12.26 公顷（184 亩），总投资约 9 亿元。张迎春出席开工典礼。

12 日　长沙市教育局党委书记、局长卢鸿鸣调研雨花区教育工作，邱继兴、张能峰陪同调研。

16日　省安监局法规处处长谭德明一行复查验收雨花区“省级安全生产示范区”创建工作。市安监局副局长刘金泽，邱继兴、张能峰陪同检查。

18日　2015中国中部（湖南）国际农博会开幕式暨巡展。

19日　2015中国·雨花“非遗”文化节在红星国际会展中心南广场开幕。

22日　中国轻工集团公司董事长陈鄂生调研雨花经开区长沙机器人产业发展情况。胡衡华、张迎春、谭勇参加。

23日　何寄华调研潭阳洲分片区园博会项目腾地和规划情况。

26日　雨花区进一步引导社会组织参与社会治理工作会议召开，谭学军、邱继兴出席会议并讲话，张能峰主持会议。

27日　雨花区“十三五”规划纲要（草案）征求意见座谈会召开，长沙市发改委相关领导，区专家顾问团专家、部分人大代表、政协委员，区领导邱继兴、张能峰参加座谈。

12月

1日　邱继兴、张能峰、冯聪龙、黄文先、陈怀宇在湖南金源大酒店五楼金源驿厅参加全国社区治理和服务能力建设示范培训班暨研讨交流会。

同日吉首市委副书记、代市长李诗兴，副市长刘冰一行16人考察学习雨花区拆违控违工作。

2日　雨花区2015年村级后备干部培训班开学典礼和青干班座谈会举行。

4日　湖南省副省长张剑飞带队督查洞株公路项目建设。

7日　省卫计委疾控处副处长李孝君为组长的评审专家组一行5人验收雨花区“省级慢性非传染性疾病综合防控示范区”。张能峰、罗予武、王清华等参加现场验收评审。

9日　由长沙市文明办、雨花区文明委联合主办，同升街道办事处、古樟树社区共同承办的“培育和践行社会主义核心价值观进社区暨文明风尚我先行”活动在同升街道古樟树社区广场举行。

10日　省委巡视第一组在雨花区召开巡视工作动员会。

11日　长沙市政协副主席钟新莲调研雨花区学生托管工作。

16日　雨花区“调整换届时间、实现同步换届”工作部署会召开。张能峰主持会议。

17日　易炼红、胡衡华率全市项目建设流动观摩团观摩雨花区项目建设。邱继兴、张能峰等现场陪同。

23日　井湾子街道2015年社会组织建设工作会议暨社区少年宫揭牌仪式举行。长沙首家社区少年宫——雨花区井湾子街道井旺社区小蜜蜂社区青少年服务中心正式运营，免费向社区的未成年人开放。

24日　省委组织部副巡视员由红军、市委组织部副部长易敏华考察井湾子街道莲湖小学拆迁项目，邱继兴、张能峰、冯聪龙等陪同考察。

25日　“福泽潇湘·助孤行动”第二季——“关爱三区孤儿”公益金发放仪式，在长沙市雅礼中学举行。

31日　湖南省委副书记、省长杜家毫等领导出席洞株公路开通仪式。

雨花区概况

自然地理

【区域位置】 长沙市雨花区位于湖南省东部偏北，长沙市东南部，是1996年7月长沙市行政区划调整设立的新城区，雨花区名源于自长沙城东南古佛道圣地之名胜雨花亭，建制沿革于原长沙市郊区。2014年，境域范围为北纬28°02′30″～28°11′30″，东经112°57′30″～113°06′30″。东面以浏阳河为界，与长沙县黄兴镇和榔梨镇相接；南部和东南面以井湾子街道与跳马镇、暮云镇镇界为界，相邻长沙县；西面以芙蓉路、韶山路（至井湾子）和井湾子街道红星村与文源、青园两街街界、洞井街道与桂花坪街道街界、先锋街道街界为界，与天心区接壤；北以人民路（识字岭至花桥）和浏阳河为界，与芙蓉区毗邻。全区面积115.23平方千米，边界线全长67.72千米，其中，与芙蓉区边界线13.10千米，与天心边界线18.80千米，与长沙县边界线35.82千米。2015年，长沙县跳马镇划归雨花区，全区面积扩大至292.2平方千米。东面以浏阳河为界，与长沙县黄兴镇和榔梨镇相接，南部以跳马镇为界，与浏阳市柏加镇、株洲市云田乡相邻；西面以芙蓉路、韶山路（至井湾子）和井湾子街道与文源、青园两街街界、洞井街道与桂花坪街道街界、先锋街道街界为界，与天心区接壤；北以人民路（识字岭至花桥）和浏阳河为界，与芙蓉区毗邻。 （刘科明）

【地质地貌】 雨花区地域呈南北长、东西较窄的地理走向。地形呈波状起伏，地势南高北低，东南面黄狮山海拔146米，为境内最高峰。全区地貌类型多样，主要为堆积地貌（平原）、侵蚀剥蚀地貌（岗地、丘陵）和侵蚀构造地貌（低山）。平原主要分布在洞井街道的白田铺至圭塘的溪谷平原和浏阳河黎托冲积平原；岗地主要分布在雨花亭街道、井湾子街道、同升街道、洞井街道、黎托街道和东山街道。境内分布红色砂岩、砂砾岩、粉砂岩和页岩。全区成土母质以第四纪红土、河流冲积物为主。第四纪红土主要分布在洞井街道、井湾子街道、雨花亭街道一带，经垦殖后成为浅红黄泥、红黄泥、耕型红土红壤等土属，一般土层深厚，质地料黏，养分缺乏，呈酸性，耕性较差；河流冲积物主要分布于浏阳河两岸冲积平原，由其发育而成的土壤有河沙泥、耕型河潮土等土属，一般土层深厚，质地沙壤至壤土，呈酸性、微酸性或中性，肥力高，适种性广；紫色风化岩风化物零星散布于同升街道全境、洞井街道的和平、鄱阳、天华、牛头，黎托街道的大桥，东山街道的边山、侯照、由其发育而成的紫色土，土壤抗蚀力差，土层较浅，不耐旱、易坼裂，磷、钾含量较丰富。 （刘科明）

【水文气候】 雨花区属亚热带季风性湿润气候区，由于位居盆地内部、距海较远、受冬夏季风转换、地势向北倾斜等因素的影响，冬冷夏热，季节变化明显。年平均气温为17.2℃，积温为5457℃。全年日照充足，年平均日照时数为 1762.64 小时，年平均无霜期为 296 ~ 298 天。全年雨水充沛，多集中在春夏两季，年均降水量为 1361.6 毫米。夏冬季长，春秋季短，夏季约 118 ~ 127 天，冬季 117 ~ 122 天，春季 61 ~ 64 天，秋季 59 ~ 69 天。春温变化大，夏初雨水多，伏秋高温久，冬季严寒少。3 月下旬至 5 月中旬，冷暖空气相互交绥，形成连绵阴雨低温寡照天气。从 5 月下旬起，气温显著提高，夏季日平均气温在 30℃以上有 85 天，气温高于 35℃的炎热日，年平均约 30 天，盛夏酷热少雨。9 月下旬后，白天较暖，入夜转凉，降水量减少，低云量日多。从 11 月下旬至第二年 3 月中旬，节届冬令，长沙气候平均气温低于 0℃的严寒期很短暂，全年以 1 月最冷，月平均为 4.4℃ ~ 5.1℃，越冬作物可以安全越冬，缓慢生长。2015 年雨花区年平均气温为 18.23℃，极端最高温度为 41.3℃，极端最低气温为 - 4℃。流经全区河流二条，浏阳河自长沙县黄兴镇入境东山街道，经黎托街道花桥进入芙蓉区，蜿蜒 32.6 千米；圭塘河位于长沙市的东南部，系浏阳河一级支流，也是最后一条支流，发源于雨花区跳马镇鸭巢冲（石燕湖水库），由南向北贯穿雨花区，在人民东路浏阳河大桥处汇入浏阳河，起止均在雨花区境内，全程约 28 千米，是长沙唯一的城市内河。（刘科明）

建置·区划

【中华民国时期“外四区”】 清末，长沙市郊区境地分属长沙、善化两县。民国元年起，统属长沙县管辖。民国前期，长沙城郊属长沙县管辖。民国 15 年（1926 年）8 月，长沙近郊区农民协会成立，11 月，中共长沙近郊区委成立。民国 16 年（1927 年）3 月，国民党湖南省党部正式划定长沙近郊区管辖范围：“云田全乡（现望城区谷山乡，岳麓区望岳街道金星社区以北，岳麓街道观沙岭社区以北）；麓山镇之清美、集思、同德、纯美五团（今岳麓区岳麓街道观沙岭社区以南，桃花社区以北，望岳街道金星社区以南、及天顶街道）；伏龙镇之三太、顺清、敦仁、顺福、靳江五团（今岳麓区岳麓街道桃花、天马、五星、靳江社区）；九峰镇之太平都十一团及静善上下七井、安静上下同仁六团（今天心区大托街道、南托街道、雨花区洞井街道、同升街道）；明道镇之一甲近甲、二甲朝阳、镇湘两团，三甲治安、永清、安清、河清四团（今雨花区黎托街道、东山街道，芙蓉区东岸街道，开福区洪山管理局和长沙县榔梨镇）。5 月 21 日长沙“马日事变”后，长沙近郊区被迫撤销。民国 17 年（1928 年）8 月，长沙市政筹备处划勘市区范围，南至太乙寺、沙湖桥、雨花亭、金盆岭、李公庙，北至落刀咀，东至杨家山、湖渍渡，西循岳麓山脊往北，经溁湾镇、南冲至施家港。在沿界设立 32 处钢筋水泥标界，城区与标界之间地域成为郊区正式区划的基础。民国 22 年（1933 年），长沙市政府成立。重新划勘市区范围：河东，北抵落刀咀，东抵沙湖桥，南抵猴子石；河西，南抵廖家垸子，北抵大同岭。城郊从长沙县划归长沙市内四区管辖，东郊为城一区第四坊，南郊为城二区第四坊，西郊为城三区第四坊，北近为城四区第三坊和第四坊。民国 23 年（1934 年），长沙城区继续扩大，湘江东岸，东抵湖渍渡、阿弥岭，北抵捞刀河，南抵百家河；湘江西岸，南抵靳江河，西抵小望城坡，北抵下大同岭与落刀咀隔江相望。民国 37 年（1948 年）8 月，长沙市改区坊保甲制为镇（乡）保甲制因城区难以管辖城郊农村，故实行城区与城郊分治，城区划为 8 镇，城郊从城区划出，改建为文艺、金盆、岳麓、会春 4 乡，由市政府直辖，即为郊区建置之始。1939 年 2 月，裁撤长沙市政府，城区镇和城郊 4 乡划归长沙县管辖。1941 年 10 月，恢复长沙市政府，城区镇和城郊 4 乡重归长沙市管辖，并将 4 乡改建为 4 镇。1943 年 12 月，废镇改区，4 镇改为相应的四区，称外四区。（刘科明）

【长沙市郊区】 1949 年 8 月 4 日，长沙和平解放，辖城东、城南、城西、城北、文艺、金盆、会春、岳麓 8 个区。10 月，设立文艺、金盆、岳麓、会春人民区公所，直属长沙市人民政府领导，下辖37保，其中农业户14保、居民户11保，半农半居民户12保。1950年3月30日，设立长沙市人民政府郊区办事处，统辖文艺、金盆、岳麓、会春四区，是为郊区建置之始。境域与民国23年界址无甚变化，靠城区界址，东、南以铁路为界，北以兴汉路、湘春路为界，西以湘江东岸为界。总面积106平方千米，占长沙市总面积的95%。6月，撤销郊区办事处，成立郊区工作委员会。8月，废除保甲制，农业、半农业地区划分为18个乡，分别建立乡人民政府，居民区设立11个居民委员会。其中，文艺区辖新合、滩头坪、桂花树、蓉园4个乡和韭菜园、新都、寿康里、衡湘里4个居委会；金盆区辖农改、沙湖、五福、新开、雨花5个乡和南大十字路、裕南街2个居委会；岳麓区辖靳顺、金顺、岳北、岳云、岳文、云麓6个乡和溁湾市、水陆洲2个居委会；会春区辖复兴、福安、永安3个乡和文昌阁、彭家井、留芳岭3个居委会。至此，郊区始有真正的政权体系和独立的行政区划。

1951年5月，从长沙县辖划入五乡，分别建立莲湖、自然、新农（划归金盆区）、东屯渡、藕塘、新化（划归文艺区）、涝湖、朝镇（划归会春区）、岳华（划归岳麓区）9个乡，郊区调整为4区27乡。1952年调整为4区24乡4街。12月，岳麓区水陆洲居委会划归城西区。1953年3月，郊区区划调整为4区22乡6个街道办事处。文艺区辖滩头坪、桂花树、新化、新合、藕塘5乡和东大路街道；金盆区辖沙湖、雨花、自然、新开、新农、莲湖6乡和麻园湾街道；岳麓区辖靳顺、金顺、云麓、岳文、岳华、岳北、岳云7乡和溁湾镇街道；会春区辖福安、涝湖、朝镇、洪西4乡和文昌阁、丝茅冲、伍家岭3个街道。8月，文艺区撤销东大路街道，居民划归城东区管辖，恢复蓉园乡建制；金盆区麻园湾街道划归城南区，恢复农改乡建置；会春区文昌阁街道和伍家岭、丝茅冲2个街道的居民区划归城北区，农民区改建为永福乡；岳麓区溁湾镇街道办事处改建为镇政府。至此，郊区下辖4区25乡1镇。1954年3月，长沙农场划归郊区管辖。9月，撤销郊区工作委员会，恢复郊区办事处。1955年7月，市内四区所辖2个高级农业社和5个初级农业社及尚未入社的菜农就近划入郊区各区、乡。1956年5月，郊区撤区并乡，撤销文艺、金盆、岳麓、会春四区，所辖各乡镇调整为文艺、金盆岭、雨花亭、会春、岳南、岳北6乡和溁湾镇，管辖长沙农场。10月，会春乡划分为会春、洪山2乡。7个乡下设24个高级农业合作社。11月，建立44个居委会，分属各乡镇人民委员会管辖。次年，析出洪山乡太阳升高级农业社，成立长沙市国营综合农场。1958年3月，长沙农场收归省、市管理。1958年9月，郊区撤销乡镇，建立工农兵学商五位一体，政社合一的人民公社体制，实行人民公社化。全郊设立东风、万年红、岳麓山3个公社，下辖19个大队和3个街道居委会，保留市国营综合农场。其中，岳麓山公社由岳南、岳北两乡和溁湾镇合并而成，下设6个大队和3个居委会。雨花亭乡、金盆岭乡合并为东风公社，下设5个大队；文艺、会春、洪山乡合并为万年红公社，下设8个大队。

1959年1月，撤销郊区并入长沙县。

1962年1月12日，恢复长沙市郊区建置，除辖原郊区地域外，另从长沙县划入部分近郊地区，辖岳麓区和雨花亭、东屯渡、伍黑路、岳麓山、洞井、南托、大托、高塘、榔梨、长冲、黎托、望仙桥、望岳、谷山14个公社及榔梨镇，共193个大队和3个居委会。10月，望仙桥公社分为望新、东岸两个公社，望岳公社分为望岳、天顶两个公社，并将天顶、大托、南托、洞井、望新、榔梨、高塘、长冲8个公社和榔梨镇划归长沙县。次年10月，又划出黎托、谷山、望岳3个公社，郊区下设1个区5个公社共48个大队和3个居委会。1964年，伍黑路公社改为上大垅公社，并将东屯渡公社渔场、岳麓山公社岳麓渔场、上大垅公社史家湖渔业队从所在公社划出，扩建为国社合营湘湖渔场、岳麓渔场和史家湖渔场（1966年更名为红色渔场）。1965年在岳麓山公社大干岭兴建长沙市养鹿场。1968年2月，雨花亭公社改名韶山路公社。3月，岳麓山公社湘江大队划归西区管辖。4月，郊区办事处改为郊区革命委员会。12月，综合、东屯渡2个国营农场和长沙市园艺场、市养鹿场划归郊区管辖。1970年，湖南农学院、农科院所属农场划归郊区，改建为团结、立新两个大队，划归东岸公社管辖。望城县境内国营东方红农场划归郊区，省高级兽医研究所下放郊区管辖，并与市园艺场合并为长沙市良种繁殖场。郊区下辖5个公社、5个农场、3个渔场、1个养鹿场，共50个大队，16个管区。1971年10月，市良种繁殖场划归市管（1973年分设为市园艺场和市畜牧农场）。1972年5月，岳麓山公社、岳麓渔场划归岳麓区。1973年6月重新划归郊区。12月，将岳麓山公社咸家湖、望麓桥2个大队和麓山大队及望岳公社望岳大队一部分划出，建成国社合营西湖渔场。1974年3月，国营综合、东方红农场划归市管，1975年，国营综合、东屯渡、东方红、畜牧农场，园艺场、养鹿场重归郊区管辖。1978年1月，1978年1月，长沙县大托、洞井、黎托公社和望城县望岳公社划归郊区管辖。至此，郊区行政区划相对稳定，辖9个公社、5个国营农场、4个国社合营渔场、1个养鹿场。

1980年，郊区革命委员会改为长沙市郊区人民政府。

1983年5月，郊区开展政社分设，建立乡、村政权的试点工作。韶山路公社改称雨花亭乡。1984年2月，历时25年的人民公社体制改制为乡人民政府。东屯渡公社更名为马王堆乡、上大垅公社更名福安乡，其余仍原名命乡，原大队改为村民委员会，生产队改为村民小组。此后，先后有红旗、桂花、新河、国庆、沙湖、赤岗、金盆、火星等村被征用。1990年，经市政府批准，成立火星镇。1993年6月，福安乡胜利村划归北区。10月，雨花亭乡石马村划归南区，望岳乡咸嘉湖划归西区。1994年12月，马王堆乡五一村划归东区管辖。

1996年6月，郊区下辖9乡1镇10场，90个村、9个居委会，28个管区（分场），即：马王堆乡（8村1居）、东岸乡（11村）、火星镇（6居）、黎托乡（12村1居)、大托乡（11村）、洞井乡（18村）、雨花亭乡（7村）、望岳乡（6村1居）、岳麓山乡（16村）、福安乡（1村）、东屯渡农场（4分场）、畜牧农场（2管区）、园艺示范繁殖场（1管区）、国营综合农场（12管区）、东方红农场（3管区）、湘湖渔场、西湖渔场（2工区）、岳麓渔场（2管区）、红色渔场、市养鹿场。（刘科明）

【长沙市雨花区】 1996年6月19日，长沙市市辖区调整，撤销郊区，设立雨花区。7月10日，雨花区挂牌成立。雨花区下辖左家塘、侯家塘、井湾子、圭塘4个街道，黎托、洞井、雨花亭3个乡和高桥乡筹备领导小组。左家塘街道辖长钢、窑岭、湖橡、王公塘、长岭、湘农桥、阿弥岭一委、二委、妹子山一委、二委、曾家湾、桂花一委、二委、赤岗一委、二委、赤岗北路、曹家坡、营山巷、左家塘、牛角塘、官塘村、荷叶塘、红花坡、赤岗冲、狮子山一委、二委、树木岭一委、二委、梓园一委、二委、长塘里一委、二委、湘农桥、广济桥、韶山路、泉塘、东塘共37个居民委员会。侯家塘街道辖侯家塘、上、下麻园湾、廖家湾一委、二委（南大门）、枫树山、马家冲、政干校、雨花亭、省人大、七里庙、牛婆塘、涂家冲、野坡、新塘冲、茶园坡、梨子山、冶金院、砂子塘一委、二委、长沙卷烟厂、长沙锅炉厂、内燃机配件总厂共23个居民委员会；圭塘街道辖体院路、圭塘、大塘、中南院、航空路、医疗、长重一委、二委、雅塘冲一委、二委、三委、自然岭、正圆、鼓风、井塘、井巷共16个居民委员会；井湾子街道辖井圭路、卢家冲、中建五局、香樟路、红星、黑塘坡、赤岗岭、铁道、省路桥9个居民委员会；雨花亭乡辖自然、石马、井塘、莲湖、红星5村，洞井乡、黎托乡建置未变。高桥乡筹备领导小组辖高桥、友谊、五一、火焰4村。12月，雨花区本着“优化配置，城乡一体，成块连片，界限分明，便于管理，有利发展”的原则，进行区域微调，新设立东塘、砂子塘两个街道，保留左家塘、侯家塘、圭塘、井湾子4个街道建制，对城区街道作切块调整，以东塘广场为中心，以韶山路和劳动路为轴划为四块，东北角为左家塘街道，西北角为侯家塘街道，西南角为东塘街道，东南角为砂

表 1　　2015 年雨花区行政区划情况一览表

街镇名称	下辖社区	下辖社区筹委会	办事处驻地
雨花亭	正圆、雨新路、自然岭、路桥、雅塘村、华云、新星、曲塘、麻塘桥、香南郡	石马、自然、井塘	香樟路 778 号
高　桥	高桥大市场、火焰、永定、永祥、五一、怡园、金环	高桥、友谊	万家丽中路二段 88 号
左家塘	阿弥岭、曹家坡、长钢、长岭、长铁、车站南路、赤岗、官塘冲、桂花、荷叶塘、红花坡、湖橡、牛角塘、曙光、树木岭、狮子山、王公塘、窑岭、营山巷、左家塘		桂花路 271 号
侯家塘	侯家塘、廖家湾、韶山路、湘农桥、电院、水院、广济桥、活力、麻园湾、梓园、枫树岸、泉塘、		胜利路 2 号
砂子塘	砂子塘、茶园坡、梨子山、桔园、金地、野坡、金科园、白沙		曙光南路 1 号
东　塘	芙蓉南路、七里庙、省人大、政院、华银园、东塘、枫树山、牛婆塘、浦沅、新雨		新建西路 188 号
圭　塘	雨花家园、中南院、长重、劳动东路、圭塘、体院路、大塘、美林景园、景程、泰安	圭塘、月塘、大唐、潭阳、合丰、川河、平阳、大桥、	杨子路
黎　托	广益、东澜湾	花桥、粟塘	机场高速辅道入口处
洞　井	高升、新城、商贸城、丰园、新裕、湘天、植物园、龙庭、歇马亭	桃花、洞井、牛头、鄱阳、板塘、天华、和平	时代阳光大道 359 号
井湾子	冯家冲、赤岗岭、三湘、香樟路、德馨园、井湾子、融城苑、红星、井湘、井圭路、井巷	莲湖	井湾路 658 号
同　升	景环、同升湖、古樟树	白田、洪塘、新兴、联盟、同升、金井、桃阳	环保东路
东　山	南雅、黎郡、东山镇	黎托、渔场、边山、长托、侯照、东山	曲塘路
跳马镇	斑竹塘、金屏	双溪、梅怡岭、石燕湖、田心桥、新田、三仙岭、嵩山、喜雨、石桥、沙仙、关刀、复兴、跳马、杨林、冬斯港、白竹、曙光垸、	跳马

子塘街道，井湾子街道与雨花亭乡合并以乡建制，将洞井乡大塘、圭塘、月塘 3 个村划归圭塘街道。洞井乡改称为洞井镇。新建高桥乡，保留黎托乡。区域微调后，雨花区下辖 6 街 3 乡 1 镇，97 个居民委员会，39 个村。1997 年 7 月，长沙市政府决定设立雨花亭街道和高桥街道，两乡建置撤销。

2000 年 7 月 24 日，撤销侯家塘街道水电居委会，增设水院、电院和远东（后改称人民中路）3 个居委会。8 月 31 日，圭塘街道新设劳动东路居委会。9 月 15 日，东塘街道增设伍桂塘居委会。到此，全区共有 101 个居民委员会。2001 年 10 月，全区 101 个居民委员会，经过拆、并、改和新建，调整为 76 个社区居民委员会（简称社区，下同）。2003 年，雨花区下辖左家塘、侯家塘、东塘、砂子塘、圭塘、雨花亭、高桥7个街道办事处和洞井镇、黎托乡1镇1乡，77个社区居委会，39个行政村。此后，经区划微调，2007年辖7个街道办事处、1个乡、1个镇，81个社区，35个行政村，4个社区筹委会。

2010年，撤销洞井镇、黎托乡，以街道建制。2011年全区全面“撤村设筹”，年底，雨花区辖9个街道，90个社区，37个社区筹委会。

2012年1月，雨花区将洞井街道析置为洞井、同升两个街道，将黎托街道析置为黎托、东山两个街道，恢复井湾子街道，至此，全区共辖左家塘、侯家塘、东塘、砂子塘、圭塘、雨花亭、高桥、洞井、黎托、同升、东山、井湾子12街道。2014年末，雨花区辖12个街道，共105个社区，36个社区筹委会。2015年，长沙市区划微调，长沙县跳马镇整体划归雨花区管辖；年末，雨花区辖12个街道、1个镇，共112个社区、35个社区筹委会，17个行政村。（刘科明）

【区治】 郊区区治位于人民中路245号，芙蓉路与人民路相交处的东南角，占地8229平方米。原有办公楼三栋，建筑面积9492.14平方米。因场地窄小，中栋办公楼于1991年下半年爆破拆除。1995年4月爆破拆除前栋办公楼，兴建综合楼。综合楼原设计为框剪结构，主楼28层，裙楼5层。因财力问题，1995年7月至1997年4月，建成主楼10层（地下三层，地上七层）、裙楼5层，建筑面积3万平方米。雨花区成立后，规划将区治从区的西北角迁建于区腹地。2002年2月与湖南弘欣置业有限公司联合，续建30层综合楼，面积2.6万平方米，由弘欣置业有限公司独资续建23层，其中8～14层归区政府所有，并将综合楼改成雨花大厦。

雨花新区治位于全区中心腹地，万家丽路与香樟路交汇处的东南角，东靠香莲路，南接玉竹路，西临火星大道（万家丽路），北傍香樟路。雨花区建区以后，原区治处在区的西北角顶端，且办公场地狭小，近半数的直属部门在区治外办公，群众到机关办事十分不便。同时，为加速雨花区腹地城市化进程，1997年12月，雨花区第一届人民代表大会一次会议提出抓好新区治的规划和建设，5年内完成整个机关搬迁的设想。2000年，新区治选址圭塘，2002年9月新区治奠基，2004年4月竣工。整个区治占地22万平方米，11个单体建筑，总建筑面积13.4万平方米。大院内还建有2万平方米的水、旱喷泉和1.2万平方米的山水园艺景观，大院西北角建有1.3万平方米水体喷泉和市民休闲广场。院区内绿化面积11.2万平方米，绿化率为53%。主楼及中心广场地下建有人防设施和356个车位的停车库。2014年，区政府接收位于香樟路的原湖南省武警总队直属支队营院改建为区政府“二办”，区民政局、区城市管理行政和执法局及其城市管理执法大队、区征地办公室、区食品药品安全监督管理局、区残联等单位迁往办公。（刘科明）

人口·民族

【人口】 2015年年末，雨花区总户数220071户，常住人口82.46万人，其中男性41.69万人，女性40.77万人。户籍总人口为64.88万人，增加7.15万人，其中，因跳马镇从长沙县划归雨花区，机械增长18642户，64097人。总人口中，城镇人口60.97万人，乡村人口39094人，其中，新增跳马镇城镇人口25003人，乡村人口39094人。户籍人口中，男性32.60万人，女性32.28万人。出生8640人，人口出生率为12.4‰；死亡2092人，死亡率6.7‰；自然增长率5.7‰。城镇化率97.7%。（刘科明）

【民族】 2015年，雨花区有汉、蒙古、回、藏、维吾尔、苗、彝、壮、布依、朝鲜、满、侗、瑶、白、土家、傣、黎、佤、水、景颇、土、仫佬等40个民族，是全长沙市少数民族人数最多、人员最为集中的城区之一。（刘科明）

国民经济和社会发展

【综合】 2015 年，是实现雨花区“十二五”规划的收官之年。雨花区紧扣“筑牢基础、破解难题”的工作主题，在适应新常态中体现新水平，在抢抓新机遇中谋求新发展，推动雨花经济社会的平稳快速发展。各项主要经济指标连续多年稳居中部省会城区前列，在加快全面建成小康社会综合考评中连续三年排名全省一类地区第一，是公认的“中部强区”。

2015 年，雨花区经济总量进一步扩大。按含中烟公司长沙卷烟厂部分（含长烟）口径核算，全年实现地区生产总值（GDP）1018.22 亿元，同比增长 10.8%。分产业看，第一产业实现增加值 7.22 亿元，同比下降 16.9%；第二产业实现增加值 381.47 亿元，同比增长 7.3%，其中工业实现增加值 275.76 亿元，同比增长 5.5%；第三产业实现增加值 629.53 亿元，同比增长 13.4%。第一、二、三次产业分别拉动 GDP 增长 -0.1、2.9、8.0 个百分点，三次产业对 GDP 增长的贡献率分别为 -1.1%、26.6%、74.4%。按常住人口计算，人均地区生产总值达 128921 元。三次产业结构为 0.7 ∶ 37.5 ∶ 61.8。按含中烟湖南省工业公司（含中烟）口径核算，全年实现地区生产总值（GDP）1593.37 亿元，同比增长 9.6%。第二产业实现增加值 956.62 亿元，同比增长 7.3%，其中工业实现增加值 850.91 亿元，同比增长 6.6%，占 GDP 的比重 53.4%。三次产业结构比为 0.5 ∶ 60.0 ∶ 39.5。按含中烟口径统计，GDP 总量在全市的占比为 18.7%，经济总量在内五区中的占比达 32.7%。规模以上工业增加值、社会消费品零售总额占全市的比重分别为 26.2%、17.4%。城镇居民人均可支配收入高于全市平均水平 2944 元。

2015 年，雨花区财政收入持续快速增长。实现财政总收入 129.72 亿元，同口径同比增长 9.3%；其中税收收入 94.88 亿元，占财政总收入的比重达 73.1%（不含市级下划部分）。含市级下划部分的税收收入占财政总收入比重为 85%。公共财政预算收入 611340 万元，同口径同比增长 16.1%。公共财政预算支出 786170 万元，同比增长 27.0%。

2015 年，雨花区关系民生的省、市 20 项为民办实事工程建设全面或超额完成目标任务，在促进就业、扶贫解困、社会保障、百姓安居等领域效果显著。 （柳　旻）

【农业】 2015 年，雨花区农业结构进一步改善，完成农林牧渔服务业总产值 11.00 亿元，同比下降 17.7%，其中农业总产值 9.63 亿元，同比下降 16.6%；牧业总产值 0.70 亿元，同比下降 36.4%；渔业总产值 0.36 亿元，同比下降 10.9%；农业服务业总产值 0.32 亿元，同比增长 3.2%。（柳　旻）

【工业和建筑业】 2015 年，雨花区工业生产稳中有增。按含中烟公司长沙卷烟厂部分口径核算，实现规模工业总产值 565.25 亿元，同比增长 13.7%；规模以上工业实现增加值 263.55 亿元，同比增长 5.5%。长沙雨花经开区规模工业增加值占全区规模工业增加值比重达 96.2%。按含中烟口径核算，实现规模工业总产值 1244.38 亿元，同比增长 8.7%；规模以上工业实现增加值 847.02 亿元，同比增长 6.7%。剔除中烟公司（不含两烟）实现规模工业总产值 356.89 亿元，同比增长 12.3%，其中雨花经开区实现规模工业总产值 322.14 亿元，同比增长 16%。

2015 年，雨花区建筑业稳步发展。具有建筑业资质等级的独立核算企业完成建筑业总产值 1160.19 亿元，同比增长 13.2%；其中在外省完成的产值 762.86 亿元。建筑业实现增加值 107.02 亿元，同比增长 13.0%；房屋施工面积 9581 万平方米。 （柳　旻）

【固定资产投资】 2015 年，雨花区投资总量进一步增大，完成固定资产投资 624.33 亿元，同比增长 17.8%。其中城镇 500 万元以上固定资产投资 457.67 亿元，同比增长 35.0%；房地产开发投资占固定资产投资的比重为26.7%。完成工业投资74.15亿元，同比增长16.9%；更新改造投资126.06亿元，同比下降9.4%；生产性服务业投资297.50亿元，占固定资产投资的比重为47.6%。

2015年，雨花区房地产市场顺应国家政策发展，完成房地产开发投资166.66亿元，同比下降12.7%。全区商品房销售面积257.93万平方米，同比增长40.2%，其中住宅销售面积227.73万平方米，同比增长41.3%。全区实现商品房销售额166.57亿元，同比增长30.0%；其中住宅销售额141.79亿元，同比增长37.9%。（柳　旻）

【国内贸易】 2015年，雨花区实现社会消费品零售总额640.76亿元，同比增长7.9%，增速回落1.6个百分点。按经营地统计，城镇实现消费品零售额635.01亿元，同比增长7.8%；乡村实现消费品零售额5.75亿元，同比增长14.9%。按行业统计，批发业实现消费品零售额69.70亿元，同比增长6.7%；零售业实现消费品零售额527.75亿元，同比增长8.0%；住宿业实现消费品零售额5.89亿元，同比下降1.94%；餐饮业实现消费品零售额37.42亿元，同比增长10.0%。

雨花区全部限额以上企业实现消费品零售总额366.54亿元，同比增长1.3%，占全部消费品零售总额的57.2%。限额以上连锁企业实现零售额133.25亿元，同比增长1.0%。大型商品交易市场稳定发展，全区拥有亿元以上商品交易市场 达14个。全部限额以上批零企业实现的零售额增长分类中，粮油、食品类同比增长21.6%；服装、鞋帽、针纺织品类同比下降7.0%；化妆品类同比增长2.6%；金银珠宝类同比增长13.9%；体育、娱乐类同比增长24.0%；中西药品类同比增长122.5%；石油及制品类同比增长62.5%；通信器材类同比增长11.9%；家用电器和音像器材类同比增长124.8%；汽车类同比增长1.8%。（柳　旻）

【对外经济和旅游】 2015年，雨花区实现进出口总额（海关口径）13.11亿美元，同比增长5.3%，其中出口总额11.41亿美元；进口总额1.70亿美元，同比增长65.0%。实际利用外资金额5.96亿美元，同比增长7.7%。全年实际引进境内省外资金90.63亿元，同比增长15.8%。全年新批境外投资企业3家，合同投资额0.34亿美元。新签对外承包工程、劳务合作和设计咨询合同金额0.92亿美元，实现营业额1.06亿美元。

2015年，雨花区接待国内旅游者1554.2万人次，同比增长13.0%. 实现国内旅游收入150.29亿元，同比增长9.8%。接待入境旅游者18.55万人次，同比增长10.0%。实现国际国内旅游总收入178.64亿元，同比增长16.0%。（柳　旻）

【其他服务业】 2015年，雨花区除批发、零售业和房地产业外的限额以上服务业企业，实现营业收入239.59亿元，同比增长22.5%；利税总额20.13亿元，同比下降36.1%；从业人员平均人数4.56万人。（柳　旻）

【教育和科学技术】 2015年，雨花区拥有普通高中4所；中等职业教育学校1所；初中学校11所，增加1所；普通小学70所，增加13所；各类民办学校71所，增加2所；幼儿园159所。普通高中在校学生5383人，同比增长5.9%；中等职业教育在校学生3192人，同比增长6.4%；初中在校学生17689人，同比增长12.9%；普通小学在校学生67870人，同比增长12.1%；各类民办学校在校学生23377人；幼儿园在园幼儿24896人，同比增长14.6%。小学、初中适龄人口入学率100%，高中阶段毛入学率100%。实现平均受教育年限13.4年。

2015年，雨花区专利申请2816件，同比增加449件；发明专利891件，同比增加15件；授权专利1997件，同比增加465件。地方公共财政预算支出中，科学技术支出5180万元。实现高新技术产业增加值446.32亿元，占GDP比重达43.8%（含长烟）。在规模工业企业中，科学研究与试验发展经费支出占高新技术产业增加值比重为6.2%。

（柳　旻）

【文化体育卫生】 2015年，雨花区拥有艺术表演团体19个；文化馆1个，公共图书馆1个。全年放映农村公益电影500场；开展全民健身项目35项次，全民健身运动参加人数达56万人。年末拥有各种体育场地16个，体育馆11座，运动场40个，游泳池21个；各种训练房366个。全区公共文化体育设施面积281.3万平方米，人均拥有公共文化体育设施面积3.4平方米。实现文化产业增加值80.15亿元，占GDP比重7.9%。全区拥有档案馆1个，开放各类档案0.93万卷（件）。

2015年，雨花区拥有医疗卫生机构513个，其中医院、卫生院56个；卫生防疫、监督检验、妇幼保健机构各1个。卫生技术人员15467人，增加1646人，其中执业医师、执业助理医师3341人，增加389人；注册护士1849人，增加520人。年末全区医疗卫生机构床位数达18961张，每千人拥有床位数达23张。5岁以下儿童死亡人数29人，死亡率仅4.3‰。社区卫生服务中心10个，乡镇卫生院1个。（柳　旻）

【环境保护】 2015年雨花区有东塘、左家塘、雨花亭3个环境噪声达标区，总面积为28平方千米；烟尘控制区5个，面积47.60平方千米；工业项目环保“三同时”执行合格率100%，工业固体废物综合利用率100%；城市污水集中处理率96.9%。全年空气质量良好以上天数为344天，空气质量达标率95.6%；地表水质达标率100%；森林资源蓄积量增长率4.2%；农村垃圾集中处理率95%；农村生活污水处理率52%；农村居民安全饮水率100%；行政村客运班线通达率100%。能源消耗总量为325.06吨标准煤，单位GDP能耗下降3.8%，不含长烟下降4.7%。（柳　旻）

【安全生产】 2015年，雨花区发生安全生产事故23起，同比下降4.2%；安全生产事故死亡6人；亿元GDP生产安全事故死亡人数0.0059人；火灾事故死亡人数1人，万人死亡率0.0127；道路交通事故162起，同比上升52.8%；死亡人数15人，同比下降6.3%；万人死亡率0.1899。（柳　旻）

【人民生活】 2015年，雨花区城镇居民人均可支配收入达42905元，同比增长8.4%。其中工资性收入22335元；经营净收入6322元；财产净收入4373元；转移净收入9875元。城镇居民人均消费支出36144元。在城镇居民消费分类中，食品烟酒消费8400元，占比23.24%；衣着消费2404元，占比6.65%；居住消费8545元，占比23.64%；生活用品及服务消费2468元，占比6.83%；交通通信消费5536元，占比15.32%；教育文化娱乐服务消费6572元，占比18.18%；医疗保健消费1764元，占比4.88%；其他用品和服务消费456元，占比1.26%。城镇住户年末每百户家庭拥有家用汽车50.3辆，家用电脑109.2台，接入互联网的计算机84.6台。人均自有住房面积39.09平方米。全区新增公共租赁住房1794套，同比增长167%；棚户区改造5020套，同比增长527.5%。（柳　旻）

【社会保障】 2015年，雨花区年末城镇登记失业率为2.5%，实现失业人员再就业人数6683人。全年新增就业人员17957人，其中城镇新增就业人16303人。实现失业人员再就业培训320人次，农村劳动力转移培训1709人。年末企业职工区级基本养老保险参保人数为98386人，其中在职人员参保人数80511人，退休人员参保人数17875人。全区城镇基本医疗保险参保人数达81.35万人，实现常住人口基本医疗保险覆盖率98.7%。年末按区级口径计算，参加基本医疗保险职工人数为10.38万人；参加工伤保险职工人数为8.37万人；参加失业保险职工人数为6.49万人；参加生育保险职工人数为7.03万人。

全区各类收养性社会福利单位收养人员523人，增加73人；床位数861张，增加230张。城镇各种社区服务设施952个，增加7个，其中综合性社区服务中心1个；新改建城乡养老服务与示范点9个。筹集社会福利资金249.6万元，直接接受社会捐赠24万元，发放救灾救济款157.51万元。

全年发放城镇居民最低生活保障金2162.82万元，城镇居民得到政府最低生活保障人数为4614人；全年发放农村居民最低生活保障金621.58万元，农村居民得到政府最低生活保障人数2163人。全区城市低保资金按规定标准拨付到位率100%，农村低保覆盖率100%。（柳　旻）

体制改革

2015年，雨花区坚持把稳增长、调结构、防风险、惠民生的改革措施摆在优先位置，以改革的思路破解制约雨花发展的关键领域和薄弱环节。全年铺排9大类48项改革任务，各项改革有序推进，亮点纷呈。

突出产业服务、创新驱动改革，激发市场活力。深化商事制度改革，推行工商营业执照、组织机构代码证、税务登记证“三证合一”，将办证时间由至少10个工作日缩减到4.5个工作日，办证程序由往返10余次缩减到只需交1套资料。实施行政审批改革，全区224项行政审批项目减少至57项，行政审批平均办理时限由38个工作日减少到10个工作日，缩减率达73.4%。推进创业创新改革，率先在全省引进阿里云计算有限公司，成立“阿里云创客+孵化器”创业创新示范基地，同步启动雨花区中小微企业服务中心；打造首个省内工业园区与湖南股交所合作的“企业上市挂牌孵化基地”，有效缓解中小企业融资难、融资贵的问题。深化园区体制改革，将雨花经开区打造成“湖南机器人产业集聚区”，推进工业机器人产业研发、产业招商、人才引进，加快培育壮大机器人产业。完善投融资体制改革，推行PPP融资模式，重点选取圭塘河生态景观带(二期)等5个优质项目进行PPP模式试点。

突出社会治理、公共服务改革，增进民生福祉。推行社区减负增效改革，出台《雨花区关于规范社区职能职责实现减负增效的实施方案》，社区事项由558项核减至147项，核减率达74%，最大限度实现社区“去行政，强服务”。被《人民日报》《经济日报》推介。以砂子塘街道、东塘街道为试点，探索社会事务“一口式”受理工作，平均办件时间由40分钟缩短到10分钟。在全国率先探索以居民服务需求为导向的社区“个性化”分类治理新模式。2015年10月，雨花区社区分类治理模式作为湖南唯一代表获“全国社区治理十大创新成果提名奖”。出台《关于推进物业管理改革工作的实施意见》等一系列文件，提出物业管理改革30条，选取40个试点小区，全面系统启动物业管理改革。推进文化体制改革，以国家公共文化服务标准化试点为契机，整合配置区文化馆和跳马文化馆资源，打造“一南一北”“一城一乡”的文化格局。

突出民主法治、依法行政改革，确保和谐稳定。推进公共法律服务中心建设试点，成立区公共法律服务中心，为居民群众提供一站式的基本法律服务，法律援助案件数量同比增长58%。推进道路交通事故调处改革，设立全省首个“道路交通事故矛盾纠纷调处中心”，实现人民调解、行政调解、司法调解“三调联动”，打造“保险理赔、人民调解、行政调解、司法调解”四位一体的调解模式。5月，长沙市在雨花区召开现场推进会，全市推广该模式。建立政府法律顾问制度，出台《雨花区司法局社区法律顾问制度》，成立区政府法律顾问服务库，组建雨花区法律顾问服务库律师团队，对社区提供法律服务。推出“群众工作十法”“拆迁拆违11步工作法”“土地征拆全程服务”等工作方法，打造征拆工作“雨花样本”，有效破解征拆难题，创造单个片区一天拆除13万平方米、全区平均每天拆除2万平方米的“雨花速度”。省委书记徐守盛专门批示“总结雨花区拆迁经验在全省推广”。创新环保执法机制，建立全省首个“公检法环境执法联动协作机制”办公室，制定出台《关于建立环境执法联运协作机制的意见》，有效解决环保行政执法手段不足、力度不够的问题；拟制《雨花区生态绿心地区生态补偿试点方案》，开展绿心生态补偿试点工作。

突出基层党建、干部制度改革，端正党风政风。创新党建“四步工作法”，通过年初定责、季度督责、半年述责、年底考责四步，列出责任清单、找准工作短板、强化奖优罚劣，解决管党“抓不清”“抓不紧”“抓不实”“抓不力”的问题，被《中国组织人事报》、中国共产党新闻网等媒体宣传推介。创新党员评价机制，出台《关于进一步加强不合格党员处置工作的实施意见（试行）》，创建干部“工作状态评价管理”机制，稳妥处置83名不合格党员，对34名测评排名靠后的科级领导干部进行提醒谈话、诫勉谈话、任职调整、问责降职，激发干部的工作状态。强化纪律检查体制改革，按照上级纪检部门内设机构调整的要求，撤销3个内设机构，同时聚焦主业主责新设3个内设机构，出台《领导干部经济责任告知》《审计约谈制度》等文件，进一步强化对干部的监督管理和党风廉政的建设。深化干部人事制度改革，出台《区委管理干部选拔任用工作规程（试行）》等制度，构建干部选拔任用从动议、民主推荐、考察、讨论决定到任职的全过程制度体系。（周智婷）

群众工作

2015年3月，区委将群工办从区信访局移交至区委办，按照市委群众工作“一推行四公开”要求，创新实施“民意快线”工程，将抓好群众工作作为一项掌握民意、解决民困、凝聚民心的重要抓手，群众工作成效明显。全区民调工作全市排名大幅提升，群众工作夺得全市红旗单位，在2015年市对区群众工作考核中名列全市第一。

党员干部快速下沉。全区68名县级领导、71个区直部门分别联点13个街道（镇）、162个社区（筹委会、村），2280名党员干部一对一、点对点联系帮扶困难群众，实现机关干部参与全覆盖、社区（筹委会、村）以及规模以上企业联系全覆盖、重大项目挂钩服务全覆盖。实行干部联点群众3年不变，将干部联系方式和服务承诺制作成“干群联系卡”发放到每一位群众手中，将结亲干部与结亲群众户主姓名制作成“干群结亲牌”张贴在社区醒目位置，确保群众找得到干部。实行分片包干，要求干部记录详细的“民情日记”，每周一梳理，每月一汇总，纳入年终绩效考核。规定每名县级领导每年到联点单位现场办公不少于4次，区直部门带队领导每月蹲点不少于2天，联点部门每年为社区办理民生实事不少于3件。通过定人、定时、定任务，确保服务群众的实效性和持续性。

群众诉求快速掌握。扎实开展“万卷问民心——民情大走访”“一进二访”活动，全区党员干部累计走访群众近10万户，收集群众各类意见36000条，梳理成具体问题6500个。各街道群工办每月开展一次“五访五问”活动，听取群众需求诉求和意见建议；各社区群工站每月召开居民代表、楼栋长座谈会，听取群众意见，找准群众最关心、最急切的热点难点问题。每季度开展1次“群众工作民意调查”，通过政府购买服务，对全区所有区直部门、街道（镇）、社区（筹委会、村）进行群众满意度测评，检验各联点部门群众工作实效。

政情社情快速传达。街道每半年召开一次民情恳谈会，邀请一定范围的群众参加，全体班子成员与群众面对面座谈交流，听取群众意见建议。社区每季度召开一次民情恳谈会，区委安排“特约督察员”监督。区群工办联合公安、人社、卫生、计生、信息中心等部门，与移动、联通、电信三大运营商合作，将全区30万名群众的信息建档入库，打造全区首个海量数据信息平台。着眼打造区、街道、社区、楼栋四级政情社情传达平台，建立“两网两报两平台”（雨花政务网、雨花新闻网，《民意快线报》《雨花手机报》，“飞梦雨花”和“民意快线”微信公众号），及时向群众发布区情、政情和社情。

民生问题快速解决。坚持问题导向，优化工作流程，建立“433”民生问题快速解决机制。建立梯级解决问题“四个一批”机制，根据问题难易程度，推动街道、部门负责解决一批，县级联点领导牵头解决一批，区委、区政府集中解决一批和上报市级群工部门支持解决一批。对群众反映的突出问题，要求干部事前、事中、事后与群众“三见面”，确保问题找得准、办得实、解决得好。实行工作任务

“三清单”机制，对民生问题的解决，分别列出问题清单、时间清单、责任清单三张清单，召开集中交办调度会，严格限时解决。所有交办的问题原则上一个月内办结，受政策限制或目前条件无法解决的，向群众做好解释，使每个问题都有回应。2015年全区494件为民承诺实事和分三批交办5100个民生问题全部得到办理。石马社区2万名居民反映多年的社区道路硬化、砂子塘社区700多户居民反映5年的燃气入户、茶园坡社区41户居民房屋产权分割等一批“老大难”问题，都“一揽子”得到解决。创新开展“六大专项整治行动”，重点解决道路交通、城乡环境、食品安全、就业社保、社会治安、医疗卫生6个共性民生问题，有力助推全区拆违拆迁大行动。工作经验被人民网、新华网、党建网、《湖南日报》《长沙晚报》等推介报道。

工作保障快速跟进。强化组织保障，成立以区委书记邱继兴任组长的群众工作领导小组，定期组织研究群众工作。区“四大家”班子成员带头开展调研走访活动，协调解决民生问题。区财政每年给每个社区增拨20万元惠民资金用于群众工作，每个群众工作示范点给予5-10万元奖励，全区群众工作经费增加至6000万元，投入总量超过过去3年总和。年初制定干部联系服务群众工作目标责任书，明确承诺实事内容；每月组织辖区街道专干开展交叉督查，下发群众工作督查通报；每季度部署全区群众工作“规定动作”，要求各街道（镇）结合自身安排特色活动和“自选动作”，落实情况记入干部“民情日记”，定期督查考核。强化群众评议，通过民主测评、满意度调查、作风评议等方式，让群众知晓、监督和评判群众工作。群众工作在全区绩效考核比分从过去1分提高到5分，把群众评价与干部奖金直接挂钩，真正形成“既要过组织关，更要过群众关”的鲜明导向。（熊　灿）

全面小康社会建设

2015年，雨花区紧扣全面建成小康社会的总体目标，主动作为，扎实推进，全面小康社会的总体实现程度达96.1%，连续三年在全省一类地区考评中获得第一，被湖南省委、省政府授予全省首批“全面小康工作达标县（市区）”。

加快经济发展。以基础建设和政策引领为抓手，高起点谋划，调结构、促转型，经济实力不断增强。2015年人均地区生产总值（按2010年不变价）为115870元，人均财政总收入为29405元，实现程度均达100%。调整产业结构，落实“项目奋进年”、“三定三抓”各项举措，帮助项目发展、帮促产业升级。2015年，全区第二、三产业增加值占GDP 99.3%，高新技术产业增加值占GDP43.8%，文化产业增加值占GDP7.9%。园区规模工业增加值占规模工业增加值 96.2%。加大政策扶持力度，优化企业服务，落实规模工业企业联点帮扶制度，加快区级中小微企业服务平台建设。15个现代服务业项目纳入国家级现代服务业综合试点，项目数量在长沙市内城区排名第一。城市建设按照“4+X”征拆模式，破解拆违拆迁难题，2015年共拆除违法建筑670万平方米，实现腾地640公顷，新增绿地70.32公顷；磁浮、万家丽路快速化改造、湘江综合枢纽城区段截污等重点工程相继建成，打通断头路10余条，新建农村公路30千米。

改善人民生活。2015年全区全面小康人民生活实现程度为94.9%，社会发展实现程度为100%，社会发展取得新进步，人民生活水平不断提高。20项省市为民办实事任务全面完成，加快社会保障扩面提标，推进惠民解困“雨露工程”，完善梯级社会救助体系，实施城乡低保一体化建设。基本医疗保险覆盖率、基本养老服务补贴覆盖率实现程度均达到100%。全力推进优质教育资源均衡化，让外来务工子弟享受均衡学位和名师配置，新改扩建学校7所，新增学位4860个，顺利通过省教育强区评估验收。高中阶段毛入学率为100%，平均受教育年限为13.4年，实现程度均达到100%。深化卫计协同服务，完成医疗卫生改造项目8个；逐步完善公共文化服务体系，全面铺开国家公共文化服务标准化试点工作，建成示范性街道文化站2个、社区文化活动中心12个，人均拥有公共文化体育设施面积3.4平方米，实现程度达到100%。

健全民主法治。着力打造“法治新样板”城区，顺应民众对社会公平正义的期盼，用法治思维和法治方式创新社会治理，让群众享受到法治带来的公平正义，2015年雨花区民主法治方面实现程度为94%，城乡依法自治实现程度100%。完善区委全会、区委常委会议事决策程序、决策跟踪反馈、责任追究等制度，坚持重大事项及时公开，提高权力运行的透明度。通过行政审批制度改革，审批程序不断简化，发展环境不断优化。承接市下放权限78项，区本级行政审批项目由224项精简至65项，精简比例达70.9%。升级改造12345热线网络办理平台，广泛收集民意，切实解决人民群众的难点问题。

重视生态文明。对比全面小康生态文明指标，2015年节能降耗工作取得明显成效，单位GDP能耗0.355吨标准煤/万元，低于全面小康目标值0.62吨标准煤/万元，环境质量和空气质量明显改善。开展“三年造绿大行动”，森林资源蓄积量在跳马镇并入后明显增加，成为长沙南城的“绿肺”，城镇建成区绿化覆盖率40.3%。治理大气污染，区各部门单位联动，强化宣传和工作措施，重点治理餐饮油烟、汽车尾气，严格控制建筑工地特别是拆违拆迁工地扬尘，严格控制燃煤污染，创新大气污染防治措施，率先使用“雾炮车”降尘除霾。

争取群众认可。高度注重群众的获得感、认同感、愉悦感、幸福感，始终把群众放在心上，把群众利益摆在首位，把群众工作方法的运用作为制胜法宝。以“民意快线”工程为切入点，扎实推进“深耕行动”，干部沉下去，诉求带上来，全区68名县级领导、71个区直部门分别联点13个街镇、162个社区，2000多名党员干部，一对一、点对点联系困难群众，同吃同住同劳动，全区党员干部走访群众近10万人次，收集整理群众各类意见36000余条，帮助群众解决住房、就医、就业等各类问题6500余个，切实让老百姓感受到党委政府对民本民生问题，真在乎，真关心，真回应，真解决。

（杨小军）

精神文明建设

2015年，雨花区夯实基层基础，文明创建新常态逐步显现。

打造品质雨花。以“八个最美”（即最美企业、最美学校、最美小区、最美商店、最美楼宇、最美街道、最美公园、最美家庭）创建评选活动为主抓手，努力促进城市管理与市民素质双提升，不断提升城市品质。雨花区投入1个多亿改造5个老旧社区、5条背街小巷、1条特色景观街，并充分保障文明创建各项经费。侯家塘街道廖家湾社区被评为长沙市文明创建红旗社区，砂子塘街道金地社区、侯家塘街道电院社区、圭塘街道美林景园社区、左家塘街道营山巷社区等4个社区被评为长沙市文明创建示范社区。重点打造东塘街道牛婆塘社区“聆听阁”“和为贵亭”“社区文化石”，侯家塘街道侯家塘社区“红旗法治广场”、廖家湾社区“崇德广场”，韶山路社区“‘孝当先’邻里坊”，高桥街道怡园社区“和为贵 他乡美”主题社区和“国是家”双拥爱国广场等一批社会主义核心价值观主题阵地。按照城市管理与文明创建“三进”工作要求，提升城市品质环境，开展日督查、周通报、月测评、季排名，下发区督查通报33期。第一、第二季度测评均排名全市第三，三季度测评排名全市第二，三个季度总成绩排名列第二。

扎实开展创建活动。广泛开展道德模范宣讲、中国好人交流活动，展示雨花文明成果。培育推介第五届全国道德模范提名奖孟繁英，全国首批优秀五星级志愿者傅强，第三届长沙市道德模范助人为乐模范鲁遐龄，第三届长沙市道德模范提名奖邹硕、张长安，中国助人为乐好人缪文霞，长沙好人傅安心、曾昭斌、彭国成等。承办多项省、市级培育和践行社会主义核心价值观活动，在中国文明网要闻报道44条信息，有6篇经验文章在《湖南精神文明建设》刊发。

深化学雷锋志愿服务活动。开展“关爱他人、关爱社会、关爱自然”学雷锋志愿服务活动1000

余次，30余万居民群众及志愿者广泛参与。涌现全国文明单位、全国优秀志愿服务组织廖家湾社区，全国最美志愿者、第五届全国道德模范提名奖孟繁英，全国首批五星志愿者傅强等先进典型，制定全国首个社区志愿服务规范，全区掀起学雷锋志愿服务热潮。承办2015年“第30个国际志愿者日”全省志愿服务座谈会暨“向志愿者致敬”颁奖活动，区委书记邱继兴在会上作典型发言（全省区县唯一），刘德尧获评湖南省最美志愿者，长沙民政职业技术学院校青年志愿服务队、雨花区正苑公益文化工作室被评为湖南省最佳志愿服务组织。在中国志愿服务联合会、中国志愿服务基金会联合主办的全国“邻里守望”志愿服务成果展示系列活动中，品牌项目长沙市 《“他乡美”外来务工人员俱乐部志愿服务项目》获优秀实践成果，文艺作品歌伴舞《身边好人—孟繁英》、微视频《不孤》获优秀作品奖。廖家湾社区和芙蓉南路社区的“微心愿”活动在中央电视台“认领微心愿 实现微梦想”节目中播出。廖家湾社区主任刘映先在全国首期志愿服务实践基地培训班暨“邻里守望”社区志愿服务座谈会上作典型发言。

创新未成年人工作。全力推进区未成年人心理健康辅导中心建设，并覆盖到全区的每个学校和社区。承办湖南省“珍爱生命·快乐成长”暨长沙“呵护成长”大学生志愿者结对帮扶活动启动仪式。举行践行核心价值观“学雷锋”“勿忘国耻 圆梦中华”“缅怀抗战英雄”等主题“开学第一课”活动。开展“社会、学校、家庭”三结合未成年人教育工作，推进培育和践行社会主义核心价值观进教材、进课堂、进学生头脑活动，着力净化未成年人成长的社会文化环境，加大校园周边整治工作，为辖区未成年人健康成长提供有利环境。《长沙市雨花区积极探索未成年人心理健康教育新途径》经验文章在《湖南精神文明建设》刊发。（柳美丽）

组织机构及领导人名录

·中共雨花区委员会·

书　记　邱继兴
副书记　张能峰
　　汪　娟（女，8月免）
　　刘素月（女，11月任）
常　委　杜旭辉（8月免）　冯聪龙
　　王清政　黄文先　何托林（7月免）
　　王雄文（5月免）　王维宁
　　邹春林（5月任）　罗予武
　　肖集林（7月免）　宋尊德（7月任）
　　郭四军（8月任）　余宏卿（11月任）

·雨花区人大常委会·

党组书记　主任　龚景顺
副书记　副主任　胡和平　刘海秋
副主任　周凌云（兼）（女）
　　谢爱龙　杨　平（女）

·雨花区人民政府·

区　长　张能峰（1月任）
副区长　王雄文（9月免）　邹春林（9月任）
　　罗予武　王清华（女）
　　余宏卿（11月免）　李国军（9月免）
　　谭应林（兼）（9月免）
　　黄健元（兼）（11月任）
　　陈怀宇　王海军（挂职）

·政协长沙市雨花区委员会·

党组书记　主席　李电晖
副书记　副主席　康长萍（女）　任壮岳
副主席　陈国强　廖云伟（兼）
　　罗艳辉（兼）
秘书长　彭谱诚

·雨花区人民武装部·

部　长　宋尊德

政　委　肖集林（1月免）　罗永垂（2月任）

副部长　周新磊（3月免）　温利锋（3月任）

·中共雨花区纪委（区监察局）·

书　记　王清政

副书记　陈润兰（女）　陈伯华（11月免）

许耀明（11月任）

常　委　邓运娥　张建平

彭　灿（女，8月免）

刘双果（8月任）

谢新德（8月任）

陈　清（女，8月免）（兼）

张　磊　傅丹成（女）

监察局局长　陈润兰（女）

监察局副局长　彭　灿（女，8月免）（兼）

刘双果（8月任）（兼）

杨胜艳（女）

·长沙雨花经济开发区·

工委书记　杜旭辉（8月免）

郭四军（8月任）

副书记　管委会主任　郭四军（8月免）

李国军（8月任）

副书记　纪工委书记　洪　健

委员　管委会副主任　邓　波

委员　工会联合会主席　傅建辉

委员　纪检监察室主任　李逾之

委员　开发公司总经理　廖昌规

委员　同升街道工委书记　张　建（兼）

委员　规划建设局局长　刘　庄（女）

管委会副主任　朱　江（女）

程　象（4月任）（挂职）

·区委党校（行政学校）·

校　长　汪　涓（女，8月免）

刘素月（女，12月任）

常务副校长　杨仕斌

副校长　李富山　毛玉生　龚剑新（兼）

张新义

教研室主任　龚剑新

办公室主任　蒋　平（2月任）

·长沙火车南站地区综合管理办公室·

党组书记　副主任　粟　琳（10月免）

党组书记　吴平辉（10月任）

主　任　吴平辉

副主任　肖建璋　刘非平　张新卫（9月任）

纪检组长　刘非平（兼）

社会事务部部长　夏晓波

社会事务部副部长　谢建娇（女，3月免）

邓文欢（3月任）

综合管理部部长　赵　灿（女）

综合管理部副部长　罗志德（3月免）

谢建姣（女，3月任）

执法协调部副部长　刘革新

·区委工作机构·

区委办公室

主　任　黄文先

第一副主任　黄生文

常务副主任　刘昌军

副主任　李杏仁（女，2月免）（兼）

舒　畅（女，2月任）（兼）

罗　宇（9月免）

龙峥嵘（9月免）（兼）

副主任　刘明生（2月免）（兼）

周　红（女，2月—9月）（兼）

秦永忠（9月免）（兼）

副主任　　陈　智（9月免）（兼）
　　　　　钟　波（9月任）（兼）
　　　　　彭　灿（9月任）（兼）
　　　　　夏　杨（9月任）（兼）
　　　　　言自平（9月任）（兼）

区委组织部

部　长　　冯聪龙
副部长　　王青春（8月免）
　　　　　李　悦（女，8月任）
　　　　　肖向东（8月免）　邓　星（8月任）
　　　　　苏　波　王　石（女，8月免）（兼）
　　　　　吴　岚（女，8月任）（兼）
　　　　　罗　玲（女，8月任）（兼）
　　　　　秦勇忠（8月免）（兼）
　　　　　章　波（兼）（女）

区委非公有制经济组织工委

书　记　　李　悦（女，8月免）
副书记　　杨　平（女，2月免）
　　　　　李　芳（女，2月任）
　　　　　苏　波（8月任）

基层党建办

主　任　　王青春（8月免）（兼）
　　　　　苏　波（9月任）
副主任　　陈　琳（女，8月免）

绩效考核办

主　任　　肖向东（2月任）（8月免）
　　　　　吴　岚（8月任）
副主任　　钟　波
远教中心主任　　蒋　平（女，2月免）
　　　　　　　　杨　平（女，2月任）

区委宣传部（区文明办）

部　长　　何托林（9月免）　余宏卿（11月任）
副部长　　罗　玲（女，9月免）
　　　　　周　红（女，9月任）
　　　　　谢国文（兼）
　　　　　谢新德（9月免）　谢伍良（9月任）
　　　　　尹美娜（女）

文明办

主　任　　谢国文
副主任　　谢　曙（2月免）
　　　　　董玲玲（女，2月任）
新闻中心主任　　段　萍（女）
文化产业发展办主任　　别必雄

区委统战部

部　长　　冯聪龙
副部长　　邹开其　蒲新林（兼）
　　　　　唐荣欢（兼）（女）　程　缅

台　办

主　任　　唐荣欢（女）
副主任　　刘　娟（女）

区委政法委员会

书　记　　王维宁
副书记　　王恩铣　李国良（8月免）
　　　　　杨　宁　王　强（8月免）
　　　　　蒋　汉（8月任）
　　　　　赵正坤（8月任）　周少敏
　　　　　黄利萍（女）　王均全（兼）
　　　　　谭剑辉（兼）
　　　　　谭应林（11月免）（兼）
　　　　　黄健元（11月任）（兼）
　　　　　梁云伟（兼）
610办主任　　杨　宁
610办副主任　　陈海军　周　晨（2月任）
综治办主任　　王　强
综治办副主任　　徐国武　潘　武
维稳办主任　　李国良（8月免）
　　　　　　　周少敏（8月任）

区直机关工委

书　记　　石曙红（8月退休）
　　　　　罗凤良（8月任）
副书记　　王　芳（女）　徐科华（3月免）
　　　　　贺立云（3月任）
纪委书记　　刘铁山

区机构编制委员会办公室

主　任　　余　莉（女，2月免）

主　任　　李杏仁（女，2月任）
副主任　　黄　超　冯　粤（女）
事登局局长　　黄　庆（女）

区委老干部局

局　长　　章　波（女）
副局长　　黄吉祥　徐科华（3月任）
　　　　　杨建立（3月免）
　　　　　贺立云（3月任）
活动中心主任　　戴明艳（女）

区信访局

党组书记　局　长　　秦勇忠（9月免）
　　　　　　　　　　言自平（9月任）
副书记　副局长　　喻伯正　黄　乐
副局长　　张贻俊　张光祥　周　剑（女）
纪检组长　　张　良
党组成员　　张　奎

史志档案局

党组书记　局　长　　陈　智（9月免）
　　　　　　　　　　夏　杨（9月任）
副书记　副局长　　周红雨（女）
纪检组长　副局长（兼）　　尹亿民

·区人大工作机构·

办公室

主　任　　刘助斌
副主任　　罗　玲（女）（3月免）　陈　伟
　　　　　贺　耀（3月任）

教育科技文化卫生工作委员会

主　任　　王伟思（9月免）
　　　　　何小林（9月任）
副主任　　胡朝霞（女）

农业财政经济工作委员会

主　任　　朱跃良（9月免）　万　多（9月任）

城乡建设环境保护工作委员会

主　任　　刘素娟（女）

选举任免联络工作委员会

主　任　　郭彤莉（女）
副主任　　朱海波

内务司法工作委员会

主　任　　李劲松（9月免）
　　　　　王伟思（9月任）

·区政府工作机构·

办公室

主　任　　张小军（2月任）刘昌军
副主任　　李　文　易方顿（兼）
　　　　　周　红（女）　李　勇
　　　　　钟　波　胡　开
　　　　　李建华（兼）　秦勇忠（兼）
　　　　　陈建良（兼）　张辉煌
　　　　　罗　闽　王铁龙

区发展和改革局（物价局）

党组书记　局　长　　贺　芳（女）
副书记　副局长　　黄　杰　罗正平
副局长　　郭　勇　冀治宇（8月免）
　　　　　李岱芳（女）（挂职）
　　　　　刘　群（8月任）
党组成员　　周秋国（1月任）
两型办副主任　　刘　群（女）

区教育局

党委书记　局　长　　喻小健（9月免）
　　　　　　　　　　王青春（9月任）
副书记　副局长　　王　朋（女）
　　　　　　　　　李长青（9月任）
　　　　　　　　　陈乾坤
区政府主任督学　　李长青（9月免）
　　　　　　　　　朱紫彪（女）（9月任）
副局长　　张新卫（9月免）
　　　　　黄春燕（9月任）
纪委书记　　谢述飞
区政府副主任督学　　朱紫彪（女）（9月免）
党委委员　　李宏伟

科学技术局（知识产权局）

党组书记　局　长　　夏　杨（9月免）

党组书记　局　长　　尹江华（9月任）
副书记　副局长　　傅志刚
纪检组长　　陈　玲（9月任）
副局长　　　王义文（9月免）　黄小元
　　　　　　余　伍（女）

区城乡建设局

党委书记　局长　　张学军
副书记　副局长　　吴军红
副书记　纪委书记　　刘望峰（女）
副局长　　罗艳辉（女）　罗　能（兼）
质安监站站长　　罗　能

区民政局

党组书记　局长　　周　敏（女）
副书记　副局长　　汤　勇
副局长　　吴　岚（女）（9月免）
　　　　　周果平　佘宗龙　李　敏（兼）
纪检组长　　段　萍（女）（9月任）
党组成员　　欧阳伟军（9月任）
社会救助局局长　　李　敏
生活无着人员救助管理站站长　　李玲（女）

区司法局

党组书记　局长　　梁云伟
副书记　副局长　　杨　涟（女）
副局长　　姚万军　　吴振明
纪检组长　　周碧莲（女）

财政局

党组书记　局长　　周　宏
副书记　副局长　　朱怀喜（女）
副书记　副局长（兼）　　陈　清（女）
副局长　　方金莲（女）　张　柱
　　　　　张孟晗（兼）
纪检组长　　文艺明（兼）
国库管理局局长　　刘勇志
非税收入管理局局长　　游　斌
财政预决算（投资）评审中心
主　任　　文艺明

区人力资源和社会保障局

党组书记　局长　　王　石（女，9月免）
　　　　　　　　　罗　玲（女，9月任）
副书记　副局长　　王　石（女，9月任）
　　　　　　　　　李金国　符前勇
副局长　　贺晓玲（女）　颜怀亮
纪检组长　　陈　超
党组成员　　肖跃武

环境保护局

党组书记　局长　　钟智宏
副书记　副局长　　蒋朝东
纪检组长　副局长　　刘佩良
副局长　　宋　明　邓光明（3月任）

区商务和旅游局（招商合作局）

局　长　　易　静（女）
副书记　副局长　　李泽友
副局长　　雷灵军（3月免）　宁　丽（女）
　　　　　刘黎黎（女）（1月任）

区文化体育新闻出版局

局　长　　王　琳（女）
党组书记　副局长　赵振平
副局长　　谢伍良（8月免）　邓　波
　　　　　陈志刚
纪检组长　副局长（兼）　李　羣（8月辞职）
纪检组长　　陈　珊（9月任）
文化市场综合执法局
局　长　　谢伍良（8月免）
　　　　　邓　波（8月任）

区卫生局（至9月）

党委书记　局长　　韩　哲
副书记　副局长　　辜大为
副局长　　陈　军（兼）　陈云清
纪委书记　副局长　　陈泽香（女）
党委委员　　龚尚武（援藏）
政府督办员　　曾汉其　邱林强
红十字会常务副会长　陈　军

区人口和计划生育局（至9月）

党组书记　局长　　周宏伟（女）
副书记　副局长　　龚文波　罗　宁（女）
纪检组长　　陈琳波（女）

副局长　　武振刚　李春云（女）　张丽娜（女）

区卫生和计划生育局（9月起）

党组书记　局长　　周宏伟（女）

副书记　副局长　　龚文波　辜大为

　　　　　　　　　罗　宁（女）

纪委书记　副局长　　陈泽香（女）

纪检组长　　陈琳波（女）

副局长　　陈　军（兼）　张丽娜（女）

　　　　　武振刚　陈云清　李春云（女）

　　　　　陈　谨（兼）

党委委员　　龚尚武（援藏）

政府督办员　　曾汉其　邱林强

红十字会常务副会长　　陈　军

区审计局

党组书记　局长　　罗春晖

党组副书记　副局长　　吴海林　曾振环

副局长　　周　群（女）

纪检组长　　李晓梅（女）

政府投资审计中心主任　　史　良（2月任）

区农业林业水利局

党组书记　局长　　袁　林（9月免）

　　　　　　　　　董正军（9月任）

副书记　副局长　　吴志勇

纪检组长　　副局长（兼）

　　　　　　陈　玲（女）（9月免）

　　　　　　王义文（9月任）

副局长　　唐术江　周　文（女）

　　　　　刘英治（9月免）（女）

区食品药品监督管理局（区食品安全管理办公室）

党组书记　局长　何小林（8月免）

　　　　　　　　韩　哲（8月任）

副书记　副局长　　谢松林（女）（8月免）

　　　　　　　　　王　强（8月任）

纪检组长　　张海清

党组成员　　副局长　邱晓峰

党组成员　　李海舟（11月任）

　　　　　　陈晓东　王　强（2月任）

区城市管理和行政执法局

党委书记　局长　　刘文舫（8月免）

　　　　　　　　　李劲松（8月任）

副书记　副局长　　刘　归

副书记　　张　勇

纪委书记　　廖丽莉（女）

副局长　　高志勇　石　华（2月任）

　　　　　周祖辉　易恒良（2月任）

区城管执法大队

大队长　　刘文舫（9月免）　李劲松（9月任）

教导员　　谢　锋

常务副大队长　　喻鹏飞

纪委书记　　夏勇文

副大队长　　石　华（3月免）　李正章

　　　　　　姜胜才　周新元（3月任）

党委委员　　陶建华　王衡初（10月任）

　　　　　　徐　浪（10月任）

法制办公室

主　任　　肖述华

区经济和信息化局

党委书记　局长　　栗　芳

副书记　副局长　　魏　然

纪委书记　副局长（兼）　喻向东（9月任）

副局长　　吴海平　黎　华

区交通运输局

党组书记　副局长　　周德平

副书记　局长　刘诺奇

副书记　副局长　　李健球

副局长　　张忠顺　谭　波（女）

纪检组长　　罗　宇（女）

区统计局

党组书记　副局长　　袁海军

副书记　局长　　王漱石

副书记　副局长　刘　波（女）

副局长　　钱永刚　陈　敏

普查中心主任　　吕　伟

区民族宗教和外事侨务局

党组书记　副局长　　匡平洋

副书记　局　长　姚正清
纪检组长　刘　霞（女）

区安全生产监督管理局（安全生产委员会办公室）

党组书记　局长　张蛟龙（9月免）
陈　智（9月任）
党组副书记　副局长　王映东
副局长　周克难　刘　伟　杨绍炎
喻海奎（2月任）
纪检组长　副局长（兼）　杨飞宇（女）
党组成员　刘建新（2月任）

区人防办

党组书记　主任　刘硕平
副书记　副主任　周小英（女）　黄国富

区住房保障局

党委书记　副局长　黄意平
副书记　局长　汤小辉（3月免）
刘明生（3月任）
副局长　喻佑庚　何　军
纪委书记　付光雄
党委委员　赵文武

区政务服务中心

党组书记　主任　李建华
副书记　副主任　吴敌之
纪检组长　副主任　袁鸿斌
副主任　杨　军

区工务局

党组书记　副局长　李　博
副书记　局长　邓自新
副书记　副局长　李家谋
纪检组长　谢　曙
副局长　李清红（女）　黎春风（女）
总造价师　黄　辉（11月离职）

区机关后勤服务中心

党组书记　副主任　黎岳林
副书记　主任　罗凤良（9月免）
陈伯华（9月任）
副主任　钟小平　王玉文　李朝晖（女）
纪检组长　周　敏（女）

政府督办员　邱小定

区物业管理中心（城建投融资中心）

党组书记　副主任　陈　萍（女）
主　任　叶　松（女）
副书记　邓　友（女，1月任）　彭　晖
副主任　邓　友（女）　彭　晖　罗红星
马　晖（女）
纪检组长　李俊龙

区征地办公室

主　任　冯　斌
党组书记　唐　平（女，9月免）
谢松玲（女，9月任）
副主任　刘伟峰（2月免）　孔建军
张希林（2月任）
党组成员　彭　文

长沙雨花现代电子商务物流管委会

党工委书记　李国庆
副书记　主任　黄　超
副书记　副主任　严忠正（9月任）
委员　副主任　侯　宇（9月免）
副主任　方明星

区城市房屋征收和补偿办公室

主　任　黎顺利（女）
副主任　李景明（女）　文霄乾

区棚改办

主　任　陈建良
副主任　缪　戈　舒　运

现代服务业发展办公室

主　任　仇　莹（女）
副主任　贺　耀　黄　芳（2月任）

区市容环境卫生管理局

党委书记　李先桃
局　长　黎大强
纪委书记　李绍萍（女）
副局长　何伟华　赖庆龙　罗志德

区园林管理局

党委书记　刘鹏飞
局　长　宋　电

纪委书记　　熊　青（女）

副局长　　易　强　李朝晖　周舞云（女）

杜令德

区市政工程管理局

党委书记　副局长　　吴　喆

副书记　局长　　易光明

副局长　　李普得　孙三林　宋兴武

张　勇（3月免）

周清香（女，3月任）

纪委书记　　王志爱

区疾病和预防控制中心

主　任　　周建湘

书　记　　李中华（女）

副主任　　邓　婷（女）　王莎娅（女）

何　韬

区卫生监督所

所　长　　黎雪军

书　记　　黄够多

副所长　　陈　高　刘三云（女）　周　超

妇幼保健所

所　长　　陈　谨

副所长　　张　玲（女）　刘建伟（女）

·区政协工作机构·

办公室

主　任　　彭谱诚

副主任　　谢淑贞（女）（10月免）

罗龙忠

群团联络委员会

主　任　　周玉萍（10月免）（女）

汤艳辉（10月任）

副主任　　聂庆媛（女）

提案法制委员会

主　任　　彭　知（女）

副主任　　赵春芳（女）

人口资源环境委员会

主　任　　左　平

文化教育卫生体育委员会

主　任　　刘利平（10月免）

谢淑贞（女）（10月任）

经济科技委员会

主　任　　汤艳辉（10月免）

袁　林（10月任）

·长沙市雨花区人民法院·

党组书记　院长　　王均全

副书记　副院长　　彭智勇

党组成员　副院长　李大龙（12月退休）

许耀明（12月免）

宋月清

肖述华（10月任）

副院长　　梁　平

党组成员　纪检组长　　钟红梅

党组成员　政工室主任　　彭聪颖

党组成员　执行局局长　　聂志强

党组成员　土房庭庭长　　黄　森

·长沙市雨花区检察院·

党组书记　检察长　　谭剑辉

党组成员　副检察长　　吴正文　熊　飞

李　勇　曾永清

李　平（8月任）（挂职）

副检察长　　储　硕（女）

党组成员　纪检组长　　杨　东

党组成员　专职委员　　姜　农

党组成员　反贪污贿赂局局长　　宁　毅

党组成员　反渎职侵权局局长　　王　勇

·社会团体·

区总工会

主　席　　冯聪龙

党组书记　副主席　彭跃辉（8月退休）
秦勇忠（8月任）
副主席　谭洪波　刘　伟（2月任）
纪检组长　郭绍炎

区妇女联合会

主　席　郑迎春（女）
副主席　刘　娣（女）

共青团雨花区委员会

书　记　陈　昊
副书记　余静雯（女）

工商业联合会

主　席　周凌云（女）
党组书记　副主席　邹开其（3月免）
程　缅（3月任）
纪检组长　胡永谦
副主席　戴　鹰（女）

区残疾人联合会

理事长　陈小玲（女，9月免）
张福新（9月任）
副理事长　赵福秋　张新其（3月任）
肖曙光（3月任）

区归侨侨眷联合会

主　席　蒲新林
副主席　孙　雷

科学技术协会

主　席　周　伟（9月免）
张蛟龙（9月任）
副主席　易海清

·垂直管理单位·

长沙市公安局雨花分局

党委书记　局长　谭应林（11月免）
黄健元（11月任）
副书记　政委　章晓波（11月免）
副书记　副局长　汪　琨
委员　副局长　樊正其　胡正坤
谢代炎（11月免）　张国斌
副政委　纪委书记　邹仲林（11月免）
范　竹（11月任）
委员　政工室主任　周　巍

长沙市工商行政管理局雨花分局

党委书记　局长　王金山
副书记　副局长　蒋苏阳
委员　副局长　周雄伟　李小群
李海舟（10月免）
胡逐波（7月任）
委员　纪委书记　蔡建双

长沙市雨花区国家税务局

党组书记　局长　吕雅君
副局长　陈建强（12月免）
李文虎（12月任）　张　靖
邓曙光　彭　欣（女）
岳青春（5月免）　饶玉华
胡　芳（女）（5月挂职）
纪检组长　董　谦（女）

长沙市雨花区地方税务局

党组书记　局长　李宇奇（5月免）
周　兵（5月任）
副局长　张左文　邓　明（7月任）
周　歌（女）　冯　斌（7月任）
易　强（7月免）　郝　玲（女）
纪检组长　副局长　汤长湘（7月免）
纪检组长　张左文（7月任）

长沙市国土局雨花分局

副书记　局长　雷世良
党组书记　副局长　文新平
副局长　执法大队队长　黄　宏
纪检组长　副局长　李良安
副局长　欧　薇（女）　汤　菁

长沙市城乡规划局雨花区分局

局　长　李定平
支部书记　刘泽辉
副局长　孔　昶
执法大队大队长　魏心田
执法大队副大队长　谢时英（女）

长沙市质量技术监督局雨花分局

局　长　　宋杰斌（11月免）
　　　　　杨　忠（11月任）
副局长　　舒宗文（12月免）
　　　　　汤正国（12月任）
　　　　　段佑长（12月任）

长沙雨花农村合作银行

党委书记　董事长　　邓来发
副书记　行长　　张中豪
纪委书记　监事长　　李志伟
副行长　　任辉兵　夏义芳（女）
行长助理　　尹尚进

交警大队

大队长　　李智文
教导员　　余卫东
副大队长　　邱　波　张　昱　李　林
　　　　　　彭星顺

消防大队

党委书记　教导员　雷晓军
副书记　大队长　　刘立宪
副大队长　　唐碧辉　王　勇
副教导员　　颜志芸

·民主党派·

民革雨花区工委

主　委　　冯　斌

民盟雨花区工委

主　委　　罗艳辉（女）

民建雨花区工委

主　委　　莫志刚

民进雨花区工委

主　委　　夏晓波

农工党雨花区工委

主　委　　罗发明

致公党雨花区工委

主　委　　易　静（女）

九三学社雨花工委

主　委　　吴海军

·街道·

雨花亭街道

工委书记　　杜　剑
副书记　办事处主任　　张杰军
副书记　纪工委书记　人大工委主任　杨　丹
副书记　政协联络处主任　　言自平
副书记　　王广安　吴浩宁（挂职）
　　　　　刘国华（兼）
工委委员　　彭　伟　胡　开
　　　　　　李　娜（兼）（女）　王振凯（兼）
办事处副主任　　许文智　黄　滔　石　浩
　　　　　　　　罗　闽　韦育华

高桥街道

工委书记　　李才军
办事处主任　　莫志刚
副书记　人大工委主任　　刘曙林（3月任）
副书记　政协联络处主任　刘曙林（3月免）
政协联络处主任　武装部部长
　　　　　　　　　　周佳祥（3月任）
副书记　纪工委书记　　张辉煌（2月免）
　　　　　　　　　　　游　伟（2-8月任）
　　　　　　　　　　　谢冬波（9月任）
副书记　　黄练文（2月任）
　　　　　周佳祥（2月免）
工委委员　副主任　　游　伟（2月免）
　　　　　　　　　　谢冬波（10月免）
办事处副主任　　杨远高
　　　　　　　　黄练文（2月免）
　　　　　　　　邹轶亮（2月免）
办事处副主任　　肖　英（女）
　　　　　　　　李铁新（3月任）
　　　　　　　　刘伟峰（3月任）
　　　　　　　　钟志良（3月任，挂职）

左家塘街道

工委书记　张良欣

副书记　办事处主任　聂文涛
副书记 纪工委书记 人大工委主任
　　　　喻思旭（女）
副书记　政协联络处主任　常　曙
副书记　邓集林
工委委员　副主任　刘新辉（3月免）
　　　　朱映凯
工委委员　龚海燕（女）（3月任）
办事处副主任　龚海燕（女）
　　　　莫正文　蒙正国（3月任）
　　　　孙俊宗（3月任）

侯家塘街道

工委书记　向　星（女）
副书记　办事处主任　石远康
副书记　人大工委主任　蒋多利（女）
副书记　政协联络处主任　陈　勇
副书记　纪工委书记　陈燕武
副书记　喻运科（9月任）
工委委员　周　彬
　　　　刘新辉（3月任）
办事处副主任　蒙正国（2月免）
　　　　李　继（9月免）
　　　　侯　莉（女）（10月免）
　　　　刘舜乾　孙　雷（8月任）
　　　　沈　静（女）（2月挂职）

砂子塘街道

工委书记　刘燕妮（女）
副书记　办事处主任　刘志平
副书记　纪工委书记　人大工委主任
　　　　刘松山（8月免）
副书记　人大工委主任　刘松山（8月任）
副书记　纪工委书记　黄　磊（女）（8月任）
工委委员 政协联络处主任　宁世平（2月免）
　　　　石　斌（2月任）
副书记　副主任　黄　蔚（女）（8月免）
副书记　黄红军　彭　冰（兼）
工委委员　副主任　丁志勇　黄　磊
办事处副主任　谭　琰　肖佐邦（挂职）

东塘街道

工委书记　谢国富
副书记　办事处主任　黄　金（女）
副书记　纪工委书记　人大工委主任
　　　　许惠芝（女）（9月免）
副书记　人大工委主任　许惠芝（女）（9月任）
政协联络处主任　石　斌（2月免）
　　　　宁世平（2月任）
副书记　昌名林（9月免）
　　　　张　卫（兼）
副书记　纪工委书记　游　伟（9月任）
工委委员　黄春艳（女）（9月免）
　　　　张　靖（9月任）
办事处副主任　寻伟阳
　　　　张　靖（9月免）　邹　鹏
　　　　邹建姣（女）（9月任）
　　　　赵　华（2月挂职）

圭塘街道

工委书记　姜泽红
副书记　办事处主任　董正军（9月免）
　　　　肖向东（9月任）
副书记　人大联络处主任　程　献
工委副书记　政协联络处主任
　　　　赵正坤（9月免）
　　　　昌名林（9月任）
副书记　纪工委书记　舒　畅（女）（2月免）
　　　　罗龙忠（2月任）
工委委员　杨　柳（女）
办事处副主任　陈　泽　罗飞跃　王　炯
　　　　肖　嫣（女）（2月免）
　　　　徐建文（2月任）

黎托街道

工委书记　王明玖
副书记　办事处主任　王润虎
副书记 纪工委书记　人大工委主任
　　　　张锡泉（9月免）
副书记 人大工委主任　刘　虎（9月任）
副书记　政协联络处主任　刘　虎（9月免）

副书记　政协联络处主任　　李伟才（9月任）
副书记　纪工委书记　　彭　芬(女)(9月任)
副书记　　　　　　　　彭　芬(女)(9月免)
李伟才（9月免）
胡国强（8月任）
李建军（兼）
工委委员　副主任　　胡国强（9月免）
工委委员　　杨万敏
办事处副主任　　王铁龙　许文智
邹轶亮（2月任）
黄　宇（3月挂职）
王　磊（3月挂职）

洞井街道

工委书记　　周建雄
副书记　办事处主任　　肖司昊
副书记 纪工委书记 人大工委主任
文健雄（2月免）
副书记　人大工委主任　　文健雄（2月任）
政协联络处主任　　吴海军
副书记 纪工委书记　　罗　玲(女)（2月任）
副书记　　王金柱　夏胜卫（兼）
工委委员　　李　芳（女）（2月免）
张　敬　张　琳（兼）
陈　珊（9月免）
办事处副主任　　万建军　李应飞
张　勇（3月任）
张　科（3月挂职）

井湾子街道

工委书记　　刘江红
副书记　办事处主任　　杨钦涵（8月免）
龙峥嵘（8月任）
副书记 纪工委书记 人大工委主任
邓　星（8月免）
副书记　人大工委主任　陈春华(女)(9月任)
政协联络处主任　　张福新（10月免）
副书记 政协联络处主任　　李　卫(10月任)
副书记 纪工委书记　　陈　琳（女）(8月任)
工委副书记　　陈春华（9月免）（女）

工委副书记　　李　卫（9月免）
吴建松（兼）（2月免）
罗　跃（兼）（8月任）
李金海（兼）
工委委员　副主任　　万　多（9月免）
工委委员　　王　况　黄　滔（8月任）
办事处副主任　　杨铁辉　曾　频（女）
陈　悦（3月挂职）

东山街道

工委书记　　陈怀柏
副书记　办事处主任　　尹江华（9月免）
杨钦涵（9月任）
副书记　纪工委书记　人大工委主任
邹　霞（3月免）
副书记 人大工委主任　　邹　霞（3月任）
副书记　政协联络处主任　　蒋　汉（8月免）
彭劲宇（8月任）
副书记 纪工委书记　　段灿军（3月任）
副书记　　彭劲宇（8月免）
工委委员　副主任　　段灿军（3月免）
张　浩（3月任）
李　继（9月任）
工委委员　　包新伟（兼）
杨建立（9月任）
办事处副主任　　张　浩（3月免）

同升街道

工委书记　　张　建
副书记　办事处主任　　尹新国
副书记　纪工委书记　人大工委主任
曹旭鑫（9月免）
副书记　人大工委主任　　曹旭鑫（9月任）
副书记　政协联络处主任　　陈　明
副书记　纪工委书记　　王红艳(女)(9月任)
副书记　　吴　波　黎银波（兼）
工委委员　　严忠正
王红艳（女）（9月免）
冀治宇（9月任）
王东山（兼）（2月任）

办事处副主任　　刘黎黎（女）（1月免）

雷灵军（3月任）

侯　宇（9月任）

王　宇（3月挂职）

跳马镇

党委书记　　谭爱兵

副书记　人大主席团主席　　章志刚

副书记　　戴江南（女）

镇　长　　陈伟奇

政协联络处　主任　林中胜

党委委员　副镇长　　喻运科（9月免）

彭飞龙

党委委员　　王　坤　黎茂祥（11月免）

黄杰刚（9月任）

人大主席团副　主　席　　王　浪

副镇长　　廖　莎（女）　黄杰刚（9月任）

张四平（9月任）

中共雨花区委员会

重要会议

【区委四届十九次全体（扩大）会议】 2015 年 1 月 6 日，中共长沙市雨花区委四届十九次全体（扩大）会议召开。区委副书记、区长张能峰主持会议。会议认为，2014 年，全区上下紧扣“锐意改革创新，率先科学发展”的工作主题，以全面建成小康社会为总揽，以“六个走在前列”大竞赛活动为契机，抢抓机遇，主动作为，区域经济社会实现更好更快、率先发展。会议指出，2015 年，是全面深化改革的推进之年、“十二五”和“十三五”规划的衔接之年，全区上下必须准确把握大势，立足实情，保持定力，克难奋进，勇争前列。区委确定 2015 年的工作主题是：“筑牢基础，破解难局，朝着加快打造中部现代服务业中心目标阔步迈进”。指导思想是：全面贯彻党的十八大、十八届三中、四中全会精神和中央、省、市经济工作会议精神，主动适应经济发展新常态，以全面建成小康社会为总抓手，高举全面深化改革大旗，着力转型升级，提速项目建设，狠抓城市管理，改善民生福祉，加强党的建设，朝着打造中部现代服务业中心、加快实现基本现代化目标阔步迈进。会议强调，要着力抓征拆，在提速项目建设上求突破；要着力抓招商，在产业转型升级上求突破；要着力抓品质，在城市建设管理上求突破；着力抓改革，在体制机制创新上求突破；着力抓民生，在发展社会事业上求突破；着力抓党建，在加强队伍建设上求突破。（杨小军）

【区委四届二十次全体（扩大）会议】 2015 年 9 月 24 日，中共长沙市雨花区委四届二十次全体（扩大）会议召开。区委副书记、区长张能峰主持会议。区委书记邱继兴作大会主题报告。会议传达省市全会精神。会议指出：2015 年以来全区各项工作富有成效，全面建设小康持续领跑，全面深化改革落地见效，全面依法治区稳步实施，全面从严治党扎实推进。当前，经济发展进入新常态，雨花区面临的机遇前所未有，遇到的挑战也前所未有。要在冷静分析不足中找准差距，实现精准发力；要在科学研判形势中坚定自信，保持战略定力；要找准定位、精准发力，以马上落实的干劲推动各项工作。要确保实现“小康三连冠、全市争一流”；从 2016 年开始，全面推进实现基本现代化的各项探索实践，力争到 2020 年率全省之先实现基本现代化的阶段性目标。要以严和实的精神加强班子队伍建设，为率先建成全面小康社会，加快实现基本现代化提供坚强保障。会议要求，全区上下在推进工作、加快发展中，要牢固树立规划、创新、开放、绿色、和谐“五种发展理念”。2015 年务必在拆违拆迁攻坚、项目建设推进、产业结构优化、城市品质倍升、改善民生民利五个方面实现突破。（单东霞）

【区委常委会议】 2015 年，区委召开常委会议 13 次。

1月4日，审议《区委四届十九次全会报告（审议稿）》；审议2015年《政府工作报告（征求意见稿）》；听取2014年财政预算执行情况及审议2015年财政预算编制情况；审议四大家述职述廉报告和落实党风廉政建设主体责任报告。

2月9日，学习贯彻落实省、市人大会议精神；研究反腐倡廉建设、春节走访慰问、干部人事任免工作。

3月5日，研究党务工作（组织、老干、统战、宣传、政法、办公室）；研究雨花区2015年环保工作；研究审议雨花区2015年经济工作事项。

3月10日，研究绩效考核相关工作；研究重点工程暨拆迁拆违工作。

4月30日，讨论市管干部呈报人选有关情况，听取关于张昱一案党纪处分的情况汇报；听取城市发展基金、城中村改造基金、智能装备产业创业投资基金有关情况汇报；听取关于进一步规范各类表彰项目的情况汇报；听取雨花经开区工作情况汇报。

5月22日，听取全面小康、“三严三实”教育实践活动、绩效考核工作汇报。

7月25日，听取“三严三实”专题教育及基层党建工作汇报；听取干部人事政策有关情况汇报；研究审议《雨花区工业和信息化扶植奖励办法（试行）草案》；研究禁毒工作有关问题；听取2015年区委1号文件督查、处理情况通报。

9月22日，听取“一进二访”活动和基层党建工作情况报告；研究农村环境综合整治工作和学习湖南省环境保护责任体系文件；听取省综治委督查组区域性重大火灾隐患督查情况通报；审议《区委四届二十次全体（扩大）会议报告（审议稿）》。

10月21日，研究推进住宅小区物业管理改革工作；听取区“三严三实”专题教育及“一进二访”活动有关工作汇报；听取干部年中测评、《公务员职务与职级并行制度实施意见》《领导干部经济责任告知和承诺办法》等工作情况汇报；研究审定政府机构改革工作。

10月29日，听取雨花区纪委（监察局）内设机构改革工作汇报。

11月25日，听取区绩效考核、区委统战工作汇报；学习贯彻党的十八届五中全会精神和《中国共产党廉洁自律准则》《中国共产党纪律处分条例》，听取政府机构改革涉改部门相关工作汇报。

12月15日，学习《中国共产党巡视工作条例》；听取区全面小康工作情况汇报；听取区“十三五”规划纲要（草案）编制工作情况汇报。

12月31日，研究2016年和“十三五”规划主要经济指标；听取区“文明出行、畅安雨花”道路交通综合整治工作情况汇报；审议《在区委四届二十一次全体（扩大）会议暨经济工作会议上的讲话（审议稿）》；听取关于党内规范性文件第一阶段清理工作的情况汇报；学习讨论湘委〔2015〕49号文件精神。（吴　旭）

【党务工作暨绩效考核讲评会议】 2015年3月26日，雨花区召开党务工作暨绩效考核讲评会议。由区委副书记、区长张能峰主持会议。区委副书记汪娟宣读绩效考核情况通报并作绩效考核讲评。会议全面总结回顾2014年度党务工作，认为全区党务部门和广大党务工作者围绕中心、服务大局，主动想事、扎实干事、努力成事，展示了作为，走在了前列，树立了品牌，锤炼了队伍，为全区经济社会更好更快发展提供了坚强保障，并对2015年党办、组织、宣传、统战以及政法工作进行安排部署。区委书记邱继兴强调：党办工作要更加体现服务的忠诚度、统筹性和精细化；组织工作要更加突出用好干部、抓好作风、固好根基；宣传思想工作要更加注重对外影响力、舆论引导力和文化软实力的提升；统战工作要更加广泛深入地凝聚共识、凝聚智慧、凝聚力量；政法工作要更加全面推进依法治区、促进公平正义、维护社会稳定；绩效考核工作要更加注重导向、激发活力、彰显成效。（吴　旭）

【季度党建工作推进会】 2015年10月11日，雨花区召开深入落实社区党建和社区建设“三年行动计划”暨季度党建工作推进会。市委组织部副部长陈昌佳出席指导。区委书记邱继兴指出，要深化认识，统一思想，明白“为什么抓”，要着力解决好基层党建工作面临的责任传导和压力传导不到位、工作方式方法缺失、工作流于形式的问题、落实上“两张皮”等问题；要扭住关键，把握重点，清楚“抓什么”，尤其要把握好“党建体系内部工作怎么抓”“党组织与群众关系怎么抓”“党建在整体工作中要怎么抓”三个层次；要强化保障，务求实效，确保“抓得好”。（单东霞）

【省委巡视动员会议】 2015年12月10日，省委巡视第一组进驻雨花区，召开工作动员会。省委巡视第一组组长王宏、副组长夏克利、副厅级巡视专员何正华、副处级巡视专员邓洁、副处级巡视专员黄才春出席会议。王宏全面传达省委关于开展巡视工作的指示精神，深刻阐述巡视工作的重要意义，明确巡视工作的主要任务、工作方式、具体要求，全面安排部署巡视组在雨花的巡视工作。长沙市委常委、组织部部长程水泉代表市委巡视工作联络组，就雨花如何配合省委巡视组做好巡视工作，提出明确要求。区委书记邱继兴代表区四大家班子郑重表态：切实提高认识，坚决贯彻巡视工作要求；强化纪律意识，主动接受巡视监督检查；积极配合衔接，全力保障巡视工作开展；认真整改落实，全面促进工作提质提升。全力配合做好巡视期间的各项工作，确保巡视工作取得圆满成功。（胡一兮）

【雨花区反腐败工作会议】 2015年2月12日，雨花区纪委四届五次全会暨反腐败工作会议召开。区委副书记、区长张能峰主持会议，区纪委委员，街镇、区直各部门党政主要负责人、纪委书记（纪检组长），市垂直管理部门党委（党组）主要负责人、纪委书记（纪检组长）参加会议。区纪委书记王清政代表区纪委常委会作工作报告，回顾总结2014年全区反腐倡廉工作成绩，总体安排2015年工作。会议指出，过去的一年，全区纪检监察机关和广大纪检监察干部围绕中心、服务大局，锐意进取、认真履职，推动了全区党风廉政建设和反腐败工作取得新的成效，赢得了广大干部群众的信任，也得到了上级的充分肯定。区委书记邱继兴强调，2015年全区党风廉政建设和反腐败工作，要严明纪律规矩，永葆忠诚品格；要落实“两个责任”，净化政治生态；要坚决打击腐败，防范权力越线；从严纠治“四风”，优化发展环境；要加强制度建设，筑牢法治“篱笆”。（杨小军）

【区委统战工作会议】 2015年12月4日，雨花区委统战工作会议召开。会议学习贯彻中央和省委、市委统战工作会议精神，全面部署全区统一战线工作，区委组织部、高桥街道、长沙“群英会”、比亚迪长沙公司等单位党组织负责人作交流发言。区委书记邱继兴强调，做好新时期统战工作，使命光荣，责任重大，要进一步增强使命感、责任感和紧迫感，以更加饱满的政治热情、更加良好的精神状态、更加突出的工作业绩，不断开创统一战线工作新局面。要认真学习，深刻领会，把思想和行动统一到中央和省、市委决策部署上来；围绕中心，突出重点，切实做好统战各项工作任务；加强领导，形成合力，为全区统战事业提供坚强保障。（胡一兮）

【开局工作动员会议】 2015年2月25日，雨花区开局工作动员会召开。区委副书记、区长张能峰主持会议。会议认为，2014年，全区广大干部群众团结拼搏、攻坚克难，雨花拼出了干劲，拼出了成绩，拼出了发展。雨花的经济实力不断攀升，GDP、财政收入等主要经济指标，继续领跑于全省；全面小康社会建设在全省排名第一；民生福祉得到有效的改善，人民的幸福感、满意度显著增强；党的建设工作切实加强，基层基础工作更加牢固，社会更加和谐，大局更加稳定。区委书记邱继兴指出：对于雨花区当前发展中最主要的矛盾，经济增长难、产业转型难、深化改革难、干部干事难、拆迁腾地难、项目推进难、群众引导难、矛盾化解难这八大难题，都需要在实际工作中去攻克，去进一步筑牢基础，巩固提升。这是历史的使命、是责任的担当、是竞争的压力、是当代雨花干部能力的展示。会议强调，雨花发展正当其时，正逢其势，雨花的干部也是生逢其时，大有作为。雨花区要在市委、市政府的坚强领导下，一鼓作气，实干苦干，蛮拼勇拼，为率先建成“三市”、强力实施“三倍”，加快打造中部现代服务业中心，率先实现基本现代化贡献自己全部的智慧和力量！（杨小军）

【经济工作会议】 2015年3月10日，雨花区召开2015年经济工作会议，传达学习中央和省、市经济工作精神，区委副书记、区长张能峰作经济工作报告，总结2014年的经济工作，全面安排和部署2015年经济工作。区委书记邱继兴强调，2015年的经济工作，要始终坚持经济工作主体地位不动摇；要以新的湘商文化引领经济工作；要紧紧抓住经济工作的关键环节；要为经济工作提供坚实保障。会议要求全区上下紧紧围绕“筑牢基础、破解难局”的工作主题，团结一心，众志成城，以新的姿态、新的形象、新的作为，朝着加快打造中部现代服务业中心目标阔步迈进。会议表彰奖励在2014年经济工作、“三定三抓”、创业富民、安全生产中涌现出的先进单位、先进个人和优秀企业。（杨小军）

【重点工程建设会议】 2015年3月11日，雨花区重点工程建设暨拆迁拆违工作会议召开。区委副书记、区长张能峰主持会议。副区长李国军作拆违控违工作报告，区委常委、副区长罗予武作重点工程建设及拆迁工作报告，区委常委、常务副区长王雄文宣读2014年度重点工程建设、征拆工作、拆违控违工作考核情况通报。区委书记邱继兴强调：2014年，重点工程建设及拆迁拆违工作任务重、干劲足、成效好。2015年，要进一步强化使命意识、责任意识，强化拼搏、高效意识，充分发扬“钉钉子”“啃硬骨头”的精神，在项目建设、拆迁、拆违工作上取得新突破，展现新成绩。要加大资金保障力度，加快项目审批进度，优化考核机制，一切以“保目标、保开工、保进度”为要，拓展资金、简化流程、强化考核。要责任上肩，狠抓落实。区级领导要到一线去，发现问题，解决问题；各级各部门要派精干力量到一线开展工作、推进工作，确保人人身上有担子，人人身上有压力。（吴 旭）

【城市管理工作会议】 2015年3月12日，雨花区城市管理工作会议召开。全体在职县级领导出席会议，各街镇、区直各部门、市垂管部门主要负责人、村（社区、筹委会）书记、城管执法队伍及专业维护人员参加会议。副区长李国军总结2014年全区城市管理工作，具体安排部署2015年全区城市管理工作，区委副书记汪娟通报区城管工作考核结果。会议强调，2014年是雨花近几年城市管理要求最高、压力最大、任务最重、工作最苦的一年，也是成效最好的一年。全区上下干部群众发扬不怕苦、不怕累的精神，日晒雨淋，攻坚克难，全区市容环境秩序显著提升，在全市赢得地位、获得荣誉，值得充分肯定。2015年是雨花大规模拆违控违之年，面临繁重工作任务，全区上下要有打攻坚战、打恶仗的思想准备，要创造更加辉煌的业绩。区委书记邱继兴强调：要把人的文明放在首位，抓好价值观念的固化，抓好道德品质的塑造，抓好文明习惯的养成。要把严的管理变成常态，要动真碰硬，执法到位，严格考核。要把高的品质充分展示，设施要补缺，形象要扮靓，环境要创优。要把主体责任落实到位，要认清形势，把握大局，负重奋进，全力助推城管工作真正上水平、上台阶。（吴 旭）

【环境保护工作会议】 2015年3月12日，雨花区环境保护工作大会召开。区委副书记、区长张能峰主持会议，副区长李国军作工作报告，长沙市环境保护局党组书记、局长王小平出席会议并讲话。会议指出，2014年，雨花区环保工作紧紧围绕全面提升区域环境质量，重点突出“清霾”“碧水”“静音”和“污染隐患”排查整治，圆满完成各项目标任务。2015年，全区上下将下定决心，强化生态环境保护责任，完善党政同责机制，构建执法联动机制，推进环境执法网格化管理，强化环境应急管理，完善环境保护信息公开体系，开展新《中华人民共和国环境保护法》系列宣传，切实把环保工作做实做细、做到实处。区委书记邱继兴强调，全区各级各部门要高度重视，实干善为，要深刻理解，主动适应新常态；顺势而为，全面展现新姿态；要攻坚克难，竞相焕发新状态。要用铁腕重拳钢牙，换雨花的绿水蓝天。省环境保护厅副厅长谢立充分肯定雨花区环保工作，并建议：抓住机遇，科学做好环境规划；突出重点，铁腕治污；落实责任，严格执法；加强宣传教育，提高全民环保意识。会议通报2014年度雨花区生态环境保护工作与“环保世纪行”活动考核结果，部门、街镇递交《2015年度环境保护工作目标责任书》，15个重点企业递交《环境保护责任承诺书》。（吴　旭）

【小康工作暨深化改革会议】 2015年4月2日，雨花区2015年全面建成小康社会暨全面深化改革工作会召开。区委副书记汪娟作全面小康和全面深化改革工作报告。区委书记邱继兴强调，2015年全区小康和改革工作的目标就是“小康工作三连冠，改革工作走前列”。要严格抓好小康和改革工作的落实，要绝不松劲抓落实；精准发力抓落实；创新机制抓落实；履职尽责抓落实。省委政研室副主任、小康办副主任张伟达出席会议。（单东霞）

【“最美雨花·幸福家园”创建会议】 2015年11月4日，雨花区召开建设更高水准文明城市暨“最美雨花·幸福家园”创建活动工作会议。长沙市委宣传部常务副部长赵柏林、市文明办副主任严立平出席指导。会上观看孟繁英先进事迹宣传片，听取孟繁英先进事迹报告。区委常委、组织部部长、统战部部长冯聪龙，区委常委、区委办主任黄文先全面部署“最美雨花·幸福家园”创建活动，以及迎接文明创建国检、省检、市检和年度绩效考核冲刺工作。区委书记邱继兴强调，要推进更高水准文明城市建设，开展“最美雨花·幸福家园”创建活动，要以扎实的工作作风、过硬的工作举措，确保在国检、省检中交出满意答卷。会议要求全区各部门凝心聚力、脚踏实地、奋勇争先，唱响主旋律、树立新风尚、干出新作为，为雨花率先建成全面小康、加快实现基本现代化、实现“最美雨花·幸福家园”的美好愿景做出新的更大贡献。（胡一兮）

【学习“乐东经验”工作会议】 2015年10月19日，雨花区召开专题会议，传达省委、市委关于学习“乐东经验”的相关精神。区委书记邱继兴指出，要学习乐东领导干部对党、对事业的忠诚；学习乐东干部务实的工作作风；学习乐东扎实过细的群众工作；学习乐东持之以恒夯实基层党建基础。会议要求，学习“乐东经验”，领导干部要冲锋在前，发挥“关键少数”的引领作用；推动工作要动真碰硬，彰显“马上落实”的优良作风；群众工作要细致深入，树立真心实意的为民情怀；管党治党要从严从实，筑牢基层基础的战斗堡垒。（单东霞）

【物业管理改革推进会】 2015年11月4日，雨花区召开全区住宅小区物业管理改革工作动员大会。区委常委、副区长罗予武动员布置物业管理改革工作，区委常委、区委办主任黄文先宣读具体实施方案，明确物业管理改革的任务、重点和要求，区委书记邱继兴发强调，改革工作不是一个文件能够把所有的问题解决，牵涉运行到具体和实践工作中，边改革会有一些新的问题出现，不可能一蹴而就。要统一思想、凝聚共识，切实增强对做好物业管理改革工作的必要性和紧迫性的认识；要理清思路、讲究方法，切实把握物业管理改革的关键所在；要明确要求、汇聚合力，切实推动物业管理改革落地见效。会议要求全区上下一定要主动作为，大胆探索，推动全区物业管理改革工作取得实效，创造出让政府放心、让社会满意、让业主点赞的物业管理新局面。市住建委主任范焱斌、副主任杨新武出席指导。（胡一兮）

工作纪要

【政策研究】 2015年，雨花区委政研室围绕“筑牢基础、破解难局”的工作主题，贴近领导决策、贴近雨花实际，积极主动服务各项中心工作，克服人手少、任务重等困难，紧扣决策谋大事，深入调研破难题，不断自我加压，负重奋进，较好地完成各项工作任务。区委政研室注重实践，调研工作水平不断提升。坚持把调查研究作为服务区委和全区工作大局的重要抓手，紧紧围绕区委关注、领导关切、群众关心的热点、重点、难点问题，深入基层调查研究，形成一批高质量的调研成果，为区委科学决策提供重要的参考依据。采取联合调研、重大课题调研、外出调研等形式深入开展调查研究，与省委政研室、省委督查室、市委政研室等部门开展联合调研，形成调研报告6篇，刊发《雨花调研》2期，编印《雨花区2015年调查研究优秀成果选编》。紧密结合区情实际，高质量地完成领导讲话、会议文稿、重要汇报等文字起草任务，为区委决策的顺利实施发挥重要作用。牵头协调组织区委常委会议18次，起草区委领导讲话、综合汇报材料、署名文章等文字材料近200篇，整理编印《雨花通报》4篇。在国家、省、市刊物发表经验材料和署名文章23篇。对于需要参与组织的中心工作任务，不讲条件，不摆困难，第一时间调查研究、熟悉情况，全力参与和配合。全力服务拆违拆迁、项目建设等中心工作，承担制作《全面拆违、综合整治、扮靓窗口、加快发展》《发扬钉钉子精神、全力以赴抓项目》大型宣传展板，组织编印《雨润花开——从雨花高铁片区拆违拆迁看群众工作方法的运用》，充分展示“雨办形象、雨办精神、雨办作风”。始终以事业为纽带，以共同目标为追求，加强班子自身建设。坚持把“淡泊名利、乐于奉献、潜心钻研、创新进取”作为转变作风的切入点，进一步明确科室人员职责，材料起草、校对、资料管理工作实现程序化、规范化。终保持着良好的精神状态和敬业精神。全室人均加夜班100多个，双休日、节假日加班40多天，确保各项任务的圆满完成。（杨小军）

【综合调研】 2015年，是雨花区大规模拆违控违的关键之年。区委办公室联系省委办公厅、市委办公厅，重点调研雨花区的拆违控违工作。其中《违法建筑靠什么拆得下、稳得住？》在《省委通报》第35期印发，《全市大规模拆违控违行动中的“雨花样本”》在《市委通报》第17期印发，《雨润花开——从雨花高铁片区拆违拆迁看群众工作方法的运用》在《长沙晚报》刊发，雨花的拆违控违经验得到省市的充分肯定和群众的高度认可。围绕以党建工作为引领，以社区减负增效为抓手，以社会组织为辅助平台，以一口式公共服务为支撑，以住宅小区物业管理为突破的“五元一体”的基层治理新模式，进行调查研究。《推行“一口式”受理，破解“一公里”难题》分别在《长沙通讯》和《雨花调研》刊发推介，《抓管理上水平，谋变革求发展—雨花区率先启动30项物业管理改革》在《长沙通讯》刊发，雨花基层社区治理经验得到广泛赞誉；围绕全面小康建设、高铁新城片区建设、社会组织建设、全区文化产业发展、跳马镇生态发展、高桥大市场提质等重点和难点工作，与区委宣传部、区委统战部、区委政法委、区委党校、跳马镇等单位开展联合调研，形成一批有质量、有深度、可操作、可推广的调研材料，促进相关政策的出台实施。围绕干部干事状态开展典型调研，联合区委组织部重点调研干部“想干事、敢干事、会干事、干成事”，《湖南长沙市雨花区坚持“四干”引领有效激发干部队伍激情活力》在省委办公厅《湖南信息》和《要情汇报》刊发推介，《为有源头活水来——关于基层干部工作状态的调研与思考》在《新湘评论》刊发，全区干事氛围进一步浓厚，干事激情进一步激发。完成省市重点调研课题2个，牵头开展联合调研10余次，出刊《雨花调研》2期，编印《雨花区2015年调查研究成果选编》，选录调研报告60余篇，较好地发挥参谋助手作用。（杨小军）

【信息工作】 2015年，雨花区委办公室综合信息科不断拓宽信息收集渠道，创新信息工作方法，充分发挥“千里眼、顺风耳”的作用。立足全区党委信息工作实际，按照“规模适当、结构合理，统筹规划、分步实施”的原则，积极构建覆盖区、街道（镇）、社区（筹委会、村）的三级信息员队伍，人数260余人，为党委信息工作的发展提供坚强的人才保障。多次召开业务培训会议，培训信息员600余人次。其中，11月5日，组织召开全区党委信息、值班工作推进暨业务培训会，邀请市委办公厅综调信息室副主任刘政为全区各街道(镇)、各部门单位党委信息工作分管副职及信息员进行授课，参训干部职工近200人次。市委办公厅副主任吕发祥，区委常委、区委办主任黄文先出席并发表重要讲话。推荐特色典型，所报送的《“四风”问题“新伎俩”需警惕》被中共中央办公厅采用；《湖南长沙市雨花区“三部曲”打造法治建设特色品牌》等20余条信息被省委办公厅采用；《长沙市大规模拆违控违行动中的“雨花样本”》等30余条信息被市委办公厅采用。信息工作人员及时、准确、全面报送雨花辖区重大突发事件，如西南石油局房地产项目建设纠纷、违章仓库火灾、项目吊塔坠物致死、电梯维修工坠亡等多起紧急情况，充分发挥“千里眼、顺风耳”的作用。（叶　坚）

【工作督查】 2015年，雨花区委督查室围绕中心，推动各项决策的有效落实。牵头组织文明创建、重点项目建设、拆违拆迁、安全生产、群众工作等专项督查40余次，编发《督查通报》30期。做好省、市对区高铁新城片区环境整治、拆违控违等5次督查活动的衔接协调工作。进一步规范领导批示件的办理程序，严格落实“批必查，查必清，清必结”的工作要求，全年接到省委领导工作批示件2件，市委领导批示件8件，200余条，办结率100%。接到省委交办的关于融科东南海小区金色梯田幼儿园周边环境整治的网络问政件后，区委督查室牵头组织督查落实，整治效果明显，湖南卫视，湖南经视等主流媒体进行肯定性播报。年初下发年度任务分解表，组织全区“六个走在前列”专项督查，及时向市“六个走在前列”办公室报送相关信息，按时按要求完成各项工作任务。2015年，区委督查室被评为2014年度省委督查室联系点先进单位。（杨　莎）

【保密工作】 2015年，雨花区委保密委员会、区委保密局切实履行保密工作管理职责，严防失泄密事故发生。按程序及时调整区委保密委领导小组成员，进一步完善保密工作领导责任。组织全区3000余名在职在岗干部职工、临聘人员、实习生等签订《保密承诺书》，明确保密责任。举办保密知识培训4次，参训干部职工500余人次。保密宣传教育纳入党校主题培训班，借在清华、浙大等名校开课的机会，将保密教育送进名校课堂，受教育人数200余人次。开设“雨花保密专栏，通过政府门户网站平台宣传保密法律法规、保密常识及保密工作实时动态。组织全区文电保密安全检查4次，其中联合区委办、区政府办、区档案局对重点涉密部门检查涉密计算机、文电安全2次，联合区电子政务办专项检查区直部门内网使用安全情况1次，每季度督查全区密级文件的落实办理情况和管理、清退情况1次，督查结果均第一时间反馈至单位一把手，要求立查立改，并限期上交整改报告。9月，摸底式专项检查区治大院废旧文件清理回收情况，查看院7家文印室以及区治大院印刷厂，检查结果现场反馈至承包公司负责人，并限期整改到位，对检查结果进行“回头看”。2月6日，召开全区保密委工作会议，听取涉密重点单位保密工作汇报，研究讨论保密工作中的相关问题。2月下旬，修订完善办公室考勤制度和保密制度，干部考勤、安全保密职责、工作完成情况纳入办公室考核评比机制。6月上旬，派出保密专干，协助区招考办全程监督和指导考场保密措施，实地考察考点保密安全情况，实现高考保密工作无漏洞、无失误、无差错，确保考试的顺利进行。持续开展“保密宣传月”活动，利用机关大院电子显示屏，连续四周滚动播放宣传标语和保密常识，通过推送手机短信的方式，普及保密法规5.4万余次。制作发放各种幽默诙谐、图文并茂的宣传画、折页手册、保密知识读本6000余份，寓教于乐，寓学于乐，增加保密宣传的趣味性。向上级业务刊物和其他杂志投稿3次，《求是创新 特色发展 打造保密工作的“四大”亮点》在《湖南保密》2015年第4期发表。（黎　薇）

·附录·

2015年中共雨花区委文件目录

▲雨发〔2015〕1号 关于印发《雨花区2015年“三定三抓”活动项目联点安排表》的通知

▲雨发〔2015〕2号 关于同意成立长沙市雨花区第四届人民代表大会第三次会议临时党委及各代表团临时党支部的批复

▲雨发〔2015〕3号 关于2014年度雨花区创业富民工作考评结果的通报

▲雨发〔2015〕4号 关于评选2014年度雨花区创业能手、优秀帮扶企业、优质服务创业基地和对创业企业进行政策兑现的决定

▲雨发〔2015〕5号 关于2014年度“三定三抓”活动考评结果的通报

▲雨发〔2015〕6号 关于兑现2014年度促进区域产业发展政策的决定

▲雨发〔2015〕7号 关于进一步加强生态环境保护工作的意见

▲雨发〔2015〕8号 印发《关于在全区开展全面从严治党“四聚工程”的实施方案》的通知

▲雨发〔2015〕9号 关于转发《雨花区第四届人民代表大会常务委员会2015年工作要点》的通知

▲雨发〔2015〕10号 关于2014年度党管武装和民兵预备役工作考评结果的通报

▲雨发〔2015〕11号 关于深入实施群众工作“民意快线”工程的实施意见

▲雨发〔2015〕12号 关于对请求进一步明确东山街道东山和渔场社区（筹委会）留地相关问题请示的批复

▲雨发〔2015〕13号 关于同意成立中共湖南新华雅实业集团有限公司委员会的批复

▲雨发〔2015〕14号 关于追授张虎同志“优秀共产党员”称号的决定

▲雨发〔2015〕15号 关于2015年全区重点工作情况的通报

▲雨发〔2015〕16号 关于印发《长沙市雨花区人民政府职能转变和机构改革方案的实施意见》的通知

▲雨发〔2015〕17号 关于长沙市雨花区人民政府机构设置的通知

▲雨发〔2015〕18号 关于开展“最美雨花·幸福家园”创建活动的实施方案

▲雨发〔2015〕19号 关于印发《中共长沙市雨花区跳马镇委员会、长沙市雨花区跳马镇人民政府主要职责内设机构和人员编制规定》的通知

▲雨发〔2015〕20号 印发《关于深入学习宣传贯彻党的十八届五中全会精神的通知》和《关于学习宣传贯彻〈中国共产党廉洁自律准则〉和〈中国共产党纪律处分条例〉的方案》的通知

（李　茜）

组织工作

【概况】 中共长沙市雨花区委组织部内设办公室、干部科、组织科（党代表联络处）、干部信息档案室、研究室5个科室，行政编制数12名，其中领导职数3名。实有干部18人。

2015年，雨花区把全面从严治党作为系统性工程来抓，发挥党组织战斗堡垒和党员干部先锋模范作用，引导党员干部在控违拆违、“三定三抓”一线攻坚克难；科学优化并创新绩效考核方式，全区绩效考核位列全市第一；推进“三严三实”教育，开展“一进二访”活动，思想建设进一步增强；加强和创新党建工作方式方法，夯实基层基础工作；在制度规范、轮岗交流、测评优化和方式培养等方面下功夫，着力加强干部队伍建设；加强自身建设，坚持理想信念教育，探索推行管党责任“四步工作法”，获长沙市第五届“组织工作创新奖”，在长

沙9区县（市）委书记履行党建工作责任述职评议中，雨花区位列一等。

2015年，区委组织部加强组织自身建设，把理想信念和党性教育作为必修课，依托组工讲坛、党员干部沙龙等载体，完善专家教授讲学、集中讨论研学、撰写体会述学、健全制度督学“四学机制”，提升组工干部专业能力。在《中国组织人事报》《湖南日报》等刊物发表各类文章近60篇，改版升级的《雨花党建》打造成为学习和交流经验的平台。紧扣区委“夯基础、破难局”工作主题，强化问题导向，完善组织工作重点调研课题制度，组织部内各科室和各区属党工委紧扣难题找症结、明思路、寻突破，推动严格党员管理、服务型党组织建设等工作实现新跨越。开展雨花区“组织工作创新奖”评选，表彰基层创新成效好的项目11个，打造“百事通”工程、党员梯级管理等一批“雨花品牌”。完善组工形象监督员、开门评部等机制，加强部机关制度建设和规范化管理，强化组工干部的规矩意识，树立公道正派形象。积极参加“一进二访”和群众工作“民意快线”工程等，结对帮扶43户困难群众，开展安全进社区等“五进”活动，援助联点社区建设社区图书馆，扶助实施“点亮沙仙”工程，帮助沙仙村加快水塘、村级公路等基础设施建设，进一步树立组织部门良好形象。（阮丹征）

【党内统计】 2015年，雨花区增加党员4861名，其中发展党员264名（女党员124名，少数民族党员3名），转入组织关系4597名（其中区内整建制转入3044名，含跳马镇）；党员减少962名，其中出党24名（开除党籍4名，劝退2名，自行脱党除名17名，取消预备党员资格1名），死亡194名，转出组织关系744名（无整建制转出）。雨花区党员总数26206名，其中女党员9786名，少数民族党员242名；1937年7月7日至1945年9月2日（抗日战争期间）入党的6人，1945年9月3日至1949年9月入党的19人，中华人民共和国成立后入党的26181人。在岗职工党员9464名，学生党员9名，离退休党员7475名，其他党员6677名。研究生学历677名，大学本科学历7058名，大专学历5628名，中专、高中、中技学历6798名，初中及以下6045名，35岁及以下党员6923名，36至45岁5144名，46至60岁5681名，61岁至70岁5026名，71岁及以上3432名。

2015年，雨花区基层党组织1305个，其中党委45个，派出工委16个，党总支105个，党支部1155个。基层党委中，机关党委5个，事业单位党委8个，企业党委10个（其中非公有制企业党委9个），其他类型党委22个。派出工委中，市委派出工委1个，区委派出工委15个；党总支中，机关党总支11个，事业单位党总支3个，非公企业党总支11个，其他类型党总支80个；党支部中，机关党支部102个，事业单位党支部127个，企业党支部574个（其中非公企业党支部565个），其他类型党支部351个。雨花区社区（筹委会）146个，建立党委21个、党总支79个、党支部46个；建制村18个（含跳马镇金屏社区），全部建立党支部。

（阮丹征）

【组织建设】 2015年，雨花区继续推行季度党建会议制度，突出管党责任落实。区委书记邱继兴主动担起管党治党第一责任，先后召开区委全会2次、区委常委会10次，研究解决社区党建和建设三年行动计划、社区职能职责清理、小区党建和物业改革、不合格党员处置等重点难点问题，深入基层一线，先后37次召开村民代表、基层骨干、村、社区（筹委会）书记代表等6个不同层面座谈会，全面调研区内党建工作，并带领区四大家班子成员、各镇、街道党（工）委书记、部分民生部门负责人到开福区、芙蓉区、天心区和岳麓区等地观摩学习，在听取社情民意调查的基础上，有针对性地制定整改方案。采取“区委领导干部联点项目、骨干党员干部一线历练”运行模式，从全区抽调近1000名党员干部开展高铁新城“千人大会战”，发挥党组织的战斗堡垒作用和党员干部的先锋模范作用，成立37个项目临时党组织，发动党员干部积极参与拆违控违、“三定三抓”等工作，实行“一个项目一个支部、一个支部一套班子"，设置指挥部、拆迁、安置等党小组，引导党员干部到矛盾集中、问题复杂的基层一线攻坚克难，涌现潭阳社区筹委会党总支、王铁龙等一批先进集体和典型，创造"单日拆违26万平方米、41天突破113万平方米"的"雨花速度"，受到省市高度肯定。坚持推进"三严三实"专题教育，区委常委会以身作则，县级领导干部率先垂范，示范带动全区科级领导班子和领导干部高标准开展专题研讨，高质量开好专题民主生活会，高要求推进问题查摆和整改落实；深入开展"一进二访"活动，统筹安排61名县处级领导、332名机关干部和61名青干班学员，结对帮扶跳马镇18个村（社区）、980户困难群众和浏阳市社港镇龙华村108户贫困户；全区县处级干部集中观看以谷文昌为原型的电影《公仆》，赴韶山毛泽东同志纪念馆、湖南党史陈列馆和军事训练基地，开展党性锤炼和国防意识教育，到市统计局听取社情民意，强化宗旨意识和群众观念；深入开展"学乐东、见行动""学乐东、找差距"活动，面向全区党员干部开展"学习先进典型、进行党性锻炼、讲授专题党课、观看经典电影、组织主题讨论"五大活动，组织县处级领导干部讲授党课35堂，承办长沙市首场"践行三严三实，争当发展先锋"先进典型事迹报告会，依托党员干部沙龙，勤抓理论学习，使党员干部增强"三个自信"。开展"固本聚魂、强基聚力、提神聚气、惠民聚心""四聚工程"，探索推行"年初定责、季度督责、半年述责和年底考责"的管党责任"四步工作法"，获评长沙市第五届"组织工作创新奖"。深入开展"三级联述联评联考"，构建"7+X"党建考核体系，推进"书记党建项目"72个，进一步增强各级党组织书记抓党建的主责主业意识。推行"一口式"受理模式，将组织、民政、人社、残联、计生5个部门事项作为首批服务事项纳入全区公共服务信息平台，办事效率提高200%；推动社区职能职责归位全面铺开社区减负增效改革，建立社区职能职责权力清单和社区公共事务准入制度，率全省之先开展社区职能职责清理，将社区事项由558项核减至147项，核减率74%，实现社区大幅减负增效。建立区、街道、社区三级社会组织孵化网络，实施"十百千"工程，即培育十大类社会组织，建立百人以上社会组织100个，社会组织总量超1000个，调动全社会力量共同参与基层社会治理。建立小区党组织、业委会、监事会、物业公司"四方联动"服务机制，率先探索小区物业管理改革；全力推行小区党建，推动党组织由社区向楼栋延伸，在居民小区组建党支部，建立"街道党工委—社区党总支—小区党支部—楼栋党小组"的四级网络，涌现出左家塘街道长钢社区佳润新都小区党建模式和"邻里守望爱心角""社情民意角""健康约会吧"等特色楼栋党建平台。推进非公党建工作提质增效，采取以奖代投方式，用好非公党组织建设奖励帮扶资金，推进非公经济和社会组织党组织党建全覆盖，深入开展"星级非公党组织"创建和"先锋品牌"评比活动，培育华翼府、高升等楼宇党建等品牌，天华寄宿制学校党支部获长沙市社会组织先进基层党组织；加大软弱涣散党组织整顿力度，对确定为软弱涣散的10个村、社区（筹委会）党组织，采取领导联点包干、工作组驻点帮扶、派选第一书记等方式，建立整改台账，分类进行整改，滚动推动升级；全面实行党员证管理制度，在全市率先试点不合格党员处置办法，细化不合格党员标准，处置不合格党员218人。继续加大基层保障力度，设立"区委书记党建工作专项资金"，安排500万元用于统筹解决党建重点难点问题；打造特色示范项目，设立"社区党建和社区建设专项资金"，其中城市社区12万元/个，村、社区筹委会5万元/个；加大惠民资金拨付力度，在按全市统一标准城市社区每年拨付20万元/个的基础上，区财政按5万元/个的标准对村、社区筹委会进行扶持；出台《雨花区发展壮大村级集体经济实施意见》，加大政策扶持力度，培育红星、高升、井塘、火焰等一批实力强村；采取开发商配建、辖区单位共建、统筹资源援建等方式，加快推进社区服务阵地建设，建成标准化服务阵地48个、1000平方米以上社区服务阵地8个，侯家塘街道廖家湾社区、思齐培训学校等7家单位被授牌为"长沙市党员干部示范培训实践基地”；在镇、街道和教育、卫生、城管、民政等行业系统成立党建办，在村、社区（筹委会）配备1名专职副书记、1名党建专干，配强基层党务工作力量。严格执行《党政领导干部选拔任用工作条例》，全面规范干部动议“八动四不动”、选任差额票决和全程纪实等制度，建立干部轮岗交流长效机制，轮岗交流一批、提拔重用一批，激发干部队伍活力。优化科级领导干部工作状态测评，形成“1+X”工作状态测评与激励机制，刚性运用测评结果，对20名状态“很好”的干部进行奖励，对19名干部进行诫勉谈话或提醒谈话；创新干部教育培养方式，坚持在基层一线锻炼干部，采取高校集训、专题培训、跟班学习、压岗锻炼等多种方式，举办主体班18期、联合班37期，培训干部4600人次，选派20名干部到社区（筹委会）挂职第一书记（主任）、副书记（副主任），15名干部挂职街道副主任，选派67名青年干部深入跳马镇17个村的村民家中，开展以“同吃、同住、同劳动”为主要内容的“三同”活动；完善信箱、电话、网络、信访“四位一体”的干部监督网络，健全领导干部经济责任审计监督体系，委托审计机关在领导干部任职期间、任期届满或任期内离任时进行经济责任审计，实现经济责任审计“全覆盖”，在全市率先推行科级干部个人有关事项集中报告；深入推进“三超两乱”专项治理，加大“有错无为”“不在状态”问责力度，对8名工作较为滞后的党组织书记进行组织约谈。深化“网格化管理、组团式服务”，将128名街道大工委兼职委员、485名社区党组织兼职委员、678名“两代表一委员”、18523名在职党员全部组团整合进全区856个服务网格，通过“亮身份、亮承诺、亮业绩”开展服务，形成资源深度联动、党员主动作为、服务长效落实的良好局面；实施群众工作“民意快线”工程，推动党员干部快速下沉、群众诉求快速掌握、政情社情快速传达、民生问题快速解决、工程保障快速跟进，建立民生问题快速解决体系，通过“万卷问民心——民情大走访”和“群众工作民意调查”等活动，收集群众意见6500条，494件为民承诺办事全部办结，集中交办的3188个问题已办结96%以上，群众满意度大幅提升，干群关系进一步密切。（阮丹征）

【非公经济党建】 2015年，雨花区非公企业党组织和社会组织党组织新建27家，撤销85家，年末实有605家。加强区内非公党组织规范化建设，筹资50多万元，采取企业援建、非公党组织共建等方式，全面推进非公党建工作阵地建设，先后建成200多平方米的同升同超物流流动党员服务中心、高桥商圈流动党员活动中心。出台加强非公有制经济组织党建工作意见和实施方案，完善非公党建工作季度督查、半年讲评、年度考核等制度，选聘12名经验丰富、责任心强的党务干部担任街道非公党建指导员，160个社区各配备1名非公党建工作者。“一对一”指导开展党建工作。严格党员发展对象前期培养审批，以区委党校为主阵地，举办非公党组织书记示范培训班，25名发展对象参加区委培训班；对确定为软弱涣散党组织的9个非公经济和社会组织党组织进行分类整改；对只有3名以下正式党员的党组织实施派驻书记、建立联合支部、撤销等举措予以管理。积极适应形势，及时升格非公党建组织设置，比亚迪党支部升格为比亚迪党委。对组建时间满一年的非公党组织分类定级，对“一类”党组织拨付区级“建设奖励资金”，对“二类、三类”党组织，采取领导联点、派驻指导员、结对共建等方式予以规范提质、重点扶持。按照“分级负责、严格把关”的要求，分“三星”至“五星”三个等级开展“星级非公党组织”创建活动，坚持“能上能下、能进能出”原则，先后培育54家“星级非公党组织”，创建楼宇党建、商圈党建、流动党员管理活动中心等一批先进品牌，一大批非公党组织和党员获省市先进。着力加强非公党组织书记、指导员和党员三支队伍建设，投入近100万元组织非公党组织书记和企业主参加北京大学、清华大学、厦门大学、湖南大学专题研修班，开展十八大学习、党务知识专题培训、“非公党组织书记谈作用发挥”沙龙、书记述职会等，全面提升非公党组织书记素质。出台《关于加强非公党建指导员考核实施办法》，每年对非公党建指导员工作进行检查考核，作用突出的，给予奖励，作用不明显的，予以解聘。采取“两培两推”（将党员培养成生产经营技术骨干，将生产经营技术骨干培养发展为党员；将党员生产经营骨干推荐为组长，把党员中层管理骨干推荐位管理决策人员）办法，大力培养企业党员。大力开展“八个一”系列活动，每年表彰奖励一批优秀共产党员，选树一批“党员示范岗”，促进全体党员服务奉献意识和党员主体意识的提升。在全区非公党组织中广泛开展“双建四联”活动，实现非公党组织、党员与社区“联建、联心、联动、联赢”的服务奉献氛围。584 家非公党组织与社区结对共建，4000 余名非公党员进社区报到，开展 500 余次服务奉献活动，捐助群众急需的各类物资累计 300 万余元，医疗义诊、邻里情怀、义助果农、爱心送考、无偿献血、消防讲座、就业服务等系列活动；第三批 33 家非公企业党组织获得建设奖励资金；思齐教育培训学校确定为市级党员干部示范培训实践基地；广泛开展“星级党组织”“先锋品牌”评比，展开非公党组织考核；推进和实施非公党建项目化工作，举办非公党建项目成果展示会，打造了一批新的非公党建示范点。成立流动党员管理服务中心，探索流动党员流入地和流出地“双向共管”机制，健全党员关爱服务长效机制，增强组织向心力。建立非公企业党组织建设奖励专项资金，出台《雨花区非公企业党组织建设奖励资金管理暂行办法》，把非公党建工作经费列入区和街道财政预算，核拨经费 276.8 万元用于党组织帮扶和表彰，对新组建的非公企业党委、总支、支部，每年分别以 10000 元、4000 元、2000 元的标准核拨建设资金。加强非公企业党组织年度考核，对评定为“好”和“良好”等级的非公党组织，按 5000~10000 元的标准拨付资金予以激励。下拨 27 万元奖励资金，表彰华翼府商务楼宇党委、高桥商圈党员服务中心、比亚迪汽车有限公司党委、长沙思齐教育等一批特色亮点鲜明、作用发挥突出的示范典型。（阮丹征）

【干部工作】 2015 年，雨花区建立“1+X”工作状态测评与激励机制，率全省之先创新制定《雨花区科级领导干部工作状态测评实施办法 < 试行 >》，分县级领导、主管领导、同事、群众四级测评，测评中刚性限定比例，全区评为“很好”的比例不高于 15%，评为“差”的比例不低于 2%，通过拉开差距，测出压力，对测评结果评为“差”的，进行诫勉谈话，限期整改，测评结果连续 2 次为“差”的，降职使用，测评结果连续 3 次为“差”的，责令辞职或免职；年内测评表彰 20 人，对科级领导干部诫勉谈话 3 人，提醒谈话 16 人。发挥激励状态、表彰先进、警醒后进的作用，全区干部状态呈总体上升、差距缩小的良好态势。着力加强干部交流，制定《雨花区科级干部交流工作实施办法（试行）》，明确培养性交流、惩罚性交流等六大类必须交流情况，9 月，交流调整 68 名干部工作岗位，进一步激发干部活力。在 2015 年的拆违大会战中，全区所有党员干部坚持做到“三带头三表率”，136 名党员干部带头自拆，140 名党员干部带头做通亲属工作主动拆，拆除违法建筑 36 万多平方米，为全面拆违控违打了头阵、奠定了基础；在全区公选出 20 名社区挂职干部到社区挂职“第一书记”，主要解决项目攻坚、拆迁拆违、村级经济股份制改造、城中村改造和夯实党建等“筑基础、破难局”工作，选派 6 批 107 名干部赴社区一线筑基础、破难局；为解决村干部短缺问题，在全区实施村干部“储苗计划”，通过集中脱产学习、观摩、实践锻炼等方式，组织村级后备干部开展为期一年半的脱产培训。通过自主报名、民主推荐、资格审查等环节，从公推公选的 160 人中筛选出 71 名村级后备干部纳入培训计划；培训产生的村后备干部 90% 已进入村（社区）“两委”班子，其中 20 多人担任村（社区）“两委”正职；印发《雨花区关于建立并实施公务员职务与职级并行制度的实施方案》，做好全区符合资质科级干部的初审把关和测评，做到应评尽评，在年前为全区符合资质科级干部送上“贺岁礼包”；严控“三超两乱”，对超配的 167 名科级干部，制定“超职数配备干部问题整改计划表”，消化超职数配备科级干部 83 人；清理党政领导干部企业、社会兼职7人，清理在编不在岗人员35人；严格执行省市事前报告方案送审、事后备案的“双控”制度，未形成新的超配情况；按照“三年全覆盖、三年不重复”的基本原则，拓展干部培训覆盖面和深度，开发党校自主培训、高校联合培训、“三同”体验培训、党员干部沙龙培训等多样化方式；围绕理论武装、党性锻炼、能力提升、工作实践等四大主题，举办现代服务业、区域经济发展等主体班18期（其中清华、北大等高校异地培训班11期），联合班37期，培训人数4600人次，学员满意率98%以上；全市率先开展干部人事档案专项审核，对存疑、有修改痕迹的档案一一登记、研究，完成对档案专项审核及改版工作957本。4月，制定下发《关于进一步规范国家工作人员因私事出国（境）审批管理工作的通知》，严格审批出国境，分级分类严格审批程序。抽调上千干部投入拆迁拆违，为中心工作提供坚强组织保障。（阮丹征）

【绩效考核】 2015年，雨花区强调促进工作和提高实绩，采用“三挂钩”的方式，突出市考指标的指挥作用。采用市考结果与单位考核总分挂钩，市考指标总分夺第一名的在绩效考核总分的基础上加分，其他情况均给予扣分。与区科级班子评先比例挂钩，当区获得内五区第一至五名时，评定一等的比例从60%至20%递减。与绩效奖金挂钩，对市考核责任单位承担的所有指标在内五区综合排名第一名的给予相关单位一定奖金，创新机制有效促进市考核指标的完成。首次夺得市对区绩效考核内城区第一名。突出围绕中心和服务大局，从考全局向考中心、考重点转变。坚持“内外有别，差异考核”，内街突出国有土地征收、城市管理和文明创建等工作，镇和外街突出拆违控违、重点工程、集体地土地征收、环境保护等工作。区直部门重点考核市考指标完成情况、群众工作、抽调人员参与征拆大行动等工作。强化相互制约和激励竞争，减少考核权力的随意性，提升考核的公平性。计分拉开差距，通过分等次倍数计分、分档计分，避免打“平均分”，使考核结果有区别、工作实绩分优劣。实施反向考核，组织被考核对象对考核主体实施反向考核测评，从服务基层的态度、作风、方法、效果、考核公正度等方面进行测评，以满意度为计分依据。明确责任同担，解决“考人不考己”的问题，凡是区直部门设置指标对基层进行考核的，必须将该指标纳入本单位业务工作中进行考核，且定量指标的目标值不得低于基层数值的总和。（阮丹征）

【远教工作】 2015年，雨花区认真谋划和部署全年远程教育工作，制订年度计划，配备专门工作力量，保障工作经费，部分远程教育站点在提升党员素质，服务社会管理，转化学用效果，丰富群众文化生活，拓展站点功能等方面取得一定成效。跳马镇、高桥街道“农民大学生培养计划”招生工作力度较大；东塘街道拍摄制作的“微故事·微视频”《6位先锋人物》代表雨花区参加省市“微故事·微视频”评选；在每季度的资源选题中，左家塘街道选送的红色港湾的资源选题，被市委组织部远教中心《先锋潮》栏目组成功选用，在4月完成拍摄并在长视新闻频道播出。督查中随机抽查的81个远教站点大部分设备比较齐全，功能正常，能够正常运行。（阮丹征）

宣传工作

【概况】 中共长沙市雨花区宣传部（简称“宣传部”）下属雨花区未成年人思想道德建设工作办公室、新闻中心、文化产业发展办公室3个二级事业单位，实行公务员管理制度，编制17名，其中行政编制9名。2015年，实有人数25人；其中在职人员14人（副处级1人、正科职4人、副科职2人、副科级2人、其他人员5人），退休人员5人，青年科技人才1人，合同聘用人员5人，文明办抽调人员10人。内设办公室、新闻中心、雨花手机报、红网雨花分站、文明办、文产办，群众文化及公共文化办职能科5个。部党支部，党员18人，其中在职党员14人。办公地点设在雨花区人民政府机关大院1号楼B座4楼。

2015年，雨花区委宣传部坚持党建引领，以机关党建工作“规范化建设年”为抓手，突出“四抓四促”：抓组织领导促责任落实，抓理论学习促思想提升，抓制度建设促工作规范，抓深入基层促服务群众。干部队伍凝聚力得到增强。“飞梦雨花”官方微信获全市优秀学习载体。全方位宣传营造雨花“拆违控违”良好舆论环境项目获长沙市2015年“宣传工作优秀成果暨创新案例”。（柳美丽）

【理论教育】 2015年，雨花区增强理论学习的针对性，把学习宣传贯彻中共十八届三中、四中、五中全会精神和习近平总书记系列重要讲话精神作为主线，开展6次区委中心组（扩大）理论学习，学习十八届五中全会精神、统战知识、安全生产专题等主题，参学人员近5000人次，省委改革办专职副主任秦国文作的《改革是发展最大变数》专题报告，北京师范大学杨世文教授讲解的《当前中国经济发展的形势与任务》，著名军事专家、中国军事科学学会副秘书长罗援少将讲学“国际形势分析”等获得一致好评。以宣传好区委、区政府重大决策部署和区情为重点，组建以基层工作经验丰富的土专家、学者为主体的微宣讲队伍，深入基层和群众开展形式多样的微宣讲活动。区委宣传部围绕雨花重大发展战略开展理论研究，推出《关于促进我区文化产业发展的调研报告》《适应新常态 实现大发展——雨花区着力探索“文化+”的产业融合发展新模式》等理论研究成果，着力抓好成果推介和转化应用工作。（柳美丽）

【舆论引导】 2015年，雨花区构建雨花政务网、雨花手机报、雨花新闻网、雨花微博、“飞梦雨花”微信五位一体的新媒体传播平台。“飞梦雨花”微信粉丝数居长沙市内五区官方微信之首，《高铁攻略》《小升初方案出炉》《小学学区划分》等内容单条阅读量超过5万人次，在2015年“湖南微信公众号影响力排行榜”中屡次跻身政务类前列。新闻宣传注重服务全区中心工作和改革发展稳定大局，紧扣全面建成小康社会、全面深化改革、全力保民生促增长、拆迁拆违攻坚战等中心工作，讲述雨花故事，传递正能量。在中央、省市主流媒体刊发报道5000多篇，其中20余家央媒刊发500篇报道。《湖南日报》头版头条2条，《长沙晚报》头版头条8条，专题报道50余个。中央电视台一套《新闻联播》和《晚间新闻》分别报道第十七届农业博览会盛况；《经济日报》头版头条以《再见，“许多多”——湖南长沙实施社区职能减负增效改革回归服务群众本位》为题报道雨花区社区职能减负增效；《人民日报》专题《“烫手的山芋”怎么拿下》大篇幅报道雨花区拆违工作。《人民日报》推出区委书记邱继兴谈雨花拆违的署名文章《敢啃硬骨头的底气从哪来》；新华社通稿《长沙雨花区：让居民幸福指数跟随GDP一起增长》，《湖南日报》策划推出头版头条《雨花“民意快线”连一线》、头版长篇《“快”解民生难题》，《亲民劲风拂南城》《“民意快线”的“速度与激情”》等系列“民意快线”工程创新群众工作纪实专题报道。《湖南

区委宣传部部长余宏卿（右）与道德模范鲁遐龄亲切交谈

日报》头版头条刊发《幸福雨花扑面来——长沙市雨花区全面建成小康社会建设纪实》，重磅推出《经济，在华丽转身中腾飞》《幸福，就是要百姓得实惠》《和谐，生长在每一个角落》《法治，深入人心成为自觉》《清新， 无论春夏抑或秋冬》等系列全面建成小康社会专题报道，《长沙晚报》头版头条刊发《小康雨花别样红》，重点宣传推介雨花区小康建设《湖南日报》推出《汗水洒潭阳 真情暖百姓——长沙市高铁新城潭阳洲干群携手共建美丽园博会工作纪实》专题报道，《长沙晚报 》刊发头版头条《浏阳河畔奏响“绿岛小夜曲” 雨花区潭阳洲片区两个月拆违128万平方米 党建引领促成合力》，宣传推介高铁新城潭阳片区拆控违工作中党建工作所起的引领示范作用。雨花区科学应对热点舆情，规范管理机制，完善突发公共事件新闻发布制度，突发公共事件新闻报道应急预案、网络舆情应对制度、虚拟社会管理制度及法律顾问制度，健全考核、培训、奖励、联动等管理机制。举办“ 长沙市高铁新城片区拆违拆迁工作”等近10场新闻发布会。配合上级宣传部门在“五一大雨”等网络舆情事件进行舆论引导，确保舆情平稳。

（柳美丽）

【文明创建】　（参见《精神文明建设》）

【文化建设】　2015年，雨花区加快产业发展，湘府路文化产业集聚区初具雏形。全区文化企业1834家，其中规模以上文化企业126家，新增文化项目和企业200余个，新增规模以上文化企业20余家。实施规划引领，委托湖南省社科院编制“十三五”雨花区文化产业发展规划和湘府路文化产业集聚区“十三五”发展规划，绘就文化产业发展蓝图。实施政策引领，兑现2014年度文化产业奖励扶持政策，并进一步通过“一事一议”的方式加大对文化产业的扶持力度。通过重大项目带动，长沙新广电中心待投付使用，汇艺文创中心签约入驻湖南演艺集团、腾讯·大湘网、湖南文交所、思齐教育等18家知名文化企业，签约面积达2.56万平方米，占总面积的80%。随着奥地利AST室内真冰滑冰场、德思勤24小时书店、CGV影院等文化业态陆续开业，德思勤城市广场已成为南城独居特色的文化地标。通过重要活动带动，开展圭塘河文化产业带大型专题调研，开展文化产业专题招商推介会，引荐韩国CJ集团E&M（娱乐和媒体）事业部考察潇影集团、湖南省演艺集团等文化企业，洽谈合作事宜。着手在汇艺文创中心推出文化产业“创客”项目，打造文化产业创业孵化基地，激发创业热情，挖掘、孵化、培育一批文化企业。采取小分队招商、以商招商、产业协会招商等方式，引进一批重大文化产业项目和企业。加强宣传推介，围绕“湘府路文化产业集聚区”主题，在《湖南日报》《长沙晚报》等媒体进行专题专版宣传推介。做好服务助推，持续开展骨干文化企业大走访活动，上门帮助企业解决实际困难。在汇艺文创中心开设文化产业服务办公室，点对点为入驻企业服务。完善服务体系，公共文化事业大格局基本形成。以国家公共文化服务标准化试点为契机，提升公共文化服务品质。继续完善文化基础设施建设，整合资源，科学配置区内两馆（区文化馆、跳马文化馆），区、街、社区三级公共文化设施网络不断健全，馆、站、室免费开放常态化、优质化。完成雨花亭、跳马两个示范性街道综合文化站和12个示范性社区文化活动中心、1个3000平方米的户外全民健身中心、1处篮球场、乒乓球场、健身路径的提质改造，区文化馆顺利通过国家一级馆复评。组织开展“欢乐潇湘 美丽雨花”和“书香雨花读书节”等系列文化活动，参与人数达10万余人次。区文化活动中心免费接待活动人员6万余人次，开展文化培训、辅导、排练200余次。组织街道、社区开展团队展演、展示等系列活动，送电影800多场，送戏40余场。开展首次群众文艺团队评选，18个区内已注册团队参评。加强文艺创作精品意识，《水润山乡》获2015年湖南省“欢乐潇湘”群众美术比赛三等奖；《幸福时代》《金婚》获2015年湖南省“欢乐潇湘”群众摄影比赛三等奖，《长沙城市风景》获2015年长沙市美术、书法、摄影作品大赛二等奖。

开展第四届校园文化进社区活动，组织开展青春星声音区级海选，组织开展“青春星声音”社区歌手争霸赛复赛，全区各街道开展校园文化进社区活动26场次。（柳美丽）

纪检监察

【概况】 中共长沙市雨花区纪律检查委员会（简称“区纪委”）与长沙市雨花区监察局合署办公（合称“区纪检监察机关”），是履行党的纪律检查和政府行政监察两项职能的工作机构。2015年，区纪检监察机关内设办公室（调研法规室）、党风廉政建设室（区委党风廉政建设责任制办公室、宣教室）、信访室（举报中心）、纪检监察室、案件审理室、执法监察室（财务监察室）、行政效能监察室（纠正行业不正之风室）、干部室（监督检查室）调整为办公室、党风政风监督室（区政府纠正行业不正之风办公室）、信访室、第一纪检监察室、第二纪检监察室、第三纪检监察室、第四纪检监察室、案件审理室8个内设机构。编制数26名，其中行政编24名，工勤编2名；领导职数15个；在职在岗人数23人。办公地点设在雨花区机关大院2号楼4楼。

2015年，区纪检监察机关贯彻落实市第十二届纪委第七次全会精神，聚焦中心任务，强化监督执纪问责，深入推进党风廉政建设和反腐败斗争，全区“四风”（形式主义、官僚主义、享乐主义和奢靡之风）问题和腐败蔓延势头得到有效遏制，政治生态呈现新气象，得到广大党员干部和人民群众的支持和拥护。忠诚践行“三严三实”精神，在学习中促进思考，感悟中融入实践，打造忠诚、干净、担当的纪检监察干部队伍。率全市之先完成区纪委内设机构改革。清理参与的21个议事协调机构，仅保留与主责主业相关的4个。清理1978年以来的涉及纪委的38件党内法规和规范性文件。严格落实纪（工）委书记（纪检组长）不分管纪检监察以外的业务工作的要求，13个街镇配齐纪（工）委副书记，街道纪（工）委书记实现专职化。定期督查全区纪检监察工作，加强关键环节的监督管理，防范案件查办过程中纪检监察干部的廉政风险。主动接受群众监督，完善特邀监督员制度。以“清涟书社”为载体，开展纪检监察干部业务培训，采用以会代训、以案代训、上挂、下派等多种形式，打造综合型学习调研团体，汇编2015年调研成果《清涟》，着力打造过硬队伍。（李 婷）

【雨花区纪委第四届第五次全会】 2015年2月23日，中共雨花区第四届纪委第五次全会暨全区反腐败工作会议举行。区全体在职县级领导、区纪委委员等近千人参加会议。会议由区委副书记、区长张能峰主持。区委常委、区纪委书记王清政代表区第四届纪委常委会作题为《依纪治党 模范履职 坚定不移推进党风廉政建设和反腐败斗争》的工作报告，学习传达中央、省、市纪委全会精神，从锲而不舍纠正“四风”、持续高压惩治腐败、扎实推进教育预防、严格队伍监督管理四个方面总结全区2014年全区党风廉政建设和反腐败工作取得新进展新成效。分析反腐败工作的严峻形势，同时，从加强党的纪律建设，弛而不息纠正“四风”；依纪依法惩治腐败，坚决遏制腐败蔓延势头；科学有效预防腐败，铲除腐败滋生蔓延土壤；深入落实“两个责任”，持续强化责任追究；不断强化自身建设，以更严的纪律管好队伍五个方面对2015年全区党风廉政建设和反腐败工作进行部署。（李 婷）

【党风廉政建设】 2015年，雨花区全面落实党风廉政建设责任制，推动党委主体责任和纪委监督责任（简称“两个责任”）的落实。区委高度重视党风廉政建设和反腐败工作，全力支持纪检监察工作；区委主要领导对党风廉政建设重要工作、重大问题，亲自谋划部署、统筹协调；区纪委协助区委全力推进“两个责任”落实，通过约谈、考核、问责相结合，确保压力层层传导，责任分解到人，形成以上率下、上下联动、齐抓共管的工作格局，推动全面从严治党落到实处。召开全区落实党风廉政建设“两个责任”座谈会，约谈各街镇党（工）委书记、纪（工）委书记。定期听取基层党风廉政建设工作汇报，分析研判形势，掌握案件查办、作风建设等情况。出台落实党风廉政建设责任制检查考核实施办法，确立“实、严、评”的考核原则。突出抓好“两个责任”责任追究，坚决落实“一案双查”制度，逐步完善责任追究措施。对4起违纪案件中的6名相关领导进行责任追究，通过问责，促使党委（党组）、纪委（纪检组）切实把“两个责任”抓在手上、扛在肩上、落实在行动上。（张艳君）

【政风行风建设】 2015年，区纪检监察机关贯彻落实中央“八项规定”、省委“九项规定”、市委“一规定两办法”和区委作风建设相关规定，聚焦“四风”问题，真抓真管、严查严处，在坚持中深化、在深化中坚持。建立和形成重要节假日廉政短信提醒的工作常态，向全区党员干部发放党员干部“十个严禁”宣传卡，定时发布警示案例和廉政纪律规定。建立全覆盖的作风建设常态化督查机制，抽调街镇纪（工）委及派驻纪检监察组织干部组成联合督查组，对全区进行分片、交叉检查。围绕工作大局，扣住时间节点，按照单位自查、暗访抽查、整改问题、通报曝光等四个环节，整治干部作风中存在的突出问题。开展监督检查58次，查处违反中央“八项规定”精神、群众身边“四风”问题78起，处理相关责任人102名，发布作风建设通报5期。（张艳君）

【信访举报】 2015年，区纪检监察机关认真受理和处理群众检举、控告，开辟群众信访举报“绿色通道”，健全网络舆情快速处理机制，改进涉纪信访处理模式，有效提升信访办理实效。接待群众来信、来访、来电168批次，受理群众信访问题60件次（其中：来信33件，来访21件，来电4件，网络2件），初信初访4件。从中排查出8条有价值的线索，并进行分类处置。（朱江梅）

【宣传教育】 2015年，区纪检监察机关坚持把反腐倡廉宣传教育作为惩防体系建设的基础性工作，注重创新宣传方式，寓教于乐，以文化人，以案说纪，扎实推进廉政文化建设，形成雨花廉政文化新格局。以“责任新担当、勤廉新常态”为主题，深入开展“4·20”廉政文化节，全区各单位在形式上各出新招，内容上紧扣主题，营造风清气正的氛围。举办廉政动漫作品设计大赛，收到162件优秀作品，其中，2件作品被中纪委监察部网站廉政视频栏目采用，5件作品被省纪委三湘风纪网采用，实现了廉政文化建设由党政部门主抓，向社会各界和普通群众广泛参与的转变。全面系统深入推进《准则》《条例》的学习贯彻，举办《准则》《条例》集中宣讲月活动，在全区开展宣讲活动达82场。邀请省市著名专家学者深入社区，为基层党员答疑解惑，开辟《准则》《条例》学习专栏，及时传达上级最新精神，宣传各单位学习动态，营造浓厚的学习氛围，真正让《准则》《条例》成为全区党员的纪律红线、行为底线和道德准线。（李　婷）

【案件查办】 2015年，区纪委坚持“零容忍、无禁区、全覆盖”，纪律审查工作做到“三升三降”（立案数、结案数、移送数大幅上升，“两规”数量、“两规”时间、“两规”比例明显下降）。查办各类违规违纪案件130件130人，给予党纪政纪处分130人，同比增长136%，移送司法机关查处8人。案件审结率、常委会（案件审理小组会）定性意见采纳率、量纪意见采纳率均为100%，未出现一起行政复议和行政诉讼案件。加大对基层案件查办工作的指导，及时规范基层的办案工作，提升雨花区纪检监察系统的办案水平。注重发挥区反腐败协调小组的作用，出台反腐败协调小组工作规则（试行）、办案办法（试行）、案件线索管理制度（试行）三项制度，明确反腐败协调小组成员及职责，规范反腐败协调小组的各项工作。（刘泳麟）

【监督检查】 2015年，区纪委持续深化“三转（转职能、转方式、转作风）”，退出政府职能部门的具体业务工作，回归纪检工作的主业主责，加强对职能部门的履职情况进行再监督。对国有资产、政府采购、投资评审、产业扶持等相关部门的履职进行再监督。根据上级要求及长监发【2013】5号《关于对政府投资建设工程项目进行抽查复审的监督办法》文件精神，依据《中华人民共和国行政监察法》第三十条规定，经依法申请立项并已报本级纪检监察机关批准同意，组织两轮政府投资工程项目结算抽查复审，对工程项目中发现的问题发出监察建议书，并要求各相关部门单位进行整改并将整改情况上报。通过聚焦主业，进行执法再监督发现案件线索，办结各类案件3件。（刘双果）

【“传承好家风 释放正能量”主题活动】 2015年，雨花区以贯彻习近平总书记关于家风建设的重要讲话精神为引领，以社区为主要载体，以家庭为主要阵地，以青少年儿童为主要对象，在全区范围内开展“传承好家风，释放正能量”主题活动，引导全区广大党员群众从自身做起、从家庭做起，讲道德、守规矩、重家风，有效传播向上向善的正能量。大力开展传承中华传统文化的系列宣扬活动，以文化感染家风，举办“树最美家风，享书式生活”暨党风廉政教育生活化“三进工程”活动。积极举办培育良好家风的系列评选比赛活动，以参与塑造家风，在全区社区家庭中开展“最美家风”评选活动和“晒家庭幸福，讲家庭故事”暨社区最美家庭评选活动。邀请知名专家学者对好家风开展讲授活动，以交流诠释家风，从全国各地邀请相关领域的著名专家学者，开展形式多种的讲课授课活动，促推孩子从小养成良好品德。有效推进全区党风廉政建设工作，有力促进全区社会和谐稳定。（张艳君）

【小动漫撬动廉政文化大建设】 2015年，雨花区坚持“抓早抓小、文化先行”的工作理念，致力于实现“教育一个孩子、带动一个家庭、影响整个社会”的目标，以动漫为载体、以网络为平台、以校园为阵地进行廉政文化建设，通过廉政动漫这一小支点，撬动全区廉政文化大建设，树立雨花区廉政文化建设的品牌，有力促进干部清正、政府清廉、政治清明。小载体，承载大廉政。参与人员多，既有学校老师、学生、家长，又有区直部门、街道、社区工作人员，从而实现廉政文化建设由党政部门主抓，向社会各界和普通群众广泛参与的转变，促进廉政文化建设的深入发展。小平台，推进大传播。开设专题网站，所有廉政动漫作品的提交、审核、展示均在专题网站上进行，储存在“云”中的廉政动漫不受时空限制，可以随时获取，按需检索、复制，时刻发挥其廉政教育功能。小阵地，拉动大社会。从“孩子廉洁”破题，首先通过小小动漫让廉洁文化植根于孩子心中，再让孩子带动家长，最终让家庭影响社会，使廉洁廉政成为雨花民众的社会时尚和人生价值追求，带动党风的好转、官德的优化。（李 婷）

统一战线

【概况】 中共长沙市雨花区委统一战线工作部（简称“统战部”）主管雨花区委统一战线工作，加挂中共长沙市雨花区委台湾工作办公室（长沙市雨花区人民政府台湾事务办公室）、长沙市雨花区归侨侨眷联合会（简称“侨联”）的牌子。2015年，在职在编人员8人，其中县级领导1人，正科实职人员4人，副科实职、正科级待遇人员1人，副科实职人员1人，工人1人，雇员1人，退休干部4人。一位正科实职人员继续抽调雨润棚改公司。部机关与区工商联机关设立联合党支部，共有党员12人，其中在职党员9人（统战部7人，工商联2人）。办公地点设区人民政府机关大院1栋外弧2楼。

2015年，区委统战部以多党合作、“四同创建”、社会组织、基层网络统战工作为重点，以“凝聚发展共识，汇聚同心力量”为工作主题，各项工作继续在全市乃至全省统战系统中走在前列。11月16日，市委统战工作会议上，区委书记邱继兴代表雨花区作《发挥统战法宝作用 奋力打造最美雨花》的典型经验发言。（刘 娟）

【多党合作】 2015年，雨花区有民主党派成员1202人，商会会员1100人。区委继续强化大统战格局。区委常委会、区委碰头会先后6次专题研究统战工作。区委主要领导多次亲自调度、参与重大统战活动；党外干部、党外代表人士队伍建设与管理、“四同创建”“台湾媒体雨花行”、非公经济人士高校培训、长沙（雨花）群英会提质升级、民主党派集中式办公阵地等重点工作得到区委全力支持。市委统战工作会议后，区委统战部向区委常委会进行专题汇报。坚持全区统一战线工作部门的周工作例会制度，充分聚合全区各统战工作部门的工作力量；统战部与区四大办以及党委政府其他工作部门单位及园区、街道之间的协作机制进一步健全，大统战格局持续强化。组织全区统一战线人士通过集中学习、座谈交流、工作调度会和微信群、QQ群、雨花同心网平台等方式，开展深入学习贯彻中央统战工作会议精神和《中国共产党统一战线工作条例（试行）》（以下简称《条例》）系列宣讲活动。12月4日，召开区委统战工作会议，并召开区委中心组（扩大）理论学习，邀请市委常委、统战部部长文树勋给全体在职县级领导、区直部门和街道（镇）党工委书记、“四同创建”各有关单位负责人和统战系统单位全体干部职工进行专题授课。制作9块统战知识宣传展板，集中展示2015年全区统一战线各线特色亮点工作。统一购买1000本学习中央统战工作会议精神宣讲本、《条例》单行本、解读本并在全区下发，即时通过政情通报会、同心恳谈会，向区内各民主党派、工商联和无党派人士通报情况，落实会议精神，确保中央对新时期、新常态下统战工作的新定位、新要求、新精神入脑入心。增拨民主党派集中式办公阵地专项经费12万元（每个党派办公室装修经费1.5万元），支持区内7个民主党派、党外知识分子（无党派人士）联谊会加强自身队伍建设，构建民主党派区辖、区管、区服务的模式，增强党派组织活力和战斗力。增拨专项经费支持民革区工委、致公党区工委赴党派中央汇报基层工作，整合黄埔同学会资源，支持九三学社区工委、民革区工委开展“铭记历史 珍爱和平 礼敬抗战老英雄”纪念抗战胜利70周年暨灯谜展猜活动，支持民进雨花工委开展“同心百课进基层，舞动乡邻乐重阳”联谊活动和民革雨花区工委同心羽毛球训练基地建设。区无党派人士联谊会更名为区党外知识分子联谊会，民革、民盟、民建、民进、农工党、致公党、九三学社和工商联（总商会）各基层组织先后完成换届任务，配齐配强支部（支社）、基层商会领导班子，为各党派、基层商会顺利实现政治交接并进入良性运转提供坚强的政治和组织保证。党派办公阵地投入使用后，区委统战部督促要求每个党派安排义务工作人员在办公室定期坐班办公，规范党派工作台账和资料等，进一步完善各党派常态管理机制。深入抓实党派成员、商会会员与区直部门对口联系工作，10月，全面普查全区对口特约工作，协调整合区卫生局和人口计生局特约人员，常务副部长亲自督查区民政局、区环保局、区农林水局、区审计局等重点单位的对口特约工作开展情况。坚持以课题调研和社情民意信息畅通参政议政渠道。组织和邀请民主党派成员参加区党代会报告征求意见座谈会和列席党代会。组织党派负责人参与政府工作报告审议，所提意见和建议得到区领导高度重视。统一战线成员提交提案、建议案300余件，形成高质量的调研报告50余篇；民建会员王东华撰写的社情民意《传销通过微信扩张的趋势值得警惕》、致公党员周争平撰写的《三非外国人问题应引起高度重视》被省政协采用。农工党区工委撰写“关于加快雨花区北斗导航定位产业化发展的建议”得到区政府高度重视和区委书记批复，并责成区工信局、发改局、商旅局等部门协办落实。致公党区工委主委在区政协全会上作《加快旅游业大发展 助推雨花经济新一轮腾飞》的专题发言。民革区工委关于高铁新城规划建设的调研报告得到民革省委、市委高度重视。各党派成员提交的《开放出租车经营权，由市场调节出租车数量》《规范与引导长沙街头艺人表演》《规范市内公交站牌及线路指示牌》《尽快编制长沙户外广告设置规划》《关于万家丽路高架城市快速线南延至时代阳光大道提案》等意见建议，得到落实。（刘　娟）

【经济统战】 2015年，雨花区邀请长沙市委党校教授金立槟讲授“学习贯彻四中全会精神推进法治中国建设”专题讲座，邀请市委党校教授徐少兵辅导学习中共十八届五中全会精神，引导非公有制经济人士增强法治观念和诚信守法意识。组织部分企业参加全市“解放思想 创业富民大讲坛”活动及“钦州城市营销湖南推介会”，引导企业转型升级，适应新常态。出台基层商会换届指导意见，完善非公有制经济代表人士综合评价，帮助和指导各街道商会、女企业家商会完成换届任务。组织40家会员企业参加“2015年全国民营企业招聘周”活动，现场达成用工意向200人。发挥非公有制经济人大代表、政协委员的参政议政作用，征集涉及非公有制经济发展中的社情民意15篇。配合省、市工商联开展“上规模民营企业调研”11家，收集辖区“走出去”民营企业调查问卷7篇。11月底，联合区委组织部、区委党校、区发改局、区工商联组织区内非公经济代表人士深圳大学高级研修班，引导非公经济“两个健康”良性发展。（刘 娟）

【民生统战】 2015年，雨花区统一战线领域开展丰富多彩的“同心”主题活动，最大限度发挥各自优势，整合资源力量，紧扣社会实际，满足基层需求，直接服务社会民生。民进区工委牵手树木岭小学开学开展“红包送福 开学有爱”爱心捐赠活动。民盟各支部联合青护园在长沙县春华镇志和学校开展“爱你有我 同心护童”活动。台办“两岸教育共建同行”项目积极探索稻田中学、王家冲小学与台湾方面的校际交流模式。对台“同心直通车”为台商台胞解决民事积案、拆迁纠纷等4起。区工商联开展“百企联百家·同心促和谐”帮扶主题活动，组织区内非公有制经济代表人士赴湘西麻阳苗族自治县、芷江侗族自治县开展“情系湘西 助学扶贫帮扶，并捐赠5万元帮助麻阳飞山中学改善办学条件。左家塘街道“同心银行”携手辖区各同心社区和相关民营企业开展“情满社区 温暖同行”健康教育讲座、“爱心红米 全城义卖”“寻雷锋足迹，抢爱心红包”“慰问困难残障家庭”“爱心援考微力量”等社会公益服务活动，为不同社会弱势群体送上党委政府的关爱和温暖。洞井街道携手高升社区、和平小学开展“童心梦·同心盟”活动。砂子塘街道建立“同心同行”商务沙龙，下发“责任与雨花同心，责任与发展同行”倡议书，引导辖区内各位商务精英、企业业主勇担社会责任。（刘 娟）

【社会组织统战】 2015年，雨花区依靠全省首个统一战线“枢纽型”社会组织——长沙群英会着力构建以QQ群、微信公众号、DM杂志、十大公益活动板块等为载体的线上线下互动交流平台。依托长沙群英会的网络品牌优势，探索和开创“党委政府主办、区直部门联合协办、民间公益机构具体承办”的公益创新合作模式。联合区人力资源和社会保障局举办“端‘新碗’过新年”2015年新春就业援助月第一场公益专场招聘会。联合区文明办和树木岭学校举办“红包送福 开学有爱”开学第一课“让核心价值观走进我们的生活”微心愿活动。承办雨花区“健步圭塘河 羊帆新雨花”大型环圭塘河健步行公益活动。与市、区安监局一起承办2015年湖南省防灾减灾宣传周启动仪式。与区总工会、区妇联、区团委一起举办“缘聚雨花 相约蓝湾”雨花区单身联谊沙龙第一季活动。联合区政协、区残联开展“爱心大冲关 委员来助残”趣味体验活动，并通过群英会的微信、QQ群等资讯平台面向社会各界人士广泛征集对全国“两会”有关议题的反映、意见和建议，收集各类意见和建议10多条。举办“真爱桥梁——创造双赢的沟通”大龄单身男女情感沙龙活动。参加全省社会组织统战工作试点中期经验交流会并作经验发言，先后获“湖南年度青年创业服务支持机构奖”，全省统一战线首批“同心项目”、中国扶贫基金会2014云南鲁甸8·3地震抗震救灾先进成员机构等荣誉。接待中央统战部信息中心、青岛市市南区委统战部、全省首批社会组织统战工作负责人培训班、株洲市委统战部、宁波市委统战部、中央统战部信息处、都江堰市委统战部领导9批次百余人来群英会考察指导。联合湖南读书会举办第37期读书会《青春是一场安静的修行》、联合雨花区“红缘汇”爱心企业联盟举办“相约‘红缘’爱‘寨’一起”大龄单身男女青年公益相亲活动。联合长沙市常德商会、桃源县摄影家协会等单位志愿者组成“湖南民间联合救灾桃源洪灾救援行动”到桃源县刚经历洪灾的茶庵铺镇松阳坪村，发放救灾物资，棉被1200床，大米300袋，食用油300壶，总价值10万余元。联合中国公益2.0在侯家塘街道韶山路社区邻里坊举行2015湖南公益组织《互联网+，让公益筹款插上高科技的翅膀》新媒体培训班，全省50多家公益机构负责人到会。联合井湾子街道、长沙农夫市集在韶山路上海城小区举办全球首个无现金交易农夫市集活动线上交易57770.2元。联合JJH演讲社举办“百场正能量公益演讲”第二场“因为爱情”、联合北京盈科（长沙）律师事务所举行“律政佳人　女性健康大讲堂——如何做一个阳光幸福的女人”。与湖南省浙江商会、长沙市零售行业协会、中国牛商会联合在左家塘街道通程万惠超市前坪举行“爱心红米 全城义卖”大型公益行动、中国旗袍会“红颜雅韵”湖南总会授牌暨“同心圆梦 美丽中国行”湖南启动仪式。

（刘　娟）

【党外干部工作】　2015年，雨花区委坚持把党外干部的教育培养、履职考察、提拔使用纳入重要议事日程，与全区干部工作统一部署，统筹安排，统一推进。对党外干部更是高看一等，厚爱一筹，明确“一把手”负总责，分管领导具体抓，建立健全并坚持组织部、统战部培养选拔党外干部“六个共同”的工作机制。区委书记碰头会、区委常委会3次研究党外干部培训、提拔、交流工作。区委组织部和区委统战部共同组织民意测评，全面了解党外干部的思想认识、履职能力、参政水平、生活作风和群众公认度。对工作积极主动、成效显著、群众公认的优秀党外干部，重点考察，安排到高校深造，到重点工程压岗锻炼，全面提升综合素质，为提拔重用搭平台、创机会、增本领。对思想上、性格上、工作中有波动的个别党外干部，由统战部出面，采取春风化雨的交流谈心方式，帮助他们解除疑虑、树立信心，坚定留在党外与中共长期合作共事的决心。对其他党外干部，则主要由统战部精心设计、提供一些机会、平台让他们展示才能，推荐他们作政治安排，激发他们创业奉献的热情和自豪感。区委统战部积极推荐党外干部参加省、市党校、社会主义学院培训，主动协调参学人员所在单位，确保参学人员能集中时间、集中精力学习，坚持走访慰问，鼓励他们好好学习，不断成长进步。区委建立与党外代表人士交友联系制度，根据中共领导的分管联系的工作选择对应的党外干部代表做朋友，定期约访，经常沟通，交友结对，进一步浓厚全区合作共事的氛围。区委组织部、区委统战部联合对全区党外干部队伍资源全面摸底，健全党外干部信息库，实施动态管理，做到心中有数，随时推荐合适人选和优秀党外干部交流和提拔任职。2015，雨花区党外科级以上干部75名，其中，副县职6名（区人大常委会副主任1名，区政府副区长1名，区政协副主席3名，雨花经开区管委会副主任1名）；正科级党外干部15名（其中正科职12名，含街道、乡镇行政正职2名，长沙火车南站综管办部长1名，部门单位行政正职6名，街道政协联络处主任1名，法、检两院副职各1名）；副科级39名（其中副科职30名）；科级后备党外干部35名。10个街道班子、16个政府工作部门中配备党外干部；区政府直属事业单位、其他事业单位和派出机构（不含街道）领导班子中共配备5名党外干部；法院配备中层党外干部5名；检察院配备中层党外干部2名；3名党外干部下派挂职担任街道副主任。

（刘　娟）

【民族宗教工作】　2015年，雨花区以区民族联谊分会为主体，开展组织4次少数民族代表人士联谊活动。联合区人大赴怀化麻阳苗族自治县和怀化芷江侗族自治县开展“情系湘西，助学扶贫”活动，慰问麻阳飞山中学助学扶贫金8万元，慰问芷江恶滩村扶贫修路金3万元。在高桥街道成立市级少数民族群众服务站，深入开展少数民族流动人口服务管理工作。与新疆和田地区签订关于少数民族流动人员管理服务的合作协议书。依法协调处理城管在迎新路兰州拉面馆执法受阻事件、曙光南路兰州拉面馆拆违、藏族同胞占道经营等纠纷。在高桥大市场“民族之家”设置固定民族知识宣传栏宣传民族知识，定期组织市场内少数民族经营户和员工开展拓展训练和联谊活动。接待少数民族群众来访9批次，协调解决友谊社区2户东乡族经营户子女入学问题。多次争取市委统战部、市民宗局领导和区四大家领导到跳马镇调研宗教管理工作。就丰田古寺用地问题、入寺公路建设、团头河福音堂重建、大安寺网络、设置交通标识等问题专题研究。对全区民间宗教信仰场所进行摸底，掌握情况，引导区内宗教活动场所开展以“教风”为主题的和谐寺观创建活动。在清泉寺、川河占白龙王庙、佛圣禅寺等宗教活动场所和民间宗教信仰活动场所制作固定宣传栏宣传宗教法律法规，发放《宗教工作法律法规政策汇编》《民族宗教知识问答》等书200余册，引导信教群众依法依规开展宗教活动。从宗教专项工作经费中列支4万元解决大安寺两位教职人员参加城镇居民社会养老保险资金缺口问题。 （刘　娟）

【“四同创建”】 2015年，雨花区大力支持和鼓励“长沙群英会”“孟妈妈青护园”、侨之家“鲁爷爷社会工作室”“民族之家”“两岸情 中国心”、“他乡美”新市民俱乐部、“环卫工人暖心屋”等工作品牌的品质提升，扶持“致公万里行”“同心梦工厂”“同心百课进基层”等民主党派品牌不断做大做强。推荐怡园社区申报创建省级“同心社区”，指导高桥大市场社区着力打造民建湖南省委首个“同心社区”。高桥大市场社区、牛婆塘社区创建为市级“同心社区”。创建区级“同心社区”2个、“同心项目”14个、“同心乡村”2个。“四同创建”工作成为全区基层统战工作重要平台和抓手，长沙群英会、廖家湾社区、怡园社区等单位多次迎接中央统战部、国家民政部和来自全国、全省、全市各个地方有关部门单位领导、团队的调研视察和参观学习，得到上级部门高度肯定和社会各界的广泛赞誉。 （刘　娟）

经济界人士同心恳谈会

【雨花区“同心恳谈会”】 2015年，雨花区以“接地气、听诤言、连民心、解难题，同心同行促发展”为总体目标，重点打造“同心恳谈会” 统战工作品牌，致力推进统一战线各界别精英代表人士更深度、更专业、更具针对性的恳谈交流。8月13日，召开以“同心合作共赢 圆梦五新雨花”为主题的经济界人士同心恳谈会。10月27日，召开以“同心中国梦 携手雨花情”为主题的港澳台侨和民族宗教界人士同心恳谈会。11月22—28日，组织区内非公经济代表人士深圳大学高级研修班。8月11日，《2015年雨花区合作共事同心恳谈会》资料汇编得到省委常委、省委统战部部长李微微高度关注，并专门作出重要批示“请研究室、办公室关注雨花区‘同心工作站’建设及群英会的提质升级，不断总结推广做实做新社区统战工作的经验，探索通过社区广泛联系和服务社会组织统战成员，发挥社会组织统战成员在社区参与基层协商、社区管理、服务群众等作用，探索把社区统战工作打造成团结统战新群体的有效平台和载体。”举办“同心恳谈会”3期。此活动旨在通过让区主要领导和各部门负责人与各类统战人士面对面、心交心，增进理解，达成共识，争取人心，集聚助推雨花新一轮发展的巨大能量。“同心恳谈会”成为雨花区各民主党派、工商联、无党派代表人士、民族宗教界人士、港澳台侨代表人物参政议政的全新平台。 （刘　娟）

【雨花区党外人士之家】 2015年7月1日，位于区政府3号楼5楼的雨花区“党外人士之家”（民主党派办公、活动阵地）正式投入使用。这是中共雨花区委统战部认真贯彻落实中央统战工作会议精神，践行党的群众路线教育实践活动和“三严三实”专题教育实践活动，打造合作共事同心品牌项目的务实行动。为精心打造党外人士新家园，区委统战部多次向区委、区政府专题汇报，多次与区内相关部门沟通协调，陆续申请30万元专项工作经费，为每个党派办公室购置电脑，文件柜等办公设备。同时，本着合作共事、求同存异的原则，由区委统战部统一外围装修风格，体现多党合作特色，凸显合作共事氛围。而在每个党派办公室的内部装修上，则尊重党派实际，发挥党派优势、展示党派特色，彰显雨花统战风采。“雨花党外人士之家”彻底改变民主党派和无党派人士办公无固定阵地、活动无规范场地、资料管理不健全的局面，使基层民主党派的阵地建设、制度建设、信息化规范化建设迈上了崭新的台阶。2015年，多次接待市委常委、市委统战部部长文树勋和兄弟市区领导考察指导，成为雨花统一战线的崭新名片。（刘　娟）

对台工作

【概况】 2015年，雨花区对台工作牢牢把握两岸关系和平发展的主题，积极“把握新常态，探索新路子，搭建新平台”，在两岸和平发展“稳中求进”的良好势头下，围绕“活力对台”目标，找准对台工作发力点，努力全方位、多角度深入深入基层，深入社区，深入民众，把“争取台湾民心的工作”做细、做实，大大提升雨台两地的交流、交往与合作水平，为助推两岸关系和平发展，建设最美雨花做出积极贡献。（刘　娟）

【对台工作机制】 2015年，雨花区完善对台工作机制。保留全区对台领导小组工作机构并调整组成成员。区台办坚持每个季度定期主动上门走访区政法委、法院、商务、人社、民政等相关部门和基层街道、社区联系对台工作负责人，及时通报沟通涉台工作事宜，畅通对台工作联席会议机制，确保涉台涉诉问题一律有问必答、有求必应，最大限度地争取各部门单位对涉台工作的高度重视和全力支持，进一步凝聚全区对台工作合力，全区大对台工作格局更加健全。3月5日，区委常委会听取区委常委、组织部部长、统战部部长冯聪龙对台工作汇报，区委组团赴台交流、“台湾媒体雨花行”活动及相关专项经费申请等事宜一一得到常委会全票通过。全区涉台领域重要参访、交流、座谈、调研等活动，区委主要领导均高度关注，亲自参加，倾力指导。全年坚持为全区对台工作领导小组成员订阅《台湾工作通讯》《两岸关系》，坚持涉台重要文件、内刊和重要台情呈送区委对台工作领导小组负责人阅示的制度，使区领导进一步掌握党的对台方针政策和台海形势，及时了解全区涉台工作动态，更好地争取领导的重视和支持。（刘　娟）

【对台基础工作】 2015年，雨花区深度发掘常驻台湾居民基本情况和两地居民往来情况，并加强“一对一”管理与服务，优化对台工作管理台账。通过“雨花对台之家”微信群和电话联系，坚持为驻区重点台商、台胞、台属送上问候关心。春节前夕，区台办对辖区内重点台商、台胞开展新春走访活动，走访慰问辖区困难台胞、台属及台湾新娘36户。中秋节前夕，区台办上门慰问重点困难台属黄令愉，并协调民政局将其纳入社区养老服务平台。对12位黄埔同学会成员、16位抗战老兵、1位原国民党起义投诚人员、1位原国民党元老后代下拨慰问金3万元。在9月3日纪念抗战胜利70周年前夕，为抗战老兵送上慰问金、绶带和大红花，并邀请其中3位代表参加全区统一战线“铭记历史 珍爱和平 礼敬抗战老英雄”学雷锋志愿服务主题活动。坚持每个季度开展一次定期约谈，每个月不定期开展一次台胞朋友相互走访、交流座谈等联谊活动。10月27日，邀请10位涉台领域代表参加以“同心中国梦 携手雨花情”为主题的港澳台侨和民族宗教界人士同心恳谈会，台商李秀娥、李海龙代表围绕区域经济发展和驻区安居乐业及未来发展情况等方面做精彩发言。通过定期约谈，以心交心的优质服务，让驻区台胞切身感受到“台亲大家庭”的牵挂和关爱，使他们真切感受到产业在雨花放心、人居在雨花怡心、发展在雨花有信心。（刘　娟）

【对台经济工作】　2015年，雨花区开启对台“同心直通车”，着力优化投资发展环境，贴心服务驻区台商、台企及台资项目。收集整理“璀璨雨花、闪耀星城”对台招商引资宣传资料，并直报华夏经纬网，推动入岛招商。注重以台引台，发挥台商主体作用，利用商返台、赴台参访等多种平台加大对台招商引资力度。新引进和运国际租赁有限公司长沙分公司落户华雅财富中心。试行区委主要领导、区台办干部对口联系服务台企台商和台资项目制度，联动相关部门，现场协调解决台企及项目生产经营或规划建设中的困难问题5起。协调区后勤服务中心、区文化馆及市妇女儿童活动中心迅速解决小哈佛幼稚园举办结业典礼场地租赁问题。指导黎托街道及其司法所、合丰片区拆迁指挥部两天之内妥善解决原福联木业公司负责人、台商林文秀的自建仓库拆迁补偿纠纷问题，让老人满意返台。多次约谈走访长沙卢山企业公司负责人苏荣玉，帮助解决其企业转型、厂房租赁难题。针对台商林凯旋的信访积案，区台办多次陪同市台办投诉处领导和当事人到法院召开协调会，切实保护台商合法权益。11月，区台办积极邀请、衔接指导台湾台东组团首次参展2015中国中部(湖南)农业博览会。开幕式前，区委常委、组织部部长、统战部部长冯聪龙第一时间走访看望参展的台商。开幕式当天，陪同省市台办领导接待台湾农业参访团王殿华、陈淑华夫妇一行11位贵宾参加开幕式和“智慧农博 品牌盛宴”峰会。农博会期间，即时现场走访看望参展台商，提供贴心指导和服务，邀请湖南卫视、潇湘晨报、星辰在线等省内知名媒体记者前来在一楼台湾馆区拍摄，现场采访来自台湾的湖南绿野香田农业科技有限公司负责人林怀、张庭芳夫妇。（刘　娟）

【对台交流工作】　2015年，雨花区继续深化“两岸情 中国心”传统交流品牌，着力增进台湾同胞对长沙、雨花的了解和认识，增进两岸同胞同源、同文、同祖的心灵认同和归属感。4月14日，台湾青溪总会大陆事务部部长李文华率南台湾民众参访团一行36人考察廖家湾社区。8月，组织区委第10次赴台经贸文化考察活动，参访团实地考察台湾联合报社、中天电视股份有限公司（旺旺中天媒体集团的电视网），宜兰传统艺术中心、十鼓桥文创园区、台南文学馆等地，推动雨花与台湾媒体业、台北长沙同乡会、中华青年企业家协会、高雄苓雅区林围里社区等社会团体的民间交流交往。积极策划打造“雨台教育同心共建项目”。9月，组织区内中小学校负责人赴台参访学习，与龙门国中、敦化国小等6所中小学校师生进行课堂教学交流，促成稻田中学、王家冲小学与台湾高雄凤西国中、民族国小建立长期校际结对联系。10月14日，台北市长沙同乡会理事长师明义一行19人到廖家湾社区参访交流，雨花区组织“美在金秋 爱聚重阳”文艺汇报演出活动，与台湾同胞载歌载舞，畅叙友情。廖家湾社区“人人都是义工、处处都有岗位、时时都讲奉献”的志愿服务文化、和美宜居的生活环境和老百姓快乐幸福的生活，特别是义工明星鲁遐龄的爱心事迹深深感动所有参访台湾同胞。（刘　娟）

【对台宣传工作】　2015年是雨花区涉台教育丰收年。在全区13个社区（村）、学校开展区级涉台教育基地创建工作，并在年中开展业务指导和工作督查，年底组织集中业务培训。3月，指导廖家湾社区、稻田中学、王家冲小学等3个区级基地开展市级基地创建申报工作。5-7月，区台办组织辖区内3个涉台教育基地负责人和专干参与聆听省台办主任冯波做的台海形势报告会、陈忞教授主讲的《现代战争与国家安全》专题讲座，参加2015长沙市对台干部进修班集中学习，前往怀化芷江参观抗日战争受降纪念坊。全年整合社区、学校涉台教育资源，以宣传栏、黑板报、书画征文、道德讲堂等各种灵活多样、易于接受的方式开展各类涉台宣

台北市长沙同乡会访问廖家湾社区

传活动。如廖家湾社区以“创新为先，架起两岸连心桥”为主题，组织开展涉台教育知识讲座暨“我们的宝岛·台湾”手抄报比赛，纪念抗战胜利70周年作文比赛，邀请全国奉献之星鲁遐龄现场讲解台湾形势、历史沿革等。稻田中学、王家冲小学每期举行“涉台教育活动月”系列活动，组织学生参访台湾崇友电梯长沙公司，丰富中小学生涉台教育的社会实践。稻田中学在随长沙教育参访团赴台交流前，在全校开展书画征集活动，遴选出十幅学生作品赴台交流。赴台参访后，学校负责人专程就台湾教育的所见所闻利用升旗仪式和教师大会分别给学生和教师做专题讲话，让全体师生感叹台湾教育之细腻、举止言行之文明的同时，也增进了对宝岛的情感认同。6月29日，3个涉台教育基地顺利通过市台办考核验收。11月17日，3家涉台教育基地单位被授予首批“长沙市涉台教育基地”称号。其中，廖家湾社区、稻田中学还被作为优秀单位代表参与全市涉台教育经验交流。全年下拨涉台教育工作经费4万元、区级奖金2.5万元，争取市级涉台教育经费奖励2.1万元。区台办上报各类信息文稿60篇。中国台湾网、新华网、华夏经纬网、旺旺时报、联合报等两岸知名媒体杂志采稿率高，传播范围广，大大提升雨花对台宣传美誉度。（刘　娟）

【“台湾媒体雨花行”活动】 2015年4月11日，雨花区台办策划开展2015首届“台湾媒体雨花行”活动。台湾中天电视台、UDN-TV、联合报、旺报等知名媒体记者一行7人到雨花区开展大型专题采访活动。报道组深入雨花区城市商圈、市井小巷和居民身边，对雨花区的人文历史、区情概况、商圈板块、城市综合体和经开区及相关代表性企业等进行一一探访，搜集第一手鲜活素材。14日上午，雨花区委书记邱继兴接受台湾中天电视、联合报记者的专访。8月20日，《联合报》A12专版专题推介“飞梦雨花”名片。专版以《中部大枢纽 湖南新门户 长沙雨花齐聚天下客》《三大高铁干线汇聚长沙 拉来万亿规模商机》《长沙雨花经开区 工业机器人及电动车制造重镇》为题，重点介绍雨花区独具特色的区位优势、产业基础、商贸经济、人文环境，凸显雨花发展优势，全方位展示雨花区无可比拟的广阔发展前景。台湾中天电视台为雨花区量身定制的《沪昆京广交汇处 长沙成枢纽中心》专题片同期在中天综合台、中视主频、中视HD台和中天亚洲台及凤凰台的《魅力东方》栏目陆续播出。专题片时长23分钟，从潇影集团与台湾合作拍摄的首部纪念抗战胜利70周年动画片《少尉林旺》切入，对雨花区的文化教育、区位交通、城市商圈和现代服务产业、工业机器人及电动制造产业进行一一解读，集中展示雨花区作为中部大枢纽、湖南新门户加速领跑中部省会城区的大手笔、开门广迎天下客的大气魄。“台湾媒体雨花行”系2015年国台办2015年重点入岛宣传项目之一，是2014年雨花区委、区政府在台北举办首场招商会的延续和升级版。旨在将中部强区的“立体雨花”带到台湾，推介雨花的投资环境，凸显雨花发展优势，展示雨花崭新形象，进一步推动雨花入岛宣传和招商引资，全方位立体推介“飞梦雨花”名片。

（刘　娟）

机构编制

【概况】 长沙市雨花区机构编制委员会办公室（简称“区编委办”）是长沙市雨花区机构编制委员会的常设正科级办事机构，负责研究制定行政管理体制、机构改革的方案以及机构编制的日常管理工作。既是区委的工作机构，又是区政府的工作机构。下设二级事业单位区事业单位登记管理局（简称“区编委办”）和雨花区机构编制实名制信息中心。核定行政编制6名、事业编制5名，其中领导职数3名。2015年，在职干部职工数9人，其中正科级干部2人，副科级干部3人，科员4人；退休3人；党员11人，其中在职党员8人；民盟盟员1名。

2015年度，区编委办被评为区人口和计划生育综合治理优秀单位及全面深化改革推进工作优秀单位，授予“全面深化改革组织奖”。（刘　麟）

【机构改革】 2015年，雨花区组织实施新一轮政府职能转变和机构改革。重新组建食品药品监督管理局，将原区食安办、区卫生局、区商务和旅游局、区工商分局和区质监分局有关食品监管职能进行整合，构建行政管理、监管执法、基层监管“三位一体”的食品药品监管体系。区安监局由政府直属事业单位调整为区政府工作部门，设置二级事业单位区安全生产执法大队，进一步加强监管力度，理顺安全生产监督管理体制。区人口和计生局、卫生局的职能职责进行整合，组建区卫生和计划生育局。通过政府改革剥离区文物管理所和区动物卫生监督所的行政职能。全面调整机构部门设置，其中两个单位调整部门序列，5个单位调整挂牌，两个事业单位进行调整及更名，12个单位进行部门职责划转。改革后，区政府工作部门设置18个，区监察局、区人防办列入政府工作部门序列，不计入区政府机构总数。区编委办以政府职能转变为核心，合理界定部门职责，突出管理和服务重点，全面完成机构改革工作任务。区编委办重新拟订区卫计局、区食药监局、区安监局和区人防办4个单位“三定”规定，对区发改局等18个涉改单位机构编制事项进行调整，基本实现“职责梳理零遗漏、机构优化显特色、人员编制保重点”的工作目标。贯彻执行中央和省、市关于政府机构改革中加强机构编制管理的工作要求，发文明确涉改部门单位领导职数，对涉改单位职能变化深入研究，制订精简方案，充分挖潜提效，对职能整合、职能削弱或取消审批的相应核减编制，所腾出的编制主要向民生领域和基层一线倾斜。（刘　麟）

【行政审批制度改革】 2015年，区编委办根据省市审改工作安排与部署，深入推进行政审批制度改革工作，率内五区之先建立“三张清单”制度，形成“312”（三张清单管权责、一个平台管运行、二项机制管监督）管理工作经验，并在中央编办网站、省市改革办刊物全文刊录予以推介。3月，率先在政府门户网站公布《长沙市雨花区政府部门权力清单》，共1877项行政权力，让一切权力在阳光下运行，做到“法无授权不可为”。6月，率先在政府门户网站公布《长沙市雨花区政府部门责任清单》，各类事项总计1336项，构建与权力清单相配套的部门职责体系，实现“法定职责必须为”。对区本级保留的10项非行政许可审批事项进行调整或取消，全区不再保留“非行政许可”这一审批类别。11月底，长沙市向区县（市）下放39项市级经济社会管理权限，涉及区本级权限25项。区编委办及时制定承接工作方案，召开区直各相关部门动员会议。区编委办根据中央和省市清理规范行政审批中介服务的相关文件精神，及时制定实施方案，召开清理规范行政审批中介服务推进会，对相关工作进行全面部署安排。经部门自查上报、区审改办初审、区法制办合法性审查等审核程序，形成《长沙市雨花区部门行政审批中介服务事项目录》。区编委办强化事中事后监管，建立权力清单和责任清单动态管理机制，制定并印发《长沙市雨花区行政审批事项目录管理暂行办法》和《关于权力清单动态调整有关事项的通知》。10月23日，召开“两集中、两到位”改革工作推进会，全面部署相关改革工作。（刘　麟）

【事业单位分类改革】 2015年，区编委办根据中央和省、市分类事业单位改革的总体步骤要求，按照“两个不突破”“两个不新增”“两个不设立”的政策规定，把握分类标准，严格按时间节点，全面完成事业单位分类工作，对全区已确认类别的事业单位统一发文予以明确。全区265家事业单位纳入分类范围，其中划入行政类2家、划入公益一类241家、划入公益二类15家、暂缓分类7家，暂无划入经营类的事业单位。（刘　麟）

【事业单位登记管理】 2015年，雨花区办理事业单位设立登记事项2项，变更登记99项。年度报告单位146个，合格率100%。10月27至28日，区编委办组织召开全区机关事业单位中文域名注册管理、网站挂标工作培训会。会后，区编委办为已成功申报中文域名的机关事业单位办理缴费手续，同时为域名注册到期的机关事业单位进行续费手续，确保使用中文域名的连续性，避免造成中断。全区缴费成功的中文域名325条，26个网站加挂机关事业单位标识。（刘　麟）

【编制管理】 2015年，雨花区合理调控编制数额，逐步消化超编现象。全年办理人员调入和异动编单283张。经区编制委员会研究，核定区直各机关事业单位2015年至2017年的雇员计划数额总量控制在530名以内，由区编办负责三年内总量调控，雇员数额只减不增。根据2014年12月18日区编委会研究决定和2014年12月19日区委常委会会议研究决定，同意核定区教育局2014年9月1日至2015年8月31日聘用教师数额为1407名；根据常委办公会议纪要〔2015〕第10次会议研究，同意将跳马镇学校聘请的77名临聘教师纳入全区统一管理，全区临聘教师数额1484名。（刘　麟）

【实名制数据库建设】 2015年，雨花区继续完善机构编制实名制数据库建设。区编委办研究出台《关于在全区机关和事业单位开展机构编制实名制管理系统数据库建设工作的通知》等文件，组织召开全区实名制数据库工作动员大会，主办机构编制实名制工作业务培训会，建立专门的机构编制工作QQ群，积极利用网络平台，将相关讨论和咨询搬进QQ群，切实解决各部门对实名制工作的疑难困惑。建立常态化的联系机制，适时做到上传下达和业务交流。与纪检监察、组织、人事、财政等部门建立联动机制，主动向上级业务部门汇报和咨询，实现业务工作的三级联动。对各单位报送的实名制信息进行“三查”（单位自审、编委核审、部门联审）、“五审”（职责职能理顺情况、依规设立机构情况、定编定员情况、领导职数配备情况、机构编制信息公开情况），重点审核各类编制、内设机构、领导职数、岗位设置与“三定方案”或相关文件是否一致，实有人员与核定的机构编制和岗位设置是否相对应；按照职责分工、专人专管的要求对机构编制管理工作中的任命文件、电子资料、材料公示、单位审核、个人确认等各个环节进行审核。不断完善机构台账录入工作，进一步查漏补缺，核实人员信息，及时修改人员学历变动、职务变动等有关数据。（刘　麟）

【养老保险制度改革】 2015年12月3日，区编委办在区会议中心中型会议室召开全区机关事业单位养老保险制度改革动员部署会，对相关工作进行部署动员，下发相关政策文件及操作文件，并组织机关事业单位养老保险经办人员进行业务培训会。（刘　麟）

党校教育

【概况】 中共长沙市雨花区委党校是区委领导下培养党员干部和理论骨干的学校，长沙市雨花区行政学校（简称行政学校）是雨花区公务员和专业技术人员的重要培训基地。中共长沙市雨花区委员会党校与长沙市雨花区行政学校合署办公，简称“党校”。房屋总建筑面积8000平方米，拥有办公楼一层13间，教学楼（教室8间）、多功能报告厅（能容纳300人学习）1间，多媒体教室1间（电脑40台），图书藏量2万册，光纤网络和教学监控相连，天地两网设备齐全。副县级中专体制，核定编制15名。实行校委负责制，2015年，校委成员6人，由区委副书记兼任校长，设常务副校长1人，副校长3人，副校长兼教研室主任1人。下设办公室和理论教研室，在编在职干教职工12人，其中，副县级领导1人，正科实职干部4人，副科实职干部1人，专业教学科研人员5人，后勤保障人员1人。

2015年，党校坚持“三二一”的办学定位，紧扣“三个围绕”（围绕全区经济社会发展抓干部教育，围绕基层政权建设抓业务培训，围绕全区热点、难点问题抓调查研究）、“两个提高”（适应学员需求，提高教学水平；适应教学改革需要，提高管理水平）、“一个巩固”（巩固全省城区一流党校地位），结合区中心工作设置主体班次，科学安排培训内容，积极开展调查研究，圆满完成全年工作任务，较好地为区域经济社会发展提供了思想政治保障和人才智力支持。（陈福湘）

【干部教育培训】 2015年，党校建立和完善包括高校教师、上级党校教师、各级领导干部、专家顾问团成员、本校优秀教师、普通党员干部在内的师资信息库，为教学提供有力的师资保障。按照“全区统筹、突出主题、板块运作、奖优参训、经费自筹”的原则，把全区13个街道、镇划分为城市精细化管理、城市建设提质、区域经济发展三大板块，分别组织3个班到异地高校拓展培训。举办主体班18期，培训2320人次；联合班65期，培训6228人次；送课下基层16堂、受训1120人次。举办11期培训班异地，赴北京、上海、重庆、杭州、深圳、厦门、成都、延安等地学习，从培训机构、培训对象、培训内容、学员管理及成果检验等方面严格把关，收到学员学习心得、论文733篇，组织学习成果汇报交流会2场，培训满意率98.6%。第三期村级后备干部班，71名学员接受军事训练、政治理论、政策法规、综合素养、考察交流五大模块的系统教育培训。（陈福湘）

【课题调研】 2015年，党校继续推行“一名校领导、一套人马、一个课题、一个奖励办法”的“四个一”科研工作办法，紧密结合雨花区实际，积极开展难点、热点问题研究，致力将科研成果转化为决策依据，形成“党校牵头、部门联动、成果共享”的工作机制，完成学术科研论文25篇。完成省级课题1个、完成市情研究会课题2个，其中《提升干部工作状态，促进干部队伍建设——以雨花区干部工作状态调研为例》在长沙市委党校《呈阅件》发表，并报送市委常委、副市长、市人大常委会主任、市政协主席。开展区级重点课题4个，全部进入区领导决策视野。入选省委党校理论研讨会科研论文13篇，其中二等奖2篇并在《湖湘论坛》发表，三等奖7篇，党校获湖南省委党校系统科研工作先进单位。（陈福湘）

【教学管理】 2015年，雨花区适应新形势任务的发展变化和干部知识更新、能力提高的需要，党校按组织之需、岗位之需、个人之需设置培训内容，形成以基本理论、党性修养、管理素质能力、国情省情市情区情为主要内容的教学结构体系。注重传统方法与现代手段相结合，广泛运用案例式教学、体验式教学等新型教学方式，结合省、市、区委“一进二访”主题活动，组织青干班学员62人到跳马镇17个村开展同吃、同住、同劳动的“三同”活动，既体察民情民意，感受酸甜苦辣，又力所能及地为村集体和农户解决实际问题。组织学员进行参观考察、现场教学、异地培训等活动，积极拓展培训平台。组织主体班赴井冈山开展革命传统教育，聆听革命前辈事迹，重走朱毛挑粮小道，触及学员灵魂深处。组织多个主体班赴清华大学、复旦大学、上海交大、浙江大学、厦门大学、深圳大学、重庆大学、四川大学等开展异地培训，开阔视野，活跃思维，提升干部的综合素质和管理水平。组织基层党组织书记轮训班到杨开慧故居、刘少奇纪念馆缅怀革命先烈，组织村级后备干部学员开展为期10天的军训及拓展训练，接受爱党爱国及艰苦奋斗教育。规范培训经费管理，实行“统一申报、统一标准、统一审核、统一管理”，杜绝乱开支现象。18期主体班计划培训费用427.04万元，实际开支352.46万元，节约培训经费33.58万元，结转村级后备干部培训班跨年度经费41万元。采取“一个教学培训方案、一套学员管理制度、一名老师跟班服务、一个教学测评体系”的办法，训前反复征求学员意见，科学制定教学方案，精选名师名课，有效提高培训的针对性、实效性。训中各类培训班均安排班主任，负责协调联络、计划落实、跟班服务。严格执行学员考核制度，把培训期间学员的出勤情况、课堂表现、考试成绩、学习论文等环节分别按比例纳入培训考核范畴，对学员的综合考评更加科学、全面。

（陈福湘）

【异地培训】 2015年，雨花区举办异地培训班11期，先后举办复旦大学雨花区政协系统履职能力培训班，深圳大学雨花区基层优秀干部城市精细化管理培训班、政法干部依法履职高级研修班、雨花区人大系统履职能力提升班，清华大学雨花区党的建设与履职能力提升高级研修班、雨花区区域经济与创新发展培训班、雨花区城市建设及管理专题培训班、雨花区青年干部素质提升研修班、雨花区基层优秀干部区域经济发展培训班、雨花区非公有制经济代表人士素质提升专题研修班。每一期异地培训班都做到方案层层把关，管理严格细致，学风严谨务实，实实在在的培训，实打实的教学，注重实效。（陈福湘）

老干部工作

【概况】 区委老干部局负责全区离休和副县级以上退休干部的管理服务，并对全区退休干部管理工作进行宏观指导，归口区委组织部管理。区关心下一代工作委员会办公室、区老干部活动中心为二级事业单位。内设政治待遇科、生活待遇科、老年教育科、办公室4个职能科室。核定编制11名。2015年，在职工作人员10人，雇员6人，机关离退休干部8人（其中离休2人，退休6人），机关党总支下设机关在职支部、机关离退休支部、省属企业离休支部3个支部。办公地点设在雨花区机关大院。

2015年，区委老干部局紧紧围绕年初确定的老干部工作要点，以切实抓好离退休干部思想政治建设和党支部建设、全面落实离退休干部两项待遇、不断满足离退休干部多元化服务需求、创新平台载体，为离退休干部发挥作用创造条件为重点，不断推动老干部工作发展。区年度绩效考核一等单位。

（邓　滴）

【落实政治待遇】 2015年，雨花区不断加强离退休干部理想信念、形势政策和政治纪律教育，利用“老干部大课堂”，广泛征求老干部意见。区委、区政府主要领导及时向老干部通报区域经济形势，鼓励老干部为建设“五新雨花”、推动雨花区发展共同努力。区委老干部局组织老干部参加区内重要会议与重大活动，前往怀化芷江、郴州东江湖等地考察学习。突出抓好离退休干部党组织建设，继续推行离退休干部“双重管理”模式，把退休干部党建工作融入街道社区网格化党建中，确保离退休干部党员就近接受教育管理，参加组织活动。表彰区级“五好”离退休干部党支部5个，政院社区、雨花家园社区、韶山路社区、永祥等4个离退休支部被评为全市“五好”离退休支部示范点。为老干部订阅《长沙晚报》《老年人》《党建文汇》《求是》等报刊，及时组织传阅中央和省、市、区有关文件，让老干部时刻知晓最新政策和重要信息，紧跟政治形势。（邓　滴）

【落实生活待遇】 2015年，雨花区继续主动回应老干部所需所盼，用心用情服务老干部，做好“三必访六慰问”和易地安置老干部走访慰问工作，走访老干部920人次，电话慰问1500余人次。5月组织老干部进行健康体检；前往深圳上门走访慰问易地安置老干部。建立老干部服务管理个性化档案，为老干部提供个性化、差异化服务，提高服务的针对性。建立老干部短信服务平台，为老干部生活、学习提供便捷服务。诗词书画协会出版纪念抗战胜利70周年诗词书画专刊；老年保健协会组织各分会会长前往长寿之乡广西巴马学习养生经。（邓　滴）

【离退休干部社区“四就近”工作】 2015年，

雨花区巩固和提高离退休干部社区“四就近”服务工作阶段性成果，下拨经费37万元作为社区“四就近”工作扶助经费，帮助社区完善相关基础设施建设，完善服务功能。新增“四就近”工作示范社区26个，全区“四就近”工作社区66个。（邓　滴）

【“五老四教”工作】 2015年，雨花区深入推进“五老四教”主题活动。加强区“五老”金牌讲师团队伍建设，选举区政协原秘书长胡义初为金牌讲师团团长，为讲师团注入新的活力与力量；开展全市第四批“发挥五老作用”示范阵地推荐评选工作，高桥街道怡园社区、砂子塘街道野坡社区、东塘街道省人大社区、圭塘街道美林景园社区4个社区被评为全市“发挥五老作用”示范阵地，全区创建市级“发挥五老作用”示范阵地13个，区级示范阵地48个，成立“五老”志愿者服务团队101支；引导“五老”人员积极投身十八大三中、四中、五中全会以及纪念抗战胜利宣讲活动中，“五老”宣讲员在全区34个部门单位、街道主题宣讲89场，受众近5万人次。雨花区关心下一代工作委员会办公室开展助学助贫行动，帮扶困境儿童2230人次，发放帮扶资金185.2万元。10月，刘德尧、鲁遐龄两位老人被评选为全国关心下一代工作先进个人。

（邓　滴）

【迎春座谈会】 2015年2月12日，雨花区老干部代表迎春座谈会在区委常委会议室举行，120余位离退休干部代表参加座谈。区委书记邱继兴，区委副书记、区长张能峰，区委常委、组织部部长、统战部部长冯聪龙，区委常委、常务副区长邹春林出席会议。张能峰向老干部们通报2014年度雨花区经济社会发展情况和2015年工作思路、工作目标。老干部们高度评价2014年度经济社会发展所取得的成绩，并就热点、难点问题和关系民生大计问题各抒己见。邱继兴充分肯定老干部的监督作用、模范带头作用和参谋助手作用，鼓励老干部继续为建设“五新雨花”、推动雨花发展共同努力。（邓　滴）

【老干部工作部署会议】 2015年3月26日，雨花区老干部工作、关工委工作部署会议在区会议中心召开。全区各街道老干部工作分管领导、老干部工作专干和区直有关部门单位老干部工作负责人及区老干局全体工作人员参加会议。区委常委、组织部部长、统战部部长冯聪龙出席会议并讲话。区委组织部副部长、老干部局局长章波主持会议。区委老干部局副局长杨建立、区关工委主任谭小杰分别回顾并总结2014年全区老干部、关工委工作，并就2014年的老干部和关工委工作任务与重点进行部署。冯聪龙要求：要掌握老干部的真需要，全面了解老干部的需求，有针对性地做好老干部工作；要加大人力、物力、财力等各方面的投入，提升老干部工作服务管理水平；要切实加强老干部学习活动阵地建设，继续深化“五老四教”等老干部工作品牌，扎扎实实为老干部办实事，确保老干部满意。

（邓　滴）

【全市老年教育工作推进会】 2015年11月5日，长沙市老年教育暨基层阵地建设工作推进会在雨花区老干部大学召开。市委常委、常务副市长陈泽珲主持会议，长沙市各区县（市）分管领导、组织部部长、老干部局长参加会议。中共长沙市委副书记徐宏源，市委常委、市委组织部部长程水泉，市老干部大学校长、长沙市政协原主席张贤遵，市委组织部副部长、市委老干部局局长李伟群出席。雨花区委书记邱继兴向大会作“加强阵地建设，促进文化养老”的雨花区老年教育阵地建设经验发言。

（邓　滴）

【老干部工作推进会】 2015年4月20日，雨花区老干部工作推进会在区政府一号楼召开。区老年保健协会会长苏伟，区关工委主任、老干部大学校长谭小杰，区直有关部门单位老干部工作分管负责人，各街道分管老干部工作负责人及老干部工作专干参加会议。区委组织部副部长、老干部局局长章波主持会议。区委老干部局副局长杨建立就离退休干部党支部建设、老年教育网络课堂、“五老四教”“四就近”、信息宣传及“五好”离退休干部党支部、“四好”离退休干部党员、“五好”关工委、特色“五老”工作站（室）、“五老”明星等推荐评选表彰等工作推进中存在的问题进行分析与指导。苏伟、谭小杰分别布置区老年保健协会和区关工委工作。章波代表区委组织部点评全区老干部工作和“五老四教”工作，并要求所有参会单位认真学习、传达、贯彻好此次会议精神，从组织上进一步加大力度做好老干部工作和“五老四教”工作。把握新形势、探索新途径、创造新经验。（邓　滴）

【区老干部大学搬迁新址】　2015 年 8 月 14 日，雨花区老干部大学和老干部活动中心新址举行搬迁仪式并正式投入使用，区委书记邱继兴，区委副书记、区长张能峰，区委常委、区委副书记汪娟，区政协主席李电晖、区人大常委会党组副书记、常务副主任胡和平，市委老干部局副局长全晶莹出席。新址占地面积 1.2 公顷（18 亩），教学活动面积 5000 多平方米。老干部大学建有 9 间普通教室和 4 间 200 平方米大教室，教室内配备有目前先进的一体机多媒体教学设备；电脑教室电脑均采用一体机，方便老年人参加学习活动；饱和状态下老干部大学一学期可开设班级 120 多个，招收学员 5000 多人。老干部活动中心建有棋牌室、健身房、展示厅、阅览室、练歌房、乒乓球室、羽毛球馆、门球场等，每天可接待 300 多名老干部活动。（邓　滴）

【《政府工作报告》征求意见座谈会】　2015 年 12 月 23 日，雨花区政府召开《政府工作报告》征求老干部意见座谈会，听取区属离休及县级退休干部代表意见。区委常委、常务副区长邹春林，政府办主任张小军，区委组织部副部长、老干部局局长章波参加会议。区政府办主任张小军对《政府工作报告（征求意见稿）》的起草和形成过程作简要说明。老干部们一致认为，《政府工作报告（征求意见稿）》重点突出、经验总结到位、很好地总结了 2015 年所取得的政绩，反映出雨花区发展的特点，对未来发展思路清晰，目标明确。老干部们结合实际，就雨花区域经济发展、城市建设、民生建设、环境资源以及进一步完善报告内容等方面都提出具体意见和建议。邹春林代表区政府衷心感谢老干部一直以来对区域经济社会事业发展的关心和支持，表示对老同志提出的宝贵意见，将认真学习、消化，落实好，进一步修改完善《政府工作报告》；希望老同志们继续关心、支持雨花区的建设和发展，积极建言献策，真正使报告更加符合雨花的发展实际和人民群众的心声。（邓　滴）

史志档案

【概况】　雨花区史志档案局为区委直属事业单位，负责全区档案管理和保护、利用、档案宣教执法、史志编研及党史、区志宣传教育工作。内设办公室、档案馆、档案法制宣教科、史志科（党史办）4 个职能科（室）。核定编制 8 名，其中领导职数 3 名；2015 年，全体在职干部职工数 15 人，其中引进人才 2 人，雇员 5 人；退休 8 人；党员 20 人，其中在职党员 11 人。办公地点设在雨花区人民政府机关大院文化中心。

2015 年，区史志档案局紧紧围绕年初确定的史志档案工作要点，加大史志、档案宣教力度，以档案信息化建设与年鉴编纂工作为重点，推动史志档案工作不断向前发展。完成《红色记忆》印刷发行，公开出版《雨花年鉴（2014）》，《洞井镇志》《黎托乡志》《红星村志》取得阶段性成果。全年接待服务查档对象来访 4000 余人次，提供婚姻、房地、工程、文书等案卷 5203 卷，无一例投诉。（唐清明）

【党史工作】　2015 年，雨花区史志档案局加强学习教育，到杨开慧故居参观学习。了解杨开慧烈士光辉的一生，在局内开设“兰台讲坛”，让党史人自己讲党史；到湖南党史陈列馆参观学习，提升对湖南党史的了解。开展党史宣教“四进”——进社区活动，邀请区退休干部胡义初到砂子塘街道金科园社区等社区，为党员群众讲党史。完成《红色记忆》出版印刷，集中展示了峥嵘岁月、抗战年代与社会主义建设时期的党史百态。开展纪念抗日战争暨世界反法西斯战争胜利70周年征文活动，历经几个月时间收集到各单位、各街道（镇）共20余篇文章，并从中甄选6篇优秀文章上报。根据省市组织的“新中国成立后湖南抗灾救灾专题回忆录”征稿要求，组织编写《众志成城抗非典》《冰雪何所惧 壮志抗天歌》两篇专题文稿。（唐清明）

【地方志工作】 2015年，雨花区在洞井街道组织召开“5·18”地方志宣教暨乡镇志编纂工作座谈会，宣讲《地方志工作条例》，推进《洞井镇志》《黎托乡志》编纂工作。区史志档案局完成《雨花年鉴（2014）》出版印刷工作，召开史志档案工作调度暨《雨花年鉴》编纂培训会，收集《雨花年鉴（2015）》文字资料100多万字，图片资料1200多张，完成《雨花年鉴（2015）》初稿。在洞井街道、黎托街道分别召开乡镇志编纂工作推进会，总结前期所取得的成绩，重点安排部署资料收集工作。《洞井镇志》编辑部全部录入18个村地名，收集完成山林的基本情况，整理完成地方风俗、方言、谚语、歇后语，收集地方文化戏剧3部以及其他有关资料。《黎托乡志》编辑部召开《黎托乡志》编撰工作动员暨培训会，安排布置资料收集任务。修改完善《红星村志》篇目，形成篇目大纲。5月，调整重组编辑部人员。重组后的编辑部，按照篇目大纲的设计，将全部文稿编写任务分成5个部分，分别由主编和4名编辑部成员具体负责，完成初稿编辑的大部分工作。配合潭阳村支两委开展《潭阳村志》编纂工作，形成较为清晰的村志编修脉络，抢救性保存珍贵历史资料。参与《长沙年鉴》2014年度人物、年度事件评选推选工作，报送年度事件9个、年度人物11个，并成功评选年度人物3个。配合区委宣传部做好台湾媒体采访宣传工作，对“雨花亭”的历史渊源及沿革发展进行宣传推介。配合区文体新局，挖掘雨花区历史文化资源，打造雨花文化品牌。配合区委组织部《雨花党建》编辑工作，报送有关雨花区党史的红色资料。配合区民政局开展第二次全国地名普查工作，做好地名普查所需地方志等基础资料的协调保障工作。（唐清明）

【档案工作】 2015年4月，雨花区史志档案局组织两期由雨花经开区、火车南站综管办、区直各部门单位、各街道、社区、筹委会、村等266个立档单位的专兼职档案人员组成业务知识培训班；6月，组织开展为期15天的全区各立档单位档案执法检查，采取检查与业务指导相结合的办法进行，重点检查档案工作机构的建立和档案人员配备、培训情况、档案管理制度建立情况等。参加市档案局“6·9”国际档案日统一宣传活动，印刷珍贵档案征集宣传资料及雨花区档案馆简介资料，现场发放给市民群众。通过QQ群每月一期向全区档案工作人员宣传《中华人民共和国档案法》《湖南省档案管理实施条例》、档案百科知识、档案日常管理等方面内容，通过移动短信平台，向全区干部职工发送“6·9”宣传短信。在接待来访群众查阅利用时，向来访群众积极宣传档案的作用。将《档案时空》杂志送到各社区，使档案宣传全覆盖。组织全区各街道（镇）、区直机关干部职工分时分批参观市档案局在雨花区举办的“铭记历史，珍爱和平——长沙纪念抗日战争暨世界反法西斯战争胜利70周年档案展”，重温革命历史，缅怀革命先烈。档案数字信息化工作于5月初正式运行，截至年底，完成目录数据库、全文数据库、多媒体数据库软件平台搭建，完成31个全宗、10300卷档案的拆卷、编码、拍摄、整理还卷等工作；数字化条目录入124605条；完成拍摄图纸：831页；文字176万页。其中婚姻档案1600卷。档案扩容建库工作列入2015年政府工作报告内容之一。配合史志编撰工作，提供档案查询利用服务，其中，为《洞井镇志》提供800余卷，《黎托乡志》提供案卷200卷，《红星村志》提供75卷。为区委办党内规范性文件清理（1978—2014）提供目录、文件复制件800余条、件。制定出台《雨花区档案馆接收档案范围实施细则》，接收区司法局（不含公证处）、区卫生局、区计生局等13个立档单位移交档案3177卷。协助完成区政府办、区委办、区委组织部等部门的档案整理工作，整理案卷600卷。完成区财政局、左家塘街道档案工作规范化管理省一级达标验收工作。在全区各街道、镇所辖的社区（筹委会）、村中开展评选档案工作规范化管理示范档案室工作，评选出同升街道白田社区筹委会、左家塘街道湖橡社区为档案工作规范化管理示范档案室。（唐清明）

【“兰台讲坛”】 2015年年初，雨花区史志档案局创立学习型讲坛“兰台讲坛”，“兰台”为汉朝中央档案典籍库所在地，后人用“兰台”泛指档案，“兰台讲坛”即史志档案人的讲坛。“兰台讲坛”顺应时代发展、事业发展与党的建设的迫切需要，采取“自主备课、内部授课、全员参与”的方式，学习党的理论、路线、方针、政策和国家法律法规，并注重发挥史志档案工作的特色，通过讲党史、讲业务、讲知识等多种学习方式，不断提高党员干部的综合素质。“兰台讲坛”通过书记讲党课，提升党性修养；老同志讲党史，以史资政育人；业务骨干讲业务，增长工作能力；专业人才讲知识，提高综合素质。4月22日，首期“兰台讲坛”开讲，纪检组长、副局长尹亿民以《给朱元璋画像——谈怎么研究党史》为题，讲授在当前形势下怎么研究党史、怎么写党史，进一步提升对党史工作的认识。9月18日，第二期“兰台讲坛”开讲，局引进人才唐清明以《岳麓书院兴废沿革》为题，对长沙地区最有代表性的文化地标——岳麓书院进行讲解，提升了大家对传统文化的认识。（唐清明）

【新老照片征集】 2015年，区史志档案局在全区范围内举办以“记录雨花发展，留下雨花记忆”为主题的新老照片征集活动。征集的照片以“记录雨花发展，留下雨花记忆”为主题，全面展示在党的领导下雨花改革开放以来取得的丰硕成果，记录雨花成长与发展的步伐，完整保留雨花发展全貌和人文历史及民风民俗传承等珍贵档案照片，丰富雨花区国家综合档案馆馆藏内容，集中反映雨花区真实的历史面貌，客观记录区域内各个历史时期不同领域发展变化的情况，包括经济建设、自然风光、风土人情、民俗特色、文物古迹等。该次活动面向拍摄、收藏有反映雨花区区域面貌、发展变化的新老照片的社会各界人士、摄影爱好者。雨花区档案馆将所征集作品作为历史档案收集、展览和编研资料使用。（唐清明）

【史志档案工作调度会】 2015年4月1日，雨花区召开史志档案工作调度暨《雨花年鉴》编纂培训会，区委常委、区委办主任黄文先，副区长陈怀宇，区档案局全体干部，雨花经开区、火车南站综管办、街道办事处（镇）、区直各部门共95个单位的分管领导及史志专干参加会议。会议由区档案局党组副书记、副局长周红雨主持。黄文先肯定史志档案工作所取得的成绩，指出年鉴资料报送要专人负责，严把质量关；乡镇村志编纂要同步进行，明确时间表；档案管理要及时到位，实现规范化；史志档案培训要务必重视，确保高水平；强调做好史志档案工作意义深远，要求各单位不断研究新情况，解决新问题，以饱满的工作热情、创造性的工作方式，推动史志档案工作再上新台阶。邀请市地方志办公室《长沙年鉴》编辑部副主编尚畅授课，讲解和阐述年鉴组稿工作应注意的若干问题。（唐清明）

【档案业务培训班】 2015年5月7日，区档案局举办2015年度全区档案业务培训班，区直各部门、各街道办事处共90多个单位的一线档案员参加培训。培训邀请长沙市档案局业务指导处处长刘兴强授课，培训的主要内容是档案法律法规、国家档案局第8号令关于《机关文件材料归档范围和文书档案保管期限规定》，为规范全区档案整理奠定基础。5月14日，举办2015年度全区村、社区（筹委会）档案业务培训班，全区170个村、社区（筹委会）的一线档案员参加培训。培训邀请刘兴强授课，培训的主要内容是档案法律法规和行政村文件材料归档范围、保管期限及归档时间，夯实各村、社区（筹委会）档案工作基础，提高了档案员的业务技能。（唐清明）

【"5·18"地方志宣传】 2015年5月18日，雨花区在洞井街道办事处召开"5·18"地方志宣教暨乡镇志编纂工作座谈会，庆祝国务院颁布《地方志工作条例》9周年。区档案局副局长尹亿民及史志科全体工作人员，洞井街道、黎托街道、同升街道、东山街道分管领导及史志专干，《洞井镇志》《黎托乡志》编辑部全体成员参加会议。区档案局围绕如何在新形势下，贯彻落实第五次全国地方志工作会议精神，结合雨花区乡镇志编纂工作实际，对《地方志工作条例》进行宣讲。《红星村志》主编刘小华分享村志编纂工作经验，从为什么编修《红星村志》、《红星村志》的推进情况到接下来的计划和安排，对《红星村志》编纂工作进行介绍。《洞井镇志》主编易清华介绍《洞井镇志》编纂工作推进情况，强调在严格按照地方志体例编纂志书的基础上，更要深入挖掘地方资源，凸显《洞井镇志》的特色。《黎托乡志》主编唐让青分享修志心得体会。洞井街道、黎托街道、同升街道、东山街道分管领导分别就乡镇志编纂工作进行发言，并表示将会在人力、物力、财力上给予最大支持，持续深入推进该项工作。尹亿民肯定各街道及编辑部在推进乡镇志编纂工作所取得的成绩，安排部署乡镇志编纂工作。会前，洞井街道在街道显眼处设置地方志宣传展板，播放宣传标语，大力宣传地方志工作。该次活动结合乡镇志编纂工作实际，深入宣传《地方志工作条例》，是雨花区在开展"5·18"地方志宣教工作的有益尝试，让参与修志人员领会到"依法修志"的重要性，推动实际工作的展开。（唐清明）

5·18宣传

【《黎托乡志》编撰工作动员会】 2015年5月28日，黎托街道《黎托乡志》编撰工作动员暨培训会召开，黎托街道工委委员杨万敏主持会议，黎托街道、东山街道相关社区（筹委会）史志档案专干及《黎托乡志》编辑部全体成员参加会议。黎托街道党政办常务副主任吴凡介绍《黎托乡志》的基本情况及该项工作目前的推进情况，重点解读《〈黎托乡志〉编纂工作实施方案》。《黎托乡志》主编唐让青讲解《〈黎托乡志〉各村资料提供方案》，对报送内容所包含的地理位置、沿革、综合经济、社会事业、村历任领导更迭表、图片资料、注意事项进行详细说明。杨万敏、东山街道办事处副主任杨国辉就如何推进《黎托乡志》编纂工作进行发言，表示会高度重视，密切配合，严格按照地方志工作的要求做好该项工作，传承和发扬黎托乡优秀历史文化成果。区史志档案局局长陈智肯定黎托街道、东山街道在推进《黎托乡志》所取得的成绩，认为该项工作能保存地方记忆，十分有意义，做好该工作，要加强领导，加强组织实施；要明确责任，严格落实方案；要加强学习，协同推进工作。该次会议标志着《黎托乡志》正式启动资料收集工作，有利于加强各方对乡镇志编纂工作的认识，提升社区（筹委会）史志档案专干的业务水平，推进区、街道、社区（筹委会）三级协同合作。（唐清明）

【《潭阳村志》编纂工作座谈会】 2015年7月21日，《潭阳村志》编纂工作召开座谈会在黎托街道潭阳社区筹委会召开，区史志档案局党组书记、局长陈智，副局长尹亿民，史志科科长刘科明，潭阳社区筹委会书记谭阳春及原潭阳村两委班子退休老同志等参加座谈会。谭阳春介绍潭阳村的基本情况，对编修村志工作的情况及存在的困难进行说明。潭阳社区筹委会退休老同志具体介绍潭阳村的历史文化特点，以及对潭阳村志编纂工作的初步设想。刘科明从政治、经济、文教卫体、民风民俗等多个方面，具体阐述如何设计村志篇目和开展资料收集。尹亿民认为要做好村志工作，首先要搭建好村志班子，配备好主笔。陈智认为潭阳社区筹委会以对历史高度负责的态度主动编修《潭阳村志》，值得肯定并具有重要意义，并提出建议和想法：一是可以借鉴其他村志的良好经验，二是一定要重视资料的收集，三是承诺区档案局将给予该项工作各方面的支持。该次座谈会，为进一步推进潭阳村志编纂工作理清思路、确定了目标，也为抢救性保护潭阳历史资料、留下地方记忆奠定了基础。（唐清明）

【《红色记忆》出版印刷】 2015年6月，雨花区内部发行雨花党史丛书《红色记忆》第一辑。《红色记忆》由中共长沙市雨花区委员会主办、区史志档案局组织编纂，旨在客观、真实地收录和反映与雨花区有关的党史人物、党史事件，展示历史风貌，体现时代精神，以便各级领导和有关部门参阅，以史鉴今，资政育人。第一辑成书于党成立94周年与抗战胜利70周年之际，成为雨花区向党的生日献礼的重要载体。既记录党成立后焕然一新的光辉历史，又抒发珍惜和平、不忘历史，共庆抗战胜利的情怀；集中展现峥嵘岁月、抗战年代与社会主义建设时期的历史百态。分为近郊革命、领袖风采、两打长沙、抗战纪念、党史研究五个版块，310页，23万余字，图片101张，收录有毛泽东、彭德怀、李先念、丑清泉、杨茂洪、何鸣逸等党史人物，新民学会成立、红军攻打长沙、“永定轮事件”、郊区农业合作化等党史事件。《红色记忆》是雨花区贯彻落实习近平总书记关于党史工作精神的重要载体，也是区史志档案局在党史方面具有创新性的重点工作，它的出版印刷标志着雨花党史工作迈上新的台阶。（唐清明）

【《雨花年鉴（2014）》公开出版】 2015年12月，由长沙市雨花区人民政府主办，长沙市雨花区年鉴编纂委员会编纂的《雨花年鉴（2014）》，由方志出版社公开出版。该书是雨花区实行“一年一鉴”后所编纂的第二部年鉴，是系统反映雨花区2013年度自然、政治、经济、文化、社会等方面情况的年度资料性文献。全书共440页，72.5万字；彩页38页，图片72张；表格33个；设有部目31个，分目119个；随书附带光盘。《雨花年鉴（2014）》的公开出版，是雨花区年鉴编纂工作进一步规范的表现，有利于更好地保存全区重要的年度工作资料，更好地向全市、全社会宣传推介雨花。（唐清明）

机关党建

【概况】 中共长沙市雨花区直属机关工作委员会（简称“区直机关工委”）负责区直机关党务、党建工作。核定行政编制3名，实有5人，其中领导职数4名。

2015年，区直机关工委辖9个党委，11个党总支，68个党支部，党员总数1289人。“学雷锋志愿服务五助活动”获区委组织部组织工作创新入围奖。区直机关工委围绕全区拆违控违工作大局，组织区直机关党员干部填写“党员干部拆迁（拆违）自查登记表”，召开涉拆党员干部动员大会，带头自查自拆，自觉做到“四带头”和“五不准”。抽调2名干部参加拆违控违和拆违拆迁，其中1名干部专职从事拆迁工作。拆迁干部每天准时到基层拆迁指挥部签到上班，按照指挥部的统一安排到村民家开展工作，上户耐心交谈，宣传城市改造互民互利的政策。被区委、区政府评为2015年度征拆工作考核“支援拆迁工作一等单位”。（吴晓红）

【思想政治建设】 2015年，区直机关工委强化理论学习，严格落实“三会一课”制度。进一步健全学习教育的长效机制，通过开展领导授课、专家

区直机关工委支部书记培训

讲座、观看影音资料、参观学习、集中培训等多种方式，全面提升党员干部综合素质。专门制订区直机关党总支、支部书记轮训工作方案，培训机关党支部书记70名，提升支部书记的党务意识和履职能力。激励支部提升，坚持学以修身促提高。出资3万多元为机关党务工作者购买《党支部书记工作手册》《发展党员工作手册》等学习资料。深入推进科级干部德考工作，细化考核指标，将德考工作分为“个人述德、单位问德、家庭访德、社区评德、社会督德”五步进行，发出德考表格1136份，回收1080份，回收率95%，完成75个单位568名科级干部德的考核。（吴晓红）

【基层组织建设】 2015年，雨花区制定《长沙市雨花区贯彻落实〈中国共产党党和国家机关基层组织工作条例〉的实施细则》和《深入开展区直机关党建工作“规范化建设年”活动的意见》，开展党建工作规范化建设年活动，强化区直机关管党责任落实。严格贯彻落实落实“三级联述联评联考”的基础上，大力推行“年初定责、季度督责、半年述责、年底考责”的管党责任“四步工作法”，抓好领导干部履行党建工作“一岗双责”的定期检查，推行机关党组织书记年度履职“双述双评”工作，明确区直各部门党总支、支部书记党建工作目标责任，深入开展“书记项目党建”，以项目化运作方式夯实党建基础。以“总支、支部工作优先安排，总支、支部书记人选优先考虑”的“两优先”原则，规范基层组织生活，机关党组织干部配备，指导18个机关党支部换届工作。区委组织部、区直机关工委对区直机关各党总支、支部开展专项督查督导，及时通报情况，反馈意见，有效提升基层党组织的政治性、原则性、战斗性。严格发展党员10名，转正党员9人，发展入党积极分子20名，发放党员证1290本。严格活动经费使用管理，完成30余万元的党费收缴和2万元的离退休支部党费返还工作。完善党建E平台。继续在机关党组织中开展“星级支部”创建活动，推进机关党支部阶梯式管理，升级动态管理。在强化“班子队伍建设”“支部建设”及“业务指标”等传统标准外，将党员作用、群众工作、作风建设、窗口单位为民服务等列为创建重点，科学设定创建标准，解决“干得好不如唱得好”问题。明确“三星党支部”“四星党支部”和“五星党支部”三个等级，既明确奋斗目标，又拉开党支部的差距，激励机关党支部向更高“星级”迈进。由普通党员、服务对象、监督员组成评审组，严格评审，力求评审结果公平公正，完善复查制度，经复查不合格的，进行降级处理，并组织结对帮扶，增强区直机关党组织的凝聚力和战斗力，充分发挥机关党支部的战斗堡垒作用和党员的先锋模范作用。实现“星级支部”动态管理。联合区委组织部对各党总支、支部开展半年度和年度机关党建工作检查。经考核验收，区发改局党支部、区史志档案局党支部、区市政局党支部创建为“五星级党支部”；区工务局党支部、区城乡建设局党支部创建为“四星级党支部”。联合区物业中心举办“道德模范进机关先进事迹报告会”，弘扬正能量。（吴晓红）

【党员志愿服务】 2015年，区直机关工委积极打造党建工作品牌，扎实开展经常性的志愿服务工作，将学雷锋志愿服务工作纳入基层党组织考核内容，建立健全志愿服务长效机制和联动机制。遵循“科学规划、合理设置”的原则，综合考量区划建制、区域人口、实际效用等因素，按照网格化布点的思路，建立志愿服务阵地8个(区社会福利中心、区永济老年养护院、区跳马镇敬老院、区怡智家园智障人士服务中心、区爱丽聋儿听力言语康复中心、区爱萌特殊儿童康复中心、区星苑自闭症培训中心、区晴天公益就业援助中心)。党员注册志愿者人数1289人，党员志愿服务队56个，人均参加志愿服务3次。立足社区，重点关爱空巢老人、留守儿童、农民工和残障人士，开展以献亲情、美环境、送文体、保平安等为内容的“邻里互助，守望吉祥”主题志愿服务活动，到基层、进社区、入家庭，弘扬“奉献、友爱、互助、进步”的志愿精神，营造欢乐祥和的氛围。在区直机关广泛开展“关爱他人、关爱社会、关爱自然”学雷锋志愿服务活动。在机关窗口单位和服务行业中深入开展“践行雷锋精神，争做群众满意公仆”“学雷锋、讲文明、树形象”活动，评比“雷锋标兵”与“雷锋岗位”，通过选树学雷锋典型、创建学雷锋服务品牌、践行为人民服务的宗旨。推进志愿服务助老、助残、助困、助学、助创的“五助”活动，统一安排到基地开展志愿服务的时间，组织区直机关党员干部到8个志愿服务基地开展主题活动，进行精神关怀、慰问帮扶等。组织150余名区直机关党员干部职工参与无偿献血活动，经体检化验后，实际完成献血90人，献血36000毫升，区直机关连续6年超额完成无偿献血任务。开展“牵手共成长 同奔中国梦”关爱留守儿童活动。对困难职工开展经常性“送温暖”活动，为干部职工办实事、做好事、解难事。全年慰问困难党员、干部、职工87人，发放慰问金9万余元。动员机关干部、职工为不幸病逝的区国土分局拆迁事务所职工刘凯捐献爱心款22.5万元。（吴晓红）

【群团组织活动】 2015年，区直机关工委联合团区委组织区直机关青年干部参加“奋斗青春，筑梦雨花”为主题的青年干部“奋进学社”活动。活动通过线上开设青年学习微课堂，线下开展素质提升活动。课内邀请名师做客学社，课外形成青年自学组织的形式，增加青年干部的凝聚力，提升青年干部素养。以“你的形象价值百万”为题，邀请资深高级培训师杨浪平教授为学员们讲解衣着打扮、形象设计、色彩搭配的具体操作，让203位学员更好地掌握着装、言行、举止等现代礼仪的重要内涵，提升机关青年干部在社会生活中的气质魅力和自我价值，从而更好地服务群众，服务社会。组织区直机关500多名女干部开展以“弘扬生态文明，展现巾帼风采”为主题的登山比赛。开展巾帼示范岗创建和“五好家庭”评选活动。组织机关干部积极参与“欢乐潇湘，美丽雨花”群众美术、书法、摄影活动。组建合唱团，80名机关干部、职工积极参加“团结奋进 建功雨花”合唱比赛，获得二等奖。举办雨花区直机关首届“我运动 我快乐 我健康”羽毛球双打友谊赛，252名党员、干部职工参加。举办“我健康 我快乐 共筑雨花梦”为主题的秋季系列健身活动（投篮、跳绳、拔河运动会），800多名区直机关工会会员报名参赛。组织雨花区直机关退休干部分别参加食品安全知识讲座、禁毒知识讲座。“中国梦 劳动美”职工法律知识竞赛活动及医疗互助活动。组织机关干部职工参加“惠民乐购雨花房产节”。通过开展丰富多彩的文化活动，树立和展示区直机关干部职工朝气蓬勃、积极进取、奋发向上的精神面貌，推进机关文化体育建设，活跃机关干部生活。（吴晓红）

【党风廉政建设】 2015年，区直机关工委贯彻落实“三重一大”“两个不直接分管”等制度，严格财经纪律，严格执行《党政机关厉行节约反对浪费条例》。组织开展“党纪条规教育”活动，通过廉政党课、集体研讨、座谈会、知识竞赛、辅导讲座、警示教育等形式，组织学习《中国共产党章程》《中国共产党廉洁自律准则》和《中国共产党纪律条例处分》。为机关党员干部发放《清廉从心开始》《领导干部从政道德》等书籍，集中学习《习近平关于党风廉政建设和反腐败斗争论述摘编》，并撰写读书笔记和心得体会。下发《民主评议党员和处置不合格党员工作的通知》，开展民主评议党员和处置不合格党员工作，对一名不合格党员予以了开除党籍处分。雨花区第十届“4·20”廉政文化节期间，组织开展区直机关“落实‘两个责任’，建设‘五新雨花’”主题倡廉征文活动，收到23个党总支、支部的倡廉征文30余篇，并择优汇编成册，发至各支部进行交流学习，进一步增强廉洁从政、勤政为民的意识。7月，区直机关工委组织区直机关各总支、支部的党务干部共60多人次到区检察院观摩，推进党风廉政建设主体责任的落实。积极督促各部门单位做好廉政风险防控，对预防腐败工作进行科学化、系统化动态管理。强化机关作风建设，制定《2015年雨花区直机关作风建设及内务管理实施方案》和《2015年雨花区直机关作风建设及内务管理检查情况评比记分标准》。实行区治大院

“内务管理流动红旗”月检查评比制度，采取明察暗访和定期督查的方式，通过颁发流动红旗的方式对区直机关工作纪律、办公秩序、内务管理等情况实行动态管理，每月组织一次作风建设及内务管理常规工作检查，及时通报和处置违纪问题，激发机关干部的集体荣誉感，加强纪律意识和执行意识，区治大院内务管理进一步规范。（吴晓红）

【结对帮扶】 2015年，雨花区深入实施群众工作民意快线工程，以群众满意作为做好党建工作的价值取向和根本标准，把服务送到群众的身边。区直机关工委下发《关于进一步加强党员领导干部结对联系服务群众工作的实施意见》，建立党员领导干部结对联系服务群众工作台账，实现群众工作“民意快线”工程与结对共建结合深化、统筹推进。开展“机关党员进社区”活动，党员服务群众实现无缝对接。区直机关党员积极主动到社区报到并主动认领岗位，利用八小时之外和节假日时间主动服务社区群众，接受群众监督。44个区直机关各部门分别与13个街道（镇）、162个社区联点，2280名党员一对一联系帮扶困难群众，同时收集群众意见建议，倾听群众诉求困难，参与社区文明创建及其他工作，对相关问题予以交办。开展“一进二访”工作，机关党员干部与跳马镇19个村970户困难群众、浏阳市龙华村108户困难户结对帮扶，面对面交流，心贴心帮扶，认真解决实际问题。区直机关工委4名班子成员集体走访跳马镇关刀村的10户困难群众，主动为他们排忧解难，解决问题16个。开展“一推行四公开”群众工作，工委两名班子成员带头深入联点社区、带头进村入户、带头帮扶困难群众，每月27日、28日准时到联点的洞井街道牛头社区群众站开展工作，接访、下访、入户调查成为常态，平均每人走访群众100人以上。端午节、中秋节前夕走访慰问20户困难党员、群众。积极参与牛头社区筹委会务虚会、党支部的民主生活会、党员会议等活动，“七一”前夕，机关工委，聘请国防科大教授徐佐林为牛头社区全体党员讲授党课《形势·任务·使命》，开拓党员视野，提升党员的素质。为联点社区解决帮扶资金3万元。从办公经费拿出1万元为联点牛头社区的圭白路小学捐建道闸、岗亭，有效地改善校园周边的交通环境。（吴晓红）

雨花区人民代表大会

概述

【概况】 长沙市雨花区人民代表大会常务委员会（简称区人大常委会）机关设6个正科级办事工作机构。12个人大街道工作委员会为其派出机构。常委会机关在职干部职工24人，雇员6人，离退休人员28人。

2015年，区人大常委会围绕全区工作大局，结合人大工作实际，依法依规行权，从严从实履职，着力在推进法治、加强监督上体现新成效，致力在关注民生、助力发展上展现新作为，努力在服务代表、自身建设上实现新突破。全年举行常委会会议10次，听取和审议专项工作报告11个，作出决议、决定6项，组织开展专题询问和专项工作评议各1次、集中视察7次、专题调研5次，圆满完成区四届人大三次会议决定的各项目标任务。（陈　伟）

【监督工作】 2015年，区人大常委会按照《中华人民共和国各级人民代表大会常务委员会监督法》的规定，注重选择好角度、设计好尺度、把握好力度，综合运用多种监督方式，实现有力监督与大力支持的良性发展。圭塘河是雨花区的母亲河，圭塘河环境问题一直是雨花人民群众反映强烈的突出问题。区人大常委会加强对圭塘河环境综合整治的监督，主任会议成员通过视察、听取汇报、调查走访等方式，对圭塘河水环境治理情况进行深入调研，广泛收集意见建议；常委会第二十五次会议组织首次专题询问，常委会组成人员和人大代表就圭塘河源头治理、减排控污、开发建设等问题提出询问；区人民政府区长、分管副区长和区城建投、区农林水局等12个部门主要负责人到会应询，专题询问通过媒体详细报道，受到广泛关注，产生积极影响；区人民政府高度重视、迅速行动，启动圭塘河水体生态修复工程和流域引水工程，完成王家咀泵站截污管网建设，切实将询问有关问题整改落实到位。区人大常委会将文化市场管理确定为专项工作评议的重点内容，对区人民政府进行为期4个月的文化市场管理专项工作评议活动，安排13个调查组分别深入文体、工商等职能部门及辖区街镇，通过走访调查、听取汇报、企业座谈，撰写《雨花区文化市场管理情况调查报告》；召开全区文化市场管理专项工作评议大会并进行满意度测评，多名区人大代表就证照办理、网吧监管等问题提出意见建议，被评议部门负责人作出表态发言；常委会提出“强化组织领导、严格市场监管、加快产业发展、讲求宣传实效”的评议意见，以书面方式反馈代表建议和满意度测评结果；区人民政府采取有效措施，健全工作协调机制和“三级管理”体系，相关职能部门开展专项整治，并按规定时限报告整改落实情况。推动新《中华人民共和国预算法》的贯彻落实，抓住预算的编制、执行、调整、决算及审计等关键环节，专门邀请农财工委兼职委员、审计专业人员全程监督预决算工作，抽检审查2015年部门或专项资金预算编制情况，提前介入、深度参与2016年预算编制工作；听取区财政工作情况和区国、地两税税收征管情况汇报，听取和审议2014年度区本级预算执行和其他财政收支情况的审计工作报告、2014年财政决算草案和2015年1—6月预算执行情况的报告、2015年1—10月预算执行情况和2015年财政预算调整方案（草案）的报告，审查批准2014年财政决算报告和2015年财政预算调整方案（草案）；开展专项督查，督促区人民政府推进预决算公开。加强对政府性债务的监督，推进区人民政府及时清理债务存量、严格控制债务增量。坚持审计整改跟踪问效，促进工作落实。听取和审议区“十三五”规划纲要（草案）编制情况的报告，要求区人民政府落实中央和省、市、区委重大决策部署，准确研判发展形势，科学编制规划纲要。主任会议成员集中调研德思勤、欧亚达、汇财中心和嘉熙中心等重点项目，专题听取全区发展改革工作情况汇报，督促区人民政府在产业政策、项目管理、争资跑项等方面加大工作力度；集中视察雨花经开区机器人产业集聚区和比亚迪二期特种车项目、电子商务产业园仓储1号地，对园区发展规划、土地经营、项目建设、税源培植等提出意见建议。关注“城市品质化”，主任会议成员专题调研黎托、东山、高桥等片区，实地视察雨花环城绿带建设、沪昆高铁配套工程和大桥安置小区拆违现场，大力支持全区“史上最大规模拆违拆迁”工作。区人大常委会贯彻依法治国方略，监督区人民政府及有关部门制定落实年度普法工作计划；以国家宪法日活动为契机，全面落实由区人大及常委会选举任命的国家机关工作人员集体向宪法宣誓制度；推进“司法公正长沙行”，主任会议听取区公安分局关于办案质量检查情况的报告，组织人大代表旁听和评议法院庭审工作、参加检察院开放日活动、督促处理涉法涉诉案件，全面了解审判、检察机关执行法律和有关政策的情况，促进司法公正，提高司法效率；围绕群众反映强烈的环境污染治理、食品药品安全、城市建设管理等问题，开展《中华人民共和国水污染防治法》《中华人民共和国食品安全法》《中华人民共和国城乡规划法》《中华人民共和国未成年人保护法》等9项法律法规的实施情况执法检查，跟踪督办检查中发现的问题和执法检查审议意见的办理情况；完善规范性文件备案审查机制，备案审查区人民政府报备的7件规范性文件，维护国家法制的统一。实行信访接待、协调沟通、交办督办“一体化”制度，接待受理人民群众来电来信来访32件次，均按法律法规和政策要求进行转办、交办和督办，妥善处置一批群众反映比较集中的问题。区人大常委会坚持把关注民生、改善民生、保障民生作为依法履职的出发点和落脚点。主任会议成员集中调研长钢、小林子冲等棚改项目，详细了解每个项目的相关情况，督促区人民政府落实政策要求、保障群众利益、加强质量监管；专题调研渣土管理、维护作业、待遇保障等情况，听取区环卫工作汇报，督促区人民政府在工作机制优化、设施设备改善、工人社保补缴等方面落实到位。以推进跳马保护性开发为重点，主任会议专题听取区农业林业水利工作汇报，着力督促解决影响跳马现代农业产业发展的有关问题。（陈　伟）

【决定与任免工作】 2015年，区人大常委会坚持党管干部和依法任免相统一的原则，进一步健全人事任免工作制度。全年任免国家机关工作人员53人次，其中决定任免区人大常委会各工作机构负责人及工作委员会兼职委员16人次；决定任免区人民政府副区长及其他组成人员24人次；任免区人民法院副院长3人次、审判员4人次、人民陪审员11人次；任命区人民检察院副检察长1人。按照《中华人民共和国全国人民代表大会和地方各级人民代表大会代表法》《中华人民共和国选举法》等有关规定及相关程序，做好代表资格审查工作，依法接受8名区四届人大代表辞职请求，依法终止6名区四届人大代表资格，依法确认13名补选的区四届人大代表资格有效。依法补选市第十四届人大代表3名。（陈　伟）

【代表工作】 2015年，区人大常委会坚持开展“人

区人大代表视察环卫工作

大常委会联系代表，代表联系人民群众”的“双联”活动，推进党代表、人大代表，政协委员“两代表一委员”工作室、代表微信群等联络平台建设，及时通报常委会公报、计划安排、审议意见及区情信息等，加强常委会委员与代表、代表与人民群众的联系。扩大代表对常委会工作的参与，邀请代表列席常委会会议、专题询问和专项工作评议89人次，参加调研视察、政情通报、座谈讨论等活动380人次；84名区人大代表向选区选民述职，进一步畅通代表与群众之间的联系。区人大常委会探索建立“牵头领办、重点交办、跟踪查办、全面督办”相结合的代表建议办理工作机制，两次听取区人民政府关于代表建议办理情况的汇报，特别是对本届人大历次大会确定的立案件和督办件进行强力督办。区四届人大三次会议期间，收到代表建议89件，均办理完毕并答复代表，一批事关发展大局和民生民本的问题得到较好解决，代表建议督办实效明显提升。组织驻区省、市人大代表专题调研跳马地区“两型”规划、基础设施、开发建设等问题，积极争取支持。组织区人大代表听取“一府两院”2015年上半年政情通报，收集整理代表审议意见53条。围绕“项目推进雨花行”活动、武广高铁片区拆违拆迁、产业项目建设等进行代表集中视察，有效发挥代表知情督政的作用。区人大常委会积极推进代表工作制度化、程序化、规范化建设，逐步完善代表履职学习培训、履职行为规则等7项制度。落实代表履职登记办法，建立代表履职档案，积极探索代表履职通报、出勤公布和履职表扬等制度，进一步激发代表依法履职的热情。举办“代表审议权的实践与运用”专题培训班，不断提高代表履职能力。加大履职典型的推介力度，代表投身发展、创新创业、为民代言、热心公益的责任意识和履职意识进一步增强。（陈　伟）

【决定重大事项】　2015年，区人大常委会发挥地方国家权力机关职能作用，先后听取区本级政府性债务融资规模与偿还执行计划、棚改基金设立、雨花经开区发展基金融资等情况汇报，依法作出《关于批准雨花区人民政府将东山镇集镇棚改项目纳入区国民经济和社会发展计划的决议》等决议决定，同意区人民政府提出的设立棚改基金解决雨花区棚户区改造项目部分资本金相关事项，确保全区旧城改造工程顺利进行。
（陈　伟）

【专项活动】　2015年，区人大常委会以“守护碧水蓝天，建设美丽雨花”为主题推进“环保世纪行”活动，集中视察雨花污水处理厂、“两河”流域、跳马生态保护等情况；以“三湘农产品质量安全行”活动为抓手推动溯源体系建设，确保全区人民群众“舌尖上的安全”；深化“三湘农民健康行”活动，重点围绕村卫生室改造和乡村环境卫生整治督促政府职能部门履职作为；组织区人大代表赴少数民族贫困地区开展助学扶贫活动，推进“民族团结进步行”活动落实到位。（陈　伟）

重要会议

【雨花区第四届人民代表大会第三次会议】　2015年1月13—15日，雨花区第四届人民代表大会第三次会议在雨花大会堂召开。会议听取和审议区人民政府《政府工作报告》《区2014年财政预算执行情况和2015年财政预算（草案）的报告》《区人大常委会工作报告》《区人民法院工作报告》《区人民检察院工作报告》，通过关于五个报告的决议（草案）。会议补选张能峰为区人民政府区长，补选区第四届人民代表大会常务委员会委员4名，选举长沙市第十四届人民代表大会代表2名。

（陈　伟）

【常委会议】　2015年，区人大共召开常委会议10次。

1月13日，区四届人大常委会第十九次会议审议和通过关于提请接受曹伟辞去长沙市第十四届人民代表大会代表职务的议案；审议通过《区四届人大三次会议议程（草案）》。

3月12日，区四届人大常委会第二十次会议以电子表决的形式审议通过《区四届人大常委会2015年工作要点（草案）》和有关人事任免事项；审议通过关于区四届人大常委会代表资格审查委员会委员人选的议案，同意接受肖向东、郭彤莉、彭跃辉为区四届人大常委会委员代表资格审查委员会委员。

5月19日，区四届人大常委会第二十一次会议审议通过有关人事任免事项，决定任命邹春林为区人民政府副区长，免去王雄文的区人民政府副区长职务；依法补选长沙市第十四届人民代表大会代表1名；通过个别代表的代表资格审查报告；审议通过《雨花区人大常委会专题询问暂行办法（草案）》。会议听取关于雨花区融资工作情况的汇报。

6月9日，区区四届人大常委会第二十二次会议审议通过有关人事任免事项，决定接受李菊华辞去长沙市第十四届人民代表大会代表职务。

7月30日，区四届人大常委会第二十三次会议听取和审议《区人民政府关于2014年财政决算草案和2015年1—6月预算执行情况的报告》以及《区人民政府关于2014年度区本级预算执行和其他财政收支的审计工作报告》，表决通过《长沙市雨花区人大常委会关于批准2014年雨花区财政决算草案的决议》；通过《长沙市雨花区人大常委会关于批准区人民政府将东山镇集镇棚改项目纳入区国民经济和社会发展计划的决议》。会议决定接受李文达辞去长沙市第十四届人民代表大会代表职务和周天辅、王雄文辞去雨花区第四届人民代表大会代表职务；通过雨花区第四届人民代表大会常务委员会代表资格审查委员会关于个别代表的代表资格的审查报告，确认周天辅、王雄文、刘士平的区人大代表资格终止。

9月30日，区四届人大常委会第二十四次会议通过区人民政府关于提请决定任免王明玖等职务的议案，决定免去李国军的区人民政府副区长职务，任命王明玖为区人民政府副区长；表决通过区人大常委会关于提请决定任免何小林等职务的议案和区人民政府关于提请决定任免王青春等职务的议案以及区人民法院关于提请任免肖述华等职务的议案；听取区人民政府关于区四届人大三次会议议案、建议办理情况汇报；通过雨花区第四届人民代表大会常务委员会代表资格审查委员会关于个别代表的代表资格的审查报告，确认张锡泉、朱跃良、李劲松、肖向东、彭跃辉、汪娟的区四届人大代表的代表资格终止，朱跃良、李劲松、肖向东、彭跃辉的区人大常委会委员资格自行终止。新任命的人员按照《全国人民代表大会常务委员会关于实行宪法宣誓制度的决定》，集体向宪法公开宣誓就职。

10月16日，区四届人大常委会第二十五次会议，首次采用专题询问的监督方式，聚焦圭塘河环境综合整治工作。会议期间，16名常委会组成人员及市、区人大代表围绕圭塘河环境综合整治，从整体规划布局、管理保障机制、具体工作措施等多个方面、不同角度进行询问。雨花经开区、区发改局等12个应询单位分别应答。会议听取区人民政府副区长王明玖、陈怀宇工作汇报。

11月25日，区四届人大常委会第二十六次会议表决通过区人民政府关于提请决定任免黄健元等职务的议案，决定免去余宏卿、谭应林的区人民政府副区长职务，任命黄健元、张良欣为区人民政府副区长；表决通过区人民检察院关于提请任命李平职务的议案，同意任命李平为区人民检察院检察员、副检察长；会议投票补选长沙市第十四届人民代表大会代表两名；审议通过雨花区第四届人民代表大会常务委员会代表资格审查委员会关于个别代表的代表资格的审查报告，确认陈春华、万多、刘虎、陈石红、秦勇忠、章志刚、尹宾、邹春林、黄绍湘的区四届人大代表的代表资格有效。会议听取和审议区人民政府关于《雨花区 2015 年 1—10 月财政预算执行情况和 2015 年财政预算调整方案（草案）》的报告，表决通过雨花区人民代表大会常务委员会关于《批准雨花区 2015 年财政预算调整方案的决议》。

12 月 9 日，区四届人大常委会第二十七次会议审议通过区四届人大四次会议的日期和议程、特邀和列席人员建议范围以及关于质询案的提出和办理程序（草案）。会议决定于 2016 年 1 月 12 日召开长沙市雨花区第四届人民代表大会第四次会议。

12 月 28 日，区四届人大常委会第二十八次会议审议同意将区人民政府《关于长沙市雨花区 2015 年财政预算执行情况和 2016 年财政预算（草案）的报告》《区国民经济和社会发展第十三个五年规划纲要（草案）》和《雨花区第四届人民代表大会常务委员会工作报告（草案）》提交雨花区第四届人民代表大会第四次会议审议。会议讨论通过有关人事任免事项；审议代表工作有关事项，接受杜旭辉辞去雨花区第四届人民代表大会代表职务，确认杜旭辉、柳相军、郑立新的区四届人大代表的代表资格终止，何小林、刘素月的雨花区第四届人大代表大会的代表资格有效；审议同意将《长沙市雨花区第四届人民代表大会第四次会议代表资格审查报告》、《区四届人大四次会议主席团成员和秘书长名单（草案）》和《雨花区第四届人民代表大会第四次会议筹备工作报告（草案）》提交雨花区第四届人民代表大会第四次会议预备会议审议。

（陈　伟）

【跳马地区人大代表座谈会】 2015 年 2 月 10 日，跳马地区人大代表座谈会在区会议中心人大主席团召开，区人大常委会副主任胡和平主持会议。区政府、区法院、区检察院汇报 2014 年工作以及 2015 年计划。区人大常委会副主任杨平就跳马地区代表身份的移交情况进行说明。跳马地区的人大代表分别就基础设施建设、水利工程建设、打非治违等一系列问题发表见解。区人大常委会主任龚景顺要求，要唤醒和增强归属感、责任感、危机感。代表要争做群众的代言人，贴心人、带头人。（陈　伟）

【市人大调研雨花区】 2015 年 3 月 31 日，长沙市人大常委会主任袁观清，副主任刘新程、王国海、黄佳惠、谭杭生、芮英姿，秘书长柳美景一行调研雨花区经济社会发展及人大工作相关情况行。雨花区委书记邱继兴，副书记、区长张能峰，副书记汪娟，区人大常委会主任龚景顺，区委常委、区委办主任黄文先，区委常委、区人民政府常务副区长王雄文，区人大常委会副主任刘海秋、谢爱龙、杨平等陪同调研或座谈。袁观清一行先后实地调研机器人产业园、雨花环城绿带建设、沪昆高速配套工程现场和大桥安置小区拆违现场情况，听取雨花区经济社会发展情况和人大工作情况汇报。袁观清高度肯定雨花区经济社会发展开局工作抓得早，干部干事有激情；工作重点很突出；目标举措很明确，决心大、思路清、措施实。强调指出，雨花区在今后一段时间，要保持好良好态势，把开局工作形成的良好势头转化为推进全年工作任务全面完成的坚强合力；要维护好自身优势，充分发挥雨花“四大优势”（区位优势、基础优势、土地优势和省委、省政府高度关注的优势），采取更实的举措，破解发展难题；争取好上级支持，用新的思维来适应新的形势，用新的作风来实现新常态；以拆违为突破口，以强劲的势头强力推进雨花更高水平的快速健康发展。

（陈　伟）

【全市人大常委会办公厅（室）工作联席会议】 2015 年 7 月 28 日，长沙市人大常委会办公厅（室）工作联席会议在雨花区召开。长沙市人大常委会党组副书记、副主任刘新程，市人大常委会秘书长、办公厅主任柳美景率市人大办公厅厅务会议的全体成员以及9个区县（市）分管办公室工作的领导、办公室主任参加会议。会议主题学习讨论中发〔2015〕18号《中共中央转发〈中共全国人大常委会党组关于加强县乡人大工作和建设若干意见〉的通知》。（陈　伟）

【文化市场管理专项工作评议大会】 2015年9月2日，区人大常委会召开对全区文化市场管理专项工作评议大会。区人大常委会副主任周凌云主持会议。会议听取副区长王清华代表区人民政府所作的全区文化市场管理专项工作报告和区人大常委会文化市场管理工作评议小组关于区文化市场管理情况的调查报告，高桥、左家塘等地区的5名区人大代表发表评议意见。区环境保护局、区文化体育新闻出版局等6个被评议部门负责人作表态发言，区委常委、常务副区长邹春林代表区人民政府向区人大常委会作出郑重承诺，明确整改方向。（陈　伟）

【项目集中视察活动】 2015年9月23日，区人大常委会主任龚景顺带领区人大主任会议成员一行，深入各项目建设现场，对历届大会立案件、“项目推进雨花行”相关项目、圭塘河流域综合整治项目开展集中视察活动，先后视察石坝路项目、欧亚达项目、木莲冲路项目建设工地及圭塘河综合整治项目二期施工现场。视察组在区城建投融资公司召开现场座谈会，听取区城建投公司关于圭塘河流域综合治理项目阶段性工作的情况汇报；区委常委、副区长罗予武关于圭塘河综合整治在土地整理、水质改善、投融资等情况汇报；龚景顺高度肯定各项目建设相关单位所做工作。强调要抓紧抓好项目建设进度，有效化解项目建设难题，积极争取上级政策支持。区政府办、区城建投、区工务局、石坝路项目指挥部、木莲冲路项目指挥部、欧亚达项目以及雨花亭、高桥、井湾子街道主要负责人陪同视察。（陈　伟）

【人大代表会前活动】 2015年12月29至30日，为确保雨花区第四届人民代表大会第四次会议如期圆满召开，全区12个代表小组分别组织本地区代表小组积极开展会前代表活动。听取和讨论《区人民政府工作报告（征求意见稿）》《区人大常委会工作报告（征求意见稿）》《区人民法院工作报告（征求意见稿）》《区人民检察院工作报告（征求意见稿）》，酝酿讨论《区四届四次会议大会议程（草案）》，酝酿主席团成员和秘书长建议名单，学习《大会须知》。并推选代表团的正、副团长。参加会前代表小组活动的区人大代表210名，占全区代表总数的86%以上。（陈　伟）

雨花区人民政府

重要会议

【区政府常务会议】 2015 年，雨花区人民政府召开常务会议 15 次。传达学习贯彻中纪委、省纪委、市纪委全会暨全国、全省、全市反腐败工作会议精神，布置安排区政府系统春节期间的反腐倡廉工作，《区政府工作报告》任务分解。研究机关停车场建设问题。研究区 2014 年度经济发展有关问题。研究推进经济工作。传达学习省政府系统廉政工作电视电话会议精神。研究安全生产相关工作。传达学习中共中央办公厅《关于在县级以上领导干部开展“三严三实”专题教育方案》。传达学习中央和省委、市委、区委“三严三实”专题教育座谈会精神，安排区政府党组“三严三实”专题教育工作。学习新《中华人民共和国环境保护法》等政策法规，研究《长沙市雨花区关于加快推进新型工业化发展和信息化建设扶植奖励办法（试行）》。学习《长沙市安全生产“党政同责、一岗双责”实施办法》，安排部署当前安全生产工作。研究部署“9·3”特护期间信访、维稳、反恐及安全生产工作。传达贯彻省“三严三实”专题教育“一进二访”活动动员部署视频会议、市委十二届十次全体（扩大）会议、市政府经济运行分析专题会议精神、区委常委会关于“一进二访”活动相关精神。研究落实《全市 2015 年重大项目和重点工程建设重点难点问题解决落实情况的督查通报》《2015 年上半年市政府专题会议纪要落实情况的督查通报》等涉及的问题。研究部署十八届五中全会期间安全生产、信访、维稳工作。传达贯彻十八届五中全会精神，落实中央、省、市关于深入学习全会精神的有关要求，部署区政府相关工作。传达市里棚改紧急工作会议精神，研究全区棚改工作。 （刘希颖）

【区政府全体（扩大）会议】 2015 年 12 月 29 日，雨花区政府四届四次全体（扩大）会议召开。区委副书记、区长张能峰通报 2015 全区经济社会发展情况：以拆为先，拆出了空间，拆出了精气神；以招为准，招出了后劲，招出了潜力；以建为要，建出了品质，建出了形象；以立为本，立出了地位，立出了福祉。部署后段相关工作：冲刺扫尾要有“好成绩”；安全生产要有“大担当”；信访维稳要有“零欠债”；计划生育要有“新观念”；廉政建设要有“零容忍”；下年工作要有“开门红”。会议讨论审定《政府工作报告》；讨论审议《雨花区国民经济和社会发展第十三个五年规划纲要（草案）》。 （刘希颖）

工作纪要

【综合调研】 2015 年，雨花区政府办公室积极协助领导处理日常事务，参与协调各类重大事项。精心筹备区长办公会、区政府常务会，会前广泛收集议题、充分准备资料，会后整理决策意见、归纳存档，为议事决策、督办落实提供参考。扎实做好综合文字材料起草和撰写工作，广泛收集素材，认真提炼内容，及时交流信息，确保了文稿材料内容充实，内涵丰富，高质量、按时完成《政府工作报告》《经济工作报告》等各类文稿1000余篇。深化调查研究，自主围绕跳马镇接管、花木产业发展等广泛调研；配合区政府主要领导，围绕拆迁拆违、重点项目建设、老旧社区和背街小巷提质改造等工作，组织开展调研40余次，并及时整理决策意见，供领导随时参考。加强政务信息报送，集中反映领导关注、群众关心的热点难点问题，推介先进典型和经验做法，及时、准确、全面地向长沙市政府办公室报送信息196条，被采用30余条，报送信息总量、质量继续处于全市前列。（刘希颖）

【政令畅通】 2015年，雨花区政府办公室进一步提升精细办文、高效办会、协调服务的能力，规范发文处理程序和公文格式，力求严密有序、精确无误，核发公文847件，办理收文1931件；处理涉密文件6件，办理保密邮件1033件，没有发生文电泄密、遗失事件。注重统筹协调和会务细节，确保组织严密、科学合理，统筹安排区政府领导公务活动，协助制定区政府领导工作安排表48份，编撰大事记117条，发放会议通知落实参会事项1953个/次；组织区政府常务会议17次、研究议题59个，区长办公会及专题会议50余次、组织议题120个，基本做到“零差错”。接待各级督查调研、到区考察学习、人大代表视察35次，确保了各项接待热情周到、规范有序。（刘希颖）

【督查工作】 2015年，雨花区政府办公室围绕区政府的重大决策部署和上级领导交办的任务，加大督查督办力度，编印《雨花区政府系统督查工作手册》；完善批示件办理工作平台，进一步完善督查管理体系，将区交警大队、消防大队、跳马镇等承办单位纳入批示件办理平台，全区纳入系统的部门单位增至107家；全面督查“两河”截污工程、拆迁拆违、城市管理、安全生产、文明创建、重点工程建设等重点工作，绿心保护、违法土葬、立交桥下环境整治等专项工作，区长办公会及区长现场办公决策事项。牵头协调对接市政府各类督查20余次，做好国务院“稳增长、促改革、调结构、惠民生”专项督查，以及省政府稳增长重大政策措施落实情况专项督查组织衔接工作。办理领导批示件627件，其中省、市领导批示件34件，现场核实自然村堆土问题、违章搭建等问题，督促整改到位；交办省、市长信箱信件611件，均及时办理、及时回复，办结满意率较高；对督查中发现未及时整改到位的问题，进行跟踪督办。开展建议提案办理工作“回头看”行动，指导并督促承办单位查漏补缺，跟踪落实，务求实效；办理各级人大代表建议、政协委员提案190件，办结率100%，满意率99%。（刘希颖）

【金融工作】 2015年，雨花区政府办公室积极推动金融产业发展，协助引进人寿保险公司、省农行长沙分行等机构入驻雨花区，组织“中国中部金融论坛”“2015年度金融服务社区行”活动，开展非法集资风险专项排查和整治，妥善处置广州服饰城、博雅眼科医院、融城花园酒店的遗留问题。（刘希颖）

【综合治税】 2015年，雨花区政府办公室完善信息共享长效管理机制，继续抓好涉税信息的采集，协调收集与经济活动有关数据87140条，组织开展协税护税工作，协调开展综合治税专项清查，有效堵塞税收漏洞。（刘希颖）

【电子政务】 2015年，雨花区政务网络基本实现机关单位全覆盖，维修、维护网络及终端2860次，平安城市监控运行维护564次，各种现场会议保障136次，确保运行维护服务及时、高效。更新政府门户网站信息15702条，网站各板块功能、内容进一步完善。（刘希颖）

【会展工作】 2015年，雨花区政府办公室指导举办各类展会118场，参展单位16655家，参展人数383万人次，成交总额371亿元。牵头筹办2015中国中部（湖南）国际农博会，合同成交和现金交易额205亿元，会务组织工作再上新台阶，获中国会展行业十佳品牌展览会、国家农业部农业会展4A级综合展、市政府农业会展特别奖等诸多荣誉。

（刘希颖）

【应急管理】 2015年，雨花区严格落实值班制度，实行24小时专人值班。认真履行岗位职责，制订突发事件专项预案4个，开展应急预案演练4次，确保从容应对紧急事故。上报突发信息66条，没有出现漏报或迟报的情况，信息报告“零失误”，妥善处理突发事件10余件。（刘希颖）

【法制工作】 2015年，雨花区政府法制办公室坚持依法行政，严把法律政策关，对所有以区政府名义对外发布的各类公文，进行合法性审查，维护政府在经济活动中的合法权益，出具政府文件200余份，审查修改政府及相关部门合同20余份，为区政府科学决策提供有效法律保障。以行政复议规范化建设为抓手，进一步畅通行政复议渠道、加大调解和解力度，及时妥善处理矛盾纠纷，承办区政府复议案件45件；代理区政府办理市政府复议案件66件；办理省法制办复议案件13件，协助省政府办理国务院裁决案件1件，代理区政府办理行政诉讼应诉案件51件。参与协助广州服饰城、利璞大厦等重点案件处置，确保案件处置均依法依规依程序。（刘希颖）

·附录·

2015年雨花区政府文件目录

▲1号 关于进一步加强对黎托东山片区临时仓储场所消防安全隐患整治工作的通告（1月6日）

▲2号 关于依法强制拆除违法建筑的通知（1月7日）

▲3号 关于依法强制拆除违法建筑的通知（1月7日）

▲4号 长沙市雨花区人民政府通告（1月7日）

▲5号 关于《桃花村农民拆迁安置保障住房（二）建设项目桃花社区筹委会征地补偿安置方案》的批复（1月9日）

▲6号关于同意长沙市雨花区建筑公司认定为特困企业的批复（1月20日）

▲7号 关于《黎托片节约集约试点项目25号地（城投2号地）长托社区筹委会征地补偿安置方案》的批复（1月16日）

▲8号 关于《黎托片节约集约试点项目25号地（城投2号地）黎明渔场社区筹委会征地补偿安置方案》的批复（1月18日）

▲9号 关于明确长沙市雨花城市建设投资集团有限公司新增建设职能的通知（1月29日）

▲10号 关于同意实施《2015年雨花区安监部门行政执法检查工作计划》的批复（1月27日）

▲11号 关于《黎托派出所项目粟塘社区筹委会征地补偿安置方案》的批复（1月30日）

▲12号 关于《万侯路（湘府东路—双塘路）项目板塘社区筹委会征地补偿安置方案》的批复（2月7日）

▲13号 关于《圭塘村生产生活安置项目（欧亚达）自然社区筹委会征地补偿安置方案》的批复（2月8日）

▲14号 关于《黎托片节约集约试点项目20号地（沪昆配套）东山社区筹委会征地补偿安置方案》的批复（2月11日）

▲15号 关于《黎托片节约集约试点项目18、20号地（沪昆配套）黎明渔场社区筹委会征地补偿安置方案》的批复（2月11日）

▲16号 关于对巴黎香榭二期芙蓉公馆重大火

灾隐患单位实行挂牌督办整改的通知（2月10日

▲17号 关于同意对重大火灾隐患单位销案摘牌的批复（2月10日）

▲18号 关于做好2015年民兵预备役组织整顿工作的通知（2月11日）

▲19号 兵役登记通告（2月11日）

▲20号 关于将原长沙钢厂部分非经营性资产移交至左家塘街道办事处的通知（2月15日）

▲21号 关于依法强制拆除违法建筑的通知（2月16日）

▲22号 关于对2015年雨花区《政府工作报告》各项目标任务实施责任分解管理的通知（2月28日）

▲23号 关于下达2015年城建重点工程建设项目计划的通知（3月10日）

▲24号 关于整治红星大市场蔬菜区消防隐患的通告（3月27日）

▲25号 关于对莲湖物流基地仓库开展消防隐患专项整治的通告（3月27日）

▲26号 长沙市雨花区人民政府通告（3月29日）

▲27号 关于对长沙市人民政府2015年《政府工作报告》目标任务实施责任分解管理的通知（3月25日）

▲28号 关于聘请区人民政府第五届督学顾问和督学的通知（4月3日）

▲29号 长沙市雨花区人民政府通告（4月9日）

▲30号 关于依法强制拆除违法建筑的通知（4月9日）

▲31号 关于下达2015年政府投资重大项目计划的通知（4月17日）

▲32号 关于依法强制拆除违法建筑的通知（4月29日）

▲33号 关于开展新一轮“三年惠民解困雨露工程”的实施意见（5月7日）

▲34号 关于《黎托片节约集约试点项目（30）号地长托、东山社区筹委会征地补偿安置方案》的批复（5月12日）

▲35号 长沙市雨花区人民政府通告（5月13日）

▲36号 关于《黎托片节约集约试点项目17号地黎托社区筹委会征地补偿安置方案》的批复（5月18日）

▲37号 关于《和立　星雅苑项目自然社区筹委会征地补偿安置方案》的批复（5月18日）

▲38号 关于《侯照统征地（物流园）项目侯照社区筹委会征地补偿安置方案》的批复（5月18日）

▲39号 关于《红旗路改扩工程（湘府路－曲塘路）项目侯照社区筹委会征地补偿安置方案》的批复（5月18日）

▲40号 关于对区人民防空办公室《关于大都市商业街内区国有资产移交的请示》的批复（5月25日）

▲41号 关于《丽白路（万家丽路—沙湾路）项目月塘社区筹委会征地补偿安置方案》的批复（5月26日）

▲42号 长沙市雨花区人民政府通告（5月29日）

▲43号 长沙市雨花区人民政府通告（5月29日）

▲44号 关于依法整治长沙火车南站周边区域市容环境秩序的通告（6月5日）

▲45号 长沙市雨花区人民政府通告（6号、7号、8号地项目征地拆迁工作）（6月8日）

▲46号 长沙市雨花区人民政府通告（8号、9号、18号、20号地项目征地拆迁工作）（6月8日）

▲47号 长沙市雨花区人民政府通告（5号、6号地项目征地拆迁工作）（6月8日）

▲48号 关于《关于批准〈雨花区临时用地许可程序〉的请示》的批复（6月8日）

▲49号 关于《川河路（湘府东路—殡仪馆东入口）项目侯照社区筹委会征地补偿安置方案》的批复（6月12日）

▲50号 关于同意长沙市雨花城市建设投资集团有限公司成立全资子公司的批复（6月12日）

▲51号 关于为湖椽棚改项目被征收户贷款提

供质押担保的批复（6 月 29 日）

▲ 52 号　关于取消非行政许可审批事项的通知（6 月 29 日）

▲ 53 号　关于对长沙市第一社会福利院实行挂牌督办整改的通知（7 月 3 日）

▲ 54 号　长沙市雨花区人民政府通告（高铁新城黎托片节约集约试点项目 3 号地征地拆迁工作）（7 月 8 日）

▲ 55 号　关于对长沙市南入城口进行综合整治的通告（7 月 7 日）

▲ 56 号　长沙市雨花区人民政府通告（石马村安置住房项目）（7 月 9 日）

▲ 57 号　关于《建盛加油站项目金屏社区征地补偿安置方案》的批复（7 月 17 日）

▲ 58 号　关于《长沙市报业中心、媒体广告交流中心、报刊发行及物流配送中心项目黎托社区筹委会征地补偿安置方案》的批复（7 月 17 日）

▲ 59 号　长沙市雨花区人民政府通告（友谊社区拆违）（7 月 22 日）

▲ 60 号　森林防火禁火通告（7 月 30 日）

▲ 61 号　长沙市雨花区人民政府通告（高铁新城黎托片潭阳洲项目）（8 月 4 日）

▲ 62 号　关于《红旗路改扩工程项目（浏阳河大桥—曲塘路）黎明渔场社区筹委会征地补偿安置方案》的批复（8 月 10 日）

▲ 63 号　关于同意设立联盟社区居民委员会的批复（8 月 11 日）

▲ 64 号　关于同意将红星社区居民委员会更名为红星村社区居民委员会的批复（8 月 11 日）

▲ 65 号　关于高桥市场片区物流货运市场综合整治的通告（8 月 14 日）

▲ 66 号关于印发《长沙市雨花区加快推进新型工业化发展和信息化建设的扶植奖励操作办法》的通知（8 月 17 日）

▲ 67 号　长沙市雨花区人民政府通告（天津港“8　12”瑞海公司）（8 月 23 日）

▲ 68 号　关于变更长沙润雨棚户区改造投资有限公司董事会成员以及住所的通知（8 月 23 日）

▲ 69 号　关于《黎托片节约集约试点项目 20 号地东山社区筹委会征地补偿安置方案》的批复（8 月 26 日）

▲ 70 号　关于《朝晖路（圭塘河路—沙湾路）项目花桥社区筹委会征地补偿安置方案》的批复（8 月 26 日）

▲ 71 号　关于依法强制拆除违法建筑的通知（10 月 16 日）

▲ 72 号　长沙市雨花区人民政府通告（武广、沪昆高铁沿线及客运站场）（9 月 1 日）

▲ 73 号　关于划定铁路线路安全保护区的公告（8 月 31 日）

▲ 74 号　关于《黎托片节约集约试点项目 26 号地（核心区）边山社区筹委会征地补偿安置方案》的批复（9 月 14 日）

▲ 75 号　长沙市雨花区人民政府通告（红星农副产品大市场迁建）（9 月 21 日）

▲ 76 号　关于同意对重大火灾隐患单位销案摘牌的批复（9 月 22 日）

▲ 77 号　长沙市雨花区人民政府通告（高桥街道友谊片区拆违）（9 月 17 日）

▲ 78 号　关于同意长沙市雨花城市建设投资集团有限公司发行 14 亿元公司债券的批复(9 月 24 日）

▲ 79 号　关于在全区范围内开展住宅小区消防安全专项整治工作的通告（9 月 23 日）

▲ 80 号　关于《长塘路（香月路—仝塘路）项目大塘社区筹委会征地补偿安置方案》的批复（9 月 29 日）

▲ 81 号　长沙市雨花区人民政府通告（圭塘街道征拆）（9 月 30 日）

▲ 82 号　关于印发《长沙市雨花区第二次全国地名普查工作实施方案》的通知（10 月 13 日）

▲ 83 号　长沙市雨花区人民政府通告（长沙橡胶厂及周边地块棚户区改造）（10 月 21 日）

▲ 84 号　关于《红旗路改扩工程项目（浏阳河大桥—曲塘路）川河社区筹委会征地补偿安置方案》的批复（10 月 27 日）

▲ 85 号　长沙市雨花区人民政府通告（高铁新

城片区潭阳洲分片区拆违拆迁）（10月15日）

▲86号　关于同意对重大火灾隐患单位销案摘牌的批复（10月17日）

▲87号　长沙市雨花区人民政府通告（高铁新城黎托片节约集约试点）（10月26日）

▲88号　长沙市雨花区人民政府通告（黎托街道体育新城R6号地项目）（10月26日）

▲89号　关于印发《长沙市雨花区政府信息公开工作细则》的通知（10月30日）

▲90号　关于关闭长沙县石燕空心砖厂等三家非煤矿山的决定（11月7日）

▲91号　关于《关于〈长沙市雨花区跳马镇人民政府关于红星农副产品大市场迁建项目一期及其基础设施项目拆迁安置的实施办法〉的请示》的批复（10月17日）

▲92号　长沙市雨花区人民政府通告（11月11日）

▲93号　关于《黎托片节约集约试点项目18号地黎明渔场社区筹委会征地补偿安置方案》的批复（11月12日）

▲94号　长沙市雨花区人民政府通告（11月21日）

▲95号　转发《长沙市人民政府关于印发〈长沙市机关事业单位工作人员养老保险制度改革实施方案〉的通知》的通知（12月3日）

▲96号　长沙市雨花区人民政府通告（12月10日）

▲97号　关于《黎托片节约集约试点项目7号、8号地川河社区筹委会征地补偿安置方案》的批复（12月17日）

▲98号　关于加快发展养老服务业的实施意见（11月28日）　（刘希颖）

人力资源和社会保障

【概况】　雨花区人力资源和社会保障局（简称"区人社局"）为正科级政府工作部门，负责全区社会保障、就业服务、人事管理、工资福利、人才服务、劳动监察、仲裁维权等工作。行政编制18名，其中领导职数5名，机关后勤服务编制1名。内设办公室、政策法规科（信访室）、综合管理科（公务员管理科）、工资福利科、社会保险管理科（征缴中心）、仲裁科、就业和培训科、基金监督科8个科室，下设社会保险服务中心、就业培训服务中心、医疗保险服务中心（区新型农村合作医疗管理中心）、劳动保障监察大队、城乡居民基本养老保险服务中心、人才交流服务中心6个二级机构，设置人力资源和社会保障经办大厅17个对外业务经办窗口。2015年，全体在职干部职工85名，其中在职在编人员51名（含区人武部地方安置专项事业编制3名）、引进人才2名、雇员24名、经区政府同意抽调社保站工作人员8名，离退休干部职工数19名。局党支部，党员56人，其中离退休党员15人。办公地点设雨花区万家丽路朝晖路499号。

2015年，区人社局以"以人为本、服务至上"为工作宗旨，全面推动就业创业，完善社会保障体系，切实加强人才队伍建设，深化人事制度改革，努力构建和谐劳动关系，不断推动人力资源和社会保障事业科学发展，被评为市级"学习型党组织"。抽调5名局班子成员，3名中层干部参加拆违拆迁和棚改工作，所在潭阳指挥部第三大队第三组在四个月内完成拆违任务103幢、65431平方米，在17个工作组中第二个全面完成清零任务，被评为"长沙市拆迁拆违先进单位""长沙市文明标兵单位"；多名党员领导干部被市政府评为先进个人。李金国作为先进典型，接受《湖南日报》《长沙晚报》等媒体采访。社保经办大厅强化制度建设和服务考核，完善大厅工作流程，开展服务明星评比，提高服务质量，被推荐为“长沙市青年文明号”。湖南都市频道“最美基层公务员”节目进行专题报道。

（何晓丽）

【人事人才】 2015年，雨花区加大人才引进力度，通过考试引进优秀人才，改善工作人员结构，充实干部队伍力量。招聘考录工作4次，考录、选调公务员，招聘事业单位工作人员411名，规模和数量均为长沙市内五区之首。6月，落实工资福利政策，对全区3200余人次机关事业单位离退休人员增加离退休费进行审核，对全区5600余人次在职在编人员工资预发进行安排，为长沙市最早完成的区县；对跳马镇419人次乡镇工作补贴进行审批，为长沙市落实最快最到位的区县；对全区528人次普通雇员工资标准调整。12月，全力进行机关事业单位工作人员基本工资调整和工资晋级晋档的审核，涉及1.2万余人次。部署实施职务与职级并行，确保干部职工的工资待遇尽快落实。完成全区800余人次的事业单位岗位异动涉及的聘用和工资审批；完成2015年度教育系统117名教师的初级职称认定和120余名中高级职称职数申报和资格初审工作。充分发挥人才服务中心服务经济发展的职责，指导区内8家企业申报省市引智项目，其中6个省级项目，7个市级项目，获专项资金33万元。做好“3635”人才征集工作，为5家用人单位引进急需人才提供服务。

（何晓丽）

区人社局作风建设推进会

【就业创业】 2015年，雨花区深化提质“15分钟满意就业圈”品牌，完善自主开发“雨花区15分钟满意就业圈信息管理平台”，宏观把握辖区就业服务情况，通过区、街道、社区三级公共就业服务平台，及时主动提供招聘、培训服务，把求职者信息与社区或相邻社区用工信息进行有效匹配，实现求职者与用工方“双满意”。11个社区获评“省级充分就业星级社区”。砂子塘街道金地社区获长沙市唯一“国家级充分就业社区”。城镇登记失业率控制在2.3%以内，远低于全市的4%控制目标。建立创业服务专家库，提供创业辅导和帮扶；开展创业型街道（镇）、社区（村）创建活动，充分发挥区、街、社区（社区筹委会）“三级服务网络”功能，助推万众创新、全民创业。开展“就业帮扶 真情相助”主题就业援助服务，走访就业困难人员和零就业家546户，帮助就业困难人员实现就业人数222人，新登记认定未就业困难人员318人，帮助区内就业困难人员享受政策416人。通过网络、微信等现代科技手段，采用专版、专题宣传、分发宣传资料等形式，开展“送政策、送服务、送岗位、送补贴”的“四送”援助活动。高桥街道开启省会街道与相对落后县乡镇就业合作新模式。同升街道通过园区搭台、企业参与、街村联动，让失地农民共享园区发展成果。助推全区“征地拆迁拆违”工作，把岗位送到拆迁一线，指导各街道至少举办一场专门针对征地拆迁拆违困难群众的就业援助活动，提供岗位7568个，求职人员近万人，达成意向2000余人。指导湖南红星人才市场为区内企业提供人才服务，开展“就业援助月”“春风行动”“民营企业招聘周”“公共就业创业服务进校园”等招聘会92场。发放各类宣传资料2万余份，参会企业2300家，现场提供岗位46647个，参加求职30842人，达成意向4699人。失业人员再就业6948人，完成178.15%；就业困难对象再就业4122人，完成257.63%；帮助农村劳动力实现转移就业1655人，完成目标任务的331%；零就业家庭动态清零。

（何晓丽）

【社会保障】 2015年，雨花区严格执行政策，确保惠民政策落实到位，全面完成上级下达的7项社保扩面和社保基金征缴工作；及时调整并按时发放全区13781名企业退休人员、8600名城镇居民养老保险享受待遇人员的养老金。大力推进退休人员社会化管理，申报创建20个示范社区；办结异地医疗等特殊情况的费用、补助1808人次，支付金额1510余万元；探索实施养老和医疗退休同步审批、窗口操作的模式，方便群众。完成城乡居民医疗保险征缴基金10262万元，完成任务的142.53%，基本医疗保险覆盖率98.5%。区社会保险会计中心被评为“全省城乡居民养老保险基金财务管理工作优秀单位”。社保卡信息确认总数、完成比例以及已发卡量和完成比例等四项数据均居长沙市前列。稳妥有序的做好跳马镇区划微调移交前的大量准备工作。与长沙市、长沙县两级人社局反复多次进行沟通、衔接，解决跳马镇移交过程中产生的一系列问题，防止矛盾的激化，为2016年1月1日移交奠定良好基础。12月3日，雨花区召开机关事业单位养老保险制度改革动员部署会，全面启动机关事业单位养老保险制度改革。（何晓丽）

【劳动维权】 2015年，雨花区加强劳动保障法规的宣传，举办参保企业法人和机关事业单位负责人劳动保障法规培训班，增强单位依法用工的意识。通过走访用人单位、进行年度书面审查，发放《中华人民共和国劳动合同法》、劳动合同范本等宣传资料5500余份。强力推进劳动保障监察“两网化”建设，12个街道成立“两网化”工作室，人员落实，制度上墙。用人单位劳动用工信息按要求采集完成。录入单位用工信息1500多个；街道成立劳动人事争议调解中心，聘任调解员170名，在50多家大中型企业建立劳动争议调解委员会，及时将矛盾化解在基层。对50家用人单位进行日常巡视检查，处理涉及建筑领域拖欠农民工工资集体上访、应急突发事件6起，涉及650人，金额550万元。“12333”人社热线接入电话15732个，平台建设、电话接入量、通话时长、服务态度、处理满意度均处全市前列。接待劳动监察来访来电5000余人次，受理举报、投诉152件，立案36件，结案36件，为863名劳动者追回工资、押金等635万元，责成25个单位为员工补缴社会保险。处理集体上访和突发事件6起，维护了社会稳定；开展“农民工工资支付”“清理整顿人力资源市场”“最低工资标准执行情况”“保护女职工合法权益”“防暑降温”“打击非法用工违法犯罪活动”等专项行动，保障劳动者权益。劳动仲裁审查立案544余件，居内六区第一，按期结案率100%，为劳动者挽回经济损失2000余万元。审查2108家企业工资集体协议，已建工会组织企业工资集体协商建制率96%以上，涵盖职工31447人。（何晓丽）

政务公开与政务服务

【概况】 雨花区政务服务中心为区政府直属事业单位，负责全区政务服务体系建设、政府信息公开、长沙市“12345”市民服务热线求助平台工作。内设办公室、督查科、业务科。2015年，全体在职干部职工数14人，其中在职在编干部8人、引进人才1人、雇员5人。中心党支部，党员8人。办公地点设在雨花区人民政府机关大院2号楼B栋一楼。

2015年，雨花区政务公开与政务服务工作以政务服务中心为主要平台，深化行政审批制度改革和政府信息公开，创新体制机制，加快转变政府职能，提高行政效能，推动形成权责一致、分工合理、决策科学、执行顺畅、监督有力的行政管理体制和运行机制，为推进“五新”雨花建设创造优良的政务环境。在大幅缩减全区各部门单线考核权力的情况下，将政务中心“政务服务”工作内容纳入全区年度绩效考核体系，确保工作落实。强化区政务大厅和街道政务中心人员绩效考核奖励的运用，营造和谐的共事氛围。全部完成13个街道（镇）的政务中心标准化建设，对社区（村）便民服务中心建设摸底清查，提质改造一批社区便民服务中心。

（孙　琴）

【行政审批】 2015年，雨花区突出点上突破和系统推进相结合，率先探索可复制的改革经验。出台《长沙市雨花区规范和改进行政审批措施工作方案》，对全区规范和改进行政审批工作的步骤及要求提出明确的要求。完成全区行政审批事项流程优化、软件编制和上线运行三大环节，打造雨花行政审批的加速度和先发优势。编制《雨花区行政审批项目流程清单》，完善审批、服务事项的多层次引导，让权力在阳光下运行，有权不再任性。对全区审批事项流程按照“路径最短、程序最简”要求进行再造，压缩审批环节、精减申报材料、细化审批条件，使审批流程最优、前置条件最简、办理标准最“明”，审批事项承诺时限比法定时限缩短50%以上。按照行政审批事项流程清理的标准，在全市率先开展行政确认、行政备案和部分其他职权事项流程清理的工作，清理、完善173项事项流程，完成部门确认。区政务服务中心运用电子手段转换流程优化的效果，在完成流程清单编制的基础上，推动网上审批系统升级改造，打造网上办事和实体大厅“线上线下、虚实一体”的政务服务平台，全区所有行政审批事项实现网上审批和监察，并与全省网上政务服务和电子监察系统实现数据对接和同步运行。启用窗口“审批受理单”，从审批“入口”确保全区审批事项在网上运行系统内运行。审批事项网上运行监察系统未产生一例超时件，其经验在全市优化经济环境大会上推广。 （孙　琴）

【政务服务】 2015年，雨花区突出优质高效和便民利民相结合，着力打造可推广的服务模式。做好市对区下放25项市级经济社会管理权限的承接工作，及时与承接权限的区级部门单位进行衔接，拟定流程编制及进窗上线工作计划。开展窗口工作人员业务培训，在充分熟悉工作业务的基础上实现平稳对接，确保窗口审批管理不出现脱节和漏洞。区重点审批的项目、区重点招商引资项目及需快速审批的项目纳入政务大厅快速审批“绿色通道”，对进入“绿色通道”的项目实行简化手续，从快办理，规范落实好投资项目领域的并联审批要求。依托长沙市重点项目“创客空间”在德思勤广场建立企业帮扶中心，为企业提供咨询、代办等服务。在街道及社区、村试点开展“预约服务”“延时服务”和“错时服务”等特色服务，接受群众办事预约和延时。指导东山街道、井湾子街道在街治建设未完成的情况下，突出政务大厅的阵地建设，优先确保各类便民设施的完备与完善，成功接受市政务中心的验收。 （孙　琴）

【信息公开】 2015年，雨花区突出依法行政和主动引导相结合，积极畅通可把控的公开路径，把政府信息公开工作作为推进权力公开透明运行的重要举措。出台《雨花区政府信息公开工作细则》，全面明确全区政府信息公开工作的总体部署和具体要求。探索政府信息公开的渠道和方式，发挥“飞梦雨花”（微信公众号）的便捷作用，及时发布公众普遍关心的政府信息；彰显新闻发布会的特殊功能，加强对公众正确的舆论引导；拓展档案馆的权威优势，全面建设政府信息查阅场所；弘扬图书馆的文化服务亲和力，满足特殊群众获取政府信息需求，建立多层次、多角度、广覆盖的政府信息公开体系。58个部门单位在区政府门户网站上开设政府信息公开专栏，公布各类政府信息近1万条。通过向社会公开所有行政审批职权和工作流程，提高政府履职的规范化、标准化水平。下发《关于做好2015年度重点领域政府信息公开工作的通知》，规范和指导全区重点领域政府信息公开工作。在区政府门户网站设置“重点领域政府信息公开”专栏，并在网站首页开设直通链接。把“晒权”作为重点，着重开展推进行政权力运行公开，在区政府门户网站上单设“部门权力清单”“部门责任清单”和“行政审批项目流程清单”三个栏目。推进财政资金信息公开。加大“三公”经费公开力度，全区所有财政拨款安排的“三公”经费都进行详细公开。加强对全区各部门单位政府信息依申请公开工作的指导，区政府受理依申请公开40例，按时回复率100%。召开《政府信息公开中的热点难点问题》研讨培训会，将国家对政府信息依申请公开工作的意见、司法解读及省市政府信息公开工作条例汇编、制作成培训手册，特别是对涉及征地拆迁、社会保障等方面的依申请公开，结合典型案例加以指导。政府信息依申请公开赢得主动。（孙　琴）

【“12345”市民服务热线】 2015年，雨花区重视“12345”市民服务热线工作，不断总结工作方法，突出细化措施和加强监督相结合，逐步完善可落实的回应机制。遵循“法定、商定、指定”原则，拟定职能权责分解责任表，界定各热线承办单位职能、权责，形成解决问题的闭环体系和齐抓共管的工作格局。以“横向到边、纵向到底”为目标，全面升级改造区级“12345”市民服务热线网络办理平台，区级工单转办实现网络传输“三级跳”。区级市民服务热线网络系统对接区城管数字化平台，由区城管数字化平台直接受理市热线办转派至雨花区热线办的城管类工单，大幅度提升工单办理时效性。拓展区、部门（街道、镇）、社区（村）三级平台及平台功能，由区热线办将市热线处下派的工单分派到相关部门、街道，然后通过街道派发至社区，在全市第一个实现三级网络派单。实现办公无纸化、管理规范化、统计分析数据化、考核透明化。每月编制《长沙市雨花区“12345”市民服务热线快讯》，对热线承办部门的工单接收、及时办结和回访满意等项目实行量化考评通报，通报结果作为绩效考核评估依据。灵活运用现场督查、联动督查、回访复核、个案跟踪等“一线工作法”，对热点、难点工单进行原因解剖和对策研究，及时破解难题。发挥区政务服务中心指导和服务的职能，针对部门单位一时无法解决的工单，在查实情、督进度的同时，联合责任单位共同梳理问题，并以书面形式向区政府提出意见建议，高位推进工作落实。对部分排名靠后、工单处理敷衍的单位采取分管领导约谈、通报批评等方式进行促进。办结市热线处下派工单6408件，百姓诉求“事事有回音，件件有回复”。（孙　琴）

【基层政务中心标准化建设全面完成】 根据长政办函〔2013〕114号《长沙市人民政府办公厅关于推进乡镇（街道）政务（便民）服务中心标准化建设工作的通知》，从2013年起，雨花区以“为民、便民、利民”为出发点，将基层政务中心作为展示政府形象和为民服务的窗口，加强基层政务服务中心标准化建设，全面、全域、全速提升基层便民服务水平。雨花区在交通便利、位置适中、方便群众办事的地点选址基层政务中心。左家塘街道、洞井街道、砂子塘街道3个政务中心面积均超过500平方米。2012年析置的东山、同升、井湾子3个街道，在街治建设未完成的情况下，突出政务中心的阵地建设，优先确保各类便民设施的完备与完善。严格按照部门责任清单，要求街道将承办、转办的政务服务事项进驻到位。审批流程标准化，指导规范各街道制定本单位审批服务项目流程。构建统一的网上审批系统，制定统一的技术标准，积极推动网上服务中心与实体中心的衔接。规范管理机构人员，健全审批管理制度，健全中心内部管理制度。各街道因地制宜，探索开展各类便民服务，对有需求或有困难的群众做到“主动服务”、对比较复杂且对办理时间要求较强的事项实行“预约服务”、对行动不便群众主动“上门服务”、对所有审批事项推行“网上服务”，在社区（筹委会）便民服务中心对情况突变确需在上班之外时间办理的急办事项采取“错时服务”。砂子塘街道、东塘街道政务中心及所辖社区便民服务中心试点开展社区事务“一口式”受理工作，群众办事可就近到社区便民服务中心办理，同时，将窗口设置由多个窗口受理集中到一个综合业务窗口受理，大幅缩短办事时间，平均办件时间由原来的40分钟，缩短到10分钟，实现群众办事的便利与快捷。该工作模式得到省市有关部门的认可，湖南经视、《长沙晚报》进行典型报道。2015年12月10日，井湾子街道、东山街道通过市政务中心对基层政务中心标准化建设的验收，雨

花区13个街道（镇）政务服务中心标准化建设全部完成。 （孙 琴）

【行政审批快速通道铺设】 2015年，雨花区以“四减”为原则，开展全区《行政审批事项流程清单》编制工作，全面铺设行政审批快速通道。减前置，前置条件能少尽少。主动降低门槛，坚决删除不科学、不合理、不实际的前置条件，进一步方便办事单位和群众，主动靠前服务。配合全市政务服务系统网络平台建设，并做好区级配套系统的相关准备，实现申报材料、批文资料网上共享，方便群众办事。减流程，审批流程应优尽优。打破行业壁垒，实现互联互通，配合区工商分局开展商事登记制度改革，实行工商营业登记证、税务登记证、机构代码证“三证合一”，改变“串联”方式为同步进行的“并联”方式。继续完善区级权限建设项目并联审批体制机制，监督相关部门贯彻落实《长沙市市级行政许可项目并联审批实施意见》（长政发〔2013〕31号），比照《长沙市政府投资建设项目审批流程图和长沙市社会投资建设项目审批流程图》（长政办函〔2014〕164号）的文件要求，根据区级审批权限，进一步扩大并联审批工作范围，将与经济社会发展密切相关、企业和群众关注，需由两个以上部门审批的事项都纳入并联审批范畴，实行一个窗口统一受理，多个部门并行办理。增加网上预受理，试行行政审批事项互联网受理办理，开通部分审核即办件互联网网上申报通道，网上申报与窗口申报可相互替代，具有同等效力，改变以往行政审批资料、申报表格要到审批部门现场领取的情况。通过联审、联办、联批等方式，精心设计审批最短路径，最大限度地为法人和群众提供便捷服务。减环节，审批环节做到应除尽除。科学设置审批流程，减少审批中间环节，精简审批人员。授权到位，增加即办件比例，对一般性审批事项当场办结。对承诺件中的初审、再审、终审三个环节进行有效整合。对需要现场勘察、集体论证、专家论证、公开听证的审批事项，进行有效整合，避免重复循环。减时限，审批时限应短尽短。全面分析归纳全区所有行政审批事项的前置要件，坚决禁止预受理、预审批，避免部门在完成前置预审后再进行受理“打表计程”的现象。提高行政效率，缩短审批时间，科学设定和分配办理时限，着力提高即办件比例；对办理条件和办理程序较为复杂的事项，全部在法定时限内予以压缩，禁止人为延长审批时限。编制审批事项网上办理软件，所有事项纳入全区在线办理系统，以电子监控的方式，压缩审批流转时限，实行限时办理。 （孙 琴）

【《雨花区政府信息公开工作细则》出台】 2015年10月30日，雨花区人民政府公布《雨花区政府信息公开工作细则》（以下简称“《工作细则》”），全面明确全区政府信息公开工作的总体部署和具体要求。《工作细则》分五章五十八条，对政府信息公开工作做出全面、具体、详尽的规定。明确区政府行政机关应当主动公开的17项政府信息；规定政府信息公开的8种方式；规定政府信息主动公开和依申请公开的具体程序；建立保证政府信息公开工作落实的监督和保障措施，特别是明确行政机关政府信息公开工作年度报告制度、社会评议制度和责任追究制度。《工作细则》的出台，是雨花区政府贯彻落实国务院《政府信息公开条例》和《长沙市政府信息公开实施办法》，推进全区政府信息公开的一项重要举措，旨在进一步规范政府信息公开工作，建立公开透明的行政管理体制，保障公民、法人和其他组织的知情权、参与权和监督权。

（孙 琴）

【政务公开政务服务工作领导小组会议】 2015年4月21日，雨花区召开政务公开政务服务工作领导小组会议。区领导张能峰、王清政、黄文先、王雄文出席会议，区政务公开政务服务工作领导小组成员单位行政负责人参加会议。会议明确2015年雨花区政务公开政务服务工作的方向和目标，要求全区各部门单位要进一步提高认识，总结经验，寻找差距，把握方法，科学地开展政务公开政务服务工作。会议要求按照全面深化改革工作的要求，重点抓好一口受理、限时办结、规范办理、透明办理、网上办理和健全政务服务体系6项措施的落实；推进区、街道（镇）、村（社区、筹委会）三级政务服务体系标准化建设，不断推进政务服务与公共服务向基层延伸，扩大政务服务覆盖面；全面深化全区政府信息主动公开、政府信息依申请公开、重点领域政府信息公开及公共企事业单位办事公开工作；加强市民服务热线办理，确保责任落实到位。

（孙　琴）

外事侨务

【外事工作】　2015年，雨花区规范程序，实行区委工作碰头会议议定制，严格审核、严格把关因公出国。核实工作人员近五年来因公出国（境）的基本情况，按单位和时间顺序建立在职在编工作人员因公出国（境）台账。5月，开展“科学减灾，依法应对”应急知识宣传周活动，在高桥街道怡园社区西子一间商业广场设立应急知识集中宣传点，通过标语、宣传板、宣传单、现场咨询等方式，宣传和普及涉外应急知识。编印《外事侨务知识问答》，发放到外事侨务工作者和工作对象手中，帮助群众更好地了解外事侨务政策知识，方便群众办事。以比亚迪股份有限公司和砂子塘教育集团天华寄宿制学校为重点，拨付专项工作经费，着力培育涉外参观点。砂子塘新世界小学打造为“华文教育基地”。

（王　卓）

【外事交流】　2015年，雨花区服务外国人来长，积极开展对外考察活动。各企事业单位邀请外国人到长沙12人次，涉及美国、意大利、荷兰、阿拉伯联合酋长国、印度尼西亚、马来西亚、斯里兰卡、印度等国家或地区，为促进中西方文化、经济交流提供平台。5月，雨花区参加市外侨办组织的长沙市华文教育交流考察团，考察访问马来西亚、泰国，考察两国的华文学校，拜访两国的华文教育代表，介绍雨花区华文教育开展情况，推介雨花教育特色，进一步推动教育国际化。9月，协助省、市外侨办在砂子塘新世界小学、砂子塘泰禹小学组织“2015年海外华裔青少年中国寻根之旅湖南长沙营”活动。带领来自马来西亚和泰国的48名华裔师生学习民族音乐、手工剪纸、中国绘画、中华武术、书法等传统文化课程，参观岳麓书院、橘子洲及世界自然遗产张家界等具有代表性的湖湘景点，体验深厚的湖湘文化。

（王　卓）

【侨务工作】　2015年，雨花区通过走访、电话问候和发放慰问金等形式，慰问部分老归侨和困难归侨侨眷家庭，春节、端午、中秋期间，走访慰问归侨50余户，发放慰问金4万余元，慰问物品1.2万元。建立帮扶年老、病弱、受灾和困难归侨侨眷方案，定期走访、慰问。针对泰国归侨易某某老伴去世、子女没在身边、精神孤寂等现实情况，安排所在社区给予其特别的关注和关心，专门安排志愿者服务队进行义务陪伴。区民族宗教和外事侨务局在“与群众交朋友，帮基层解难题”工作中，结对帮扶2户归侨代表人士，定期走访慰问。注重发挥各街道、社区的作用，维护归侨、侨眷的合法权益。在办理养老保险、医疗保险、廉租房等方面，对归侨侨眷进行优先服务。在做好服务的同时，切实维护归侨侨眷的合法权益，积极为华侨协调解决身份证明问题，为归侨、侨眷协调解决子女入学问题。10月，协调处理侨眷罗子发、骆阿玲拆迁赔偿事宜。“侨之家”法律服务中心，由天恒健律师事务所指派5名专职律师为全区侨界人士提供法律援助服务。在侨务对象相对集中的社区，重点打造侨务工作示范社区。积极支持东塘街道省人大社区打造为全国侨务工作明星社区，专门拨付侨务工作经费，在业务上给予重点指导。积极指导、支持侨务对象较为集中的三湘社区、中南院社区开展侨务工作，积极开展为侨服务。在雨花经开区设立外事侨务工作站，宣传侨务政策，服务海归人才创业就业。

（王　卓）

【侨务工作进园区】　2015年11月3日，长沙市人民政府外事侨务办公室副主任张青松一行调研雨花经济开发区外事侨务工作。雨花区委常委、经开区党工委书记郭四军，经开区管委会副主任程象，陪同调研。张青松一行实地调研朝日五内衣有限公司、长泰机器人有限公司、VCTSY等3家涉侨企业，并与区领导就外事侨务工作如何为经济发展服务进行座谈交流。郭四军介绍园区的基本情况和未来的发展方向，感谢市外办领导对园区的关心，表示对“侨务工作进园区”工作大力支持，保证一定由专人、专事、专款推进工作，提出做好外事侨务工作建议：加强与友好城市的经济、文化联系；加大对对外经济交往、文化交流的支持，组织企业走出去；侨务政策、人才政策需与时俱进，实现新时代的需要；市、区定期组织活动，实现政策延伸和落实。区民族宗教和外事侨务局局长姚正清介绍雨花区侨务工作、侨资企业情况，并就设立侨务工作站事宜提出建议：希望和经开区多合作，形成联动机制，保持信息畅通；服务企业先抓重点，抓典型；希望市办、经开区能投入资金，开展活动，增进海归人才间的交流；市区上下联动，组织一批企业走出国学习。张青松强调：要进一步推进“侨务工作进园区”工作，计划在园区设立外事侨务工作站，宣传侨务政策，为海归人才提供活动场所，做好服务；做好企业服务，建立企业资源库，做好协调工作，安排企业走出去学习先进经验。（王　卓）

常务副区长邹春林（后排左二）接待来访群众

信　访

【概况】 雨花区信访局负责受理、交办、转送、协调处理信访人提出的信访事项，承办上级和本级人民政府交由处理的信访事项，指导本级人民政府其他工作部门和下级人民政府信访工作机构信访工作。设区人民来访接待中心、区委群众工作办公室2个二级机构，内设办公室、办信科、办案科、复查复核科、网络信访科、督查督办科6个职能科室。核定行政编制4名，事业编制7名，2015年，在职干部职工18人，其中班子成员8人，一般干部4人，雇员6人；退休4人。局党支部，党员20人，其中在职党员15人，退休党员5人。办公地点设在雨花区政府大院人民来访接待中心1、2层。

2015年，雨花区按照大力消化信访存量，强力控制信访增量，努力降低信访总量，尽力提高信访质量的总体思路，强化进京非访治理，加强综合治访，推进积案化解，接待各级来访群众899批2629人次，同比分别下降35.6%和40%，初访办结率100%；办理上级交办件（包括书记、市长信箱）33件，同比下降18.8%，人民来信159件，同比上升20.4%，网上信访125件，同比下降10.4%，其中省长信箱68件，同比下降21.8%。取得省市约谈没有入围，硬性指标（进京非访总量下降50%）圆满完成，敏感节点平安无事，工作先进榜上有名的良好成绩，被评为全市“2015年度信访积案化解工作考核优秀单位”和“2015年一季度、二季度信访工作先进单位”“2015年四季度信访工作红旗单位”。（刘青帝）

【领导接访】 2015年，雨花区下发《关于印发〈2015年雨花区县级领导坐班接访工作时间安排表〉的通知》，并在《长沙晚报》上进行公示，确保每个工作日都有县级领导接访。全年落实领导接访日

48个，接待群众290批835人次，编发《接访专报》30期。（刘青帝）

【复查复核】 2015年，区信访局接到复查复核申请31件，同比上升138.4%，其中受理1件，不予受理19件，放弃申请5件，撤销重新办理5件。出具告知书31份，出具复查意见书1份，所有书面材料均亲自送达信访人并由信访人签收。

（刘青帝）

【信访救助】 2015年，雨花区遵照省要求按1∶1.5的比例下拨补助资金，区财政拨付“解决特殊疑难信访问题专项配套资金”45万元，区级信访救助金100万元，对10个信访人给予信访救助，发放救助金57.46万元，未使用完的资金存区财政局。（刘青帝）

【依法治访】 2015年，雨花区健全完善联席会议制度，建立依法治访联席会议工作机制，成立依法治访工作领导小组，每季度召集公、检、法、司、信访、维稳等职能部门专题会商，区联席办牵头调度，区联席会议召集人召集会商，区主要领导定期督办。每次突出问题专题研究会议都由联席会议召集人组织，与重点案件的包案领导和相关责任单位的负责人一起联合会商，研究制定解决方案、工作措施、进度安排，区联席办负责督促落实。通过会办协商，省委督导组交办的20件信访突出问题全部办结。开展积案化解“百日攻坚”活动，再次梳理全区突出信访问题，召开全区信访积案交办会，将信访积案重新进行领导包案和集中交办。3月，召开全区信访工作会议，对2014年下半年成功化解的7个重点积案予以表彰奖励；12月，再次拿出20万元奖励成功化解的9个重点积案。健全联席办牵头、街道和公安治安力量联合行动的快速处置省市区非访机制，早发现、早报告、早控制、早解决，妥善处置各类赴省到市上访，没有发生一例群体性重大恶性事件。建立调度处置、信息收集、外围查找，人员疏导，送返回长，法制教育体制机制，做好进京非访处置工作，疏导稳控已经购票准备进京人员，化解准备进京非访的苗头隐患。实行进京非访重点人员“一案一查，一访一查”。

（刘青帝）

【信访工作改革】 2015年，雨花区创新工作机制和方法，稳步推进访诉分离和依法逐级走访等信访制度改革。实行窗口分设，行政信访和涉法涉诉问题分类处理，把涉法涉诉问题纳入法治轨道解决，真正实现从过分依赖行政手段化解向依法按程序处理转变，接待信访人次比上年下降40%。到湘潭县信访局和常德桃源县信访局学习交流，召开全区信访工作依法逐级走访培训会，制定实施细则，规范告知、受理、答复等相关文书，制定引导群众依法逐级走访和加强初访办理的工作方案和工作规程，印发《湖南省人民群众逐级走访事项办理手册》600册。全面推行网络信访，13个街（镇）和57个区直部门全部联通全省信访信息系统，拓宽人民群众利益诉求表达渠道，全面实现数据网上录入、网上审批、网上流转，有访必登、有访必录，确保在规定时限内转送去向准确，不滞留、不延误，全区信访信息系统应用率、数据录入率达到100%，网上信访开通实现100%，办结率均为100%。

（刘青帝）

机关后勤

【概况】 2015年12月，雨花区直属机关后勤服务中心更名为雨花区机关后勤服务中心（简称区“后勤中心”），由区政府办公室管理的事业单位调整为区政府直属正科级事业单位，负责区直机关大院机关食堂管理、办公用房及设施改造维修、安全保卫、物业管理、公务车辆管理、公共机构节能、国有资产管理、计划生育等后勤服务保障工作。内设办公室、公务车辆管理科、服务保障管理科、“二办”综合管理科、公共机构节能科、基建与招投标管理科、安保物业科、财务科8个职能科室。核定事业编制27名，其中领导职数4名。全体在职干部职工数31人，其中雇员7人。单位内设立在职党支部和退休党支部，党员42人，其中在职党员22人。办公地点设在雨花区人民政府机关大院三号楼。

2015年，区后勤中心紧紧围绕年初确定的后勤工作要点，以实现“优质服务零差错、安全工作零隐患、后勤保障零搁置、设备运转零故障、服务群众零距离、团队之间零隔阂”的年度总体目标，不断加强区直机关后勤工作指导，推动后勤工作发展，提高服务保障水平，重点把区治大院打造成集行政办公区域与市民活动中心为一体的区域市民中心，湖南经视、长沙新闻、《长沙晚报》、红网等多家媒体多次追踪报道机关大院拆围增绿工作。

（卿小洁）

【后勤管理】 2015年，区后勤中心设立85881000客服电话，随时接收、受理服务。通过建立会务、保洁、绿化、设施设备维修等监管服务网络，每个项目责任明确到人、到点。每日、每周、每月、季度、年度服务保障情况，均有监管考核登记。落实大院消防、治安、安全管理责任，与区各单体部门和经营单位签订安全管理责任书，建立健全安全制度规范管理，严格执行大院安防监督检查制度及隐患排查整改制度，每季度及节日前组织相关人员检查机关大院安全防范措施，及时整改治安隐患，对存在隐患的单位下发隐患整改通知书，限期整改到位。严格公车编制管理，加大公车整治力度。按照有关公车改革精神，收缴超编及报废车辆5台。强化公车日常监管，降低公车运行费用。2015年前11个月油耗同比上年度节约31万多元；前三季度维修支出同比节约45万多元。落实《公共机构节能条例》，推进节能降耗。通过实施节能减排和节能改造等措施，通过实施节能减排和节能改造等措施，尤其是强化对水、电、气的严格管理，2014年10月至2015年9月全区公共机构人均综合能耗同比下降6.87%；天然气、汽油、电消耗量降幅较大，分别同比下降2.41%、16.51%、2.52%。

（卿小洁）

【后勤保障】 2015年，区后勤中心对3个食堂从环境秩序、食品卫生、员工素质等方面确定统一服务标准，规范服务项目，丰富标准菜肴品种，推动机关餐饮服务的制度化、标准化、规范化建设。加强食堂硬件设施建设，保证食堂高效安全运作。检查检修硬件设施设备，更新或修理老化、损坏的硬件设施设备；提供贴心服务，中餐增加小炒窗口服务，满足加班人群就餐需求。每月开展互学互评活动，食堂内部通过听汇报、看台账、查实地的方式，评选每月优秀员工；对存在的问题，集体号脉会诊，查找原因，提出整改建议，推进共同提高；推广“文明餐桌”“光盘行动”，拓展机关餐饮服务的广度和深度。每季度开展一次机关餐饮服务满意度调查，促使机关干部职工参与到创建活动中来，促进机关食堂“共创、共建、共享”。3个食堂、包厢接待就餐70多万人次，就餐满意率在90%以上。加强与物业公司沟通，在安保重要岗位加强安保力量配备，在安保重要时刻加密安保力量巡查。加强人员出入和车辆停放管理，对进入机关外来人员严格询问、登记制度，实行人车分流，对进出办公区域的办事人员凭身份证登记进入。处理上访人员扬言自杀、跳楼、爆炸等恶性事件10余次，接待和有效地阻止上访、闹防及老上访户上访656次。（卿小洁）

【后勤服务】 2015年，根据区政府工作安排，区后勤中心年内签订维修（含设计）合同23个，完成区老干部教学楼电梯等政府采购项目9个，从论证、报审、预（初）审、建设、维修等各个环节，多方听取意见，科学调查研究，加班加点，确保工程顺利进行。完成区老干部教学楼装饰项目、区人大会议室、区直机关大院拆围补绿、区委党校多功能教室改造、二办太阳能路灯改造等大小基建维修改造项目14个；在建工程有党校房屋改造、会议中心舞台改造、二办城管执法大队办公室改造、区环保局办公室维修、区食药监局办公室维修工程等5个。围绕全区中心工作，认真抓好全区性重要工作、重大活动的各项服务，为保障全区重要会议和重大活动，每次均提前主动与水、电、气相关单位积极沟通，确保会议、活动顺利进行。定期对大院设施设备进行大型保养12次，安装维修2964次，大小会务保障412次。后勤中心克服工作人员少，联系部门广，服务对象多，面临情况复杂等实际困难，注重强化沟通联系，认真做好育龄妇女随访和政策解释工作，做好机关大院和流动人口中婚育妇女的计划生育管理与优质服务：完成机关大院1224人全员人口信息统计，开展“生育关怀”及“关爱女孩”活动，经常性地开展跟踪“五期”随访慰问服务，及时上报人口计生信息。随访慰问50多人次，审核计生信息450人次，办理“一孩生育证”“再生育证”共29本、“独生子女证”5本，发放各类宣传资料3百多份，计生服务取得良好的成效。（卿小洁）

【公共机构节能统计培训会】 2015年7月9日下午，雨花区公共机构能源资源消费信息管理系统培训会在区政府会议中心召开。会上对雨花经开区、街道办事处（镇）、区直能耗统计单位、教育系统、卫生系统等118个公共机构的能耗统计员进行公共机构能耗信息系统使用培训，进一步规范公共机构节能的信息统计工作。市、区相关领导及省湘诚信息科技有限公司工程师出席会议。通过此次培训，使雨花区公共机构节能工作人员全面熟悉和掌握对能耗信息管理系统的使用，为深入推进全区公共机构节能工作有序开展奠定坚实基础。（卿小洁）

【机关大院拆墙透绿】 2015年3月，按照市委、市政府下发的《长沙市拆墙透绿增绿工作实施方案》的要求和区治机关大院现状，参考芙蓉、岳麓、天心等区工作情况，区机关后勤中心积极作为，立说立行拆除机关大院围墙，补载冬青、杜鹃等绿色植物约4560平方米，设计成宽2~4米，高1~1.5米的绿化带，开放停车场、健身场和卫生间等，将机关大院改造为集行政办公区域与市民活动中心为一体的区域市民中心。被湖南经视、长沙新闻、《长沙晚报》、红网等多家媒体多次追踪报道。（卿小洁）

【食堂特色服务】 2015年10月，区后勤中心通过“早中餐丰富菜品，工作人员挂牌上岗，广泛征求意见建议”三个举措，对机关食堂的菜品菜式不断改进，早餐时间新增面包、蛋糕、油条、烧卖等品种，中餐时间在食堂一、二楼都新增点菜区，二楼新增蒸菜、水果供应等；就餐人员在排队打餐的同时，也增加了更多的选择性，可根据自己的口味选择就餐的方式。（卿小洁）

政协雨花区委员会

概述

【概况】 中国人民政治协商会议长沙市雨花区委员会（简称“区政协”）设办公室和群团联络、经济科技、文教卫体、人口资源环境、提案法制5个专门委员会。按条块相结合的原则设12个街道政协工作联络处和湖南环保科技产业园政协工作联络处。区政协机关行政编制14名，工勤编3名。2015年，在职在岗人员23人，其中雇员5人；退休干部20人；机关党支部党员29人。

2015年，区政协多次深入到砂子塘、东塘等街道探索社会事务“一口式”受理模式、网格化社会管理模式的发展路径，帮助推广其先进经验。组织相关委员，配合基层同志共同做好金地、韶山路、政院等社区的创新管理工作。鼓励热心公益事业的委员立足雨花实际，建立健全各种社会组织，帮助做好基层治理工作。傅强委员创办雨花区社会组织孵化基地和社会组织实践园，带领众多社会组织大力开展助老助残、关爱失独家庭、扶贫帮困等公益事业，开展卓有成效的社区服务。区政协收集社情民意信息近百篇，经综合整理，向省、市政协报送社情民意信息29篇，有6篇为上级政协所采用。其中姚正清、何重曙、莫艳芝等委员《关于发展社区居家养老服务的建议》《关于对中小学托管机构管理的建议》被省政协采用；姚正清委员《建议切实解决火车南站旅客换乘相关问题》、张福新委员《关于规范无偿献血任务的建议》引起省政府重视，长沙市政府专题调研落实。（罗　宁）

【协商议政】 2015年，雨花区委、区政府高度重视协商民主工作，主要领导和分管领导多次参加相关协商会议，现场听取委员们的意见与建议，并予以充分肯定，当场指示或会后批示有关单位及时采纳大家的真知灼见。区政协召开雨花区政协季度协商工作动员会，确定文化产业建设、火车南站地区管理、跳马镇保护性开发建设和电子商务物流四个调研协商主题。区政协采用对口、专题、提案、界别四种协商形式，成立专门领导小组，由几位副主席分别带队走访调研，形成四篇高质量的调研报告。其中，《坚持保护性开发建设，打造生态型魅力跳马》和《破解火车南站管理难题，扮靓湖南窗口》市政府《决策咨询》刊发，《发挥区域优势，促进雨花区文化产业发展》被《长沙宣传》采用；《打造雨花电商航母，促进区域经济发展》推荐到省政协。（罗　宁）

【提案办理】 2015年，政协提案在支持党委政府决策施政、助推经济持续健康发展、提升城市品质、改善民生、维护社会和谐稳定等方面发挥积极作用，区政协四届三次会议期间，委员提交提案99件，经审查立案84件。其中，有关经济科技方面的提案18件，占21.4%；城建环保方面的提案35件，占41.7%；文教卫体方面的提案13件，占15.5%；社会法制及其他方面的提案18件，占21.4%。立案的84件提案均得到认真办理，《关于加快红星商圈产业提质升级的建议》《关于发展养老服务的建议》《关于进一步加快雨花区电子商务发展的建议》《关于通过社会治理创新加快雨花区社会组织发展的建议》4件重点提案，在助推红星商圈提质、养老服务等方面取得显著的成绩。经验文章《切实提升提案工作质效》在2015年3月29日的省政协门户网站及4月11日的《湘声报》全文刊出。（罗　宁）

【民主监督】 2015年，区政协把监督职能作为支持改进工作的一种重要手段。区环保局多次与区政协主动对接，开展大气污染防治和圭塘河治理系列活动，把支持寓于监督之中，加大环境保护工作力度。财政经济、教育卫生、城建城管等部门，通过各种途径与去政协协商相关问题，认真吸收采纳政协的监督意见。围绕区财政预算与执行情况、阳光司法与公正审判等问题进行的视察座谈等，均取得满意的效果。数十名委员认真负责地参与社会公认度评估测评、绩效考核评价等活动；数十名委员分别作为人民陪审员、检风检纪监督员、环境保护监督员很好地履行监督职责。委员们就职业教育、少数民族流动人口管理、农村社会保险、最严城市管理等单项工作提出监督意见。（罗　宁）

【视察调研】 2015年，区政协主席会议成员多次深入高桥、红星、东塘商圈调研产业转型，支持市场提质发展，提出建设性意见，为解决发展难题牵线搭桥；省政协《湘声报》分别以“转型高桥、蝶变商圈”和“为双创提供‘保姆式’服务”为题进行重点宣传报道。4月8日，区政协党组书记、主席李电晖率政协主席会议成员及相关委室负责人一行实地查看长沙火车南站地区站场及设施运行情况，区政协党组成员、副主席任壮岳主持召开座谈会，听取火车南站地区的综合管理以及百日整治工作情况、2015年主要工作思路汇报；区委副书记汪娟参加视察。6月4日，李电晖率区政协机关全体干部职工视察“委员工作室”建设情况。8月5日，李电晖率领主席会议成员、委室主要负责人及部分政协委员一行视察区人民法院工作，参观区法院交通巡回法庭、诉讼服务中心、未成年人审判法庭、三调联动办公室、信访接待室。12月2日，区政协主席会议成员视察小林子冲棚改工作。（罗　宁）

【公益活动】 2015年，区政协继续打造以“助残、助困、助学、助老、助业”为内容“真情‘五助’·温暖雨花”公益惠民品牌。5月19日，开展“爱心大冲关，委员来助残”活动，由各民主党派和基层政协联络处组成20支爱心队伍，与区内残障儿童及其家长相聚圭塘河畔，携手“冲关”，现场捐款10万元。开展“幸福守望、携手夕阳”“携手看雨花，浓浓敬老情”等系列活动，浓厚敬老爱老的良好氛围。全年为群众提供就业岗位280余个；为困难群众解决生活问题160多个，资金近100万元，帮助区内困难学生70余人，湘西、怀化等贫困地区开展“爱心午餐”等公益助学活动。（罗　宁）

政协会议

【区政协四届三次全体会议】 2015年1月12–14日，中国人民政治协商会议长沙市雨花区第四届委员会第三次全体会议召开。自全区各条战线的240名政协委员及所有特邀、列席人员参加会议。会议听取并审议李电晖代表政协长沙市雨花区第四届委员会常务委员会所作的区政协二次会议以来的工作情况工作报告和陈国强所作的长沙市雨花区第四届委员会常务委员会区政协四届二次会议以来提案工作情况报告。全体政协委员、列席人员列席区四届人大三次会议，听取区人民法院、区人民检察院工作报告；通报提案审查情况。会议审议通过《政协长沙市雨花区第四届委员会第三次会议政治决议（草案）》《政协长沙市雨花区第四届委员会第三次会议关于区政协四届常务委员会工作报告的决议（草案）》。选举彭谱城任秘书长。（罗　宁）

【区政协常委会议】 2015年3月11日，区政协召开四届委员会常务委员会第十二次会议，协商审议吴志坚、林中胜等职务任免事项，协商审议区政协2015年工作要点；7月16日，区政协召开四届委员会常务委员会第十三次会议，通报2015年上半年政协工作情况及下半年主要工作安排，协商审议委员异动建议名单；部署区政协文化宣传工作。10月28日，区政协召开四届委员会常务委员会第十四次会议，宣读区委提名文件（雨发干[2015]19号）《关于提名汤艳辉等同志职务任免的通知》并简要介绍提名人员情况，提名人谢淑贞、王广安、昌名林、李伟才、李卫、彭劲宇表态发言。（罗 宁）

【政情通报会】 2015年7月24日，雨花区召开2015年上半年政情通报会，首次实行向区政协委员集中通报政情。区人民政府常务副区长邹春林代表区政府向区政协委员通报上半年经济社会发展情况。区政协党组书记、主席李电晖主持会议，区委副书记、区长张能峰，区政协全体主席会议成员出席会议，来自全区各条战线、各界别的200多名区政协委员参加会议。（罗 宁）

民主党派
工商联

民革雨花区工委

【组织建设】 中国国民党革命委员会雨花区工作委员会（简称“民革雨花区工委”）设4个支部，党员85人。民革雨花区工委坚持深入学习政治理论并做到学以致用。认真贯彻执行民革市委和中共雨花区委的决议决定，贯彻民主集中制原则，坚持重大问题集体讨论决定，坚持集体领导与个人分工负责相结合的制度，讲究科学的工作方法。1月6日，民革雨花区工委部分党员在民革湖南省委会组织处处长戴明星和民革长沙市委会专职副主委陈慧的带领下，到民革中央机关进行参观座谈。民革中央副主席郑建邦与党员合影并座谈。7月13日，民革雨花工委接待民革海淀区工委“纪念抗战胜利70周年湖南行”考察团一行12人。10月19日，民革雨花工委进行各支部换届选举，选出新一届支部委员会成员。新旧支部班子成员交接稳定、顺利完成，为更好地开展各项工作打下良好的基础。（刘　娟）

【参政议政】 2015年，民革雨花区工委积极参加民革市委、雨花区委、区政府和区委统战部的各项参政议政工作。结合雨花区两会，号召工委人大代表、政协委员积极谏言献策，提出有质量、上档次的议案、提案。并借此向工委广大党员广纳意见，提高工委党员的政治敏锐性和政治觉悟。党员王彤撰写的《关于规范与引导长沙街头艺人表演的建议》、梁赛撰写的《关于在市区下穿立交、涵洞和隧道及低洼路段安装水位标尺和积水警示标志的建议》被市政协采用。（刘　娟）

民革雨花区工委纪念抗战胜利70周年

【服务社会】 2015年，民革雨花区工委积极服务社会。3月22日，为纪念抗战胜利70周年，缅怀先烈、祭奠抗日英雄，民革长沙市雨花区工委部分党员前往长沙县白沙镇报母村祭奠国民党抗日英雄彭劢将军。5月，民革雨花区工委组织四个支部共计20人，参加由雨花区政协和区残联携手打造的“帮助残疾儿童”活动，捐款5000元。6月12日，“民革雨花工委湖南行”系列活动走进衡阳，开展“纪念抗战胜利70周年，缅怀衡阳抗战先烈”活动。8月8日，民革雨花工委和南雅中学1310班的学生在雨花区政府3号楼举行“欢迎老兵回家”和“纪念抗战70周年慰问抗战老兵座谈会”的活动。9月1日，民革雨花区工委参与九三学社、长沙市委员会、长沙市文明办等单位举办的“铭记历史珍爱和平”“礼敬抗战老英雄”学雷锋志愿服务活动。10月19日，民革雨花同心羽毛球俱乐部成立，民革雨花同心羽毛球俱乐部的成立开创民革党派之先河，为民革雨花工委活动增添新的亮点。11月4日，民革长沙市雨花区工委在中南林业科技大学图书馆举行“结对帮扶，爱心助学”活动，资助均为林科大食品科学与工程学院18位在读的贫困学子，捐资6.4万元。（刘　娟）

民盟雨花区工委

【组织建设】 2015年度，中国民主同盟雨花区工作委员会（简称“民盟雨花区工委”）设支部12个，盟员420人，其中，发展新盟员12人。民盟雨花区工委完成多年来的档案资料汇编和电脑录入工作，规范参政议政档案、社会服务活动档案、各类文件档案等，将其统一保存于雨花区民主党派活动中心办公室。民盟雨花区工委全年组织集中学习2次和学习体会征文评比1次，开展各类支部组织活动30余次。利用好支部QQ群平台，做好各支部的各种活动的宣传报道。所辖4个支部完成换届选举。民盟雨花区工委、综合支部连续十多年清明祭扫长沙岳麓区野猫坡抗日官兵公墓。《关于提请将野猫坡抗日无名墓地列为市级保护的文化遗址，尽快修缮保护的建议》市级提案得到重视，公墓正式迁移到岳麓区天顶公园得到保护，成为珍留长沙城得爱国教育基地原址。民盟雨花区工委各基层支部参加的抗日战争胜利70周年纪念活动。全体盟员受到深刻的教育。综合一支部主委孟繁英获得盟员孟繁英获第五届全国道德模范提名奖。盟员吕建伟被湖南省律师协会授予“湖南省第二届优秀青年律师”荣誉称号，民盟长沙市委授予“2014年度参政议政先进个人”荣誉称号；参加“湖南省直律师事务所法庭辩论赛”，荣获“优胜奖”荣誉称号。（刘　娟）

【参政议政】 2015年，民盟雨花区工委各支部积极向《长沙民盟》、区委统战部提交社情民意和相关稿件40篇以上，撰写人大、政协提案8个，开展社会调研活动22次，撰写高质量的调研论文12篇。存粮于民、缓解仓储压力和农民卖粮难的建议、关于推进在线教育的建议等提案建议案得到政府部门采纳。商贸旅游支部组织盟员到浏阳市社港镇周洛旅游文化村进行学习考察活动。盟员聂裕鹏、门利娟、黄快生分别中标盟省委《推进湖南特色新型智库建设研究》课题、《湖南高铁旅游带动高铁沿线经济发展的战略研究》课题、《关于我省“十三五”规划重大战略问题的建议》。盟员张瑞梅、范作均、吕建伟、蒋玉芝分别中标民盟市委《长沙职业教育与区域经济协调发展研究》《长沙“互联网+”新兴产业布局与发展研究》《推进长沙基层社会治理法治化建设的建议》《推进长沙养老护理和精神服务事业发展的研究》调研课题。（刘　娟）

【服务社会】 2015年，民盟雨花区工委参加区政协、区残联举办的“爱心大冲关，委员来助残”等助残、助困等五助活动，为残疾儿童捐款5000元。发挥孟妈妈青护园平台、高校支部、文教卫支部智力资源丰富的优势，继续与薄弱学校开展结对援助或支教活动，开展文化、科技、卫生、教育下乡活动，开拓多种渠道，采用多种形式做好社会服务。定期组织公益活动和社区服务，树立民盟组织的良好形象。综合一支部、十五中盟支部和长沙孟妈妈青护园前往长沙县春华镇松元村志和学校，开展“2015爱你有我·同心护童”活动，为学生们送上水果，衣物等，对特殊未成年群体实施帮扶。综合二支部、稻田中学支部到革命老区岳阳地区平江县安定区观塘农场子弟小学开展爱心互助活动。民政学院支部到长沙市第一福利院、市敬老院居家养老老人开展爱老敬老活动。雅礼中学支部组织盟员前往省少数民族地区薄弱学校——通道一中开展扶贫助学活动。（刘　娟）

民建雨花区工委

【组织建设】　2015年，中国民主建国会雨花区工作委员会（简称“民建雨花区工委”）设6个支部，会员170人；其中，按照民建新章程及相关文件，优中选优，接收吸纳不同界别优秀会员7人，会友1人，增强支部活力。民建雨花区工委组织会员参加全国非公经济论坛、企业家联谊会、企业家创业之路演讲会等10余次，现场聆听民建湖南省委在高桥办事处举行的法律巡讲授课，实地参观秉言律师事务所，集中学习物权法。正圆支部60岁以上的会员24人，占比四分之三多，多数老会员身体状况不好。民建雨花区工委关心困难会员，加大看望慰问患病会员力度，看望慰问10多次，及时送上组织温暖。积极向民建市委报告情况争取慰问和帮助。积极组织各支部开展活动，7月25日，开展迎接中国民主建国会成立70周年和民建长沙市委员会筹委会成立65周年“双迎”活动。9月初，在岳麓山烈士陵园举办以“缅怀革命先烈，弘扬民族精神”为主题的扫墓纪念活动。9月23、24日两天，正圆支部组织会员到望城乔口和靖港开展调研活动。按照民建市委会关于支部换届工作的精神和要求，分批次组织举行支部换届选举大会。11月，二支部完成改选工作，实现班子顺利交接。（刘　娟）

【参政议政】　2015年，民建雨花区工委多层次、多角度广泛地开展调研活动。组织会内企业家、经济部门工作的会员，采取实地调查、走访相关部门、到社区和居民小区听取意见建议、召开座谈会等形式，详细摸清资本市场建设的现状和存在的问题，调动会员参政议政的积极性，发挥会员联系面广、专业熟悉的特点，提高调查研究的深度和针对性，使会员提交的民情民意从不同层面反映了社会热点和难点问题，提交人大建议12件，政协提案10件。市人大代表张德明提交的《开放出租车经营权，由市场调节出租车数量》《规范市内公交站牌及线路指示牌》的建议、市政协委员李勇提交的《关于进一步规范生活垃圾处理的意见》、区政协委员夏剑波提交《关于尽快编制长沙户外广告设置规划的提案》、区政协委员谢志农提交《关于万家丽路高架城市快速线南延至时代阳光大道提案》，聚焦热点、难点问题，既为党委政府献策，又为市民代言；会员王东华撰写的社情民意《传销通过微信扩张的趋势值得警惕》被省政协采用，提交的《烈士公园亟须升级改造》的意见建议，得到市相关领导批示。（刘　娟）

【服务社会】　2015年，民建雨花区工委依托组织优势，发挥党派特色，打造民建社会服务品牌。鼓励和引导广大有愿望、有能力的会员特别是企业家会员积极承担社会责任，参与帮扶工作，拓展帮扶领域，扩大帮扶数量和地域，扩大社会影响力。建立扶贫帮困制度，采取组织集中号召、会员自愿报名的方式，实行“一帮一”“多帮一”结对帮扶，定期走访，及时掌握困难家庭情况，区别不同情况，帮助困难户分析原因，理清扶贫思路，采取相关帮扶措施。一支部主任李文星、支部委员袁云犁、姚慧，以及会员童宗平、宋剑等通过采取捐助善款、推荐就业、扶助创业等等形式，对所联系困难户进行帮扶，捐助资金超10万余元。10月23日，民建雨花区工委联合雨花区教育局，专程赴娄底市双峰县梓门桥镇涧山小学，送去支部爱心捐赠的课桌椅140套，电脑4台，以及雨花教育名师课堂。组织部分爱心企业积极结对帮扶贫困大学生，提供爱心助学资金，提供勤工俭学岗位，用实际行动回报社会。发动全会力量，继续推进“同心工程”，春节、中秋等重大节假日走访慰问部分街道社区困难群众 15 次、资金近 20 万元。8 月，了解到民建市委的帮扶定点单位怡园社区急需帮扶解决问题，通过支委会的宣传，会员们纷纷献出爱心，将 1 万元帮扶款迅速送到社区，缓解燃眉之急。（刘　娟）

民进雨花区工委

【组织建设】　2015 年，中国民主促进会雨花区工作委员会（简称“民进雨花区工委”）设 11 个支部，会员 141 人，其中发展新会员 9 人。民进雨花区工委要求各基层支部必须每个季度组织一次学习，每次学习要做到有主题、有记录、有总结；单位政治学习不缺席，主动联系单位中共党组织，争取领导和支持，创造机会参加党组织的学习活动。组织各类参观学习活动 10 余次，不断提高组织凝聚力；组织夏晓波、罗赛红、郑瑞雅等 4 名会员参加中央、省、市级培训。组织民进界别的政协委员夏晓波、谢建娇、周清香参加区政协组织的委员培训学习。按照市委会的安排，完成基层支部换届工作，原有的 10 个支部，优化重组成 11 个支部，换届后的支部领导班子更加年轻化，基层支部的活力进一步提升。完成民进雨花区工委办公室的装修和装饰工作，完成资料整理，印制宣传图册。会员周清香被提拔任命为区市政局副局长。看望慰问老会员，给他们带去组织的温暖。直属一支部被评为民进中央先进基层组织，会员袁首、肖和先、郑瑞雅被评为省级优秀会员，会员王中翼、成新宁、郁剑、曾大东被评为市级优秀会员。（刘　娟）

民进雨花工委“同心百课进基层，舞动乡邻乐重阳”联谊

【参政议政】　2015 年，民进雨花区工委会员夏晓波、袁首代表民进雨花区工委执笔参与区政协对口协商调研课题《破解管理难题 扮靓湖南窗口》，得到市、区主要领导的高度肯定。向全国人大代表、省、市、区级人大代表和政协委员提供参考建议和提案 5 条。民进界别的政协委员积极参加区政协四届三次会议，大会期间，积极议政，提出《加强保洁力度，提升站区形象》等建议 14 件。（刘　娟）

【服务社会】　2015 年，民进雨花区工委“同心百课进基层”活动送出公益课程 20 余堂，近五千市民受益，得到市委、区委统战部高度肯定和老百姓的欢迎。10 月 18 日，民进雨花工委“同心百课进基层，舞动乡邻乐重阳”汇报演出暨重阳节庆祝活动在锦绣世纪小区举行。继续一年一度的义诊活动，为义诊地（浏阳）进行健康检查，发送药品。组织会员参加区政协“爱心助残”活动，结对帮扶残疾小朋友钟恩宇，捐款 5000 元。为多位外来务工人员子弟送“红包”，满足学习和生活中的微心愿；为白血病患者莫丽平捐款 3400 元。（刘　娟）

农工党雨花区工委

【组织建设】　2015 年，中国农工民主党雨花区工作委员会（简称“农工党雨花区工委”）设 5 个支部，党员 123 人。农工党雨花区工委组织区工委委员进行集中学习 2 次。积极组织农工党员深入学习会议精神，加强对农工党的党史、党章和多党合作理论的学习。5 月，参加农工市委举办的学 " 学精神、学党章、学党史 " 知识竞赛活动荣获二等奖。5 个支部均完成换

届选举工作。（刘　娟）

【参政议政】 2015年，农工党雨花区工委各支部积极向《长沙农工》、区委统战部提交社情民意和相关稿件2篇以上。结合工作实际和存在的问题开展多次社会调研活动，撰写了高质量的调研论文10多篇。撰写人大、政协提案“关于加快雨花区北斗导航定位产业化发展的建议”，得到区政府的高度重视和区委书记批复，并责成雨花区工业和信息化局主办，发改局、商务局、旅游局等局协办。（刘　娟）

【服务社会】 2015年，农工党雨花区工委各支部利用“学雷锋”“三八”节、重阳节、周末等开展健康咨询义诊、送医送药、为贫困地区灾区捐资、捐物、济困等社会实践活动，受益群众3000多人。开展“爱心助孕、造福万家”公益活动，接受来自8个区县不孕不育患者168人，减免金额319734.52元，受到社会各界好评。各基层支部积极参加区政协、区残联举办的“爱心大冲关，委员来助残”等助残、助困活动，为残疾儿童捐款5000元。（刘　娟）

致公党雨花区工委

【组织建设】 2015年，中国致公党雨花区工作委员会（简称“致公党雨花区工委”），设4个支部，党员76人，其中，新发展3名新党员。致公党雨花区工委组织新进支部成员和后备干部参加省委和市委举办的学习班和参政议政研讨班，提高思想认识和参政议政能力。组织党员积极参加纪念致公党建党90周年征文比赛、知识抢答赛、座谈会，传达学习近平在中央统战工作会议上的讲话精神、十八届五中全会精神，进一步增强党员的政治素养。组织换届工作，电子工业学校支部改造更名为致公党雨花四支部，改造后的雨花四支部党员人数增加到21人，由单位型支部变成综合型支部，支部活力进一步增强。其余3个支部完成了换届任务，选举产生新一届支部班子，顺利开展工作。致公党雨花区工委各支部组织走访慰问老党员，关心老党员身体与生活情况；组织80多位女党员参加致公党长沙市妇委会赴浏阳古港花田赏油菜花、参观谭嗣同、王震故居等。一支部全体党员参观左宗棠故居—柳庄；送带着飘香的粽子到雨花区社会福利中心“老人之家”，为孤寡老人们送上节日的问候；中秋节，联合四支部慰问雨花区社会福利中心五保老人。二支部组织和参与5次学习调研联谊及参观活动，慰问雨花区社会福利院孤寡老人2次。三支部为纪念抗日战争胜利70周年，组织党员参观芷江日军受降基地；安排晚宴，为支部老党员庆贺80岁生日。四支部开展微信互动，党员活动、社会服务等，支部凝聚力、战斗力明显增强。宣传教育持续开展。《长沙致公》刊登报道16篇，《长沙统战》刊登理论文章1篇。三支部被致公党省委授予庆祝中国致公党成立90周年“先进基层支部”。致公党雨花区工委组织党员对办公阵地装修方案进行反复讨论，数易其稿，最后由党员廖政湘担纲制作，阵地的设计和布置得到区委统战部的高度评价和肯定，市委致公书画院特意为阵地挂牌赠送《致力为公》书画作品。（刘　娟）

【参政议政】 2015年，致公党雨花区工委成立以工委主委任组长的参政议政工作小组。工作小组精选课题，深入部门、街道、园区、企业座谈调研，撰写的《加快发展互联网+》的调研报告在雨花区同心恳谈会上做书面发言。区工委主委在区政协会议上做《加快旅游业大发展，助推雨花经济新一轮腾飞》的大会发言，在市政协组织的为长沙经济社会发展建言献策座谈会上做《加快职业教育与产业发展的对接，构建长沙现代职业教育体系》的专题发言，参加市政协在长外资企业发展课题调研，撰写《优化发展环境，努力破解侨资企业融资难问题》的建议，获得好评。党员吴迎学被聘为省政府参事，聘期五年，并与省政府参事余进修、省参事室参事业务处副处长张传务等一行就《我省水运与经济发展关系》课题到怀化市洪江管理区进行课题调研。市、区两会期间，致公党雨花区工委党员共提交市提案3件，区建议、提案12件，其中集体提案1件。党员黄晖提出的《建议我市率先设置医保病人门诊治疗费用报销比例》的建议被市委统战部采用，周争平律师撰写的《三非外国人问题应引起高度重视》被省政协采用。（刘 娟）

【服务社会】 2015年，致公党雨花区工委与“爱盟助残公益联盟”开展合作，6名党员组成强大律师阵容为全国重度残疾人提供免费法律咨询；走访省电子工业学校，就重度残疾人员居家就业项目与学校领导进行深度对接，开展居家就业网络培训。律师彭飞章《犯罪到底离我们有多远？》走进电子工业学校大讲堂，给学生以心灵震撼；在侯家塘街道成立“侨之家”法律服务中心，社区模拟法庭深受群众喜爱。致公党雨花区工委在“雨花区第二十五次全国助残日学雷锋主题体验活动”中捐款5000元，工委副主委黄晖现场一对一捐助自闭症儿童1名。鹏润农业董事长罗炜豪捐助20万元，为湖南武陵山区“一家一”助学就业·同心温暖工程开办“致公·鹏润班”，为贫困山区失学青少年提供职业教育、就业辅导和安置，帮助他们放飞梦想。党员孙艳多次在雨新、铁道等社区及相关专题活动中，宣讲相关医疗知识，开展义诊和医疗咨询。发挥该党特色，积极为华侨、侨胞、侨属服务，多次接待海外回国的华人、华侨及海外留学人员，探索途径开展海外联谊活动。积极参加“创新创业·凝聚长沙”2015长沙青年海归发展论坛，工委主委易静参与活动的组织策划并担任论坛互动环节的主持人，获得高度评价。开展“雨花致公万里行”活动，拜访澳门、秦皇岛等地的致公组织。引进中组部“千人计划”创新型A类专家、国家科技重大专项973“干细胞治疗重大疾病机理研究” 首席科学家、中国科学院广州生物医药与健康研究院研究员、公共健康研究所所长李尹雄教授专利项目及其所属公司—伊雄生物创新公司落户雨花经开区，填补雨花大健康产业园高尖端生物医学项目的空白。（刘 娟）

九三学社雨花区工委

【组织建设】 2015年，九三学社雨花区工作委员会（简称“九三学社雨花区工委”）设5个支社，社员146人。雨花一、二、三支社、城建支社完成换届选举，其中城建支社分为城建一支社和城建二支社，城建二支社13人划归高新区管理。规划支社计划完成换届。建设区工委办公室，精心制作以九三学社雨花区工委几年来的工作为重点的宣传栏，购置一批关于党派建设等方面的相关书籍，并每周安排一到两名义务社员进行日常办公。

（刘 娟）

【参政议政】 2015年，九三学社雨花区工委积极参加区委、区政府和区委统战部召开的各种协商会、座谈会，广泛收集意见，就政府工作、城市建设等提出中肯的建议和意见。参与调研区文化产业的课题调研，形成《关于促进我区文化产业发展的调研报告》，从各方面提出可操作性的建议。发动6名九三学社成员中的区政协委员关注民生和热点问题，积极提交《关于促进我去健康产业集聚发展的建议》等提案6份。督促10位特约监督员，本着公开、公平、公正的原则，积极主动参加对相关单位的政风行风民主评议、党风廉政建设制度执行等情况的督查。（刘 娟）

【服务社会】 2015年，九三学社雨花区工委的为丰园社区10户孤残老人送去新春慰问金4000元及春联。在“爱心大冲关 委员来助残”活动中，捐助残疾儿童5000元。端午节，市委秘书长王剑平、九三学社雨花区工委主任吴海军、雨花二支社主委傅琼琼等为沪昆及环城绿带拆迁拆违指挥部的一线工作人员送去防暑物资。“架同心桥，圆学子梦”助学活动发放8000元扶助3名贫困学生完成学业，新增7岁的孤儿姚春笛为一名援助对象。九三学社雨花区工委赴13名宁乡县沩山乡同庆村及贫困孩子家中，开展“梦想出发，德乐同行”帮扶助学活动，捐助助学金2000元及学习用品。9月1日，举办“铭记历史 珍爱和平”全国100个城市举办纪念中国人民抗日战争暨世界反法西斯战争胜利70周年灯谜展猜活动，将灯谜展猜活动将纪念抗战胜利70周年与九三学社创建70周年有机融合，传承“雨花谜语”这一非物质文化遗产，缅怀为追求和平正义做出重要贡献的中华儿女。在洞井街道龙庭社区成立沁心幸福工作站， 6名心理咨询师、3名律师入驻，10余名社员作为义工长期为工作站提供义务服务。在龙庭、歇马亭等社区开展幸福家庭讲座宣讲，提供个人咨询服务10余次，免费法律援助5次。 （刘 娟）

工商联

【概况】 长沙市雨花区工商业联合会(总商会)(简称“区工商联”）是雨花区委领导下面向工商界、以非公有制企业和非公有制经济人士为主体的人民团体和商会组织，具有统战性、经济性、民间性质的社会团体组织和民间商会，核定行政编制3名，其中领导职数3名。

2015年，区工商联学习贯彻落实中共十八大、十八届四中、五中全会和习近平重要讲话精神，立足“两个健康”工作主题，发挥“统战性、经济性、民间性”有机统一的综合优势，在转变作风、创新工作中主动适应新常态，服务区域经济社会发展大局，扎实开展各项工作，抽调专人参加区委重点项目征拆大行动。积极参与“三定三抓”工作，加强与联点项目“北大未名健康产业园”项目的对接，及时掌握该项目进展情况，制定具体帮扶措施，落实部门联点责任。区委“民意快线”工程工作要求，联点新裕社区群众工作，以“服务人民群众、服务企业项目、服务基层治理”为主要内容，深入开展“五访五问”活动，广泛收集群众意见诉求，及时上报、妥善解决群众反映的困难和问题。按照“三严三实”专题教育活动要求，到跳马镇杨树林村开展“进村入户、访困问需、访贫问计”活动，结对帮扶一批困难户。加强同联点街道的联系和沟通，深入联点社区开展交通劝导、志愿服务等文明创建工作。推动区工商联工作持续健康发展，巩固党的群众路线教育实践活动成果，抓好中央八项规定以及群教活动《整改方案》事项的落实，推进“创新型、服务型、学习型”机关队伍建设，成为首批湖南省省级五好县级工商联建设示范点。 （戴 鹰）

【组织建设】 2015年，区总商会按照“领导班子好、会员发展好、商会建设好、作用发挥好、工作保障好”的工作要求，积极开展争创“五好”县级工商联工作，加强班子队伍建设、提升会员整体素质和对各基层商会、行业商会的服务、指导，商会组织建设上新台阶，获评湖南省“五好”县级工商联建设示范点，成为长沙市首批获得授牌的区（县）工商联单位。积极参与创新社会管理，加强“协调劳动关系三方会议”相关工作，积极受理企业反映的困难问题，主动与职能部门沟通协调，切实维护会员企业的合法权益。以全面深化改革精神为指导，出台基层商会换届指导意见，帮助和指导各街道商会、女企业家商会圆满完成换届工作，一批热心商会工作，在本辖区和本行业中有较大影响，有较强号召力的非公经济人士吸纳到街道商会和女企业家商会领导班

雨花区工商联慰问困难群众

子当中，充实基层商会力量。及时准确填报会员统计数据，更新和完善会员企业登记名册、会员信息变更等基础性工作台账，动态掌握会员企业发展基本情况和主导产业、行业分布情况，为区委、区政府制定有关非公经济发展政策提供依据。通过省、市、区三级商会网站和《雨花商会》期刊为会员及时通报政情、展示会员风采、提供企业交流、法律维权、招聘人才信息等服务。推进普惠金融，增强民营企业规范发展、走向资本市场的意识，进一步推动“大众创业，万众创新”，畅通和拓展民营企业融资渠道，激发民营企业发展内在活力，推荐长沙宝珍电器有限公司、长沙市王子钢琴艺术培训管理有限公司、湖南韩亿玛特贸易有限公司三家企业挂牌湖南股交所Q版。增强商会间协作交流，新缔结宜春市袁州区、南昌市青山湖区工商联2个友好商会；接待长沙市宁乡县工商联、河北省滦平县工商联的来访，通过学习、交流，加强本地商会、异地商会间互动，实现区域之间商会双赢，企业间的合作共赢，拓宽民间交流渠道。制订2015年全区工商联会员发展计划，有组织、有计划、有目标地将新社会阶层中的积极分子、优秀人士吸收到会员队伍中来，注重吸收新兴业态企业和小微企业入会，使会员更具有先进性和代表性，发展新会员120家。

（戴　鹰）

【教育引导】　2015年，区工商联配合区非公工委紧扣全面从严治党主线，着力夯实基础工作，下发《基层党组织工作手册》，推进全区非公党组织规范化建设；发放“中国共产党党员证”，从严管理党员；对确定为软弱涣散党组织的9个非公经济和社会组织党组织，分类进行整改，滚动推进升级；强化党建保障，创新活动载体，围绕服务型党组织建设，在全区非公党组织中广泛开展“双建四联”活动，医疗义诊、邻里情怀、义助果农、爱心送考、无偿献血、消防讲座、就业服务等系列活动，增强了党员的服务奉献意识，强化非公企业的社会责任；第三批33家非公企业党组织获得建设奖励资金；会员企业思齐教育培训学校确定为市级党员干部示范培训实践基地；全区开展非公经济组织党组织“星级党组织”“先锋品牌”评比活动，展开对非公党组织的考核，全区非公党建工作得以不断巩固和提质。非公企业党组织和社会组织党组织605家。区工商联执委会邀请市委党校金立槟教授进行“学习贯彻四中全会精神推进法治中国建设”专题讲座，引导非公有制经济人士增强法治观念和诚信守法意识。常委会邀请市委党校徐少兵教授进行“十八届五中全会在全面建成小康社会决胜阶段的战略部署”授课，树立非公经济人士“社会主义市场经济本质上是法治经济”的思想观念，增强自觉信法、学法、守法、用法、护法意识，正确把握国家战略部署、大众方针，争做社会主义法治的模范践行者。组织基层商会会长，工商联部分兼职副主席、副会长参加“深圳大学——雨花区非公有制经济代表人士素质提升专题研修班”和长沙市工商联举办的“解放思想 创业富民大讲坛”——《新常态下2015中国经济走势与投资方向》《电商创新与互联网转型》等专题讲座，通过多方式全方位的培训学习，引导企业提振发展信心，凝聚改革共识，实现企业转型创新发展。

（戴　鹰）

【参政议政】　2015年，雨花区推动政企恳谈长效机制，畅通沟通渠道，区委举行“迎春座谈会”和“同心合作共赢　圆梦五新雨花”区经济界人士同心恳谈会，听取民企困难问题和发展建议，为民企排忧解难。区工商联配合省、市开展“非公经济企业健康和非公经济企业家健康”“上规模民营企业调研”“走出去”综合调研和“访民企、解难题、保增长”千户民企大走访等系列调研活动，总结雨花区非公有制经济发展状况和民营企业走出去基本情况、主要做法、问题和建议，完成调研文章《雨花区非公中小企业发展权益问题研究》一篇，为区委、区政府科学决策提供参考。发动、引导工商界人大代表、政协委员围绕区域经济发展，群众普遍关心的热点、难点问题，扎实调研，主动建言献策，提交议案、提案和建议40件，社情民意10篇，调研报告7篇，多条建议被有关部门采纳。（戴　鹰）

【服务社会】 2015年，区工商联围绕“四同”（同心园区、同心项目、同心乡村、同心社区）创建主题，开展一系列活动，提升非公经济人士的社会责任感和爱心奉献意识，展示非公经济人士积极参与社会扶贫，弘扬传统美德，热心公益的良好社会形象。在各镇、街道商会、行业商会中开展“百企联百家·同心促和谐”帮扶主题活动，引导非公会员企业和非公有制经济人士提升责任意识，全面践行社会主义核心价值观，促成辖区内130家非公会员企业和130户困难家庭结对帮扶，形成帮扶长效机制。组织区内非公经济代表人士参与“情系‘三区’感恩社会光彩大行动”，让贫困山区学子感受社会的关爱和温暖，捐赠5万元帮助湘西麻阳苗族自治县飞山中学，改善办学条件。组织40多家会员企业参加“2015年全国民营企业招聘周”招聘会，约200人在招聘现场与用工单位达成用工意向。开展拥军活动，支持驻区部队建设，不断深化军地共建活动，春节、建军节，到军民共建单位武警长沙第十四中队走访慰问。组织女企业家商会会员开展“相约春天 活力起航”趣味游戏比赛活动，庆祝第105个“三八”国际劳动妇女节。首次举办“同心杯”非公经济人士羽毛球赛，来自区总商会、跳马镇、12个街道商会共14支代表队参赛，业务赛事比出专业队的水平，成为雨花区非公经济人士展示形象、振奋精神、鼓舞斗志、凝聚人心的体育盛会。（戴　鹰）

社会团体

总工会

【概况】 2015年，雨花区总工会在职干部职工9人，其中行政编制4人，事业编制2人，雇员3人。退休7人。单位设机关党支部，共有党员14人，其中在职党员8人。区总工会下设二级事业单位区职工服务（帮扶）中心。办公地点设雨花区政府大院2号楼A座一层。

2015年，区总工会开展党的群众路线教育实践活动，创新工作方法，夯实基层基础，加强维权服务，强化作风建设，工会组织吸引力、凝聚力和战斗力不断增强，各项工作扎实推进。工会组建、工会经费收缴、服务卡办理、职工医疗互助、工资集体协商等工作指标全面完成。（凌　敏）

【组织建设】 2015年，区总工会按照“哪里有企业，哪里有职工，哪里就要建立工会组织”的建会原则，创新思路，集中力量，强化考核，宣传跟进，强化工会组建的日常动态管理，组建报表和数据库报表实行一月一报，组建台账和数据库台账实行一季一通报。实行每季一交叉检查和工作通报。组建运行与工作经费拨付挂钩等制度办法，充分调动基层工会干部的积极性，构建了“横向到边，纵向到底”的工会组织网络，工会组建加快推进，新建工会组织683家，新增会员近3.5万人。投资4万元，在晓光模具有限公司创建“仲志刚劳模创新工作室”，工作室将以依托单位“晓光模具”的创新需求为导向、以工会为纽带、带领全区职工学习先进榜样，加强技术创新，提高企业的自主创新能力和市场竞争力。推选桂花树小学工会小组为全国“模范职工小家”、左家塘街道工会联合会获省“六好乡镇街道工会”、枫树山小学体育教研组获市“工人先锋号”、雨花亭新星社区、克明面业公司工会获市“职工书屋示范点”、红星农副品大市场工会、克明面业工会等获市“模范职工之家”、育新小学、石燕湖导拓部工会小组获市“模范职工小家”称号。

（凌　敏）

【职工素质】 2015年，雨花区全面启动“争先锋、当主力、建功立业促发展”劳动竞赛活动，按照以块为单位进行组织，以系统为单位进行比武，条块结合、各有侧重的方式在非公企业中开展“比创新、比技能、比效益”为主要内容的劳动竞赛活动；在重点工程中开展“比安全、比进度、比质量”为主要内容的劳动竞赛活动；在机关事业单位开展“比服务、比管理、比奉献”为主要内容的劳动竞赛活动。全区200余家工会组织，5000余名职工参加劳动竞赛活动。加大职工培训力度，职工业余培训学校以集中培训、订单培训、流动课堂等形式，开设计算机、安全生产、消防知识等各类培训班30余次，培训职工4000余人次。组织非公企业工会干部、社区工会专干培训班各1次，组织园区、街道（镇）工会专干业务培训班3次，组织专题研讨2次，进一步提高工会干部业务水平。为区内单身男女搭建沟通交流的平台，举办“缘汇雨花·相约蓝湾”“相约红缘，爱‘寨’一起”等相亲联谊活动，雨花区各机关、企事业单位单身男女约1000余名参加，最终50余对青年男女配对成功。开展“团结奋进·建功雨花”职工合唱比赛，100余个基层单位，职工5000余名参与，红网、长沙电视台、《长沙晚报》《湖南工人报》等媒体对给予报道。组织“中国梦·劳动美”职工法律知识抢答赛，强化职工法律意识。举办“我健康、我快乐、共筑雨花梦”秋季系列健康活动，区直机关干部积极参与。（凌　敏）

【职工权益维护】 2015年，雨花区结合工会参与职业病防治、企业安全生产等内容，面向基层社区、企业以多种形式开展安全生产知识宣传教育。组织机械制造、建筑施工和其他生产型企业开展各种安全文化活动，100多家企业积极参与。3月，开展以“女职工法治宣传教育与权益维护”为主题的“女职工维权行动月”活动。开展送体检、送温暖、送健康“三送”活动，2048名一线女职工免费体检；为37名单亲、特困女职工送去慰问金近2万元；开展“健步圭塘河、羊帆新雨花”健步走活动。按照年初有布置，启动有仪式，中途有督查，结果有评比的步骤，全面推进劳动合同、集体合同、工资集体协商工作，4月3日，召开工资集体协商动员培训及工作任务布置会，指导服务基层工会，160家规模非公企业工会主席参加培训。完成工资集体协商112份，覆盖企业2108家、职工31447人。定期召开劳模座谈会，了解劳模工作、生活情况，听取劳模意见。9—10月组织省、市、区级劳模分别赴呼伦贝尔、湖北等地进行疗养。做好全国、省级劳动模范评选推荐工作，游端霞获“湖南省先进工作者”称号。组织优秀劳模到企业、机关开展劳模事迹宣讲报告会5场。（凌　敏）

【职工帮扶】 2015年，雨花区继续推进职工帮扶工作，走访慰问困难职工1000余人次，发放慰问金、慰问物资74万余元。春节期间，区总工会多方筹集资金和物资，走访慰问市政、园林、环卫一线职工和部分非公企业困难职工400余人，慰问金额近50万元；筹集资金23万余元，慰问70名大病大灾困难职工。8月，开展金秋助学活动，资助贫困学子47人，帮扶资金16.1万元。开展职工医疗互助活动，组织19245名职工参与职工互助医疗，缴纳互助金96余万元，为职工1300余人次报销医药费106余万元。（凌　敏）

【增补总工会委员】 2015年5月7日，雨花区总工会召开区总工会第三届委员会第十五次全体委员（扩大）会议，补选新的工会委员。区委组织部副部长肖向东介绍补选委员候选人基本情况。通过投票选举，补选刘伟、游伟、段灿军、罗龙忠、刘础为区总工会第三届委员会委员，选举刘伟为区总工会第三届委员会常委，区总工会副主席。10月21日，召开区总工会第三届委员会第十六次全体委员会议，通过投票选举，补选秦勇忠、陈春华、谢冬波为区总工会第三届委员会委员，补选秦勇忠为区总工会第三届委员会常委、副主席。（凌　敏）

妇女联合会

【概况】 长沙市雨花区妇女联合会（以下简称“区妇联”）行政编制3名，其中领导职数2名。2015年，在职在岗人数4人，其中干部3人，雇员1人；退休1人。区妇联设立一个党支部，共有党员5人，在职党员3人，雇员党员1人，退休党员1人。办公地点设在雨花区人民政府1号楼。

2015年，雨花区妇女工作围绕促进妇女发展和维护妇女权益两条工作主线，在组织建设、事业发展、宣传工作、维权工作、妇儿工委等方面开展一系列的工作，有力推动全区妇女事业与经济社会的协调健康发展，被评为全省妇联系统宣传工作先进单位。（吴　杨）

【组织建设】 2015年，区妇联辖区直机关工委妇委会、教育局妇委会、12个街道妇联、跳马镇妇联和雨花经开区妇委会。区妇联坚持“党建带妇建”，指导社区结合实际打造工作品牌，加大对“妇女儿童之家”典型的培育力度，开展“妇女儿童之家”优秀品牌案例征集展示活动，通过组织初赛和复赛，召开集中分享会，全区评选出15个优秀案例，侯家塘街道韶山路社区“邻里坊”、高桥街道怡园社区“他乡美”、圭塘街道圭塘社区“五彩一家”等3个优秀品牌案例参加全市展示活动。侯家塘街道韶山路社区、东山街道黎郡社区、左家塘街道窑岭社区创建为市级“示范妇女儿童之家”，东塘街道浦沅社区、井湾子街道三湘社区、同升街道桃阳社区筹委会创建为区级“示范妇女儿童之家”。举办妇联干部业务培训班，179名妇女干部参加培训。“凤雅智慧课堂”以“家庭健康直通车”活动和家庭教育巡讲活动为重点，委托专业培训结构到社区开展家庭教育、家庭保健知识巡回讲座38堂，听课群众4000余人。区妇联摸底统计全区机关事业单位、工业园区、农村合作组织、社区商务楼宇、专业市场和社会组织等女性集中场所，指导华翼府商务楼宇等单位组建妇委会。推进街道妇联组织配备兼职副主席，壮大基层妇联工作力量，13位思想政治素质好、有专业特长、群众威信高、热爱妇女儿童工作的优秀女性人才担任街道妇联组织兼职副主席。（吴　杨）

【妇女活动】　2015年，雨花区组织多种形式的妇女活动。3月7日，雨花区妇联在圭塘河景观带举行庆祝“三八”国际妇女节“健步圭塘河，‘羊’帆新雨花”大型公益健行活动，600余人参与，健行途中设置妇女儿童维权知识、环境保护、文明建设、两型建设、健康卫生等5个领域的趣味闯关关卡，20个志愿服务团队和社会组织参与志愿公益文化展，现场设置微信互动抽奖，运用新媒体拓展公众参与渠道；基层妇联开展“弘扬生态文明　展现巾帼风采”女子登山比赛、“女人我最靓”化妆与搭配专题讲座、“弘扬新风尚，展示新风范”演讲比赛等各具特色的庆祝活动。区妇联继续开展“最美家庭”创建展示活动，重点开展“和美家庭”的创建评比活动，举行雨花区“和美”家庭创建展示活动，集中展示家庭创建工作情况以及推选出的优秀“和美家庭”，以图文并茂的方式展示生动的家庭故事，通过歌舞、才艺表演等群众喜闻乐见的方式，组织群众参与“和美家庭”创建活动，选出“和美家庭”100户，9户家庭获得全市“最美家庭”荣誉。开展“两型家庭”创建活动，积极推动两型理念、节能环保产品、废旧物资利用、绿色出行、优美环境、家庭与邻里和睦等“六进家庭”，评选“两型创建家庭”200户，推选东塘街道牛婆塘社区肖建芳家庭为市级“两型示范家庭”。区妇联联合区总工会、团区委等单位组织开展“缘汇雨花”联谊沙龙系列活动四季，搭建未婚单身男女展示自我、交流感情、结缔友谊、寻觅知音的交友婚恋平台，1500余人参加联谊，300名青年男女配对成功。组织妇联巾帼志愿者到“普亲”老年养护中心开展志愿服务活动，联合麓山枫心理咨询服务中心深入各街道关爱帮扶80户失独家庭，开展妇女及青少年心理咨询500人次，取得良好的社会效果。（吴　杨）

【妇女儿童事业】　2015年，雨花区积极推进实施《雨花区妇女儿童发展规划（2011—2015年）》，促进妇女儿童事业发展。对《雨花区妇女儿童发展规划（2011—2015年）》进行终期评估，7大领域68项主要目标60项重点可量化指标中，有59项已经提前达标或预期可达标，规划实施进展顺利，《雨花区妇女儿童发展规划（2016—2020年）》进入讨论修改阶段。区妇联、区人社局联合在汽车南站前坪举行“春风行动”大型专场招聘会，搭建失业妇女就业平台，招聘会设立就业培训、社会保险、医疗保险、劳动维权等政策咨询服务，发放资料1600份，分发“春风卡”1650份，接受业务咨询315人次，102家用工单位提供2829个岗位，适合妇女岗位422个，3100人应聘，达成意向性协议106个，妇女达成意向61人。160名妇女群众参加凤雅智慧课堂——育婴师培训班培训，培训新生儿抚触、婴儿操、婴儿辅食添加、婴儿护理、早期脑潜能开发、产后护理和宝宝常见病的预防等。春节期间，走访慰问特困妇女 75 户，送去 4.5 万元慰问金和过年物资；联合社会组织“麓山枫”社工中心开展“今生有约让爱延续”关爱失独家庭公益活动，给 40 户失独家庭送上新年礼物，组织志愿者结成长期帮扶对子。3 月，为辖区外来高危产妇杨光媚筹集救助金 15000 元。投入 53 万元为 14789 名农村妇女进行妇女病普查及“两癌”免费检查，资金救助身患“两癌”疾病的贫困妇女 23 名，提供救助金 4.6 万元。开展家庭教育巡回讲座活动 13 场，针对家庭教育中的热点难点问题，组织专家、学者开展家教知识宣讲。组织全区妇联系统面向儿童开展“我的梦想我的家”为主题的音乐会、“大手牵小手，你我共成长——快乐家庭日”六一亲子活动、“梦幻童年、放飞童心”活动、关爱留守儿童慰问活动等丰富多彩的系列活动，弘扬社会主义核心价值观。“六一”期间，为 103 名贫困儿童提供 7.46 万元的助学金和学习用品；走访慰问跳马镇部分贫困儿童和留守儿童，送上 2 万元节日物资。区妇联联合教育局举办“牵手共成长 同奔中国梦”关爱留守儿童夏令营，街道社区结合实际组织开展红领巾认绿护绿行动、国学夜校学诵经典、旧书换新绿、“纸”要你开心巧手课堂等特色暑期活动，每个社区至少开展两次以上假期活动，丰富青少年假期生活。开展“1+1+1”银发联盟为老服务活动，构建“两代表一委员 + 商会 + 热心党员群众 + 低龄老人 + 社会组织”的五位一体资源体系。开展通过“红手环”“60+ 近邻互伴吧”等特色服务，满足老年朋友需求。开展“真情五助·温暖雨花”之“携手看雨花、浓浓敬老情”重阳节活动，让老人乐观雨花新发展，喜看雨花新变化，弘扬尊老敬老优良传统，提倡健康运动新风尚。（吴　杨）

【维护妇女儿童权益】 2015 年，区妇联做好 12338 维权热线接听、登记、统计工作，接待信访案件 84 起。开展“三八”维权周宣传活动，印制《妇女未成年人权益保护知识问答》书籍 5000 本和“三八”维权宣传折页 20000 份，发放到各单位、各社区；依托各项大型活动开展维权宣传，圭塘河健行活动中设置妇女儿童维权知识趣味闯关关卡；“春风行动”大型招聘会设立妇女维权咨询台；在登山比赛、知识讲座等大型活动中发放维权宣传资料等；街道（镇）妇联分别组织开展丰富多彩、形式多样的维权宣传活动。推进多部门合作反对家庭暴力机制，《长沙市家庭暴力告诫制度实施办法》出台后，砂子塘派出所就向施暴者发出全市首份告诫书。开展“妇女之家”反家暴工作示范点创建工作，组织“反对家庭暴力 共建和谐社区”广场文化活动，东塘街道浦沅社区创建为市级示范点。开展家庭律师、心理咨询师“三进”（进社区、进校园、进企业）普法宣传活动，聘请长沙市家庭律师讲师团和长沙市妇女儿童心理咨询服务讲师团专业讲师开展普法、婚姻恋爱关系调适内容讲座，开展法律咨询、心理咨询服务，发放普法宣传资料等，并为社区免费送课 3 堂。（吴　杨）

【领导调研】 2015 年 5 月 18 日，长沙市妇联党组成员、副主席钟小珍，长沙市农委副主任肖志高一行，调研指导王公塘社区、长钢社区妇女之家“互联网 + 社区生鲜食品配送”工程。6 月 2 日，今日女报凤网传媒总经理刘婉斌一行到鑫华、圭塘等社区调研，拟与雨花区社区合作试点，利用社区妇女之家平台，联合开展家政服务电子商务项目，通过手机 APP 把线下的家政服务和妇女技能培训转移到线上来的。6 月 10 日，省妇联党组成员、副主席鲁华，市妇联党组成员、副主席钟小珍一行调研左家塘街道“互联网 + 社区生鲜食品配送”项目。7 月 23 日，省委宣传部副部长、省文明办主任刘进能，省妇联副主席周迎春一行在市妇联副主席赵景利、市文明办副主任丁德喜的陪同下，调研雨花区家庭文明建设情况。7 月 28 日，市妇联党组副书记周小春考察雨花区“妇女儿童之家”优秀品牌——社区“邻里坊”。11 月 12 日，区妇联组织市妇代会第八组代表深入跳马镇开展农村妇女参与新农村建设调研，走访跳马职业女农民创办的蔬菜合作社和苗木基地，组织代表进行座谈，了解生

产经营状况、销售渠道、市场需求等。（吴 杨）

共青团

【概况】 中国共产主义青年团长沙市雨花区委员会（简称“团区委”），正科级行政单位，是长沙市雨花区各级团组织的领导机关，编制3名，其中领导职数2名，2015年，团区委在职干部2人，党员2人。

2015年，团区委以科学服务“五化五新”雨花为中心，以青年群众工作为基础，以社会管理创新为突破口，通过广借资源、广聚力量、广泛影响，充分发挥共青团组织先锋模范和服务引导作用。创建各级青年文明号4家，省级雷锋号志愿者工作站1家，市级雷锋号志愿者工作站3家，50多个先进单位和个人受到各级团组织的表彰。（李霜洁）

【组织建设】 2015年，雨花区坚持党建带团建，树立共青团基层组织工作准度。各级共青团组织积极围绕雨花区党政中心工作大局和团青工作实际，结合“三严三实”主题教育实践活动，全面部署“团干部如何健康成长”大讨论活动，加强全区团干部队伍作风建设。实施团干部教育培训工程，坚持以会代训，提升团干部政治业务素质；通过基层团干例会、日常工作研讨、部门街道团干交流以及“学雷锋”“五四”等大型系列主题活动，不断提高服务青年的工作水平，增强团员的组织意识。加强和区直各部门、企事业单位、社会各界的联系对接，优化共青团事业发展环境。按照“以点带面，点面结合，示范引导”的工作方针，继续开展区域化团建工作，推进街道建设示范和街道团支部规范化建设，积极推动青年干部工作；左家塘、高桥、东塘、雨花亭被列为区域化团建标准化建设工程。区团委推行《基层团委工作手册》和《团支部（总支）工作手册》，建立健全“推优”工作机制，加大团员管理力度、壮大团员队伍，主动适应青年群体结构的变化，采取协会建团、流动建团、联合建团等团建新方法，不断扩大团建覆盖面。集中力量加强非公有制经济组织和新型社会组织团的建设，新建晨光智能幼儿园、天天童学会、湖南大养方生物科技等10家“两新”团组织，进一步拓宽团组织覆盖面，筑牢共青团的组织基础。（李霜洁）

【志愿服务】 2015年，雨花区弘扬“奉献、友爱、互助、进步”的志愿服务精神，充分展现雨花志愿者良好形象，形成组织健全、运转正常、管理科学的志愿服务网络，志愿活动主题化、品牌化。提升志愿服务的参与度、覆盖面、连续性和常态化。雨花区发挥志愿服务在文明城市、文明小区、文明社区的创建作用，形成“人人都讲奉献、处处有义工、时时有服务”的新气象。扎实开展“雷锋号”志愿者工作站创建活动，涌现左家塘湖橡社区雷锋志愿服务大本营、美林景园、高升德乐园等一批优秀站点。“孟妈妈青护园”负责人孟繁英作为全区志愿者代表，获得第五届全国道德模范提名，省委书记徐守盛亲切接见。高桥怡园社区“他乡美”俱乐部被评为国家级示范志愿服务项目，韶山路社区“520邻里节”代表参加全国志愿服务青年项目大赛。雨花区初步形成“区—街道—社区”三级社会组织孵化网络，涌现出群英会、万博汇、小蜜蜂、天天童学会、丰和公益联盟、银发族等一批优秀青年社会组织。团区委定期召开青年社会组织社工骨干例会，实行志愿服务项目化推进，大力支持青年社会组织

志愿服务

开展工作，助力基层社区治理。雨花区通过政府购买服务，整合社会资源的方式，组建“和谐号”高铁志愿服务联盟，在元旦、春运、端午、五一、国庆等80天节假日，组织开展高铁志愿服务，志愿者3000多人次，服务人数6.4万人，高铁志愿服务逐步实现常态化、长效化。3月2日，长沙市文明办、雨花区文明委、雨花区团委、雨花区侯家塘街道、长沙孟妈妈青少年保护家园等单位在侯家塘街道红旗法治广场共同举办“我们的中国梦·志愿服务进万家”活动，全国最美志愿者孟繁英，全国道德模范洪战辉、任菲莉、廖月娥带领10个志愿服务队100余名志愿者现场庄严宣誓，承诺积极投身志愿服务，竭尽所能服务社会。3月7日，雨花区在圭塘河景观带举行“健步圭塘河，‘羊’帆新雨花”大型公益健行活动，活动由区委宣传部、区妇联、团区委、区文体新局、区环保局、区两型办、区卫生局、区总工会承办，由长沙市雨花区群英公益发展促进中心具体负责策划和总体执行，以公益为理念，以健行为契机，整合政府相关部门、社会组织、辖区企事业单位等各类社会群体资源，以求全面推进文明城市建设、妇女儿童权益维护、公益志愿服务和倡导身心健康。开创由党委政府主办、区直部门联合承办、民间公益机构具体承接的公益创新合作模式。（李霜洁）

【帮扶弱势青年】 2015年，雨花区为农民工子女、闲散青少年、服刑在教人员未成年子女、流浪乞讨青少年等重点群体提供心理辅导、情感关怀、学习指导和生活扶助。区团委精心制作的“连心卡”，组织志愿者与21个“失独家庭”面对面交流，仔细询问其生活状况和需求。开展“爱心大冲关，委员来助残”大型户外主题体验活动，通过亲身参与、亲自体验残疾人生活的不便，感受残疾人朋友对生活的热爱与自立自强，唤起全社会更多的爱心人士关心和帮扶残疾人朋友，活动所获得的10万元爱心基金现场全部捐赠给20名贫困残疾小朋友。利用“全国助残日”为契机，充分挖掘辖区资源，积极发动人大代表、政协委员等各界力量，开展“社区光明行”“普法宣传正当时，残疾朋友受益多”“秀出你的精彩”文艺汇演等丰富多彩的活动，为200多位辖区居民进行免费检查和咨询，其中包括100余名残疾人。向居民群众发放宣传资料1000余份。医生们为在场的居民们详细讲解健康基本知识和技能，给有疾病的患者提供合理化的建议，在饮食方面给予正确的指导。开展希望工程“圆梦行动”“芙蓉学子”助学行动、华融湘江银行“绿色助学行动”3个爱心助学项目，资助雨花区2015年上线且经录取的应届贫困大学新生14名（希望工程“圆梦行动”8名、“芙蓉学子”助学行动3名、华融湘江银行“绿色助学行动”3名），捐助金额56000余元，在经济上解决同学们求学困难的同时，从精神上帮扶贫困生的成长成才。（李霜洁）

【青少年教育】 2015年，雨花区重点实施一系列青少年群体帮扶工程，加强组织领导，为预防青少年违法犯罪工作提供组织保障。积极利用“共青团面对面”活动，发挥社会监督的作用，建立起共青团与人大代表、政协委员的长效沟通交流机制。针对农民工子女、闲散青少年、服刑在教人员未成年子女、流浪乞讨青少年等重点群体，为他们提供心理辅导、情感关怀、学习指导和生活扶助。建立健全预防青少年违法犯罪基地、未成年人绿色网吧、青年之家、鲁爷爷爱心室、孟妈妈青护园等特色服务阵地，其中，鲁爷爷爱心室介绍关于鲁爷爷爱心室延安精神进校园、进社区，保护未成年人主题活动等服务模块；孟妈妈青少年保护家园，存放青护园“家书”、受助未成年人档案等资料。团区委开展“青年之声”倾听活动，畅通青年诉求表达渠道。通过“青年之声”官方网站与青年“面对面”交流，拉近与青年的距离，反映青年呼声、回应青年诉求、维护青年权益、服务青年成长。紧紧围绕校园安全形势，大力推动法制课和禁毒宣传进校园活动，联合区公安分局、区妇联、十大民间禁毒志愿者“孟妈妈”等青年志愿者，举办“拒绝毒品、健康成长”禁毒宣传进校园活动，并在全区15所中小学巡讲，引导广大青年提高防毒拒毒意识。区团委与萌习团、天天童学会、高桥国学会等公益组织合作，组织开展国学经典诵读、读书分享活动，从传统文化资源汲取营养，倡导和宣传核心价值观。利用“六一”“抗战胜利七十周年”契机，在全区中小学校开展“与人生对话—我的中国梦”“抗战故事会”等主题活动，使核心价值观入脑入心。（李霜洁）

【服务青年】 2015年，雨花区关注农村青年、下岗失业青年、城镇新增青年劳动力、大中专毕业生群体创业就业情况，积极整合资源，引导、激励、帮助、支持广大青年就业创业，提高就业创业能力。团区委联合示范众创空间“阿里云创客+”，在德思勤“创业大街”发起成立雨花区青年创业者协会；在遵循市场机制和社会公益活动为基本原则的基础上，积极争取相关企事业单位的支持，设立芝麻宝贝摄影机构、朗慧科技公司等10家创业就业见习基地，为青年见习就业提供保障；同时争取长沙雨花农村合作银行2500万元贷款信用额度，为优秀创业青年、创业项目提供资金支持。建成环科院创业基地、侯家塘汇富创业基地、圭塘华菱新城地标创业基地、高桥现代商贸城等6家市级创业基地，为创业者发放小额担保贷款150笔600万元。

（李霜洁）

残疾人联合会

【概况】 雨花区人民政府残疾人工作委员会领导全区残疾人工作。雨花区残疾人联合会（简称“区残联”），主要负责为残疾人提供代表、服务和管理保障；内设办公室、组宣文体部、康复部、教育就业部、维权部。核定编制3名，其中领导职数2名，2015年有在职干部职工数10人，其中科级领导4人，科员3人，专业人才1名，雇员2名；退休人员3名。区残联党支部，党员9名，其中在职党员9人。办公地点设在香樟路592号。

2015年，雨花区残联秉持“建活力队伍，树服务意识，创一流业绩”的工作理念，持续开展委员助残、支部助残、党员助残三大主题活动，全面加快残疾人社会服务保障能力建设，努力推动残疾人工作科学发展、融合发展、创新发展，残疾人康复、教育、就业、社会保障、文化体育、法律维权和无障碍环境建设等工作取得新的进展，残疾人保障和服务水平进一步提高。获湖南省人民政府为民办实事项目贫困残疾人家庭无障碍改造工作“先进单位”、雨花区信访工作二类单位等荣誉，被长沙市残联评为重点项目、年终工作先进单位，洞井街道丰园社区获评“湖南省无障碍社区”。（曾　慧）

【组织建设】 2015年，雨花区全面实施残疾人基本服务现状和需求专项调查，完成“基础管理建设年”核查工作，以最小的误差率一次性通过，成为全省第一个完成专项调查任务的区县。加强基层组织建设，配齐街道（镇）残联专干。健全完善协会规章制度，实行业务培训制度和工作讲评制度，充分发挥协会主席带头作用和影响效应，开展适合各类别残疾人特殊需求与特点的实效活动，组织盲人乒乓球比赛、听力残疾人羽毛球比赛和肢体残疾人象棋比赛。在全市开展的“善行四十佳”评选活动中，左家塘街道窑岭社区主任黄玲获十佳爱心个人、怡生采暖工程技术有限公司获十佳爱心企业、廖家湾社区、丰园社区获十佳爱心社区、龙骧出租车公司学雷锋博爱车队获十佳爱心团队。切实加强对民办残疾人托养机构和康复机构的扶持与管理，对机构人员管理实施打卡制度和指纹验证，免费为机构提供由财务公司设计的专业财务软件，进一步规范机构的财务管理。指导残疾人康复机构充分利用社会资源开展多层次、有实效的系列志愿助残活动。加强星级明星社区规范化建设，组织社区开展有特色的助残日活动。41个社区创建为长沙市残疾人工作星级明星社区和示范社区。投资50万元，重点推进残疾人无障碍示范社区创建，洞井街道丰园社区打造成新的残疾人无障碍示范社区。针对全区专职委员的素质现状，专门设立业务培训班，对全区专职委员进行系统的业务培训，提升履职本领；推荐10名优秀专职委员，参加省市各项业务培训；

倡导网络学习方式，全部专职委员参与中残联组织的网络学习、培训和考核；认真落实培训效果，结合实际工作，跟踪考察每个专职委员履行职责、开展工作情况。（曾 慧）

【康复工作】 2015年，雨花区加强康复机构建设，拨付200万元用于实施省、市、区各级残疾儿童康复救助项目及贫困残疾儿童康复训练补助；积极整合社会资源，为机构捐赠感统训练器材、儿童床、儿童玩具等爱心物质及爱心善款；积极开展残疾在训儿童家长、机构负责人各类知识和技能培训。推进湖南省重点民生实事项目，25名贫困智力残疾儿童确定为“0~7岁贫困残疾儿童抢救性康复项目”抢救性康复救助对象进行免费康复训练；实施长沙市2015年“0~14岁残疾儿童康复救助项目”，免费康复救助97名残疾儿童；争取区项目资金40万元，为59名0~7岁贫困残疾儿童实施抢救性康复训练。回访率100%，家长满意率98%以上。实施“义肢助残”项目，为8名肢残人士装配小腿假肢，为4名肢残人士装配大腿假肢；实施“彩票公益金”项目，为70名低弱视力患者申请装配助视器，为20名重度贫困重度残疾人申请辅助器具，为3名就学就业阶段残疾人适配辅助器具，免费为22户残疾人家庭配发辅具45件。稳步推进“光明、关爱”救助项目，组织长沙市爱尔眼科医院和长沙市博雅眼科医院深入街道、社区开展进行胬肉、青光眼，及眼底病患者手术前期的筛查及低弱视力筛查活动。筛查214场次，筛查总人数10164人，检出疑似白内障患者1020人；119名白内障患者实施手术救助；为80名贫困低、弱视力患者进行筛查、实施康复训练和配发低视力助视器。继续开展“康复社区行，幸福来敲门”系列主题活动，通过入户调查，收集、整理，及邀请市辅具中心专家进行上门走访，投入12万元，将专业医疗康复资源直接引入社区，引入残疾人家庭，为残疾人提供个性化、特色化的服务，为50户贫困残疾人申请适宜辅具87件，入户发放并安装辅助器具50户，为贫困中风偏瘫和脊髓损伤残疾人提供1000元/人的住院救助。回访满意率达到95%以上。开展爱心爸爸、爱心妈妈结对领养活动。湖南省林业厅、雨花区区委办、友阿集团、雷锋e超市等多个部门与集团的党员志愿者对雨花区爱丽听力言语康复中心的孩子们开展了爱心爸爸、爱心妈妈长期帮扶结对活动。（曾 慧）

【就业培训】 2015年，雨花区开展就业援助行动，积极推广晴天公益就业援助模式，深入开展残疾人支持性就业工作。大力推动创业扶持，为2家残疾人公司和4个残疾人个体工商户申请创业扶持和房屋租赁补贴7.6万元。为4名贫困残疾人个体工商户发放养老保险补贴4000元。开展残疾人职业技能和实用技术培训，拓展培训渠道，为50名残疾人开展职业技能和实用技术的定岗培训，有15名残疾人实现稳定就业。对在雨花区辖区范围内初始创业的雨花区残疾人，按照省市残联规定，及时落实场地租赁补贴。（曾 慧）

【救助服务】 2015年，雨花区成立省级残疾人法律救助工作站，率先启动雨花区“残疾人法律救助工作现场服务周”活动，聘请专业律师为残疾人答疑解惑，30名残疾人获得实效性的法律救助。推进长沙市重点民生实事项目，为200名贫困残疾人免费提供居家托养服务。为1568名重度残疾人发放特殊生活补助及节日慰问金172.12万元，为2603名重度残疾人发放护理补贴71.3万元。办理残疾人公交爱心卡391张，新办残疾人证729本。为84户残疾人家庭实施无障碍改造，为185名肢体残疾人发放燃油补贴4.8万元，为80名叭叭车主发放安置费48万元。为130名贫困残疾学生和残疾人家庭子女发放就学救助39万元，为55名义务教育阶段的残疾儿童发放就学补助5.5万元。（曾 慧）

【助残活动】 2015年，雨花区残持续开展委员助残、支部助残、党员助残三大主题活动，区直机关30个党支部的450余名党员分别到爱丽、爱萌、星苑等5个“助残基地”看望慰问残疾孩子，筹集10万元爱心善款为机构添置设备、为孩子们准备爱心礼物。纵深开展基层党组织“红色助残责任田”领养活动，12个街道共筹集现金及物资12万元，用于慰问帮扶全区120名服务对象。东塘街道结合“红色助残责任田”领养活动，开展“助残超市”主题活动，设立巧手理发区、灵动美妆区、书法练笔区、爱心义卖区、政策宣传区，为帮扶对象提供有效服务。5月15日，围绕“全国助残日”“关注孤独症儿童，走向美好未来”主题，雨花区政协、区委统战部、区残联在喜盈门范城广场组织“爱心大冲关，委员来助残”大型助残主题活动，有500余名政协委员、民主党派、爱心人士组成的20支爱心队伍，参加挑战左右手、暗中取花、超级保龄、无与伦比绳舞飞扬等闯关游戏赢取10万元爱心基金，通过结对认领，现场捐赠给20名贫困残疾儿童；各街道分别组织残疾人开展参观革命教育基地、观看文艺汇演、游玩橘洲公园等主题活动，丰富帮扶对象的业余生活。（曾　慧）

【残疾人工作会议】 2015年3月19日，雨花区残疾人工作会议在区政府二办召开，区残联、12个街道和跳马镇的残联理事长和专干参加会议。会议传达长沙市残联第五届主席团第三次会议暨2015年全市残联工作会议精神，学习《国务院关于加快推进残疾人小康进程的意见》和第273号省政府令《湖南省按比例安排残疾人就业规定》。会议回顾总结2014年雨花区残疾人工作的特色和亮点，安排部署2015年雨花区残疾人各项重点业务工作。区残联各部室负责人详细讲解各自业务线上的相关工作，明确各街道、镇全年需要完成的任务指标。（曾　慧）

【残联主席团会议】 2015年3月12日，雨花区残联第四届主席团第四次会议召开，会议选举张新其、肖曙光为雨花区残联副理事长。10月10日，区残联第四届主席团第五次会议召开，原区残联第四届主席团副主席、执行理事会理事长陈小玲主持会议，区残联主席团主席、区政府副区长陈怀宇出席会议并讲话，会议选举张福新为区残联第四届主席团副主席、执行理事会理事长。（曾　慧）

归侨侨眷联合会

【概况】 2015年，雨花区归国华侨联合会(简称“区侨联”)以新时期侨联工作六大工作任务为指针，以市侨联确定的绩效目标为方向，紧紧围绕区委区政府中心工作，立足凝聚侨心，维护侨益，发挥侨智，团结广大归侨侨眷、海外侨胞，为促进区域经济发展、维护社会稳定做出积极贡献。区侨联积极加强自身建设，参加市委统战部和市侨联举办的海外联谊工作培训班，学习和感受新形势下侨联工作特点，并在实践工作中不断实施和贯彻。坚持季通报等制度，及时向侨联常委和主席团成员通报近段工作情况和下段工作安排，听取意见和建议，不断建立健全为侨服务体制机制。11月中旬，召开三届四次归侨侨眷代表大会，全区39位归侨侨眷代表参加会议，大会增选雨花区侨联第三届委员会专职副主席1人，兼职副主席2人。（刘　娟）

【基层侨务】 2015年，开展模拟法庭进社区活动。依托“侨之家”法律服务中心的律师法律专业人才的资源优势，以普及法律知识和提供法律服务为全面依法治国做出基层群团组织的贡献。组织“同心同德，维护侨益”模拟法庭进社区活动，让法律服务走进老百姓的生活里，为民众提供更多的法律服务和帮助。利用“侨之家”鲁爷爷工作室知名侨务工作平台品牌，组织侨界群众在清明前夕前往炎陵举行祭祖活动，牢记炎黄子孙共同的历史使命。侨眷鲁遐龄为机关干部、企业职工、学校师生等举办延安精神宣讲10多场次。近期，正在努力帮助鲁爷爷工作室进行注册工作。9月22日，区侨联在高桥街道鑫华社区新世界小学举行“2015年海外华裔青少年中国寻根之旅湖南长沙营”活动。积极与上级侨联对接，向知名侨商推介区重点发展的产业项目。利用兼职副主席出国出境机会招商引资，与柬埔寨湖南商会、澳门湖南商会进行对接。

（刘　娟）

【扶贫帮困】　2015年春节前夕，区侨联持续开展“访侨情 送温暖”活动。与区民宗外侨局积极配合，走访全区大部分老归侨、部分困难侨眷以及重点归侨侨眷，送出慰问金近6万元。鹏润农业科技有限公司董事长、区侨联副主席罗炜豪捐资助学助贫87万元，区侨联班子成员捐资助学助贫2.3万元。区侨联积极与岳阳市兄弟区侨联沟通，帮助侨属龙沛凡办理被开发商拖了几年都未办理的房产证。处理侨胞黄宝芳等来访，做好说明解释工作。

（刘　娟）

科学技术协会

【概况】　雨花区科学技术协会（以下简称区科协）组织开展全区科普工作。核定编制3名，其中领导职数2名。2015年，在职干部职工5人，其中正科级领导1人，副科级领导1人，主任科员1人，科员1人；雇员1人。党支部，党员4人。办公地点设在雨花区人民政府机关大院2号楼3层。

2015年，雨花区按照“搭建平台、资源共享”的工作思路，以“大联合、大协作”的工作方式，围绕区域工作中心，着力开展科普宣传。重点突出“科普示范创建、科普网络机制优化、科普信息化建设、科普益民惠民行动、科协机关党建创建”五个方面，全民科学素质行动进一步普及深入。组织开展优秀科普课题征集活动，有效调动雨花区丰富的教育、卫生、环保、科技、文体等资源，9个科普课题通过初审；通过专家集中评审、研究，其中5个科普课题被评为“优秀课题”。高标准通过第三次创建“全国科普示范县（市、区）”工作的核查验收。侯家塘街道廖家湾社区创建为“全国科普示范社区”，洞井街道高升社区参评“省级科普示范社区”，井湾子街道融城苑社区、左家塘街道赤岗社区创建为“市级科普示范社区”。（易海清）

【组织建设】　2015年，雨花区召开雨花区科学技术协会第三届代表大会，完成科协组织领导机构的换届选举工作。区科协加强内部建设，完善内部考核机制、内部工作机制、对街道绩效考核，提升综合素质与实力；开展对街道科协、社区、学校的走访、调研活动，通过走访、调研及时掌握街道科协、社区、学校的实情，根据调研微调科协工作的思路与重点，在条件较好的桂花社区、枫树山社区成立社区科协，把科协的触角延伸至全区。参照“全国科普示范城区”创建标准，加大投入，突出重点，全面提高科普硬件设施建设水平，形成具有区域特色的品牌，有效助推全区科普事业的发展。探索和服务社会治理创新，为砂子塘街道、井湾子街道融城苑社区、雨花亭街道雨新路社区引入互联网信息技术及智慧云服务管理平台，打造服务基层、服务群众的智能终端入口，夯实科普工作基础。（易海清）

【科技普及】　2015年，区科协继续常态化使用街道科协、科协常委会、《全民科学素质纲要》成员单位三大平台，全面推动科普工作在全区开展。充分调动、利用区内、区外资源、上下联动、协作，创新科普服务载体、活动方式，因地制宜地把科协工作植入雨花区相关部门、企业、社区、学校，全面推动《纲要》实施。开展科普活动200余场次；新增基层街道科普活动中心1个、社区居民科普活动广场1个，科教长廊2个、科普宣传栏100余个，科普阵地建设得到进一步加强。围绕“节约资源能源、保护生态环境、保障安全健康”的宣传主题，全区开展科普特色学校建设和青少年科学素质教育活动；推广探究式学习方法，增加科学课程的教学比例，将科普教育和基础教育相融合，不断提高基础教育阶段科普教育质量；组织全区中小学开展青少年科技传播活动和科技竞赛、小发明创造活动，着重培养青少年的科学意识和创新精神；区少年宫、区科普图书馆、各学校教研室、社区科普活动室等科普平台，在提高未成年人科学素质方面发挥积极的组织、示范作用。围绕“失地不失业”的目标，雨花区按照《农民科学素质教育大纲》的实施要求，针对失地农民的就业问题，专项制定培训规划、年度计划和教学大纲，依托远程教育、互联网、科普讲座等形式，强化“科技兴业、科普惠民”等科学教育服务。组织蔬菜、花卉苗木、食用菌、匙吻鲟四个农业科技合作社，积极实施“科普惠农兴村计划”，开展文化科技卫生“三下乡”和各类培训活动20场次，培训人员3000余人次。科技工作者组成雨花 “科普帮帮团”，走进社区和居民家中积极开展科教宣传，通过开展“助老”保健养生科学普及服务，倡导科学健康的生活方式，提升老年人科学健康生活品质。全年区直部门相关科普成员单位开办各类创业培训班12期，完成创业培训717人，再就业培训1359人、农民工培训2413人， 554人重新走上工作岗位。区直部门、街道、社区干部，接受各类培训和科普教育人均120学时以上；企事业单位的各类从业人员，在岗培训、继续教育培训人均80学时以上。区内企业开展职工技能竞赛、岗位能手、“讲理想、比贡献”等活动，大大提高职工的爱岗敬业精神和科学文化素质。结合学习型机关、党组织建设活动和区委中心组学习活动，在全区机关干部中开展以“增强素质、提高本领、提升能力、促进工作”为目标的读书学习活动。邀请北京大学、商务部消费经济研究所教授、中央党校教授等专家和知名学者，开展专题科普报告会、科技经济知识讲座。（易海清）

【科协会议】 2015年12月29日，雨花区科学技术第三届代表大会在区政府会议中心召开。副区长陈怀宇主持会议，区委副书记刘素月出席会议并讲话，市科协党组书记、副主席李范坤，区领导冯聪龙、周凌云、陈怀宇、康长萍等出席，全区各条战线的139名科技工作者代表、科协组织代表参加会议。大会选举产生雨花区科学技术协会第三届委员会；选举第三届委员会委员38人，常务委员8人；选举张蛟龙为主席、易海清为副主席（兼秘书长）、黄春艳、宋正国、邓进国兼职副主席 。（易海清）

【“全国科普示范县”创建】 2015年，雨花区开展创建“全国科普示范县（市、区）”。4月8日，雨花区召开“全国科普示范城区”创建活动工作调度会。制发创建方案、工作任务分解表，全面启动科普示范街镇、社区（村、筹委会）创建活动。9月，举办街镇分管领导及科协主席创建工作经验交流会，开展创建工作自查，对各街镇、有关区直单位的科普工作开展情况进行统计分析。开办一期“科学之光 智领雨花”基层科普专干培训沙龙，专门聘请13名行业专家，组成专家服务团；遴选85名科普志愿者，组成10个科普服务队；成立区自然科学类学会（协会）、农村专业技术协会、农林产业专业合作社。各街镇成立100人以上的科普志愿者服务队，164个社区建有15人以上的科普志愿者队伍。10月22日，省科协副主席刘晓河，省科协科普部部长张学军、副部长陈满生，长沙市科协党组书记、副主席李范坤，长沙市科协党组成员、副主席易方一行5人，察看砂子塘街道智慧街道建设情况、东塘街道枫树山社区科普阵地建设和社区老年科普大学等情况，实地考察雨花区基层街道、社区创建工作推进落实情况，专题听取雨花区委、区政府关于2015年开展创建全国科普示范县（市、区）工作的情况汇报，雨花区委书记邱继兴率区“四大家”分管领导以及区直相关部门领导参加会议，区委常委、区委办主任黄文先主持汇报会，副区长陈怀宇作 “精准发力、服务创新，着力开创新常态下科普工作新局面”的专题报告，省、市检查组领导结合到街道、社区实地考察感触，与区领导作深入的意见交流，充分肯定雨花区委、区政府开展创建工作以来所做的努力和所取得的显著成绩，并指出：雨花区的科学普及工作区委、政府领导高度重视，阵地基础设施建设健全，财政资金投入有力度，科普手段信息化程度高，在全省深入推进“一法一纲要”实践中，形成了一个有效的“突破口”，彰显了社会治理创新的综合效益。雨花区高标准通过第三次创建“全国科普示范县（市、区）”工作的核查验收。（易海清）

法　治

政治综合

【概况】 中共长沙市雨花区委政法委员会（区社会管理综合治理委员会办公室），主管全区政法和社会管理综合治理工作。区维护稳定工作办公室在区委政法委员会内挂牌。区委政法委内设办公室、执法监督室、社会管理综合治理基层基础科。行政编制14名，其中领导职数3名，工勤编制1名。中共长沙市雨花区委防范和处理邪教问题领导小组办公室（区人民政府防范和处理邪教问题领导小组办公室）是区委、区政府防范和处理邪教组织问题的部门管理机构，归口区委政法委员会管理，行政编制6人，领导职数2人。

2015年，雨花区全面加强平安雨花、法治雨花和过硬队伍建设，切实履行政法职能，推进社会治理能力现代化，取得明显成效，为全区经济社会发展提供了坚强政法保障。雨花区连续9年保持湖南省“平安区（县）”荣誉称号。区委政法委突出政治建警、思想建警，开展“三严三实”专题教育，强化政治纪律和政治规矩意识。举办为期7天的政法系统延安市委党校培训班，坚定政法干部理想信念，切实增强政法干部的宗旨意识、法治意识，提升服务能力和履职能力。开展“三联三访”活动，支部联社区34个，联系家庭2356户，干警走访群众4900余人，化解矛盾纠纷1400余起，为群众解决实际困难近2000个，进一步密切政法机关与人民群众的血肉联系。举办雨花区政法系统第二届“平安杯”篮球比赛，丰富干警的业余生活，进一步增强政法队伍的战斗力、凝聚力。突出抓好政法宣传，举办“平安进社区”系列文艺巡演，群众反响好；主动对接媒体，在省级以上刊物、网站发稿10余篇。

（范年慧）

【维护稳定】 2015年，雨花区强化国家安全观念，加强国家安全人民防线建设，扎实开展城区涉外因素摸底调查，上报有效信息300余条。以深化创建“全国无邪教示范区（县）”活动为抓手，积极适应警示教育常态，注重构筑“长效反邪”体系，搭建“智慧反邪”平台，营造“全民反邪”氛围，抓获各类邪教人员4人，捣毁“法轮功”邪教组织反宣制作窝点2个，收缴反宣资料3000余份。推进“三调联动”矛盾调解体系建设，积极构建网络、创新机制，注重加强专业性、行业性调解组织建设，成功调处各类矛盾纠纷5962件。“交通事故矛盾纠纷调处多元化，群众处理事故一站式”的调处机制在全市推广，《法制日报》《长沙晚报》等多家媒体相继报道。加强源头防范体系建设，进一步落实社会稳定风险评估机制，完善预防和处置群体性事件工作预案，开展各类专项排查9次，劝返、接返信访人员100余批次、3000余人次，完成重要会议、重大活动、重要时段的安保维稳任务90余次，处置各类利益诉求群体集访等事件40余起。

（范年慧）

【平安建设】 2015年，雨花区出台《关于进一步引导社会组织参与社会治理的实施意见》，逐步加强综治类社会组织培育发展和监督管理，大力推进“红袖章”工程建设，有效激发人民群众参与平安建设的积极性。对高桥大市场及周边地区、高铁新城片区等重点地区进行拉网式整治，净化社会环境，清理“五小”场所490余家。持续推行综治“三会”制度，深入开展“五零竞赛”活动，强化街道、社区、单位责任，增强控压发案主动性。按照“减员增效”原则稳步推进巡防工作改革，提升巡防实效。公安机关始终保持严打高压态势，扎实开展“禁毒会战”“打击盗骗毒、全力保民安”和“扫黄扫赌”等专项行动，刑事立案13150起，同比下降5.3%；破获刑事案件2741起，同比上升96.9%。检察机关受理审查逮捕案件1000件1348人，经审查批准逮捕710件902人；受理审查起诉案件1072件1535人，向法院提起公诉998件1394人。法院受理各类案件14805件，审执结10160件，收案数和结案数分别比上年同期上升31%和15%。（范年慧）

【司法公正】 2015年，雨花区稳步推进司法体制改革工作，制定《雨花区关于开展刑事案件速裁程序试点工作的实施方案》，推进刑事案件速裁试点工作落实。开展坚决纠正涉法涉诉中损害群众利益行动专项整治工作，严肃查处“人情案”“关系案”“金钱案”问题。加强执法规范化建设，落实《领导干部干预司法活动、插手具体案件处理的记录、通报和责任追究规定》和《司法机关内部人员过问案件的记录和责任追究规定》，完善错案防止、纠正、责任追究机制，全面推行审务、检务、警务公开，促进司法公正。召开案件协调会47次、案件集中评审20件。举行“6·26”国际禁毒日、“12·4”国家宪法日、青少年法制宣传周等专题法制宣传活动118场次，开办法制讲座30场。（范年慧）

【社会组织参与社会治理】 2015年，雨花区全面推广社区“组团式”服务，加强社区平台规范化建设，培育社区活动类、维权类、公益类、管理类等类型的社会组织，大力发展以基本公共服务、帮扶志愿服务、邻里互助服务和家庭自助服务为重点的多元化社区服务，把社区居民自我服务、社会组织参与服务和志愿者公益服务结合起来，充分发挥社会组织参与基层平安建设的积极作用。全区社会组织384家，社区矫正的麓山枫社会工作服务中心和关爱少年儿童的孟妈妈青护园成为全国知名公益组织。（范年慧）

【“平安杯”男子篮球比赛】 2015年10月20日，雨花区政法系统第二届“平安杯”男子篮球比赛在长沙市航空职业技术学院举行。区人民政府副区长、区公安分局局长谭应林，区检察院检察长谭剑辉，区公安分局政委章晓波等出席开幕式。活动由区委政法委牵头组织，区委政法委、区法院、区检察院、区公安分局、区司法局、区交警大队、区消防大队、区城管警察大队8支篮球队参加比赛。（范年慧）

法治政府建设

【概况】 雨花区人民政府法制办公室（简称“区法制办”）为正科级单位，归口区人民政府办公室管理，负责监督指导全区依法行政工作，协助或承担政府立法工作，指导与监督行政执法，规范行政执法行为，统筹全区行政执法责任制落实工作，依法进行规范性文件管理工作，对区政府重大决策、签订的合同协议、重要工作提供法律服务、出具法律意见、进行法律审查，承办以区政府为主体的行政复议、行政应诉、国家赔偿工作等。行政编制4名，其中领导职数3名。

2015年，区法制办紧紧围绕区委、区政府的中心工作和工作重点，以科学发展观为指导，按照年初既定的目标，落实责任，扎实工作，为全面推进依法行政，建设法治政府提供有力的服务和保障。区法制办组织开展政府立法工作，承担《长沙火车南站地区管理规定》（代拟稿）的具体工作，就市人大、市政府有关立法和规范性文件征求意见事项出具修改意见14次。加强行政执法队伍建设，提高全区依法行政能力，特别是提高新形势下依法处理信息公开申请和行政应诉能力，5月，区法制办组织新《中华人民共和国行政诉讼法》和《政府信息公开条例》研讨培训班，区直机关、各街道（镇）以及垂管驻区单位行政主要负责人、分管领导和法制科长（专干）近300人次参加培训。副区长李国军出席首场培训并讲话，市中院审委会委员张丽娟、区法院行政庭庭长刘昕分别从不同层面对《中华人民共和国行政诉讼法》的修改进行深入讲解，市政府法制办处长邓鹏以《政府信息公开工作中的热点难点问题》为题，对政府信息公开工作中存在的问题和困难进行全面讲解。全年报送依法行政信息12条，被省政府法制办采用5条，市法制办采用8条，经验推介文章1篇。（田小青）

省政府党组成员、省公安厅党委书记黄关春指导工作

【政府法律顾问工作】 2015年，雨花区政府聘请北京盈科（长沙）律师事务所作为法律顾问，综合运用社会法律资源服务全区各项工作，承担对全区政府法律顾问的指导和考核工作。审查区政府合同20余件，多次为区直有关部门、单位、街道（镇），就合同签订等事项提供法律服务。区法制办通过列席区政府常务会议和区长办公会议等形式，对政府重大行政决策出具法律意见、提供法律服务，使政府决策更加民主、科学、更加符合法律规范；对以区政府或区政府办名义对外发布或出具的各类文件1000余份，进行法律审查；对政府或有关部门单位的其他文件，按照区领导的要求，提出法律意见和建议，对政府投资、产业规划、招商引资、重大合同起草、谈判等涉及政府重大工作和群众重大利益的事项提供法律服务，牵头组织和积极参必要性、合法性和可行性进行论证，通知区政府法律顾问参与，保障政府决策科学、民主、合法、透明。（田小青）

【规范性文件管理】 2015年，雨花区按照《湖南省规范性文件管理办法》要求，严格执行规范性文件制定程序，加大规范性文件的监督管理力度，杜绝损害社会公众利益的规范性文件出台。对规范性文件落实“三统一”制度（统一登记、统一编号、统一公布），“三统一”规范性文件共8件。区法制办承担全区部门单位规范性文件管理备案工作。在规范性文件备案工作中，做到有件必备、有备必审、有错必纠。加强对各单位执行“三统一”制度情况的督促检查，纠正未经“三统一”程序发布的规范性文件。（田小青）

【行政复议与诉讼】 2015年，区法制办代理区人民政府受理行政复议案件40起，办理区人民政府作为被申请人或第三人的行政复议案件73起，办理区政府行政应诉案件54起。以行政复议、行政应诉案件办理为抓手，指导和监督全区依法行政，妥善处理涉及土地征收纠纷、拆除违章建筑纠纷、非法营运纠纷等案件，及时纠正不当之处，发挥行政复议、行政诉讼在防范和化解行政争议、构建和谐社会中的积极作用。（田小青）

【行政执法监督】 2015年10月下旬至11月上旬，雨花区开展区直行政执法单位案卷集中评查活动，对区直行政机关的行政处罚案卷和行政许可案卷进

行评查、考核打分，指出案卷中存在的问题和错误，书面下达改进建议，在全区范围内对评查情况进行通报。配合省、市法制办开展新一轮执法培训、换证工作，对行政执法人员的持证情况进行全面清理，严格行政执法资格和证件的管理，行政执法人员资料全部录入湖南省政府法制网供公众查询，接受社会有效监督。（田小青）

【化解信访矛盾纠纷】 2015年，区法制办坚持每周参与领导信访接待日活动，现场解答信访法律问题。针对涉法涉诉信访，客观出具法律意见书，为领导决策、解决信访问题提供法律参考。参加信访协调会及专项调度会议60余次，出具法律意见书20余份。多次与信访群众面对面交流沟通，倾听群众诉求，答复信访群众。针对信访问题比较集中的事项，通过走访群众听取意见，与区直部门、各街道、社区相关人员进行座谈，邀请专家学者召开论证会等多种形式了解情况、提出建议。（田小青）

【行政审批事项改革】 2015年，区法制办积极配合审改办开展雨花区清理规范区本级行政处罚、行政强制、行政确认、行政征用、行政裁决、行政检查等行政职权工作，为“做权力的减法、做服务的加法”，构建区“权力清单”。3月12日，区法制办最终审核确定的行政职权1816项（法制办牵头的六项职权为1481项），其中行政处罚是1227项，行政强制49项，行政确认44项，行政征用4项，行政裁决2项，行政检查155项、行政征收13项，行政给付61项、专项资金分配22项，行政奖励8项、行政备案62项，其他职权169项。区法制办配合审改办开展区行政部门责任清单审查工作和机构改革工作，6月30日，区政府部门责任清单在区政府门户网站专栏正式公布，接受社会监督，全区24个行政部门的主要职责事项255项，具体工作事项1029项，与相关部门的职责边界事项115项，事中事后监管制度78项，公共服务事项116项。年底前，根据机构改革情况对上述清单进行动态调整。（田小青）

公 安

【概况】 2015年，长沙市公安局雨花分局（简称“公安分局”）下设正科级机构31个，其中综合管理机构4个：指挥中心（办公室）、政治工作办公室（含机关总支、工会、团委）、纪委（监察室）、后勤保障科；执法勤务机构14个：法制科、警卫科、刑事侦查大队、第一治安管理大队、第二治安管理大队、第三治安管理大队、经济犯罪侦查大队、禁毒大队、国内安全保卫大队、网络安全保卫大队、人口与出入境管理大队、单位内部安全保卫大队、巡警大队、消防大队；派出所13个：左家塘、侯家塘、东塘、砂子塘、高桥、雨花亭、圭塘、洞井、黎托、同升、井湾子、东山、跳马。民警、职工804人（不含保安职工3人，借调1人，省厅挂职锻炼3人、市局挂职锻炼3人）。其中，男民警692人，女民警104人，职工8人（女职工4人）；副处级8人，正科职57人，副科职154人，中队长42人，指导员44人。全局机关警力72人，占总人数的9.0%；基层实战单位警力732人，占总人数的91.0%。其中，大队警力297人，占总人数的36.9%，派出所警力435人，占总人数的54.1%。分局党委党员858人，其中新发展新党员7名（含民警6名，辅警1名）。设基层党支部30个，其中派出所党支部13个，业务大队党支部11个，机关科室党支部5个，退休老干党支部1个。

2015年，公安分局紧紧围绕打造“平安雨花”工作目标，以“九项改革”为引领，以深化“四项建设”为核心，以“三个警队”建设为保障，出色完成各项工作任务，确保全区社会治安大局持续稳定。获“全市公安机关2015年度工作绩效与队伍建设评估优秀单位”。（杨新明）

【政治思想建设】 2015年，公安分局严抓《经常性思想政治工作规范》落实，围绕公安中心工作，立足本职、多措并举，不断加强和改进思想政治工作，大力推进队伍正规化改革和健康警队建设，为公安工作全面发展提供强大的精神动力和思想政治保障。召开政治工作例会12次，对全局民警开展思想研判，及时通报队伍建设情况，总结队伍建设经验，增强思想政治工作的针对性和实效性。制定《长沙市公安局雨花分局“三严三实”专题教育实施方案》，开展“三严三实”专题教育活动。各支部落实“三会一课”制度，均召开4次支委会，每月召开一次党小组会议。开展“三联三访”“与群众交朋友，帮基层解难题”“严管理、强双责、抓三访、整四难”等专项活动，全局民警联系困难家庭1000余户，按照200元/户的标准慰问困难家庭700余户；落实“一进二访”活动的要求，定点帮扶跳马镇冬斯港村31户困难户，党员民警的群众观念得到加强。注重挖掘民警在维稳处突、教育培训、侦破打击、护民爱民等日常工作中闪光点，发挥榜样引领作用，激发队伍活力。政工室民警张雷当选长沙市公安局首届“十佳敬业奉献模范”，东山派出所刑侦民警安志获长沙市首届“我最喜爱的人民警察”提名奖，高桥派出所所长肖朗获市公安局“十大杰出青年”荣誉，跳马派出所获市级青年文明号，刑侦大队获省级青年文明号，高桥派出所所长肖朗、跳马派出所教导员林峥获“长沙市青年岗位能手”称号。严格落实一事一奖工作程序，5个集体、68人获得分局荣誉；6个集体、73人获得区级荣誉；3个集体记市局集体三等功，4个集体记集体嘉奖，3人报请个人二等功，31人记个人三等功，25人记个人嘉奖；105人获得市级以上荣誉。关爱民警身心健康，组织全警、职工进行健康体检，生日慰问民警761人。严格落实休假制度，年休假民警646名，完成分局年初制定的年休假计划。呵护民警心理健康，按照标准化、规范化的要求，建立民警心理健康咨询室兼放松室，配置音乐按摩椅、反馈训练软件等专业设备，为民警进行心理咨询、音乐催眠放松。强化民警优抚慰问，走访慰问民警及家属生病住院等475人次，其中特困户79人次，民警住院77人次，老干住院45人次，民警亲属住院43人次，老干去世3人次，民警亲属去世131人次，因公受伤慰问37人次，其他60人次。 （杨新明）

【公安法制宣传】 2015年，公安分局围绕“依法治国、执法规范、执法为民”的执法理念，严格审核办理案件，不断规范与推进雨花公安的执法工作，提升公安机关的执法水平和执法公信力。审核刑事案件13150起，行政（治安）案件16799起，刑事案件正确率和行政（治安）案件一裁准确率为100%。受理行政复议44起44人、行政诉讼35起35人，均被上级公安机关或人民法院予以维持原决定。全面加强新闻宣传力度，坚持正面宣传为主，及时宣传报道雨花公安队伍在维护稳定、打击犯罪、服务群众等方面亮点工作及取得的突出成效。组织省、市新闻媒体集中报道分局防电信诈骗和禁毒宣传活动、“打击盗骗毒全力保民安”专项行动。广泛宣传报道侵财型案件侦破、民警坚守工作岗位服务群众、好人好事等，取得良好的社会反响。主动掌握微博、微信等新媒体工具，在双微平台上发布典型案例及安全防范知识700余条，宣传效果明显。公安分局树立“舆情就是警情”理念，健全完善网上网下联动机制和快速反应处置机制，切实加强涉警舆情引导工作。对发生的各类67起舆情（较为重大舆情29起），每一起做到及时沟通引导，及时疏导化解，特别是直面“澎湃新闻记者对黎托派出所出具居住证一事是否合法”等重大涉警负面舆情，牢牢掌握舆论工作主导权，营造平安和谐的舆论氛围。 （杨新明）

【政治稳定维护】 2015年，公安分局把维护政治安全和社会稳定作为第一要务，进一步强化矛盾纠纷的排查，集中排查矛盾纠纷及不安定因素35次，指挥调动各类力量350余人次，搜集各类情报信息600余条，编报《雨花国保》307期，成功化解各类矛盾纠纷90余起。投入警力2386人次，完成警卫任务39批次，其中，一级任务6批次，二级任务3批次，三级及其他警保卫30批次，圆满完成政治局常委刘云山、政协原主席贾庆林和省“两会”等重要警卫任务。加强对敌斗争，严密防范恐怖袭击和阴谋颠覆，在强大的高压打击态势下，雨花区邪教组织活动大为减少，总体形势平稳，没有发生集体弘法、练功、进京上访和电视插播等事件。全年立邪教类案件3起，破案3起，打击处理3人，其中，刑事拘留1人，行政拘留2人。（杨新明）

【社会治安管理】 2015年，公安分局依法查处“黄赌”案件203起，惩治违法犯罪嫌疑人822人，其中，刑事拘留80人、行政处罚631人、提请逮捕直诉75人；打击食品安全案件3起，其中，刑事拘留8人，提请逮捕直诉8人；侦破涉枪涉爆刑事案件5起，其中，刑事拘留5人，逮捕直诉5人；侦破涉枪涉爆行政案件4起，行政处罚5人，收缴具有杀伤力枪支27支、仿真枪45支、管制器具34件（把）、各类子弹10569发；组织各类旅店、休闲娱乐场所清查450余次，下发整改通知书160余份，取缔非法刻制公章门店30家。公安分局维护全区经济文化单位内部稳定，深入细化目标管理考核责任制，切实加大情报信息工作力度，强化要害保卫工作和防恐怖袭击工作措施，进一步提高单位内部的治安防控能力，确保直管单位内部无重特大恶性案件、无群死群伤的治安灾害事故、无影响恶劣的群体性事件，有力地保障全区内保单位的安全与稳定。搜集各类情报信息102条，化解不安定事端（苗头）70余起，处置各类矛盾、纠纷43起。受理物业单位报备8家，办结8家，组织保安队员培训，发放培训证738本，办理责令限期整改并处警告案件235起，依据《企事业单位内部治安保卫条例》办结警告以上行政案件18起，依据《保安服务条例》办结警告以上行政案件21起。调处企业内部闹事、医患纠纷、校内矛盾、征地拆迁等不安定事端（苗头）和各类矛盾、纠纷70余起。（杨新明）

【惩治刑事犯罪】 2015年，公安分局始终保持严打违法犯罪行为的高压态势，组织开展“禁毒会战”“百日会战”“打击盗骗毒、全力保民安”“集中整治电游赌博行动”“扫黄扫赌”“利剑行动”等专项行动，破获各类刑事案件2741起，其中发命案13起，13起全破，打击处理侵财团伙70个、恶势力团伙8个，刑事拘留1295人、提请逮捕直诉1285人，行政拘留2261人。开展打击组织、领导传销活动等专项行动，扎实推进经侦基础工作，认真履行打击、服务和参谋三大职能，切实加强打击和预防经济犯罪工作，充分发挥公安机关服务经济发展和维护经济安全的职能作用，破获经济犯罪案件37起，打击处理犯罪嫌疑人76人次，特别是破获非法吸收公众存款案8起，打击处理犯罪嫌疑人24名，为规范雨花区市场经济秩序做出积极贡献。破获毒品案件122起，其中公安部督办目标案2起，摧毁涉毒犯罪团伙7个，打处毒品犯罪嫌疑人169人，移诉177名，强制隔离戒毒255人，社区戒毒200人，收缴毒品海洛因35.38公斤。11月26日，在新疆、广州公安机关的大力协助下，公安分局为主侦破“10·11”专案，强力铲除一盘踞高桥的新疆籍维吾尔族贩毒团伙，先后抓获吸贩毒违法犯罪嫌疑人员193名，现场查获海洛因1000余克、大麻5千克，有效肃清社会治安乱源。（杨新明）

【基础业务保障】 2015年，公安分局按照“干什么，练什么、缺什么、补什么”的原则，贴近实战，注重实效，扎实开展随岗培训工作，组织各类培训10期1164人次，确保“人人参加练兵，人人受到教育，人人得到提高”。按照上级的统一安排，克服工学矛盾，完成52期458人次送训任务。完成分局110指挥中心和机关四、五楼以及裙楼刑侦大队的装修改造，完成分局机关大楼智能门禁系统安装。投资100余万元为刑侦大队购置视频侦查室和合成作战室专业设备；投资500余万元购置巡逻车29台、装甲车1台和运兵车3台，用于一线执法巡逻和接处警；投资15余万元购置单警装备300套，基层一线实战能力和正规化建设水平得到明显提升。推进黎托、圭塘、井湾子3个派出所新办公楼的建设项目，完成东山、高桥、井湾子、侯家塘等派出所及全局各执法办案区的提质改造工程。通过加强基层基础建设，切实推动雨花公安事业的长远发展。按照“创业富民、服务民生”的要求，积极配合区各职能部门在行政审批、服务企业等方面出台一系列便民利民惠民举措。将平安宣传触角延伸到千家万户，印制发放“创建平安家庭”倡议书30万份、入户走访58625户，走访量位列全市第一。办理二代居民身份证3.89万张，登记录入暂住人口27.44万人，办理居住证9.34万张，登记录入房屋出租户3.26万户，受理出国（境）证照申请8.9万人次。狠抓规范化管理，从源头上预防减少信访问题。分局领导带头接访，畅通信访工作渠道，完善信访工作长效机制。接待信访事项588起，办结率为100%；开展局长接访活动20次，化解信访积案5起，其中市政法委交办3起信访积案全部办结。全年无因信访问题处理不当引发舆论炒作或极端恶性案件。分局被评为全省公安信访工作成绩突出单位。（杨新明）

【网络安全监管】 2015年，公安分局大力加强网技部门正规化现代化建设，切实提高情报信息的发现预警能力，有效提升互联网的防范控制能力，为维护雨花的政治稳定和社会安定做出积极贡献。充分利用网络技术，破获刑事案件。1月14日，公安分局侦破“1·11”故意伤害致人死亡案，抓获犯罪嫌疑人1名。5—6月，公安分局经过两个月的缜密侦查，在广东省肇庆市、湖南省长沙市、青海省西宁市抓获犯罪嫌疑人4人，成功侦破部督“3·18”网络攻击敲诈勒索案。该案是湖南省网安部门办理的唯一一起部督案件，被公安部评为“净网行动”十大精品案例。9月10日，在邵阳警方的支持下，公安分局侦破“9·2”故意伤害致人死亡案，抓获犯罪嫌疑人1人。11月20日，公安分局抓获犯罪嫌疑人3人，破获系列网络诈骗案件316起，涉案金额150余万元。11月28日，公安分局循线深挖摧毁一条集实施诈骗、销售伪基站、提供网络服务器为一体的跨省电信诈骗团伙，抓获犯罪嫌疑人5名，破获系列电信诈骗案件35起（其中外省25起、湖南省10起）、系列销售伪基站案件27起，涉案金额37万元。受理配侦、协侦案件76起，协助办案单位查证、抓获犯罪嫌疑人131人；受理电子证物勘验委托21起，检查电子证物105件，出具电子证据勘验检查报告书28份；上报互联网各类违法信息31356条，政治类有害信息12997条，情报、舆情信息1454条，违法栏目788个，其中公安部采用11条、省公安厅采用321条；担负涉及雨花区的3266家双责任网站的管理工作，责令整改8家网站、取缔1家；落地查证公安部、省厅下发的网民身份信息15条，依法训诫网上散布谣言、过激言论的网民14人；辖区网吧260家，行政处罚不实名登记的网吧68家，办理网吧行政许可68件。（杨新明）

【消防监督管理】 2015年，公安分局大力加强安全生产排查整治工作，开展劳动密集型企业暨居民小区消防安全隐患专项整治、“九打九治”打非治违等系列专项整治行动。检查单位2428家，发现隐患或违法行为2183处，督促整改火灾隐患或违法行为2094处，下发责令整改通知书954份，下发行政处罚决定通知书78份，临时查封24家，高效处置“3·20”高桥社区氯气泄漏事故、“7·7”喜来灯灯饰广场火灾、黎托街道合丰村竹山湾梦莱香被服厂火灾等危急险重任务，确保全区火灾形势持续平稳。依托消防培训学校开展分阶段、分系统的消防安全培训，辖区群众的消防安全意识明显增强。与2014年相比，全区火灾起数下降37.8%、直接财产损失下降45.15%、过火面积下降38.89%、伤亡人数下降72.73%。（杨新明）

【交通安全管理】 2015年，雨花区交警大队对辖区道路主要交通节点、主干道各交叉路口实行更高密度的网格化布警，布置执守岗81个。其中手势岗3个、护学岗16个、全天候执守岗8个，覆盖辖区主要道路，加强定点疏导。在东、南二环、花侯路等路段设置5台专项巡逻摩托车，进行不间断巡逻，路面警力进一步充实，见警率明显提高，民警主动履职意识明显增强。开展“春季攻势”“疏堵治乱百日攻坚”等大型交通整治攻坚战，强化“两个南站”（汽车南站、火车南站）、“两个市场”（高桥大市场、红星大市场）、“三个商圈”（东塘商圈、雨花亭商圈、德思勤商圈）在内的道路交通乱源整治。高铁南站建设数字化中队，民警直接

交通事故调解室

对花侯路上的违停车辆进行电子抓拍，实现远程音频指挥，有效填补勤务管理盲区。查扣电动二轮车11336台、电动三轮车3637台、两轮摩托车7459台、三轮摩托车1565台，查扣货车3563台，查处货车闯禁34543起，拘留严重交通违法行为人300人次，城区交通环境明显改善，道路通行能力明显提升。改变交通事故处理分工机制，在122中队设置处警组、重案组、机动组、综合组和交通事故处理中心“四组一中心”，明确职责分工，规范事故处理流程，工作效率相应得到提高，交通事故投诉率下降67%；理顺工作机制，方便群众处理交通事故，启动“道路交通事故矛盾纠纷调处中心”，交警、法院、司法、保险四家互相协调配合良好，受理办结行政调解1600起，其他三个部门咨询或受理1050起，办结720起，因交通事故引发的纠纷和信访下降80%以上，有力地维护社会稳定，促进社会和谐。

完成16条道路社区微循环改造；东、南二环片区交通微循环建设，提质改造马王堆路，将公交车停车站改为港湾式停车站，增设人行横道；高桥大市场施划3000多个停车位，在各个出口设置2小时免费停车系统；拓改南二环桔园立交桥最底层，将双向四车道改为双向六车道，减少交通拥堵；香樟路片区交通微循环建设，拆除韶山路曲塘路口北口的道路中心花坛，增设2个左转弯车道，设置护栏，减少该道路路口的交通拥堵；韶山路香樟路口，由北往东的2个左转弯车道增加到3个；香樟路民政学院对面的曙光南路完成提质改造。通过持续有力的交通组织优化，辖区道路交通网络更加完善，道路更加安全畅通。对辖区危爆车、校车、客运车等重点车辆进行集中排查整治行动，上门检查危化车42次，查处危运车各类交通违法行为27起；严格校车车牌和校车驾驶资格的办理，查处校车交通违法行为为152起；查处客运车违法行为45起。辖区内没有发生一起重特大交通安全生产事故，为群众的生命财产安全提供坚实保障。强化宣传教育，提升市民交通安全意识。大队积极开展交通安全宣传进机关、进社区、进学校、进乡镇、进企业“五进”，到机关宣传25次；学校130余次、社区36次、乡镇11次，企业23次，举办安全常识讲座70余场次，发放宣传资料3万余份。（符雅梅）

【社会治安防控】 2015年，雨花区探索立体化大巡防工作新机制，深化巡防队伍管理改革，有效整合武装巡逻、网格化GPS警车巡逻、巡防队的巡逻力量。全面完成巡防队伍由各街道、各派出所多头管理到由区治安巡防办公室统一管理并负责武装巡逻和网格化巡逻的改革。公安分局结合辖区实际，在10个派出所建立专业处警队，以块为主、整合资源，最大限度屯警街面。组织机关警力开展常态化夜间巡逻防控工作，实现“猫鼠同步”。8月，特巡警支队雨花巡警大队下放到长沙市公安局雨花分局。通过完善立体化社会治安防控体系，防控效能明显增加。与2014年比较，全区刑事发案立案呈现“四降”局面：八类恶性案件（155起）下降36.48%，“两抢”案件（167起）下降29.49%，入室盗窃案件（4308起）下降14.2%，扒窃案件（1047起）下降12.97%。（杨新明）

【公安工作会议】 2015年2月15日，长沙市公安局雨花分局召开2015年雨花公安工作会议。市公安局党委副书记、纪委书记易昶，区委书记邱继兴，区委副书记、区长张能峰，区委常委、政法委书记王维宁，区人大常委会副主任胡和平，区政协副主席陈国强出席会议，分局全体局领导、科、室、队、所全体中队指导员以上干部及民警、形象监督员代表240余人参加会议。会议回顾总结2014年

度雨花公安工作，分析公安工作面临的形势，部署2015年公安工作任务。（杨新明）

【合成作战推进会】 2015年10月28日，省公安厅党委委员、副厅长李介德一行参观长沙市公安局雨花分局刑侦大队图侦中队、分局合成作战中心、刑事科学技术室和分局110指挥中心，并召开全市公安机关合成作战推进会。李介德充分肯定公安分局在合成作战基础建设和机制应用方面所做的工作，并就下步工作提出要求。（杨新明）

【黄关春调研高桥派出所】 2015年6月28日，省政府党组成员、省公安厅党委书记黄关春率厅党委副书记、常务副厅长周符波，厅党委委员、副厅长谭和平及厅警令部、政治部、反恐总队、治安总队负责人到长沙市公安局雨花分局高桥派出所督导调研“7·5”敏感期反恐维稳工作。黄关春一行实地观摩高桥派出所综合警务指挥室，参观派出所执法办案区，详细询问辖区“天网工程”建设和派出所执法办案区建设情况，并就“7·5”敏感期反恐怖工作作出重要指示。（杨新明）

【苏德利调研雨花区】 2015年6月1日，武警总部副参谋长苏德利、公安部治安局处长张佐良一行在省公安厅、武警湖南总队等相关部门陪同下调研督导长沙火车南站公安武警联勤武装巡逻工作。苏德利一行观看公安民警联勤武装巡逻和模拟警情处置演练，实地考察长沙火车南站综合管理执勤室、公安武警联勤集结点，细致询问联勤武装巡逻执勤室等地的民警、武警执勤工作情况，慰问在烈日下执勤的民警、武警。（杨新明）

【唐向阳调研雨花区公安工作】 2015年2月10日，长沙市副市长、市公安局党委书记、局长唐向阳，市政府副秘书长潘胜强率市司法局局长魏华松，市公安局副局长单大勇、李湘江以及市公安局警令部，人口出入境支队、消防支队等单位负责人调研雨花区基层基础工作。唐向阳一行实地考察砂子塘街道、高桥派出所，并在高桥街道办事处座谈。（杨新明）

【公安部评审刑事技术室】 2015年12月19日，公安部全国示范刑事技术室评审专家组绍武一行6人到长沙市公安局雨花分局检查全国示范刑事技术室等级评定工作。评审组实地查看刑事技术室技术员办公、检验等场所的硬件设施，详细询问人员配置、装备配备等情况，仔细翻阅勘查笔录、鉴定文书等资料。评审组专家充分肯定雨花分局工作，高度评价分局的表率示范作用。（杨新明）

检　察

【概况】 雨花区人民检察院（简称“区检察院”）内设办公室、政工室、监察室、侦查监督科、公诉科、反贪污贿赂局、反渎职侵权局、控告申诉检察科、监所检察科、民事行政检察科、职务犯罪预防科、司法警察大队、案件管理科等13个机构。2015年，检察专项编制82名，在职干警74人（其中女干警23人），平均年龄42.3岁。中共党员68人；研究生学历15人，本科学历55人，大专学历4人；35岁以下干警19人，36岁到45岁干警26人，46岁以上干警29人；具备检察官资格的65人，法警6人，书记员3人；副处级干部1人，正科级干部10人，副科级干部10人。院领导10人，其中检察长1人，副检察长5人，纪检组长1人，其他党组成员4人。8月27日，区检察院被湖南省禁毒委员会评为“2011—2014年湖南省禁毒工作先进集体”，系全省检察系统唯一获此殊荣的基层检察院。

2015年，区检察院以“三严三实”教育实践活动为切入点，深入推进检察人才建设、廉政建设、检察信息化建设。不断提升公正廉洁执法水平，始终坚持从严治检，加强对检察人员的教育、管理和监督，制定对所有不捕不诉案回访、询问嫌疑人及其亲属制度，抓好各类业务培训和政治轮训，提升干警在新形势下的执法办案能力，干警参加各类培训34期，培训人员104人次。蒋晓明获“2015年度全省十佳侦查监督业务标兵”称号。设置人大代表、政协委员专职联络员岗位，直接与各代表、委员联系，开展走访活动；通过检察开放日、公民放言等多种形式，定期邀请人大代表、政协委员、居民代表了解检察工作，面对面听取意见、建议；联合区司法局定期召开辖区内律师代表座谈会，了解律师需求，听取律师对于改进检察机关执法办案的意见及建议，积极构建彼此尊重、平等相待、良好互动、相互促进的新型控辩关系。利用案件信息公开系统、短信平台等形式，接受监督，规范司法行为；将院内重大案件查办信息、执法行为新举措通过短信平台告知，获得的意见、建议、线索及时收集、整理并反馈给院党组；开放检察机关案件信息公开网，每日上传办理的各类案件程序性信息、公开部分法律文书、发布重要案件信息，律师可以在网上提交阅卷、会见申请，了解代理案件的相关信息；利用触摸屏滚动显示所有案件信息，在醒目位置悬挂《律师权利告知》《办事指南》，放置征求意见簿，拓宽公开渠道。（余　颖）

【惩治刑事犯罪】 2015年，区检察院围绕人身安全、财产安全和健康安全执法办案，受理审查逮捕案件1000件1348人，经审查，批准逮捕710件902人，受理审查起诉案件1072件1535人，向法院提起公诉998件1394人。严厉打击侵害人身安全的犯罪，批准逮捕严重危及人民群众人身的故意杀人、故意伤害、放火、强奸、寻衅滋事、聚众斗殴等暴力犯罪81件136人，起诉130件172人；其中，批准逮捕寻衅滋事、聚众斗殴等恶性犯罪的犯罪嫌疑人19件26人，起诉21件41人。对一些重大恶性案件，区检察院及时配合公安机关，理清侦查方向，搜集、固定证据，从重从快打击。犯罪嫌疑人程春山在雨花亭“云鼎”公馆持刀入室抢劫，致被害人死亡，检察院及时提出侦查意见，依法批准逮捕。严厉打击侵害财产安全的犯罪，批准逮捕各类盗窃、抢劫、诈骗、传销、抢夺等犯罪379件506人，审查起诉479件663人。针对雨花区流窜盗窃多发，传销、诈骗等猖獗的情况，加强调研，严厉执法。犯罪嫌疑人曾某某系诈骗累犯，2015年9月在长沙再次作案，利用伪基站设备冒充银行向手机用户推送诈骗信息，骗取多名受害者钱财，被依法批捕起诉。打击侵害健康安全犯罪，特别关注食品药品安全，区检察院侦监部门、反渎部门加强与区监管部门的联系，健全工作机制，强化行政执法与刑事司法的衔接，加大打击力度。起诉制售有毒有害食品等犯罪5件17人（上年同期为零）。陈某忠、陈某智在居民楼开设黑作坊，用牛血冒充猪血，在其中添加甲醛等多种有毒有害物品，随后销往市场，区检察院依法批捕起诉两人，并对“两陈”背后可能存在的渎职行为展开调查。（余　颖）

【化解社会矛盾】 2015年，区检察院在严厉打击的同时，依法从宽处理轻微刑事犯罪，对主观恶意轻微、社会危害性不大的初犯、偶犯、过失犯、未成年犯、老年犯、轻微帮助犯不批捕428人，不起诉76人。开展大型法制宣传活动4次，广泛发动群众抵制“黄、赌、毒”，共同打击违法犯罪。开展“关爱未成年人”活动，与辖区内三所中学合作，以案释法。针对有关拆迁拆违的信访量增加、息访难度大的情况，该院选配业务骨干，加强信访接待力量，妥善办理该类来信来访52件，其中群访9次，促进拆迁拆违工作的顺利进行。（余　颖）

【查办和预防职务犯罪】 2015年，区检察院继续将辖区内人民群众反映强烈的工程建设、涉农惠民征地等领域作为查办重点，在办案中注意查串案，挖窝案，全面搜集、审查证据，力办“铁案”。立案侦查贪污贿赂案件5件11人，侦查终结4件10人，起诉2件6人，判决1件1人。查办湖南中烟公司财务总监雷某某挪用公款案、湖南省监狱管理局政治部原副主任胡某某受贿案、湖南省监狱管理局监狱规划处原处长喻某受贿案等社会关注度极高的大案、要案以及多个村干部贪污犯罪案。强化监督国家机关工作人员“不作为、乱作为”，摸排案件线索12件，对玩忽职守、滥用职权造成不良后果的责令整改，对构成犯罪的立案侦查3件3人，移送审查起诉3件3人，起诉2件2人，判决4件4人。查处圭塘街道大塘社区筹委会原支部书记吴某某等人滥用职权案、雨花区国土分局原拆迁负责人张某某渎职案、雨花区房产局原局长汤某某滥用职权案、雨花区工商局高桥工商所原副所长某某食品监管渎职案等发生在人民群众身边的渎职犯罪案件。坚持标本皆治，惩防并举，推进预防工作制度化建设。与东塘街道共同创立廉政警示教育基地“清廉社”，推进廉政警示教育下基层、进社区，得到新闻媒体广泛报道。精心制作预防职务犯罪宣传片，在地铁2号线上循环播放。与湖南中烟长沙卷烟厂、中建五局等辖区内国企签订共建协议，举办警示教育讲座10余次。接待行贿犯罪档案查询工作6738件。

（余　颖）

【诉讼法律监督】 2015年，区检察院继续加强诉讼活动法律监督，维护公平正义。对侦查机关应当立案而未立的案件，监督立案7件；对不应当立案而立案的案件，督促撤案27件；在审查逮捕和审查起诉环节，纠正公安机关漏捕13人，漏诉1人；针对侦查机关侦查活动违法提出纠正64件次；对认为确有错误的刑事判决，提出刑事抗诉2件。张某、向某某等6人故意伤害、妨害作证、敲诈勒索、非法拘禁、高利转贷等数罪一案一审判决后，区检察院审查意见与判决意见不一致，依法提出抗诉。对辖区内的391名监外执行罪犯逐一登记造册，定期核查并配合社区矫正。发出书面纠正违法通知书15份，依法监督收监执行1人。在社区服刑人员脱管、漏管专项检查活动中，该院发现株洲某区法院在审理雨花区社区矫正人员张某某敲诈勒索一案时，依法决定暂予监外执行，但未能在法定期限内将暂予监外执行决定书随同判决书一并送达雨花区司法局，导致罪犯处于脱管状态边缘，该院及时提出纠正意见，督促该法院尽快完善相关法律手续，避免脱管现象的发生。依法对8名服刑罪犯的特赦工作进行全程同步监督。办理不服法院生效裁判监督、民行审判活动监督、民行执行监督、支持起诉、督促履行职责等各类民事行政检察案件10件。在办理市检察院交办的戴某某等人商品房预售合同纠纷申诉案时，通过缜密审查，发现法院判决并无不当，但承办人在执行程序上有点纰漏。该院依法发出《检察建议书》，法院已纠正并按规定回复，申诉人表示服判息诉。

（余　颖）

法　　院

【概况】 长沙市雨花区人民法院(简称“区法院”)内设刑事审判庭、民事审判一庭、民事审判二庭、民事审判三庭、未成年人案件综合审判庭、行政审判庭、土地房屋征收审判庭、立案庭、审判监督庭、执行工作局、办公室、研究室、政治工作办公室、纪检监察室、法警队15个机构。2015年，在职干部116人（其中政法专项编制111人，事业编制5人），副科职以上领导职数26人。党员人数118人，退休干部18人。

2015年，区法院坚持执法办案要务，服务经济社会发展，以执法办案为第一要务，切实履行司法职能，推进社会矛盾化解，努力维护公平正义。受理各类案件14805件（含旧存3284件），审执结各类案件10160件，收案数和结案数分别比上年上升31%和15%。把“司法关注民生”作为人民法院的应尽之责，有案必立、有诉必理，接受当事人咨询3785人次，为当事人提供法律引导2616人次，注重立案调解工作，诉前调解民事案件154件，办理司法确认案件48件，与人民调解室进行诉调对接案件285件。信访接待室接待来访群众321人次，办结转办、交办信访案件48件。落实司法救助政策，为生活困难当事人减、缓、免26.52万元诉讼费，发放司法救助款80万余元。深入推进司法公开，加大裁判文书公开力度，在中国裁判文书网上公开文书5022份。开通官方微博、微信公众平台及时更新法院工作信息，推进科技法庭建设，实现庭审全程录音录像，通过互联网视频同步直播庭审案件15件。261名人民陪审员参与3579起案件审理，出庭6313人次；加强与媒体沟通，中央电视台、湖南卫视、政法频道等国家、省、市媒体公开报道社会关注度高、影响力大的案件41件。加强院校合作与交流，加强与政法委、公安、街道等机关、团体的沟通合作，服务群众宣传法治，法官讲师团被命名为省高院“法律志愿者宣讲团雨花分部”，并举行专门的授旗仪式。应对案件增长压力，开展两次大规模结案竞赛活动。严格审判管理，普查各类案件10160件，进行审限通报6次，开展庭审督查、专项评查189次，结案文书专项评查8986份，全年上诉案件数1617件，改判、发回重审案件229件。严格履行审判监督职责，坚持依法纠错，受理审判监督案件9件，审结8件，受理国家赔偿案件3件，审结3件。高效开展审判辅助业务，提速审理时间，办结司法鉴定案件453件，办理财产保全案件811件，办理全国各地法院的委托送达、执行等事项104件。（魏小晓）

【刑事审判】 2015年，区法院受理刑事案件1099件（含旧存118件），审结979件，判处罪犯1331人。严惩暴力性犯罪，审结故意伤害案件79件100人，审结“两抢一盗”等多发性犯罪案件392件508人。依法打击黄赌毒案件，审结毒品犯罪案件153件178人、赌博犯罪案件25件42人。加大对危害公共安全、贪腐、渎职类案件的惩处力度，审结交通肇事案件40件40人，危险驾驶案件6件6人，贪污贿赂案件5件5人，渎职案件2件2人，职务侵占案件3件6人，挪用资金案件3件3人等，依法审理被告人陈某忠、陈某智涉嫌生产、销售有毒、有害食品案。依法严惩网络犯罪，审结湖南省首例因使用“伪基站”发送短信息进行诈骗犯罪案。（魏小晓）

【民商事审判】 2015年，区法院受理各类民商事案件9778件（含旧存2380件），审结6505件。依法解决与人身关系密切类纠纷，审结婚姻家庭、抚养继承、人身损害等案件1147件；依法服务全区拆违工作，审结拆违中的退租纠纷和其他民事纠纷7件；审结业主与物业公司物业纠纷及业主与业主之间的共有纠纷390件，维护居住秩序；审结劳动合同、拖欠工资等劳动争议案件494件，维护劳动秩序；审结借贷、保险、票据等金融纠纷案件1033件，维护金融秩序；审结房地产开发、商品房买卖、建设工程施工等纠纷案件614件，保障建筑生产秩序。强化全面调解、全程调解、多元调解意识，尝试新民事诉讼法解释规定的“保证书”制度和借助微信平台等开展调解，调撤案件2710件，调撤率41.7%。（魏小晓）

【行政审判】 2015年，区法院严格贯彻实施新修订的《中华人民共和国行政诉讼法》，依法受理和审理行政案件，保护行政相对人的合法权益，监督行政机关依法行政，受理行政诉讼案件282件（含旧存32件），审结238件，较上年分别增长88%和72%，判决行政相对人胜诉15件。支持行政机关依法行政，依法审查各类非诉行政执行案件101件（含旧存35件），执结95件。（魏小晓）

【专项审判】 2015年，区法院坚持服务大局，把握全区项目建设对法院工作的新需要，整合司法资源、完善工作机制，着力构建征地拆迁司法保障体系，审结涉征拆诉讼案件106件，执结涉征拆执行案件70件，经协调主动履行的49件，和解率达70%，对21户实施司法强拆行动14次；执结涉及圭塘路道路建设、湘诚壹佰项目、长重棚改项目（ADEF地块）、新城新世界用地项目的系列案件，推进圭塘河改造工程配套项目、城投9号地（红莲广场）项目、黎托片节约集约用地4号地项目、沪昆配套项目，院土地房屋征收审判庭被评为雨花区“2015年度攻坚克难突击队”。坚持“未成年人利益最大化”的原则，打造少年审判专业模式，着力化解家庭矛盾，严厉打击残害未成年人犯罪行为，依法开展对未成年被告人庭前调查、心理辅导、社区矫正等工作，审理涉未成年人的刑事、民事案件676件。借力“孟妈妈青护园”开展“关注未成年被告人的回家之路”活动，未成年人案件综合审判庭因工作成效显著被列为2015年度“全国青少年

维权岗”考察对象。（魏小晓）

【案件执行】 2015年，区法院受理执行案件3533件（含旧存719件），执结2332件，执行到位案款4亿余元。进一步改进执行方式，用活联动机制，利用网络查控系统，坚持对被执行人财产“查银行、查车辆、查房产、查债权”四查到位。开展“积案清理竞赛”“小额民生案件集中执行”“百日执行大会战”等活动，通过执行兑现大会、在喜盈门范城等城市综合体的大型电子屏幕上滚动播出失信被执行人信息、新闻媒体跟踪报道执行过程等方式，加大执行力度。加大对失信被执行人的惩处力度，1057名失信被执行人被列入黑名单，司法拘留66人。（魏小晓）

【获颁“荣誉天平奖章”】 “荣誉天平奖章”是最高人民法院授予在人民法院工作累计满30年，为人民法院工作长期做出贡献的优秀离任法官和退休法官的荣誉勋章。2015年2月13日，在长沙市中级人民法院召开的2015年长沙市法院工作暨党风廉政建设会议上，区法院李大龙、龙新群、刘建军、王建国、冯树根、柳毅、沈少吾、蒋敦礼获颁“荣誉天平奖章”。（魏小晓）

【湖南首例撤销缓刑案件开庭审理】 11月7日，雨花法院公开开庭审理一起撤销缓刑案，被告人宁某某被雨花区法院撤销缓刑。宁某某因非法拘禁他人被判处有期徒刑七个月，缓刑一年，在社区服刑的宁某某多次不按规定到长沙市开福区司法局望麓园司法所报到，不交思想汇报材料，手机经常关机无法联系和定位，不参加教育活动和社区组织的公益活动，其行为违反了法律、行政法规或者国务院公安部门有关缓刑的监督管理规定，情节严重，该院开庭审理并撤销了对其之前作出的缓刑判决。这是湖南法院第一次开庭审理撤销缓刑案件。

（魏小晓）

【最高人民法院调研区法院】 2015年7月16日，最高人民法院法官协会秘书长王卫、刑一庭审判长赵晋江调研雨花区法院刑事速裁程序试点工作。调研组现场观摩雨花区法院刑事审判庭适用刑事速裁程序审理的3个刑事案件，并召开座谈会。区法院党组副书记、副院长彭智勇汇报该院自2014年11月开展刑事案件速裁程序试点工作的基本情况、主要做法以及存在的问题及建议。试点的岳麓区法院、长沙县法院和市直政法单位、律师代表分别汇报长沙市刑事案件速裁程序试点工作开展情况和群众反响。湖南省高级人民法院党组成员、副院长郐文生充分肯定长沙市3个基层法院在前期的试点工作中取得的成绩，要求试点法院做好试点工作的积累和总结，做好调研工作，形成工作特色。王卫指示试点人民法院要提高刑事速裁试点工作的责任感和使命感，继续推进速裁工作，把试点工作做好，为修改和完善刑事诉讼法以及推动司法改革提供实证基础。中共长沙市委政法委副书记梁粮，长沙市中级人民法院党组副书记、纪检组长梁英飞等领导陪同调研。（魏小晓）

【蔡振红考察指导法庭工作】 2015年6月3日上午，湖南省人民政府副省长蔡振红、副秘书长王光明一行在省司法厅厅长谈敬纯、副厅长黄春阳，市委常委、政法委书记钟钢，市司法局局长魏华松等陪同下考察雨花区法院交通事故巡回法庭，雨花区区委书记邱继兴、副区长李国军全程陪同。该院党组书记、副院长彭智勇汇报本院交通事故巡回法庭的规范化建设情况，重点介绍雨花区人民法院、雨花区交警大队、省保险行业协会、雨花亭街道人民调解委员会共同建立的“四位一体、联署办公”纠纷处理新机制。蔡振红一行参观交通法庭，并旁听一起交通事故案件的庭前调解会议。（魏小晓）

【雨花区首份行政审判司法审查报告】 2015年4月25日，雨花区人民法院邀请辖区内9家省、市两级行政机关召开新《中华人民共和国行政诉讼法》实施座谈会，专门通报《2010—2014行政审判司法审查报告》，总结分析该院2010—2014年度行政案件审理的情况、行政机关败诉及成因，并就雨花区行政审判的现状和特点、《行政诉讼法》修改实施后行政审判的方向提出建议，对行政机关提出提高执法能力、执法中注重程序、诉讼中注重证据等司法建议，予以和指导。该报告是区法院首份行政审判司法审查报告，该份报告的出台，为该院行政审判的发展探索方向，为辖区内行政机关依法行政、切实维护相对人合法权益提供有效的参考意见。（魏小晓）

【执行兑现会议】　2015 年，雨花区法院开展“百日执行大会战”活动。11 月 20 日举行执行兑现大会，现场为 68 位当事人发放案款 484.6 万元；将冀某树等 75 名失信被执行人信息录入喜盈门范城广场电子屏幕向全社会滚动播出，予以曝光；对刘某、游某某、邓某某三名拒不履行执行裁定的当事人进行司法拘留，予以制裁；对 53 名生活困难当事人发放 71 万元救助款，予以救助。（魏小晓）

司法行政

【概况】　雨花区司法局负责全区“法治雨花”建设、法治宣传教育、人民调解、法律援助、社区矫正、安置帮教工作。2015 年，内设办公室、基层工作科、法律服务工作管理科、法制宣传教育科、社区矫正工作管理科 5 个职能科（室）；下设雨花区法律援助中心；下辖 13 个基层司法所，其中左家塘司法所、侯家塘司法所、黎托司法所、东山司法所 4 个司法所为副科级机构。专项行政编制 31 名，其中领导职数 5 名，在职干部 33 人，退休干部 8 名，党员 34 名。区“法治雨花”建设领导小组办公室设在区司法局。

2015 年，区司法局服务区委、区政府“筑牢基础、破解难局，加快打造中部现代服务业中心”工作主题，扎实推进平安雨花、法治雨花和过硬队伍建设，实现各项工作走在省、市前列。区司法局被省司法厅荣记集体三等功，洞井司法所获“全国模范司法所”荣誉称号，砂子塘司法所获“湖南省规范化司法所”荣誉称号。（熊婷婷）

法官讲师团

【法治雨花建设】　2015 年，雨花区落实“谁执法，谁普法”普法责任制，明确各执法、司法单位的普法责任。全区各执法、司法单位按照要求组织系列专题普法。完善基层法治文化公共设施体系，建成高桥街道五一法治社区公园、侯家塘街道红旗法治文化广场。创新法治宣传教育新途径，打造法治文化景观化建设，投入 20 万元建成仁和雨花家园法治文化建设社区公园。3 月，东塘华银园社区被评为“全国民主法治示范社区”。4 月，侯家塘红旗法治广场被授予“全省法治文化示范项目”。制定出台《关于印发雨花区“六五”普法检查验收工作实施方案的通知》，指导全区各执法单位和法治建设成员单位梳理近五年的普法工作成果，编印雨花区“六五”普法系列资料。8 月中旬，区委宣传部、区司法局对全区 70 个部门、13 个街道（镇）执行“六五”普法依法治理规划情况进行考核验收。9 月，雨花区作为长沙市法治建设典型区县接受省“六五”普法验收团验收，制作的《法治雨花“六五”普法回眸宣传画册》和宣传 VCR 全面展示雨花区“六五”普法成果，并被推荐参评“2011—2015 年全国法治宣传教育先进县（市、区）”。雨花区法治建设经验材料《“六五普法”法治雨花建设亮点纷呈品牌迭出》在《法制日报》《湖南日报》等媒体刊登。组织律师、法官、检察官、法律服务工作者成立雨花区法治宣传队伍，开展“走进基层、法惠民生”、农村法制宣传月、青少年法制宣传周、“12·4”国家宪法日等专题法制宣传活动，开展法制宣传及法制讲座100余场，编印法律书籍1套，发放法律书籍5000余本、宣传资料10万余份，接受咨询达3000余人次。重点抓好青少年普法和国家工作人员学法用法工作，全面深化无纸化学法考试，学法考试参考率、合格率均为100%。（凌艳辉）

【人民调解】 2015年，雨花区继续深入开展“三调联动化矛盾、息诉息访促平安”专项调解活动，全区各级人民调解组织共成功调处各类社会矛盾纠纷5962件，其中重大疑难纠纷278件，为群众挽回经济损失1亿元。驻法院调解室调处纠纷172件，司法确认39件，驻检察院调解室办理刑事和解案件6件，驻公安派出所调解室调处纠纷830件。在巩固发展原有调解组织的基础上，发展行业性专业性人民调解组织，重点抓好道路交通事故、物业纠纷调处中心的组建工作。推进司法所规范化建设创建活动，5月4日至6月19日，洞井司法所作为全省规范化司法所的典型，接待全省四批司法所长培训班学员的观摩学习；洞井司法所被司法部评为“全国模范司法所”；砂子塘司法所被评为湖南省规范化司法所。9月11日至20日，组织对各司法所调解案卷进行集中评查，进一步提升调解工作规范化水平。11月，区司法局被中华全国人民调解员协会评为“2015年度人民调解宣传工作先进单位”。被市司法局向省司法厅推荐参评全省“三调联动化矛盾、息诉息访促平安”调解专项活动先进集体并记集体三等功。（徐　越）

【社区矫正】 2015年，雨花区接收各类社区矫正人员366人，开展审前社会调查评估305件，组织社区矫正人员学习4921人次，开展公益劳动4896人次，收监执行2人。接收安置帮教对象486名，协助符合条件的安置帮教对象办理低保2人。加强社区矫正队伍建设，采取政府出资购买公益性岗位的方式，招聘一批思想政治素质、业务素质过硬的社区矫正专干充实到各司法所，夯实基层工作力量。健全社区矫正对象监管机制，对严管级、普管级社区矫正对象全部实施电子腕带监管，对宽管级矫正对象实施手机定位监管措施，确保全区在册矫正对象全部纳入实时管控范围。探索社会力量参与矫正工作新机制，以政府购买社会服务的方式，与洞井丰和公益服务联盟、跳马镇辰午山庄、长沙移动签订合作协议，建立新型的社区矫正公益劳动基地和刑满释放人员过渡性安置基地。联合孟妈妈青护园开展“真情呵护、化茧成蝶”服刑、戒毒人员未成年子女困难帮扶活动，为服刑人员早日回归、融入社会创造良好条件。联合湖南麓山枫社工服务中心，进行辖区社区矫正对象心理测评和心理危机干预，最大限度地减少重新违法违罪。开展“情暖高墙、关爱孩子”“真情呵护、化茧成蝶”等联合帮扶行动，组织社区矫正专干、志愿者与服刑人员未成年子女结成“一对一”“多对一”帮扶对子，为160余名家境贫困的社区矫正人员及刑满释放人员送去帮扶资金和物资。每月组织社区矫正专干进行业务知识培训；1月和8月，组织各司法所长和社区矫正专干参加全省社区矫正和安置帮教业务培训；7月组织各司法所长和社区矫正专干参加全市社区矫正和安置帮教业务培训。7月17日，在同升街道举办社区矫正和安置帮教培训班，各街道政法书记、司法所所长、社区矫正专干53人参训。

（秦高辉）

【法律服务】 2015年，雨花区司法局对湖南超前律师事务所2名律师调出，湖南凯威律师事务所2名律师调入、1名律师调出，湖南国风德赛律师事务所1名律师调入、1名律师调出等事项进行初审，并及时将有关材料上报市司法局。4月18日起，雨花区公证处停止办理公证业务。5月，办理3个区属律师事务所、42名律师的年检注册初审，为区属5个基层法律服务所、48名基层法律服务工作者进行年审注册。挂牌成立东山街道、黎托街道“法律维权工作室”，来自5家律师事务所的30名律师组成维权律师团队，为群众提供法律维权服务，服务雨花高铁片区征拆工作。（熊婷婷）

【法律援助】 2015年，雨花区整合法律援助、人民调解、法制宣传、律师咨询等法律服务资源，选址区政府大院西门建设雨花区公共法律服务中心，6月，该中心建成并运行。雨花区法律援助中心同步搬迁至该中心，实现法律援助服务阵线前移，在法律援助便民服务接待窗口建立律师值班制度，免费为来访群众提供法律咨询，并建立咨询台账，对咨询事项属于法律援助范围的，告知当事人申请程序。法律援助中心组织开展法律援助系列宣传活动，6月16日，雨花亭街道法律援助工作站在石马村宝马家具城前坪，开展“法律援助·彰显人间正义”宣传活动；9月2日，跳马镇法律援助工作站借助双溪村赶集之际走上街头开展法律援助宣传活动，为村民送去“法律大餐”。区法律援助中心全年办理法律援助案件510件（民事案件383件、刑事案件127件），接待法律咨询1054件，代写法律文书125件。法律援助范围从低保群体扩大到低收入群体，为96名未成年人、15名老年人、317名被征地农民和农民工、110名妇女、9名低保户提供法律援助。区法律援助中心的“唐某盗窃案”被评为“2015年度长沙市法律援助优秀案例”，“刘某盗窃案辩护词”“尹某抢劫案辩护词”“郝某抢劫案辩护词”被评为“2015年度长沙市法律援助优秀文书”。（王　莎）

【社区法律顾问】 2015年，雨花区组建“雨花区法律顾问服务库”和“雨花区法律顾问服务库律师团队”，推进政府基层法律服务全覆盖。区委政法委、区司法局联合出台《关于印发〈雨花区社区法律顾问制度〉的通知》，经公开竞选、组织评定，13家律师事务所的130余名资深律师入选，雨花区为全区167个社区（村、筹委会）各配备一名律师担任社区法律顾问，一对一服务社区，协助完善社区自治管理，定期开展法律咨询与服务，推进民主法治社区（村）建设，雨花区在全市率先实现“一社区一法律顾问”。12月30日，区司法局组织召开社区法律顾问工作会议，回顾社区法律顾问工作推进情况，安排部署下阶段工作内容，听取中标律师事务所对该项工作的意见和建议。各街道（镇）、13家中标律师事务所社区法律顾问负责人、区司法局相关工作人员等40余人参加会议。（熊婷婷）

【国家宪法日宣传活动】 2015年12月4日，雨花区在侯家塘红旗法治文化广场举办“增强宪法意识，培育法治信仰”的“12·4”国家宪法日暨新《中华人民共和国食品安全法》宣传活动。区法治雨花建设领导小组办公室副主任、区司法局局长梁云伟宣布活动开始，区法院、区检察院、区公安分局、湖南金州律师事务所、湖南通程律师事务所的50余名法官、检察院、警官、律师冒雨向群众赠送法律书籍，开展宪法知识有奖竞猜，现场为群众答疑释惑，发放法治宣传资料1万余份，提供法律咨询500余人次。公安分局、长沙民政职业技术学院现场表演节目。跳马司法所以石燕村石燕铺赶集为契机在集市举办宪法日宣传活动，高桥司法所在华晨世纪广场举办大型的宪法日宣传活动，东塘司法所联合省人大社区开展以宪法为主题的法治宣传活动，在全区营造了浓厚的宪法宣传氛围。（凌艳辉）

【农村法制宣传月】 2015年5月中旬至6月中旬，雨花区在全区范围内开展以“增强新型农村经营主体法治意识、促进农村经济健康持续发展”为主题的农村法制宣传教育月活动。区司法局结合高铁片区拆违拆迁任务繁重的区情特点，编印《国有土地上房屋征收与补偿法律、法规、规章及规范性文件汇编》《集体土地征收与补偿法律、法规、规章及规范性文件汇编》专业法律书籍2000余本，全区免费发放。组建专兼职结合的农村法治宣传队伍，配齐配强村（社区筹委会）普法工作人员，以司法所、律师事务所、基层法律服务所人员为骨干力量，把村（社区筹委会）两委班子成员、村（居）民代表、在村民群众中有一定威信的离退休干部、法官、退伍军人等作为“农村法律明白人”“法治宣传志愿者”的重点培养对象，加大培训力度，提高普法骨干的法律宣讲能力、答疑解惑能力和调处矛盾纠纷能力。组织律师、调解员、法律服务工作者进村入户开展涉拆法制宣传活动，提高村（居）民学法用法的热情和积极性。依托农民工学校、市民学校、法律学习室等，有组织、有计划地对村（社区筹委会）干部、村民代表进行法律培训，定期组织开展法治讲座。利用高升、红旗法治文化广场、五一社区法治公园、车站及人流聚集地设置的公共宣传栏、电子显示屏等，刊播农村法制宣传标语，采取制作墙报、张贴法治挂图、设置法治课堂、举办知识竞赛等形式开展日常宣传，使村（居）民随时随地接受法治宣传教育。通过网络、宣传册、手机短信等平台宣传治安管理、权益保障等与民生密切相关的法律知识。各街道采取群众喜闻乐见的形式广泛开展宣传活动，向群众普及农产品质量安全法、劳动争议仲裁调解法、信访条例以及法律援助申请程序等方面的法律知识。组织村（社区筹委会）法治宣讲活动13场次，发放法治宣传书籍及资料2万余份，法治宣传环保袋2000个，法制挂图180套接受群众咨询2000余人次。（凌艳辉）

【法律维权工作室】 2015年，雨花区探索基层群众维权法律服务新途径方式，服务高铁片区征拆工作，设立黎托、东山街道两个“法律维权工作室”，组织辖区5家律师事务所30名资深律师组建法律维权团队，维权律师作为第三方向群众宣讲房屋征拆政策法规，为群众提供法律咨询和诉讼代理服务，协调处理因拆迁引发的重大疑难矛盾纠纷，参与征拆信访矛盾化解，为政府依法依规征拆提供法律意见建议，全面推进依法和谐拆迁。4月16日，区司法局组织“法律维权工作室”维权律师参加岗前培训会。区征收办、区征地办、区人民法院相关负责人到会指导，详细讲解房屋征拆法规、政策，介绍征地拆迁诉讼案件的现状、特点。4月27日，雨花区“法律维权工作室”在东山街道挂牌，5月20日，雨花区“法律维权工作室”在黎托街道挂牌运行。8月13日，区司法局召开驻高铁片区法律维权工作室推进会，会议总结法律维权工作室成立以来付出的努力和取得的成绩，重点分析存在的问题及解决办法。会议指出：要发挥律师专业特长，以“法治思维”引导和谐拆迁；要加强规范管理，完善定期服务制、限时服务制、工作日志制、维权代理制、定期汇报总结制等制度；要坚持把“法律维权工作室”作为普法新阵地，开展案例说法、法治宣讲等活动，普及与群众生产生活相关的法律法规，增强群众依法维权意识。高铁片区两个法律维权工作室共接待380余人，成功调解纠纷40余件，为群众挽回损失57万余元，发放拆迁法律法规汇编200余套。（熊婷婷）

【社区矫正联席会议】 2015年7月17日，雨花区2015年社区矫正工作联席会议在同升街道召开。区编委办、区综治办、区法院、区检察院、区公安分局、区司法局、区民政局、区财政局、区人社局等单位分管负责人，各街道分管政法工作工委副书记，各司法所所长共53人参加会议。市司法局、星城检察院有关负责人列席会议。会议由区司法局党组书记、局长梁云伟主持。区司法局副局长吴振明代表区社区矫正工作领导小组办公室通报全区社区矫正工作基本情况，重点介绍社区矫正对象心理矫治、社区矫正公益劳动基地建设等特色亮点工作，围绕推行数字化监管、加强部门衔接配合、规范矫正档案管理等方面部署下阶段工作。同升司法所作社区矫正工作典型经验发言。各成员单位结合本部门、本单位实际，就如何深化社区矫正制度改革提出思路和建议。（秦高辉）

【无纸化学法考试】 2015年，雨花区法治雨花建设工作领导小组办公室制定下发《关于做好2015年度国家工作人员学法用法考试工作的通知》《关于组织2015年度全区国家工作人员学法考试的通知》。12月15日，全区140多个单位的5617名国家工作人员参加无纸化学法考试，参考率、合格率均为100%，全区平均分为95.36分，被评为“长沙市2015年国家工作人员学法考试先进县（市）区”。（凌艳辉）

【雨花公证处停止执业】　根据湖南省司法厅湘司函〔2015〕4号《关于同意长沙市城区公证机构设置调整的批复》、长沙市人民政府办公厅长政办发〔2015〕5号《关于印发 < 长沙市城区公证体制改革实施方案 > 的通知》及长沙市司法局2015年4月17日通知精神，区司法局下属二级机构雨花公证处撤销，自2015年4月18日起正式停止执业。（熊婷婷）

【王晓光调研洞井司法所】　2015年3月11日，司法部法制宣传司司长王晓光一行在省司法厅党组成员、政治部主任张皓，法制宣传处处长刘刚魁，市司法局党委书记、局长魏华松陪同下到雨花区洞井司法所调研考察基层司法行政文化建设工作。王晓光一行参观洞井司法所办公大楼、便民服务公示栏和上墙制度等，听取司法所文化建设方面的情况介绍，希望雨花区继续培育和发展具有地域特色的司法行政文化，开创司法行政文化大发展大繁荣的新局面。副区长李国军全程陪同调研。（熊婷婷）

【傅莉娟调研法治文化建设】　2015年8月5日，湖南省司法厅副厅长傅莉娟、法制宣传处处长刘刚魁、副处长陈昆仑一行在市司法局党委委员、副局长孙美秀等陪同下，到雨花区调研法治文化建设情况并考察省级法治文化示范项目红旗法治文化广场。雨花区委常委、政法委书记王维宁代表区法治雨花建设工作领导小组向考察组汇报法治文化建设有关情况，从党委政府领导的高度重视和支持、法治文化传播平台的建设、特色法治文化活动的开展和公共法律服务体系的城乡覆盖等四个方面全方位、多角度介绍雨花区“六五”普法期间法治文化建设成果。同时，就如何纵深推进法治文化建设，促进全民法治信仰养成提出意见建议。傅莉娟一行建议雨花区巩固成果，创新思路，多开发具有雨花特色的法治文化阵地，形成崇尚法治、追求公平正义的法治理念和文化氛围。（熊婷婷）

【刘道龙考察雨花公共法律服务中心】　2015年9月9日，湖南省司法厅副厅长刘道龙、法律援助处处长向新林，市司法局局长魏华松、副局长贝先明，市法律援助中心主任郭灿霞及内六区司法局局长等一行11人到雨花区公共法律服务中心开展督查交流活动。雨花区委常委、政法委书记王维宁出席活动。督查交流组一行实地考察雨花公共法律服务中心建设和运行情况后，内六区司法局局长就如何规范全市公共法律服务体系建设作进一步交流和探讨。刘道龙认为雨花区公共法律服务中心建设认识高、起步早、服务好，特色明显，是全市公共法律服务中心建设的先行样，要求进一步创新和完善雨花公共法律服务中心运作机制，建立雨花区公共法律服务体系，推动社区法律顾问制度在全市先行落实。（熊婷婷）

【向新林调研指导法律援助工作】　2015年3月12日，湖南省法律援助中心主任向新林一行在市司法局副局长贝先明、市法律援助中心主任郭灿霞的陪同下，调研指导雨花区法律援助和公共法律服务工作。向新林一行实地察看建设中的法律援助中心和公共法律服务中心，参观雨花区驻法院法律援助工作站，希望雨花区进一步加大投入力度，特别是通过政府购买的形式，加强公共法律服务队伍建设，加快形成覆盖全区、惠及全民的公共法律服务体系。（熊婷婷）

【省司法所长培训班观摩洞井司法所】　2015年5月6日，省司法厅政治部组织带领第一期司法所长培训班240余名学员到雨花区司法局洞井司法所观摩学习。观摩团一行参观司法所外观、标识、办公区域和制度建设，仔细翻阅司法所工作台账、文书档案等资料；听取司法所关于规范化建设方面的情况介绍，了解司法所在维护社会稳定，服务地方经济发展方面取得的成效。观摩团一行表示洞井司法所在规范化建设方面的先进经验值得借鉴推广，并希望以后加强合作交流，共同推动司法行政基层基础建设工作。（熊婷婷）

军　事

人民武装

【概况】 中国人民解放军长沙市雨花区人民武装部（简称“区人武部”）为正团级单位，隶属于中国人民解放军长沙警备区，区委书记兼任中共雨花区人武部委员会第一书记。区人武部设部长、政治委员、副部长，内设军事科、政工科和后勤科。区内街、乡、镇、企事业单位设立基层人武部，地方编制，编配专职部长、干事各1人，接受同级党委和区人武部的领导。

2015年度，人武部按照“践行三严三实、聚焦强军兴军、融合创新发展”的工作思路，以争创省军区“全面建设先进单位”为目标，围绕“一季度抓整组、二季度抓集训、三季度抓征兵、四季度抓考核”的总体安排，抓实各项工作任务，人武部全面建设和全区民兵预备役工作稳步推进。被省军区评为“2015年度全面建设先进单位”、长沙警备区“2015年度军事训练先进单位”“2015年度安全工作先进单位”，同升街道武装部被长沙警备区评为“2015年度民兵工作先进单位”。（邓　星）

【坚持党管武装】 2015年，雨花区继续坚持党管武装的优良传统，出台《党管武装好书记、好主任实施细则》《专职人民武装干部管理规定》《雨花区民兵属地管理规定》等细则规定，把武装工作作为雨花长治久安体系和治理能力现代化建设的重要组织部分，对武装工作高看一眼、厚爱一筹、真情投入，不断提高党管武装工作在绩效考核中的占比，形成以考核来管落实，用制度管人管事的良好局面，区主要领导坚持议军会议、军事日活动、述职制度和调研制度，坚持优先听取武装工作汇报，优先审批武装工作文件，优先参加武装工作活动，优先解决武装工作难题。区委书记邱继兴、区长张能峰、常务副区长邹春林多次到人武部调研，研究破解武装工作的重点、难点问题，人武部坚持每两月书面向区委报告工作情况。长沙雨花经开区党工委保障人力、物力、财力，加强武装部建设。区人武部军政主官调整时，“四大家”主要领导到场欢迎、欢送。区领导坚持春节、“八一”走访慰问驻区部队和转退军人，妥善安置转业干部、随军家属就业和军人子女入学，实现单位和个人“双满意”。

（邓　星）

【思想政治建设】 2015年，区人武部坚持党管武装光荣传统，以实现习近平“三个根本性转变”为目标，严格按照党章、政工条例和军队党委工作条例办事，贯彻民主集中制原则，严格按照法规程序议事决策。开展“三严三实”教育整顿，组织“践行‘三严三实’、干净为官做事”专题讨论，召开党委民主生活会，查摆出5个方面13个具体问题，部党委召开专题会议，确定解决办法和措施，并逐条分解到科室或个人负责，逐一落实整改。开展“学习践行强军目标，做新一代革命军人”主题教育以橱窗板报、心得体会展评、读书讨论会等配合活动提高教育效果，牢固树立领导就要担责、在位就要作为的思想，以郭伯雄、徐才厚案为反面教材搞好警示教育，肃清郭徐案件影响，清查出涉郭资料 75 件、涉徐资料 108 件，人人签订责任书，由清理信息向清除思想流毒推进、由消除负能量向激发正能量拓展，自觉清除陈旧观念和惯性思维，增强第一身份是党员的意识。树立政治工作威信，干部职工的理想信念、党性原则明显增强。开展职工队伍专题教育整顿，有效解决职工队伍“精神状态不佳、在岗履职不好、责任担当不够”的问题。落实民兵政治教育。在完成 16 课时授课任务的基础上，利用民兵整组、训练演习、执行应急维稳任务等时机，开展“争当岗位之星”评比竞赛活动，引导民兵人员把强军兴国梦实践在本职岗位上，涌现出民兵应急连指导员袁超等一批先进典型。持续开展“雷锋家乡学雷锋”活动，组织民兵志愿者参加“保护湘江母亲河”、清理圭塘河风光带、走访慰问敬老院等活动。投入 10 余万元在办公楼内外和主干道上新建国防教育展板，军营文化氛围明显增强。

（邓　星）

民兵训练

【军事斗争准备】　2015 年，雨花区按照“全面抓建设、扎实打基础、反复抓落实、长期铸特色”的要求，加强基层建设，着力抓好阵地建设、应急队伍建设、资料整理核实、重难点问题破解，实现由硬件建设为主向硬软件同步推进转变。召开全区武装工作暨东塘街道基层建设现场观摩会，提升基层阵地建设标准，圭塘街道、左家塘街道、高桥街道、井湾子街道进步明显，雨花经开区、高桥街道武装部成为新典型。加强专武干部队伍建设，区人武部采取每两月一次工作例会的形式，重点对专武干部的政治素养、业务能力、组织指挥、训练管理等进行培训。3 名武装部部长参加省军区轮训均取得优异成绩，侯家塘街道武装部部长陈勇获得全省第 5 名。区人武部以建设一支“应急应战一体、信息含量增加、便于就近就地遂行任务”的雨花基干民兵队伍为目标，围绕保障上级、重要目标防卫、三大商圈反恐维稳、保交护路、森林扑火 5 类行动目标，改革民兵整组工作，优化民兵队伍编制，细化完善各类战备方案，完成应急维稳、医疗救护、铁路护路和机动打击等 4 类 5 期民兵分队作战行动训练，“湘江 -2015”演习保障部队过境行动演练，训练时间 56 天，参训若干人。加大民兵应急连、排建设投入，重点在体育职院新建市属民兵应急四连，举行授旗仪式，配齐 120 套携运行装备和处突维稳器材。组织人武部机关干部常态化训练，现役干部参加省军区课题研究作业，获得警备区好评。按照军民融合发展和“编组跟着任务走，布局跟着作战走”思路，充分利用省会城市优势资源，改变以往以行政区划编组为主的方式，以省气象局、省中医附一、省保安公司、市规划勘测设计院、雨花经开区（比亚迪汽车）、红星实业集团、湖南省体育学院等行业系统、企事业单位、高等院校为主体进行编组，高效完成编组任务。开展国防动员潜力普查，组织国动委“一专七综”办公室培训，根据军地人员变动情况及时调整各专业办公室，理顺国防动员运行机制。深入开展征兵工作研究与实践，结合大学新生军训成立民兵队伍，开展征兵政策宣传。完成夏秋季征兵工作，实现“三个确保”的目标。率先在全市范围内将高校征兵工作经费纳入区财政预算，标准为学生人数 1 万人以上 8 万元、1 万人以下 6

万元，该做法被广州军区动员部摘转。（邓　星）

【安全管理工作】　2015年，区人武部修订完善《雨花区武装工作业务手册》《规章制度汇编》和《基层武装工作指南》，确保做事有依据、工作有标准。区人武部始终以如履薄冰、如临深渊的态度，像“过日子”一样，一天一天抓安全管理工作，坚持全时、全员、全域、全程管控。强化人员管理，坚持每晚9时值班室点名，落实“八小时”以外管理和请销假制度；强化车辆管理，加强司机队伍的教育，严格落实公务车辆集中派遣和“三证一令”制度，充分发挥家属的监督作用，对有私家车的干部职工多提醒、多监督，杜绝违章违规；强化枪弹管理，严格执行双人双锁、枪弹分离和定期检查制度，部领导全程组织实弹射击，确保射击安全，严防枪弹丢失；严格遵守手机使用管理规定，禁止在办公场所使用3G手机，全体人员一律使用配发手机。对重点部位、重要场所随机检查，对武器库、训练基地、炮库和保密室每周检查，定期召开安全形势分析会，对存在的安全隐患明确整改时限，加强跟踪问效，动态抓好落实，形成“每月一分析、每周有讲评、每日抓落实”的自查自纠制度。投入8万元进行办公电脑无盘化改造，密级文件、办公笔记本电脑、移动载体统一由保密室管理，按要求办理借阅和使用手续，每日下班前进行清查。从源头上杜绝失泄密隐患。全面升级营院监控系统，做到全院监控无死角。着眼“早改早主动、真改真收益、全改全解脱”的目标，开展财务大检查，全面完成2013年、2014年的账目清查，进一步严格对外有偿服务项目和公寓房管理，完善油料和车辆管理制度，确保财务安全。（邓　星）

【参建参治】　2015年，区人武部按照“坚持双重领导，遵循军队原则，把握军事主职，做好军民融合工作，在推进国防后备力量战斗力建设的同时，围绕服务经济建设中心、维护社会大局稳定发挥重要作用”的要求，始终站在武装工作立场献策出力，当好“军代表”，带领人武部和民兵队伍在全区经济社会发展中发挥重要作用。部领导分别联点冠铭生活广场、泰禹国际商务楼、湖南省信息园建设项目，受领雨花区南入城口综合整治和“一进两访”活动等重点工作，人武部深入基层调研，主动靠前做工作，积极为联系单位谋发展、解难题，为群众排忧解难。组织民兵、驻区部队官兵主动参加“文明创建”“高铁志愿者服务”“清洁雨花”等活动，结合“8·1”“9·3”等重要时机，走访慰问困难退伍军人、抗战老兵30多名。6月初，组织驻区单位召开军史编撰协调会，加强沟通联络，完善工作协商机制。充分发挥民兵巩固基层政权、维护社会秩序、应急处突救援的重要职能，出动民兵300余人次、车辆20余台次，参与长沙高铁南站维稳、汽车南站巡查、红星农博会安保等行动，发挥生力军作用，提升雨花民兵形象。建立结对帮扶机制，安排专项资金，结合“一进两访”精准帮扶；落实退役军人创业基金，牵头组织民政、信访、维稳等部门在黎托街道和东塘街道政院社区继续开展“退役军人之家”示范建设，协调安排3名退役人员“重点人”到公益岗位，东塘街道“杨阳国防教育室”正能量在全区影响扩大，4名退役军人和4个企业受到市级表彰。（邓　星）

【区委议军会议】　2015年10月15日，雨花区委召开议军会议。区委全体委员，区委、区政府有关部门和各街道负责人，区人武部各科科长，各街道武装部长31人参加会议。会议听取各镇、街道党（工）委书记党管武装工作述职和人武部党委的工作汇报，表彰党管武装工作优秀个人。会议决定，将国防教育纳入区委中心组理论学习内容，纳入区委党校干部培训内容，纳入全区中小学生教育课程；由区政府牵头，对现有高炮预设阵地采取资产置换的方式，进行异地重建；追加“湘江-2015”演习、市属民兵应急连建设和信息系统建设专项经费。（邓　星）

【民兵预备役会议】　2015年4月15日，雨花区召开民兵预备役工作会议，区委、区政府领导，人武部领导和基层单位领导 58 人参加会议。会议指出，2015 年是全军政治工作会议精神全面贯彻之年，是国防和军队实质性改革的启动年，是民兵预备役部队大规模作战能力、“十二五”规划检验评估年，是依法治军全面推进年，是正风肃纪持续攻坚年，各级领导要认清形势，把握机遇，争取有更大作为。会议就民兵预备役工作做出全面部署。会议要求全区民兵预备役工作，要牢牢把握“聚焦强军目标，从严整风整改，推动全面建设”的工作指导，主动作为，趁势而上，确保圆满完成年度各项工作任务，为全区国防后备力量建设做出新的更大贡献。

（邓　星）

武警消防

【概况】 雨花区公安消防大队（简称“区消防大队”）系集火灾防控、火灾扑救、抢险救援、社会救助等多种功能于一体的副团级单位，负责雨花区的消防工作。2015 年，大队下辖红星、高桥、同升 3 个执勤中队，现役官兵 72 名、政府专职消防员 55 名，消防文员 12 名。区消防大队贯彻落实党的十八届三中、四中、五中全会精神，坚持进行法制教育，不断加强对全体官兵的教育引导，让官兵们树立良好的法制观念和责任意识，形成良好的党风和队风。召开会议专题学习《关于进一步加强新形势下公安消防部队党风廉政建设的若干意见》《公安消防部队从严治警十条禁令》；开展廉政谈心谈话；组织廉政演讲比赛，建立廉政建设常态化机制。以主题演讲、主题授课，制作活动宣传板报、评比栏、撰写心得体会的形式，积极组织开展争做新一代革命“四有军人”活动，着力培养“有灵魂、有本事、有血性、有品德”，服务意识强的消防队伍。部署开展“三严三实”专题教育活动、从严纠治“三松”问题纪律作风教育整顿活动、安全“五无一创”活动、“重法治、严纪律、抓经常、保安全、树形象”为主题的条令条例学习月活动，加强消防部队管理教育和安全防事故工作，严抓官兵“一日生活制度”和“出入营登记管理”，努力创建和谐警营，健全和落实管理责任制，及时发现和纠正各种违纪苗头，全年实现“零事故、零案件”目标的。2 名现役官兵被省消防总队记三等功、25 名现役官兵和 4 名非现役文职人员被市消防支队评为 2015 年度嘉奖人员、1 名现役战士被市消防支队评为 2015 年度“十佳士兵”、1 名现役战士被市消防支队评为 2015 年度“红旗车驾驶员”、1 名非现役政府专职消防员被市消防支队评为 2015 年度“优秀政府专职消防员”。

2015 年，雨花区发生火灾 441 起，死亡 3 人，直接财产损失 938 万元，其中住宅、宿舍场所火灾 270 起，死亡 3 人，直接财产损失 170 万元，全年未发生较大以上火灾事故，群死群伤火灾事故得到有效遏制。与 2014 年相比，火灾起数下降 39%、直接财产损失数上升 25%，死亡人数下降 25%，伤人数下降 100%。

（王　媛）

【消防管理】 2015 年，区消防大队办理建设工程消防设计审核项目 38 个，建设工程消防验收项目 24 个，下发“公众聚集场所投入用使用、营业前消防安全检查合格证”60 份，受理建设工程消防设计备案 86 个，建设工程竣工验收消防备案 47

消防检查

个。不定期抽查消防监督员执法办案卷宗、执勤卷宗，实行每月执法例会通报、半年总结讲评的执法质量讲评制度，完善消防监督内外监督制约机制，加大对消防执法活动的监督力度，建立健全执法质量“五规范”，力促严格、公开、公正、文明执法。按照便民高效原则，编制完善消防办事指南，优化便民措施，开辟消防审批绿色通道，接等来队办事、咨询、来访人员，并将办事指南、相关制度、便民措施、投诉举报电话等全部对社会公开，实行阳光操作，提高办事效率。（王　媛）

【执勤备战】　2015年，区消防大队强化车辆器材管理，强化驾驶员技术教育，对个人防护装备及车辆器材进行全面清查、喷漆、编号和造册，确保消防器材装备、消防车辆时刻处于战备状态。结合全区老城区多、棚户区多、非法违章仓储多的“三多”特点开展应急救援演练，勤练精兵，从严实训，规范训练程序，深入全区各消防安全重点单位定期开展实战演练活动和“六熟悉”活动。全年消防部队共接警出动1358次，出动消防车2162辆次，出动消防官兵1.4万人次，抢救被困人员178人，疏散人员403人，抢救财产价值1.1亿元，为“平安雨花”的创建保驾护航。完成2015年春节、元宵、国庆、全国“两会”、抗战胜利70周年、第28届国际篮球亚洲锦标赛、首届湖南中韩经贸文化活动周等消防安保工作，完成3·20高桥社区氯气泄漏事故救援、7·7喜来灯灯饰广场火灾扑救、黎托街道合丰村竹山湾梦莱香被服厂火灾扑救等各项重要工作任务。（王　媛）

【基础建设】　2015年，雨花区继续加大消防投入，加强消防基础建设。拆除一大批非法违法建筑，打通黎托片区消防通道19条。黎托街道购置巡逻车10台电动，建成13个消防站点，装备各类器材100余件，水箱总吨数近400吨。东山街道建成消防水箱20个，每个消防水箱平均容量5~10立方米，仓库集中区域为50~70立方米，增强街道消防火灾应急处突能力。区消防大队提质改造同升消防中队，优化中队营房功能结构，努力将同升中队打造成“全区的战勤保障基地、全区的特勤消防中队、全区的消防宣传培训基地、全区消防官兵的思想文化教育阵地”。雨花区人民政府被湖南省消防安全委员会评为2015年度“消防工作先进单位”、雨花区黎托街道办事处党工委书记王润虎被湖南省消防安全委员会评为2015年度“消防工作先进个人”；全区有2个街道、1个派出所、2个消防安全重点单位被市消防安全委员会评为消防工作先进单位，3人被评为先进个人。（王　媛）

【消防宣传】　2015年，雨花区依托“3·15”国际消费者权益日、“5·12”防灾减灾日、重阳节、开学日等各种特殊日期，以设立咨询台、发放宣传资料、举办集中培训、定期消防演练的形式，开展消防安全知识进敬老院、进军训、进学校等有针对性的消防安全宣传活动。由雨花区政府出资，购买消防服务模式，引进消防培训中介，对区内消防安全责任人、管理人和消防控制室值班操作人员开展分阶段、分系统的消防安全培训，开展消防安全培训63期，培训人员10万余人。依托“长沙雨花消防”微信公众号，QQ群等电子媒介平台，及时发布各类消防安全知识、消防工作信息等，开展提示性、警示性宣传，答疑单位提出的消防安全问题，消防安全知识进一步普及。（王　媛）

【消防整治】　2015年，雨花区建立街道、社区、居民楼三级网格化管理模式，实行“无缝隙”、“地毯式”隐患排查。全区12个街道共有994名专职网格化排查员，每个街道5–10人为网格化排查员，每个社区1–3人为网格化排查员，由专职网格化排查员分片包段，定期对本区域内的楼院、旅馆、酒吧和沿街门店、家庭式作坊等小单位、小场所开展消防安全检查，并逐一建立检查台账，及时协助派出所消防民警开展消防安全检查，及时发现问题，把火灾隐患消除在萌芽状态。部署开展劳动密集型企业暨居民小居消防安全隐患专项整治，“3·15”消防产品专项整治，夏季消防安全检查专项行动，社会福利、救助机构消防安全专项整治、住宅小区消防安全专项整治，以及“九打九治”打非治违等系列专项整治行动，对所有隐患发现一处、查处一处、消除一处、安全一方。全区检查单位25986家次，发现火灾隐患或违法行为58261处，督促整改火灾隐患或违法行为58172处，责令“三停”（停止施工、停止使用或停产停业）单位场所25家，下发责令改正通知书22888份，罚款198.132万元，拘留8人，下发临时查封决定书24份，处理消防类举报投诉443件。（王　媛）

【张能峰调研区消防工作】 2015年10月13日，雨花区委副书记、区长张能峰在区委常委、区委办主任黄文先，区委常委、常务副区长邹春林，副区长、区公安分局局长谭应林等陪同下调研指导全区消防工作。区消防大队就全区消防工作和部队建设、相关消防工作建议及急需区政府解决的困难等情况进行汇报。与会人员还就区域性火灾隐患整治，市政消火栓、消防装备和消防基础设施建设等制约当前全区消防工作发展的瓶颈性问题进行交流探讨。张能峰强调，进一步加大重点区域火灾隐患整治的问题，全区将继续加大临建仓储、违章建筑拆除力度；各级各部门要形成合力整治改变建筑物使用性质场所火灾隐患，大力推广在街道建设消防站点组建义务消防队伍、提升火灾防控能力的经验做法，建立标准化火灾防控体系，重点培树先进典型。进一步加强消防基础设施建设，由黄文先、谭应林牵头，具体研究全区市政消火栓建设问题，区政府考虑将消防基础设施建设纳入老城区和棚户区改造的验收内容，在老城区和棚户区严格按照国家标准建设市政消火栓。同意启动高桥中队改造项目建设，为消防官兵完善营房设施建设，保障消防官兵工作、生活条件，营造拴心留人的环境，区政府在财力上将全力支持。区政府同意将同升中队打造成“全区的特勤消防中队、全区消防官兵的思想文化教育阵地、全区的战勤保障基地、全区的消防宣传培训基地”的“一队一阵地二基地”。并将该项目经费纳入下年政府财政预算，确保2015年上半年完成对同升中队“一队一阵地二基地”的建设。各职能部门要加大对消防工作的支持力度，联合推动全区消防工作及消防基础设施建设的纵深发展，切实提升全区消防工作发展水平，为全区经济建设发展营造良好的消防安全环境。（王　媛）

【液氨泄露应急救援演练】 2015年6月26日，雨花区政府在湖南红星冷冻食品有限公司四期库房前坪组织开展液氨泄漏应急救援演练活动。区委常委、副区长罗予武，市安监局副局长郭朋芳，市安监局副局长、应急处处长曾红涛，区安监局局长张蛟龙，区消防大队大队长刘立宪；各区直部门主要负责人，各街道（乡镇）安全分管领导、安监站站长，各危化企业安全负责人及员工代表，辖区各企事业单位安全工作相关人员及湖南红星冷冻食品有限公司员工等300余人观摩演练。湖南红星冷冻食品有限公司于2013年完成安全生产标准化（二级）企业创建工作，每年液氨的使用量超过150吨，是雨花区同升街道辖区内存在重大危险源的生产经营单位。该大型应急救援演练检验湖南红星冷冻食品有限公司对液氨泄露应急处置能力，发现应急预案所存在的缺陷和不足；同时提高政府有关部门与企业联动处理突发事件的组织指挥能力、协调配合能力和应急实战能力，达到对各相关企业及员工进行应急培训的效果，有效推动全国第十四个“安全生产月”活动的深入开展。（王　媛）

人民防空

【概况】 2015年，雨花区人民防空办公室（简称“区人防办”）由区政府直属事业单位调整为区政府工作部门。内设综合科、工程管理科（行政审批科）、指挥通信科（宣传教育科）。核定编制6名，其中领导职数4名；全体在职干部职工9人，其中人才引进1人，政府雇员2人；退休干部2名；党员9人，其中在职党员7人。办公地点设在雨花区人民政府机关大院一号楼。

2015年，雨花区贯彻省、市人防工作会议精神，以“长期准备、重点建设、平战结合”的人防工作方针为指导，围绕“建设、管理、宣传”的总体要求，注重抓指导、抓落实，抓推进、抓成效，形成人防工程“3+1”管理模式，通信警报器“三定”管理，人防宣传教育“人防宣传月”等一系列雨花模式，人防工作实现新的突破。（梁　丹）

【人防工程】 2015年，雨花区人防工程面积若干平方米，其中，新增人防工程若干处若干平方米，各街道乡镇均有分布，新增面积及总计面积都居全市之首。继续推行“3+1”模式，即“区、街道、社区+人防工程责任单位”四位一体共同做好人防工程的管理，提高人防工程检查精度和效率。区人防办对全区人防工程进行季度常规检查，以及消防、防汛、安全等专项检查，并对检查情况进行总结通报，及时处理内燃机配件厂、湖南橡胶厂人防工程透水问题，对恒丰佳景园、长沙阀门厂、朝阳欣园、佳天国际新城4处人防工程存放使用易燃易爆物品情况下达整改通知并督促整改到位，同时加强在特护期的安全巡查。生物药厂防空洞排水道受长房项目施工破坏现经评估整改后得到妥善解决，欠缴3年的雅礼中学人防工程赔偿费16万元追缴到位。（梁　丹）

【防空警报器】 2015年，雨花区完成茶园坡社区、怡园社区2处警报器的拆除迁移审批，并协助人防办完成警报器拆后重装工作。全区防空警报器若干台，其中电声型若干台、电动型若干台、数字型若干台，实现城区无缝覆盖。区人防办定岗、定人、定责维护管理防空警报器；组织警报器全面巡检两次，逐台排查故障，确保“11·1全省试鸣日”当天全区警报器保持在正常工作状态；选派2名技术人员参加省人防机动指挥跨区训练，在机动途中完成组织指挥、行进编队、短波通信、超短波通信、卫星通信、海事电话等多个科目的训练，达到信息迅速、准确、不间断传输的战时要求。（梁　丹）

【人防宣教】 2015年，区人防办以“增强人防意识、建设幸福雨花”为主题，以宣传《中华人民共和国人民防空法》为重点，开展大型集中宣传2次，制作人防宣传展板20多块，悬挂宣传横幅100余条，举办人防知识讲座15次，发放宣传资料5000余份。各街道社区采用道德讲堂、市民学校、文艺汇演等形式，开展“5·12”防灾减灾日宣传，提高居民防空防灾意识。全区33所中小学开展人防教育，占辖区学校比例的53%。接受人防教育的中小学教师生4万余人次，占辖区中小学生比例的55%。开展“11·1”试鸣日宣传活动，组织机关各部门、各街道开展人防知识竞赛，在砂子塘泰禹小学周边进了集中宣传。向全区干部职工、企事业单位、中小学老师、居民朋友们编发防空警报识别、防空应急等宣传短信，提高全区防空警报信号的知晓率。（梁　丹）

【人民防空宣传周】 2015年10月23—24日，雨花区结合年度“11·1”防空警报试鸣宣传活动，组织各街道人防主管领导、专干及各防空警报器单位负责人举办人防业务培训会，部署2015年度防空警报器试鸣及人防宣传周工作。27日—11月1日，区人防办主动寻求同电子政务办的合作，精选时间节点向社会各界发送防空警报同步解析信息，在辖区醒目位置张贴人防宣传横幅、设置人防宣传展板、悬挂人防宣传条幅，发放人防宣传手册，利用各街道显示屏滚动播放人防宣传知识。11月1日，雨花区在泰禹小学开展“11·1”试鸣日宣传活动，通过接受咨询、陈列宣传板报、发放宣传资料等形式多样的方式方法普及人防知识。全区全部警报器一齐有序鸣响“预先”“空袭”“解除”三种防空警报信号。区人防办通过信息平台同步播发信号解读短信，进一步向公众传递人民防空防灾意识、掌握紧急状况应对常识。在全省的人防警报试鸣活动中，警报器鸣响率100%。（梁　丹）

城乡建设

建设管理

【概况】 2015年，雨花区城乡建设局内设办公室、计财科、行政审批科（原市场管理科，区建设工程招投标管理工作办公室）、行业管理科（区职业技能鉴定办）、安全管理科（区房屋安全鉴定办、区装饰装修管理办）、设计和工程技术管理科（区建筑节能管理办公室）、物业监督管理科、燃气热力管理科8个职能科（室）；撤销原内设科室房屋产权监理科（长沙市雨花区房屋产权交易所）。下设二级机构雨花区建筑工程质量安全监督站、雨花区城乡建设执法监察大队。全体在职干部职工数32人，领导职数5人，其中副县级领导2人，人才引进1人，政府雇员11人；退休老干部22人。局党支部，党员37人，其中在职党员24人。办公地点设在雨花区人民政府机关大院3号楼。

2015年，雨花区城乡建设局用“三零三更高”（“零事故，零违纪，零追责”“干部队伍工作激情更高，履职服务水平更高，各方面认可度更高”）总揽2015年工作思路，克服人手少、摊子大、事项多等现实问题，倡导“服务为先，激情工作，干净做事，坦诚待人”的核心理念，开展“心态建设”活动，引导全体机关干部践行“净与静同在，悦与阅共享，辛与欣相伴”，增强干部队伍理想信念，激活干部队伍工作激情，锻造干部队伍良好心态，刷新干部队伍综合素质。抽调30名干部，分配到10个拆迁小组，白天奋战在潭阳洲片区拆违拆迁第一线，早晨、中午和晚上回办公室加班处理业务工作，参与拆违任务面积达74万平方米，占片区总违章面积54%。两个小组被评为先锋团队，7人被评为市级先进，城乡建设局被评为长沙市高铁新城潭阳洲分片区拆违拆迁工作优秀集体。（秦　俭）

【行业管理】 2015年，雨花区建安企业463家，新增申报企业19家（已公告11家），接收省住建厅下放的三级建筑公司193家。其中一级企业11家，二级企业33家，三级企业320家，无等级8家，劳务公司共91家。市路桥公司、黎托公司被市住建委授予AAA企业；红星公司、高桥公司、立承公司、圭塘公司评为AA企业。全区建安企业完成生产总值85亿元，上交国家税收4.133亿元。城乡建设局雨花区城乡建设局组织各企业做好一级、二级建造师资格考试工作；组织相关企业做好建筑起重机械特种作业人员培训考核、继续教育、专业技术管理人员岗位（九大员）资格考试考务工作，抓好建筑施工现场农民工学校师资培训和作业队长培训工作。超额完成市住建委下达的技能鉴定1500人任务。根据新的《建筑业企业资质管理规定》等文件要求，受理并上报简单换证资料67份。雨花区办理建筑施工许可证27个，合同备案40个，完成区管建筑工程招投标项目38个，工程中标价13.2亿元，区管建设工程应公开招标率为100%，工作实现零投诉、零差错。（秦　俭）

【安全管理】 2015年，雨花区城乡建设局检查危房600余栋次、挡土墙护坡64处、隐患消除备案25处，申请使用安全隐患治理改造配套费用223万元，解决洞井路施工对周边民房的影响，中铁五局宿舍出现开裂倾斜、阿弥岭社区护坡地面开裂和管网系统破损、三湘社区A25栋房屋四周地面塌陷沉降、左家塘长沙警备区左家塘离职干部休养所围墙等严重安全隐患；历时两年之久，市建委、区安委多次出面协调一直得不到有效整治的怡景民居护坡重大安全隐患，10月得到根治。协调处理布朗风幼儿园外墙瓷砖脱落伤人事故，中铁五局一公司办公楼出现安全隐患的抢险，美洲故事别墅房围墙开裂和地面下沉抢险。推进建筑施工企业安全质量标准化认证，对12家区属建筑施工企业的安全生产状况进行检查，针对检查中发现的问题，全部要求限期整改到位，并进行跟踪督办。审批通过三类人员安全任职资格2184人次，办理安全生产许可证新办、变更、延期事项52起。接管跳马镇危房总数476户，全部录入到全国农村危房信息管理平台。2015年市住建委下达跳马镇农村危房改造援建户任务64户，补助金额为48万元。经核查认定，雨花区公示援建户83户，因自身原因放弃有12户，最后确定71户援建户（一般援建对象46户，重点援建对象25户）。援建户中有4户因建楼房未通过验收，完成援建户验收67户（超市任务指标3户，其中重点援建户25户，一般援建户42户），援建补助资金184万元（重点援建户补助4万元，一般援建户补助2万元），区本级配套资金136万元。

（秦　俭）

【质量安全监管】 2015年，雨花区全面推行质量安全监督规范化工作，提高监督工作水平。受监项目46个，建筑面积246.99万平方米，工程造价433735万元，其中房屋建筑工程32个、临时建筑6个、市政道路4个、边坡4个，受监率达100%。开展质量安全大检查3次，专项开展低温雨雪安全、春节前建筑工地消防安全、春节后复工安全生产、汛期、“五一”期间施工安全、保障性住房质量安全、砼质量、“百日行动”“国庆”期间施工安全检查。以创建省级“安全质量标准化示范工地”为平台，加强区管建筑工地安全生产监管。创建“省级创建安全质量标准化示范工地” 5个。参与红星国际农博会、中韩经贸文化活动周、长沙国际马拉松赛周边安全相关工作。完成全区53块“围而未建”地块全面整治。

（秦　俭）

【设计和节能管理】 2015年，雨花区率先在全市出台《雨花区市政基础设施建设设计审批工作手册》，规范设计审批工作，市政设计审批工作从无到有，质量效率同步提高名列全市第一。完成区市政基础设施项目审批29个，建设项目施工图审查备案25个，深基坑、边坡设计审查及施工图审查备案6个，装饰装修项目审查备案12个，临时建筑施工图审查备案4个。完成住宅产业化建设竣工面积85万多平方米，既有居住建筑节能改造12.5万多平方米（其中环保职业学院4.5万平方米，赤岗社区8万多平方米）；16个在建房建项目新建建筑节能50多万平方米；公共建筑能耗监测系统建设4.5万平方米。开展可再生能源建筑应用面积15万平方米，完成2014年至2015年度能耗统计及信息上报工作；开展节能专项检查两次，节能宣传周一次。

（秦　俭）

【物业行业监管】 2015年，雨花区注册的物业企业约230个，物业项目515个，其中住宅342个。区城乡建设局对物业企业进行年度审验、清理工作。指导23个小区的业主大会筹备工作，为20个业主委员会备案。受理物业维修资金业务303笔，办结251笔，拨付维修资金970多万元，其中应急维修项目办结131笔，实际拨付金额740多万元，3万元以下维修项目办结120笔，实际拨付金额约230多万元。雨花区召开全区住宅小区物业管理改革工作大会，出台《关于推进住宅小区物业管理改革工作的实施方案》，着重解决业委会成立难、物业维修资金使用难、物业投诉和纠纷处理难、物业费收取上涨难、物业行政监管难等问题，按照“政府监管、市场主导、业主自治、综合施策”的原则，探索物业管理改革创新。招聘法律以及物业管理专业人才充实到物业矛盾纠纷调处工作中，探索物业矛盾纠纷投诉处理机制试点；侯家塘街道鸿景雅苑小区成为长沙市及湖南省首个物业维修资金划转业主大会管理的试点小区；做好全区物业企业的消防安全督促工作，召开全区物业企业消防安全培训大会，并向辖区物业企业下发《关于加强物业服务企业落实物业项目消防安全管理责任的通知》，与物业企业签订《消防安全自查自改承诺书》。（秦　俭）

【执法监察】　2015年，区城乡建设局通过日常巡查重点查处区内商业临时建筑和装修项目，查出各类违法违章工程29个，签发项目调查通知书29份，停工令29份，完成案件查勘笔录29份，下达行政处罚意见告知书和决定书26份，处罚金额7.88万元。开展集中整治建设工程违法行为“春雷”专项行动和“打非治违”行动，集中清理整治区管保障性住房项目和“两安”安置项目，其中主体施工阶段的项目56个，装饰施工阶段的项目22个。打击建设工程违法行为，确保区管在建施工项目的质量与安全，查处施工施工许可手续不齐全的建设项目3个，单体工程20个，总建筑面积85.38万平方米。下发停工令4份，行政处罚意见告知书2份。辖区内各类违法违章项目执法覆盖率100%，证据收集有效率100%。（秦　俭）

【液化气经营门店管理】　2015年，雨花区规范瓶装液化气经营管理，对辖区内135家瓶装液化气经营门店申报网点进行实地踏勘，对符合便民服务点设置条件的107家颁发“便民服务点备案登记证”，有效保护合法门店正当权益。在市燃气局的支持下，区城乡建设局组织街道和相关职能部门对在限定时间内未取得证照的网点进行整治、取缔，对违规占压、违规包覆、安全距离不足等安全隐患进行调查、执法、整治、消除，开展取缔非法瓶装液化气经营门店集中行动20多次，出动执法人员600多人次，关闭非法门店68家，扣押气瓶1130个，收缴螺丝瓶159个和大批倒气工具。（秦　俭）

【房屋登记管理】　2015年，雨花区城乡建设局经过张贴公告、资料审查、初始录入、登记收费和审批缮证等工作，雨花区集体土地上房屋登记发证814宗，登记面积151733平方米。通过安置小区登记发证，真正让老百姓享受到安居乐业。长沙市政府要求，雨花区三年内应完成房产办证处遗办证数20389户，2015年应完成总任务70%（14500户）。区城乡建设局通过抓处遗进度、抓包案项目、抓个案突破，完成处遗项目42个，完成办证14662户，超任务数162户。（秦　俭）

【彭峻调研建筑行政执法工作】　2015年4月2日，市住房和城乡建设行政执法局彭峻副局长一行调研年雨花区建设行政执法，雨花区城乡建设局副局长罗能，区工务局、区经开区规划建设局相关负责人参与调研。区城建局汇报2015年全区行政执法工作及建筑行政执法工作的侧重点和相关部署。彭峻指出：雨花区2015年打击违章建设形势仍十分严峻，存在任务重、工作量大、力量保障不对称的现状；建议健全机构、增加人员，充实执法力量；同时要求市局与区各相关部门继续加强沟通，多联动执法，争取达到信息上的共享，工作上密切配合的状态，确保执法到位，从而达到市场行为规范。（秦　俭）

【全区安全生产培训】　2015年6月12日，雨花区城乡建设局举办新《中华人民共和国安全生产法》培训暨建设法律知识讲座，区200余家建安企业和30多个区监工程项目260余人参加培训。会议由局党委副书记、副局长吴军红主持，党委书记、局长张学军作培训动员。副调研员冯卫授课，通过大量案例，阐述企业自觉抓好安全生产的重要性、严肃性、必要性；强调企业安全生产的投入与产出、规范与操作、安全与效益的辩证关系，要使一线工人100%的从根本上达到“要我安全”到“我要安全”的转变；要严格技术规范，狠抓细节过硬。湖南秉言律师事务所副主任、资深律师陈湘平作法律知识讲座。陈湘平从贯彻落实依法治国的宏观背景到每个企业依法依规办事的现实要求，针对建筑行业的现状，提出要以法律的视角和思维，把法律责任与风险控制落实到建筑市场与现场管理每一个环节，以维护施工企业的最大效益。（秦　俭）

【内五区住建工作调研会】 2015年7月28日上午，长沙市内五区住建工作调研会在雨花区政府三号楼召开，市委组织部副部长、市编办主任张白云，市住建委党委书记、主任范焱斌，市住建委党委副书记、副主任袁国棋，市住建委副主任杨新武，雨花区区委常委、副区长罗予武，市编办、市住建委相关处室负责人，内五区编办主任及内五区（住房）城乡建设局局长参加会议。内五区（住房）城乡建设局局长就承担的职能职责情况、需要申请下放的职权、机构和人员编制情况，结合各区的特点进行发言，内五区编办主任对城乡建设局编制落实情况进行说明和表态。委相关处室负责就职权下放等工作进行补充。雨花区城乡建设局提出领导职数增配、调整内设机构序列、补足编制缺额、部分职能下放改革、更换局名5个建议。范焱斌提出，要简政放权，能放则放，区投区建项目，可放到区局，由相关委处室拿出方案研究确定后下发；物业管理应下放到街道、社区；机构设置和编制情况，创新工作方式，同时争取市、区各级领导的支持，由委人事处形成书面材料以委名义专题上报；各区局要历练内功，要学习雨花区城乡建设局建设好单位文化，培养好广大干部良好的心态。张白云就各区局的提出的问题进行逐个解释说明，要求各区编办换位思考，要做好政策宣传工作，要力所能及地尽最大可能地支持住建系统机构编制工作请求。（秦　俭）

内五区住建工作调研会

【市处遗办指导房产办证】 2015年10月30日，长沙市处遗办主任、市房产登记中心主任杜湘晖一行7人对雨花区房产办证遗留问题重难点项目进行个案分析、指导。区委常委、副区长罗予武，副区长余宏卿，区处遗办主任张学军、副主任赵正坤、区国土、规划负责人，天湘华庭、洞井商贸城、融程花园酒店项目所在街道办事处副主任、项目经办人参加会议。会议由区处遗办负责人吴军红主持。项目经办人分别汇报项目具体情况和面临的困难，街道作补充发言；市处遗办相关领导及市国土、规划负责人对每个项目的情况和问题逐一进行分析，提出指导意见，形成初步处理方案。罗予武对处遗工作做出安排：请市国土局、市规划局对违建项目尽快出具处理意见；项目合法部分可优先办理房产证，开发建设单位尽快将资料报送市规划、市国土局，资料完善后经区处遗办上报市里；已形成打击的项目在11月15日之前立案，实行部门联动，统筹协调。杜湘晖要求：重难点项目问题多，情况复杂，必须多方协调，把问题一个个厘清解决，区处遗办、各相关街道、业主在推进工作上必须紧密配合，主动发力，全力冲刺。市处遗办也将争取政策大力支持，早日完成老百姓办证诉求。（秦　俭）

【业主自管物业维修资金试点】 2015年5月，长沙市住房和城乡建设委员会在雨花区和芙蓉区进行物业维修资金划转业主大会管理试点工作。11月27日，长沙市住房和城乡建设委员会、雨花区城乡建设局、侯家塘街道办事处共同侯家塘街道鸿景雅苑小区举行长沙市物业维修资金划转业主大会管理试点启动仪式。随着长沙市物业维修资金管理中心主任程龙科向鸿景雅苑小区业主委员会代表胡秋莲移交长沙银行数额为9985886.49元的巨型支票，标志着雨花区鸿景雅苑小区成为长沙市首例物业维修资金划转至业主大会管理试点的小区，试点工作首先在雨花区获得阶段性的胜利。（秦　俭）

重点工程

【概况】　雨花区工务局承担区政府投资项目的建设(或代建)实施和监督管理职责。内设办公室、总工室、工程计划科、工程报建科、市政工程管理科、房建工程管理科、财务管理科7个职能科室。2015年，工作人员51人，其中在编在岗人员18人，区人才引进5人，重点工程雇员28人；党员22人。办公地点设雨花区人民政府机关大院2号楼。

2015年，区工务局紧扣“筑牢基础，破解难局，朝着加快打造中部现代服务业中心目标阔步迈进”主题，扎实推进88个项目（不含预备项目）的建设及征拆工作。其中，市政基础设施项目40个，社会公用事业项目21个。麻园湾小学、井圭路小学、雅塘村小学扩建、黎托派出所、和平小学土方工程等5个项目建成投入使用。芙蓉路学校、区第六幼儿园等12个项目加紧推进。万家丽路快改工程、时代阳光大道东延线等重大配合项目进展顺利。

（李新甜）

【重点工程建设】　2015年，雨花区城建重点工程建设及征拆项目88个，区级年度计划投资37.99亿元，其中工程费23.12亿元，征拆费14.87亿元（含市建区拆暂估征拆费2亿元）。区工务局负责实施及配合市级实施的项目为61个。全年实现木莲冲路及跨韶山路高架桥、石坝路、香月路、丽白路、圭香路等5条道路竣工，长塘路、山塘路、支路二十、侯照路等14条道路有序推进；麻园湾小学、井圭路小学、雅塘村小学扩建、黎托派出所、和平小学土方工程5个项目建成投入使用。芙蓉路学校、区第六幼儿园等12个项目加紧推进。万家丽路快改工程、时代阳光大道东延线等重大配合项目进展顺利。（李新甜）

市区项目对接会

【市重大项目】　2015年，雨花区有市建区拆项目12个，涉及区级年度计划征拆费2亿元。区工务局主要负责国土用地手续办理及拆迁腾地协调工作。完成万家丽路快改项目、时代阳光大道东延线用地手续办理，战备路、红旗路一段完成集体土地用地审批，红旗路二段已完成市国土审批。万家丽路快改项目、时代阳光大道东延线项目完成拆迁腾地手续办理，战备路、红旗南路启动拆迁。（李新甜）

【木莲冲路全线贯通】　2015年12月30日，木莲冲路跨韶山路高架桥竣工，标志着东起雨花区沙湾路、西至天心区新开铺路的木莲冲路全线贯通，长沙城区新添一条横贯东西，连接雨花、天心两区的大动脉。为全线拉通木莲冲路，从2014年起，雨花区总计投资约3.18亿元，启动木莲冲路（洞井路—韶山南路）道路工程及跨韶山路桥梁工程建设，其中道路工程全长1536米，宽度46米，双向6车道；桥梁工程长478米，宽16米，双向4车道，设计时速50千米。其中桥梁工程涉及雨花、天心两个区，项目面临拆迁腾地任务重、管线迁改繁杂等一系列难题。为加快项目建设，早日便利百姓出行，市委、市政府主要领导多次到项目建设现场办公，雨花区坚持科学统筹调度，通过无数建设者的辛勤工作，一座贯通雨花、天心的“连心桥”终于在长沙城南片架起。木莲冲路全线贯通，实现与新开铺路、芙蓉路、韶山南路、万家丽路、沙湾路等多条南北向城市干道相交，优化长沙城南片交通路网，也为长沙红星商圈新增一条经济腾飞的通道。路网的完善，也将全面助力雨花区空港、高铁、磁悬浮、高速公路、城际轻轨、城市地铁等六位一体交通网络体系的构建，为打造名副其实的“中部大枢纽，湖南新门户”奠定稳固基石。（李新甜）

【洞井路（湘府路—井圭路）验收移交】 2015年8月13日，洞井路（湘府路－井圭路）验收移交会在区政府会议中心召开。市、区各接收部门一致认为该项目设计、实测实量与工程资料均达到合格标准，同意该项目即日起正式验收移交。该项目南起湘府路，北至井圭路，全长1707米，宽46米，其中包含一座长430米、宽25.6米的现浇混凝土连续箱梁。是雨花区一条南北向城市主干道，对于缓解该区域交通压力，连通雨花区西部南北交通具有十分重要的意义。（李新甜）

【大桥路、嘉雨路通过验收】 2015年9月2日，大桥路（沙湾路—京珠高速西辅道）、嘉雨路（沿河路—预备役师）验收会在区政府会议中心召开。会议由市督考评处主持，市质监中心、市质监站、市安监站、市城管局、市路灯所、市城建档案馆、市交警、区工务局、区市政局、区园林局、区环卫局、区财评、施工、监理、设计、地勘单位及片区指挥部相关人员出席会议。市、区各接收单位充分肯定道路建设的质量，对道路建设情况表示满意，同时针对需进一步完善的相关问题提出整改意见。施工方表示在区工务局和片区指挥部的监督下，及时整改到位，争取早日完成道路的全面投入使用。大桥路（沙湾路－京珠高速西辅道）是雨花区高桥区域内的一条东西向城市支路，西起沙湾路，东至京珠高速西辅道，全长552米，宽23米。该项目于2015年2月11日召开预验收会。嘉雨路（预备役师－沿河路）是雨花区高桥片区内的一条南北向城市道路，北起预备役师，南至沿河路，全长1059.16米，其中预备役师至朝晖路段宽36米，朝晖路至沿河路段宽20米。该项目于2014年12月3日召开预验收会。（李新甜）

【圭塘路二标通过验收】 2015年12月11日，圭塘路二标（湘府东路—香樟路）项目验收会在长沙民政学院召开。会议由长沙市数字化管理处主持，区工务局、市质监站、市安监站、市城管局、市路灯所、市城建档案馆、市交警、区财评、区市政局、区园林局、区环卫局、圭塘片区拆迁建设指挥部及施工、监理、设计、地勘单位相关负责人参加会议。市、区各接收单位一致认为本工程在外观、实测实量与资料评定上都能满足合格工程标准，同意工程从即日起正式验收移交。圭塘路二标（湘府东路—香樟路）项目全长1080米，路幅宽度为30米，双向四车道，于2014年12月竣工。道路拉通后，将进一步方便砂子塘万境水岸小学师生，及沿线居民群众的出行，同时对缓解万家丽路、韶山路的交通压力，改善区域交通微循环，提升雨花项目开发品质，有着重要意义。（李新甜）

【香月路北段、木莲冲路通过验收】 2015年1月29日，香月路（木莲冲路－香松路）、木莲冲路（洞井路—万家丽路）验收会在区政府会议中心303会议室召开。会议由长沙市数字化管理处主持，市质监中心、市质监站、市安监站、市城管局、市路灯所、市城建档案馆、市交警、区工务局、区环卫局、区园林局、区市政局、区财评、各参建单位相关负责人参加。市、区各接收单位充分肯定道路的建设质量，对道路建设情况表示满意，同时针对需进一步完善的相关问题提出整改意见。施工方表示会在区工务局和片区指挥部的监督下，及时整改到位，争取早日实现道路全面投入使用。香月路（木莲冲路—香松路）位于雨花区圭塘片区，呈南北走向，长847米，宽30米，于2013年7月31日召开预验收会。木莲冲路（洞井路—万家丽路）位于雨花区井湾子片区，其中一标西起洞井路，东至圭塘路，长1053米，宽46米，于2013年9月5日召开预验收会；二标西起圭塘路，东至万家丽路，

长538米，宽46米，其中包括一座长60米、宽40米的跨圭塘河桥梁。（李新甜）

【香月路南段通过预验收】 2015年9月18日，香月路南段（香松路—湘府路）预验收会在区政府会议中心召开。会议由区工务局主持，市数字化管理处、市质监中心、市质监站、市安监站、市城管局、市路灯所、市城建档案馆、市交警、市市政处、市绿化处、市市容处、区市政局、区园林局、区环卫局、圭塘片区指挥部及施工、监理、设计、地勘单位相关人员参加会议。香月路南段（香松路－湘府路）为长沙市雨花区一条南北走向的城市次干道，南起湘府路，北至香松路，道路全长680米，宽度30米。道路拉通后，将在香松路与万家丽路之间新增一条南北向通道，对缓解万家丽路交通压力，服务“美洲故事”和唐湘市场等产业项目开发，促进区域经济快速发展具有重要意义。市、区各接收单位充分肯定道路的建设质量，对道路建设情况表示满意，同时对需要进一步完善的相关问题提出整改意见。施工方表示及时将问题整改到位，争取早日完成道路全面移交。（李新甜）

【万侯路（湘府路—双塘路）通过预验收】 2015年12月11日，万侯路（湘府路—双塘路）项目预验收会在长沙民政学院召开。会议由区工务局主持，市数字化管理处、市质监中心、市质监站、市安监站、市城管局、市路灯所、市城建档案馆、市交警、市市政处、市绿化处、市市容处、区市政局、区园林局、区环卫局、洞井片区拆迁建设指挥部及施工、监理、设计、地勘单位相关负责人参加会议。万侯路（湘府路－双塘路）为长沙市总体规划中湘府东路两厢片区内的一条南北向城市支路，南起双塘路，北至湘府路，道路全长532.65米，宽度20米。万侯路（湘府路－双塘路）的竣工，为湘府路两厢开发建设提供基础条件，有效解决省水库移民局、板塘安置小区等多家单位的出行问题。市、区各接收单位充分肯定道路的建设质量，同时针对需进一步完善的绿化、排水管疏通等问题提出整改意见。施工方表示在区工务局和片区指挥部的监督下，及时整改到位，力争早日实现道路正式移交。（李新甜）

【雅塘村小学扩建工程综合楼交付使用】 雅塘村小学扩建项目位于雨花区雅塘村路北侧—雅塘村小学内，属于市对区年终绩效考核项目范畴，总建筑面积4253.33平方米，工程包含主楼、室外工程及附属工程，2014年7月下旬开工建设。该项目由于项目所处位置坡度较高，建设难度大，需要攻克技术、安全等关键难点。区工务局组织专家进行多方论证，确定综合楼分东、西两区独立建设的方案，在确保安全的前提下，加快项目建设进度；建设过程中，坚持未雨绸缪，严加防范，平安度过夏季强降雨汛期；坚持主动作为，积极组织雨花亭街道办事处、自然社区筹委会、施工单位、监理单位进行协调，成功化解自然村村民阻工问题，项目得以顺利推进。2015年8月24日，该项目交付使用。该项目可使雅塘村小学新增18个班的教育用地，为学校的教学建设增添新的“血液”，提升学校整体办学能力。综合楼扩建项目及相应附属工程的顺利完工与交付使用，为进一步满足周边适龄儿童对教育资源的需求有着深远的意义。（李新甜）

【井圭路小学扩建工程投入使用】 井圭路小学创建于1969年，原为长沙橡胶厂子校，1997更名为“井圭路小学”。井圭路小学扩建项目纳入2015年区重点工程项目建设计划，2015年1月28日开工建设。项目建设期间，区工务局主动服务、积极调度，结合现场实际情况，多次组织召开项目技术方案会商会，并就项目室外绿化变更为室外运动场、室外标高调整、新建教学楼东侧挡墙调整等问题进行综合探讨。12月15日，井圭路小学扩建项目正式移交。（李新甜）

【黎托派出所工程封顶】 2011年，根据市政府关于区域规划析置的相关安排，雨花区公安分局原黎托派出所析置为黎托、东山派出所。黎托派出所辖区有常住人口约5.6万人，为中南地区最大的高铁交通枢纽所在地，且武广片区处于开发期，对良好治安环境提出比较紧迫的要求。析置后的黎托派出所因无办公场所仍与东山派出所合署办公，给辖区群众办事带来极大不便。雨花区黎托派出所项目位于雨花区黎托街道粟塘村，地处阳泰路以北、黎托路以东，为2015年市对区考核项目，2015年1月份开工建设。项目建设期，正处雨水丰沛的春季，施工条件较为艰难，为尽快完善该基础设施建设，营造良好的社会发展环境，区工务局、区公安分局及各参建单位密切配合，克服困难，科学推进项目建设。4月24日，完成屋面层混凝土浇筑，工程全面封顶。该项目项目建成后，对促进区域社会经济发展、维护社会安定、便利服务辖区群众均具有重要意义。（李新甜）

【重点工程建设领导小组会议】 2015年3月26日，雨花区重点工程建设领导小组会议召开。区委副书记、区长、领导小组常务副组长张能峰主持会议，区委书记、领导小组组长邱继兴，区委常委、常务副区长、领导小组副组长王雄文，区委常委、副区长、领导小组副组长罗予武出席会议。会议研究2015年重点工程建设项目计划与资金安排、以及项目建设亟待明确或解决的问题，作出相关决定。7月30日，区重点工程建设领导小组第二次会议召开。邱继兴主持会议，张能峰，区委常委、纪委书记、领导小组副组长王清政，区委常委、常务副区长、领导小组副组长邹春林，罗予武出席会议。会议研究修订雨政办发〔2013〕82号文件，对洽商、变更参与部门及审批权限调整，对项目建设亟待明确或解决的问题，作出相关决定。（李新甜）

【重点工程建设会议】 2015年3月11日，雨花区重点工程建设暨拆迁拆违工作会议召开。会议由区委副书记、区长张能峰主持；副区长李国军作拆违控违工作报告，区委常委、副区长罗予武作重点工程建设及拆迁工作报告，区委常委、常务副区长王雄文通报2014年度重点工程建设、征拆工作、拆违控违工作考核情况；区委书记邱继兴发表讲话。2015年，全区安排城建重点工程项目88个（不含预备项目），区级年度计划投资37.99亿元；安排征拆项目136个，涉及征地面积1086.77公顷（1.63万亩）。重点建设木莲冲路（含跨韶山路高架桥）、圭塘河路、川河路、圭香路等18个市重点工程考核项目；扎实推进景观路、长塘路、侯照路、雀园路、红星路等道路建设；加快推进芙蓉路小学、德馨园学校、黎托派出所等民生工程建设。确保完成断头路、瓶颈路建设任务。全力推进高铁新城、雅塘片区等重点区域建设。（李新甜）

【重大项目建设集中对接】 2015年4月22日，长沙市工务局局长张跃先，副局长周谟华、刘和平及所有处室负责人一行到雨花区，就雨花区范围内市工务局负责实施的重大项目进行集中对接。区委书记邱继兴，区委常委、副区长罗予武出席会议，项目涉及重点工程片区指挥部、区直相关部门、街道（镇）负责人参加。邱继兴对市工务局对接和指导雨花区重大项目建表设示感谢，要求各相关部门、街道（镇）要高度重视这批重大项目，做到工作推得动、项目建得快，确保问题逐一解决，严格按照项目建设时间节点保质保量推进。张跃先对项目问题解决与下阶段推进，提出具体要求。（李新甜）

【罗予武调研项目建设计划工作】 2015年2月26日，区委常委、副区长罗予武到区工务局调研2015年重点工程项目建设计划工作，听取区工务局局长邓自新关于业务工作的铺排及项目进展情况汇报，传达长沙市《关于下达2015年度重点工程目标任务的通知》等相关文件精神，对区工务局2014年各项工作取得的成绩给予充分肯定。强调，区工务局要积极主动抓好目标任务的落实，科学制订项目实施计划，及时解决项目建设中出现的困难和问题，确保按计划完成2015年度重点工程建设任务。（李新甜）

【联点社区道路硬化】 2015年年初，区工务局按照区群工办要求，到石马社区筹委会联点开展群众工作，在走访村民和听取村干部情况介绍时，多次听到："石马桥、石马铺组村民从2013年起，多次向村委会反应，该组村民生产生活的必经之路，因年久失修，该段路面已坑坑洼洼，破损不堪，请求筹委会对该路段进行修葺，筹委会经过多次会议讨论，但由于经费紧张，此事并未得到解决。"区工务局联点负责人谢曙把情况向局长邓自新和书记李博汇报，4月3日，邓自新到石马社区筹委会召开现场办公会。经与雨花亭街道书记杜剑、石马社区书记邹磊等与会人员商定，把硬化该社区一条长约150米的出行道路作为区工务局群众工作"为民办三件实事"的第一件。6月17日，施工队进场施工。6月26日，道路全面竣工。该"民意快线"工程赢得社区居民的一致好评。（李新甜）

征　地

【概况】　雨花区征地办公室为全额拨款正科级事业单位，主要负责区内被征地农民补偿安置工作的组织、实施、协调、监督和管理。核定编制数8名，领导职数4名，2015年，实有9人；其中主任1名，党组书记1名，副主任2名；另有党组成员、正科级干部1名。

2015年，全区在拆项目99个（含60号令5个，区内统计分街道统计为111个），涉及用地1499.70公顷（22495.41亩）。拆除合法建筑1125栋1458户26.54万平方米，拆除项目内违章建筑424万平方米，动迁3512人，腾地635.24公顷（9528.66亩）。拆除项目外违章建筑约81万平方米。（梁　坤）

【保障住房建设及住房申购资格审查】　2015年，雨花区安置保障住房项目15个，建筑面积约348万平方米，预计可安置30730人。建成项目包括桃花苑一期、瑞景苑，建筑面积27.39万平方米，已安置2972人（含城投回购对象336人）。在拆项目2个（星城新宇·中城苑、川河苑），计划建筑面积69.531万平方米。审核被拆迁对象保障住房申购资格3327人。申报"半边户"193人，其中通过资格确认173人；申报"世居非农"103人，其中通过资格审核77人。审核发放延期过渡费152个项目2472户，发放延期过渡费1458.8万元。（梁　坤）

【转户及纳入两保工作】　2015年，雨花区下达审批社保纳入1132人；收缴追缴社保资金7.5亿元，全区应纳入两保体系24685人，已纳入24591人；全区应转户24685人，2015年转户1132人，累计已转户24591人。（梁　坤）

【涉农户口审批】　2015年，雨花区出台了《雨花区未全部腾地已转户家庭新增人口享受集体土地征拆安置待遇确认工作方案》，切实杜绝政策监管不到的区域部分投机行为，打击少数人利用政策漏洞进行诈骗、套取国家利益的不正当行为，确保老百姓合法权益和征地补偿安置工作的公平、公正。审批涉农户口934本，审批通过889本，组织召开联席会议4次，特殊情况提交联席会议集体研究个案41本。（梁　坤）

征　收

【概况】　长沙市雨花区城市房屋征收和补偿管理办公室（简称"区征收办"）负责组织实施雨花区范围内城市房屋征收和补偿及拆迁拆除工作。归口长沙市雨花区城乡建设局管理，全额拨款正科级事业单位机构，核定编制16名，内设综合科、征收科、补偿科。办公地点设香樟路592号区政府二办一号楼四层。

2015年，雨花区开展国有土地上房屋征收项目36个，需征收房屋面积约40万平方米3683户，雨花区依法依规发布征收公告121个，征收决定14个，全面完成长钢新老11栋、川河路（规划调整部分）、轨道交通3号线一期工程（东塘站）、汽车南站综合枢纽建设项目A、C地块、洞株公路、

川河路项目群众见面会

劳动路跨京广铁路桥、圭塘河路、长重棚改（二期）等 14 个项目的征收任务。签订协议 3295 户，签约率 89%，拆除腾房面积 26.9 万平方米。（李红林）

【项目征收】 2015 年，雨花区实施基础设施项目 25 个。加速推进市对区绩考项目，川河路（规划调整部分）、汽车南站综合枢纽建设项目（A、C 地块）、轨道交通 3 号线一期工程项目（东塘站）全部完成签约和腾地工作；其中，川河路（K7+100—K7+582）项目位于雨花区东山街道，全长 482 米，共涉及房屋 23 栋 22 户，其中私房 21 户，单位 1 家。区政府于 2015 年 4 月 27 日发布征收范围公告，7 月 31 日发布征收决定公告，9 月 4 日全面完成签约工作。时代阳光大道东延线、轨道交通 3 号线一期工程项目（城南东路站和桂花路站）发布征收决定公告，征收工作加速推进；洞株公路、劳动路跨京广铁路桥、万家丽路快速化改造工程建设项目等省、市重点工程项目，完成全部拆除腾地工作；洞株公路建设项目（长沙县段）2015 年 3 月因长沙市行政区域规划调整，划分到雨花区。雨花区从法律法规上就石燕湖大道项目剩余一户未签协议的被征收对象的司法程序进行探讨，及区划调整之后行政管辖权限与国务院令 590 号政策之间的相关衔接。该项目 49 户，其中私房 42 户，单位 7 家，12 月全面完成签约工作。稳步推进其他基础设施项目，洞井路（劳动路—雅塘冲路）、曙光路（车站路—雅塘冲路）发布一公告。实施棚改项目 11 个，其中长城信息、梨子山长电宿舍及省苎麻棚户区改造、长钢新老 11 栋、省话剧团、长沙橡胶厂（AB 地块）、小林子冲、华云机器厂等 8 个项目被列为市对区国有土地上房屋征收工作绩效考核重点项目。长钢新老 11 栋项目完成签约和拆除工作，成为长沙市第一个完成任务目标的项目；原长沙重型机器厂棚改项目实现全面清零，完成拆除腾地工作；华云机器厂签约率 98.3%；长沙橡胶厂（AB 地块）签约率 95%；长城信息签约率 94%；梨子山长电宿舍及省苎麻棚户区改造项目签约率 90%；小林子冲签约率 80%；省话剧团签约率 73%；华狮棚改二期发布一至三公告；梨子山棚改项目二期发布一至二公告。

（李红林）

【征收管理】 2015 年，雨花区全面建立“市级统筹、区直主导、街道实施、社区配合、群众参与”的全新征拆模式，由区征拆总指挥部对全区征拆工作进行整体调度，各街道分指挥部具体实施，简化程序，转变职能，有效对全区项目进行集中攻坚。建立“4+X”征拆模式，高铁新城、雅塘片区、棚户区改造、城中村改造四块拆迁主线场，相应地成立高铁新城 2 年指挥部、雅塘片区 3 年指挥部、棚户区改造 4 年改造指挥部、城中村改造 5 年指挥部；“X”即区内的其他重点拆迁项目。出台《长沙市雨花区国有土地上房屋征收工作绩效考核办法》，以考促建，以赛促征。强化排人、排事、排时间、排责任的征收工作倒排机制，真正形成一级抓一级、一级对一级负责的征收工作责任体系，确保征收工作有序推进。三完善调度通报机制，按照“日碰头、周例会、月调度、季讲评、年总结”的方式，确保按时间节点推进项目征收。建立征拆工作例会制度，区领导坐镇调度，区直相关部门现场办公，每周、每月对各征收项目的工作进度、存在的困难和问题进行全面沟通、协调、解决，以最直接有效的工作方法，确保工作取得实效。区征收办组织征拆工作人员 200 余人参加长沙市国有土地上房屋征收与补偿工作上岗培训；实行项目负责人责任制，项目负责人下至项目进行政策宣讲、征收指导和程序把关，甚至深入街道或社区，帮助群众排忧解难，零距离为群众现场答疑。对长重、小林子冲、长城信息、省话剧团、长沙橡胶厂等多个项目下达分户补偿方案97人次，申请区政府作出补偿决定19人次，腾房催告书39人次，申请法院强制执行18人次，处理行政复议案件44人次，行政诉讼和民事诉讼案件25人次，行政复议和行政诉讼胜诉率100%。健全信息公开制度，充分利用网络、报纸、公开栏、培训等形式，及时公布包括法律法规及房屋征收工作流程、入户调查通知、评估机构选择结果、分户初步评估结果、征收决定公告、征收补偿方案等，注重准确性和实效性，提高工作的透明度，设立举报电话，对公开信息进行有效监督，切实保障被征收人的知情权。公布及更新各类信息480余条，上报宣传信息140余篇。以政府门户网为载体，围绕工作目标，理清操作程序，规范管理，健全征收补偿制度，完善工作流程，做到程序不乱、补偿不乱、补助不乱，征收补偿合同签订更加规范，确保各项目审核结算更加及时有效。组建以项目负责人、街道工作人员、楼栋长为中心的信息网络，及时收集反馈信息，因地制宜开展工作，依靠基层组织协调化解，打消群众的疑虑，发挥基层组织民情了解、工作方便、效果明显的不可取代的作用。逐步修订完善《雨花区国有土地上房屋征收补偿资金管理实施办法》，严格按程序保障补偿资金足额双控到账。发放补偿资金65笔139217.8万元。区征收办采取信访包案到人的办法，对信访问题进行登记造册，建立一户一档，做到数据清晰，情况清楚，及时化解矛盾和问题。接待和处理信访案件20件120余人次，处理区长信箱涉征问题12件，“12345”市民热线工单22件，无群访事件。严格按照《长沙市国有土地上房屋征收范围内拆除工程安全生产管理规定》的要求，科学规范拆除公司的招投标工作，加强对国有土地上房屋征收范围内拆除工程进行监督管理，确保拆除工程安全生产和文明施工，全年无安全生产事故发生。（李红林）

【棚改项目】 圭塘街道原长沙重型机器厂（ADEF地块）棚户改造项目，总占地2.886公顷，其中涉及征收房屋面积33280平方米，公房518户，私房409户，单位1家，区政府于2014年5月15日发布征收决定公告，2015年6月26日全面完成该项目的签约工作。雅塘片区棚改项目（华云机器厂宿舍区）需签约466户，其中私房361户，公房101户，单位2家。2015年5月21日，区政府发布征收范围公告，9月28日发布征收决定公告，正式实施项目的征收签约工作。该项目在第一签约期内签约427户，签约率为91.6%。年底该项目完成签约460户，签约率达98.7%。2014年12月，长钢新老十一栋棚户区改造项目启动征收，该项目位于长钢社区，港岛路以南，曙光路以东，妹子山巷以西，左家塘社区居民区以北，需征收土地面积0.31公顷（4.7亩），原长钢集体宿舍3栋共208户，征收房屋面积5108平方米。该项目被列为市对区国有土地上房屋征收工作绩效考核重点项目，雨花区人民政府于2015年3月31日发布该项目征收决定公告，3月31日至5月31日两个月的签约期内完成99%的签约率，年底，完成该项目的拆除腾地工作，成为长沙市第一个完成任务目标的项目。（李红林）

【学习培训】 2015年，雨花区编印全新的《工作手册》，进一步修订完善征收工作程序、操作办法、内部工作流程，制定严格的征收工作流程图，促推管理更加规范。区征收办举办征收工作业务培训会60次。4月21日，区征收全体工作人员参加长沙市城市房屋征收和补偿管理办公室《行政诉讼法》学习培训班；4月24日，组织雨花区国有土地上房屋征收和补偿一季度工作会议；5月4日，举办贯穿全年的“讲党性，精业务”联合大讲堂活动；5月27日，组织召开雨花区国有土地上房屋征收和补偿工作调度会；11月6日，组织相关部门、街道、社区从事征收工作的200余人参加雨花区2015年度国有土地上房屋征收工作人员上岗培训，并通过业务考试取得征收工作上岗证。（李红林）

【创新征收模式】 2015年,雨花区建立“市级统筹,区直主导,街道实施,社区配合,群众参与”的全新征拆模式,由区征拆总指挥部对全区征拆工作进行整体调度,各街道分指挥部具体实施,简化程序,转变职能,有效对全区项目进行集中攻坚。在新模式下,强化组织领导,健全上下联动机制,明确分工与职责,加强联动与合作,畅通联动渠道,充分发挥职能部门的指导、监督和协调作用;完善调度通报机制,按照“日碰头、周督查、月调度、季讲评、年总结”的方式,积极协调调度,确保政令畅通;完善决策保障机制,对出现的问题和个案,要出一个研究一个,研究一个解决一个,确保决策高效;完善考核激励机制,将征拆任务纳入各责任单位年度绩效考核范畴,全速推进征拆工作;完善宣传协调机制,掌控负面舆论传播,加强正面宣传报道,形成齐心协力促征收的良好氛围。(李红林)

【模拟征收试点】 2015年,雨花区试点砂子塘街道梨子山长电宿舍及省苎麻棚户区改造项目(维一公司宿舍区地块)模拟征收。该项目位于王家冲路南侧,占地面积0.59公顷(8.8亩),建筑面积8450平方米,4栋房屋,涉及居民152户。其中2栋房屋属于D类危房,居民群众征拆意愿十分强烈,但该地块并未纳入行政征收工作范围。为帮助危房住户早日实现棚改,街道办事处会同区棚改办积极协调市直有关部门支持该地块棚户区改造项目立项,并确定“模拟征收”的方式启动。雨花区人民政府于2015年12月2日发布该项目征收范围公告。(李红林)

棚户区改造

【概况】 雨花区棚户区改造工作办公室(简称“区棚改办”),为区政府办公室的全额拨款二级事业单位,核定事业编制5名。长沙润雨棚户区改造投资有限公司(简称区棚改公司),负责全区棚户区及旧城区改造工作。长沙市雨花棚改投资有限责任公司(简称“雨花棚改公司”),作为棚改项目实施主体,承接国家开发银行统贷平台贷款,负责偿还棚改项目贷款”。

2015年,围绕区委、区政府年初确定的棚改工作任务,加快推进雅塘片区、长城信息、长钢、长橡、小林子冲、梨子山等棚户区改造。获评雨花区绩效考核一等单位,雨花区征拆安置工作先进部门,“民意快线”工程、“三定三抓”活动和信访工作二等单位。(陆红连)

【棚改任务】 2015年,省住建厅下达雨花区考核任务868户,市安居棚改领导小组核定雨花区棚改考核任务2798户。雨花区启动实施项目11个,占地面积26.69公顷(400.34亩),涉及改造面积33万平方米,居民5336户。改造完成5019户(征收签约2283户,有机棚改2736户),占年度总量的94%。其中:

长钢新老11栋棚改项目　项目占地0.31公顷(4.69亩),涉及拆迁面积5108平方米,居民208户,项目实现清零。

长城信息及周边地块棚改项目 项目占地0.83公顷(12.5亩),涉及拆迁面积20470.41平方米,居民246户,签约231户,签约率94%。

梨子山长电宿舍及省苎麻棚改项目(三合一项目) 项目占地3012公顷(46.8亩),涉及拆迁面积33295万平方米,居民583户。其中, 2015年5月,维一公司地块占地0.72公顷(10.8亩),涉及拆迁面积7246,居民152户;因群众支持意愿未达到90%以上该项目暂中止;长电宿舍、食品厂两个地块签约398户,签约率92.34%。

华狮棚改项目 项目占地5.76公顷(86.47亩),涉及拆迁面积6.52万平方米,一期厂房部分4.04公顷(60.6亩)基本拆除完毕,二期占地1072公顷(25.87亩),涉及拆迁面积24241平方米,私房114户,单位6家,2014年11月启动征收,已发布三公告,因业主单位市轨道公司未完成限价商品房单规划设计等审批工作,导致征收工作无法继续。

省话剧团老旧宿舍区地块棚改项目 项目占地0.85公顷（12.8亩），涉及拆迁面积15000平方米，居民147户，签约118户，签约率80%。

长沙橡胶厂及周边地块棚改项目 项目占地19.33公顷（290亩），涉及拆迁面积89456平方米，居民958户，其中，AB地块占地2.40公顷（35.69亩），涉及拆迁面积24236平方米，居民369户，签约354户，签约率96%。

雅塘片区一期棚改项目（华云机器厂宿舍区）项目占地1.95公顷（29.29亩），涉及拆迁面积29187平方米，居民466户，签约460户，签约率98.71%。

小林子冲棚改项目 项目占地2公顷（30亩），涉及拆迁面积38900平方米，居民470户，签约393户，签约率83.62%。

妹子山50号地块棚改项目 项目占地0.48公顷（7.2亩），涉及拆迁面积7552平方米，居民143户，项目实现签约清零并启动安置房建设。

茶园坡社区综合整治项目 项目涉及面积8万平方米，居民1680户，已完成改造。

牛婆塘社区综合整治项目 项目涉及面积6万平方米，居民1056户，已完成改造。 （陆红连）

【手续办理】 2015年启动的9个棚改征收签约项目，征收前手续办理均在区委政府明确的时间节点前完成，确保征收签约工作的顺利推进。2016年拟启动项目的前期工作扎实筹备，在“四增两减”规划要求、征收前手续办理、国开行统贷平台项目授信核准等方面，做实做细相关工作，雅塘片区（雅塘村社区）、长岭市政宿舍、长沙衡器厂、劳动东路两厢、雅塘片区（白云电器厂、湘民制药厂、省纺织机械厂）等项目4535户的征收前手续办理完毕，改造资金基本落实到位，将启动征收工作。

（陆红连）

【资金筹措】 2015年实施的项目中，7个为统贷平台项目，总投资约27.78亿元，到位国开行贷款22.76亿元，城市发展基金0.16亿元，棚改基金2.36亿元，国开行专项基金0.2亿元，待申请棚改基金2.3亿元。国开行第三批3个正式授信项目评审完毕，待签订合同，授信额度15.05亿元。 （陆红连）

【省轻安公司5号栋危房项目交房】 左家塘街道官塘冲社区原湖南省轻工安装公司5号栋职工宿舍，建于1979年，5层砖混结构，总建筑面积1977.85平方米，占地面积约1.33公顷（2亩），住户30户，2006年经有关部门鉴定为D类危房，存在重大安全隐患。2014年区棚改办通过棚改政策，采取住户出一部分、房屋单位支持一部分、政策资金补助一部分的方式筹集改造资金，充分尊重居民意愿，按照“四原”（原址、原高、原面积、原使用性质）原则拆除后就地重建住房，预计总投资约486.94万元。2015年1月4日启动建设，6月9日主体工程封顶，9月18日实现工程竣工，10月中旬顺利交房，从此省轻安公司5号栋危房隐患彻底解决。

（陆红连）

【刘新程调研督查棚户区改造工作】 2015年4月10日，长沙市人大常委会党组副书记、副主任，市安居工程和棚户区改造工作领导小组常务副组长刘新程率市安居办、市住建委、市国资委、市国土局、市规划局、市住房保障局、市征收办、市棚改公司、市轨道公司等单位负责人调研督查雨花区棚户区改造工作。区委常委、副区长罗予武，副区长王海军陪同调研督查。调研督查组一行先后实地察看长钢新老11栋、华狮等棚改项目，并在华狮项目指挥部会议室听取棚改工作汇报。调研督查组对雨花区棚户区改造工作给予高度肯定，针对雨花区项目建设中遇到的困难和问题进行专门研究，并提出和交办解决问题的方法与任务。 （陆红连）

【邱继兴调研棚改工作】 2015年4月3日，区委书记邱继兴在区委常委、区委办主任黄文先，区委常委、副区长罗予武，副区长王海军等陪同下，专题调研全区棚改工作。邱继兴一行现场察看左家塘街道长钢新老11栋棚改项目后，在左家塘街道会议室召开调研会议。听取区棚改办主任陈建良关于雨花区棚改工作情况汇报；各街道就辖区内项目进行详细介绍；区直部门就如何对接、服务好棚改工作表态发言；黄文先、罗予武、王海军等领导分别对棚户区改造提出工作要求。邱继兴强调要真抓实干，扎实推进；坚定信心，全力以赴；完善机制，形成合力；依法依规，加快推进。（陆红连）

雨花区银企座谈会

【李志坚调研雨花区棚改工作】 2015年2月28日上午，长沙市住房保障局局长李志坚，副局长李昌贵、苏自立等一行调研雨花区棚改和住房保障工作，调研以召开座谈会的形式进行，区委常委、副区长罗予武，副区长王海军，区住保局、区征收办、区棚改办等相关部门负责人参加会议。会议听取雨花区棚改办、住保局等部门对2015年棚改项目、保障性住房建设项目的铺排情况和实施进度，以及保障性住房的分配和管理工作的情况汇报。会议肯定雨花区棚改和住房保障工作取得的成绩，同时对雨花区提出的问题和建议进行探讨，要求市住保局、市棚改办对雨花区提出的问题集中力量畅通渠道，全力以赴搞好服务，千方百计破解难题。市住保局相关处室对雨花区棚改、征收、住房保障管理等进行业务指导。（陆红连）

城市建设投融资开发

【概况】 长沙市雨花区物业管理中心（简称“区物管中心”）为正科级全民事业单位，自收自支，实行企业化管理。雨花城市建设投资集团有限公司（简称“雨花城投”）是按照《中华人民共和国公司法》成立的国有投资公司，负责经营管理国有土地和房屋资产的招商、转让和开发，重点工程的融资；区保障住房、棚户区改造及相关配套项目的建设和房地产开发等工作。雨花区物业管理中心、雨花城市建设投资集团有限公司（区城建投融资中心）实行“两块牌子、一套人马”的管理模式。内设办公室、人力资源部、党群纪检部、战略发展部、财务部、报建部、招标合约部、技术部、工程部、预结算部、综合协调部、物业管理部、分房办、资产运营部14个职能部门，下辖长沙市雨花农业综合开发有限责任公司、长沙市雨博文化传播有限公司、长沙市三力置业有限责任公司、长沙市三力物业管理有限公司、长沙市雅塘新城建设投资有限公司、长沙市黎托新城建设开发有限责任公司、长沙市雨花城投报建咨询公司、长沙市雨花城市配套实施建设有限责任公司8个子公司。有湖南绿地城花发展有限公司1个合资公司，长沙长银雨花城投投资合伙企业（有限合伙）合伙企业1个。工作人员108人，其中领导职数7人、在编干部职工20人、退休干部数1人、干部党员人数16人、政府雇员6人，引进专业技术人才1人，招聘公司雇员81人，党员人数15人。办公地点设在长沙市雨花区木莲东路81号。

2015年，雨花城投实现多渠道筹融资32.62亿元；完成农民保障房建设25栋4018套（46万平方米）；实现农民保障房分房交房5013套，安置6387人；出让城投2号地，回笼资金6亿多元；雅塘片区综合改造、圭塘河流域综合治理、公共停车场建设等关系民生的重大项目取得突破性进展；大力支持全区经济建设，为雨花区经开区、政府相关单位提供贷款和担保，涉及8个单位或项目共达资金18.759亿元；公司实现物业收入3433.6万元；圭塘河湘府路—木莲路段实施水体生态修复工程；

景观区二期主体工程完成五方联合验收，签约引进海洋主题公园、卡迪欧健身会所、横店影城、坎伯韦尔美术教育等品牌项目，大大提升城市综合配套水平；在办土地报建48.2公顷（723亩），其中含环城绿带约40.8公顷（612亩），征回土地43.73公顷（656亩），划拨回土地19.6公顷（294亩），完成城投2号地7.6公顷（114亩）土地出让，其中有效地5.13公顷（77亩），出让价格6.2434亿元。获得“长沙市文明单位”、长沙市高铁新城片区指挥部“潭阳洲拆违拆迁优秀集体”等荣誉称号。（伍　君）

【工程建设】　2015年，雨花城投瑞景苑、桃花苑一期项目完成竣工验收，颐景苑2#、3#栋建成交房，月雅苑项目室内外工程基本达到交房条件，莲景苑及黎锦苑西片区项目主体外架全部拆除，室外园林道路绿化施工中；8月，川河苑于全面开工，其中一片区土方完成，开始管桩试桩；桃花苑二期开工启动建设。10月，中城苑14.73公顷（221亩）房屋拆迁工作全面启动，并办理建设前期手续；回民公墓搬迁启动准备工作。（伍　君）

【融资筹资】　2015年，雨花城投通过预收房款、土地出让、银行贷款等多渠道筹集资金达32.62亿元，其中：通过长沙银行高信支行获得城市发展基金7.20亿元；通过浦发银行获得城市发展基金5.31亿元；通过兴业银行、建行银行、厦门国际银行获得贷款资金12.6亿元；城投2号地土地出让收益返款4.27亿元，保障住房预收款3.06亿元；长沙银行、光大银行、建设银行等授信31亿元。支持区内兄弟单位建设，依程序、依规则为区内园区、企业提供借款2.60亿元，其中：雨花经济开发区1.50亿元、雨花现代物流中心0.30亿元、润雨棚户区改造公司0.30亿元、雨花区城中村拆迁指挥部0.50亿元。为区内园区、企业提供担保6.46亿元，其中：雨花经济开发区4亿元、雨花区现代物流中心1.55亿元、润雨棚户区改造公司0.53亿元、绿地城花公司0.38亿元。经区政府同意，正与红星实业集团洽谈担保事宜，届时将为其提供1.5亿元担保。（伍　君）

【物业经营】　2015年，雨花城投实现物业收入3433.6万元，其中物业部完成物业租赁管理收入1397.6万元，完成年初任务的116.5%；三力物业公司完成经营收入419万元；三力公寓商铺租金总收入477万余元；黄兴医院物业收入563万元；大都市地下商铺租金收入27万元；老年公寓租金收入550万元。黎锦苑东片区、黎雅苑、太和园、桃花苑一期销售车位391个，实现销售额1201万元。（伍　君）

【安居工程】　2012年起，雨花城投先后启动全区农民拆迁保障住房建设项目11个。截止2015年底，黎雅苑、黎锦苑东片区、桃花苑一期、颐景苑、太和园、瑞景苑已交付使用；莲景苑、月雅苑、桃花苑一期、瑞景苑、颐景苑2#、3#栋完成建设，陆续交付使用；完成康景园剩余房源的二次分房工作，莲景苑、月雅苑、颐景园4#分房进行中；黎锦苑西片区预计于2016年6月完成交房。共交房5013套，安置6387人。筹措1亿元资金，进行太和园和黎雅苑第二轮指标回购，回购面积26460平方米，可安置330人。（伍　君）

【公共停车场建设】　2015年6月，雨花城投成立全资子公司“长沙市雨花城市配套设施建设投资有限公司”，专门负责全区公共停车场建设及统筹管理工作。雨花城投完成181处停车场选址的摸底调研，协调督促相关部门启动27处共6200个停车位的建设，建成停车场10处，新增停车位1388个，在建17处，可增加车位4812个，完成年初任务的142%。建设长钢社区、圭塘河一期和圭塘河二期3处停车场830个停车位，圭塘河停车场（二期）部分完成，其他两处投入使用，完成市对区绩效考核目标任务。（伍　君）

【雅塘新城改造】　2015年8月，雨花区授权雨花城投接手雅塘新城改造，积极对接市政府、金融等相关单位。10月，市长胡衡华联点该项目，委托谭勇秘书长定期调度雅塘进展的各项困难。华云棚改项目涉及466户，签约458户，征拆率为98.3%，未签约8户。研究制定石马公墓和回民公墓搬迁的拆迁，市民宗局协调回民公墓新墓地的建设前期准备工作，12月11日，市政府召开调度会，雨花区财政局拨付270万元至项目指挥部账户，目前款项已划转市民宗局指定账户。雅塘片区的控规方案通过市政府规划委员会的审批，进入控规指标库。在全市用地指标极其紧张的情况下，雨花城投完成石马村第二期42.67公顷（640亩）集体土地的统征手续。　（伍　君）

规划管理

【概况】 长沙市城乡规划局雨花区分局（简称“规划分局”）为长沙市城乡规划局派驻雨花区的行政管理机构（正科级），核定编制13名，下辖规划监察执法大队，内设办公室、规划审批室、规划监察室。2015年，职工11人（不含分局聘用6人），其中中共党员11人，主任科员2人，副主任科员1人。硕士3人，大学本科5人，大学专科2人，中专1人。国家注册房地产估价师1名。

2015年，规划分局狠抓政治理论学习和党风廉政建设学习，建立和健全各项规章制度，坚持制度管人，流程管事，将31项具体工作分解到人，明确责任领导和经办人员，做到任务上肩、责任到人，在制度面前人人平等。召开分局例会42次，共同研究批后管理、临建审查、拆违鉴违、规划编制、信访安全、廉政建设等日常工作，形成会议纪要，上传至一站式平台，接受大家监督，让权力在阳光下运行。重新制作人员一览表、人员去向牌、党支部宣传栏、政务公开栏，重新装修办公区域，面貌焕然一新。加强档案管理工作，将规划审批、批后管理等档案目录全部录入电脑，方便群众查询；开展对1996年以来立案未结案历史遗留案件的跟踪处理工作，对雨花区域内29件历史遗留违法建设案件逐一核实情况。及时上报市城乡规划局。加强“学习型“机关建设，订阅《规划师》《建筑师》等各类报纸杂志8000余元，营造良好的学习氛围，蔡准通过注册规划师的考试。派出10名工作人员参与雨花区各片区拆违工作，大队长戈辉常驻“区两年拆违指挥部”，唐高生常驻“黎托拆违指挥部”，王志毅常驻“东山拆违指挥部”，全过程参与入户调查、违章认定、面积复核、政策宣传，切实保障拆违工作的快速推进，拆除违法建筑651.83万平方米，超额完成年度拆违任务。第一时间将城市设计方案张贴至每一个社区公示，通知社区工作人员及时告知社区居民。公示期间，分局每天派人到各社区进行检查，对损毁的部分进行重新张贴，确保公示落到实处。通过与区民政局和各街道主动对接，将社区办公用房调查表逐一送至各社区，说明有关情况，得到各社区的支持和理解，完成社区用房调查工作，通过设计单位，组织编写雨花区社区办公用房调研报告。加强区国土分局和各街道联系，摸清各涉农街道农民安置房的安置指标及各街道农民安置房的建设情况，建立台账，为市城乡规划局及区政府领导的决策提供较为准确的参考依据。　（石　懿）

【规划编制】 跳马镇原属长沙县管理，由于历史及政策原因，跳马镇农民建房管理存在诸多漏洞，导致跳马镇农民建房基本上处于无序状态，卫星图斑数量较多。为加强对跳马镇农民建房的统一管理，规范建设行为，2015年，规划分局通过调查研究，编写跳马镇农民建房管理规定，上报区政府审定，得到区政府领导的肯定。5月，开展跳马镇总体规划编制前期调研，编制跳马镇总体规划；7月，组织长沙市雨花区跳马镇总体规划修编专家咨询会，邀请贺清云、吴瑛、姜宇恒、王琪、段宁、柳新华和赵延峰等七位国内知名专家组成专家组，讨论设计单位提供的编制思路和计划，形成综合意见。10月30日，在长沙市政府二办组织召开长沙市雨花区跳马镇总体规划（2015—2030）方案专家咨询会。12月，综合市、区两级专家评审会的意见，完成跳马镇总体规划编制设计方案的修改。总体规划方案定位跳马镇为积极发展生态旅游与生态住宅，布局面向长株潭的房地产、旅游、休闲娱乐等区域性服务设施，以发展成为长株潭区域第三产业发达、基础设施完善的生态田园新镇。结合各村的现状各项条件，打造成“一轴、两区、五组团”的产业空间布局形态。规划确定的人口规模近期为5.5万人，远期为9.4万人，据此，确定跳马镇镇区规划近期用地规模控制在5.8平方千米，远期用地规模控制在9.2平方千米。为跳马镇的长远可持续发展打下坚实的基础。（石　懿）

【规划审批】 2015年，规划分局受理52处建筑申报工作，核发建筑建设工程规划许可证18本，审批面积为92671.35平方米。严格按照行政许可法和相关审理程序进行规划审批，不断优化审批流程，服务项目建设。规划分局只直接受理售楼部、样板房的临时建筑的行政许可审批，其他项目从严控制。增加社区、街道、区政府国土规划领导小组会议前置审查等程序，提高临建准入门槛；涉及占用公共绿地、道路的临时建筑，均上报市城乡规划局审定。涉及社会公益事业的治安岗亭、交警岗亭、环卫工人休息室、传达室等较小的项目，通过多部门会审，报区政府审定的简易流程予以支持，提高行政效能。规定临建项目与街道签署代拆协议并缴纳代拆金的形式，形成齐抓共管的局面，确保临时建筑出现违法建设情况和临建到期时能够予以拆除。（石　懿）

【规划服务】 2015年，雨花区召开联合督查会议，对纳入卫星影像异常图斑的违法建筑部分加大督查力度，营造严查违章建筑的高压态势。规划分局严格按照批后管理规定，对189个在建项目进行动态管理，巡查92次，放线45次，公示159次，正负零检查31次，竣工检查74次，下达行政处罚决定书2份，下达停工通知书46份，移送城管24件。立案查处碧桂园南城首府二期项目、中航城项目等央企、大型房产公司无证建设案件，旭辉国际广场项目、长沙矿产资源监督检测中心实验大楼违证建设案件等违法建设案件20起，有力震慑违法建设行为，有效维护城乡规划的权威。规划分局现场督查异常图斑，清理卫星遥感影像异常图斑89处，2015年8月违章建筑图斑全部处理到位，有序处理2015年11月图斑。规划分局对区政府交办的康庭园（南庭企业三角洲）、五江天街国际广场、天下一家、美联四期、运达中央广场等11个“三定三抓”项目进行规划协调服务工作，指派专人负责，将项目存在的问题全部列表，逐条对接落实，就需要解决的问题主动与市城乡规划局相关处室及其他有关部门对接，跟进落实。受到区委、区政府及建设单位的好评。按市政府关于三大市场搬迁及高桥大市场提质改造工作方案的要求，开展红星大市场、杨家山家禽市场搬迁选址的协调服务工作。红星大市场搬迁选址经过数次调研工作，在三处备选方案中，初步选址在跳马镇白竹村，第一期约43.34公顷（650亩）。在坚持标准的前提下，对雨花中学、星城新宇　黎锦苑拆迁农民保障住房等9个涉及民生问题的项目竣工验收给予支持，简化程序，急事急办、特事特办。确保在关键时间节点上能够让学校准时开学，医院如期使用，农民按时入住。7月10日，规划分局邀请市规划局到雨花区现场办公，解决雅塘片区规划、棚户区改造、控规修编、东方红小学建设等29项具体问题，提高办事效率，促进区域经济社会的发展；11月20日，规划分局邀请市规划局到雨花区经开区现场办公，解决涉绿心规划范围内项目审批、比亚迪二期规划报建等问题，提出组建规划工作站的设想，促进园区的发展。电话接访105次，书面答复20次，妥善处理省建三公司、奥林匹克花园等群访事件，有力化解社会矛盾，维护社会稳定。（石　懿）

国土资源

【概况】 2015年，长沙市国土资源局雨花区分局（简称区“国土分局”）内设办公室、用地科、地籍科、拆迁科、财务科、信访科、监察室、后勤服务中心 9 个科室，下设执法大队、拆迁事务所和黎托、洞井和跳马四个管理所。中心、南片、东片三个基层管理所。全体干部职工 48 人，退休人员 10 人。局党支部，党员 46 人，其中在职党员 37 人。办公地点在雨花区香莲路 69 号。

2015 年，区国土分局开展“三严三实”专题教育，清算自身“不严不实”的行为；抓好党风廉政责任制的分解落实，利用“三八”“五四”“七一”以及春节、清明、端午、中秋等传统节日，开展系列活动，提高干部职工思想认识水平，增强中华传统道德的认同。开展“书香国土，厚学养德”读书活动，“道德讲堂”活动，陶冶情操，营造良好的思想氛围。围绕雨花区“筑牢基础、破解难局”的工作主题，服务雨花区征地拆迁和长沙市大拆违，为区域经济社会做出很好地贡献。获得长沙市拆违控违工作突出贡献单位，雨花区、市国土资源局服务发展先进单位等荣誉称号。（周永平）

【征地拆迁】 2015 年，雨花区按 103 号令在拆项目 94 个（其中新启动项目 47 个），征地面积 1499.70 公顷（22495.47 亩）。雨花区坚持政策不走样，坚持四个“严格”（严格规范拆迁程序、执行“三公告一登记”“三榜公示”“联席会议制度”、严格执行先报审后实施制度、严格资金拨付程序），坚持点对点直接支付，资金不到位不启动拆迁；严格执行信息公开及网上公示，网上公示各个项目的用地手续及公示、公告。践行和谐拆迁的理念，拆除合法房屋 865 栋，已拆人口 3512 人，拆除合法房屋面积 265384.47 平方米，违章面积 4239962.02 平方米，实现腾地 628.59 公顷（9428.77 亩）。拆迁腾地数量、速度都居全市之首，全区未因征地拆迁引发群体性事件和极端个人事件，做到拆得下、稳得住。雨花区响应长沙市政府号召，发扬“钉钉子”“啃硬骨头”的精神，打好拆违攻坚战。创造“集中力量，鼓足干部精气神；带头示范，党员干部打先锋；坚守底线，把好法治公平尺；坚持根本，群众始终放心上”的拆违“雨花模式”，全区呈现“千人拆违”的宏伟壮观局面，拆除违章建筑 620 多万平方米，10 个片区实现基本清零，创造单日拆违 26 万平方米，40 天拆违 113 万平方米的全市记录。拆违腾地工作得到省委书记徐守盛和市委书记易炼红的赞扬，“雨花经验”在全省进行推广。（周永平）

【土地执法】 2015 年，雨花区坚持土地巡查，确保及时发现、制止和查处国土资源违法行为，及时制止各类土地违法活动，将土地违法行为遏制在萌芽状态。巡查发现违法用地 70 宗，用地面积 23.16 公顷（347.46 亩），均下发停工通知书，责令停工。其中，有效制止 45 宗，用地面积 5.35 公顷（80.32 亩）；违法建设 42 宗，用地面积 3.76 公顷（56.34 亩），经现场制止后拆除违法建筑 7500 平方米。立案查处土地违法案件进 5 宗，面积 4.34 公顷（65.10 亩），其中耕地面积 0.64 公顷（9.652 亩），收缴处罚款 474330 元。深入各街道和跳马镇，开展对上级下达的卫片图斑的外业调查和内业核查。对合法图斑，收集相关用地批文资料，完成红线套合、图斑说明、卷宗整理等工作。14 宗违法用地图斑中，对 11 宗往年未立案查处的，全部立案查处，分别移送区财政没收或和城管部门拆除；对卫片中的 2 个不予变更图斑组织进行复绿，复绿面积 7.60 公顷（114 亩），违法图斑得到及时处理，新增建设用地中违法用地占用耕地比例为 3.3%，顺利通过市级、省级数据审核及市级卫片工作验收。对历年来涉嫌闲置的 101 宗、面积 924.02 公顷（13860.34 亩）的土地进行调查，协调相关职能部门采取措施，积极消除项目建设障碍，督促项目动工建设 47 宗，面积 470.00 公顷（7049.94 亩）；对未动工建设的 54 宗土地，按土地闲置的原因进行分类处理。

（周永平）

【用地管理】 2015 年，雨花区层层签订耕地保护目标责任书，把耕地保护工作落实到街、镇。国土分局配合市局组织技术单位对中心城区周边基本农田划定的举证工作收集相关资料，完成雨花区中心城区基本农田的划定工作。按照上级审批权限下放的有关文件精神，制定《雨花区临时用地许可程序》和《雨花区宅基地管理办法》，规范跳马镇农民建房和全区临时用地审批工作。严格执行土地利用总体规划和土地利用年度计划，确保耕地占补平衡，占用耕地的建设项目 13 个，占用耕地面积 21.9783 公顷，所占用的耕地由项目用地方缴纳耕地开垦费后进行异地补充，全部做到先补后占，确保耕地占补平衡率达到 100%。发布用地项目预征土地方案公告 22 宗，征地总面积 103.9387 公顷。上报项目 37 个，总面积 135.1735 公顷，其中农用地转用面积 99.2118 公顷。通过与上级部门的积极协调，有效的保障全区各类建设项目的用地计划指标。服务“三定三抓”，多次走访帮扶项目单位，主动上门服务，了解项目在用地和进展中存在的具体问题，出谋划策，解决问题，3 个联点项目、6 个交办项目全部办结，得到项目单位的好评。

（周永平）

【节约集约用地】 2015 年，雨花区倡导节约集约用地，提高土地利用效率，中航国际、丽景广场、港心中心、和登喜路总部大厦等四个项目位于高铁新城，拟用地工 18.81 公顷（282 亩）。雨花区对四个项目进行整合，统一规划，统一设计、统一建设，实现资源共享，极大地节约土地资源，该节地模式，成为全区土地节约集约利用的又一种新的实践模式。跳马镇划入雨花区后，全区绿心保护工作涉及土地面积广，压力大。雨花区对 98 个两型办图斑进行甄别核实，对涉及违法用地图斑进行依法处置，有效地打击绿心区违法用地行为。国土分局按照《雨花区矿山登记质量年活动方案》《雨花区矿产资源领域专项整治行动工作方案》，清理 2015 年 7 月前到期的矿山企业，下发《责令停止国土资源违法行为通知书》《采矿许可证废止告知书》《采矿许可证到期告知书》，并函告区安监局、区公安分局、区工商分局、区税务局等相关职能部门；对已到期的“采矿许可证”在《长沙晚报》登报予以废止；联合区安监局，多次对在产矿山企业安全生产大检查，对检查中发现的安全隐患，责令企业及时整改；对已关闭矿山的废弃矿洞，建设安全围挡，消除安全隐患。同时，根据绿心保护条例，对跳马镇在登记 9 个采矿权进行清理，开启采矿企业逐年退出机制。

（周永平）

住房保障

【概况】 雨花区住房保障局为区人民政府直属事业单位，内设办公室、计财科、安居办、登记审批科、住房管理科。核定编制 17 名，2015 年，在职干部职工 28 人，其中雇员 7 人。局党委辖 2 个支部，共有党员 24 人，其中在职党员 18 人。办公地点设在雨花区人民政府机关大院 3 号楼四层。

2015 年，雨花区制订《雨花区行政事业单位职工住房补贴实施方案》，召开培训大会，全面启动全区干部职工住房补贴工作，促进住房分配货币化，规范住房补贴发放管理。区住房保障局积极参与区委、区政府对武广片区的拆迁、拆违工作，抽调 10 人到武广片区全脱产参与拆迁、拆违工作，被评为长沙市高铁新城片区拆违拆迁工作先进单位；联点雨新路社区群众工作，为居民群众办实事，该社区成为区群众工作示范社区。

问题和困难：由于住建、公安、工商、车管所、社保等各职能部门信息不能共享，无法及时掌握保障对象购房、购车、经商（办理营业执照）以及家庭人口变化情况，导致每年审计审核时都存在有购房、购车和收入超标没有及时取消住房保障的问题。由于没有执法权，没有能力强制执行，对已购房、收入超标不符合廉租住房实物配租的保障对象异动退出难；面对恶意欠租、无正当理由长期闲置，违规转租、出借等违规现象，只能通过耐心细致的劝说让他们尽早腾退出来。廉租房住户大多是贫困户、低保困难户，即使已经很低的廉租住房租金亦难以承担；部分安置的拆迁户，因为在拆迁过程中有些条件没有达到要求，拒绝缴纳租金及物业管理费，导致租金收缴难。随着保障性住房建设规模加大和

棚改购房大集市

大批廉租住房建成并配租完成，廉租住房的后续管理和维护问题越来越突出。廉租住房基础设施薄弱，投入不足，且没有维修基金，廉租住房的管理和维护成本高。公租房维修不能及时到位，居民群众意见较大。（王珍珍）

【保障性住房项目建设】 2015年，长沙市下达雨花区新增廉租住房目标任务1794套，其中万家园公租房1500套，红星冷链234套，女子监狱60套。区住房保障局安排专人联系督促，协助办理拟建手续。10月底，1794套公共租赁住房项目全面开工，开工率100%，提前完成市下达的绩效考核任务。（王珍珍）

【住房保障审批】 2011年至2015年，雨花区对符合廉租住房保障的低保无房户和住房困难户，根据“应保尽保”的原则纳入保障范畴，筹集（建设）公租房6880套，落实享受住房保障6978户，其中廉租住房保障1882户（包括实物配租935户，廉租住房租赁补贴947户）；公共租赁住房保障4193户。2015年，雨花区住房保障局协调长房集团、市房产监理处、民政部门等单位，投入30多万引进一套申请住房保障政策的电子审批系统，将原来群众办理住房保障业务需要的一个半月时间缩短到只需要半个月，原来至少要跑五六个市、区相关部门到现在只需要在街道办事处提供相关材料，其他部门实行网上电子审批，得到广大居民群众的普遍好评。审批廉租住房租赁补贴87户；廉租住房实物配租新增备案240户；廉租住房租赁补贴异动、取消93户和实物配租异动、取消47户；公共租赁住房新增审批49户；经济适用住房货币补贴（5万、8万）新增审批144户；经济适用住房实物安置新增审批12户；棚改安置补贴（15万）新增审批1260户；“半边户”及“世居非农”户口保障性住房资格审查259户。（王珍珍）

【保障性住房管理】 2015年，雨花区整治小区管理混乱，健全门岗，控制进出车辆；规范小区停车，杜绝乱停乱摆现象，消除小区消防安全隐患，保障住户安全。根据国家审计局的工作要求，积极整改廉租房租金未及时上缴财政实行收支两条线管理、廉租户小区空置物业费问题；对项目安全生产责任制执行情况、火灾隐患、消防违法、施工安全隐患等实施密集督查，实行“全覆盖、零容忍、严执法、重实效”杜绝安全责任事故。按照《长沙市本级廉租住房违规行为整改指导意见》，对公租房管理“回头看”，开展廉租住房专项整治行动，对不再符合保障条件的保障对象，按照规定及时清退。联合各街道社区，分别召开4次会议具体落实不同阶段的工作难题，每户落实到人，做深入细致的思想政策工作，清退凤凰苑违规实物配租户17户。

【房源筹集】 2015年，雨花区多渠道筹集棚改商品房源，服务区内危房改造和市区重点工程、棚改项目，有效发挥住房保障利民生、促征拆的重要作用，与58家区房地产企业签订支持棚改提供优价房源合作协议，与4家企业签订预控棚改房源合作协议，预控房源达800多套，与20家企业签订团购优惠房源合作协议，为棚改拆迁户提供优质优价的普通商品房源，推动棚改拆迁进度。引进并安装全新的房源系统开发软件，各棚改指挥部只要登入该网站，就可以随时掌握相关楼盘信息，同时通过该系统，对所有的合作楼盘进行科学分、选房。（王珍珍）

城市管理

行政管理

【概况】 雨花区城市管理和行政执法局（简称“区城管执法局）主管全区城市管理工作，内设办公室、计财科、基础设施科、市容科、基层指导科、政工科、行政审批科、拆控违科8个职能科室，下有全额拨款二级事业单位长沙市雨花区数字化城市管理指挥协调中心和雨花区城市管理综合执法大队。核定行政编制17名，领导职数8名，事业编制9名。2015年，在职干部职工数34人，其中乡科级领导1人，引进人才2人，雇员6人；退休10人。局党支部，党员29人，其中在职党员26人。办公地点设在雨花区人民政府二办。

2015年，区城管执法局以拆违控违、最严城管、清洁城市为抓手，上下联动，攻坚克难，整治城区重点突出问题，完善城区基础设施，刷新拆违规模速度，提升城管服务水平，取得一定成效。采取主动服务、规范流程、强化培训与督查的方法规范行政审批工作，并根据服务对象意见优化部分审批流程。办理九项行政审批项目1929件，未发生一起因不予行政许可而引起的行政复议或诉讼，未出现任何因不满而引发的投诉和上访。理顺全区数字化城管体系，强化数字化案件的处理办结效率，受理案卷109896条，结案率100%、按期结案率99.95%。指导东塘街道打造全市首个街道智慧城管指挥中心。联点帮扶跳马镇新田村，19名干部一对一帮扶村里19名困难户，筹集资金近4万元为村上新建垃圾站，解决垃圾扰民的问题；深入推进“民意快线”工作，联点帮扶曙光社区，除大型节假日慰问社区困难户外，支持3万元，帮助社区完善阵地建设，完成自来水户表改造21248户。（谢 琴）

【控违拆违】 2015年，雨花区违法建筑存量占全市一半以上，且仓储类占全区违法建筑的80%以上，面临着时间紧、任务重、利益纠葛多等困难。区委、区政府紧扣市委、市政府“一年基本拆除，两年基本清零”的部署安排，落实市委书记易炼红“年内全面拆除高铁新城核心区违法建筑”的指示精神，团结一心、攻坚克难、全力拆违、铁腕控违。通过开展“千人大会战”、推行“11步工作法”、签订违法建筑放弃承诺书等工作方法，实现拆违控违效果的“四个”空前。计划拆除违法建筑473.8万平方米，实际拆除约651.83万平方米，其中高铁新城片区拆除585.91万平方米。实现平阳三角洲、东塘、侯家塘、左家塘、砂子塘、圭塘、同升、跳马、潭阳洲及高速两厢10个片区“基本清零”，实现拆违总量空前。4月，环城绿带拆违中创造40天拆除40万平方米的雨花速度；7月，高铁新城片拆违中，创造47天拆除105.19万平方米，日最高拆违13万平方米，日均拆违2万平方米以上的雨花速度；10月，“东山大会战、清零200万”行动中，41天拆违总量突破110万平方米，单日最高拆违25万平方米，再次刷新湖南省单日拆违、阶段拆违总量两项拆违速度空前纪录。省委常委、市委书记易炼红多次到拆违现场视察工作，高度评价“雨花区的拆违拆迁创造了雨花速度，形成了雨花模式，展示了雨花作风”；省委书记徐守盛要求要“总结雨花区拆违经验在全省推广”；省、市拆违工作现场会均在雨花区举行，湘潭市等30多家单位前来学习；中央、省、市媒体宣传报道雨花区拆违工作200余次，拆违影响空前。加强属地管理。明确街道为控违工作第一责任人，各街道均建立专门的新建违章日常巡查队伍，切实加强对辖区内新建违章的巡查，确保第一时间发现、第一时间制止、第一时间拆除。充分利用数字化、信访、电话投诉等各种平台，发动社会各界力量，拓宽新建违章的信息收集渠道，逐步建立全民防控的立体监控体系。严格督办考核，确保情况及时掌握、问题及时排除。坚持对新增违法建设“零容忍”，发现一处，取缔一处，实现新增违法建设“零增长”，控违力度空前。发现疑似新建在建违章建筑280余处，拆除110余处，面积1.78万平方米；受理12345市民热线投诉工单510余起，按时结案率及满意率均达100%；有效处置群众来信来访投诉件50余起，市（区）长信箱、领导交办件36件。（谢　琴）

【项目建设】　2015年，区城管执法局组织实施城区环境综合提质改造项目，完善老旧社区与背街小巷基础设施，清理违法建筑、违规亭棚，解决小区下水不通等问题，改善城区形象。7月1日，区城管执法局通过牛婆塘社区、茶园坡社区、王家冲路、桂花树街、长塘里路和王公塘路提质改造项目验收，第一个完成市对内五区城管项目建设考核任务。对政院社区、广济桥社区等17个老旧社区和长鑫巷、长标巷等11条背街小巷的提质改造工作完工。创建砂子塘街道、东塘街道2个市级“示范街道”，创建一批市级精品社区、市级样板社区、市级示范社区。投入资金约5700万元对长沙大道两厢（简称“一点两线”）进行综合整治，拆除道路两厢100米范围内违法建筑，完善道路基础设施并对沿线进行绿化提质，提升长沙入城口形象。投资1000万元，对火车南站主楼楼宇、西广场及下沉广场绿化带实施景观亮化，对黎托汽车客运枢纽站楼宇、花侯路沿线绿化带及路灯杆进行亮化，扮亮城市窗口。（谢　琴）

【清洁城市行动】　2015年，围绕“清洁城市 品质雨花”大行动，区城管执法局通过加强清扫维护、提质老旧社区与背街小巷、优化出入城口环境等举措，营造功能完善、舒适宜人的生活环境。坚持每月开展两次集中大扫除，清理辖区主次干道、背街小巷、社区等范围内的裸露垃圾等，严厉打击乱吐乱扔等影响市容环境现象；不断扩大“牛皮癣”清理市场化服务作业面，公开招标3家专业公司承担全区30条主次干道与3座立交桥、高架桥的立面、地面“牛皮癣”清理工作，维护作业长度97千米；制定《雨花区“牛皮癣”清理维护质量要求及考核办法》，每月不定期对服务外包路段进行督查考核，发现问题189处，罚款5670元。（谢　琴）

【“最严城管”】　2015年，雨花区坚持以“整治一处、规范一处、巩固一处、做靓一处”为工作原则，推进史上最严格、最精细、最到位的城市管理，不断推动最严城管执法常态长效。成立雨花区深化最严城市管理执法领导小组，分设办公室、综合整治组、督查督办组，安排专门办公场地、抽调专门人员，指导全区深化最严城管执法工作。编发《关于深入推进“最严城管”突出问题整治的通知》，制订《全区城区主次干道清障整治行动工作方案》《新中路立交桥整治工作方案》《户外广告招牌专项整治行动方案》等，强化整治全区斑点问题。以主次干道市容秩序、早夜市、户外广告等七类专项整治为重点，突出“门前三包”责任落实，开展整治行动800余次。开展主次市容秩序专项整治，整改早夜市规范点200余次，取缔非法夜市70余处，劝导、取缔店外经营、流动摊担4万余处；开展“三车”运输专项整治，办理渣土运输类案件323件，罚款89.59万元；开展户外广告专项整治，拆除违章户外广告、招牌1061处共计11万平方米，办理户外广告类案件160件，罚款2.64万元；开展餐厨垃圾专项整治，全区每日收运50吨左右，组织餐厨垃圾执法行动115次，检查门店收运台账220余次，处理非法收运车95台次，办理案件122件，罚款61990元。（谢　琴）

城管执法

【概况】 长沙市雨花区城市管理综合执法大队（简称“区城管执法大队”）为参照公务员法管理的正科级全额拨款事业单位，负责城市管理方面的重大行政执法工作的组织实施，相对集中行使规划、市容环境卫生、城市园林绿化（不含园林公园）、环境保护、工商、公安交通、市政道路、户外广告、国土等9个方面的全部或部分行政执法权，核定事业编制234名，领导职数7名。2015年，内设办公室、法制科、政工科、督查科4个职能科室，下设20个执法中队；在职干部230名，党员人数217名。

2015年，区城管执法大队以建设品质长沙（雨花）、两年拆违大行动、最严城管执法为工作重点，开展城区、立交桥空间、出入城口、城乡接合部环境综合整治、违章广告招牌整治、扬尘污染整治、餐厨垃圾非法收运治理等一系列执法行动，加大控违拆违、夜间执法、执法办案力度，强化数字化城管平台案件处置及城管110接处警工作在服务区域经济发展、省市两会期间维稳、农博会期间维稳、巩固文明创建成果上提供执法保障。办理行政处罚案件12692件，罚款242.518万元，接受26件行政诉讼案、8件行政复议案；拆除违法违章建筑638万平方米，拆除违章户外广告、招牌1061处、110494平方米；处置数字化平台执法类案件10.2万件，受理群众来信来电8177件；受理“12345”市民服务热线225条，按时办结率100%，回访满意度95%；办理市区两级信访件、督办件、批办件、人大代表建议、政协委员提案件共49件，回复率100%，满意率达到98%。获评长沙市高铁新城潭阳洲分片区拆违拆迁工作优秀集体，雨花区2015年度拆违控违工作突出贡献单位、城市管理工作一等单位、区直部门绩效考核一等单位、群众工作“民意快线”工程考核评估二类单位、征拆安置工作服务先进单位、社区建设工作先进单位。（刘新飞）

【控违拆违】 2015年，区城管执法大队将控违拆违列为工作重点，3月开始，与各街道（镇）紧密配合，开展宣传、摸底、调查、认定等基础性工作，抽调233名执法干部和特勤队员入驻雨花区“两年拆违大行动”指挥部和各个项目部，采取劳务外派的形式招聘50名拆违特勤队员，专门配合黎托、东山、洞井等街道从事拆违相关工作。拆除各类违法建设638万平方米，超额完成市级任务指标，实现平阳三角洲、东塘、侯家塘、左家塘、砂子塘、圭塘、同升、跳马、潭阳及高速公路两厢等10个片区的“基本清零”。区城管执法大队各驻街中队配合街镇严格落实属地管理责任，对新增违法建设坚持“零容忍、零指标、零增长”的原则，从源头上控制新建违法建设。（刘新飞）

【环境综合整治】 2015年5月开始，区城管执法大队以建设品质长沙（雨花）为目标，按照“清洁城市”“三进”（进基层社区、进背街小巷、进城郊接合部）要求，开展环境综合整治，全面治理城区、立交桥空间、出入城口、城乡接合部“脏乱差”现

区委书记邱继兴（前中）检查环境整治工作

象。整治占道为市、违规早夜市、流动摊担、店外经营、“门前三包”落实不力等市容市貌方面违章行为；整治占道堆物、无证占道亭棚、违规施工围挡、违章踏步、人行道违法停车等市政占道方面违章行为；整治渣土车不按规定时间路线运输、堆装洒漏污染道路、车身不洁等渣土运输违章行为；整治违规户外广告（含临时广告）、不符合设置规范的户外招牌、违法违章建设；整治擅自占用绿地、乱砍滥伐、任意悬挂等损坏绿化行为。办理“门前三包”及店外经营案件2183件，乱吐、乱扔、乱倒等案件1187件，占道破路类案件48件，工地围挡不规范类案件76件，机动车占道案件5490件，户外广告招牌类案件164件，渣土运输类案件323件，占绿毁绿类案件11件，拆除违法违章建筑638万平方米，拆除违章户外广告、招牌1061处、11万平方米。9月28日，区城管执法大队启动2015年环境保护百日攻坚行动，整治城区建筑施工扬尘污染、道路交通扬尘污染、餐饮油烟污染、垃圾焚烧、建筑施工噪音污染等。行动期间，发放环境保护宣传资料1500份，参加各类联合执法行动153次，出动执法人员1200人次，处理垃圾焚烧案件13件、扬尘污染投诉78件（其中行政处罚74件）、建筑施工噪音污染投诉193件（其中行政处罚8件）、餐饮油烟污染投诉7件（其中行政处罚1件）。

（刘新飞）

【“最严城管”执法】 2015年8月17日，长沙市召开最严城市管理执法工作动员会。8月19日，雨花区开展“百日整治”、执法办案“百日竞赛”活动，区城管执法大队制订《雨花区门前“三包”及市容秩序整治工作实施方案》《全区城区主次干道清障整治行动工作方案》《新中路立交桥整治工作方案》《户外广告招牌专项整治行动方案》《最严城管执法办案目标考核试行办法》，启动最严城管执法工作。最严城管执法工作以门前“三包”责任制为抓手，七大专项整治为重点开展各类专项整治行动811次，办理各类行政处罚案件8474件，罚款140.189万元，工作开展情况被红网、《长沙晚报》、长沙新闻频道、政法频道、星辰在线等媒体报道83次。

（刘新飞）

【夜间执法】 2015年，雨花区夜间执法主要包括处置夜间城市管理各种违法违规行为，维护夜间市容市貌及城市管理正常秩序；规范管理夜间饮食摊档，纠正夜宵排挡店外经营、流动摊贩占道经营等乱象，依法从严处罚或依法取缔严重影响市民正常生活且屡教不改的情形；监管夜间施工工地，查处不按规定时间施工、噪音扰民、扬尘污染等违章行为；规范管理夜间渣土运输，查处非法运输、不按规定时间运输、不按规定路线运输、超载、沿途洒漏、污染城市道路及大气等违法行为；监管夜间环境卫生，教育和处罚夜间严重乱丢乱倒垃圾的违法违规行为；受理、处置与回复夜间城管110接处警平台案件。区城管执法大队优化夜间执法力量，强化夜间执法效果，调整夜间执法模式，撤销晚班中队、餐厨中队编制，充实驻街（镇）执法力量，晚班中队、餐厨中队原有职责由各驻街（镇）中队按属地管理原则履行，各街道（镇）负责组织实施辖区内各项夜间整治行动；驻街（镇）中队每天安排1名执法人员及2名特勤队员，负责本辖区23时至次日8时期间市容秩序控制及接处警；渣土中队负责查处渣土运输过程中的违法违规行为。处理餐厨垃圾非法收运案件122件，查处夜间噪音扰民案件8件，办理油烟超标排放案件1件，整治渣土工地违法行为323起、早夜市规范点209次，取缔非法夜市74处，有效维护夜间市容秩序。（刘新飞）

【广告招牌整治】 2015年，区城管执法大队对户外广告、招牌实施动态建档管理，每周召开专项工作碰头会，对新出现的广告招牌审批和登记事项、违规广告招牌拆除等情况进行分析汇总，及时归纳建档。审核户外招牌425处，其中予以核准登记302处，不同意设置、整改123处。对经市城管局审批、区城管局备案的户外广告、招牌进行日常督查，及时查处有改变和超范围设置的各类违法行为情况。开展违章户外广告、招牌专项整治行动16

次，拆除违规设置及破损的围挡广告 33 处 6265 平方米、招旗广告 17 处 5770 平方米、楼盘布幅及发光字广告 166 处 69470 平方米、大型广告及楼宇名 53 处 7250 平方米、违规招牌 61 处 2794 平方米，高桥物流货运市场、长重物流园、南入城口、万家丽路高速通道沿线等专项整治中，拆除户外广告、招牌 731 处、19445 平方米。（刘新飞）

【餐厨垃圾整治】 2015 年，雨花区加强餐厨垃圾管理和执法，实现全区大中型餐饮单位及小餐饮门店的餐厨垃圾统一收集处置。区城管执法大队成立餐厨垃圾专项整治工作领导小组，从 6 月 1 日起，开始为期 7 个月的餐厨垃圾专项执法整治。每周开展 1 次餐厨垃圾集中执法整治行动，严厉打击非法收集、运输、处置餐厨垃圾行为。开展餐厨垃圾集中执法行动 30 次，扣留潲水收运车 97 台次，办理餐厨垃圾非法收运行政处罚案 81 件。（刘新飞）

【违法占道整治】 2015 年 1 月 12 日至 2 月 15 日，区城管执法大队集中整治洞井路红星市场段非法占道经营行为，重点查处占路为市、垃圾遍地、流动摊担、店外经营、违章早夜市、人行道违章停车、违章条幅、布幅和灯箱广告等脏乱差现象，整肃洞井路良好市容秩序。1 月 19 日下午 15 时，区城管执法大队牵头组织城管执法队员、城管警察和街道办事处工作人员 90 人，分为整治组、执法保障组和秩序维护组，集中整治中意一路沿线（湘府路口至汽车南站）非法占道经营行为，督促临街门店落实门前“三包”责任制，取缔道路两厢乱摆摊担、占道经营、店外经营等违章行为。（刘新飞）

【花侯路两厢整治】 2015 年 6 月 1 日开始，区城管执法大队牵头对火车南站片区花侯路两厢（京珠高速以东、香樟东路以北、机场高速以南、浏阳河以西）范围内堆放的物料、建筑材料及废料进行为期一个月的清理整治。6 月 1 日至 4 日摸底调查，5 日下发政府通告，并向堆放物料、建筑材料及废料的单位和个人发放自行清除搬离的通知书，10 日至 30 日开展集中整治。整治行动清理两厢堆物 68220 吨，其中木材、模板等 9540 吨，砂石 5.8 万吨、煤 680 吨，花侯路两厢市容秩序得以提升。（刘新飞）

【高桥物流货运市场环境综合整治】 为落实市、区关于高桥市场片区提质改造三年工作计划中关于仓储物流外迁的工作要求，在前期摸底调查、政策法规宣传等工作的基础上，区城管执法大队于 2015 年 8 月 22 日开启高桥物流货运市场环境综合整治。8 月 22 日至 9 月 30 日为集中整治阶段，依法拆除物流货运市场内的违章建筑、违规招牌、广告，取缔市场内乱摆摊担、店外经营、占道堆物等违章行为，集中整治行动每周开展 1 次，每次参与整治的执法力量为 100 人。10 月 1 日至 12 月 31 日为巩固提高阶段，加强日常巡查，随时查处各类违法违章行为，巩固整治成果，实现长效常态。（刘新飞）

【新中路立交桥桥下空间环境整治】 2015 年 9 月 18 日至 25 日，区城管执法大队牵头组织东塘、砂子塘、雨花亭街道及城管执法中队，对新中路立交桥桥下空间环境开展连续一周的集中整治，全面清理整治桥下空间各种乱象，重点整治违章搭建实体围墙和建筑；违规从事农贸市场、汽车美容、洗车、餐饮、娱乐室；违章设置灯箱广告牌、横幅、张贴广告标牌；桥下违章停车等行为。集中整治完成后，由东塘、砂子塘、雨花亭街道轮流负责桥下空间市容秩序的日常管理，进一步巩固整治效果，直至桥下空间交由第三方进行管理。（刘新飞）

【亚洲男篮锦标赛期间市容秩序整治】 2015 年 9 月 20 日至 10 月 5 日，区城管执法大队开展亚洲男篮锦标赛期间市容秩序整治。整治行动分三步，即赛前集中整治、赛期重点管控和赛后巩固效果。重点保障道路及区域为：比赛场馆周边区域（长沙民政职业技术学院体育馆及周边区域、韶山路中南林业科技大学对面井湾子辖区）；比赛定点接待宾馆周边区域（现代凯莱大酒店、华雅国际大酒店、顺天凯宾斯基酒店、湘府新都大酒店、雅士亚华美达酒店周边区域）；重点路段(韶山路、劳动路、人民路、长沙大道、二环线、万家丽路、湘府路、时代阳光大道、武广南站、汽车南站)。比赛期间启动应急预案，成立50人应急分队，负责紧急情况及突发事件的协调、处置，确保比赛顺利进行。（刘新飞）

【农博会执法保障】 2015年11月17日至24日，中国中部（湖南）国际农博会（以下简称农博会）在红星国际会展中心举行。农博会开幕前，区城管执法大队针对会展中心及周边市容环境，开展了三次大型整治行动，确保了良好的市容秩序。农博会期间，区城管执法大队制定了执法保障方案，安排60名执法人员和特勤队员，对红星国际会展中心区域实行全天候守点巡逻，并启动应急预案，成立60人的应急分队，负责紧急情况及突发事件的及时协调、处置，以保农博会顺利开展。（刘新飞）

【数字化案件处置】 2015年，区城管执法大队结合执法重心下移的实际，按属地管理原则，要求各驻街（镇）中队与街道（镇）密切配合，加强数字化案件的处置力度，进一步完善处置流程，提高处置效率，充分发挥数字化平台的服务、考核和督促功能，解决大批影响市容秩序的违章问题。处理数字化城管平台执法类案件10.2万条，比上年同期增加44578条，增长84.44%。（刘新飞）

【跳马中队成立】 2015年，长沙市行政区划微调，长沙县跳马镇划归雨花区管辖，雨花区委、区政府就跳马镇接管工作制定方案。1月28日，根据方案要求，区城管执法大队召开跳马镇城市管理执法工作见面会，讨论跳马镇划归雨花区管辖后城市管理、执法人员安排、领导联点等问题，着手设立跳马中队的相关事宜，做好跳马镇接管后的城市管理执法具体工作。5月13日，经长沙市机构编制委员会同意，设立区城管执法大队跳马中队，全面负责跳马镇辖区内城市管理综合执法工作。10月22日，雨花区机构编制委员会发文核定跳马中队事业编制5名，设置中队长（副科职）1名、指导员（副科职）1名。（刘新飞）

【应急中队设立】 为适应市政、园林、环卫管理方面专业执法、大型整治行动、应急处突、综治维稳等工作要求，解决因抽调执法干部和特勤队员参与“两年大拆违行动”“最严城管执法”工作造成辖区中队执法力量不足问题，经报请雨花区人民政府专题调度最严城管整治项目工作会议研究同意，2015年10月9日，设立区城管执法大队应急中队，配备正式执法干部6名、特勤队员36名，实行24小时备勤制。负责查处雨花区范围内违反方面法律、法规、规章规定的各类违法案件；作为重点项目、专项整治行动以及跨区域（如立交桥下）、有争议的地区执法整治工作的机动力量；完成应急处突、综治维稳等区委区政府临时交办的其他重点工作。（刘新飞）

【易炼红调研高桥大市场专项整治工作】 2015年8月30日上午，省委常委、市委书记易炼红一行到雨花区高桥大市场调研最严城管执法工作开展情况。易炼红一行查看高桥立交桥下公园、高桥酒店用品城等区域提质改造情况，并同市场经营户深入交谈，了解大家所想所盼，查看市场及周边流动摊贩、店外经营、违规亭棚、违章停车等整治效果。易炼红对高桥大市场环境整治效果给予肯定，强调专业市场的市容市貌问题与老百姓的生活息息相关，要把大型市场的环境整治、优化、提升摆到一个重要位置。（刘新飞）

市容管理

【概况】 区市容环境卫生管理局（简称“区环卫局”）主管全区市容环境卫生事业。负责全区维护范围内的主次干道清扫保洁、环卫基础设施维护、垃圾运输和渣土管理工作。主要负责856万平方米的主次干道、36万平方米环线路桥、133座垃圾站、70座公厕、36座人行地下通道、48个渣土工地、9000多个果皮筒等日常维护，以及对街道社区环卫工作的日常考核。现有73台垃圾运输车，33台机扫车，59台大洒水车、53台小洒水车。核定编制198名。2015年，区环卫局内设党政办、环卫科、基建科、计财科、安委办、物业科和水车队7个职能科室，辖渣土管理所和左家塘、侯家塘、砂子塘、东塘、圭塘、雨花亭、井湾子、洞井、高桥、东山、同升、黎托13个环卫所，正式职工278人（其中退休128人），临聘人员2100余人。局党委设6个支部，共有党员104人，其中在职党员89人。

2015年，区环卫局围绕“清洁城市”和“最美雨花”目标，进一步优化工作机制，完善环卫基础设施，加强渣土管理，主次干道洁净度明显提高，数字化结案率和按期结案率保持100%，完成4次市季度文明指数测评，房交会、纪念抗战胜利70周年、篮球亚锦赛、农博会以及上级领导调研视察路线等40多项重大活动、重大节日的市容环境保障工作。年度综合考核成绩进入长沙市前三名。

（赵伊冰）

【体制改革】 2015年4月，雨花区推行以“重心下移”为主题的环卫工作体制改革。区环卫局组织人员到株洲市、芙蓉区、岳麓区等地学习、考察，总结、汲取“重心下移”工作经验，扬长避短，坚持稳定为先、基层为主、效果为本、合力为重的工作原则，形成《雨花区环卫工作“重心下移”实施方案》。制定环卫工作重心下移安排表，明确局各班子成员、各科室职责分工，组成4个移交小组，加强与各街道的对接沟通，按步骤、分区域、定职责进行移交。做好下移人员的思想稳定工作，对下移人员进行物质慰问，通过召开动员会、欢迎会等方式为下移人员现场讲解答疑，保证工资待遇不降低，统筹解决历史遗留的“五险”补缴问题。管理人员优先保证街道社区，将80%的临聘管理员（40名）、原社区及背街小巷一线清扫员650人（全部为临聘人员），及另从主次干道抽调的150名清扫员下移至街道，择优下移小水车12台、保洁车733台。3月31日，环卫“重心下移”工作交接完成。制定“雨花区环卫局联系各街道工作安排表”，对街道环卫业务工作进行一对一帮扶指导三个月，每名环卫正式人员每周2次，深入到各街道的每个社区，实地帮助社区了解和熟悉环卫“重心下移”及业务和人员管理工作。各环卫所长就环卫业务的难题和重点、日常工作铺排和调度，以及街道环卫机构搭建等进行“手把手”的教，“一帮一”的带。协助街道制订详细的工作铺排方案，街道社区工作全面、及时、有序开展。环卫“重心下移”后，环卫维护的职能职责更明、工作合力更强，作业效果更显。

（赵伊冰）

【环卫作业】 2015年，区环卫局增加1名副队长、2名管理人员、4名巡查人员和30名司机，充实工作力量。制订冲洗降尘方案，规范冲洗作业流程，实行人工配合水车冲洗道路日报制、渣土监管与水车冲洗作业联动机制、渣土工地冲洗水车驾驶员签到制等相互考核机制，督促工作落实。“一路一方案，一天一调度”，在先后顺序、工作时间、配合人员上予以区别，调整作业时间避免交通拥堵，保

环卫工作“重心下移”动员大会

证城区道路洁净度。利用GPS监控系统，实时跟踪水车的作业轨迹。调整机扫车作业班次，白天作业增加为3个班次，提高路面洁净度，降低夜间渣土运输后造成扬尘污染问题。改进人工配合清洗道路的方式方法，充分利用雨天易清污清洁的优势，推行雨天人工冒雨上路清洗，提升精细化作业效果。实行道路清扫“两把扫把”，加大夜间清扫保洁力度，根据季节适当延长夜间保洁时间。严格落实全员系统学习一遍新标准、建立一个业务“示范点”、培训一次管理层、巡查一次落实情况、建立一套倒查机制、处理一批不按要求落实人员的“六个一”工程，实施“设岗定酬，多劳多得”，提高队伍积极性；推行“一所一周一路”业务工作机制，完善“雨花杯业务竞赛工作方案”，发挥绩效考核“指挥棒”作用，利用微信平台、QQ工作群，建立实时整改反馈机制，实现全方位、全覆盖、无缝隙的考核管理，促进业务管理水平的提升。成立跳马环卫所，选优配强管理队伍，对未移交的道路、桥梁、隧道等范围，及时主动做好保洁维护工作，确保无空挡、无盲区。对垃圾运输车加装防污水处理箱，提高垃圾运输作业标准，定期对车身盖板厢体进行密封检查，保证运输途中无跑冒漏滴等污染道路现象发生。认真督促每月召开安全会议，加强对驾驶员的安全意识教育，做到自觉遵守交通法规。加大对运输车辆维护的投入，督促做好车容车貌整治，规范车身标识，维护环卫形象。清运垃圾37.4万吨，全区生活垃圾实现日产日清，73台垃圾运输车每天清运生活垃圾近千吨，清运率100%。加大巡查、考核、整改的力度，对重点路段的中央隔离栏及交通护栏下、花坛及路沿石边“三积”、夜宵摊点路面油污等，将水车作业效果按照路面颜色状况增加四个等级的道路洁净度专项考核，将考核要求从污染形状精细到路面颜色，确保道路各部位同现底色。实行管理人员跟车与平台配合，强化即时监控。万家丽路、长沙大道、湘府路、洞井路等路段洁净度改进较大，内城区道路洁净度不断巩固。（*赵伊冰*）

【渣土管理】 2015年，区环卫局遵循分片区管理原则，全区分区划片，细化人员分工，明确目标，所有白班人员与环卫所管理员对接，加强白天巡查的履职管理，促进管理的精细化。全区路段分成南、北、中三片，每片2个巡查组共计12人专门负责各段的巡查与工地监管的检查，加强监管监督与突发问题反应和处理能力；设置12个渣土管理巡查组（白班6个，晚班6个），监管员63人；24小时轮班进行日常渣土管理工作，所有工作人员定人、定岗、定责，实行无缝对接。实行责任连带制，即哪条路段有污染、出状况，管理该区的管理员和监管员负有同等责任。实行渣土所与执法队的送餐到人制，杜绝渣土管理过程中的吃请现象；落实渣土监管与水车作业实现无缝对接，建立监管员与水车驾驶员的日互签制度，杜绝作业过程中的索、拿、卡、要等行为。印制渣土工地服务卡，上门发放到每个工地，实行服务回访制度，由局党委书记、局长和纪委书记分三组带队不定期回访渣土施工工地，督查了解渣土管理和执法中的履职及政风行风问题，现场填写渣土管理履职情况和作风问题调查表、现场接受评议和受理举报，进一步落实渣土管理的纪律监察，保障渣土管理工作的作风转变。继续推行最严渣土管理，严格执行渣土管理规定、明确渣土执法规定，要求洗车设备、保洁人员、防污设施必须到位，工地出入口卫生必须干净整洁，运输车辆必须有门徽，属正规车辆，车身必须完好无损，严格按照一车一证进场作业，装载必须低于厢板，运输过程必须按小证上的线路行驶。常态化开展联合执法行动，每周由渣土联合整治领导小组组织牵头，联合城管、公安、交通、交警等部门开展两次以上联合执法行动，重点对洗车不净、车轮带泥、不密闭运输、不按路线行驶、不按规定时间开（停）工，乱倒渣土等违规行为进行打击整治。参加全市的统一行动，在时代阳光大道、木莲冲路和香樟东路等重点路段设卡守点，对城乡接合部等偷倒乱倒渣土易发区域实行24小时不间断巡查；以日常巡查为基础，严格落实“抓两头控中间”的原则，不断加大对出土点、卸土点和运输线路“两点一线”的巡查力度，从源头上遏制扬尘渣土污染；对洗车不净、车轮带泥、不密闭运输、不按线路行驶、不按规定时间开(停)工、乱倒渣土等违规行为进行严厉打击;未在市渣土处办理任何手续私自开工工地进行专项整治，发现一处，关停一处，并进行24小时严控。渣土执法中队对砂石车、混凝土车不安装防漏装置、沿途抛撒、车身不洁、车轮带泥等违规行为进行检查整改；重点整治非渣土运输专用车、垃圾车拖运建筑垃圾。开展渣土整治行动186次，停工整改工地225处，暂扣各类违规渣土车辆205台次，罚款68.69万元。（赵伊冰）

【设施建设】 2015年，雨花区完善基础设施，投入2000万元，新增环卫设备67台（其中机扫车9台，小水车37台，大水车21台），机械作业覆盖率由28%上升到34%。新建公共站厕3座、环卫工作间30座，提质改造旧式垃圾站10座、旧式垃圾运输车30台，安装除臭设施60套。通过加强巡查与动态维护，督查整改全区站厕的设施设备及卫生情况，确保站厕内无蝇、蛆、污垢，地面、坑位、斗盆、容器、门窗四壁整洁卫生，站厕内外无堆物。在东山、黎托、同升等范围及周边新增果皮桶近700个，改观城郊接合部的环卫基础设施现状。做好设施的日常维护保养工作，建立维修养护台帐，保障133座垃圾站、70座公厕、36座人行地下通道、9000多个果皮筒的正常使用。（赵伊冰）

【环境综合整治】 2015年，区环卫局按照“清洁城市”工作要求，开展城郊接合部环境卫生整治专项行动，着力改善城郊接合部的管理薄弱问题，重点清理清运裸露垃圾、道路两厢杂草堆物、路灯杆电线杆“牛皮癣”。5月，专项整治高铁两厢卫生，出动522人次，清运垃圾432车（1210吨），彻底清除黎托、东山、同升等范围及周边垃圾围子沉积多年的垃圾，有效提升城郊接合部环境卫生水平。火车南站“暑运”高峰期，历时1个月，突击处理清运垃圾近1500吨，出动530车次；加强生活垃圾的管理，有效提升清运能力，基本实现城乡生活垃圾全部进场处理。取缔40台不达标的外挂垃圾车，规范垃圾车辆管理，确保垃圾车辆高效运转；配合城郊接合部改造，适时拆除部分小型垃圾围子，建立相对集中的垃圾收集点，减少垃圾二次污染，提升全区环境卫生整体水平。组织专业力量，专项整治武广南站、汽车南站、高桥大市场、红星大市场“两站两场”周边道路的市容秩序，重点清除白色垃圾，环卫设施清污和及时清运生活垃圾，确保路面现“底色”；对机场联络线、高速出入口等开展4次专项整治行动，清洗路面油污40余处，清理道路两厢、沟渠内的垃圾共计61车，全力保障各城区出入口良好的环境卫生和市容秩序。（赵伊冰）

【服务群众】 2015年，区环卫局调整洒水时间、提早结束普扫，更方便群众出行；调整商铺门店垃圾收集清运时间，加大市场周边的垃圾清理，营造优美清洁的购物环境。联点冯家冲社区，走访社区居民1500多户，收集问题300余条，及时慰问住院居民21次。联点帮扶黎托街道“高铁新城”项目，在做好项目周边的环境卫生、完善防污措施、严控扬尘污染等方面有效推进项目建设。对“地铁1、2号线”“万家丽路改造”“旭辉澜悦湾”“旭辉国际广场”“绿地之窗”等重点工程和重点开发项目提供积极帮助。区环卫局结对共建井巷社区，局班子成员带头深入对12名社区代表性家庭进行走访慰问，组织党员干部到社区清理卫生死角，为社区安装20多个垃圾桶，宣讲文明礼仪、环卫等知识。重阳节为社区表演原创诗歌朗诵和大合唱节目，深入跳马镇复兴村19户贫困家庭开展“一进二访”活动，了解贫困家庭实际生活困难和需求，帮助贫困家庭想办法走出困境。制定离退休老同志关爱计划，组织活动4次。帮扶“佳兆业地产”项目，成立“三定三抓”工作领导小组，制订《雨花区环卫局“三定三抓”工作实施方案》。深入项目单位，了解项目进展情况，该楼盘由长沙县划到长沙市房地局，因未录入楼盘信息，办房产证时，无法缴纳契税，局“三定三抓”小组积极为项目方出谋划策，多次与房地局沟通协商，竭尽所能为项目协调帮困。

对解决不了的问题及时上报上级部门。通过与龙骧巴士公司及相关部门多次协调，开通15路公交车，解决企业交通问题。利用在渣土管理、水车冲洗优势，搞好工地周边环境卫生、严控渣土扬尘污染。跳马环卫所协助和规范佳兆业地产公司处理建房后绿化土壤运输问题，完善手续审批。企业房产实现交付销售。（赵伊冰）

【区人大常委会调研环卫工作】 2015年6月12日，区人大常委会委员调研环卫工作，实地察看木莲路、井圭路、湘府路、韶山路等多条道路的卫生状况，以及莲湖垃圾站、红星小学站厕、东塘环卫工人工作间的情况。区人大常委会副主任谢爱龙主持调研会议。区环卫局局长黎大强作环卫工作汇报，据实反应环卫局维护作业经费需求大、人员配备不足、机械作业率低、基础设施建设和配套不足、历史遗留问题等问题。区人大常委会城环工委主任刘素娟提出要进一步重视环卫工作，统筹城乡发展，逐年增加经费投入，逐步解决历史遗留等问题，保障一线环卫工人人身安全。区人大常委会主任龚景顺充分肯定环卫工作成绩，针对环卫工作存在的作业难、基础差、资金少、隐患多等问题提出指导意见，表示将提请区政府协调解决区环卫局反应的问题。（赵伊冰）

【环卫工人节庆祝活动】 2015年10月23日，雨花区环卫局庆祝湖南省第20届环卫节暨“品质雨花，最美环卫”岗位能手大比武在雨花经开区新兴路与仙岭路隆重举行。长沙市城市管理和执法局副局长曾庆安、市容处处长钟庭、雨花区政府副区长王明玖等出席，环卫方阵人员700人参加。王明玖代表区委、区政府向全区广大环卫工人们致以节日的问候和祝福，向受到表彰的先进集体及个人表示热烈祝贺。他高度肯定环卫干部职工以“提质环卫，建功雨花”为己任，在平凡的岗位上，做出不平凡的业绩，为长沙夺得“全国文明城市”金字招牌发挥的重要作用。曾庆安高度肯定雨花区环卫工作在清扫保洁、渣土管理、垃圾清运、基础设施建设等方面取得的成绩。希望环卫干部职工继续发扬环卫精神，真抓实干，团结务实，开拓创新，共同打造“最美雨花”，争创“一流环卫”。10台一键式多功能机扫车和10台水车列成“品”字形方阵，进行机械“大阅兵”展演。10月26日，区环卫局在东塘商圈周边开展爱护环境卫生宣传。（赵伊冰）

市政建设

【概况】 长沙市雨花区市政工程管理局（简称“区市政局”）为区直属差额拨款正科级事业单位，全面承担雨花区514.53万平方米道路、414.4千米排水管网、187.27万平方米人行道、盲道以及84个居民社区的市政设施管理维护任务；负责未纳入市、区财政预算的雨花经开区范围85.75万平方米道路、88.68千米排水管网和武广片区117.54万平方米道路、50.53千米排水管网的管理维护任务。内设办公室、政工人事科、财务科、数字化信息科、路政管理科、设备管理科、物资供应科、工程建设科、维护管理科9个职能科室。核定编制119名，2015年在职干部职工65人，退休职工59人，党员57人，办公地点设在香樟路857号。

2015年，区市政局围绕“筑牢基础，破解难局，朝着加快打造中部现代服务业中心目标阔步向前”的工作主题，按照“全市夺红旗、区内争一等”的工作目标，强化机关党建和队伍建设，抓维护、推项目、防涝渍，严格按照市、区“最严城管”工作要求，以大力开展主次干道清障整治、人行道盲道整修、排水管网疏浚清掏“三大行动”为主线，组织对韶山路、湘府路、香樟路、劳动路、中意路、花侯路、沙湾路以及雨花经开区主次干道的人行道上未审批的占道类围挡、围墙及违章固定踏步进行调查摸底和清理整治，清理违章踏步25处，整治违规管线4起、人行道9处；对人行道、盲道开展“地毯式”排查整修，除原万家丽路综合整修任务外，完成路面修复6000余平方米，调修侧平石1100余米，修复隔离墩94个，修复盲道、人行道4000平方米。对火车南站站场外周边、香樟路、雨花路、韶山路、中意路、洞井路的市政排水管网开展集中疏浚、清掏，清理、转运淤泥约 147 立方米、生活垃圾 17 立方米，做好春节、房交会、纪念抗战胜利 70 周年、篮球亚锦赛、农博会等重大活动、重大节日的道路交通环境保障工作。加强对老旧社区、城郊社区、农贸市场的维护力度，规范市政道路临时挖掘、临时占用查勘、审批工作，牵头组织开展路政管理专项整治行动，有效遏制非法开挖、乱占乱挖现象。省、市电视、报纸媒体报道 9 次推介工作经验。继续保持市级精神文明建设先进称号单位，获评区科级党政领导班子和领导干部绩效考核暨市垂直管理单位绩效评估社会管理部门类一等单位、区群众工作“民意快线”工程一类单位，区“三定三抓活动”一等单位，区城市管理工作一等单位，区支援拆迁工作二等单位，区生态环境保护工作一等单位，区春运工作一等单位等荣誉。（易　佳）

【基础工作】 2015 年，区市政局继续坚持数字化案卷联席处置机制，制定落实《城管数字化工作考核管理办法》《城管投诉电话处置方案》等规章制度，处置城管 110 来电 350 个，居民来访、来电 190 余起，妥善处理“12345”工单 566 件。查处非法开挖 31 处，不规范排水接入 36 处，优质高效办理占道、挖掘行政审批手续 584 件。数字化取得全年连续 12 个月满分的成绩。（易　佳）

【维护管理】 2015 年，区市政局修复各类路面 9.7 万余平方米，调修侧平石 1.78 万米，修复隔离墩 1980 个，修复盲道、人行道 5.6 万余平方米，疏通改造排水管网 5600 余米，清掏各类窨井 4.6 万座、化粪池 828 座，清运淤泥 900 吨，更换、调整破损井座、井盖 310 余套。开展全区道路市政窨井排查工作，安装调试“防盗、防弹跳、防响”雨污水检查井座 272 套。9 月 24 日至 9 月 30 日对万家丽路（人民路至双塘路段）市政设施进行补损，对因万家丽路高架施工损毁的人行道进行修复，填补车行道坑洞，修砌侧平石，铺设沥青路面 3 万余平方米，浇筑混凝土 2 万余平方米，改造侧石 8000 余米，确保万家丽路高架桥 10 月 1 日通车。工程造价为 1000 万元。（易　佳）

【城区防汛】 2015 年，区市政局全面落实防涝排渍物资储备及人员应急保障，实行汛期内 24 小时值班制度。汛期前完成万家丽路（人民路—湘府路）、树木岭（劳动路树木岭路口西南向）、韶山路（女子大学南侧公交站）排水堵点的改造或管道疏浚任务 15 处；对韶山路、环保大道、金海路、沙湾路、长沙大道等 43 处排水管网进行集中清掏。对易受渍重要路段、工地，特别是京港澳高速跨线桥下、长沙火车南站花侯路桥下，给予重点保障落实，调派排水设备进驻，安排人员就地住宿，轮班值守，确保汛情发生第一时间内各处内涝得到快速、妥善处置。全年出动人员 1129 人次，车辆 300 台次、机械设备 300 台次，实现三个确保 “确保不发生大面积内涝；确保中心城区和主次干道不受淹；确保人民群众生命财产安全”的既定目标。（易　佳）

【道路改造工程】 2015 年 4 月 30 日，圭塘支路（香樟路—木莲路）路面提质改造项目完工，全长 915 米，平均宽 7 米，铺设沥青 5700 平方米，浇筑混凝土 2030 平方米。6 月 27 日至 7 月 20 日，区市政局对位于雨花区政府二办的区老干部大学新址进行道路提质改造，改造人行道 320 平方米，铺设沥青路面 3400 平方米，总投资 50 万元。8 月 10 日至 11 月 20 日对沙湾路（曲塘路至石坝路段）人行道进行规范化改造，全长 1.6 千米，单侧人行道宽度 5 米，改建为混凝土艺术压膜，面积 10600 平方米，总投资 200 万元。8 月 15 日至 11 月 10 日，整体提质改造马王堆路（长沙大道至朝晖路段），缓和万家丽路交通压力，提高高桥片区交通通行能力，改造路段全长 700 米，铺设沥青 2000 平方米，修整人行道 6000 平方米，总投资 450 万元。8 月 31 日至 9 月 30 日，整修李白路（李家塘互通至白竹乡段），施工路段全长 1900 米，铺设混凝土路面 2800 平方米，工程造价约 70 万元。9 月 30

日至10月28日，提质改造雅塘村路（长丰园小区至138路公交站终点），长度约400米，全线路面铺设沥青，并对部分明沟进行排水改造，总投资约50万元,有效改善雅塘村周边居民居住和出行环境。11月，对桂友路（东二环至万家丽路段）进行提质改造，改造路段全长1304.66米，对全线人行道混凝土压膜、绿化种植、增设路灯杆，并对东二环至政修路车行道重新铺设沥青，铺设长度约300米，总投资约394万，桂友路的提质改造，优化了高桥市场片区交通秩序，提升了高桥市场片区城市形象。12月，区市政局对省人大社区进行道路、排水提质改造，铺设沥青路面1200平方米，铺设排水管网240米，修砌围墙100米，总投资150万元。总投资约400万元，对曙光南路东段（香樟路至井湾路段）进行交通微循环项目改造，全线约1100米路面铺设沥青，人行道混凝土压膜，并对香樟路口至计量局段进行排水管网改造 。（易　佳）

【道路硬化工程】 根据市公安局经侦支队和出入境支队的申请，2015年3月18日至4月30日，区市政局对香樟路以南、木莲路以北的圭塘路支路（原中南驾校至高尔园林段）进行整修及硬化，施工总长度915米，铺设沥青5700平方米，浇筑混凝土2030平方米，同时做好两个支队出入道路与主路的对接，方便前往市出入境中心新址办理出入境和户口、身份证业务的居民出行。5月27日至9月10日，区市政局对长197米樟木坝路（美联路至民主路段）全线路面进行整改治理并铺设沥青路面2955平方米，设计建设相关配套市政排水设施，接入周边路段排水管网，总投资200万元，提高道路的营运能力和行车舒适性，改善该片区的排水能力，为周边居民及商户的往来出入提供更大便利。7月4日至8月14日，区市政局投资额200万元，负责对川河路与湘府路交汇处、中意一路机电市场入口、沙湾路东澜湾小学旁等黄土裸露，易污染环境的15处社会路口进行混凝土硬化改造，改造面积10686平方米，有效避免黄土扬尘污染及周边车辆带泥进入到城市主干道，方便周边居民出行。（易　佳）

【人行天桥建设】 2015年，区市政局主导实施人行天桥建设工程，韶山路东塘高架桥北口人行天桥采用钢结构两跨连续桁架桥，全长51.1米，1月28日投入使用。东二环鑫都酒店前人行天桥采用尼尔森体系提篮拱桥，全长50.8米，人行道净宽3.7米，3月25日投入使用。两座人行天桥总投资800万元，有效解决人行过街的安全隐患，缓解东塘北和东二环（杨家山至高桥段）的交通压力。（易　佳）

【停车场建设】 2015年1月8日至2月8日，按区委、区政府指示要求，区市政局完成28000平方米的火车南站应急停车场的建设，该应急停车场位于火车南站西南侧，原为项目用地，暂用作火车南站应急停车场使用，总投资为500万元，设计为混凝土路面，共设置910个车位，确保于春节前投入使用，有效缓解了火车南站停车问题。（易　佳）

火车南站应急停车场

【雨污分流排水工程】 2015年，雨花区按照“十二五”城镇污水处理设施配套管网要求，由区污水管网项目建设指挥部（设区市政局）牵头，区经开区、区工务局、区市政局、区农林水局、市轨道公司负责城镇污水处理设施配套管网建设，其中区经开局负责花卉路、比亚迪路等34个管网建设项目，建设长度71.57千米，投资额19116.2万元。区工务局负责王家咀泵站低排管涵工程、洞和路等36个管网建设项目，建设长度41.48千米，投资额9909.2万元。区市政局负责完善圭塘河两岸截污系统和时代阳光大道段（牛头村委会—新兴加油站）

管网建设项目，建设长度1.744千米，投资额1666万元。区农林水局负责环潭阳洲截污管建设项目，建设长度2.95千米，投资额656万元。市轨道公司负责新花侯北路、平阳路等5个管网建设项目，建设长度12.55千米，投资额4296.59万元。10月10日至11月8日；区市政局对德馨园小区东门和北门沿线的主排水管网进行改造，东门增设截水明沟，北门增设泄水井和排水管道，并对主排水管道清淤，前期检测费用0.7万元，改造投资额20万元；12月5日至12月20日，区政府西门箱涵和万家丽路（劳动路至香樟路段）截污干管开展清淤工作，管网全长2500米，总投资100万元，万家丽路箱涵和截污干管清淤有利于城区防汛工作的开展，提升万家丽路整体提质改造效果。（易　佳）

【服务群众】 2015年，区市政局党政一把手到社区现场办公5次，走访、慰问、调研群众50多人次，收集并积极协商处理社情民意20余条；配合康景园小区修复损毁的楼道窗户玻璃，帮助黎郡社区及时整修小区人行道及路沿石、疏通地下排污管道、清理雨水箅子油污。群工办交办的35个“民意快线”问题全部解决或答复，答复率、办结率100%。多次深入跳马镇金屏社区，与社区居民促膝谈心，访贫问计，收集61户困难居民提出的贫困家境、圭塘河道积渍不畅、10多千米道路坑洼不平、20余公顷两安用地急待开发、集体负债入不敷出等问题，提出一系列切实可行的建设性意见，挤出3万元经费帮助困难居民渡过难关。为解决老旧社区水压不足，供水不畅的问题，市自来水公司对砂子塘、德馨园、湖橡等37个社区重新埋设自来水管，按照400元/户的标准，由区市政局负责开挖路面和市政设施的恢复，区园林局完善绿化，帮助完成居民户表改造路面恢复工程27772户。加强对老旧社区、城郊社区、农贸市场的维护力度，特别是开放式社区，如桔园社区、左家塘社区等，重点做好市政设施维护、化粪池清掏、排水公沟清掏疏浚等工作，对大桥社区、跳马镇白竹村道路进行硬化整修，着力解决服务群众“最后一公里”问题，受到广大市民群众称赞，长重、友谊等5个社区送来锦旗，收到长探家园、教师村等居民感谢信4封。11月26日，区市政局按照区长办公会精神，投资1079万元，启动对老旧城区易堵塞化粪池进行新砌和管道改造，涉及东塘、侯家塘、左家塘、砂子塘、圭塘5个街道枫树山、牛婆塘等17个社区65座化粪池。（易　佳）

园林绿化

【概况】 长沙市雨花区园林管理局负责辖区内350万平方米公共绿地管理与维护，办理树木砍伐、移栽、绿地占用手续，承接园林绿化工程，负责区绿委办的工作。内设办公室，维护管理北、中、南所，督查室，查勘科，工程技术科、财务科和后勤保障科。2015年，在职100人，科级领导干部7人，其中在职人员60人（含人才引进1人）；退休人员40人。局党委设5个支部(局机关党支部、3个维护所党支部和退休党支部),共有党员41人,其中,新发展党员1名。办公地点设雨花区曲塘路19号。

2015年，区园林管理局以“三年造绿”为主线，以养护提档为中心，以环境整治为重点，狠抓绿化维护、工程业务、查勘审批三大业务，全区初步形成以广场、公园绿化为中心，道路绿化为骨架，环城绿带为屏障，立体绿化为特色，庭院绿化为依托的生态绿化环境格局，辖区园林绿化管理得到进一步加强，绿化景观效果和档次进一步提升。采取专家辅导、座谈交流等形式组织党委中心组学习和机关全体党员集中学习，部署落实“三严三实”专题教育。按“五化”（队伍专业化，机制常态化，考核规范化，管理精细化，工作标准化）总要求，全面提标管理，增强干职工队伍综合素质，提升管理考核评价体系标准，提高工程项目管理及城区公共绿地养护水平，提升全局综合履职和执政能力的目的。严格组织生活制度，落实廉洁从政各项规定。开展“打造党员模范示范路”“爱绿护绿”等实践活动，深入区社会福利院，开展“孝亲敬老，志愿添绿”志愿帮扶活动；落实“一推行四公开”和“民意快线”工作要求，局机关党支部联点廖家湾社区总支以及红花坡社区党委，帮助协调解决各类民生问题50多个，帮助群众解决绿化维护方面的难题10个；开展“与群众交朋友，帮基层解难题”走访慰问活动，35名在职党员深入红花坡社区走访认亲；牵头组织区征收办、区征地办等第十二组成员到跳马镇嵩山村开展扶贫帮困活动，帮助解决民生问题10多个。区园林管理局获雨花区2015年度城市管理一等单位、长沙火车南站地区2015年春运工作先进单位、2015年度全面建成小康社会推进工作先进单位等称号。（彭炬勋）

【绿化维护】 2015年，雨花区建成圭塘河二期林荫广场、劳动东路、洞井商贸城游园林荫停车场。提质改造花侯路（香樟路—湘府东路）、长沙大道、城南路（车站路—芙蓉路）、嘉雨路以及京珠高速绕城高速周边环境；提质改造沙湾路（长沙大道—香樟路）、木莲冲路（洞井路—沙湾路），改造面积1.7公顷。做好城市绿道建设，圭塘河绿道二期（木莲冲路—湘府路）完成绿道（木莲冲路—长塘路）建设约0.5千米，圭塘路东面绿道完成1.4千米。完成长沙大道立交桥、侯家塘立交桥、桔园立交桥、韶山路沿线公交站及地下通道口、劳动路和韶山路过街人行天桥立体绿化建设，立体绿化辖区道路周边坡塌、墙体，面积21500平方米。区园林管理局对辖区范围内道路、花坛、社区、社区公园等公共绿地的苗木缺损、设施损毁情况进行摸底，分地段、规格、数量进行调查统计，确定补栽补损范围。局督查室与各维护管理所密切配合，安排技术人员全程指导监督补栽补损工作。每月第二、第四个星期五下午对辖区内的主次干道和社区公园进行洗尘护绿。定期对绿篱、模纹、行道树进行精细化修剪，保持植物造型美观、花繁叶茂。根据季节、气候特点，适时对公共绿地开展病虫害防治，利用药物喷洒车、人工喷洒、树木药物注射、树木药环布放等方式进行防治，有效控制病虫害蔓延。高温天气，对主要路段的绿化带动用水车进行灌溉，对有水源的地方选用喷灌机，对车辆进出不便且无水源的地方采用人工浇水，确保植物成活。对现有道路行道树中不符合要求的明显断头树、老人树、矮小树、弯斜树、裂干树进行全面提质。对韶山路、城南路、新花侯路、长沙大道、桂花路、曙光路等106条主次干道进行提质，更换、补栽银杏、悬铃木、栾树、广玉兰，治理树穴、修补花坛边。两次邀请四川国光企业专家分别进行防治病虫害、除草技术绿化养护技能培训和树木全冠及反季节移栽技术培训，提高工作人员的业务素质。进一步完善园林绿化网格化管理工作体系，安排专人24小时值守数字化信息平台，加强案卷的接收、下发和反馈工作，保证信息及时流畅；积极协调、密切配合维护所的工作，坚持“一日一归总、一周一调度、一月一清零”的原则，确保案卷及时处置。12345工单来单163条，办理118条，按期办理率100%，满意度98.31%；数字化总案卷数3848条，应结案数3452条，结案数3452条，结案率100%，一次性结案数3451条，一次性结案率100%。（王 鑫）

【工程业务】 2015年，雨花区完成绿化提质改造项目14个，改造和新建李家塘、正圆2个社区公园，佳园新城、雅塘村、洞井商贸城3个小游园，建设面积为2.66公顷。1月26日，雨花区召开道路绿化及立体绿化设计方案专家评审会，区园林局副局长李朝辉主持会议，区城管局、区建设局、区规划局、区财政投评中心、区园林局等部门负责人及园林行业专家参加会议。主要就花侯路、城南路道路绿化提质，木莲冲、沙湾路林荫大道、公交站台及地下通道口和桔园立交桥、铁道学院旁人行天桥、劳动路步步高人行天桥各项目的绿化规划设计方案展开讨论、优化。1月28日，对高铁站南北上下匝道两边绿化带及落客平台绿化花坛进行增绿和提质改造。绿化带建成后主要以高大的落叶乔木银杏和常绿乔木广玉兰、杜英、桂花等搭配形成林带，并体现季节变化。中下层以石楠树、紫薇、茶花球和红檵木球搭配，地被铺种草毯，在转角处种植草花加以点缀，北侧闸道补栽八角金盘、草皮和球灌木。7 月 2 日，召开雨花区 2015 年社区公园、小游园建设及环城绿带项目建设设计方案专家评审会，李朝晖主持会议，评审会邀请湖南建筑科学研究院高级工程师陈琼琳，长沙市园林设计院院长邓均初，市城管质量监督中心书记、教授级高级工程师李薇 3 位专家出席。三家设计单位介绍设计方案后，各评审专家及参会单位负责人发表想法建议，进一步修改、完善设计方案。（刘应强）

【查勘审批】 2015 年，区园林管理局严把行政审批关，及时制止查处擅自砍伐、迁移树木及侵占、毁坏绿地的违法行为，完成区“三定三抓”办公室下达的联点帮扶工作任务。查处占绿毁绿事项 102 起，为联点对象和各项重点工程免费审批手续 55 件，园林 110 出警 69 次，处理死危树 127 株，做到件件有回音。（周立新）

【绿委办工作】 2015 年，雨花区结合“三年造绿”大行动，开展全民义务植树活动。3 月，开展宣传月活动，充分利用横幅、标语、互联网、宣传单、流动宣传车等形式，广泛宣传全民义务植树活动的法规政策，增强群众对义务植树的公益性、法定性的认识，发动其中把握生态建设新机遇，通过全民动手植树造林，有效推动全区园林绿化工作的开展，改善居民生活环境，促进雨花生态文明建设。通过宣传发动、实地察看、认真筛选，创建雨花家园、金地、电院、植物园、德馨园社区 5 个市级绿色示范社区。发挥绿色示范社区示范引领作用，组织居民进行“珍爱绿色 珍爱我们共有的家园”主题爱绿护绿宣传和见缝插绿、拆墙透绿、拆违还绿、择空补绿等义务植树活动。3 月 13 日，在环保中路附近的金海路与新星路交汇处东北角举行以“推进绿色城市 建设生态雨花”为主题的社会植树活动，区城管警察大队、长沙市第十一中学、湖南广益实验中学、湖南教育出版社等 18 个志愿单位（家庭团体）450 人参加义务植树活动。3 月 13—31 日，在 2012 年、2013 年、2014 年的植树基地中安排志愿者进行中耕、除草、施肥等林木管护活动，以满足不同人群的义务植树需要。根据全市新增绿地建设计划安排，雨花区新增绿地指标为 55 公顷，其中公园绿地 25 公顷，雨花区及时、合理分解年度任务，将指标细化分解到每个责任单位，明确要求，定期对照指标督查任务完成情况，完成新增绿地建设任务 70.32 公顷，其中新增公园绿地面积 46.53 公顷。分两批进行拆墙透绿工作，9 家“一环十路”两厢的机关事业单位为第一批拆除的单位，纳入上半年全市三年造绿大行动重点观摩内容进行督查考核；第二批拆墙透绿单位 5 家。（周立新）

【桔园立交桥“琴弦”】 2015 年 6 月 1 日，雨花区桔园立交桥的立体绿化工程完工。根据桔园立交桥桥体的结构特点，桥上和桥下均种有油麻藤，桥体周身与地面拉出一根根“琴弦”，油麻藤顺着“琴弦”攀爬延伸开来，相映成趣。桥上的油麻藤自然垂落，形成一片绿意浓浓的“瀑布”，穿过立交桥下的南二环上方，栽种兰迎春。立交桥的拉索绳约 800 根，绿化面积占整座桥的六分之一。植物种在地上，不会额外增加桥体重量，该绿化设计为长沙市首例，乃至全省都是创新之举。（刘应强）

【长沙第一条“海绵路”】 2015 年，雨花区园林局借鉴国外“海绵城市”的理念，进行道路绿化“海绵城市”理念试点，打造“水木沙湾”，将沙湾路林荫大道建设成景观与科技相结合的道路，在道路

长沙第一条“海绵路”

两旁的乔木上选择高大乔木，形成“林荫城市”，从雨水涵养、截留与渗透上做出“海绵城市”的效果。6月10日，沙湾路林荫大道建设完工。沙湾路成为长沙市第一条“海绵路”。“海绵城市”指城市能够像海绵一样，下雨时吸水、蓄水、渗水、净水，需要时将蓄存的水“释放”并加以利用。当土壤中的水分达到饱和有余时，水会渗透进溢流管中，溢流管与市政排水管网相连，多余的水便能流进地下排水管中，从而在暴雨天气，能在一定程度上缓解城区的内涝，减少地下水管道在内涝时的排水压力。在干旱季节，砾石层涵养的水源能向上供给苗木所需的水分，减少人工的浇水量，有效收集利用雨水，保证苗木根系对水的要求。（刘应强）

【雨花区率先启动环城绿带建设】 2015年3月2日，雨花区率全市之先启动环城绿带建设工作，第一期整治工程（绕城高速环科园入口至李家塘收费站沿线路段）一期项目沿线长3000米，拟转运土方4万余立方米，栽植乔木1800余株、灌木6000余株、地被3万多平方米，整治面积约4万平方米；由5支施工队伍同时昼夜不间断施工，湖南投资公司负责沿线防护网更新维护和桥梁处设立隔音板。总预计投资约1800万元。3月17日竣工。（刘应强）

【长沙市园林局调研绿化工作】 2015年1月28日，长沙市园林局绿化处处长申飞一行3人调研雨花区道路绿化工作。区园林局局长宋电汇报道路绿化建设、小游园建设、维护面积、维护经费及维护队伍等情况。申飞肯定雨花区园林局的绿化工作开展得有声有色，他指出，2015是全面深化改革的关键之年，转型是大势所趋，雨花区园林局要继续深入开展“三年造绿”大行动，并在绿化建设中能再接再厉，砥砺前行，创新发展，为实现“三市”“三倍”的建设添砖加瓦。3月31日，市园林局工会主席陶晓明、副调研员刘国文带领市园林局相关人员和省住建厅、湖南林业科技大学、湖南农业大学四位专家及中南林学院4名硕士研究生对雨花区道路、公园、广场等绿化整体情况和建设项目进行评估调研。听取区园林局副局长杜令德汇报绿化整体、已开展的建设项目情况及存在的问题，专家组展开为期4天的实地察看，进行全面、系统的评估，及时发现和整改问题。（彭炬勋）

【雨花区三年造绿大行动项目指挥部】 2015年12月19日，雨花区三年造绿大行动项目指挥部挂牌成立。指挥部由区委副书记刘素月任指挥长，由区委常委、常务副区长邹春林，区委常委、副区长罗予武，雨花区经开区党工委副书记、管委会主任李国军，区人民政府副区长陈怀宇，区人民政府副区长王明玖（常务）任副指挥长，成员单位由雨花区经开区、区委政法委、区委宣传部、区园林管理局等17个区属部门以及13个街道（镇）构成，成员单位实行行政主官负责制，并明确专人具体落实。指挥部下设“一室四组”，即为办公室、拆迁拆违组、土地征收组、资金保障组、整治建设组，各组室成员单位根据职责分工各司其职、各负其责开展工作，确保合力推进三年造绿大行动有序进行。（彭炬勋）

交通运输

【概况】 雨花区交通运输管理局负责全区从事道路货物运输、搬运装卸、运输服务、三类汽车维修业的开业申请及管理工作，维护交通运输市场秩序，对辖区内农村公路进行改造和养护、新增干线公路建设。内设办公室、财务科、运输管理科、运输稽查科、公路管理科、政策法规科6个职能科室。核定编制27名，2015年，在职干部职工55人，其中正式干部职工27人，无编聘用（军嫂）1人，引进人才1人，政府雇员20人，局雇用6人；退休10人。局党支部党员30人，其中在职党员24人，退休党员6人。办公地点设在雨花区人民政府机关大院后勤服务中心A栋一、二层。

2015年，区交通运输局着力要素集聚，突出干线项目，交通基础设施建设有新突破；着力行业监管，突出依法行政，交通运输保障能力有新提升，

着力夯实基础，突出制度保障，平安交通建设有新举措；着力党员教育，突出服务中心工作，党组织建设有新进展。（颜　丹）

【公路建设】 2015年2月16日，省重点工程洞株公路跳马段（长12.149千米）由长沙县移交雨花区建设，移交时，工程量完成四分之一。区交通运输局克服从未修建过干线公路，没有建设经验，既无专业技术人员，又无管理人员的困难；迅速抽调工作人员充实到区公路工程建设指挥部办公室，指挥部办公室工作人员发扬“白+黑”“5+2”“晴+雨”的工作作风，日夜坚守在施工现场一线，督促、指导施工单位在保证质量的前提下，加快施工进度。通过采取日督促、周调度、月汇报的方式，全面协调解决在工程推进过程中的各类矛盾和问题，基本做到能当场解决的矛盾不隔夜，为顺利推进建设提供良好的施工环境；施工单位各方调集人员、设备，克服了线路长、交叉施工等多种困难，日夜施工，推进项目建设，12月31日洞株公路通车。跳马镇划入后，雨花区农村公路增加近4倍。区交通运输局明确专人负责农村公路建设工作，并与专业调查部门共同对跳马镇境内主要的农村公路进行一次调查摸底，拟定跳马镇2015年农村公路建设计划，争取区人民政府的支持，通过以补代投的方式，对每千米补助22万元，其余部分由村上自筹解决，跳马镇根据计划安排，推进农村公路建设，至12月底，完成30千米的农村公路建设计划。区交通运输局在开展农村公路建设的同时，全面排查全区农村公路安保设施，请专业设计单位对跳马镇主要农村公路180多千米安保设施制定初步设计方案。根据设计方案，拟分三年实施，每年投入600万元。2015年，雨花区投入十余万元，先期对校车线路安保设施进行完善，确保校车线路安全。（颜　丹）

【运政管理】 2015年，雨花区新增车辆1077台、物流企业41家、维修企业7家。区交通运输管理局严格按照法律法规规定条件进行许可，严把审批关。凡是不符合规定的车辆、企业一律不予审批。通过商事平台系统与464家货运物流企业、133家维修企业进行电话联系，并抽查部分企业。所有货运车辆驾驶员每季度对车辆进行维护、审验，严把审验关。对达到黄标车淘汰标准的车辆不予审验。审验车辆12079台，查处未按要求进行维护和审验车辆595台，淘汰黄标车71台。加大对货运物流市场、三类维修企业的检查力度，检查货运物流站场355家次，三类维修企业301家次，检查车辆1400余台次。配合区高桥大市场提质改造，开展高桥货运市场综合整治工作；配合拆迁拆违工作，相继在潭阳、合丰、川河、长重、石马等地开展货运物流市场综合整治工作。在高桥、黎托等地开展危险货物运输专项整治行动，处理举报投诉10余件，查处非法运输危险货物1000余件。加强超限超载运输治理，开展“治双超、保春运、保安全”“源头治理集中整治”“百日治超”等专项行动，有效控制超限超载率。与区交警、城管等部门多次开展联合行动，投入稽查人员1403人次，检测货物运输车辆1096台次，卸载货物128吨。通过街道、镇对辖区内生产企业、拌合企业、物流企业、维修企业等重点源头企业开展调查摸底工作。将市政府通告及告驾驶员的一封信等宣传资料印发至源头企业，在重点企业及路段张贴，大力宣传全市治超统一行动，呼吁广大驾驶员远离超限超载，合法驾驶。（颜　丹）

【非法营运治理】 2015年，雨花区开展打击非法营运专项整治行动222次，出动执法人员2540人次，查扣非法营运车辆649台次。区交通运输管理局、区巡警大队、区交警大队、区城管局等部门联合，形成多重执法力量联合，共同对非法营运行为进行打击。开展火车南站地区夏季打击非法营运专项行动，中意一路汽车南站非法营运专项整治行动，航空学校、职教城等学校校园周边非法营运专项整治行动。利用“安全生产月”活动，开展宣传咨询日活动，印发《致广大驾驶员的一封信》等宣传资料1万份，出动宣传车13台次，悬挂宣传横幅13条；利用区交通运输局一楼大厅的显示屏，将打击非法营运的措施及对非法营运车辆的处罚标准，通过图文并茂的方式滚动、循环播放；制作宣传板报放在一楼大厅，供群众学习；公开举报投诉电话，充分发挥社会舆论监督作用。7—9月，长沙市交通行政执法局与雨花区交通运输局联合开展第三季度打击长沙火车南站非法营运行动，维护客运市场秩序，提高客运服务质量，保障服务对象和经营者合法权益，提升长沙火车南站品位，确保旅客出行平安、有序，确保长沙火车南站交通运输秩序良好。开展执法行动56次，出动执法人员620人次，查扣非法营运车辆158台。通过专项行动的开展，长沙火车南站及周边地区客运市场秩序明显好转，合法经营者及乘客的正当权益得到有效保护。（颜　丹）

【安全生产】　2015年，雨花区交通运输管理局全面落实安全生产责任制，严格按照责任分工履行“一岗双责”责任，局班子成员对各线的安全生产工作负责，牵头开展安全生产检查。签订安全生产工作目标管理责任书608份，安全检查1155家次，每月对危货运输企业和渡口进行一次安全检查，局领导执法严格的安全监管抽查制度，节假日和重大活动前夕，局班子成员带队开展专项督查，积极整改隐患，确保辖区内道路运输业、营运车辆和渡口渡船的安全。交通运输领域杜绝了各类重特大事故的发生，做到安全生产零事故，零伤亡。5月上旬，花桥村一座桥梁因连日大雨，桥梁出现垮塌，给过往车辆通行造成困难，在接到报告后，区交通运输局立即与长沙市公路局等部门联系沟通，召开专题会议研究整改方案，明确由长沙市公路局出资对桥梁进行修复，消除一处安全隐患。（颜　丹）

【洞株公路建成通车】　2015年12月31日，洞株公路长沙段通车仪式在雨花区举行。省委副书记、省长杜家毫，省委常委、长沙市委书记易炼红，省委常委、省长株潭两型试验区工委书记、管委会主任林武，副省长张剑飞，长沙市委副书记、市长胡衡华，株洲市委副书记、市长毛腾飞，湘潭市委副书记、市长胡伟林，市领导张迎春、夏建平、刘明理，市政府秘书长谭勇参加。洞株公路城际快速干道建设是发挥湖南“一带一部”区位优势、提升长株核心引领作用的重大发展工程，也是关系长株广大老百姓切身利益的民生工程。洞株公路长沙段是连接长沙与株洲的一条城际快速干道，全长13.65千米，总投资约5亿元。分为雨花区段和跳马段，其中雨花区段由雨花区2013年开始建设，全长1.502千米，环保大道段长757.98米，按城市主干路设计，双向六车道，设计速度50千米/小时；振东路段长537.18米，按城市次干道设计，双向六车道，设计速度40千米/小时；比亚迪支路四段长206.62米，按支路标准，双向四车道，设计速度40千米/小时。跳马段全长12.149km，原来由长沙县建设，2015年2月16日，由长沙县移交到雨花区，5月16日复工，按一级公路标准修建，宽28米，双向四车道，设计速度80千米/小时。洞株公路的建成将加快沿线乡镇经济社会的发展，推动城乡一体化，有利于长株潭三市三角形内环和“人”字形骨架的形成，是实现长株潭城市群交通同网、促进“两型社会”建设的需要，同时，更是长沙、株洲两市经济一体化的纽带，具有较强的集聚和辐射作用，将使两市之间的交往更加快速、便捷。（颜　丹）

【姚英杰调研洞株公路建设】　2015年8月25日，省政府办公厅牵头，省住建厅副厅长姚英杰带队，

省政府办督查洞株公路建设

省长株潭两型试验区管委会、省发改委、省财政厅、省国土资源厅、省住房城乡建设厅、省交通运输厅等部门负责人督查洞株公路建设工作。督查组一行直赴现场，从标尾走到标头，对洞株公路全线进行检查。检查中督查组一致认为，从开工建设以来，洞株公路建设项目变化非常大，项目得到有效推进，这与区委、区政府的正确领导，与建设单位、施工单位辛勤努力工作分不开，同时也指出，这条路关系到两市融城发展的需要，必须在保证质量的前提下，加快进度，圆满完成省委、省政府交办的工作任务。（颜　丹）

【整治省儿童医院交通拥堵】　湖南省儿童医院是雨花区管理的一个重点部位，前来就医的大人和小孩特别多，特别是外地来此就医的人员，有的是包车前来，存在非法营运问题。由于非法营运车辆在此处乱停，经常造成梓园路口堵车，街道将此问题作为一个“民意快线”的问题提出。为切实解决群众出行问题，缓解梓园路口交通堵塞压力，2015年，雨花区将此处作为一个工作重点，区交通运输局与区交警大队、侯家塘街道联合共同对儿童医院及周边进行监管。交警完善周边设施，延长梓园路口沿线南北向中间护栏，严禁车辆在儿童医院周边随意掉头，提高道路通行能力。在儿童医院周边设置禁停区域，严禁车辆在儿童医院周边随意停放，使非法营运车辆不能在此处停靠。发动街道、社区工作人员或热心人士进行取证。由街道安排专门人员对非法营运车辆进行拍摄取证，对取得的证据提交到区交通运输局，由区交通运输局牵头组织整治。对于街道上报的证据材料，由执法人员进行甄别，对符合要求的证据进行保存。及时组织交警、街道等单位人员开展联合行动，对非法营运车辆进行查处。开展联合执法行动3次，查处非法营运车辆15台。通过联合整治，儿童医院周边非法营运问题逐步减少，交通运输秩序有所好转，交通堵塞现象有所缓解。（颜　丹）

【完善校车线路安保设施】　2015年8月11日，长沙市公路局副局长李志丰率领计划处、管养处负责人现场勘察通行校车的X047县道上安保设施及警示标志毁损情况。勘察中发现，该道路部分急弯路段、临水临崖路段安保设施毁损严重，影响校车通行安全。李志丰征求两处室负责人意见后表示，完善乡村公路安保设施是一项民生工程、生命工程，考虑到学生出行安全，立即安排人员对该路段安保设施进行完善。在秋季学生入学前，完善校车线路上的安保设施，确保了校车的正常通行。（颜　丹）

【百日整治行动】　2014年12月底至2015年3月，雨花区开展长沙火车南站和汽车南站百日整治行动，查扣非法营运车辆94台。区交通运输局按月制订工作计划，落实执法力量，明确工作任务。每天至少安排2人在长沙火车南站及汽车南站周边进行巡查，对非法营运车辆进行驱赶教育，对屡教不改的，通过取证，对车辆实行暂扣。根据非法营运车辆的时间段来调整执法时间和力量，分时分段展开全面拉网式巡查，加强早、中、晚间以及节假日的执法力度和密度，使非法营运车主无从掌握执法人员的行动规律，使打击行动取得实效。区交通运输局与长沙市交通行政执法局联合巡查，安排人员在两南站联合值班，维护两南站的秩序；与区巡警大队联合，通过固定人员，采取不定时的方式，开展整治行动，打击非法营运行为。通过联合整治与巡查，有效打击非法营运；实行上班考勤、领导督查、问题督办等一系列工作制度。在两南站安排专门办公室，配备考勤机，执法人员每天上班必须签到。区分管领导和局班子成员不定期对执法人员工作开展情况进行督查，发现问题及时指出，并对问题进行交办，督促执法队员整改到位。（颜　丹）

【公交都市】　2015年，雨花区完善公共交通设施，由街道先期摸底，对辖区内绿地、公园用地进行调查，再由区交通运输局协调有关单位和企业提供空闲场地，用做公交站建设。对同意提供的地块，邀请长沙市交通运输局进行现场踏勘。在黎托街道新华都项目、跳马镇佳兆业项目、同升街道洪塘村各提供一处地块，建设公交首末站。协调延伸15路（赤岗冲—跳马镇佳兆业）、912 路（长沙天地公交首末站 - 星语林汀湘十里）公交线路，开通 212 路（暮云街道办事处—新华都）、215 路（山水新城小区—新华都）、210 路（洪塘村—花桥社区）、27 路（汽车南站—长沙航空职业学院）公共汽车，解决跳马、同升、黎托、洞井等地居民出行难的问题。（颜　丹）

火车南站地区综合管理

【概况】　2015 年，长沙火车南站地区综合管理办公室（以下简称“综管办”）为区人民政府承担行政职能的全额拨款事业单位，负责火车南站地区的交通秩序管理、市容秩序管理（不含环卫、市政、园林管理和维护作业）、治安秩序管理、经营秩序管理及其综合服务工作；负责做好火车南站等铁路部门、政府有关职能部门、企事业单位的综合协调工作；牵头做好火车南站地区公共配套设施管理和维护的协调工作。管理北至曲塘路，南至香樟路，西至黎托路，东至沿河路的区域；与火车南站“滴水为界”。核定事业编制 20 名，配主任 1 名，由副县级干部兼任，副主任 2 名（乡科级正职）。内设综合管理部、执法协调部、社会事务部，各部均配正、副部长各 1 名。2015 年 10 月，根据《长沙市机构编制委员会转发湖南省机构编制委员会办公室关于长沙火车南站地区综合管理办公室机构编制事项批复的通知》（长编委发〔2015〕16 号），综管办升格为副处级机构，核定主任职数 1 名。在岗干部职工人数 22 名，其中事业编 18 名（其中领导职数 10 名，包括副县级领导 2 名），工勤编 1 名，雇员 3 名。另招聘协警 120 名，区公安分局、区交警大队、区城管综合执法大队、区交通运输局等 4 家执法部门向站区派驻常驻正式执法人员 32 名。综管办党支部党员 12 名。办公地点设长沙火车南站黎托综合客运枢纽四楼。

2015 年，长沙火车南站地区综合管理办公室围绕“扮靓湖南窗口，打造全国标杆”的总体目标，扎实开展站区交通、市容、治安和经营整治，站区面貌有新的显著改善，管理服务有新的提升，得到省、市、区领导的高度肯定和旅客市民的认可。被评为长沙市雨花区“改革创新奖”和“攻坚克难”突击队、被长沙市文明办授予“市级青年文明号”称号。（袁　首）

【站区管理】　2015 年，雨花区加强长沙火车南站地区管理，推进打造治安、城管、交通、运政等四个最严管理站区，以“一路”（花侯路）、“一台”（落客平台）、“两匝道”（南北匝道）、“两广场”（车站南北广场）为重点，组织开展集中整治行动 80 余次，查处喊客拉客人员 371 人次，其中治安拘留 235 人；治理旅客的乱吐乱扔、机动车辆乱停乱行“四乱”730 起、拆除各类违章构筑物 63 处，流动摊担 232 起；查处社会车辆违章停放 17133 台次，查扣货车、机动车、摩的、电的、三轮车 2548 台；查处货车闯禁 5127 起；整治黑车 215 台。2 月，举行“防暴恐、防拥堵、防事故、保安全、保畅通”应急演练，800 人参加演练。4 月 26 日，区长办公会议研究决定，将元旦、春节、清明节、劳动节、端午节、中秋节、国庆节等国家法定节日及小长假的前后各一天，加上春运 40 天，明确为长沙火车南站地区特护期（共 74 天），实行特护期值班备勤制度。6 月 17 日，综管办召开“扮靓南站”

长沙南站

专项行动动员会，成立火车南站地区环境整治工作领导小组和四个专门工作组，实行“日碰头，周通报”专人督专项，动态抓落实，全面推动“路地”协同、内外联动、提标提质。开展扮靓南站专项行动，站区全方位实施“五化”工程（净化、绿化、美化、亮化、优化），开展“六清二补”（清垃圾、清堆物、清沟渠、清花坛、清油污、清死角，补设施、补绿化）大扫除清洗行动。全面落实省委书记徐守盛关于切实做好长沙火车南站周边及沿线环境问题整治的批示，以及省委常委、市委书记易炼红关于抓紧推进站区周边及沿线环境整治的要求，开展环境综合整治。首次完成站场亮化，逐步统一站区东、西广场和站房旅客指引标识，减量提质出站层广告，高标准完成交警岗亭建设、出站层外的五星级卫生间提质改造、的士坪改造，推进站区排水排污系统整改，依法拆除火车南站旅客出行通道违章亭棚，打通北向旅客通道，拆除违建停车场并植绿种绿。（袁　首）

【站区服务】 2015年，综管办严格执行7×24小时值班制度，组织公安、交警、交通、城管在站区值班巡查，及时为旅客排忧解难。在客流高峰时段及节假日为旅客提供咨询引导、教育劝阻、帮困解困、扶弱助残、宣传介绍、资料赠送等服务项目，方便旅客出行。积极招募组织志愿者，在春节、周末、小长假等客流高峰时节，开展志愿服务，日均服务旅客3000多人次，日均处理旅客投诉、求助100余起，最高峰一天接到求助电话175个，在火车南站形成“人人都是义工、处处都有岗位、时时都讲奉献”的良好氛围。7月1日，长沙火车南站地区综合管理办公室、长沙火车南站、铁路派出所、市轨道物业、黎托高速汽车站、区治安三大队、区城管武广中队、区交通局武广科、区交警十四中队、区巡警九中队10家单位的基层党组织，近100名党员参与“七一”志愿者服务日活动，以志愿者服务的方式庆祝中国共产党成立94周年。（袁　首）

【春运、暑运工作】 2015年1月28日，雨花区2015年春运工作动员暨长沙火车南站地区春运工作调度会召开。区委副书记汪娟主持会议。市政府副秘书长严凤枝，区委副书记、区长张能峰，区委常委、组织部部长、统战部部长冯聪龙，区委常委、常务副区长王雄文，区人武部部长宋尊德，区政府副区长余宏卿，区政府副区长李国军，区政府副区长、区公安分局局长谭应林出席会议。雨花经开区，相关街道、镇，区直相关部门负责人，相关单位负责人及长沙火车南站地区综合管理办公室全体干部职工参加会议。2015年春运从2月4日开始，至3月16日结束，为期40天。其间，长沙火车南站到达发送旅客约470多万人次，日均11.8万人次，单日客流最高峰到发15.6万人次。春运到站、发送总量与单日客流高峰都是2014年春运的两倍，再创历史新高。2015年暑运自7月1日起，至9月6日结束，历时68天。暑运期间，长沙火车南站到发旅客达1017万人次，日均15万人次，超2015年春运日均量3万人次，是上年同期的两倍，9月5日17.3万人次。应急停车场在暑运期间停放社会车辆10.3万台次，日平均1510台次。由于调度有方，管控给力，整个暑运期间，长沙火车南站地区没有出现大面积旅客滞留和车辆拥堵现象，客流过渡平稳，疏散有序，平安和谐。（袁　首）

【应急停车场建设】 雨花区委、区政府落实市委、市政府“加快建设应急停车场”的指示，征用一块待建用地，由政府出资修建应急停车场，解决南站停车难、行车难的问题。1月5日，长沙火车南站地区应急停车场建设工作调度会在综管办召开，区市政、园林、财政、交警大队等单位主要负责人参加会议，区委副书记汪娟、副区长李国军到会并做出指示。1月8日，位于长沙火车南站花侯路与湘秀路交接处东南角1号应急停车场建设启动。2月15日，1号应急停车场建成启用，可停车1000多台，一举改变站区格局，有效缓解停车难问题，花侯路没有出现大面积拥堵现象。（袁　首）

【站区积水处置】 2015年火车南站有15次因暴雨导致大面积积水。其中：5月1日，出站大厅全部被水淹没，积水超20厘米，地下管网喷涌而出的水柱高2米多，严重影响旅客、车辆通行和南站的形象；8月18日，暴雨导致花侯路地下涵洞积水3米多深，造成花侯路沿线交通严重拥堵6个多小时。险情发生后，综管办第一时间将险情向市、区领导汇报，同时启动防汛与交通疏导预案，成立应急指挥部，迅速组织力量处置积水、疏导交通，疏散旅客；加强维护，开展卫生大清扫，由于调度有力，应对得力，滞留高铁南站的2万多名旅客被全部疏散，未发生人员伤亡，卫生环境、交通秩序迅速恢复常态，很快还给市民一个清新爽朗的文明站区，受到市、区领导高度肯定和群众的好评。

（袁　首）

【长沙火车南站旅客满意度问卷调查】 2015年11月23日至29日，按照市委的统一安排，市委督察室、市统计局、综管办、星辰在线于联合对火车南站地区旅客进行满意度问卷调查。调查分为现场调查与网络调查两种方式进行，网络调查问卷由统计局统一提供，旅客及网友可以通过电脑和手机以无记名的形式参与调查。通过对问卷结果的统计分析，旅客满意度达95%。综管办针对民意调查中旅客反映出的薄弱环节、问题意见，组织牵头开展新一轮站区环境综合整治。（袁　首）

环境保护

【概况】 雨花区环境保护局（简称“区环保局”）内设办公室、污染监督管理科（加挂行政审批科牌子）、污染总量控制办、宣教法规科4个职能科室；核定编制8名，2015年在职干部职工数25人，其中在职在编干部9人，引进人才1人，雇员7人，协管员8人；退休5人。下设区环境监察大队（加挂环境应急办公室牌子）、区环境保护监测站两个二级机构。区环境监察大队为副科级参公事业编，核定编制12名，年末在职干部职工8人，其中大队长1名；区环境保护监测站为事业编，核定编制9名，年末在职干部职工8人。局党支部党员28人，其中在职党员25人。办公地点设在雨花区人民政府大院2号办公楼5层。

2015年，雨花区纳入市绩效考核项目26个，其中“清霾”项目7个，“碧水”项目5个，“静音”项目5个，“主要污染物减排”项目3个，“环保三年行动计划及其增补计划” 5个，“农村环境综合整治”项目1个。区环保局以全面提升区域环境质量为目标，着力推进市、区环保三年行动计划和污染减排，重点开展“清霾”“碧水”“静音”三大行动和污染隐患排查整治，小康考核指标城镇污水处理率、地表水质达标率、空气质量优良率全部达到标准。创新机制，统一基层环保机构，在雨花经开区、街道、镇成立专门的环境监察所；实行环境审计机制，对街道（镇）和部门主要负责干部进行环境责任审计；建立公检法环境执法联动协作机制，成立区打击环境污染犯罪联席会议领导小组和区公安分局驻区环保局工作联络室，联合办理内五区首例涉嫌环境污染犯罪案，公检法环境执法联动协作机制列为区重大改革项目，案件作为湖南唯一一起依新《中华人民共和国环境保护法》（以下简称《环保法》）打击环境违法经典案例报送环保部；创新公众参与方式，率先全省开设雨花环保微信公众号，完善信息公开制度，制定雨花区环境保护污染举报奖励办法；成立区环境保护专家库，充分发挥专家在环境保护日常工作中的技术支撑和决策咨询作用，提升环境保护管理水平。获全省环境保护先进集体、“湖南省新《环保法》知识竞赛优秀组织奖”。获评市环保系统一等单位、区绩效考核一等单位。（李　欣）

【环境管理】 2015年，雨花区注重环境保护工作顶层设计，成立区委书记为顾问、区长为主任的区环境保护委员会，出台《关于进一步加强生态环境保护工作的意见》和《长沙市雨花区一般环境问题（事件）责任追究实施细则》，编制《“十三五”生态环境保护规划》。环境保护作为一项重要内容纳入区对街道（镇）以及各相关部门的绩效考核。注重形成合力，41 个部门单位和 13 个街道、镇作为环委会成员单位被赋予环境保护责任，形成部门协调、上下联动的格局。注重宣传发动，用生动活泼的方式引导公民参与环境保护。区环保局全面规范和完善行政许可事项。完成权力清单编制、规范行政审批事项上线办理流程、清理行政审批中介服务等相关事项，审批环境影响评价文件 78 个，其中编制报告书项目 1 个，报告表项目 30 个，登记表项目 47 个，完成环保“三同时”验收项目 24 个，发放或换发排污许可证 38 张。接收商事登记管理平台项目 32 个，办结 32 个。完成初始排污权交易指标及经费的核算，对 12 家单位收缴初始排污权偿使用费共计 32.5984 万元，完成一企一档归档工作。完成环境验收监测 6 家、常规监测 30 家、委托监测 15 家，执法监测 60 家、纠纷投诉监测 20 家。（李　欣）

【环境治理】　2015 年，雨花区实施“碧水”“清霾”“静音”三大行动。完成“清霾”行动整治项目 7 个，向企业、居民发放《大气污染防治从我做起》公开信 10 万份，悬挂大气污染防治宣传横幅 1000 条，制作大气污染防治宣传标语及宣传短片，在区内 10 处人员密集的电子显示屏上滚动播出。在高桥街道永定社区开展户外烧烤油烟污染整治，打造一条“无烟示范街”；创新大气污染防治手段，12 月 8 日，雨花区在黎雅苑前坪率先启动政企联手雾炮驱霾。在全市率先推出新型“除霾”方式，首用“雾炮车（多功能抑尘车）”开展流动降尘作业，达到快速抑尘、有效抑制雾霾的作用，多家主流媒体头条报道。2015 年底，雨花区空气质量优良率达到 95.8%，PM10 均值同比下降率 18.9%。完成“静音”行动整治项目 5 个，在高桥金环社区静音达标示范区创建中，率先引入“互联网 +”新理念，在全市试点环保智能 APP 监管平台，创新环境监管新模式，实现社区“自我管理、自我服务、自我教育、自我监督”。完成“碧水”行动整治项目 5 个，王家嘴泵站排口截污项目顺利完成。两河流域截污改造完成。12 月 20 日，浏阳河、圭塘河截污工程完成，花桥污水处理厂二期和雨花污水处理一期建设完成，并进水试运行。农村环境综合整治见成效。申请省市级环保专项资金 1300 万元，争取将雨花区纳入农村环境综合整治全省域覆盖工作名单，全面启动 18 个村的饮用水源保护、生活污水治理、生活垃圾分类和畜禽养殖治理等整治工作，第一批 4 个整治村的任务全部完成。创新农村环境整治宣传形式，制定“村民环保公约”，发放“致广大村民的一封信”，引导村民积极参与、相互宣传、勇于监督、用心维护，共同打造美丽乡村、营造良好的居住环境。（李　欣）

【污染减排】　2015 年，雨花区全面推进污染减排，完成长沙市下达的“十二五”规划主要污染物减排重点项目，化学需氧量削减 5879.51 吨，减少 49.1%，氨氮削减 358.55 吨，减少 27.2%，二氧化硫削减 73.64 吨，减少 10.6%，氮氮化物削减 20.06 吨，减少 9.6%。花桥污水处理厂一期稳定达标运行，花桥污水处理厂二期和雨花污水处理厂一期建设完成。花桥污水处理厂和长沙卷烟厂两家国控企业水质在线监控数据传输率、自行监测结果公布率、监督性监测结果公布率均达到考核要求。1 月 27 日凌晨，雨花区环保局会同跳马镇党委、公安、城管等部门开展“环保零点行动”，重点就是否存在偷排、漏排等违法排污行为，对长沙县管氏食品厂、长沙县正味食品厂、长沙县佳宴食品食有限公司以及湖南红星盛业食品股份有限公司等涉水企业进行突击检查。（李　欣）

【环境执法】　2015 年，雨花区制订《雨花区深入开展 2015 年环境污染隐患大排查大整治专项行动工作方案》，全面开展环境污染隐患排查整治，发现清除环境污染隐患 65 处。出动执法人员 1400 余人次，开展专项执法行动 20 次，联合执法行动 4 次，检查企业 500 余家，约谈企业负责人 40 人次，责令整改 54 家，行政处罚 15 家，收缴罚款 15.1 万元；依法强制拆除燃煤（柴）锅炉 24 台，申请强制断电 3 家，查封取缔非法电镀厂、非法医疗垃圾加工厂 3 家，依法移送司法机关环境违法刑事案 1 起，退出“五小”企业60余家；对59家单位开征排污费95万元；处理信访投诉1440件，办结回复率100%。8月19日，区环保局在侯家塘街道居民区内发现一个存放化学药品、试剂及实验废液的场所，执法人员当即现场封存化学品约400千克。8月31日，在圭塘街道发现某单位一仓库违规存放实验废液以及过期化学试剂约4吨，当场查封该仓库，并移送翰洋环保公司妥善处置。12月9日，一辆运载约7吨二氯丙烷的货车侧翻在跳马镇白竹村下林家冲组，区环保局第一时间赶往现场，并邀请环境应急专家现场指导，妥善收集泄漏物，安全转运全部二氯丙烷。8月26日，在对东山街道排查过程中，发现一废品回收人员正在对一批医疗废物进行分类打包清理，执法人员立即对该批医疗废物进行扣押，有效消除环境隐患。（李　欣）

【环保宣教】　2015年，雨花区开展多种形式的环境保护宣传活动。3月7日，区环保局举行“健步圭塘河‘羊’帆新雨花”大型公益健行活动，宣传新《中华人民共和国环境保护法》和其他环保法律、法规、常识，鼓励群众绿色出行，引导广大市民群众依法保护环境，共建生态雨花。6月26日，雨花区组织区环保局、安监局、卫生局、公安分局、消防大队、同升街道办事处等部门开展模拟液氨泄漏造成突发环境事件的应急演练，提升环保工作人员应对突发环境事件的综合能力和水平，保障公民群众的生命健康和财产安全。7月28日，雨花区委举办新《环保法》中心组理论（扩大）学习。环保部环境监察局处长李铮作题为《新<环保法>解读》的专题讲座，所有全区在职县级领导，区委各部门、区直部门及驻区单位主要负责人，街道镇党政一把手和分管环保工作的领导，各社区、村主要负责人，各街道环境监督管理站工作人员及企业代表等450余人参加学习。区环保局开展《环保法》进机关、进社区、进农村、进企业、进学校的“五进”活动，讲课24场。发动全区3.4万余人参与省环保厅“新环保法”知识竞赛，全市第一、全省第二；开展“6·5”环保快闪”“市民看环境 献计圭塘河”“寻找身边的环保达人”“践行绿色生活 健步圭塘河”等形式多样、内涵丰富、独具雨花特色的系列宣传活动5次，发放宣传资料2万余份，悬挂环境宣传标语、横幅1000余个，动员组织广告公司在辖区37处户外高清电子显示屏滚动播放环保公益片，在主要道路及市民广场设置宣传橱窗164个、公益广告牌17个雨花区率先成立环境公益组织益友会，会员400余人，积极参与环境保护宣传，水生态环境保护、环境志愿巡查等工作，成为环保部门重要工作伙伴。区环保局与益友会合作，创新思维，大胆探索将传统的国学文化与环境保护相结合，开辟崭新的环保国学讲堂——环保断舍离，提倡尊重自然顺应自然保护自然，用国学的精华引导居民群众自觉参与环保。主动加强与新闻媒体的沟通，正面引导舆论宣传，在《中国环境报》及其他国家级媒体报道4次；省级媒体报道86次；市、区媒体报道127次，各级电视频道报道10次。（李　欣）

【环保断舍离】　2015年10月30日，雨花区市民环保课堂——“环保断舍离”在雨花区金环社区开讲。在“环保断舍离”课堂上，环保和国学专家通过引经据典等方式，深入浅出的将国学的思想引入到环保中来，将环保知识和国学文化有机结合，号召人们舍弃对物欲的贪念，停止无休止地向大自然索取和掠夺，让物尽其用，实现资源的合理配置，从而达到人与自然万物良性互动、和谐共处的目的。“环保断舍离”用国学的思维启发群众的智慧、指导群众的行为，让居民群众从心灵深处生发出对自然环境的敬畏和热爱，自觉地投身到环境保护中来，比普通国学课堂更实用、更接地气，比普通环保课堂更新颖、更有趣味。从2015年10月开始，“环保断舍离”课堂将持续开讲一年，覆盖到全区每个社区。（李　欣）

【环保智能APP监管平台】　2015年，区环保局创新环境监管模式，率先在高桥金环社区打造环保智能APP监管平台，在APP手机平台上建立环保专栏，包括环境宣传、禁噪公约、企业违法曝光、信访投诉、环保志愿者在行动等版块。进一步动员公众参与环保，改善环境质量，营造良好的生活环境，社区居民通过下载APP监管二维码，不仅能了解环境知识、法律法规；还可以利用该平台对各种污染和不文明的现象随时拍照、录像、录音取证，连同精准地址定位一起发送到APP相关板块，社区及区环保局在软件后台第一时间收到投诉及相关证据后进行查实、规劝和执法整治。（李　欣）

【无人机航拍执法】 2015年5月10日，一股浓烟突然从远处冒起，雨花区环保局工作人员和志愿者迅速将无人机升空进行航拍侦查，1分钟航拍图像反馈查实为雨花亭街道某单位围墙内就地焚烧垃圾，明确发生地点，雨花区环保局迅速派执法监察人员出警，使垃圾焚烧事件得到及时处置。雨花区环保局将与志愿者紧密联手，借用无人机航拍先进手段，快速定位，有效解决执法过程中一些地域复杂，取证困难的问题，从而提高执法效率，有效遏制环境违法现象。（李　欣）

【环保工作会议】 2015年3月12日，区委副书记、区长张能峰主持召开雨花区环境保护工作大会，副区长李国军作工作报告，省环境保护厅副厅长谢立，长沙市环境保护局党组书记、局长王小平，雨花区委书记邱继兴出席会议并讲话；会议聚焦全区环境保护工作重点，号召大家统一思想，凝心聚力，筑牢基础，破解难局，全力打造雨花环保新格局。6月18日，张能峰主持召开区政府常务会议暨雨花区生态环境保护委员会第二次会议，专题学习新《环保法》等有关环境保护政策文件，部署生态环保工作；政府常务会议组成人员以及区生态环委会54个成员单位主要负责人参加会议。6月28日，张能峰主持召开两河治理工作调度会，推进项目扫尾工作。区委常委、副区长罗予武，副区长李国军、陈怀宇出席会议，区政府办、区环保局、区农林水局、区工务局、区征地办、区征收办、区环卫局、区国土分局、黎托街道、东山街道等相关单位主要负责人参加会议。7月22日，驻长沙市环保局纪检组长张仕良和市绩效办区县处处长刘志刚等市环委会考核组一行考核雨花区2015年上半年生态环境保护工作，李国军、区政府副调研员文洲、区环保局长钟智宏及环委会部分责任单位分管领导参加考核汇报。9月2日，长沙市环保局付旭明局长、副局长李中秋等一行专项督查雨花区危险废物大排查工作，区委常委、常务副区长邹春林、副区长王明玖参加汇报会。9月8日，市环保局局长付旭明、副局长邓民生等一行7人到雨花区现场调研“两河”截污治理工作，查看王家嘴泵站排口和劳动路泵站排口的截污情况，询问圭塘河路等截污管网的建设情况，区环保局局长钟智宏、副局长刘佩良等陪同并汇报。9月22日，雨花区委书记邱继兴主持召开区委常委（扩大）会专题学习湖南省环境保护责任体系两个重要文件并就如何贯彻落实文件进行部署。11月30日，副区长王明玖召开主雨花区大气污染防治工作紧急调度会，区政府副调研员文洲以及大气污染防治相关部门单位分管负责人参加会议，并签订《大气污染防治冬季攻坚责任承诺书》。12月3日，张能峰召集分管副区长、区直相关部门以及街道负责人就百日攻坚截污工程冲刺情况进行调度。12月28日，长沙市生态环境保护委员会考核组一行对雨花区2015年生态环境保护工作进行年度绩效考核。副区长王明玖、区政协副主席任壮岳、区政府副调研员文洲、区环委会办公室主任钟智宏以及区环委会部分成员单位分管领导参加考核汇报。（李　欣）

园区建设

雨花经开区

【概况】 长沙雨花经济开发区（简称“雨花经开区”）为省级开发区，正县级机构，委托雨花区委、区政府管理。内设办公室、招商合作局、经济发展局、规划建设局、工务局、社会事务局6个职能科室。派驻机构有财政分局、城管中队、交警中队、国税分局。核定编制35名，2015年，全体在职干部职工数33人，其中正县级领导3人，副县级领导4人，正科职8人，引进人才1人。党员31人。办公地点设在雨花区万家丽南路二段18号。

雨花经开区地处“一带一部”（东部沿海地区和中西部地区过渡带、长江开放经济带和沿海开放经济带结合部）核心区域，位居湖南经济发展核心增长极——长株潭城市群的几何中心位置，北临中部区域性铁路客运中心枢纽——长沙高铁南站和中部地区首个国际三星机场——长沙黄花国际机场，南靠长株潭城际铁路起始站。武广高铁与沪昆高铁贯穿园区，中国南北交通大动脉京港澳高速与长沙绕城高速交汇园区。从园区出发，一小时到武汉，两小时到广州，三小时到上海，四小时到昆明，五小时到北京，形成“12345”快速经济圈。

2015年，雨花经开区重点开展项目建设年、环境整治年和作风提升年等系列活动，实现规模工业总产值321亿元，比上年增长16%；完成规模工业增加值75亿元，比上年增长13.5%；完成固定资产投资（含房地产）116亿元，比上年增长34%；完成工业投资62亿元，比上年增长36%；完成高新技术产值198亿元，比上年增长26%；完成进出口总额6121万美元，比上年增长11%；完成税收收入10.98亿元，比上年增长49.18%。税收收入、工业投资占固投比重均居全市省级园区第一。在湖南省132家产业园区发展综合评价中排名第十，比上年度上升十六个名次。比亚迪电动卡车及特种车项目和机器人产业集聚区项目在长沙市重大项目观摩中打分结果与开福区并列第一；“雨花经开区企业上市挂牌孵化基地”获评雨花区全面深化改革创新奖。年终市对园区绩效考核中，位居省级园区第三，比上年度前进三个名次。获评长沙市集约节约利用土地先进单位、雨花区全面建成小康社会推进工作先进单位等。在长沙市2015年科学技术进步奖中，长沙长泰机器人有限公司基于工业机器人的汽车制造自动化生产线及产业化应用项目获一等奖，湖南维科拓金属密封耐压耐高温新型井下安全阀项目和湖南先步信息有限公司SSPCU及其智能控制成套技术项目获二等奖。 （刘超超）

【基础设施建设】 2015年，雨花经开区完成振兴路、振洪路、比亚迪路建设；完成机器人产业集聚区、洪塘学校等场地平整67.2公顷（1008亩）；完成雨花污水处理厂一期、截污干管建设；启动花卉路、振东路、白秋路建设，全面铺开圭塘河道治理、两高绿化带提质。完成德永置业和洞株路内林比110千伏高压铁塔迁移及相关配套互联10千伏高压杆线和低压线路的改迁施工；完成振兴路路幅内变压器的迁改，54号地、振东路路幅内10千伏高压杆线的迁改和电线杆线的迁改。完成道路亮化整治施工、路灯维护高空作业车采购；路灯所管理用房主体封顶。（刘超超）

【招商引资】 雨花经开区整体定位为工业新城，实现工业化与城市化的协调发展，实现第二产业与第三产业的协调发展，实现经济发展和环境保护、资源节约的协调发展。工业定位为高度专业化的工业开发区，集中发展新能源汽车及零配件、智能装备与机器人和现代生产性服务业三大主导产业，是全球最大的新能源汽车生产基地和湖南省唯一的机器人产业集聚区。2015年，园区将机器人招商作为重中之重，副县级以上班子成员带队，派出5个小分队点对点招商，设立驻深办、驻沪办两个常设机构；重点面向长三角、珠三角、京津塘三大片区，拜访机器人企业350余家，引进机器人企业（项目）37个。3月，举办湖南机器人产业集聚区产业推介暨长泰机器人CTR新产品发布会，省人民政府副省长黄兰香授牌雨花经开区“湖南省机器人产业集聚区”。上海挚优机器人在园区投资建设中部第一家机器人5S店。参加深圳机械展，与19家机器人自动化企业深入交流。参加北京机床展，与安川首钢机器人、南京埃斯顿机器人、沈阳机床、那智不二越等企业对接。参加2015年北京世界机器人大会，与美国Rethink Robotics公司会谈。参加2015中国机器人大赛暨RoboCup公开赛，与组委会达成合作共识，确定长沙为2016年中国机器人大赛的主办城市。参加“2015长沙·雨花（北京）招商推介会”，环球医疗（央企上市公司）、湖南新天地（省国资委上市公司）、粤商投资控股集团、湖南中医药大学第一附属医院、雨花经开区五方签约，“湖南中医国际健康城”项目落户雨花经开区。工业地产项目引进企业近150家，重点企业有昭泰医药、国中九华、时代阳光、科比特、福厚电子等。（刘超超）

【拆迁安置】 2015年，雨花经开区采取疏和堵的方式处理信访维稳问题，组织召开园街村交流座谈会，研究解决拆迁遗留、新生人口、白田安置问题。接待信访62人次，群访20次，信访回复60余次。“一进二访”工作对接跳马镇曙光垸村，驻村协调解决道路、规划、产业等问题。完成70号、89号地拆违迁坟工作，完成洪塘冶炼厂烟囱拆除和成事驾校拆违，完成湾塘组1.47公顷（22亩）地征收，洪塘学校建设项目顺利进场，基本完成园区与联盟、洪塘、新兴、白田村集体账务结算工作。完成洪塘佳苑保障房分房1810套，交房1750套，分配车位232个，安置村民5600人。洪塘佳苑、白田佳苑、联盟佳苑三大保障房完成物业出租2.7万平方米。洪塘佳苑保障性住房交付使用，约600户安置农民在2015年春节前搬迁入住新居。（刘超超）

【环境整治】 2015年，雨花经开区开展城市管理“百日综合大整治”和“提标提档整治”活动，重点解决市容市貌、渣土运输、道路秩序等突出问题，完成主要道路围墙修补及粉刷、清除杂草、绿化铺设等工作。投资资金200余万元，投入人力近300人次，重点整治（治理）园区西片区高速出入口、主次干道、公共密集型场所、企业厂区、各类摊点；投入资金近400万元，投入人力2000人次，组织对园区东、西两个片区实施“净化、亮化、美化”工程；坚持重拳整治与日常管理相结合，依法治理与建章立制相结合，守点布控与机动巡查相结合，查扣渣土车50台，运输垃圾车8台，实现渣土管理在时间、地段无缝覆盖。（刘超超）

【服务企业】 2015年，雨花经开区完善金融服务体系，投资5000万元成立湖南雨花智能装备产业创业投资基金。与湖南股权交易所签订战略合作协议，成立湖南省工业园区首家“企业上市挂牌孵化基地”，21家优选板(Q板)企业集体登陆湘交所，湖南三方供应链股份有限公司成为第一家在新三板挂牌成功的园区企业；举办“企业家交流沙龙”16期，参与单位182家，参与人数215人。

建立企业服务平台3个，分别为东湖高新企业服务中心、九泰置业中南总部基地企业服务中心和创业中心企业服务中心，为企业提供一站式服务。完善用工需求的省级网络，举办或协办大型招聘会8次，解决用工需求300人次；建立园区公共检测平台，为企业提供技术支持。依托长沙克明面业实验中心，打造拥有国际先进检测水平和具有地区影响力的食品检测平台，协助长沙克明面业申报省、市两级食品检测中心和技术研发中心。建立环境检测服务平台，利用园区7家环保企业的资源打造省内第一个环境检测平台。（刘超超）

【园区开发】 2015年，园区开发公司营销招商积极推进，自主开发的商住项目“南庭城果”，引进南庭戴斯酒店、天之道足浴等商家入驻，集中商业出租面积2.54万平方米；自主开发的工业地产项目“康庭园”，与图文设计、福厚电子等企业签订定制合同，定制总面积近2.4万平方米；与东湖高新集团联合打造的“东湖和庭国际创新城”项目，与国中九华等10家企业签订协议，出售总面积约2.5万平方米。逐步完善内部管理，制定《公司人事薪酬调整方案》和《公司绩效考核暂行办法》，强化员工目标意识和责任意识，突出工作重点和绩效导向；完善《公司业务责权流程手册》，精简各项工作流程，规范系列办事程序；以会议纪要和工作交办单形式，严格督办督查制度，督办工作140余件；与省人才中心签订集体挂靠合同，完成公司员工个人档案的统一管理；开展各类集体活动，成立公司瑜伽班，开课100余次；内部学习氛围浓厚，两人考取一级注册建造师，并获得公司奖励。（刘超超）

【湖南省“机器人产业集聚区”授牌】 2015年3月7日，湖南机器人产业集聚区产业推介暨长泰机器人CTR新产品发布会在雨花经开区长泰机器人车间举行。省政府副省长黄兰香，中国机械工业联合会执行副会长宋晓刚，中国中轻集团副总经理马思一，省政府副秘书长陈仲伯，中共长沙市委常委、副市长张迎春，省经信委、发改委、重庆市及长沙市相关部门领导出席，新华社、《人民日报》《光明日报》及省内主要媒体，省内高校、机器人生产、应用企业代表参加活动。会上，通过多媒体、现场演示等方式重点就湖南机器人产业集聚区暨长泰机器人CTR新产品进行推介，副省长黄兰香向雨花区人民政府区长张能峰授予雨花经开区“机器人产业集聚区”牌匾。雨花经开区（湖南省“机器人产业集聚区”）享受长沙市《工业机器人产业发展三年行动计划（2015—2017年）》政策优惠：本地产的整体企业，即本体和系统商，按整机售价（或租赁价）20%补贴，单台不超过10万元，单个企业不超过200万元；采购本地产的工业机器人成套设备的应用企业，按整机售价（或租赁价）10%补贴，成套设备不超过50万元/套，单个企业补贴不超过500万元；知名工业机器人企业及零部件，总部迁至长沙，投资1亿元以上建生产基地，一次性给予1000万元搬迁补助；将地区总部迁至长沙，且投资1亿元以上建生产基地，一次性补贴500万元；工业机器人企业租赁标准厂房，实行租金“三免两减”（前三年全免，后两年减半）。（刘超超）

【湖南首个工业园区企业上市挂牌孵化基地】 2015年3月4日，湖南省股权交易所董事长李必才、

长沙雨花经开区“企业上市挂牌孵化基地”

总经理易卫红一行到雨花经开区进行友好座谈与交流。雨花经开区管委会副主任邓波介绍园区基本情况以及与省股权交易所合作共商的相关事宜。党工委书记杜旭辉对省股权交易所在园区企业上市融资辅导、私募债发行等方面做出的努力表示感谢，并对下一步深化合作交流提出殷切期望。党工委副书记、纪工委书记洪健等领导陪同座谈与交流。5月15日，湖南股权交易所与雨花经开区签订战略合作协议，在雨花经开区成立湖南首个工业园区企业上市挂牌孵化基地，培育和孵化上市资源，缓解中小企业融资难、融资贵和融资乱问题。当日，雨花经开区首批21家优选板（q板）企业集体登陆湖南股权交易所，进入资本市场。（刘超超）

【戴斯酒店入驻雨花经开区】 2015年4月28日，全球规模最大、业务最多元化的酒店集团企业——美国温德姆酒店集团旗下戴斯酒店管理集团与湖南南庭酒店投资管理有限公司在长沙签订合作协议，宣布戴斯酒店品牌正式入驻长沙雨花经济开发区南庭城果项目。南庭戴斯酒店总建筑面积约1.4万平方米，3月18日正式启动装修。酒店总投资额逾亿元，拥有包括总统套房在内的客房180间，高档中西餐厅600平方米，容纳300人的国际高标准会议室。（刘超超）

【中部地区首家机器人5S应用展示中心开业】 2015年10月20日，中部地区第一家机器人5S应用展示中心投入使用，该应用展示中心位于长沙雨花经开区（湖南省机器人产业集聚区）内，由挚优机器人（长沙）有限公司投资3000万元打造。挚优机器人于2015年7月7日签约落户雨花经开区，入驻湖南省机器人产业集聚区，挚优机器人（长沙）有限公司系挚优机器人（上海）有限公司全资子公司，是雨花经开区成功引进的长三角地区代表性机器人企业之一。公司以机器人自动化集成应用交钥匙工程为主营业务，开拓创新，倾力打造中部地区首家机器人自动化集成应用5S实体店，进驻湖南市场成为挚优机器人迈入布局全国发展道路的重要标志。（刘超超）

【知识产权讲座公益活动】 2015年5月29日，雨花经开区经济发展局联合长沙国际企业中心企业服务站围绕“创造、保护、发展”主题，举办知识产权讲座公益活动。讲座重点介绍专利基础知识及对企业的重要性，包括商标、专利等。雨花经开区专利服务备案机构长沙七源知识产权代理有限公司总经理张勇为企业做相关知识培训和讲座服务。经济发展局副局长蔡栋解读相关政策，表示园区将大力支持企业保护好知识产权。（刘超超）

【新安全生产法专项培训】 2015年是新《中华人民共和国安全生产法》实施的第一年，6月是全国第十四个“安全生产月”。6月11日，雨花经开区安监局组织举办新《中华人民共和国安全生产法》专项培训。园区安全监管人员、重点行业企业、生产经营单位负责人、安全管理人员200多人参加培训。培训课由长沙市安监局副局长曹惠民主讲。（刘超超）

【比亚迪新项目落户雨花经开区】 2015年5月18日，比亚迪股份有限公司与雨花经开区签署合作备忘录，确立将总投资50亿元的电动卡车及特

易炼红（前排中）调研考察雨花经开区机器人产业集聚区建设现场

种车项目落户雨花经开区。该项目是比亚迪电动卡车及专用车全球制造中心，含整车及相应配套零部件，2016年将达产2500辆，规划至2020年达5000辆年产能，2025年扩建到10000辆年产能。比亚迪股份有限公司董事长兼总裁王传福和市委常委、副市长张迎春在签约仪式上分别致辞。仪式结束后，省委常委、市委书记易炼红，市委副书记、市长胡衡华，市委常委、市人民政府副市长张迎春，市委常委、市委秘书长陈献春，会见王传福一行。市政府秘书长谭勇，市发改委主任张智勇，市经信委主任邓自力，雨花区委书记邱继兴，雨花区委副书记、区长张能峰，雨花区委常委、雨花经开区党工委书记杜旭辉，雨花经开区党工委副书记、管委会主任郭四军等陪同会见。（刘超超）

胡衡华（前排右一）考察湖南省机器人产业集聚区

【振洪路通过预验收】 2015年11月18日，雨花经开区工务局牵头组织召开振洪路（荷新路—比亚迪路）道路工程初验验收会。该项目北起荷新路，东至比亚迪路，全长1023.828米，宽16米，总投资约1500万元。长沙市质监站、长沙市城建档案馆、湖南大学设计研究院有限公司、中盐勘测设计院有限公司、湖南长安项目管理有限公司和湖南省园艺建筑有限公司及雨花经开区相关负责人参加，与会人员通过在现场对该分部工程的实地查看，工程质量符合设计及规范要求，质量控制资料齐全，功能检验报告齐全，顺利通过预验收。（刘超超）

【获评全市节约集约用地优秀单位】 2015年11月19日，长沙市人民政府节约集约用地办公室通报2014年度全市建设用地节约集约利用考核结果，园区获全市优秀单位，在全市13家开发区中排名第五位，在省级开发区中位列第一。雨花经济开发区自启动建设以来，一直将节约集约用地作为园区一项硬性考核指标加以落实，通过合同把关、政策引导、创新节地模式、促进低效用地再开发等方法加强土地节约集约利用管理。严把项目准入关，确保引进的重大项目带头做好节约集约用地工作；创新节地模式，大力发展工业地产，将土地向立体空间延伸；开展低效用地再开发，鼓励支持企业对土地进行“二次开发”提高容积率或建筑系数。通过多年政策引导与监管，园区的土地节约集约利用工作成效显著，连续四年获全市优秀单位。（刘超超）

【长沙市第九期企业家沙龙】 2015年9月28日，雨花经开区与长沙市人力资源和社会保障局在管委会共同举办第九期企业家沙龙——长沙市养老保险缴费过渡费率试点政策宣讲活动。市人社局副局长陈东辉等相关部门负责人、雨花区经开区经济发展局局长余忠及园区近120家企业代表参加活动。活动对社会保险相关政策概况、养老保险缴费费率过渡试点政策、社会保险业务经办操作实务等一系列政策进行宣讲。凡工商注册住所在雨花经开区辖区范围内的企业，规范签订劳动合同、管理制度健全、企业按规定登记参保、参保率和缴费率均达到90%以上，可申报实行养老保险缴费费率过渡试点。活动专门设置现场咨询环节，人社局领导对园区企业所提出的各种社保政策问题进行解疑释惑。该活动的举办，标志着园区已全面启动企业养老保险缴费费率过渡试点工作。（刘超超）

【国税分局挂牌】 2015年11月20日，长沙雨花经开区国税分局挂牌成立。长沙市国税局副局长梁健、雨花经开区党工委委员、工会联合会主席傅建辉共同为长沙雨花经开区税务分局揭牌，雨花区国税局局长吕雅君等出席挂牌仪式。雨花经开区国税分局专门负责开发区内所辖企业的纳税服务、重点税源企业的日常检查和风险管理以及税收征收管理和个性化服务等工作。该局的成立，是理顺开发区税收征收管理关系，进一步优化投资环境，促进经济社会发展，满足日益增长的纳税人需求、方便纳税人办税服务的重要举措，标志着园区形成了健全的税收征管体系，为财税体制建立提供了有力保障，对于进一步提升园区纳税服务能力水平、推进依法治税、强化税收征管具有重大意义。（刘超超）

【海峡两岸创新设计产业交流会】 2015 年 12 月 10 日，由雨花经开区与广东同天投资有限公司共同主办的海峡两岸创新设计产业交流会在雨花经开区召开。会议由雨花经开区党工委副书记、管委会主任李国军主持，台湾设计行业专家代表团、中国轻工业长沙设计院、湖南省农林工业勘察设计总院、湖南设计艺术家协会、中南大学建筑与艺术学院等单位主要负责人 20 余人参加会议。李国军首先对海峡两岸受邀的专家们表示热烈欢迎，并介绍雨花经开区的基本情况。党工委委员、开发公司总经理廖昌规详细介绍雨花经开区拟打造的中国（长沙）创新设计城项目。与会的设计师们阐述海峡两岸设计产业的特点及发展现状，介绍台湾美丽乡村建设的发展历程及先进经验，围绕园区如何打造创新设计产业平台、海峡两岸设计合作示范区展开讨论，互动与对接洽谈的气氛热烈。该会议形成园区、本土设计行业与台湾设计行业的良好互动，增进海峡两岸设计行业的交流合作，对雨花经开区发展现代服务业，打造中国（长沙）创新设计城项目起到积极作用。（刘超超）

【德国高级专家组织（SES)推荐会】 2015 年 12 月 16 日，由省工商联与雨花经开区管委会共同举办的德国高级专家组织（SES）推介会在雨花经开区召开。省工商联联络处处长许量一行 3 人，管委会副主任程象、经济发展局局长余忠，德国高级专家组织中国代表汪阳，25 家生产型企业负责人出席会议。许量主持会议。德国高级专家组织（SES）是德国领先的退休专业人士派遣组织，也是非盈利性的公益服务机构，1983 年成立于德国波恩。该组织向全世界派遣经验丰富的专业人员无偿提供技术援助，已在中国执行项目 5000 多个，获得企业的高度评价。汪阳介绍 SES 的基本情况、专家概况、申请 SES 专家的流程、SES 合作项目的费用构成；成功参与过 SES 项目的顶立科技有限公司董事长戴煜分享接受 SES 高级专家服务的收获、体会和经验心得；几位嘉宾与企业家们进行交流互动，解答如何最有效地使德国专家融入企业、如何寻找最合适的专家、与德国专家合作需要注意哪些细节等企业家们最关心的问题。程象说，德国以智能制造为主导的工业 4.0 战略掀起了第四次工业革命。其严谨的工业性格、先进的工业技术给人们留下深刻的印象，也带来挑战和压力。中国制造 2025，是建设制造强国，挺起工业脊梁的国家战略，要变压力为动力，学习其他国家和地区先进的技术和经验。感谢省工商联把 SES 带到园区，为园区提供一个宝贵的学习途径。希望园区企业积极通过 SES 项目，由德国专家把脉和服务，提高自身技术，解决企业难题。也希望 SES 能进入到新疆吐鲁番，帮助当地的企业发展成长。许量表示，SES 项目是一个低成本、高收益的项目。自 2009 年省工商联与 SES 达成协议以来，更多企业认识了解并参与 SES 项目，SES 项目已成为省工商联服务企业的重要工作抓手。（刘超超）

【中美先进制造业合作交流会】 2015 年 12 月 17 日，2015 长沙中美先进制造业合作交流会在雨花经开区管委会召开。美国驻广州总领事馆商务参赞任锦明率美国先进制造业的 6 家企业代表与来自园区的 10 余家优秀制造企业代表交流洽谈，共同探寻合作商机。长沙市外事侨务办公室副主任缪画、雨花经开区经济发展局局长余忠参加活动。雨花经开区管委会副主任程象致辞欢迎美国企业的到来，对广州总领事馆和市外侨办表示感谢。爱德普机器人贸易(上海)有限公司、艾默生网络能源有限公司、美国ExOne公司、美国赫克集团公司、霍尼韦尔(中国)有限公司、罗克韦尔自动化(中国)有限公司等六家美国企业的相关负责人分别就公司概况、全球布局、产品类型和对工业革命4.0的思考等方面进行介绍和讲解，并与园区的比亚迪、长泰机器人、正忠科技等优秀企业展开交流互动。雨花经开区经济发展局局长余忠简要介绍园区基本情况，邀请大家观看园区和吐鲁番新能源示范区的精彩视频，让参会人员有更直观的了解。来华的美国先进制造企业主要来自工业自动化领域。活动为期两天，其间，6家美企陆续走访长沙高新区、长沙经开区和雨花经开区，与各园区企业进行对接。（刘超超）

【湖南机器人产业推进会】 2015年12月18日，2015中国湖南机器人产业推进大会暨“湖南省机器人研发演示中心”公众开放日活动在长沙雨花经济开发区举办。当日，湖南时纬机器人有限公司开业，落户雨花经开区。长沙市经信委唐懿处长、雨花区委常委、雨花经开区党工委书记郭四军、柯马中国区副总裁贺万民、深圳市梅青会组织代表杜政志及湖南时纬机器人有限公司总经理侯健等发表讲话。（刘超超）

雨花现代电子商务产业园

【概况】 长沙市雨花现代电子商务产业园是由区人民政府投资兴建的园区，规划面积约11.73平方千米。园区距离武广高铁、沪昆高铁站台5分钟车程，距离黄花机场25分钟车程，距离高桥市场、红星市场20分钟车程。拥有雨花航空、高铁、地铁、城际轻轨、高速公路“五位一体”的交通优势。长沙市雨花现代电子商务物流管理委员会（以下简称“管委会”）为区政府管理的正科级全额拨款事业单位，负责管理园区事务。内设办公室、规划报建部、综合协调部、融资财务部、招商合作部5个职能科室。核定事业编制15名，其中领导职数4名；2015年，全体在职干部职工数31人，其中正科职领导2人，副科职领导2人，其他在编干部5人，聘用人员22人；党员13人。办公地点设在雨花区东山街道侯照村部。

2015年，园区以“抓建设、推进度，引项目、融资金”为主题，以改革创新为动力，以招商引资为要务，以基础建设为重点，以征地拆迁为突破，推进园区开发建设进度，城规、土规、产规逐步完善；基础设施建设加快，川河路具备通车条件，侯照北路启动建设；仓储2号、3号地进入拆迁扫尾，为项目招商引资、启动建设奠定了基础；仓储1号地块龙骧洪鑫集配枢纽项目前期各项工作有序推进；仓储2号地项目签订招商意向协议，仓储3号地、3号地新增用地储备一批项目；筹资渠道拓宽，保障资金的良性循环。（周 慧）

【园区规划】 2015年，园区调整、完善园区规划。随着跳马镇划入雨花区，沪昆高速占用园区42公顷（630亩）金融商务用地，红星市场落户黎托南片白竹村，导致黎托南片商业中心南移，园区结合龙骧智能物流枢纽项目建设经验，优化园区用地规划指标，对黎托南片跳马镇白竹村部分进行控规修编，对柳树塘以北地块用地指标和金融商务用地位置进行调整，2015年年底用地指标调整方案入库，为后续仓储2号、3号地块的挂牌创造条件，年底《长沙市黎托南片控制性详细规划》控规修编方案报至市规划局内审。园区侯照片区土规调整需求纳入中心城区土规调整方案，跳马镇土规调整方案经省国土厅规委会会议通过。调整概念性产业规划，通过专家评审和区政府审批，按照园区新一轮的规划调整，结合现有地块，合理功能分区，明确“北物流、南电商”的产业布局，最大限度的发挥电子商务产业集聚效应，打造社会和谐、生态优美、经济繁荣的电商产业园。

（周 慧）

【基础设施】 2014年12月，川河路动工建设。

2015年，园区管委会以周工作调度例会方式督促川河路项目建设，安排专人赴川河路现场进行日常巡查检查，控制施工质量、安全生产和进度，完成路幅内的高、低压杆线、弱电线路的杆迁、取土场、一标泵站箱涵等较大变更，未发生安全质量事故，年底基本具备通车条件。市级道路红旗路、战备路（面积约为82亩）以及园区侯照统征地2号、3号、4号、5号地、侯家冲路、牛角冲路项目30.67公顷（约460亩）统征手续的办理完成。南北向主干道侯照北路现场启动清表、杆线迁移及便道方案确认工作，8月，在市公共资源交易管理中心开标，确定侯照北路施工、监理单位，12月11日，侯照北路项目人员设备进场，“清表、清淤”，侯照北路启动建设，实现年底启动建设的目标，园区路网组织不断完善。（周　慧）

【项目招商】 2015年，园区管委会制定《平台招商标准化工作流程》和《招商企业尽职调查工作办法》，确保招商工作的科学、规范，严格把控招商企业和项目的质量；园区门户网站搜索优化置顶及在百度百科和百度知道设置园区相关词条，更新园区宣传资料；与湖南省物流与采购联合会、长沙市电子商务协会合作，通过会展、论坛、年会等形式开展集中推介，共同推进项目二次招商，确保二次招商质量。5月，园区牵头专门就湖南智能物流集配枢纽向省内各大快递企业定向集中推介，取得良好成效；就仓储2号、3号地块、3号地新增用地开展招商引资工作，对招商项目进行科学预审评估，园区2号仓储用地项目与中国最大的物流基础设施服务商普洛斯（中国）签订招商意向协议，就后续用地与世界物流基础设施服务商排名第一的美国安博、世界500强中国平安不动产等国内外大型企业进行招商对接。（周　慧）

【项目建设】 2015年，园区仓储1号地块龙骧洪鑫集配枢纽项目总图与方案二次进窗，外立面报市政府审批，初步设计通过专家评审会，调规方案完成公示，完成项目土方测量与地质勘查，土方外运30万立方米。该项目已在市发改委备案，并完成环评、能评、交评、安评，前期项目建设稳步推进。启动仓储2号、3号地19.05公顷（285.728亩）土地、侯照路3.47公顷（52亩）土地、仓储3号地新增用地1.042公顷（156.3225亩）的征地拆迁工作，2号、3号地项目拆迁工作基本完成，为项目招商引资、启动建设奠定基础。（周　慧）

【控违控渣】 2015年，园区控违控渣工作领导小组对园区范围内的控违控渣工作实行日夜巡查、24小时监管建立渣土管理微信群，提高渣土问题处理的时效性，对白竹渣土消纳场进行系统的管理，对其进土量进行追踪，做到有据可查，杜绝渣土乱倒现象，保证仓储1号地渣土安全转运、园区开发建设的顺利进行。（周　慧）

【资金运行】 2015年，园区突破融资瓶颈，拓宽融资渠道开展融资工作，仓储1号地土地成本返还到位、长沙市现代服务业综合试点资金全部下达、川河路贷款取得建行放款，保障了园区征地拆迁、开发建设的资金。（周　慧）

【安全生产】 2015年，园区安全委员会和安监站坚持“安全第一、预防为主、综合治理”的原则，牢固树立安全发展观，落实安全生产责任制，加大安全宣传教育及培训力度，将日常安全检查与每季度分管领导带领的全面检查相结合，消除安全隐患，园区开发建设过程中无安全事故发生。（周　慧）

经济监督管理

宏观经济管理

【概况】 雨花区发展和改革局（简称“区发改局”）为区人民政府正科级工作机构，内设办公室、发展规划科、投资管理科（行政审批科）、价格管理科，归口管理区“两型社会”建设配套改革办公室和区公共资源交易中心。区产业办、区能源局为局二级事业单位，区物价检查所为局派出机构，核定编制31名，其中局机关行政编制8名（领导职数6名）、工勤编制1名，两型办行政编制1名（领导职数1名），物价检查所行政编制8名、产业办事业编制4名、能源局参公事业编制1名，交易中心事业编制4名。2015年，干部职工28人，其中人才引进1人，政府雇员13人；退休干部14人（含8月过世1人）。局党支部党员33人，其中退休干部职工党员9人。办公地点设雨花区政府2号楼。

2015年，区发改局履行区经济体制改革领导小组牵头部门职能，统筹推进商事制度改革、金融体制改革、投融资体制改革等各项任务。充分发挥各项职能，突出规划引领、服务产业项目、深化投资管理、创新“两型”社会、夯实节能基础、强化价格监管、规范公共资源交易，重点探索投融资体制改革，申报雅塘片区综合改造项目进入湖南省PPP项目储备库；《长沙市引进民间资本参与公共领域建设项目》的圭塘河生态景观带（二期）项目完成社会资本引进；圭塘河沿线提质改造项目完成立项；高铁片区基础设施道路建设项目拟采用PPP模式建设。（王　慧）

【经济研究】 2015年，雨花区组织有关部门重点围绕“十三五”规划时期宏观环境、总体发展战略、产业结构优化、重点片区建设、深化体制改革、城市建设、生态环保及社会事业发展等方面，分别扎实开展前期重大课题研究和专项规划，形成6个专项规划和35个前期调研报告，为总体规划纲要的编制提供支撑和借鉴。区发改局开展专题培训、调研走访、区直部门（园区）征求意见、领导访谈，确定“十三五”规划的基本思路，在反复修改完善的基础上完成《雨花区国民经济和社会发展第十三个五年规划纲要》编制。落实2014年制定的《长沙市雨花区促进区域产业发展扶植奖励办法（修订稿）》《长沙市雨花区促进专业服务业产业发展办法（试行）》《长沙市雨花区促进金融业产业发展办法（试行）》《长沙市雨花区促进文化创意业产业发展办法（试行）》《长沙市雨花区促进电子商务业和信息服务业示范园区、示范楼宇扶植奖励办法（试行）》“1+4”产业扶植奖励政策体系。重点强化示范楼宇入驻企业的前期审核把关、示范楼宇开发方定向招商的主体责任、示范楼宇个案问题的集中会审，进一步发挥产业政策的引导、激励和孵化作用。“1+X”产业扶植体系的“政策洼地”效应初步显现。新芙蓉之都商务楼企业入驻率92%，长房天翼未来城企业入驻率74%，顺天国际金融中心、双塔国际广场两栋楼宇企业入驻率接近60%；7月，汇财中心新挂牌设立为金融业示范楼宇，平安人寿湖南省分公司、中原房地产代理有限公司、哲博百众电子商务有限公司等行业龙头企业入驻相关示范楼宇，金融、专业服务、电子商务、信息服务等优势业态形成集聚发展态势，全区产业结构得到进一步优化。雨花区有序推进经济体制改革。对2015年改革要点任务及时分解到具体部门和具体责任人，确保经济体制专项改革工作的顺利推进。首批试点的PPP项目圭塘河生态景观带（二期）项目完成社会资本引进，与湖南省建工集团签订合作协议，成立合作伙伴公司进行项目建设与运营，木莲路至长塘路段的景观工程完工具备开园条件，西岸绿化带及五矿社区公园全部完工开园。市委改革办对雨花区创新打造公共资源交易新模式的改革经验和改革案例进行宣传推广。（王　慧）

【项目服务】 2015年，在发展环境整体趋紧，经济下行压力加大的背景下，雨花区继续推进以项目帮扶为主要内容的“三定三抓”活动，全力以赴地确保新引进项目早落地、落地项目早开工、开工项目早投产、投产项目促升级。68名县级领导、80个部门单位的202名干部，按照“一个项目、一名领导、一套班子、一个方案”的要求，“一对一”上门帮扶87个重点产业项目。通过项目调度、现场交办、市区会商、政企对接、高位协调等方式，重点解决政策指导、手续办理、拆迁腾地、基础配套、信贷融资、环境优化、招商引资等方面的突出问题，以项目联点制、工作例会制、联点责任制、信息反馈制、问题台账制、片区管理制、专项调度制、问题交办制、办结销号制、讲评考核制十大长效机制为抓手，通过月调度、季小结、半年讲评，为项目建设排除一切干扰和阻力。组织10500余人次下到项目一线，组织专题调研、调度会45次，开展以“三定三抓”帮扶项目为主要内容的社会宣传和新闻宣传，编印《“三定三抓”活动简讯》9期，编发手机快讯600余条次，积极对接省市媒体，开展“三定三抓”专题新闻宣传，及时反映帮扶动态；进一步加强全区产业建设氛围。交办项目问题261个，解决项目建设问题261个，办结率100%。嘉熙中心等51个续建项目复工率100%，高升时代广场等11个新建项目实现开工。德思勤城市广场四季汇购物中心顺利开业，实现投产达效；宇洋东海等项目解决历史遗留问题，进入建设快速道；中港珠宝旅游城等闲置多年的项目实现开工建设。（王　慧）

【项目策划】 2015年，雨花区立足于规划项目化、项目规划化，抓好“十三五”规划重大项目编制工作，策划包装比亚迪新能源汽车、湖南机器人产业集聚区、长沙明藩王陵国家考古遗址公园等4大类45个对发展全局具有带动性、支撑性作用的重点项目，45个项目全部进入全市“十三五”重大项目库，7个项目进入全省“十三五”规划重大项目库。2015年，雨花区纳入市级重大项目库的项目77个（不含预备项目），总投资364.46亿元，年度投资104.87亿元。全年完成固定资产投资624.33亿元，同比增长17.8%；生产性服务业投资占全社会固定资产投资47.6%；完成第三产业增加值629.53亿元，同比增长13.4%。计划新开工项目31个，开工率100%；政府类项目完成投资50.73亿元、社会类项目完成投资77.52亿元，年度完成总投资128.2亿元，占年度计划的122.3%；28个预备项目全部完成可行性研究审批；新增社会投资项目名列内五区前茅；市对区重大项目建设考核排名内五区第一。

（王　慧）

【协调服务】 2015年，雨花区积极协调，主动作为，充分依靠政策突出关键抓对接，着力争取各类资金政策。针对国家、省推出的重点投资计划，积极对接策划、主动申报争取，争取中央、省预算内资金9038万元，其中，湖南机器人产业集聚区创新创业园区“135”工程专项资金1300万元，长株潭城际干道建设专项补助资金6037万元，2015年度保障性安居工程配套基础设施专项中央预算内资金投资计划1641万元，洞庭湖区排涝设施建设以工代赈资金10万元；重大项目前期工作经费50万元。

充分对接各类试点示范项目。精心打造省级“两型”示范单位4个、市级“两型”创建单位10个、市级“两型”示范单位2个、市级绿心样板示范点1个，提升雨花家园、韶山路社区创建模式，深度推进雨花经开区、圭塘河两型综合示范片区建设，打造同升湖社区、雨花经开区管委会机关两个样板单位，成功争取“两型”示范资金200余万元，争取国家发改委专项建设基金4000万元，其中雅塘片区一期棚改项目、天伦老年公寓项目各2000万元。

（王　慧）

【项目招标】　2015年，雨花公共资源交易中心落实《雨花区小型工程建设项目实行简易发包程序管理暂行办法》，招标实行无缝对接，在原有制度的基础上，全面规范雨花区所有工程建设项目的承发包程序，更好地发挥交易平台的作用。9月30日，雨花区印发雨政办发〔2015〕62号《雨花区工程建设项目招投标管理办法》，10月15日，修改印发雨政办发〔2015〕69号《雨花区小型工程建设项目实行简易发包程序管理办法》。完善流程设计，严控投标保证金的“进出关”，落实“4+X”联合会审制度，严格按有关法律、法规和规章的规定进场交易，流程更简洁，操作更规范，有效保证公共资源交易的公平、公正。成功交易项目247个（不含在市交易中心公开招标项目），成交金额约3.6亿元。其中政府采购项目106个，节约财政资金约500万元；工程建设项目134个（固定价比选项目118个，成交金额约3485万元；招投标项目16个，节约资金约600万元）；社区筹委会项目5个，节约资金约450万元，产权交易项目2个，溢价资金约360万/年。交易中心在雨花公共资源交易网、网上竞价系统发布各类信息约650次，牵头组织项目招标文件联审会50个，办理工程项目上限值备案手续310个，有效整合资源，预防和堵塞腐败漏洞，效益进一步彰显。（王　慧）

【物价管理】　2015年，雨花区完善价格（收费）备案制度，价格备案24宗，其中：公办学校伙食费23宗，公办幼儿园伙食费1宗。及时取消停征或免征国土、人力资源、农业等部门一批行政事业性收费项目，进一步减轻企业负担，确保国家和清费、治乱、减负政策落实到位。办理涉案物价格证明543例，标的价值1000多万元。物价基础工作更夯实，物价职能发挥更出色。春节等节假日期间，进行市场巡查，有效规范市场价格秩序。报送市价格监测中心监测数据2.7万余条，报送分析材料10多篇、动态信息2篇开展“发展环境优化年”涉企收费专项检查，对区建设局、环卫局等单位进行检查，未发现违规收费行为。开展药品市场价格行为专项巡查，规范药品零售业的明码标价行为。发挥12358价格举报投诉服务平台作用，受理各类价格举报投诉244起，按照相关规定，向举报者作好回复，及时解决人民群众的诉求。（王　慧）

【能源管理】　2015年，雨花区坚持重点用能单位能源利用状况定期报告、能源消费分析监控制度，配合市完成能耗“晴雨表”分析工作，密切掌握区域能耗状况。按照《雨花区固定资产投资项目节能评估和审查暂行办法》（雨政办发〔2013〕34号），进一步规范项目的准入制度，完成11个项目节能报告书评审，20个项目节能备案登记。2014年，雨花区单位GDP能耗降低率5.87%（能源考核为错年考核），提前一年完成“十二五”规划节能目标（单位GDP能耗降低率达到18%），节能工作取得明显成效。3月，雨花区安全生产委员会下发《长沙市雨花区油气管道等危险物品输送管道隐患整治攻坚实施方案》（雨安办发〔2015〕4号），确认区能源局为区人民政府主管石油天然气管道保护的部门。区能源局积极与市能源局、市安监局多次对接，调阅全市油气管网图纸，摸清管线的基本情况，对接3家管道使用单位，收集管道管理资料，掌握管道名称、长度、输送介质、途经村庄、建设时间、管理现状等基础数据，建立相关管道保护工作系统联络表，明确油气管道工作分管领导和联络员，制订管道安全保护应急预案。实地调查走访，收集管网隐患信息7条。加强重点区域巡检巡查、增设安全警示标识标牌20多个、发放宣传手册1000余份。严格执行一把手带队检查制度，及时实施隐患整改，长输管道隐患排查整改到位率实现100%，油气管道保护工作在全市排名第一。（王 慧）

【“两型”建设】 2015年，雨花区继续开展“两型”企业、学校、街道、社区、门店（市场）、园林、家庭7个领域的示范创建活动，明确创建类别、创建目标，责任分解，并列入部门考核。组织开展“两型”专项宣传活动16次，在涉绿心地区新增7个绿心宣传专栏。雨花区贯彻落实《长株潭城市群生态绿心地区总体规划》，强化生态绿心保护工作，按照“生态优先、主动保护”原则，建立健全绿心保护机制，坚守三界分区保护红线，采取日常巡查与不定期邀请区人大、区政府领导现场督查等方式，集中整治生态绿心区域各类违法违规毁林现象。雨花区建立绿心地区项目库，严格控制项目建设，严格执行产业项目绿心准入程序，初审拟进入项目9个，协调7家水泥搅拌场重新选址。推进“两型”改革创新试点，研究绿心生态区域生态补偿和管理机制，按照“谁保护谁受益”的原则，采取“生态基础评估、年度对比分析、分区定级补偿”的方式，依据年度评估结果分档给予涉绿心村、社区（筹委会）一定资金补偿；深入调研绿心区，撰写《关于生态绿心地区保护与发展的思考》（发表于《长沙通讯》2015年第11期）。建设生态绿色示范工程，在圭塘河生态工程二期建设中，率先使用国内先进生态技术“食藻虫”进行水域治理；以清洁低碳技术推广为抓手，多个社区（村）启动太阳能节能路灯建设项目，新增屋顶光伏电站2处；以两型创建鼓励引导各创建单位实施“两型”基础设施建设，新增废旧电池、节能灯、衣物、光盘等回收箱200多个，新增太阳路灯、太阳能灭蚊灯100多盏。新增省级两型示范单位4家、市级两型示范单位2家、市级两型示范创建单位10家，市级绿心样板村庄1个，市级两型创建家庭1个，区级两型示范单位31个，区级两型家庭8个。扶持两型项目32个，194.5万元。广益、丰园、牛婆塘、怡园社区获评省级两型示范创建单位，韶山路社区获评市级两型示范单位。（王 慧）

【“十三五”规划编制】 2015年，雨花区编制《雨花区国民经济和社会发展第十三个五年规划纲要》。由区“十三五”规划编制工作领导小组主持、区发改局具体负责，委托区专家顾问团成员朱翔教授及其研究团队参与编制，先后开展前期研究、座谈调研、项目策划、文本起草、征求意见、修改完善等工作，形成6个专项规划和35个前期调研报告，策划包装4大类、20大工程、45个对发展全局具有带动性、支撑性作用的重点项目，在“十三五”规划基本思路基础上形成《雨花区国民经济和社会发展第十三个五年规划纲要（草案）》。《草案》形成后，分批次向区“四大家”班子成员、全体区人大常委和区政协常委、经开区、各街道办事处（镇）、区直各部门单位多轮征求意见，历经区政府常务会、区政府全会、区人大常委会、区委常委会、区委四届二十一次全体（扩大）会议暨经济工作会议等重要会议审议，最终在区四届人大四次会议上审议通过。《雨花区国民经济和社会发展第十三个五年规划纲要（草案）》。全文3.5万余字，分为四章，力求反映经济社会发展的新常态、新形势、新要求，体现前瞻性、导向性、操作性。规划内容紧扣“四个全面”战略布局，突出“六个发展”理念；围绕到2020年“建设更加殷实的全面小康、更高水准的现代化城区”的目标，设置预期性、约束性两大类指标；采取“正文+专栏+图集”形式，规划内容更加直观、更加清晰、更加新颖。（王 慧）

统 计

【概况】 雨花区统计局主管区域内国民经济与社会发展统计工作、监测经济运行，区人民政府直属正科级全额拨款事业单位，核定编制7名，其中领导职数3名。二级全额拨款事业单位区统计普查中心、区统计调查队合署办公，区统计普查中心，副科级，事业编制5名，其中领导职数1名；区统计调查队事业编制4名。2015年，全局在职干部职工数26人，其中正科级领导2人，引进人才2人，雇员9人；退休8人。局党支部，党员19人，其中在职党员16人。办公地点设在雨花区人民政府机关大院二号办公楼五层。

2015年，雨花区出台《雨花区街道（镇）统计工作综合考评标准》；统计工作纳入对区直部门、街道的绩效考核。区统计局统计人员27人。长沙雨花经开区、各街道、镇均建立统计站，街道统计站配备2~3名专职统计员，统计站专职统计员45名；每个社区配备统计员1名。区统计局贯彻落实上级各项任务要求，围绕全区中心工作，打牢统计基层基础工作，综合提升数据质量，全面深化统计改革，转变工作思路，拓宽监督渠道，聘请行风监督员4名，全面接受社会监督；采用QQ、电话、走访等形式定期联系行风监督员，了解行风监督员的工作情况，听取对统计行风建设的意见和建议；与12个街道、跳马镇及雨花经开区签订统计行风建设承诺书，积极预防统计弄虚作假，扎实推进统计系统党风、政风、行风建设。强化统计队伍建设，加强依法治统，全力保障统计“四大工程”建设和1%人口抽样调查工作顺利实施，优化统计服务，各项工作有新突破，至2015年，连续九年获评区绩效考核一等单位，获评全市统计工作先进单位。规模以下服务业抽样调查统计工作、服务业小微企业和个体户跟踪调查工作、长沙市采购经理调查工作获全市特等奖。民调中心工作、贸易外经工作、统计信息化建设工作、贸易限额以下行业抽样调查工作、全市规模以下工业、城乡住户调查获全市一等奖。（程钰超）

【数据统计】 2015年，雨花区实现财政总收入1297197万元，同口径同比增长9.3%；其中税收收入948842万元，占财政总收入的比重达73.1%（不含市级下划部分）。含市级下划部分的税收收入占财政总收入比重为85%。公共财政预算收入611340万元，同口径同比增长16.1%。公共财政预算支出786170万元，同比增长27.0%。按含中烟口径统计，GDP总量在全市的占比为18.7%，经济总量在内五区中的占比达32.7%。规模以上工业增加值、社会消费品零售总额占全市的比重分别为26.2%、17.4%。城镇居民人均可支配收入高于全市平均水平2944元。

按含中烟公司长沙卷烟厂口径核算，实现地区生产总值（GDP）1018.22亿元，同比增长10.8%。分产业看，第一产业实现增加值7.22亿元，同比下降16.9%；第二产业实现增加值381.47亿元，同比增长7.3%，其中工业实现增加值275.76亿元，同比增长5.5%；第三产业实现增加值629.53亿元，同比增长13.4%。第一、二、三次产业分别拉动GDP增长-0.1、2.9、8.0个百分点，三次产业对GDP增长的贡献率分别为-1.1%、26.6%、74.4%。按常住人口计算，人均地区生产总值达128921元。三次产业结构为0.7 ∶ 37.5 ∶ 61.8。

按含中烟湖南省工业公司口径核算，实现地区生产总值（GDP）1593.37亿元，同比增长9.6%。第二产业实现增加值956.62亿元，同比增长7.3%，其中工业实现增加值850.91亿元，同比增长6.6%，占GDP的比重53.4%。三次产业结构比为0.5 ∶ 60.0 ∶ 39.5。（程钰超）

全省统计挥指控制中心观摩

【统计基础建设】 2015年，雨花区进一步巩固拓展统计“四大工程”（基本单位名录库、企业一套表制度、数据采集处理软件系统和联网直报系统）建设成果，以狠抓数据质量、创建服务型统计为抓手，大力推进基层基础建设，7月，迎接全市统计基层基础观摩，8月27日，作为全省唯一的现场观摩点，接受全省统计系统观摩。“八台合一”的多功能的联网直报指挥中心树立为全省指挥中心建设的标杆，区统计局首创的“统计查询服务平台”。在观摩会上也予以推介。5月，国家统计局开展统计大数据改革试点，按照“统计基础扎实，创新改革意识强”的标准，雨花区被湖南省统计局选取为全省唯一、全国5个区县之一的试点区县。雨花区统计局精心组织，科学安排，在国、地税部门的大力支持配合下，查询300多家企业单位的税务数据，与统计数据进行比对，通过对企业的广泛走访和调查，了解数据差异的原因。最终形成一篇高质量有说服力的分析报告。在9月全国试点总结会上，雨花区试点工作得到国家统计局的高度认可。10月初，省统计局为此专门发函感谢雨花区。组织开展业务培训和技术指导，定期与相关部门（工商、税务、编办、民政等）进行数据比对更新，按在地统计原则，维护更新基本单位名录库，不断充实信息。严守联网直报“四条红线”，开展企业“一套表”联网直报“三查”工作。通过第三次全国经济普查工作，将普查单位数据进行逐一核查比对、更新修正，截至2014年12月底，联网直报单位新增98家、变更14家、出框86家，全区实际存在法人单位12031个，产业活动单位数1385个。“一套表”联网直报率达到100%。 （程钰超）

【统计服务】 2015年，统计局扎实抓好统计数据质量，进一步使业务工作标准化、规范化，树立全区统计“一盘棋”理念，全面协调配合，形成上下联动工作机制。主动适应统计变革，不断创新服务理念，紧紧围绕“内聚实力、外树形象、团结协作、争创一流”的工作思路，发扬“勤于思考、善于分析、勇于探索、甘于寂寞”的统计精神，坚持“用数据说话，为决策服务”的理念，不断拓展服务平台，提升服务功能。广泛应用电子台账查询系统，不断完善电子台账、FTP等其他统计系统，全力推进街道（镇）信息化建设。为推进统计“四大工程”建设，对于各专业新增企业，各街道首先对所属辖区企业进行全面摸底，结合工商税务登记、缴税情况，以名录库为基础，做到新增“四上”单位及时统计录入。发改、统计、工信、商务、建设等部门相互协作，强化企业服务工作，共同督促报表单位能够及时、科学、准确报送统计信息，从数据源头上抓好数据质量，不断加强统计管理，避免联网直报新形势下企业瞒报、漏报、虚报情况。根据市统计局的报表要求，结合区企业报表的实际，利用三级催报网络，通过街道统计站各专业负责人员，企业人员手机群发短信，QQ发信息等渠道，提醒企业统计员，根据不同的报表要求，在规定的时间内保质保量上报企业报表。同时严格按照“一套表”制度，确保源头数据质量，狠抓年度报表、季度报表、月度报表制度的落实，各专业联网直报率均达100%以上。区统计局坚持“开门办统计”理念，充分利用“统计宣传日”，办好“一网两刊”，及时更新维护统计信息网，扎实做好《雨花统计》和《统计年鉴》等统计产品的开发，主动为人民群众提供信息支持，让公众“心中无惑”。 （程钰超）

【统计业务培训】 2015年12月30日，雨花区统计局组织街道和大型企业统计专业人员，召开辖区内规模工业、商贸业、房地产、固定资产投资、建筑业、能源和高新技术、科技年报、劳动工资、服务业2015年年报及2016年定期报表培训会议。会上表彰2015年报表工作先进单位30个、先进个人120名。培训会由区统计局专业负责人授课，以制度为蓝本，以实例为依托，使得培训更有针对性。根据工业企业基层统计一套表制度的规定，分别就工业、商贸业、房地产、建筑业、能源和高新技术、科技年报、劳动工资、固定资产投资等相关专业知识进行详细的讲解，并布置2015年的年报和2016年的定期报表工作。通过培训，使企业进一步了解

年度报表和经济普查工作的基本流程，增长业务知识，提高联网直报工作能力。（程钰超）

【统计法制宣传】 2015年，雨花区统计局增派人手加强统计法制工作力量，统计法制工作上新的台阶。强化统计法制宣传，采取年报培训、送达统计法律事务告知书、发放统计普法学习手册及举办统计法制宣传活动等方式，向辖区单位、群众宣传《统计法》。发放《统计普法学习手册》1600余份，送达《统计法律事务告知书》1000余份，举办统计法制宣传活动2场，年报会培训统计员1000余人次。依法依规对区内35家企、事业单位进行统计执法检查，重点检查统计基础工作、统计数据质量和统计人员持证上岗情况。对1家贯彻执行《中华人民共和国统计法》不到位，整改成效不明显的企业下达行政处罚决定书。12月8日，由砂子塘街道承办，东塘、左家塘、侯家塘、井湾子街道协办，雨花区在凯德广场举办“全面推进依法统计依法治统，加快建设法治统计”大型统计法制宣传活动，纪念《中华人民共和国统计法》颁布32周年。通过悬挂条幅、布置宣传展板、设置咨询台、发放宣传资料、现场接受法制咨询等方式，全方位宣传介绍统计工作和统计法。（程钰超）

审　计

【概况】 长沙市雨花区审计局内设办公室（综合计划科）、查证科、审理科、执行科、投资审计科、经济责任审计科（领导干部经济责任审计室）。下属二级机构政府投资审计中心。编制20名，其中行政编11名，政府投资审计中心事业编9名。领导职数6名。2015年年底在职在编干部17人、青年引进人才1人、退休干部5人。支部党员22人，其中在职党员18人。

2015年，雨花区审计局把牢审计质量生命线，坚持审计职责权限法定、审计程序法定、审计方式法定、审计标准法定，切实抓好项目审前、审中、审后的质量控制，促使审计人员养成法治思维和行为习惯，防范审计风险。同时把“出精品”作为审计工作的价值追求，把查处大案要案、揭示体制机制制度层面问题作为工作重中之重，集中审计力量突破重大问题和线索。建立班子成员联系项目机制，每位班子成员每年联系1~2个审计项目，负责项目的组织、协调、监督。“拆迁专项资金使用情况审计调查”项目首获省优秀审计项目奖，税收系统运行“空转税”情况等4个计算机审计成果获省优秀计算机成果奖。强化对经济领域的监督，深入开展预算执行、经济责任、政府投资和交办任务审计，发挥审计“免疫系统”功能，维护区域经济安全、健康运行。区政府批复的审计项目计划83个，完成89个。其中，完成常规项目15个，查处管理不规范金额108601.45万元，违规金额2512.03万元，收缴和归还原渠道资金1354.56万元；向有关部门移送案件线索2起；提出审计建议23条得到采纳，被审计单位健全完善相关制度10个；区委、区政府主要领导对审计事项作出批示5次。政府投资审计招标控制价审核净核减3843.89万元，结算审计在区投评审核的基础上净核减191.28万元。

（刘　庆）

【财政审计】 2015年，雨花区审计局审计2014年度区本级预算执行和其他财政收支情况，围绕健全和完善公共财政运行机制，突出对公共资金、国有资源和国有资产的审计，突出对重点部门、重点领域、重点项目的延伸审计，关注政府全口径预算编制和执行情况，关注财政收支的真实性、规范性、效益性以及财政管理与改革情况。针对发现的问题，提出有针对性的审计意见和建议。（刘　庆）

【政府投资审计】 2015年，雨花区审计局健全完善政府投资审计工作流程，建立考核制度，促进提高审计质量和效率，加大对重点项目、重点资金的审计力度。建立《结算项目抽审确定办法》，侧重关注重大民生项目资金的筹集、管理、使用和资金效益情况。实行“反馈整改联席会议制度”，对审计发现的工程管理方面存在的问题，视问题性质和严重程度，由区审计局或区领导主持召开包括建设单位、项目指挥部以及相关部门参加的联席会议，对问题进行“号诊把脉，开方抓药”。实行“全过程监督制度”，政府投资审计中心对委托事务所实施的项目采取“一人负责一个项目”的方式全过程监督，确保审计质量。实行“随机淘汰制度”，对事务所完成委托项目的质量、时效、廉政纪律情况进行分类量化考核。坚持“事前预防、事中控制、事后监督”的原则，以招标控制价审核、工程结算和跟踪审计为重点，完善质量内控制度，提高政府投资审计工作质量和效率，加大对工程建设领域的审计监督力度，完成招标控制价审计 39 个，区投评送审金额 191500.78 万元，雨花区审计局审定金额 187656.88 万元，调整金额 4929.73 万元，其中核减 4386.81 万元，核增 542.92 万元。抽审区投评结算评审项目 39 个，抽审金额 66418.11 万元，抽审比率 66%，核减金额 191.28 万元，核减率 0.75%。

（刘　庆）

【经济责任审计】　2015 年，雨花区探索促进领导干部自觉履行经济责任新机制，在全省率先出台《领导干部经济责任告知和承诺办法》，通过组织告知和本人承诺，将领导干部经济责任监督的“关口”前移，把看似抽象的经济责任具体化，使领导干部牢记责任和使命，为加强领导干部监督管理、推进党风廉政建设探索一条新路。出台《关于在全区领导干部经济责任审计中加强环境保护责任审计的通知》，将环境保护责任是否落实到位作为领导干部经济责任审计的重要内容之一，重点关注相关部门及街道贯彻国家环保政策的执行情况及工作举措、环保责任履行、环保项目建设、环境管理、生态保护情况等。推行《领导干部离任经济事项交接办法》，基本实现领导干部经济责任审计监督全覆盖。雨花区审计局采用离任审计和任中审计相结合的方式，重点关注领导干部经济决策、执行、管理、监督和廉政建设情况。完成经济责任审计项目 12 个，递交结果报告 12 份，为区委、组织部门考察任用干部提供重要依据。查处单位管理不规范金额 106470.73 万元，违规金额 1392.85 万元，收缴和归还原渠道资金 41.37 万元。查出非金额计量问题 22 个并提出处理意见，针对财务管理不规范和内部控制不健全方面问题提出审计建议 18 条。（刘　庆）

【内部审计】　2015 年，雨花区各街道和区直有关部门按规定设立内审机构，配备具有相应专业知识和工作能力的专（兼）职内审人员。组织内审人员参加省、市培训，定期召开区内审工作座谈会并以会代训，内审人员业务能力明显提升。内审机构开展项目 50 余个，雨花区审计局指导开展 6 个。高桥街道火焰社区书记、主任甘某某任期经济责任审计获全省优秀内部审计项目一等奖；洞井街道牛头社区 2014 年度财务收支情况审计、东山街道南雅社区 2014 年度财务收支情况审计获全省优秀内部审计项目二等奖；高桥街道内审站《小区物业管理办公室财务审计案例》被评为全省优佳审计案例。

（刘　庆）

长沙市全市统计局长座谈会

【专项审计】　2015 年，雨花区审计局以上级转移支付管理及使用为重点，专项审计调查 2013 年至 2014 年上级财政转移支付资金的管理、使用情况，按照重要性原则抽查天闻数媒科技（湖南）有限公司等 9 家企业以及区民政局等 4 家行政单位的转移支付资金的管理、使用情况。发现存在涉嫌骗取财政资金的行为，责令将违规资金 800 余万元上缴财政，相关线索移送检察机关进一步处理。侧重关注民生和维护人民群众切身利益，全面审计环卫、市政、交通、征地拆迁等专项资金，摸清资金筹集、管理、使用和保值增值等情况，为完善相关政策制度提供参考和依据。（刘　庆）

【交办事项审计】 2015年，雨花区审计局发挥参谋服务作用，加大交办事项审计力度。完成广州服饰城资产处置和清退工作，较好地化解矛盾纠纷，维护大局稳定。参与城中村改造工作，对天华、井塘、大塘、高桥4个村资产摸底。对全区“两安用地”土地成本和出让金返还情况进行审核把关，尽力保障惠民政策落实。对黎郡新宇结算进行审核，并监督将结算资料移交区城投公司。审核“两年拆违大行动”集体土地范围内违法违章拆除面积认定材料。及时审核应急工程投资情况。（刘　庆）

安全监督

【概况】 长沙市雨花区安全生产监督管理局（简称“区安监局”）负责全区安全生产工作，核定编制14名，2015年，内设办公室（宣教处），危险化学品、烟花爆竹、矿山安全监管科（行政审批科），工贸职安科（应急管理科），综合监管科（政策法规科），执法大队5个职能科室。在职干部、职工数26人，其中正式干部职工15人（挂职1人），借调2人，引进人才2人，雇员5人；退休2人。局党支部，党员18人，其中在职党员13人，人才引进党员2人，雇员党员1人，退休党员2人。办公地点设在雨花区人民政府机关大院1号楼B栋第五层。

2015年，雨花区围绕“四降三升两确保”的总体目标，落实党中央、国务院和省市关于安全生产工作的一系列决策部署和安全生产法律法规，树立安全生产“红线意识”和“底线思维”，构建“党政同责、一岗双责、齐抓共管”的责任机制，安全生产工作形势持续稳定向好。雨花区被省委、省政府评为安全生产工作先进单位，同时被评为长沙市安全生产目标管理考核优秀区县，雨花区安监局被评为长沙市2014年度安全生产监督管理工作考评先进单位。东塘街道安监站站长师志强获全国安全生产监管监察先进个人荣誉称号。（刘丽香）

【安全宣传】 2015年，雨花区启动安全素质教育基地建设，搭建开展全民安全宣传教育平台。区委中心组扩大理论学习安全生产专题，组织全区各级领导干部开展专题培训，提升全区各级领导干部安全生产履职意识和监管能力。分批分类组织安监员、一般企业和高危行业企业负责人和管理人员、企业安全生产标准化自评人员、企业职业病防治负责人、有限空间单位负责人等培训，有效提升各类人员的安全意识和技能，受教育人数5000多人（次）。依托“安全生产月”活动契机，宣传发动各部门、各街道（镇）、各企业启动雨花区“千人送训进万企”安全大培训活动。以“安全生产技术知识”“消防安全知识及技能”和新《中华人民共和国安全生产法》为重点内容，采取请进来、送下去的方法，结合灵活生动案例、典型图片、音影资料等形式开展培训活动，极大地提高了培训活动的针对性和实用性。区安监局牵头组织雨花经开区、各街道（镇）、区安委会成员单位、各社区（村）和重点企业主要负责人层层开展安全生产谈心对话

安全生产检查

活动。谈心对话活动集中学习中央、省市领导关于安全生产工作的重要讲话精神，观看安全生产警示教育片，层层传导安全生产责任压力，强化安全生产红线意识，落实企业安全生产主体责任。重大节日、重要节点，利用短信发送平台向领导干部、安监人员、企业员工发送警示短信，累计受警示教育10万人次。（易　燕）

【安全监管】　2015年，雨花区着力开展“史上最严安全监管年”活动，严格落实停产整顿、关闭取缔、顶格处罚和严厉追责等刚性措施，对隐患突出、非法违法行为泛滥的重点区域和单位开展驻点督导，全力围剿安全生产重点乱源，形成打击高压态势。组织“九打九治”打非治违集中行动948次，出动执法人员3394人次，检查生产经营单位2563家次，排查整改安全隐患1055处，责令停产整顿企业8家，取缔非法经营户12家，关闭非煤矿山3家，实施经济处罚55.48万元。（陈亮友）

【基础工作】　2015年，雨花区制定《长沙市雨花区推进安全生产领域“七大工程”实施方案》，着力推进企业标准化、隐患排查治理“三自系统”、职业健康监护、标准化安监站等安全生产领域“七大工程”。广泛动员，全员参与，全面部署开展“省级安全生产示范区”复查验收工作，积极推进省、市安全生产示范街道（镇）、区级示范社区创建和复查验收工作。通过培训教育、张贴挂图、健全制度等系列组合拳，着力推动企业切实做到“五落实五到位”，让企业自觉践行“本质安全”成为源头治理的新常态，让提升安全意识和自保互保能力成为齐抓共管的新常态，不断强化企业安全生产主体责任。企业隐患上报率100%，隐患整改率100%。全区5个街道申报创建2015年市级标准化安监站。26家企业完成三级以上标准化达标创建，其中二级标准化3家，完成全年任务的104%，另有5家企业待评审，5家企业启动创建。雨花区围绕提升区域本质安全水平的总体目标，制定安全生产“四项制度”和“三项机制”，扎实推进各行业企业安全生产诚信体系建设，积极探索建立安全生产失信曝光、“黑名单”制度，全面推进非煤矿山、烟花爆竹、危险化学品等重点行业领域安全生产专项整治。全力开展高桥大市场隐患整治集中行动，提质市场环境和安全水平；推动高桥物流市场搬迁，规范全区物流市场运行秩序，提升物流行业本质安全水平；开展“史上最大规模的拆违行动”暨违章仓储消防安全隐患整治攻坚战，拆违556万平方米，创造可借鉴、可推广的“雨花样本”“雨花经验”，全省拆违现场会和全市第三季度安全生产例会在雨花区召开并推广雨花工作经验。（任启友）

【职业卫生】　2015年，雨花区建立健全职业病防治联席工作机制，进一步理顺职业卫生监管职能。全面开展用人单位职业卫生基础建设活动，做到六个100%：新建、改建、扩建和技术改造、技术引进建设项目职业卫生“三同时”审核、审查和竣工验收率达到100%；主要负责人、职业卫生管理人员职业卫生培训率达到100%；工作场所职业病危害因素检测评价率达到100%；职业健康检查和职业健康监护信息卡发放率达到100%；工作场所职业病危害告知牌和警示标识设置率达到100%；职业卫生档案建立率达到100%。32家用人单位职业卫生基础建设达标；创建职业卫生管理示范企业2家。督促指导企业定期检测作业场所职业危害因素，完成职业病危害防治评估的用人单位15家。4月29日，雨花区安全生产监督管理局、湖南省职业病防治院在湖南省职业病防治院联合承办“依法防治职业病，切实关爱劳动者”2015年全省《中华人民共和国职业病防治法》宣传周启动仪式暨主题宣传日活动。活动现场采取咨询、义诊、展板展示、发放宣传资料、举办“百家企业职业病防治”主题报告研讨会等多种活动形式。省卫计委党组成员、副主任方亦兵、省安全监管局副处长贺嵩郁、省职业病防治院院长张贻瑞、长沙安全监管局副局长曹惠民参加启动仪式。（陈长志）

【安委会例会】　2015年1月19日，雨花区召开

2015年第1次安委会例会暨防范重特大安全事故会议，贯彻落实1月16日长沙市安委会例会精神。区委常委、区委办主任黄文先主持会议，区委副书记、区长张能峰，区人民政府副区长余宏卿、谭应林等领导出席会议。张能峰充分肯定2014年安全生产工作，强调不断增强安全生产红线意识，清醒认识安全生产严峻形势，认真剖析安全生产存在不足，始终坚守安全生产工作红线；切实提高安全生产监管能力，加大执法检查力度，全面铺开专项整治，树牢企业安全意识；努力提升安全生产保障水平，要坚持齐抓共管，狠抓责任落实，严格考评追责。4月20日，雨花区召开第二次安委会例会暨防范重特大事故会议，会议传达学习4月17日全省、全市安全生产电视电话会议和道路交通安全管理工作会议，4月9日长沙市第二季度安委会例会以及戴道晋副省长和张迎春副市长的讲话精神。通报第一季度全区安全生产形势和各街道（镇）第一季度安全生产工作考评情况。张能峰主持会议，他要求，迅速传达落实省市安全生产会议及领导讲话精神；充分认清形势，务必进一步强化“底线思维”和“红线意识”，全面落实街道（镇）属地管理责任和主管部门的行业监管责任，全面落实“五级五覆盖”“五落实五到位”制度，全面落实“党政同责、一岗双责、齐抓共管”工作要求；深刻吸取近期省内外事故教训，举一反三，切实做好隐患排查和整治工作；加大安全宣传教育力度，突出重点地区、重点行业、重点部位、重点问题、重要节点的安全防范和检查排查，坚决防范群死群伤和较大安全事故的发生；启动预否决制度，严肃追究不落实安全生产工作要求，重点工作推进不力的现象。区委常委、副区长罗予武出席会议。7月23日，雨花区召开第三次安委会例会暨防范重特大事故会议。罗予武主持会议，强调，迅速传达贯彻会议精神，坚决克服麻痹懈怠思想，全面落实安全防范举措。务必要加强宣传教育，加强人员力量，注意协调，突出重点，明确隐患整治责任主体，确保区域安全稳定。张能峰强调，要在认清形势中绷紧弦、铆足劲，齐抓共管；要在把握重点中强监管、重打击，加大专项整治，深入打非治违，严格监管执法；要在强化责任中聚合力、抓落实。工作责任必须强化，依法履职必须深化，机制制度必须固化。（任启友　胡　索）

【安全生产谈心对话活动】 2015年5月20日，雨花区组织召开重点企业负责人安全生产谈心对话活动，全力推进企业安全生产责任体系、“五落实五到位”和安全生产长效机制建设。区委常委、区委办主任黄文先主持会议。区委副书记、区人民政府区长张能峰感谢各位企业家为雨花区的发展做出的贡献；对雨花的建设所倾注的热情和激情；对雨花区安全生产做出的努力。强调安全生产工作的极端重要性，落实安全生产责任，抓好企业安全生产工作。他要求：政府监管与企业自主管理相结合，齐心协力，齐抓共管，确保安全发展，发展安全；共同牢记，共同履职，共同保障企业员工的生命安全，确保企业的长久稳定发展；在安全生产过程中，政府和企业应该将监管、投入、培训、整治、警示、追责相结合，作为主体责任的企业应该严格按照企业“五落实五到位”的要求，完善和落实企业安全生产责任体系，建立健全企业安全生产长效机制。活动中，与会人员集体观看安全生产警示教育片，学习中央领导关于安全生产工作的重要讲话精神。区安委会向与会企业赠送安全生产工作相关文件资料。与会企业负责人针对企业在安全生产管理中的主要做法，以及对安全监管工作的意见、建议和如何落实企业安全生产主体责任做表态发言。（易　燕）

工商行政管理

【概况】 2015年，长沙市工商行政管理局雨花分局（简称“工商分局”）负责雨花区内工商行政管理工作。内设办公室、信息中心、工会、人事教育科、纪检监察室、财务基建科、政策法规科、市场监管科、商标广告科、企业和个体私营经济监管科、注册登记科、公平交易科、消保科、12315指挥中心、网络交易监管科，下设高桥、砂子塘、雨花亭、左家塘、梓园、红星、圭塘、洞井、跳马9个工商所和黎托、万家丽、东塘3个管理办公室，长沙市雨花区消费者委员会、长沙市雨花区个体劳动者私营企业协会挂靠工商分局。核定编制数153名，其中领导职数5人；在职干部职工163人，退休干部31人。分局党委在职党员137人，退休20人。

2015年，工商分局围绕经济社会发展大局，以深化商事制度改革、体制改革为重点，推行“三证合一、一照一码”改革措施，督促许可审批部门精简审批流程，制定监管措施，落实事中事后监管责任，形成改革合力。实施工商管理体制调整和流通环节食品监管职能划转工作，妥善解决资产债务、人员编制、干部诉求等棘手难题，全局和市场监管工作未出现大的波动，无重大遗留事项。雨花区实体市场经济主体总量和网络商品交易主体总量均稳居全省区县第一位；工商分局通过全国文明单位的复查，位列市工商局、区政府2015年年度绩效考核一等单位。（陈　婷）

【商事主体登记注册】　2015年，全区新设商事主体2.08万户，同比增长16%，其中企业8490户，同比增长20%，个体户12318户，同比增长5.4%，市场主体总量10.2万户，占全市17.9%。新增网络商品交易主体4.22万户，同比增长30.8%，总数达到5.2万户，占全市24.3%；新增网络交易平台22个，同比增长30%，总数达62个，占全市68.9%。（陈　婷）

【商事主体监管】　2015年，企业年检制度改为企业年度报告公示制度，企业应当按年度在每年的6月30日前，通过全国企业信用信息公示系统向工商机关报送年度报告，并向社会公示。6月30日，完成2013年、2014年度企业年报公示工作。2013、2014年度的企业年报数分别为15051户和20766户，年报率80.72%%和81.05%；个体工商户的年报数分别为29825户和51489户，年报率74.91%%和76.73%。落实《工商行政管理行政处罚信息公示暂行规定》，公开行政处罚信息148条，将失信记录计入企业档案。52家评选省级重合同守信用企业。推荐59家企业参加长沙市2014年度“守合同重信用”企业公示，其中新申报企业11家。办理动产抵押登记25件，抵押物总价值34813万元，企业通过动产抵押融资24130万元。结案霸王条款案件22起，罚没款入库1.8万元。加强对口服务和行政指导，帮助企业注册商标3900件，总数达到22657件；注册驰名商标1件，驰名商标总数达7件；新注册著名商标25件。检查各类合同111余份。围绕工商职能职责，加大执法办案力度，以开展打击假冒伪劣、打击传销、整治虚假广告等专项行动为重点，查办各类案件244件，罚没入库239万元，其中10万元以上的大要案件2件。（陈　婷）

【消费者权益保护】　2015年，雨花区进一步提高消费维权水平，促进消费维权网络建设，设立消费维权服务站87个，其中，新增2个，受理消费者投诉3791件，比上年增加3.5%；受理举报980件，比上年下降7.1%。工商分局协同食药、质监、消防等部门开展维权合作，与北京、杭州等地建立协同解决网购纠纷机制；行政约谈易引发投诉的大型商场、超市、品牌售后；举办消费教育活动，5000余人接受消费指导。（陈　婷）

2015年10月20日，雨花区销毁假冒伪劣商品

质量技术监督

【概况】　长沙市质量技术监督局雨花分局（简称“质监分局”）下设办公室、综合监管科、食品

生产监管科、特种设备安全监察科。单位编制数8名，领导职数3名。2015年，干部职工8人，有中共党员6名。办公地点设香樟路592号1号楼。

2015年，质监分局宣传贯彻认证认可法律法规；推动辖区各类组织和企业开展质量管理体系和环境安全体系等各项自愿性认证活动；依法对辖区内的相关企业的实验室和车检机构、气瓶检验机构等各类实验室（检验单位）开展定期或不定期监督检查。积极开展3C认证产品生产企业的监管工作，依法对辖区内获证企业实施监管，严格依据认证认可有关法规对无证生产、销售和经营性使用行为予以查处。获市垂直管理单位绩效考核二等奖。

（蔡丽琴）

【质量监督管理】 2015年，质监分局落实《质量发展纲要》，按照“加强品牌建设，提升品牌价值和效应”的总要求，积极开展质量兴区工作。积极开展湖南名牌、长沙名牌产品生产企业的名牌产品申报和培育工作。继续巩固和强化证后监管，督促获证企业持续稳定地符合取证时的条件和能力。对获证企业实施监管，发现违法违规行为及时督促整改。（蔡丽琴）

【食品安全监督】 2015年，雨花区食品相关产品生产加工企业有纸包、塑包企业26家、餐具洗涤剂企业1家、厨房设备企业8家。质监分局全面排查辖区内获证食品相关产品生产加工企业，采集35家食品相关产品生产企业信息，巡查笔录完备，对其中5家存在问题较严重的企业下达责令停产整改通知书，限期整改，提交整改报告，复查合格后方能生产，维护广大消费者的合法权益。（蔡丽琴）

【特种设备安全监察】 2015年，质监分局出动特种设备安全监察人员320余人次，检查特种设备生产、使用等相关单位160余家，排查和消除大量安全隐患。开展“打非治违”“九打九治”“安全生产领域损害群众利益专项治理”“电梯安全监管大会战”等专项行动，严厉打击和惩处特种设备安全领域的违法行为，查处特种设备安全行政案件5起，完成7870台电梯的自查自纠和普查建档工作，开展元旦、春节、五一、国庆、中秋等重大节会前专项检查和应急值守工作；组织开展辖区内气瓶检验单位专项检查；开展商场及火车南站等人员密集场所电梯专项检查；下发《雨花区电梯安全监管大会战暨高层建筑电梯带病运行专项整治工作实施方案》，组织辖区各街道（镇），开展全区电梯安全监管大会战工作，排查电梯8000余台，填写收集有关检查表格8000余套，对辖区内老旧电梯、“三无”电梯状况进行数据摸排和统计，敦促整改排查过程中发现的隐患和问题，确保电梯安全形势整体平稳。开展高桥街道叉车等区域特征明显的专项整治工作。开展街道、社区安全监管人员特种设备安全知识集中培训，培训人员135人，培训考试通过率近90%；与各街道联合举办特种设备使用单位负责人安全知识培训班8次，培训人数800余人次；向全区印制并发放特种设备安全宣传资料12万份。与区直有关部门一起在红星冷库开展液氨泄漏事故演习。完成辖区内10家气瓶充装、检验单位的年度监督检查。处理各类特种设备安全方面投诉100余起，电话或前来单位咨询100多起，及时处理各类投诉和受理咨询，回复率100%。召开相关街道、社区电梯安全协调会10余次，为居民解决电梯安全方面实际困难。（蔡丽琴）

【计量监督】 2015年，质监分局狠抓计量基础工作，抓好企业实验室计量器具的检定工作，提高企业计量管理水平。服务和改善民生，积极开展计量惠民、诚信计量、各项监督检查和农贸市场、餐饮计量等专项整治；完成“基层医疗机构计量器具免费检定”“农贸市场衡器专项整治”等民生计量工作，监管辖区内医疗机构、眼镜店、农贸市场、超市、餐饮酒店等行业使用的计量器具，确保使用器具受检率95%以上。开展锅炉使用单位、气瓶充装单位的可燃气体报警器、压力表等日常检查；联合工商部门，专项检查37家农贸市场计量器具，督促经营者加强自律，维护消费者合法权益；专项监督检查机动车安检机构计量，检查车检计量器具81台（套）；调查摸底环境监测仪器；对强检不合格的计量器具的后处理及投诉均第一时间处理，及时处理和回复计量器具的投诉。（蔡丽琴）

【标准化工作】 2015年，质监分局通过开展“名牌培育”“中小企业标准化战略推进工程”“全省服务业综合标准化试点”等工作，继续帮扶晓光模具、西湖电缆、金拇指母婴等优秀企业获得省市名牌、省长质量奖及全省标准化试点项目，相关企业整体盈利能力增强20%以上。积极协调省、市质监局和工信部门，结合“中国制造2025”等国家战略，共同推动雨花经开区工业机器人产业、新能源汽车产业的标准化建设及产品质量提升，增强产品核心竞争力，打造雨花特色产业。助推和开展“廖家湾社区服务标准化示范建设”“雨花区社会救助服务标准化国家级试点”工作，组织和协调做好标准化战略项目工作并指导服务到位。（蔡丽琴）

食品药品监管

【概况】 雨花区区食品安全管理办公室加挂长沙市雨花区食品药品监督管理局。核定行政编制8名、事业编制8名。9月，区委、区政府启动食品药品监督体制改革。根据湘政发〔2014〕18号《湖南省人民政府关于改革完善市县食品药品监督管理体制的实施意见》、长编委发〔2015〕45号《长沙市机构编制委员会关于进一步明确基层食品药品监管机构有关机构编制事项的通知》、（雨发〔2015〕16号）《中共长沙市雨花区委员会长沙市雨花区人民政府关于印发〈长沙市雨花区人民政府职能转变和机构改革方案的实施意见〉的通知》和雨发〔2015〕17号《中共长沙市雨花区委员会长沙市雨花区人民政府关于长沙市雨花区人民政府机构设置的通知》文件精神，设立长沙市雨花区食品药品监督管理局（以下简称“区食药监局”），为区人民政府工作部门。2015年12月，区食药监局设6个内设科室：办公室、食品药品安全综合管理科（应急管理科）、政策法规科（行政审批科）、药品医疗器械化妆品监管科、餐饮服务安全监管科、食品生产流通安全监管科。区食药监局加挂长沙市雨花区食品安全委员会办公室（简称“区食安办”）牌子。核定行政编制15名，其中领导职数6名。2015年，全体在职干部职工数20人，其中引进人才1人，雇员3人。区食安办党支部党员14人。办公地点设在雨花区人民政府机关大院三号楼三层。原长沙市雨花区食品安全委员会管理办公室下设的二级事业单位长沙市雨花区食品药品稽查监督中心更名为长沙市雨花区食品药品稽查大队，调整为区食药监局所属的事业单位，列为公益一类，副科级机构，核定全额拨款事业编制12名，核定大队长（副科职）1名。长沙市雨花区食品药品监督管理局设左家塘、雨花亭、高桥、侯家塘、砂子塘、东塘、圭塘、黎托、洞井、井湾子、东山、同升、跳马13个食品药品监管所，为区食药监局派出机构。食品药品监管所负责辖区监管对象的日常监管、隐患排查、投诉举报、专项整治、快速检测以及宣传教育工作；负责建立完善辖区监管档案，汇总报告食品药品安全信息；负责辖区农村集体聚餐的指导和重大活动餐饮安全保障工作；承办有关行政审批事项的受理、审查和现场勘查或审核工作；负责辖区内涉食药单位违法行为的查处；协助上级开展“三品一械”的监督抽验、业务培训、应急处置和不良反应（事件）检测工作；负责上级交办或委托的其他工作。食品药品监管所核定编制45名，其中行政编制13名，全额拨款事业编制30名，机关后勤服务全额拨款事业编制2名。

2015年，雨花区监管涉及高桥大市场、红星大市场、红星冷库、跳马镇及数万家食品药品生产、加工、销售企业。区食药监局按照“全程监管、标本兼治、群防群控、综合治理”的基本思路，紧紧围绕食品药品安全重点工作任务，探索完善工作机制，积极开展专项整治行动，食品药品安全保障水平得到全面提升，全区没有发生一例食品药品安全事故，有效确保了广大市民群众“舌尖上的安全”。

10月开始，区食药监局全面开展行政许可、窗口受理备案、日常监管、投诉举报等工作，实现职能全面接交、人员迅速集结，机构改革过渡期间平稳、高效、有序，受到市政府和市食药监局的表扬。

（胡　娜）

【基础工作】 2015年，雨花区健全食品安全联席会议制度和定期汇报制度，定期召开全区性食品安全调度会议，专题分析和部署工作进展情况和重点问题，及时解决工作难题。区政府与食品安全委员会成员单位和各街道（镇）签订《2015年度食品安全管理工作目标责任书》，分解目标，落实责任；由区食安办牵头组织，对成员单位和各街道（镇）实行严格考核，注重绩效。进一步完善区、街道、社区（村）三级监管网络，加强职能部门、街道和社区力量的整合，完善突发事故应急处理机制，进一步完善食品安全事故应急处置预案，健全统一指挥、处置高效的应对机制。严格应急值班制度，实行365日昼夜值班，落实带班领导和工作人员24小时值班制度，确保安全应急不留空档。规范安全事件信息发布制度。全区食品药品安全事故“零发生”。

（胡　娜）

【宣传培训】 2015年，雨花区针对食品药品安全工作点多面广、管理复杂的情况，培训考核街道、社区专干、协管员、信息员约200人；组织430家医疗机构举办“2015年全国安全用药月宣传暨医疗机构培训会”，增强从业人员安全意识，强化企业主体责任。利用重要活动，突出食品安全宣传主题，扩大食品安全工作的影响。5月11日，雨花区开展“关注食品安全、享受健康生活”为主题的食品安全知识讲座，约300名离退休老干部参加；6月16日至22日，红星农副产品大市场开展以“尚德守法，全面提升食品安全法制水平”为主题的食品安全宣传周活动。12月4日，举行“12·4”国家宪法日暨食品安全宣传日活动。利用“3·15”消费者权益日、“3·31”全国投诉举报宣传日和10月1日新《中华人民共和国食品安全法》生效日”等重大时节开展各类主题宣传活动，不断扩大食品安全工作的影响。启动创建国家食品安全城市工作，群众的参与意识和法制意识日益增强。开展食品安全宣传咨询活动48次，媒体播放宣传报道9篇，向市、区报道信息73条。在“雨花食安”微信公众号上公开信息208条。

（胡　娜）

【日常管理】 2015年，雨花区受理食品经营许可申请9033件，发放许可证5536本，建立以高桥大市场、红星大市场、红星冷链3个大型批发市场为重点的食品市场监管体系。坚持坚持“预防为主”的原则，开展食品药品安全检验检测。完成检验检测6417批次，合格6292批次，合格率98.05%。其中定量1666批次，占完成任务的102.47%，合格率93.69%。定性5050批次，合格率96.08%。每月在政府网站发布50个以上批次的检测结果，检测结果作为风险等级管理，“黑名单”制度的有力依据，及时温馨提示辖区内广大居民消费者。加强对各类医务人员的药（械）不良反应相关知识培训。报告药品不良反应报告396例，其中一般报告68例，新的严重报告7例，严重报告30例；医疗器械不良事件报告77例，其中III类医疗器械47例，严重报告34例，报告及时反应迅速。健全投诉举报机制，畅通公众举报渠道，落实有奖举报制度，推动食品安全社会共治。在各社区宣传橱窗公示24小时投诉举报热线，拓展社会监督和群防群控途径。受理消费者投诉举报1047起，其中直接投诉171起、上级交办函51起、12345市民信箱36起、区长信箱2起，接到“民意快线”群众反映问题3批次50件，处理率100%，兑现奖励4000元。对已核实违法行为采取相应处罚，督促相关单位回访复查，确保执法效果常态化。公开政务动态88条，行政许可信息4173条，行政处罚信息33条；立案211起，结案33起，移送公安机关2起，罚没总额112余万元，被省、市食药监局推荐为省依法行政先进单位。

（胡　娜）

【专项整治】 2015年，雨花区积极开展重点领域的专项治理，开展两节两会、高桥和红星市场食品安全专项整治、“四小”整规专项整治、春季学校（幼儿园）食堂及校园周边、农产品质量安全行、“三考”期间食品安全监管以及中药材、中药饮片、医疗器械、农村集体聚餐等重点区域、重点环节进等近50项食品药品安全专项检查整治200余次，出动执法人员15240人次，检查食品生产经营单位6194家，责令整改不合格门店3762家，查处不合格食品经营门店456家，取缔“黑窝点”67处；检查医疗机构570家，检查医疗器械企业261家，开展7项专项整治，受理相关审批事项96件，100%按期办结。加强红星、高桥市场及红星冷库食品监管力度，1月15日至2月15日，开展为期1个月的食品安全专项整治。出动执法人员424人次，检查食品经营户4581家。对高桥商贸城7家问题较为突出的腊制品经营户进行查处，查获问题腊制品近10吨。4月28日，雨花区召开“四小”整规专项行动动员大会，启动“四小”整规专项整治，区食安办检查食品生产加工小作坊45家，其中责令整顿规范小作坊25家，劝离5家，取缔小作坊8家，提交承诺书25份，小作坊建档25家；检查小餐饮店许可建档1993户，其他小型餐饮许可1697家，出动执法人员334人，执法车辆182台；区工商分局检查小食品经营店2435户，清理规范小食品经营店1459户，抽检食品69批次，抽检合格66批次，抽检不合格3批次，查扣问题食品39千克；检查单体药店78家，责令关停无证药店1家，；检查小诊所135家次，责令整改5家。在春季、秋季入学及相关重点时段，开展校园食品安全专项督查，切实实现对学校食品安全隐患的“零容忍”。开展校园及周边食品安全风险排查，检查学校（含托幼机构）食堂199家，其中大中专院校13所，中小学60所，托幼机构126家；校园超市36家，校园周边食杂店37家。开展中药材、中药饮片专项整治，整治一级医院、门诊部（诊所）、社区卫生服务中心（站）、村卫生室432家、单体药店105家，现场责令存在问题的8家医疗机构进行整改到位，规范药店、医疗机构的药品经营使用行为。开展医疗器械专项整治，检查“装饰性彩色平光隐形眼镜（美瞳）经营门店16家次；执法人员210人次，检查避孕套经营门店123家次，下达责令整改通知书27家；检查“体外诊断试剂”经营单位18家。逐步建立与完善食品、药品、保健食品、化妆品、医疗器械的基础数据库，检查餐饮门店999家、药店53家、诊所206家，食品加工小作坊88家，食品流通店1160家，化妆品经营主体17家；医疗器械经营主体19家。（胡　娜）

【豆制品基地建设】 2015年，雨花区全力推进豆制品集中加工基地建设。区食安办牵头组织对区内原32家豆制品作坊进行复查，对现存的20家作坊加强政策宣传和引导，取缔不符合要求的作坊4家；组织有意向的作坊业主到基地进行实地观摩，采取以会代训形式进行相关政策和知识的培训，发放宣传手册和资料5000余份，确定符合条件的21家作坊及时集中入园，日均使用黄豆5吨。加大日常监督管理，结合食品安全专项整治、节假日重点时节开展检查，促使基地改善其生产环境，真正让基地和作坊业主承担起食品安全主体责任；有效防控豆制品安全风险，采取政府购买服务的方式，委托中检集团以先紧后松、按期推进的形式进行全方位、全过程抽检，检测40个批次，合格率均为100%，检测结果在政府网站、基地宣传栏、豆制品基地微信群上公示。（胡　娜）

商务·服务业

商　务

【概况】 雨花区商务和旅游局（简称“区商旅局”）内设办公室、商业贸易科、外经外贸科、招商科、重点招商项目服务科5个职能科室，下设二级机构商业旅游办。核定编制15名，其中领导职数4名，2015年，全体在职干部职工数22人，引进人才1人，雇员9人；退休2人，局党支部党员12人，其中在职党员10人。办公地点设在雨花区人民政府机关大院1号楼3层B座。

2015年，雨花区完成实际到位外资5.959亿美元，占全年任务的101%，同比增长8.51%，内五区排名第二。完成市外境内资金形成固定资产237.1056亿元，占年任务的101.33%，同比增长18.01%，内五区排名第二。完成进出口总额13.1103亿美元，占年任务的107.46%，同比增长5.3%，内五区排名第一。完成社会消费品零售总额640.76亿元，同比增长7.9%，占全年任务的101.06%。区商旅局围绕“筑牢基础、破解难局、朝着加快打造中部现代服务业中心目标阔步迈进”发展战略，充分发挥部门职能，创新工作理念，强化工作举措，扎实推进招商引资、商贸流通、市场建设、外经外贸、旅游管理等各项工作，呈现出稳步增长的良好态势。（闵　露）

【市场迁建提质】 2015年，雨花区落实长沙市《三大市场迁建和高桥市场片区提质改造三年工作方案（2014—2016）》和雨花区《红星农副产品大市场、家禽市场迁建和高桥市场片区提质改造三年工作方案（2014—2016年）》，3月30日，副市长何寄华调研红星农副产品大市场搬迁选址工作，原则同意选址跳马镇白竹村的建议。3月31日，区委书记邱继兴在红星实业集团主持召开红星发展现场办公会，专题研究红星发展及红星市场搬迁工作。会议决定成立长沙市雨花区红星农副产品大市场迁建工作领导小组；同意搬迁建设项目选址在跳马镇白竹村，市场建设用地规模先期控规100公顷（1500亩），一期供地42公顷（630亩）；明确红星农副产品大市场迁建要加快手续办理、拆迁、建设等工作。选址确定跳马镇白竹村后，红星农副产品大市场迁建工作快速推进，项目一期及配套道路的95户拆迁户全部签订拆迁协议，一期中的11.2公顷（168亩）完成招拍挂，12月开工建设，预计2016年年底主体建成；至2017年，红星农副产品大市场将全部搬迁至跳马镇白竹村。高桥市场片区建设石坝路华雅段、民主路、六号路等周边道路；完成高桥大市场现代商贸城、医药流通园、新农副产品城改造。雨花区成立高桥物流市场提质改造工作指挥部，完成提质改造初步设计方案。启动货运物流市场二次招商工作，拟引入名优特新农产品、台湾农产品O2O电商平台、养老用品等业态，力争通过整体招商，前期运营3~5年，树立品牌、统一管理，最终完成商业品牌的升级换代。9月13

日，雨花区启动高桥物流市场专项整治行动，区委常委、组织部部长、统战部部长冯聪龙，区委常委、宣传部部长余宏卿，副区长张良欣等坐镇指挥，区商务、交警、城管、交通、安监、工商、消防、食药监、质监等部门和高桥街道全力配合，分组分路分片开展整治。12月31日，高桥物流市场全面完成外迁。（闵　露）

【招商引资】 2015年，雨花区建立《雨花区重点在谈项目县级领导跟踪联系制度》《雨花区重大签约项目跟踪落实工作制度》《雨花区招商工作领导小组会议制度》《雨花区招商引资信息报送制度》等系列招商工作制度，集中力量对重点在谈项目、重大签约项目进行调度、服务。重点加强与省商务厅、省工商联、市高铁新城办等省市部门的信息对接，加强与全国有影响力的行业协会和企业家的走访交流。召开“雨花区经济界人士同心恳谈会”；参加第七届湘商大会并在长沙异地商会座谈会上进行专题推介，建立全国异地湘商商会联络群。更新雨花招商网站，开设“雨花招商”公众微信号、雨花招商信息发布平台，方便对接了解，促进各招商主体信息互通，资源共享。编制新的《项目招商推介手册》《商务楼宇招商手册》和《工业楼宇招商手册》，修改完善《雨花区域形象宣传片》《2015年雨花区可供开发土地示意图》《2015雨花区楼宇资源分布图》和《雨花区商务地图》，提供翔实的招商工作基础资料。梳理目标企业，逐一向世界500强、国内100强和行业领军企业中符合雨花区产业发展方向的企业发送招商信息和电子邮件，利用各类节会、座谈会、交流会发放招商手册2000多册。在重大招商节会活动共签约项目20个，签约总金额500亿元。6月在香港举办“高铁新城楼宇专题招商推介会”，沃尔玛山姆店项目、加中环球传媒投资项目、恒大国际广场项目、烹饪机器人及配套技术产品产业化项目等项目在“港洽周”期间顺利签约，并纳入省、市重大签约项目；9月18日，在北京举办“2015长沙·雨花（北京）招商推介会”，湖南国际健康城、普洛斯雨花电商供应链产业园、海吉亚医院、众神之车主题公园等九大重点项目成功签约，签约总金额近300亿元；在中博会、三湘行等活动中，长沙市雨花区手机移动智慧商圈建设项目、中建总部国际项目、阿里创客＋雨花创业孵化基地等签约项目成功落地。（闵　露）

雨花区招商工作务虚会

【外经外贸】 2015年，雨花区累计备案登记进出口企业919家，新增备案企业315家，同比增长206%。其中有进出口实绩的企业177家（国有企业12家，私营企业156家，三资企业9家）；累计有外经企业17家。在多次赴义乌考察学习的基础上，启动高桥大市场“市场采购”贸易方式试点工作。省政府副省长何报翔、省商务厅厅长徐湘平等领导大力支持市场采购贸易试点工作；市政府副市长何寄华带队到国家商务部对接汇报工作，副市长廖健为市场商户颁发对外贸易经营者备案登记证和海关注册证。区政府成立由主管副区长牵头，16家部门单位共同参与的市场采购贸易试点工作领导小组，抽调专人集中办公；区财政预算安排1000万元给予经费保障。8月，市政府制定出台《湖南高桥大市场市场采购贸易方式试点工作方案》。10月，区政府制定下发《关于对〈湖南高桥大市场市场采购贸易方式试点工作方案〉目标任务实施责任分解管理的通知》。试点工作启动以来，高桥市场新增外贸经营商户近200户，引进外贸综合服务平台企业3家。商旅局组织市场商户积极参加东盟、拉美峰会、广交会等国内外展会，有效带动高桥商户的产品进口和出口业务顺利开展，积极推动市场与香港利丰集团、韩国CJ集团开展贸易合作，高桥大市场成为CJ集团产品湖南省内唯一经销市场并签订合作协议。（闵　露）

【何寄华进京汇报采购贸易试点工作】 2015年4月2日，长沙市副市长何寄华率队赴国家商务部汇报“湖南高桥大市场申报市场采购贸易方式试点工作”，湖南省商务厅贸发处处长杨明伟、雨花区政府副区长余宏卿、长沙市商务局副局长汪东华、雨花区商务和旅游局局长易静、湖南高桥大市场总经理罗晓等陪同出席。商务部对外贸易司司长支陆逊、处长张力、陈宗伟等领导听取长沙市商务局、雨花区人民政府对高桥大市场申报市场采购贸易方式试点的筹备工作情况，何寄华请求商务部把湖南高桥大市场列为中部首个试点市场，并邀请商务部领导到长沙实地查看、指导工作。商务部表示积极支持长沙的试点工作，要求高桥大市场继续提高市场外向度，促进内外贸融合，着手打造内外贸结合市场，为试点打好基础。（闵　露）

【调研市场采购贸易试点工作】 2015年，雨花区政府决定在高桥大市场开展市场采购贸易方式试点工作，力争把高桥大市场打造为带动产业转型升级的重要基地、世界领先的国际商品贸易中心和宜商宜游的国际商贸名城，使雨花区打造成为内外贸发展方式的示范区。5月12日，湖南省商务厅对外贸易处、长沙海关、长沙出入境检验检疫局、长沙市商务局等省、市相关部门负责人一行9人，调研高桥大市场指导市场采购贸易试点工作。雨花区商务和旅游局、高桥街道、高桥大市场积极组织商户参与调研座谈。会议听取高桥大市场开展外贸业务情况以及雨花区市场采购贸易试点工作领导小组办公室关于试点工作进展情况的汇报，并与市场商户代表进行面对面的沟通座谈。省、市各部门与商户积极进行现场互动交流，并分别结合自身职能职责进行具体指导，承诺将提供更多便利和优质服务，希望市场下定决心，坚定信心，稳步推进外贸业务。市商务局副局长汪东华从完善方案、思路清晰、明确职责、加强宣传等方面提出工作要求。省商务厅对外贸易处处长杨明伟强调，鼓励高桥大市场商户自主开展外贸业务，市场要加强对外贸业务的宣传推广和支持引导，把市场外向度打开；省、市、区相关部门将全力支持试点工作，加强协调配合。为抢抓国家建设长江经济带、实施“一带一路”的战略机遇，加快打造长沙内陆开放合作区，实现雨花区内外贸易融合发展。（闵　露）

高桥大市场市场采购贸易试点

【廖健调研仓储建设工作】 2015年9月1日，市人民政府副市长廖健、市政府副秘书长王体泽再次组织市住建委、市财政局、市国土局、市交通局、市商务局、市规划局和市公安消防支队等对雨花区仓储建设工作进行调研。廖健一行实地考察雨花电商物流产业园和龙骧洪鑫物流集配枢纽项目后，在区政府召开座谈会，会议由王体泽支持。会上，电商物流产业园、龙骧集团分别就园区和项目推进情况做详细汇报。副区长余宏卿详细汇报仓储建设工作，雨花区搭建的供需对接平台正在发挥积极作用，园区建设、过渡仓储项目正在抓紧推进，同时就电商物流产业园过渡仓储项目、园区土地调规、仓储用地纳入工业地产政策等问题提出请求。与会各市直部门分别就相关问题做情况汇报。廖健强调：雨花区在推进拆违控违工作和市场迁建提质工作的同时，要将第三股精力用在仓储建设工作上；企业要把握拆违控违带来的商机，积极支持政府仓储建设工作；区政府要继续推进好仓储建设的重大责任，工作的重大情况要及时向市政府报告。（闵　露）

【商务部考察调研雨花区】 2015 年 12 月 11 日，商务部市场规划建设处处长蔡勇携由商务部研究院副调研员杨剑、湖北省商务厅副厅长胡道银、湖北省社科院副院长秦尊文、湖南省商务厅副厅长肖彬等组成的长江中游商业功能区规划调研组一行专题调研雨花区商品交易市场情况。视察组一行实地察看雨花区湖南高桥大市场、德思勤城市广场的情况，深入经营门店与经营业主亲切交谈。肖彬对雨花区整体市场环境和高桥大市场形象的转变表示赞许和欣慰，并希望高桥大市场加快推进“市场采购”贸易方式试点工作，推进湖南商贸事业的发展。胡道银表示将加强湖南省商贸合作的衔接，积极引导各主体市场的分工协作，实现优势互补，资源共享。蔡勇指出，湖南地区在长江中游商业功能区中发挥了独特作用，充分肯定高桥大市场“1000 亿元”年交易规模的成绩、德思勤新兴城市综合体的意义，特别是雨花区整体市场环境和商业氛围。希望雨花区下一阶段继续优化市场功能，加强市场建设和规划，不断促进大型商品交易市场的发展。雨花区人民政府副区长张良欣、雨花区商务和旅游局局长易静等陪同调研。（闵　露）

【刘素月调研市场建设】 2015 年 9 月 8 日，长沙市商务局局长刘素月、副局长毛鹏程一行调研、督促红星农副产品市场迁建和高桥市场片区提质改造工作，副区长余宏卿、区商务和旅游局、红星大市场项目拆迁安置指挥部、高桥街道、高桥大市场主要负责人陪同调研。红星农副产品市场迁建项目指挥部汇现场报项目进展情况和存在的困难。毛鹏程强调，红星农副产品市场迁建工作必须按市委、市政府要求完成，项目推进存在的土地调规等问题需分期、分级解决。刘素月表示：项目土地调规问题，市局将与相关部门一起协商处理；要加大媒体对红星迁建工作的宣传，坚定老百姓的信心，确保项目 12 月开工。区商务和旅游局现场详细汇报高桥市场片区提质改造和仓储物流外迁情况。刘素月对高桥大市场提质改造取得的成绩给予肯定，强调：要按照市委、市政府三年工作方案的要求，全心全力为企业想办法，确保货运市场外迁工作按时完成；招商工作很重要，要打造品牌市场，做大做强做精，真正做到让老百姓得实惠，保证居民生活的稳定性。（闵　露）

【范晓林考察指导高桥大市场】 2015 年 10 月 19 日，长沙出入境检验检疫局副局长范晓林率食品与卫生检验检疫科等工作人员一行 3 人，调研指导高桥大市场“市场采购”贸易方式试点工作。实地考察高桥市场的商户，详细了解商户在外贸业务中尤其是进口商品的检验检疫方面存在的困难和问题。在雨花区市场采购贸易方式试点办公室同市场商户、代理通关公司等人员座谈交流，详细解答市场和商户关于进口食品进口商备案、进口食品标签备案、进口食品的时效性、批次检验等问题。范晓林表态，长沙出入境检验检疫局将针对上述问题出台书面的指导文件，并组织人员对商户进行培训，从各个方面降低商户进口商品的风险。他表示：“局里一直很重视高桥大市场申报“市场采购”贸易方式试点的工作，这次到了高桥实地考察，对我们的观念有了颠覆性的改变，深深地感觉我们来的晚了。面对高桥这样一个综合性的市场，监管也应向综合性改变，要区分产地检验和口岸检疫的标准，培育积极的监管要素。”“我们随时准备‘搬桌子’和‘挂牌子’，设点办公或者指定联系协调人，只要是高桥需要的，我们就全力的支持和配合，确保高桥的申报成功！”（闵　露）

【省卫计委调研生物技术型外贸企业】 2015 年 2 月 5 日，雨花区商务和旅游局邀请湖南省卫生和计划委员会胡波专员等专家教授一行调研雨花区长沙世唯科技有限公司、湖南今汉生物医药技术有限公司等多家生物技术型外贸企业，了解企业目前的生产销售情况和未来的发展方向，支持、帮助雨花区外贸企业健康持续发展。湖南省卫生和计划委员会的专家及雨花区商务和旅游局领导与企业负责人交流，询问各企业目前的生产销售和未来的发展方向等情况，并了解企业出口、认证、资金等方面的困难，方便以后帮助解决企业实际难题。通过实地调研，将有助于雨花区生物技术型外贸企业进一步扩大对外贸易，同时有助于促进雨花区健康产业的发展，更为后期企业入驻雨花健康产业园做好前期筹备工作。（闵　露）

【民营经济“走出去”座谈会】　雨花区有境外投资企业28家；对外承包工程企业17家；外派劳务企业2家。2014年完成境外投资中方合同额2600万美元，对外承包工程完成营业额1.4亿美元。企业在“走出去”开拓国际市场取得较好的成绩。2015年3月14日，中国民营经济国际合作商会驻会副会长、秘书长王燕国带队，调研雨花区民营经济“走出去”情况。雨花区人民政府副区长余宏卿、雨花区商务和旅游局局长易静陪同调研，长沙比亚迪汽车有限公司、长沙红星农副产品大市场等重点民营企业法人参加座谈会。王燕国秘书长介绍中国民营经济国际合作商会的基本情况，表达商会为民营企业服务的基本宗旨。参会的民营企业代表分别介绍企业的基本情况，提出当前企业在“走出去”过程中遇到的如工作签证难、政策把握难、维护权益难等问题。王燕国在座谈过程中对企业做出的成绩表示肯定，对提出的问题进行一一解答，承诺无法当场解答的问题将在近期内详细回复，并对企业提出新的要求：企业在“走出去”的过程中要抓住国际化进程的大好机遇，充分利用国家“一带一路”政策，借助好商会搭建的平台解决企业走出去过程中遇到的困难。（闵　露）

【湖南省第二届高桥茶文化国际展销节】　2015年4月25日，湖南省第二届高桥茶文化国际展销节在高桥茶叶茶具城举行。展销节由高桥茶叶茶具城、古丈县委县政府、中国茶叶流通协会、中国茶叶学会、湖南农业大学、湖南珠宝协会等联合举办，紧扣茶文化、茶叶产业升级、国际展销的主题，吸引北京顶级茶馆——老舍茶馆、张一元天桥茶馆，中国最大的茶业集团之一——吴裕泰茶庄；山西著名茶庄——裕盛祥茶庄、山西存兴茶博园；山东济南第一茶叶城及上海知名绿茶茶庄等来自北京、上海、黑龙江、山东、山西等非产茶区的百多位采购商、销售商参加。开幕式上，古丈县与高桥茶叶茶具城建立产销双方的战略合作关系，授牌高桥茶叶茶具城为“古丈战略合作市场”和“古丈毛尖指定销售商”。约100家湖南的珠宝商和收藏家会在现场进行夜明珠等珍贵宝石的展出与展销。（闵　露）

【首届湖南中韩经贸文化活动周】　2015年10月31日至11月3日，2015(首届)湖南中韩经贸文化活动周在雨花区长沙红星国际会展中心举行。湖南省副省长何报翔宣布活动周开幕。展区面积38000平方米，设置“两馆六区一个活动日”。“两馆”即韩国馆和国内馆，“六区”即美丽展区、科技展区、美食展区、汽车文化展区、服饰展区和宁乡美丽乡村经济展区，“一个活动日”即宁乡活动日。100余家韩国食品、餐饮、美容、化妆品企业、300家湖南企业、中韩采购商2000余名参加经贸文化活动周。韩国最大生活文化企业CJ集团亮相活动周，与湖南签约项目5个。（闵　露）

【参加香港美食博览会】　2015年8月11—17日，第26届香港美食博览会在香港会议展览中心举办。受香港贸发局盛情邀约，长沙市商务局、雨花区商务和旅游局组织湖南高桥大市场市场优质商户参加博览会，借国际化的展会平台，宣传展示高桥形象，找寻商业合作机会。开幕当天，高桥商户接待近20家国际采购商，展会期间，不少国内外企业参展商都对高桥市场有浓厚的兴趣，市场商户通过展会，有效推介自身企业和产品，取得系列成果。

省财政厅、省农委、市商务局领导在会展期间观摩高桥大市场及商户品牌展区，对高桥大市场发展外贸带领商户“走出去，引进来”的举措表示肯定和赞扬。该博览会，湖南高桥大市场带领商户跨出湖南、走向世界，积极引导商户转型，有利于加快促进湖南高桥大市场内外贸协同发展，建立内外贸对接的长效机制。（闵　露）

【香港客人考察高桥大市场】　2015年7月15日，香港利丰集团代表团一行实地考察高桥大市场。雨花区政府副区长余宏卿、区商务和旅游局局长易静、高桥大市场负责人参加接待并座谈。考察团参观捷欧咖啡、晋昇食品商行、博易场黑茶等店铺。利丰集团叶经理在博易场黑茶店品尝安化黑茶后，连连称赞：“好茶”。余宏卿就高桥大市场商户发展外贸业务意愿及经营情况与考察团成员交谈。香港利丰集团系全球最大的贸易公司之一，原在长沙的业务以出口浏阳烟花为主，在了解到高桥大市场品种类别多、发展潜力大的情况下，拟深入调研，拓展公司发展领域，争取早日将高桥的商品推向世界。（闵　露）

香港利丰集团代表团实地考察高桥大市场

【余宏卿会见李·普雷斯】　2015年1月27日，雨花区人民政府副区长余宏卿在区政府1号楼会见美国大运集团董事长李·普雷斯、总裁宋祥厚，区商务局局长易静、副局长雷灵军等人陪同。余宏卿对美国大运集团董事长李·普雷斯一行的到来表示热烈的欢迎，一一答复李·普雷斯提出的问题。对于美国大运集团的业态伙伴宜家家居，区政府表示热烈欢迎，并将积极做好项目前期服务，在政策允许范围内，为项目提供更多的帮助与扶植。（闵　露）

【长重物流货运市场外迁工作调度会】　2015年9月14日，雨花区区人民政府副区长余宏卿会同市商务局、市国资委，组织区商务和旅游局、区城管局、区安监局、区交通运输局、区市政局、区交警大队和圭塘街道办事处召开长重物流货运市场外迁工作调度会，市企业国资公司、长重公司负责人参加会议。圭塘街道介绍推进长重货运物流市场外迁初步方案，会议充分听取市企业国资公司和长重公司的意见，与会各单位就具体工作推进进行讨论。余宏卿副区长要求：各部门高度重视，下大决心推进工作；再完善工作方案，明确工作任务、部门责任、行动内容等；明确时间节点，9月底前对经营户的外迁进行宣传发动和执行清退，10月初启动整治行动，10月底完成长重货运物流市场外迁；明确各责任主体的工作；明确工作机制。（闵　露）

旅　游

【概况】　2015年，雨花区重点包装策划跳马涧三国古代战场遗址公园、左宗棠历史文化公园、东山古镇恢复工程、石燕湖生态旅游小镇、跳马镇郊野森林公园等旅游项目。加强旅游示范点创建和特色申报工作。“克明面业”创建为省级工业旅游示范点，“神农茶都”创建区内首家省级旅游购物示范点；高桥大市场、德思勤城市广场申报为省级旅游购物示范点；神农茶都街区、高桥休闲购物一条街申报为特色旅游街区；石燕湖生态旅游度假区申报为省级旅游度假区。8月，由新华网主办的第三届旅游业融合与创新论坛上，雨花区获“最美中国·休闲度假及投资价值旅游目的地”称号。举办“第七届世界名花生态旅游文化节”“浪漫樱花·快乐消费——2015雨花区商旅企业宣传周”“秋之色生态文化节”及“诚信雨花商旅消费月”等活动，节会期间吸纳游客达200万人次。其中樱花节期间接待游客人数近50万人次，实现旅游收入1738万元，同比增长39.04%。石燕湖景区实现旅游收入2210万元，接待游客总人数突破30万人。

（闵　露）

【神农茶都获批湖南省旅游购物示范点】 神农茶都位于长沙市雨花区高桥物流中心，是中国唯一以茶祖神农命名的、辐射湖南及中南六省的、现代化的专业茶叶市场，全国各地茶商300余家入驻，是一家茶文化特点鲜明、配套设施完善、服务定位高端，集批零兼售、茶文化传播、休闲体验为一体的文化之都、旅游之都顶级茶叶大市场。2013年6月16日正式营业。雨花区挖掘辖区内旅游购物市场，整合旅游资源，提升旅游商品质量，积极打造“雨花大旅游”概念。2015年4月30日，雨花区商务和旅游局副书记李泽友为神农茶都授牌“湖南省旅游购物示范点”。旅游购物示范点的建立，提升旅游购物的品牌影响力和示范作用，为到雨花、到长沙的广大游客提供重要的旅游商品购物平台，充分发挥高铁枢纽的便利区位优势，打造“商品交流集散中心”起到重要的推动作用。（闵　露）

现代服务业

【概况】 雨花区现代服务业发展办公室是区人民政府主管的正科级事业单位，负责宣传现代服务业发展政策，管理和服务现代服务业企业，引进和培育以现代物流业、电子商务业、金融服务业、专业服务业、会展服务业、服务外包业等为代表的企业；负责各类楼宇二次招商和闲置楼宇的招商工作。机构核定编制5名，含领导职数2名。党员人数4人。办公地点设在雨花区人民政府机关大院1号楼。

2015年，现代服务业发展办公室依托长沙市“一带一部”的区位优势，按照“六个走在前列”要求，贯彻“稳中求进，改革创新，加快打造中部现代服务业中心”总体部署，攻坚克难、真抓实干，推动现代服务业工作进一步发展。（杨　婷）

【综合试点】 2015年，雨花区继续抢抓长沙市获批为全国第二批现代服务业综合试点城市的契机，早谋划、早申报、早实施，建立综合试点项目情况月报告制度、会议调度制度以及日常工作督查机制，为试点工作提供坚实的组织保障和制度保障。4月14日，区政府组织区政府办、区安监局、区食安办、区建设局、区质监分局、区工商分局、区消防大队分管安全生产副职、区现代服务业发展办及相关街道分管领导专项督查现代服务业第三批、第四批综合试点项目进展情况及安全生产情况进行。6月2日，由副区长余宏卿带队，调研走访第四批国家级现代服务业综合试点项目。10月，雨花区6个项目纳入第三批和第四批国家级现代服务业综合试点项目，包括爱尚通程O2O微商城建设项目（重点项目）、湖南高桥大市场农副产品内外贸结合试点市场及进出口商品展示交易平台项目（重点项目）、中式快餐中央厨房及配送体系建设项目（一般项目）、金浩茶油电子商务平台建设项目（一般项目）、湘食相伴冷链快餐生产销售建设项目（一般项目）；高桥大市场农副产品内外贸结合试点市场及进出口商品展示交易平台项目成为继义乌、海宁、叠石桥之后、湖南唯一一家获批市场采购贸易方式试点的项目。红星大市场搬迁项目正式列入2015第二批省重点建设项目名单，拟打造成为农副产品全球采购中心，12月底前实现开工建设。

（杨　婷）

【政策体系构建】 2015年，雨花区建立现代服务业联席会议制度，修订“1+X”产业扶植政策，出台《长沙市雨花区促进区域产业发展扶植奖励办法（修订稿）》和现代金融、文化创意、专业服务业、电子商务与信息服务业、新型工业化发展和信息化建设5个专项政策。6月，出台《雨花区现代服务业发展行动计划（2015—2017）》，制定《雨花区现代服务业发展行动计划（2015—2017）重大项目任务分解表》。该任务分解表涉及牵头单位13个，责任单位44个，重大项目32个，是对区三年行动计划的完善和补充，使七大重点产业的推进和实施有着力点和落脚点，具有较强的操作性。（杨　婷）

【现代服务业数据库】 2015年1月开始，雨花区现代服务业发展办公室进一步规范全区楼宇信息数据、整合有效资源、推介现代服务业楼宇，有效促进协税护税工作，着手建立一套较为完备的现代服务业楼宇信息库，形成全区统一的现代服务业数据库信息平台，通过数据采集、科学统计、系统分析，对全区现代服务业企业和楼宇资源进行全面摸底，达到摸清底数、招商引资、扩大受众的目的，为打造中部现代服务业中心提供坚实保障。数据库完成内网搭建、服务器配置和测试、客户端软件调试运行、操作培训、数据录入、录入情况督查等工作。（杨　婷）

【主题活动】 2015年6月，雨花区现代服务业发展办公室配合区政府办开展乐购雨花房产节前期筹备和各责任单位的调度协调工作，确保节会活动圆满举行。7月，参与韩国CJ集团华中区域性总部项目的招商工作，为韩国CJ和本地购物频道牵线搭桥，赢得韩中双方企业的一致好评。11月，雨花区现代服务业发展办公室承办"中国中部湖南农博会"小辣椒逛农博专场活动，以中部新农业发展为背景，锁定新农业生态智慧理念，设计为《舌尖上的中部》《中国的，世界的》《茶山情歌》《民以食为天》四大主题，每一场均围绕主题设计赛道、游戏规则及企业品牌推介。（杨　婷）

工 业

【概况】 2015年10月，雨花区人民政府实施职能转变和机构改革，区工业和信息化局更名为区经济和信息化局（简称“区经信局”），为区政府直属事业单位，负责全区工业经济以及信息化工作，管理工业企业。内设办公室、经济运行科、企业服务科、工业节能科、区改制分离办，二级机构为中小企业服务办公室（含区改革改制事业单位退休人员管理办公室）。核定事业编制13名，其中局机关编制9名，二级机构中小企业服务中心编制4名，雇员编制5名。在职在编人员13人，雇员5名，退休人员12人。局党委下辖8个支部，党员79人；其中局机关在职党员11人，雇员党员1人，退休党员10人。办公地点设在雨花区人民政府机关大院2号楼B座2层。

2015年，雨花区围绕“筑牢基础、破解难局”的工作主题，以工业招商引资为主线，以转型升级为重点，以雨花中小微企业服务体系建设为抓手，努力实现雨花工业平稳较快发展。区经信局“三定三抓”联点康庭园（南庭企业三角洲）项目，联合东山街道、黎托街道与项目方多次对接沟通，5家企业与项目方联系和洽谈购买厂房、租赁厂房。抽调3人参加黎托高铁新城片区平阳项目指挥部拆迁拆违工作，完成平阳片区湘诚一百南片拆迁任务，4号地项目拆迁11栋。组织工业旅游进社区，失地农民专场招聘会，春节、端午、中秋节慰问困难群众等多次活动。到田心桥村“一进二访”，30余次走访29户困难群众；为1名残疾群众办理残疾证，为2名困难群众推荐工作，拨付资金为村民设立取水点，解决取水难问题。区经信局加强退休人员管理，落实老干部各项政治和经济待遇，坚持节假日走访和生病住院慰问制度。指导并支持离退休老干部开展活动2个离退休老干支部开展活动10余次。获区创新创业优秀单位、安全生产一等单位、“民意快线”工程二类单位、“三定三抓”活动二等单位、支援拆迁工作二等单位、区征拆安置工作服务先进单位，“阿里云创客+孵化器（长沙）创客空间及雨花中小微企业服务中心建设”获区“全面深化改革创新奖”。 （赵 佩）

【工业运行】 2015年，雨花区率先长沙市内五区出台《长沙市雨花区加快推进新型工业化发展和信息化建设的扶植奖励操作办法》，落实产业政策，协助企业申报项目，为企业解决实际问题。区经信局将园区和各个街道指标具体安排建议列表，明确目标。及时了解重点企业生产经营情况；综合分析工业系统经济运行和产业发展重大问题，研究提出经济运行调控目标、政策和实施意见，每月实行月目标任务通报，做到监测及时，反馈及时。规模工业产值、增加值完成情况每月上报市工信委运行处；农产品加工企业、乡镇企业情况上报市农业局每月；每月及每旬督促辖区内的长沙市百户重点监测企业，产值及企业生产经营情况报送市工信委，报表及时，报送情况准确。每季度召开运行工作调度会，狠抓生产，加强调度。项目建设顺利推进，待建项目储备充足。康庭园工业机器人项目标准厂房占地 8.45 公顷（127 亩），总投资 5 亿元，启动一期 9 万平方米建设。临振华路的 1 号栋（19 层）4000 平方米机器人展示中心以及 5000 平方米机器人研究院，主体施工至 17 层。精一自动化、长泰机器人、大捷智能办理国土证，拓野机器人、桥康智能用地摘牌，待办理国土证。长沙比亚迪汽车有限公司电动专用车（电动卡车）项目总投资 50 亿元，年内预估投资 5 亿元建设厂房。（赵　佩）

【企业服务】　2015 年，雨花区全面开展创客空间发展政策的调研，东湖高新、旭辉国际、新城新世界、汇财中心、汇艺文创中心等楼宇与众多投资机构形成共识，将按照差异化布点、特色化运营的原则进行众创空间建设。阿里云创客 + 孵化器（长沙）进驻德思勤，孵化器入驻项目“OK”记获阿里云全国创客大赛总决赛冠军，阿里云创客 + 长沙站获“阿里云创客 + 最佳合作伙伴奖”。11 月底，阿里云创客 + 长沙（孵化器）被长沙市人民政府授予“长沙市示范创客空间”称号；截至 12 月，20 余家优秀“互联网 +”微创企业意向入驻孵化器，进驻 16 家，并相继获得投资意向。德思勤创业基地通过省级创业示范基地初审公示。落实规模工业企业联点帮扶制度。区经信局启动“企业在心、服务在线”的主题帮扶和企业走访月活动，全局干部职工与辖区内规模以上工业企业一对一、点对点联系，上门走访企业，收集整理企业反映的困难和问题，分层面建立台账，逐一研究解决。组织专场招聘会解决企业用工难问题；为晶炬钣金争取一张二环内货运通行证。加快区级中小微企业服务平台建设，率全省之先制定“中小微企业公共服务体系建设工作三年规划”；筹建雨花区中小微企业服务中心，10 月 21 日启动运营；建设全省第一个一口式受理企业政务服务窗口，为企业开通政务办理绿色通道，首家试点企业两天内完成全部注册手续代办。以服务中心为核心枢纽，按照“1810”模式构建（即一中心、八平台、十站点）服务体系。区经信局与服务中心联动全区街镇、园区和示范楼宇，设立东湖高新、长沙总部基地园区中小微企业服务工作站，全面建设网格化的企业服务站点。开展为期 80 天的中小微企业服务季活动，在区服务中心、雨花亭街道、圭塘街道、高桥街道开展“股权时代之中小企业顶层设计沙龙”“创业公司如何打造爆品沙龙”“2015 年终财务决算、您准备好了吗”“雨花区工业经济和信息化政策宣讲会”等活动 8 次，反响热烈。加强安全生产管理，区经信局安全生产工作领导小组与区属企业和区域规模工业企业签订安全生产责任书；组织开展“安全生产月”活动，组织与重点企业负责人安全生产谈心对话活动，平均每个月下企业进行安全生产督查 2 次以上。

（赵　佩）

【改制分离】　2015 年，长沙市下达雨花区 17 家中央在长企业、14 家省属企业（第一批）、65 家市属企业社会职能分离移交任务，占全市任务量的 40%。雨花区制定推进社会职能分离移交工作实施方案，组织召开全区推进中央在长企业分离移交“三供一业”和省属、市属企业办社会职能分离移交工作动员部署暨业务培训会。9 月 15 日，第一批 24 个市属企业生活小区签订分离移交协议；第二批市属 27 个企业生活小区签订生活小区移交协议 22 个。

（赵　佩）

【分离移交工作会议】　2015 年 1 月 21 日，雨花区企业办社会职能分离移交工作领导小组召开会议，传达中央、省、市相关文件精神，专题研究讨论《关于推进中央在区企业分离移交“三供一业”和区域省属、市属企业办社会职能分离移交工作实施方案（讨论稿）》，各与会人员根据本部门的职责，积极发言，对方案提出意见和建议。副区长、区企业办社会职能分离移交工作领导小组常务副组长余宏卿就如何做好中央在长企业分离移交“三供一业”和省、市属企业办社会职能分离移交工作进行专门部署，强调各部门要高度重视，吃透上级政策和文件精神，通力合作；要做细实施方案，分工要明晰；要摸清底数和情况，测算好相关费用；要加强汇报，及时与省、市有关部门接洽，争取政策支持。区委常委、常务副区长、区企业办社会职能分离移交领导小组组长王雄文指示，成立工作机构，完善移交工作实施方案；确实摸清企业底数，做好预测算；掌握政策标准，建议召开专职人员培训会，进行选择性试点；全面动员部署，稳妥推进；加强财力和人力保障，安排专项工作经费；加强工作汇报和协调，确保大局稳定，在推进中央在长企业“三供一业”移交和省、市属企业办社会职能分离移交工作中交出满意的答卷。（梁郁喜）

【分离移交动员会议】 2015年4月16日，雨花区组织召开全区推进中央在长企业分离移交“三供一业”和省属、市属企业办社会职能分离移交工作动员部署暨业务培训会，会议由区人民政府副区长、区企业办社会职能分离移交工作领导小组副组长余宏卿主持，区委常委、区人民政府常务副区长、区企业办社会职能分离移交工作领导小组组长王雄文，长沙市企改办副主任、市国资委副主任陈军，市企改办督查部部长、市国资委改革处副处长彭亚辉等出席会议。区企业办社会职能分离移交工作领导小组成员单位分管工作负责人、工作人员、经济办主任及相关社区主任参加会议。雨花区工信局党委书记、局长、区企业办社会职能分离移交工作领导小组办公室主任粟芳进行工作安排部署；区人民政府与相关街道办事处签订移交工作协议书。陈军要求，要提高认识，切实增强使命感和责任感；要把准政策，规范有序地推进分离移交工作；要强化责任，确保分离移交任务落到实处。王雄文要求，要统一思想，提高认识；严格政策，统一规范；相互支持，密切配合。会后，市企改办督查部部长、市国资委改革处副处长彭亚辉对相关成员单位工作人员、各街道经济办主任和相关社区主任进行业务培训。（刘　柠）

【分离移交协议签约】 2015年9月15日，雨花区第一批市属企业生活小区社会职能分离移交协议签订仪式在区会议中心举行，副区长、区企业办社会职能分离移交工作领导小组常务副组长余宏卿代表雨花区人民政府与企业主管部门或企业行办签订移交协议。余宏卿感谢市分离办、企业主管部门、企业行办在雨花区社会职能分离移交工作中的大力支持，感谢区直相关部门、街道、社区的辛勤劳动，对如何完成好后续工作提出明确要求。长沙市企改办副主任、市国资委副主任陈军站要求全市思想要统一、认识要提高，组织要严密、移交要到位，工作要抓紧、任务要完成。雨花区率先在全市完成第一批市属企业的移交协议签订任务，此次签约涉及有市交通局、市机械行办等11个主管部门单位、22家市属企业24个生活小区，标志着雨花区企业办社会职能分离移交工作取得阶段性成果，具有里程碑意义。（刘　柠）

第一批市属企业生活小区分离移交协议签约

【工业经济运行分析会】 2015年7月24日，雨花区2015年半年度工业经济运行分析和业务培训会在雨花经开区召开。区工信局全体班子成员、经开区产业局局长及各街镇经贸办主任、全区102家规模以上工业企业运行监测员参加会议，区工信局党委书记、局长粟芳主持会议，区人民政府副区长余宏卿出席会议并作了讲话。区工信局副局长喻向东通报雨花区上半年工业经济运行情况，分析工业经济运行监测工作中出现的相关问题和工作中的难点，就运行监测工作作系统的业务培训。区人民政府副区长余宏卿指出，要认清形势，工业总体运行基本稳定但壮大非常艰苦；要找准问题，做好技术工人培养、企业文化弘扬、打造企业品牌等；要推进企业互联发展、借势发展、创新发展。（王红艳）

【雨花区工业获市表彰】 2015年2月10日，在长沙市市工业和信息化工作会议上，雨花区人民政府和长沙雨花经济开发区管委会获2014年度“长沙市加速推进新型工业化工作优秀单位”称号，湖南中烟工业有限责任公司、长沙市比亚迪汽车有限公司位列长沙工业三十强，全市6家2014年度企业技术中心（省级）雨花区占据2席，2家企业被评为2014年度长沙市加速推进新型工业化技术创新示范企业。雨花区作为的单位，近年来，全区工业经济呈现出增长快、效益好、活力强的良好态势。2014年，雨花区规模工业企业97家。含长烟，完成规模工业总产值549.99亿元，同比增长17.18%；实现规模工业增加值242.36亿元，同比增长7.0%。不含长烟，完成规模工业总产值361.40亿元，同比增长25.21%；实现规模工业增加值95.91亿元，同比增长13.7%，增速内五区排名第一。完成工业投资70.42亿元，技改投资35.77亿元。全区工业总产值和工业投资均超额完成全年目标任务。获得内五区唯一2014年度“长沙市加速推进新型工业化工作优秀单位”荣誉。（赵　佩）

【工信部考察中小微企业服务工作】 2015年11月25日，工信部中小企业局副局长许科敏视察、指导雨花区中小微企业服务中心工作，参观雨花区中小微企业服务中心、阿里云创客空间、德思勤创业大街；座谈交流长沙市双创工作及雨花区创客空间和服务平台建设工作推进情况。许科敏充分肯定长沙双创工作和雨花区在区级中小微服务站点工作建设上所取得的成绩，希望再接再厉，积极探索，积累经验，更好地发挥示范引领作用。省经信委副主任黄东红、省中小企业服务指导处处长夏俊辉、市经信委副主任周双恺、雨花区委常委、宣传部部长余宏卿等陪同。（赵　佩）

【省经信委调研雨花区移动互联网企业】 2015年5月19日，省经信委副主任陈松岭、软件和信息服务处处长颜琰、副处长宋虹、市经信委总经济师熊祥林、信息化局副局长谭雅琳调研走访乐住网络、喜鹊筑家两家移动互联网企业。企业负责人分别围绕各自的运营模式、技术优势，企业现状和发展规划等作了详尽的汇报。乐住网络科技有限公司旗下的乐住智慧小区项目是全国首个第三方智慧小区平台，着力于优化小区物业、小区业主、商家、政府四者关系，打通“最后一公里”服务的社区平台；喜鹊筑家集成家居系统（湖南）有限公司，整合家居产业链上下游资源，创建一体化家居运营平台，运用互联网技术为消费者提供设计、选材、施工、装饰、家电、家居百货等集成全案家居服务及产品配套解决方案。两家移动互联网企业各具特色，省、市主管部门领导对企业表现出浓厚的兴趣，给出指导性的意见和建议，并指出省市将配套出台一系列扶持政策。区工信局局长粟芳表示，移动互联网是雨花区新一代信息技术产业中的重点推进方向，区工信局将加大对移动互联网产业的扶持力度，针对移动互联网企业发展中的相关问题会全力协调，做好服务。（周　密）

【市经信委调研雨花区工业】 2015年4月16日，市经信委党委书记、主任邓自力一行走访调研长泰机器人、比亚迪汽车和科达建设机械三家园区工业企业，区工信局局长粟芳汇报工业经济情况和经开区工业机器人产业示范园项目建设情况；副区长余宏卿补充汇报：雨花工业有规模、有认识、有抓手、有前景，但要解决工业企业归属感、工业人才培养、工业地产政策优化三个问题。雨花区委副书记、区长张能峰表态，将继续盯紧看牢工业机器人产业，进一步加大对园区的支持，把工业牢牢地抓在手上。邓自力认为，雨花工业已基本成熟定型，雨花工业发展要坚持道路自信和理论自信，利用难得的战略机遇，做大做强机器人产业；要有强烈的使命感，

区县园区间避免同质竞争，要互联互通，才能共赢。雨花区经开区工委副书记、纪工委书记洪健参与调研活动。（赵　佩）

【市经信委调研雨花区环保企业】 2015年5月26日，长沙市经信委调研省政府《湖南省人民政府关于加快环保产业发展的意见》《湖南省加快环保产业发展实施细则》落实情况，重点听取企业对全市落实省政策与制定市级发展环保产业政策的想法与意见，对政府抓好环保产业还有哪些建议，对环保产业发展四大重点领域以及环保新技术及推广应用的构思。市经信委副主任吴宏亮、节能与资源综合利用处处长熊诗奇实地走访清之源环保公司，参观公司技术研发中心，与公司相关领导及部门主管进行座谈，听取公司领导汇报清之源研发项目、企业现状和发展规划，以及在生活污水模块化人工湿地处理技术、光伏行业废水处理技术应用等方面的新进展。雨花经开区管委会副主任邓波陪同调研。（刘　玮）

【区政协考察中小微企业服务工作】 2015年11月26日，区政协主席李电晖一行考察雨花中小微企业服务工作，参观长沙九泰总部基地区中小微企业服务站点、雨花区中小微企业服务中心、阿里云创客＋长沙（孵化器），听取区经信局局长粟芳关于雨花区双创工作及服务平台建设工作的情况汇报。区委常委、宣传部部长余宏卿参与此次活动。余宏卿指出，经济线将协调角度和方式定位为“企业服务”，有干劲、有激情、有状态，推动了企业凝聚力。李电晖表示，雨花中小微企业服务工作视野开阔、创新发展且成效显著，经信工作大有可为，一定要把主要工作指标完成到位；一定要把工作亮点早日打造到位；工作对象一定要服务到位。（赵　佩）

【社区党员参观规模工业企业】 2015年5月20日，雨花区工信局党委组织联点共建的东山街道黎托社区筹委会党总支、长托社区筹委会党总支、东山镇社区党支部的近100名党员参观雨花经开区规模以上工业企业克明面业长沙工厂和比亚迪汽车（长沙）有限公司。党员们参观克明面业长沙工厂企业荣誉馆、制面车间、分装车间，看到平日里经常吃的挂面在整洁的厂房内迅速成型包装，大家都感到很新奇。分乘电瓶车近距离参观比亚迪汽车（长沙）有限公司包括钣金车间、涂装车间、装配车间在内的比亚迪F0整车流水线，感受到高科技工业生产的效率和现代化。党员们表示，通过活动，让大家充分感受到规模企业和家乡城市建设发展的新成就，进一步解放了思想，开阔了视野；认为，片区发展建设离不开社区居民的理解和支持，基层党员要继续做好联系群众和宣传鼓动工作，发挥好表率和带动作用，在当前大拆迁拆违的重点工作中起到应有的作用。有着近20年党龄的东山街道黎托社区筹委会党员邓如兴表示，“看到家乡日新月异的变化，看到辖区骨干企业的活力，感受到‘五新雨花’发展的新步伐，作为一名社区老党员，我感到内心激动、无比自豪。”（刘　红）

【市经信委指导雨花区创客空间工作】 2015年10月14日，长沙市经信委副主任周双恺、中小企业处吴纯处长一行人考察德思勤城市广场阿里云创客＋长沙站及雨花中小微企业服务中心，参观创客空间建设与运营情况，逐楼层实地走访了解入驻创客开发团队的工作办公环境。听取阿里云创客＋长沙站负责人蒋建华介绍创客空间运营进展情况及阿里云创客＋开展“诸神之战——激荡湘江创客大赛”活动情况。区经信局局长粟芳汇报即将举行的挂牌仪式筹备工作解读雨花区中小微企业服务体系建设情况。周双恺高度评价雨花区高标准、高起点、高要求地推进创新创业工作，希望雨花区在推动创新创业、城市综合体发展和企业服务上争当标杆，勇于创新，为长沙市创业创新示范城市建设增光添彩。（周　密）

【阿里云创客＋长沙站创客大赛决赛】 2015年7月7日，阿里云创客＋与雨花区人民政府正式签约，阿里云创客＋落户雨花区德思勤城市广场。7月15号，为助力“大众创业、万众创新”，阿里云创客

＋联合国内知名媒体、知名创投机构、数十家国家级园区共同打造基于“互联网”精英团队的诸神之战创客大赛启动。8月20日，阿里云创客＋诸神之战之激荡湘江创客大赛开启，标志着长沙市在响应李克强总理“大众创业、万众创新”的号召下，随着互联网创业浪潮走在全国的前列，阿里巴巴集团与雨花区的强强联合，也必将吸引广大拼搏在北上广深的湖湘才俊返乡创业，造就属于创业者也属于湖南的一个个互联网新的神话和传奇。阿里云创客＋诸神之战—激荡湘江创业大赛（暨长沙分站赛）组委会经过1个月的海选，从120多个报名项目中优中选优精选28个优质项目开展2天的初赛路演，经过16个投资人的专业评选，匠生活、一号巴士、字恋映像、乐喜宴会、简爱花卉、OK记、美丽邻居、云梦微站、收集盒、云标牌十强团队进行决赛。10月8日，由长沙市雨花区人民政府与阿里巴巴集团阿里云创客＋联合主办，湖南融港信息科技有限公司承办，精创汇（长沙）信息科技有限公司、德思勤城市广场协办的阿里云创客＋诸神之战—激荡湘江创业大赛（暨长沙分站赛）决赛路演在德思勤城市广场举行。十强团队对项目进行路演，每个项目路演20分钟，其中讲解时间8分钟，评委点评时间3分钟，评委提问和创业者答疑时间9分钟，OK记项目获长沙站冠军，将代表长沙站参加10月中旬杭州举办的阿里云创客＋总决赛，直面马云的指点。副区长余宏卿、阿里云高级业务总监荆慧、湖南融港信息科技有限公司董事长张途刚、德思勤投资有限公司董事长龙固新观摩决赛。（黎　华）

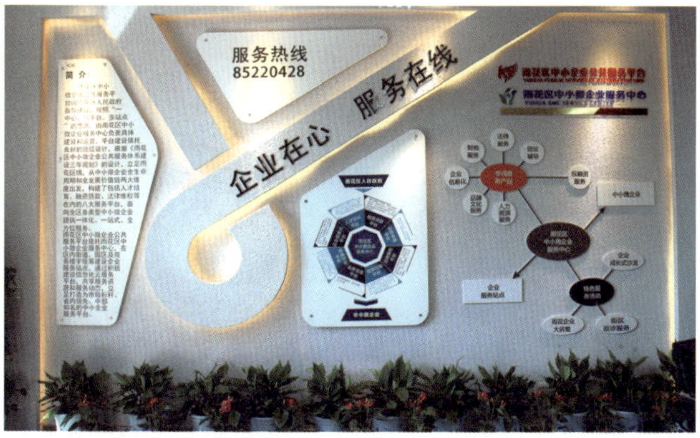

雨花区中小企业服务中心接待室

【阿里云创客＋孵化器（长沙）揭牌】 2015年10月21日，阿里云创客＋孵化器（长沙）揭牌暨雨花区2015中小微企业服务季启动仪式在德思勤城市广场圆满举行。雨花区人民政府副区长余宏卿主持活动，省经信委副主任李球、省经信委中小企业服务指导处处长夏俊辉、市经信委副主任许卫华、阿里云创客＋业务负责人邢戈、湖南融港信息科技有限公司董事长张途刚、德思勤集团董事长龙固新等出席活动。雨花区委书记邱继兴代表雨花区委区政府感谢各方一直以来支持雨花创业创新工作发展，表示雨花区将深入推进简政放权，进一步推行一站式窗口服务，通过支持举办创业创新大赛，进一步完善“双创”所需要的公共产品和服务，让广大热衷创新创造的创客和极客们大展身手。许卫华表示，市经信委一定全力以赴支持阿里云创客＋孵化器的建设和运营，尽职尽责支持雨花区小微企业服务体系及平台建设。李球充分肯定雨花区为推动全省创新创业所做的工作和取得的成绩，对未来将阿里云创客＋孵化器（长沙）打造成为高水平的新型创业服务平台表示期待。启动仪式结束后，与会领导、嘉宾参观阿里云创客＋孵化器（长沙）和雨花区中小微企业服务中心。（赵　佩）

【打击稀土违法违规行为布置会】 2015年2月28日，雨花区召开打击稀土违法违规行为专项行动工作布置会，区工信局局长粟芳主持会议，区工信局副局长黎华介绍近两年打击稀土违法违规行为工作的开展情况，安排布置2015年专项行动。区政府办常务副主任李文进行工作强调，要求各单位加强认识，落实职责，密切配合，迅速做好工作排查。各参会单位根据本单位相关职责和前期掌握的情况进行讨论和表态发言。雨花区经开区、区工信局、区公安分局、区国税局、区地税局、区工商分局、区安监局、区环境保护局及部分街道相关负责人参加会议。会后，区工信局建立稀土联合检查工作QQ群，各单位迅速明确专人，共同配合联合参与此项工作。（周　密）

农业·林业·水利

综　述

【概况】 2015年,雨花区农业林业水利局(简称“区农林水局”)内设办公室、农林科、水利水建科(试运行)科、畜牧水产科、经管科、计财科6个职能科，辖长善垸雨花区堤委会、雨花区合丰堤委会、雨花区动物卫生监督所、雨花区农机监理站、雨花区河道堤防管理站、跳马电排站和雨花区农业林业水利局驻跳马动物防疫站、雨花区农业林业水利局驻跳马林业站。核定编制85名，全体在职干部职工数55人，其中正科级实职领导2人，引进人才3人，雇员5人，退休22人。局党委辖6个党支部，党员81人，其中在职党员59人。办公地点设在雨花区人民政府机关大院2号办公楼B座4层。

2015年，区农林水局团结协作，围绕中心，服务大局，深化创新，强化执行，较好地完成各项目标任务。分2批次抽调10人赴川河、潭阳等地参与、支持全区拆迁拆违工作，如期完成违章建筑拆除工作，获得市拆迁拆违优秀集体称号。被评为2015年度全市重大动物疫病防控工作红旗单位，农村集体“三资”管理工作先进单位，全体农村集体“三资”管理工作先进单位。（于夏娃）

【“一进二访”】 浏阳市社港镇龙华村，地处浏阳市社港镇西北部，全村1520人，无村级集体收入，人均年收入仅4080元。全村有132户居住在土坯危房中，无房户26户，贫困户105户，属典型的边远山区特困村，2014年被定为省级贫困村。2015年9月，根据长沙市统一安排，雨花区和市交通局对口帮扶龙华村。9月29日，副区长陈怀宇带领雨花区委组织部、区民政局、区农林水局、区残联等部门主要负责人龙华村开展“进村入户、访困问需、访贫问计”的“一进二访”活动，与浏阳市、镇、村相关单位负责人座谈会，研究开展“一进二访”相关工作，确定区农林水局牵头，火车南站地区综管办、区民政局等12个部门组成联点扶贫工作队，开展对症帮扶，力争实现贫困户帮扶全覆盖。10月10日，陈怀宇主持召开雨花区政府和长沙市交通局对口帮扶浏阳社港镇龙华村“一进二访”工作调度会，区火车南站地区综管办、区编委办等12个区直单位参加会议。区农林水局就“一进二访”工作要求、龙华村108户困难户结对安排、走村入户登记及问题清单的收集等进行部署。市交通局人事教育处彭小良处长代表市交通局接受38户的对口帮扶任务，表示尽力做好工作，确保“一进二访”实效。14日，区陈怀宇带领区农林水局、区民政局相关负责人，再次到龙华村，了解龙华村村支两委班子与队伍建设、村级经济状况、特色产业、基础设施建设、居民生产生活等方面情况，梳理收集村问题清单，为制定精准扶贫方案打基础。通过入户走访，已经帮扶解决问题87个，折合帮扶资金7.64万元。其中市交通局解决问题9个，帮扶资金2.88万元；雨花区解决问题78个，折合帮扶资金4.76万元，帮扶效果明显，《长沙晚报》以“好山好水引种‘高大上’西餐香料”为题，介绍经验。对口帮扶工作将延续至2017年。（于夏娃）

【“三资”公开平台】 2015年，雨花区运行和完善村集体“三资”公开平台，全区基层“三资”监管进入科学化、信息化时代。13个街镇设立村（社区）级账套184个，组账套423个，资金核算量38亿元，登记固定资产7.16亿元，实现村（社区筹委会）级财务管理的信息化、规范化。通过建立“三资”数据公开平台、完善阳光三农网功能，村级财务公开方式得到有效的扩充。（于夏娃）

【农博会服务】 2015年中部（湖南）国际农业博览会于11月17—24日在红星国际会展中心隆重举行，根据组委会的统一安排，区农林水局主要负责做好三楼休闲农业布展的衔接和服务工作，参与全过程的前期策划、布展和会展期的组织、服务及保障工作。三楼休闲农业布展面积10000平方米，分东线和西线两大板块，36家星级农庄、示范农庄参加展出。整个展区以“乡约长沙“为主题，精心组织浏阳、望城、宁乡、长沙县等每日主体活动，推出长沙休闲农业精品旅游线路，展现现代农业、休闲农业的风采。三楼休闲农业展区成为该届农博会一大特色和亮点，得到国家、省、市各级领导的高度评价，得到市场和市民的一致好评。（于夏娃）

农 业

【农业生产】 2015年，雨花区栽种早稻2.54公顷（38.1亩）、一季稻2958.67公顷（4380亩）。常年商品蔬菜生产基地面积151.33公顷（2270亩），蔬菜农残市检合格率100%，未发生一起农产品质量安全事故。生猪养殖户1553户、家禽养殖户2491户。出栏生猪3.93万头，生猪存栏1.4万头，其中母猪存栏0.19万头；出笼家禽9.8万只，家禽存笼9.16万只；禽蛋产品930吨。犬只存笼约8000只。农贸市场80个，屠户摊位562个、家禽摊位270个、动物产品冷冻摊位102个；石马、红星两大畜禽交易批发市场，动物产品存储冷库1家；年屠宰规模300多万头的屠宰场1个。养殖水面580公顷（8700亩）亩，水产上市5887吨。其中，区扶持重点创业产业项目美珍匙吻鲟养殖场，培育苗种达350多万尾，实现产值近300万元，净利润80多万元。（于夏娃）

【农产品质量安全】 2015年，雨花区进一步健全农产品质量安全检验检测体系，不断强化日常监管和检查，加大对农产品质量安全违法案件的打击力度。区农林水局着重加强对农产品生产基地、农资门店、农贸市场、农产品生产企业的监管，与区内的农产品生产基地、农产品生产企业签订农产品质量安全责任书，并与所辖的农资门店、兽药销售门店等签订农药、兽药销售承诺书，与10个农贸市场签订农产品质量安全承诺书，联合各涉农街道农办，对生资店进行剧毒、高残留农药及饲料、兽药的检查整治工作，杜绝高毒、高残留农药及瘦肉精等违禁添加物在蔬菜、畜禽水产产区的销售和使用，从源头上保证农产品的生产安全。开展蔬菜自检和动物疫情监测，有效确保上市农产品质量安全。市农产品检测中心抽样检测6次，样品42份，合格率100%，完成产地自检1300批次，超额完成目标任务。抽检生猪尿样820份，所有抽检的生猪尿液全部为阴性，生猪“瘦肉精”检出率为零。随机抽样送市检测中心检测的高致病性猪蓝耳病、猪瘟、口蹄疫、高致病性禽流感免疫抗体水平全部合格，有效控制H7N9禽流感疫情的发生，维护全区畜牧业的健康发展和公共卫生安全。扶持新建无公害蔬菜直销门店34家，配送冷库1家，通过在基地建立速测站、积极配合市检、省检和国检，逐渐完善蔬菜基地监测体系。（于夏娃）

【动物防疫】 2015年，雨花区加大动物防疫宣传力度，加强防疫体系建设，完善动物疫控应急预案。制作动物防疫宣传板报12块、横幅30条，发放调查问卷240份、致全区养殖场（户）及兽药、饲料经营门店的《告知书》2000多份、《长沙市雨花区重大动物疫病强制免疫公告》2000多份、“人感染H7N9禽流感病毒知识问答”8000多份、《食品安全知识宣传手册》9000册。免疫注射猪瘟疫苗4.3万头、生猪五号病疫苗4.3万头、生猪蓝耳病疫苗4.3万头、禽流感疫苗19.91万只、鸡新城疫10.7万只，生猪五号病、生猪蓝耳病、猪瘟、禽流感和鸡新城疫等疫病率均达应免数100%。完成畜禽水产品抽检833批次，“瘦肉精”阳性、畜禽水产品药残检出率均为零，合格率100%；完成水产品例行抽样检测3个品种4个项目，水产品药残检出率为零，合格率100%；完成约44万头生猪同步屠宰检疫。全区未发生一起重大动物疫情和农产品质量安全事故。（于夏娃）

【服务“三农”】 2015年，区农林水局坚持以市场为导向，以农业增效和农民增收为目标，创新服务方式，不断提升服务“三农”的水平，获得长沙市“服务三农”优秀单位称号。强化监督指导，不折不扣地执行中央、省、市有关惠农补贴政策，及时、足额发放粮食补贴、移民补贴、生态公益林补贴等惠农资金补贴，确保补贴政策及时落到实处。组成农资市场检查小组，对全区的种子经营点及农药经营点进行拉网式排查，与农资经销商签订责任书，严厉打击假冒伪劣农资产品，净化农资市场。积极推动农业产业化工作，组织参加长沙现代农业建设投资推介会，通过招商引资推动农业项目建设和农业产业化发展，农业招商引资任务6亿元。为企业争取上级各类扶持资金200余万元，推动企业发展。积极培植农业龙头企业，发挥龙头企业的示范带动作用，通过培育和扶持龙头企业，带动全区农业经济的发展。全区国家级龙头企业1家（红星农副产品大市场），有二家省级龙头企业2家（湖南佳和农贸有限公司、湖南美津园油脂有限公司），市级农业龙头企业12家。开展科技培训与服务，大力推广水稻增产三项关键技术，落实集中育秧和合理密植技术措施，指导花卉苗木栽培技术，免费发放生物农药给蔬菜基地、花卉苗木种植主、农户。（于夏娃）

林　业

【林业生产】 2015年，雨花区坚持“严格保护、积极发展、科学经营、持续利用”的原则，围绕“生态建设”主题，加强森林资源保护管理。根据市委、市政府“三年造绿大行动”的要求，雨花区按照原定实施方案，多部门分工协作开展三年造绿大行动工作，完成三边四旁造绿140.94公顷（2114亩），创建绿色村庄一个，新建绿色庭院60个。研究制定跳马镇造林绿化方案，9月开始，投入资金300万元，跳马镇复兴村某火烧迹地和跳马镇儿家卸土场等进行清表、造林绿化约80公顷（1200亩）。（于夏娃）

【森林防火】 2015年，雨花区林地面积增加至1.6万公顷（24万亩），处理森林火警5起，其中同升3起、跳马镇2起，过火面积约0.17公顷（1亩），控制在1‰以内。雨花区加强领导，全面落实森林防火责任制。区政府与有关街道、镇党政领导、驻区单位签订森林防火责任状，森林防火工作纳入对各街道、镇农业工作考核内容。区农林水局强化宣传，完善森林防火应急预案，加强应急演练，落实工作措施，通过各种宣传工具进行防火知识宣传，发放宣传资料1.5万多份，其中森林防火宣传横幅200幅、禁火通告400张、防火宣传手册2000多份。出动宣传车60多台次。区政府追加预算153万元购买远程森林消防水车2台，远程森林消防水泵8台、油锯4台、对讲机5台、2号工具200把，修建防火隔离带17.7千米，提高森林防火扑救能力。区农林水局在跳马镇组建50人的森林扑火队伍，9月下旬，聘请森警部队教官对全体人员专业培训6天，为有效保障林业资源安全奠定坚实基础；12月，在市森林防火指挥部组织的森林防火培训比武中，雨花区综合成绩排名第二。（于夏娃）

水　利

【水利建设】 2015年，以“八保”（大堤保安、通道保畅、机电保转、河道保洁、物资保有、值守保长、巡查保点、队伍保稳）作为目标，切实做到“三防三保”（即防山洪地质灾害、防城区内涝内渍、防流域性洪水，保山塘水库安全、保堤垸安全、保湘江枢纽工程安全）。投入约4.5亿元，建设潭阳垸后河雨污合建泵站、配套工程污水临时收集管网、同升湖水库、新塘冲水库、乌石塘水库三座小型水库除险加固、曙光垸浏阳河大堤综合整治工程、由环科园负责实施的圭塘河堤岸综合整治工程（环保大道至跳马边界段3千米）、由城建投负责实施的圭塘河风光带综合整治工程（木莲路至湘府路）以及民办公助小农水项目（计划完成骨干山塘10座，山塘清淤70公顷，沟渠疏浚50千米，机埠改造6处，小型河坝整修9处）8个水利项目。潭阳垸后河雨污合建泵站主体工程完工，配套工程临时污水管网收集完工并验收，病险水库除险加固项目、圭塘河风光带综合整治工程进展顺利，小农水项目开工率90%，整体水利建设进度约为80%。　（于夏娃）

【水利工程】 2015年，雨花区内主要的水利工程建设任务有：

圭塘河生态引水工程　该工程项目为市对区水生态文明城市建设试点工作任务（长政办函[2014]129号），纳入水利部河湖连通工程范畴，项目总投资约7.5亿元，包括水生态治理、河道补水、景观水面三块，在圭塘河上游盘古坝位置及同升湖大坝下游进行湿地建设，增强河道自身净化功能，改善圭塘河水质。通过提水泵站、渠道、隧洞、渡槽等从浏阳河引水注入圭塘河，以缓解圭塘河水量及水质缺水问题。结合补水及水生态治理方案，在补水渠道沿线进行水源涵养、水土保持生态、景观项目。7月，市水利设计院将《湖南省长沙市圭塘河河湖连通工程可行性研究报告》报送至市水务局，市水务局组织对该项目进行技术审查，批复项目可研审查，原则同意该项目整体任务及方案。拟于2016年9月完成该项目前期设计、招投标工作，进场施工。

农村自来水工程　跳马地域范围广阔，人口居住较为分散，涵养水源能力较差。2013年—2014年，跳马镇实施农村饮水安全项目，总投资约1300万元，在金屏、石燕湖、田心桥、新田4个村接入自来水管网。余下15个村、社区需要在未来2年内解决自来水引入问题。市水利设计院设计，沿新洞株路铺设管径500毫米主水管网12.5千米，在适当地方修设加压站，以加压的方式送水入户，同时修建蓄水池，补充应急用水需求。该项目可覆盖金屏、石燕湖、喜雨、跳马、关刀、嵩山、三仙岭6村的自来水供应，计划于2016年9月完成前期设计、招投标工作，进场施工。同时，在各村以村或组为单位在片区寻找水源，确保完成2016年自来水供应率70%的目标任务。

“民办公助”小农水建设　雨花区有小（1）型水库3座，小（2）型水库16座，山塘约4000口，渠道1000余千米，为全面做好小型农田水利基础设施建设，拟对辖区内骨干山塘进行分批遴选改造，做好山塘清淤整治、沟渠疏浚、闸坝改造等基础设施建设。

其他水务工程建设　加快曙光垸浏阳河防洪大堤综合整治、圭塘河环保大道至跳马边界段堤岸整治工程，2016年3月底前完成整体工作任务并进行初步验收；加快渔山港泵站拆除重建工程建设进度；综合整治圭塘河4处滩地：沪昆高铁浏阳河桥至汤阳桥排渍泵站对面浏阳河滩地、浏阳河竹沙桥泵站附近滩地、圭塘河白沙湾路桥至花桥污水处理厂出口滩地、圭塘河嘉雨路至民主路段滩地；排查全区范围内的排渍、灌溉泵站、电排站，对设备陈旧的泵站进行设备更换、提质改造。　（于夏娃）

【水务管理】 2015年，雨花区进一步加强和规范水利工程建设管理工作，规范项目法人制、招标投标制、工程监理制、合同管理制、完工验收制、工程质量终身负责制等制度，严格执行建设项目技术指导，保证工程建设的质量和进度。认真落实长沙市《关于进一步加强水务工程建设项目招标投标的实施意见》，进一步加强水务工程招投标监督管理，规范水务市场秩序，确保水务工程质量和资金安全。建立工程建设进度旬报制度，加强各个环节的监督与管理，有效控制质量事故和缺陷的发生，保证工程质量。实施施工廉政合同“双签制”，层层签订水利工程建设安全生产目标责任状，明确安全责任人和保证措施，加大安全生产检查力度，确保水利工程安全有序的建设。进一步理顺小农水项目建设流程，对该项目进行统一设计，制定设计标准后，严格按设计内容施工，完善现场监督管理和建后验收流程，确保小农水项目建好、管好、用好。

（于夏娃）

【防汛抗旱】 2015年，雨花区汛期降雨频繁，雨量大，5月、6月遭受几次大到暴雨的过程，部分地区出现较为严重的洪涝灾害。区委、区政府严格执行上级防指的统一部署，扎实做好各项防汛工作，实现“防洪堤防不决口，水库不跨坝，城区少渍涝，全区安全度汛”的防汛工作要求，确保安全度汛。雨花区根据实际工作需要和机构组成人员变动等因素，及时对防汛机构做了调整，加强和充实防汛指挥队伍，落实防汛责任。3月中旬，雨花区抓住汛前有利时机，组织技术干部，全面检查各街道（镇）、社区筹委会（村）、堤委会、水管站汛前准备工作。重点检查堤防险工险段、小（2）型以上水库、重点山塘、新建在建水利工程、山洪地质灾害隐患点各项防汛准备工作落实情况。针对检查中发现的问题现场下发整改通知，并要求在本月月底全部整改落实到位，及时消除安全隐患，确保各类水工程安全度汛。加大防汛工作的宣传力度，通过信息平台、组织培训等形式，树立洪患意识，提高全民的防灾避灾能力，对洪涝灾害始终保持高度警惕性。4月1日，召开全区防汛抗旱工作会议，传达全市防汛工作的会议精神，全面部署防汛抗旱工作。及时修订、完善《防汛抗旱应急处险预案》《山洪地质灾害防御预案》《堤防险工险段应急处险预案》《在建涉水工程防洪应急预案》《水库、山塘防汛应急预案》等各类预案，确实提高各类预案的针对性和可操作性严格按照省、市防汛物资储备定额要求及时补充备注防汛抢险物资，做到管理有序。集中培训街道（镇）、社区筹委会（村）、堤委会、水管站等两级防汛抗旱工作人员，提高各级领导和干部的指挥水平和应急能力。加强抢险专业队伍的培训和演练，确保抢险队伍能够“招之即来、来之能战、战之能胜”。严格执行领导带班、技术人员跟班、值班员值班的汛期24小时值班制度。及时准确上报各类信息，不误报、不迟报、不漏报。严肃调度纪律，加强水库、泵站管理单位的防洪调度，从严控制病险水库蓄水。 （于夏娃）

财政·税收·金融

财　政

【概况】　雨花区财政局负责全区财政管理工作，设办公室、综合科（税政法规科）、预算科（财源建设管理办公室）、财政监督检查局（绩效评价科）、行政政法科（农业科、外经济贸易科）、教科文科（企业科）、社会保障科、经济建设科（金融与债务科）、政府采购监督管理科（资产管理和控制社会集团购买力办公室）、街道财政管理科（会计科）、10个职能科室和财政预决算（投资）评审中心、长沙市雨花区财政国库管理局、长沙市雨花区非税收入管理局3个二级机构，以及财政局雨花经开区分局1个派出机构，下辖1街道（镇）设财政所。总编制52名，其中行政编制20人，事业编制31人，工勤编制1人，2015年，全系统在岗83人，其中，在职在编干部职工48人，人才引进3人，退休干部5人，雇员27人。办公地点设在区政府机关大院一号楼B座。

2015年，区财政局秉承“稳增长、调结构、促改革、惠民生”工作思路，积极作为、迎难而上，狠抓财源建设、增收节支和财政管理，全力保障各项重点支出，财政收支运行总体平稳，预算执行情况良好。　（易　花）

【财政收支】　2015年，雨花区完成财政总收入1297197万元，比上年同期增加110636万元，增长9.32%。其中完成一般公共预算收入611340万元，比上年同期增加84907万元，增长16.13%；加上级补助收入、债务转贷收入、上年结余、政府性基金调入及收回往年结余共计237507万元，减去上解支出4746万元，实际可用财力为844101万元。税收收入262985万元，同比上年减少38422万元，下降12.75%；非税收入348355万元，同比上年增加123329万元，增长54.81%。上划中央“两税”收入137280万元，比上年同期增加30240万元，增长28.25%。完成一般公共预算支出786170万元，比上年同期增加167209万元，增长27.01%；安排预算稳定调节基金4728万元，年终滚存结余3403万元。　（易　花）

【财源建设】　2015年，雨花区积极应对财税体制改革和经济下行双重挑战，制定五年财源发展规划，确定未来支柱财源、梯度财源。面对经济下行强大压力，瞄准目标不退缩，培植财源找突破，始终把完成财税目标任务作为工作的重中之重，着力创收，打造优势财政。定期采集涉税信息，全面掌握辖区内税源动态变化。强化长效税源管理，推行市场委托代征，创新零散税收征管。健全街道财源建设和协税护税目标考核体系，突出考核税源引进、异地纳税清理、重点税源协调三项重点，提升街道工作积极性。定期召开财税调度会，区财政、税务及各街道分工协作，深入开展重点、难点税源摸底清理和异地纳税清缴工作。探索和培植新型产业发展模式。在深入分析的基础上完成《财税体制改革对我区经济的影响》《2015年上半年度税收结构简析》等课题研究，为进一步理顺收入管理思路，探索收入增长机制提供参考。多途径帮扶企业发展，既注重稳定长效税源，又注重吸引外来重大税源入驻。想方设法破解项目开工难题，及时启动高铁片区、雅塘片区等项目。拨付企业扶持专项资金400余笔，约7534万元，通过制定产业扶持奖励政策，着力引导扶持现代服务业发展。加大项目跟踪落实力度，推进项目开工达产，拉动税收增长。从8月份开始，牵头组织工商、税务、各街道、跳马镇在全区开展税收属地管理专项清查行动，清查摸底企业657家，税收关系落地144家，已落地企业预计新增税收5159万元。严格考核奖惩。坚决落实《雨花区财源建设工作考核奖惩办法》，重点抓税源引进、异地纳税清理、重点税源协调等工作，进一步调动各级各部门培植财源、发展经济、做强财政的积极性，完善财源建设的培育机制，加快财源建设步伐。（易　花）

【财政管理】　2015年，雨花区科学编制预算，首次实现人大与审计对政府预算编制工作全方位全过程审查监督；刚性执行预算，规范预算审批流程，上半年实现预算零追加，全年预算追加19笔。推行预决算公开，除涉密单位外，公开68家预算单位的部门经费及三公经费预算，首次推行决算公开，下发部门决算批复及公开要求文件160份，涉及公开财政资金35亿余元。深化国库集中支付改革，加强资金集中支付监管，严格审核支付申请，直接支付达97.51%，退票974笔，退票金额3672万元，促使政府采购、三公经费、项目化资金等制度文件得到有效执行。完善操作规范，利用网上竞价平台，进一步做好政府采购信息发布工作，确保政府采购公开、公正、公平。严格按照中央厉行节约要求，“三公”经费只减不增，杜绝一切不合理开支，“三公”经费支出较上年同期大幅下降。深化公务用车改革，核定涉改车辆及司勤人员信息，科学测算成本，做好准备工作。着力监管，打造绩效财政，年初制订债务收支年度计划，合理均衡分配长短期负债比例和还款期限，把好“总量关”。严明债务预算，把好“入口关”。严控债务用途，把好“使用关”。建立日常盘活存量资金机制，消化安排各级专项存量资金4.6亿元，并按照要求统筹收回结转两年以上的结余，有效盘活存量资金。往来账清理纳入常态化管理，健全日常管理和集中清理相结合的管理机制，成效显著。严格政府投资项目评审管理，加快遗留项目审结速度，完成435个项目结算评审工作，送审金额13.74亿元，审定金额10.23亿元，核减金额3.51亿元，核减率26%。开展重大专项中期绩效评价试点，将教育信息化建设专项资金等15个2014年度支出项目，以及档案局等3个部门整体支出，作为重点评价对象，评价资金总额1.93亿元。完善财政监督机制，组织实施多次专项监督检查，确保“财政大监督”工作机制良性运行，进一步提升财政精细化管理水平，确保财政干部和财政资金两个安全。（易　花）

【财政保障】　2015年，雨花区优化财政支出，新增财力的80%以上用于民生支出，全年拨付重点工程、城管综合整治、拆迁拆违、棚户区改造、保障房建设、跳马地区投入等资金近16亿元，保障重大项目建设顺利推进。优先发展教育事业，投入84283万元，比增长12.19%。投入1.3亿元，对东澜湾小学、佳兆小学、和平小学等进行新建、维修和改扩建；投入1200万元，用于全区学校班班通等信息化建设，每个班级可以与外界进行不同层次的信息沟通和资源获取；投入409万元，保障学生的健康饮水；投入504万元，用于各校安全保卫工作。加快健全以社会保障、社会福利和社保救助为主体的覆盖城乡的社会保障体系，进一步完善城乡基本养老保险制度，社会保障和就业支出31017万元，同比增长10.64%，住房保障支出8407万元，同比增长445.55%。发放城乡居民最低生活保障金850万元；发放全区医疗保险1117万元，养老保险460万元；加大保障性住房建设支持力度，拨付安居工程专项资金2988万元；继续落实惠农政策，

发放9项强农惠农补贴722万元，有效提高农民生活水平。（易　花）

税　务

·国家税务·

【概况】　雨花区国家税务局负责雨花区范围内的国税征管，2015年，设办公室、财务管理科、监察室、人教科、党办、工会、信息中心、征收管理科、税政法规科、纳税服务科、收入核算科、税源管理一科、税源管理二科、税源管理三科、税源管理四科、退税科16个科室，辖井湾子、高桥、东塘、左家塘、经开5个税务分局。全局干部职工306人，其中在职干部职工270人，退休干部36人，党员191人。

2015年，雨花区国家税务局严格落实中央“八项规定”，制定《长沙市雨花区国家税务局督查工作制度》，局领导轮流带队督查，加强税风税纪。严格公务接待审批制度和公务卡消费结算制度，公务接待一律在区局食堂设工作餐。严格按照《廉政准则》和党员标准，坚持从领导干部做起，带动党员和群众共同遵守党纪政纪，进一步夯实党风廉政建设思想基础。开展“守纪律、讲规矩”主题教育活动，继续加强理想信念教育、宗旨教育和廉政法规教育，力戒形式主义，力求实际效果，开展“走进长沙监狱”等富有特色的纪检日活动，对干部进行最直观的警示教育。完善内控机制建设，以规范权力运行为重点，突出抓好执法监督，对薄弱环节定期开展风险排查。携手中建五局三公司开展廉政文化共建，秉承“同德、同心、同力”的协作精神，树立良好形象，促进征纳和谐。发挥群众监督和社会监督的作用，开展电话问廉、家属助廉活动，有效查处违纪行为。开展红包礼金专项整治，对违反规定的干部进行纪律处分和经济处罚，实现系统作风的不断好转。切实提高行政效率，进一步规范财务管理，开展经济责任审计和财务审计，推进规范津补贴工作，做好公车改革和养老保险改革准备。开展全局安全大检查，建立“维护安全稳定”值班制度，完善值班、安保、消防、车辆管理等制度，全年无重大安全事故发生，实现平安创建目标。狠抓网络安全管理，开展首届税务系统网络安全周活动。明确专职网站管理员，强化网站管理，彻底消除网站“僵尸”“睡眠”现象，发挥网站政务公开、在线办公、公众参与的功能，确保网站安全、有序、高效运行，更好地为社会公众和纳税人服务。

（赵　芳　孙　雯　何　娟）

【税收收入】　2015年，雨花区由国税征管的纳税人45285户，增值税纳税人42937户（一般纳税人9763户，小规模纳税人15581户、个体工商户17593户），个体工商户中双定户16085户，其中起征点以下13222户。完成税收收入458973万元，同比增收57596万元，增长14.35%，区级全口径税收完成371958万元，同比增收24316万元，增长7%，达到历史最高水平。（赵芳　孙雯　何娟）

【税收征管】　2015年，雨花区国家税务局建立局领导联点重点税源企业制度，加强重点税源监控。借助政府、社会力量加强个体税收征管，开展“民主评税 阳光征管”个体税收工作。初步形成“重点企业个性化管理，中小企业行业化管理，个体税收社会化管理”的税源专业化管理模式。调整优化科室设置，明确科室职责，实现各项业务工作的高效运行。落实出口退税审批权下放，成立进出口税收管理科，将240户出口退税企业分为一类、二类、三类、四类，对一类企业实行“先退后查”，将服务放在首位，办理出口退（免）税2.9亿元。理顺雨花经济开发区税收征收管理关系，成立经开税务分局，仅12月就组织入库税款1.65亿元，为国税事业注入强劲力量。成立由一把手负责的风险管理办公室，建立区局税收风险管理运行机制，推送风险预警纳税人2799户，风险应对实现税款32544万元。开展打击虚开虚抵专项核查行动，加强评估模型建设，规范行业税收管理。利用风险识别模型对509家企业进行风险排查，挽回税款损失3.8亿元，有力遏制虚开虚抵行为的高发态势。

（赵　芳　孙　雯　何　娟）

【依法治税】 2015年，雨花区国家税务局规范进户执法行为，通过办税服务厅公告栏、短信平台、微信公众平台，向纳税人公开20条进户执法工作清单，明确税务机关进户执法工作事项和下户的责任科室和文件依据，严禁和杜绝清单未列举和未经批准的进户执法事项，解决“多头执法、重复检查、随意进户”问题。规范进户工作流程，严格执行进户审批制度，干部在下户之前需填写《下户公务签发单》，由所在科室科长和分管局领导签字审批后，方能进行进户执法工作，进一步加强对下户纪律的管理。推行“电话问廉”制度，每月以电话的形式抽查回访纳税人，严格规范电话用语，规定回访问题，了解干部的进户执法行为是否属实，是否存在不廉洁的行为，发现问题，立即按规定登记并做相关处理。着眼经济社会发展全局，积极发挥税收调控经济的作用，不折不扣地落实好小微企业税收优惠政策，支持大众创业、万众创新，注重税法宣传工作，加强督促检查，确保税收优惠及时落实。享受免征增值税的小微企业6095户，减免税收3482万元；享受企业所得税优惠的小微企业16827户，减免税收3298万元。7月，雨花区国家税务局抽调12人组成6个专项核查小组，核查增值税专用发票。通过案头审核、实地核查、约谈法人等方式，从1月1日起至7月15日止发票增量在100份以上的企业中，筛选出143户企业，形成企业清册，下发至管理一科，7月底完成全部核查工作。基本排查出涉嫌虚开企业103户，对明显存在虚开行为的69户企业20885份发票进行失控处理。

（赵　芳　孙　雯　何　娟）

【办税服务】 2015年，雨花区国家税务局优化纳税服务，创新推行“一窗双号”服务，一个窗口两台电脑两位工作人员同时受理两笔业务，应对金税三期上线首个申报期，缓解业务量激增的压力。纳税服务科为每位窗口工作人员配备最新税收业务操作规范，采取集中学习和自学相结合，确保办税质量和效率。在金税三期上线的初期，保证人员分流业务的快速办理，纳税人纷纷表示该措施得当，极大的保障纳税人权益，真切的给纳税人吹来一阵便民的春风。雨花区国家税务局举办省国税系统“金税三期优化版”正式上线仪式，实现金税三期优化版单轨运行，被评为全省金税三期推广工作先进基层单位。全面推行增值税发票系统升级版，17000余户纳税人纳入升级版，为税收工作提供可靠的信息保障。雨花区国家税务局进一步推广民主评税工作。在全面完成前期试点工作的基础上，从5月中旬起，通过综合评选，确定高桥汽配城，井湾子办公家具城，东塘大都市商业街为推广市场，每个市场均有局党组成员联点。以筹备会、选举会、评议会为工作节点，精心准备、合理安排，做到每会都认真对待，每会都有工作成效。通过一封公开信、一套宣传栏、一张阳光公示卡、一本相册、一本会议记录、一套完整的评税资料，规范管理工作资料。采集数据有规范、定税额度有基础、评税结果有依据原则，开展民主评税。强化对内宣传，提高干部思想认识，确保工作不走过场；做好对外宣传，每个市场设有宣传广告和宣传栏，确保内容与工作进度同步更新，协调湖南经视、红网、人民网等多家媒体进行跟踪报道，不断扩大社会影响力。

（赵　芳　孙　雯　何　娟）

【经开分局挂牌】 2015年11月20日，长沙雨花区国家税务局经开分局正式挂牌成立，长沙市国税局副局长梁健、雨花经开区党工委委员傅建辉共同为长沙雨花经开区税务分局揭牌。雨花区国家税务局经开分局专门负责开发区内所辖企业的纳税服务、重点税源企业的日常检查和风险管理以及税收征收管理和个性化服务等工作。该局的成立，是理顺开发区税收征收管理关系，进一步优化投资环境，促进经济社会发展，满足日益增长的纳税人需求、方便纳税人办税服务的重要举措，标志着园区形成健全的税收征管体系，为财税体制建立提供有力保障，对于进一步提升园区纳税服务能力水平、推进依法治税、强化税收征管有着非常重大的意义。

（赵 芳 孙 雯 何 娟）

【跳马镇税收征管交接】 2015年，跳马镇并入雨花区行政区划。雨花区国家税务局通过多种有效举措，积极稳妥地推进区划调整后纳税人迁移等一系列征管后续工作。坚持属地化和加强管理相结合的原则，切实保证管理人员、征管服务等工作全部到位，做到不影响税收征管工作、不影响企业生产经营、不产生交接遗留问题。各职能科室做好各项工作的有效对接，加强业务指导和协调，纳税服务科、井湾子分局针对迁入单位在系统中及时修改、补充纳税人登记信息，做到综合征管系统中无错漏信息。进一步简化办税程序和手续，减少重复资料，最大限度减轻迁移纳税人的负担，深入跳马镇党委、政府和纳税人中开展调查研究，征求意见，确保组织收入和各项管理服务工作及早步入正轨。

（赵 芳 孙 雯 何 娟）

·地方税务·

【概况】 雨花区地方税务局（简称区"地税局"）为市垂直管理单位，负责雨花区范围企事业单位、个体工商户、建安房地产项目以及负有纳税义务的自然人的地方税、费（金）征管和服务工作。内设7个行政科室，2个税源管理科，3个税源风险评估科，3个直属机构（其中2个直属行政机构，1个直属事业机构），外派7个税务分局。2015年，在职干部职工数245人，退休30人。局内设立一个党总支部，21个党支部，党员212人，其中在职党员197人。办公地点设在雨花区湘府中路108号。

2015年，雨花区地方税务局围绕"一调两转三确保"建设"三个地税""两强一优"的总体要求，立足雨花实情，以税收法治为基础，以改革创新为主题，以提升素质为重点，以安全履职为保障，较好地完成各项目标任务。雨花区地方税务局推进绩效管理，制定《绩效管理办法》《机关绩效管理实施细则》《各税务分局绩效管理实施细则》等一整套考核制度，将个人积分制管理由按季改为按月考核，有效提高干部的责任心和执行力。加强"三严三实"和"一调两转"学习教育，出台《关于进一步加强作风建设的通知》，细化劳动纪律、工作纪律、廉政纪律，纳税服务行为规范10条，明确监督问责内容，整改作风问题易发多发重点领域和关键环节，自查自纠重点防范和化解的风险事项30个，加强涉税中介代理业务的日常审核监管。制定20项督查清单，实行局领导周值班制，对办税服务场所、税务分局开展高频率暗访督查，通过高压手段让干部对自身服务态度、行为规范、业务熟练程度保持高度自觉，接受上级明察暗访30余次。实行"集中春训"与"每周一课"相结合、"外请专家"与"本局师资"相结合、"课堂讲学"与"以考促学"相结合，按照"缺什么、补什么"的要求举办"心·课堂"47期，派出120多人次参加省、市，区委、区政府举办的各类培训班，着力培养一批会计核算、纳税评估、舆情管理、绩效管理等方面的专业人才。通过"2015我为你点赞"平台加大对基层一线部门及"金税三期"先进人物的正面宣传，用身边事感动身边人，推出"微宣传"78期，覆盖全局21个部门、97名干部。开展青年干部"青春悦读·快乐分享"主题读书征文活动，搭建"读书、评书、荐书"平台，鼓励和引导干部激发求知热情。学雷锋青年志愿者积极关心和支援各类公益事业，与跳马镇喜雨村结对帮扶，远赴湘西山区小学开展"青春助学 爱心圆梦"活动，展现"奉献他人，服务社会"的税务形象。蝉联四届"全国文明单位"，获"全省地税系统先进单位""全市地税系统绩效考评优秀单位"，被区纪委评为"党风廉政建设和纪检监察工作先进单位"，81名干部获得各级各类荣誉22项。

（彭 芳）

【组织收入】 2015年，雨花区地方税务局面对经济下行压力加大、堵漏增收难度增大、政策减收规模扩大等多种不利影响，始终把"挤水提质"作为收入工作的重点，努力向税政要税源、向征管要收入，千方百计寻找新的税收增长点，组织各项税费564645万元，其中税收收入533851万元，其他收入30794万元，“七税”收入461089万元。强化所得税汇缴审核风险指标应用，汇缴入库税收6000万元。高收入个人所得税申报人数首次逾9000人，补缴个税449.86万元，个税代扣代缴全员全额明细申报面73%。开展行政事业单位个税代扣代缴清理工作，236户行政事业单位补缴税款1181万元。紧紧抓住“金三”上线契机，对欠税数据进行全面清理，9月入库欠税10025万元。其中对某欠税房地产企业采取强制措施划缴税款和滞纳金3970万元。切实加大对欠税企业的约谈催缴力度，清缴入库欠税近3亿元。开展土地使用税等级税额调整工作，第一、第二季度土地使用税清理入库税款5428万元。突出重点税源、营改增、股权变更、医疗教育企业等专项评估，上半年对376户重点企业评估入库税款10602万元。第四季度，启动行政事业单位及医疗教育行业专项纳税评估，对70户单位评估税款3000多万元。稽查组织企业自查、稽查查补、滞纳金和罚款入库8864万元。

（彭　芳）

【税收征管】　2015年3月，雨花区地方税务局完成跳马镇1502户纳税人的税源移交接工作。4月1日起，推行“三证合一、一照一码”登记制度，协助发放加载税务登记号的营业执照3186张。强化“零散税收综治管”的思路，落实私房出租税收清理长效机制，入库私房税收5530万元。对7家市场实施委托代征，6000多户市场个体户纳入代征管理，占全区个体纳税人的近三分之一，委托代征税款突破2000万元。8月1日，正式启动金税三期“双轨”运行，举全局之力、聚全局之智扎实做好征管基础管理、税源数据清理、征管数据迁移、岗位权限配置、干部操作培训、硬件配置优化、系统交割上线、应急方案制订等各项准备工作，为10月8日金税三期单轨上线顺利运行奠定基础。锁定登记、申报、入库三个关键环节，向15000名企业法人发送催报催缴短信，对逾期仍未申报的纳税人，实施预警管理和风险推送。

（彭　芳）

【纳税服务】　2015年，雨花区地方税务局把升级品牌模式融入优化税收服务的核心业务中，以新标准新要求，提升服务品牌，不断提高税法遵从度和纳税满意度。在认真落实总局纳服规范的基础上，创新推出电子征期日历，推行午间延时服务，全力推广网上办税服务厅、自助服务终端。开通雨花地税微信服务号，每周推送税收政策、办税指南、互动服务等最新内容，关注量超6400人。为纳税人“量身打造”培训课程，辅导税户用好、用足税收新政，纳税人学堂开课42期，受训4500人次。拓宽小微企业纳税人受惠面，将核定征收的纳税人纳入优惠范围，29534户次小微企业减免营业税1430万元。

（彭　芳）

【专项纳税评估】　2015年11月，雨花区地方税务局启动行政事业单位及医疗教育行业专项纳税评估工作，整治不依法办理税务登记、进行纳税申报、代扣代缴个人所得税等突出问题。征管部门在对全区612户行政事业单位、200余户教育医疗单位进行分析的基础上，向3个评估部门推送70户重点单位，要求对2013年1月1日—2015年9月30日所有的涉税事项进行全面评估，通过完善异常提醒、税务约谈、调查核实等方式对评估实施各环节的业务流程、工作时限及资料整理归档等具体要求进行责任细化，每周一召开专项评估工作碰头会，局领导集体听取评估工作进度和存在的问题，评估入库税款2000万元。

（彭　芳）

【税收宣传】　2015年4月，雨花区地方税务局开展“税悦雨花·感恩有你” 系列主题税收宣传活动，推出“征纳有情·诚信你我”“税月有声·微动你我” “服务有恒·温暖你我”三大板块，开展“便民办税春风行动”，借助微信、网站、中心商圈等平台多渠道、多角度加强诚信宣传教育，形成依法纳税、诚信纳税和依法管理、诚信服务的互动征纳关系。

（彭　芳）

【雨花地税微信服务号开通】 2015年4月8日，雨花区地方税务局将做实宣传内容与做优宣传平台结合起来，开通雨花地税微信服务号，为纳税人提供无“微”不至的办税服务。微信服务号坚持原创为主，把握受众“浅阅读”的特点，资讯标题、图文设计、排版编辑更具多样性、灵活性，注重吸纳各种流行元素，用浅显易懂的语言和生动活泼的风格，对税收政策、办税事项进行深入浅出地解读。紧贴时事新闻热点和税收政策焦点，推出“小微企业优惠政策”“金三上线”“三证合一”等专栏，为纳税人提供具有实际操作指导性的办税业务“干货”，推出信息30期190条。除发布微资讯外，设置“我要办证”“我要开票”“发票查询”等14个子栏目，提供“金三”表格填写范本和资料下载，每月及时进行申报期提醒。根据纳税人的需要，定期更新、拓展“办税直通车”功能，使纳税人享受更加快捷、便利和个性化的掌上涉税服务。

（彭　芳）

雨花地税微信服务号

【读书征文活动】 2015年5月，雨花区地方税务局青工委在全局青年干部中开展以“青春悦读·快乐分享”为主题的读书征文活动，结合工作实际和干部的阅读需求，选择《人间有味是清欢》《不曾走过，怎会懂得》等精品书籍推荐干部阅读学习。征集稿件56篇，经过层层筛选、评比，评出16篇优秀作品，其中一等奖1篇，二等奖2篇，三等奖3篇，优秀奖10篇，编撰《心·悦读》作品集一册。

（彭　芳）

金　融

【概况】 长沙雨花农村合作银行是由46家法人企业、1919名自然人入股的股份合作制地方金融机构。总部办公地点设在雨花区政府大院内，内设15个职能部室。2015年，设47个网点，其中支行13个、分理处33个、营业部1个；在职员工419名，其中职员249名，统招业务员117名，留用工53名；研究生学历23名，本科学历308名；退休员工72名。党员216名。

2015年，长沙雨花农村合作银行强化“培训是最好的福利”理念，组织主题培训8个，培训人数1600人次。开展三八妇女节拔河比赛，组队参加雨花区总工会牵头组织的“团结奋进 建功雨花”职工合唱比赛，夺得一等奖，组织开展“情系雨花·欢乐共享”员工扑克牌比赛，举办第八届技术比武，增强全体员工的集体荣誉感和凝聚力。召开青年员工座谈会、退休员工座谈会、谈心谈话等形式，征求员工意见，了解思想诉求，加强与员工的思想沟通。抓好员工和退休员工及家属生、老、病、死的慰问工作，发放慰问金约10万元。对湘府东路、德政园、跳马支行3个分理处和支行，白沙路、井湾路、车站路等3个离行式自助银行进行装修；开展优质文明服务示范网点创建活动，促进网点优质文明服务的改善。在网点LED电子显示屏、公交车身、高铁站台、长潭高速雨花收费站电子广告位及洞井支行楼顶投放广告，宣传网上银行、手机银行、福祥便民卡、微信银行、存款过6000亿元等业务和信息。下发《关于印发“普及金融知识万里行”活动启动仪式方案的通知》，5月31日举行活动启动仪式。全行员工以支行为单位，开展“两扫五进”活动，宣传金融知识。编辑印发简报37期，宣传板报3期，在《湖南农信》、省联社网站、市联社简报和外部刊物上发表文章20余篇，传递信息、引导舆论、教育员工。

2015年，长沙雨花农村合作银行突出“加快业务发展、推动经营转型、提高资产质量、提升核心竞争力”的工作重点，围绕省市联社下达的目标任务，克服宏观经济下行、经济环境复杂多变、市场竞争激烈等种种困难，准确把握作为地方性金融机构的市场地位，坚持服务三农、服务小微、服务地方经济，坚持“本土化、市场化”的发展趋向，努力夯实客户基础，大力开展渠道建设，不断加强信贷投放，切实改进金融服务，年末，各项存款余额169.01亿元，各项贷款余额82.40亿元，不良贷款余额为17064万元，较上年降低3482万元，不良占比2.07%，较上年下降0.55%，实现账面利润31285万元，实现经营利润50863亿元。实现总收入103365万元，同比增长5827万元，其中利息收入64995万元，同比增加1592万元；金融机构往来收入22290万元，同比减少831万元，投资收益13928万元，中间业务收入1659万元；实现经营利润50863万元，同比增加4001万元；实现人均利润112.65万元。（余素梅）

【机构设置】 2015年，长沙雨花农村合作银行调整机构设置，8家直管分理处机构及业务、人员由总部直接管理改变为由总部授权支行代为管理，既整合资源，又优化经营。黎兴分理处迁址更名为湘府东路分理处；将新城分理处迁址升格为跳马支行，适应雨花区行政区划调整的需要。将稽核监察部分设为稽核审计部和监察室，理顺纪检监察工作关系。加强与人民银行长沙中心支行、湖南银监局和雨花区工商局等多个部门的联系，继续做好金融许可证、金融机构代码证、营业执照等证照的年审、信息变更工作，年检农合行机构代码证。10月15日，启动长沙城区农合金融机构产权改革。（余素梅）

【经营管理】 2015年，长沙雨花农村合作银行充分应用内部资金转移定价系统（FTP）考核各支行、直管分理处的各项业务指标，建立起基于收益而非规模的绩效考评体系和配套激励机制。在控制债券资产总量的基础上，有效地调整债券资产结构，充分运用富余资金，实现防范营运风险和提高资金运用效率的双重目标，货币市场日均营运资金48.71亿元，同比增加11.39亿元，实现利息收入33051万元，同比增加4497万元。加强人力资源管理，提拔任用中层骨干12人，其中2006年后新招大学生员工6名；新招职员2名、业务员15名和劳务派遣工9名，办好3名员工的新老置换手续；调整一般员工岗位50人次；制订《资源型人才方案》，探索资源型人才用人方式，引进职员1名，业务岗劳务派遣工5人；规范人事档案管理及成果运用，聘请专职档案管理人员对我行人事档案资料进行整理和装订，新建人事档案99人，整理并完善档案200人。严格按照省联社入围标准对设备进行选型采购，对业务骨干网络和信贷网络进行升级，升级梓园支行的教育局代发工资系统，从根本上解决教育局人员不断增加造成人员编号不足的问题；保障网点WIFI项目平稳运行，为手机银行客户及等候区客户提供免费上网服务。（余素梅）

【业务发展】 2015年，长沙雨花农村合作银行坚持责任到位、任务到人，采取有效措施，加大存款资金组织力度。通过组织“首季开门红”“存款过6000亿元”“两扫五进”“人性化服务在柜台闪光”等活动，实行“二三四五”考核法，强化揽储考核，实行客户分层维护制、大堂经理制等制度，优化金融服务，存款逆势增长，各项存款达到169.01亿元，较上年增加19.45亿元；存款客户总量约51万户，其中个人优质客户39673户，较上年净增5793户；对公存款客户数量4440户，较上年净增356户。坚持保好客户、保老客户、保小客户的“三保”原则，大力支持地方经济发展，推动区域经济结构调整和产业升级，发放各项贷款77.46亿元，同比多放121752万元，收回各类贷款73.36亿元，同比多收177050万元，贷款余额82.40亿元，较上年增长4.10亿元，增幅5.24%，其中，个人贷款客户5139户，增加150户；法人贷款客户118户，增加36户。大力发展电子银行业务。根据电子银行业务工作实际，印发《福民信用卡管理实施细则》等一系列文件，为电子银行业务的发展奠定基础。创新ETC、福民卡等产品的培训形式，培训效果较好。通过网点宣传、公交车身广告、微信宣传、参与主题营销等方式，积极做好宣传营销，电子银行业务得到快速发展，电子银行业务替代率达到56.05%。投入200多万元，新建湘府东路分理处和跳马支行两个网点；上线运行的自助设备82台，覆盖雨花区各个社区，多功能网点和自助银行覆盖面不断扩大。积极拓展网上银行、手机银行、电话银行，推广便民卡、福民卡、贴片卡等特色卡和ETC业务，打造客户综合化服务体系。（余素梅）

【风险防控】 2015年，长沙雨花农村合作银行切实加强信贷管理，严格贷前审查，把好贷款源头关，确保新放贷款质量。强化贷款到期收回率考核，制定专门方案，对真实反映后的2013年年末的不良贷款进行责任认定和责任追究，对因主观因素形成的不良贷款170笔、金额累计6022.35万元的51名责任人落实追责，追责对象上至班子成员，下至一线员工，其中通报批评51人，经济处罚51人，处罚金额67.92万元，行政记过4人，行政警告4人，有效地遏制不良贷款增长的势头，贷款到期收回率96.92%。收回表外不良贷款本息860.19万元。加强全行出纳业务库管理，将各种会计风险控制在规定的范围之内。开展专项稽核9次；做好各类离任稽核审计、员工轮岗审计；工程项目审计29个；发出整改通知书44份，提出整改意见27条，及时纠正各种违规、违纪和不良行为，有效提高员工依法合规经营意识。坚持做好对员工特别是“九种人”异常行为的排查工作，建立员工异常和不良行为排查台账。层层签订案件防控责任状，结合员工“互帮”责任制，把案件防范的责任落实到岗、到人，并与绩效挂钩。落实干部交流、员工轮岗、休假与离岗审计、近亲属回避制度，交流中层干部11名，轮岗员工50人次，对24名岗位轮换及23名出国出境人员进行经济责任审计。配合湖南省银监局“两个加强、两个遏制”专项检查及“回头看”工作的检查，扎实组织自查，认真听取监管部门提出的合规建议，严格落实整改，不断提高依法合规经营水平。专门部署反洗钱工作，采取以会代训的形式，增强全员反洗钱意识和反洗钱工作能力。积极开展防范堵截假币专项活动，开展存量个人银行存款账户身份信息真实性核实工作，有效防范化解社会金融风险。投入1000余万元用于物技设施建设维护方面的费用及聘请保安服务等费用，整体防范能力得到进一步提升。（余素梅）

【董事、监事会议】 2015年1月29日，长沙雨花农村合作银行召开第二届董事会第十九次会议和第二届监事会第七次会议。董事会会议由董事长邓来发主持，会议听取行长张中豪代表经营班子所作的2014年度工作汇报，审议通过《二〇一四年度经营工作报告》《二〇一五年度经营工作计划》《关于长沙市长远冷暖设备工程有限公司股权转让的议案》《关于制订、修订长沙雨花农村合作银行42个管理制度的议案》等多项议案。会议提出，下一阶段将工作重心放在加快业务发展、提高资产质量、推进经营转型和提升核心竞争力上，强化队伍管理，强化发展质量，强化依法办行，强化区域观念，全面推进2015年各项目标任务圆满完成。监事长李志伟在监事会上通报监事会二〇一四年度工作情况及二〇一五年工作计划，征求对提交股东代表大会审议的监事会工作报告的意见。（余素梅）

【第八届业务技术比赛】 2015年10月24日，长沙雨花农村合作银行举行第八届业务技术比赛。13个支行和总部营业部组成14个代表队，155名选手分别参加珠算加减法、存贷款计息、计算器翻打百张传票、单指单张点钞、机器点钞、信贷业务知识笔试、新业务知识笔试、出纳知识笔试8个项目的比赛。黎托支行、万家丽路支行、圭塘支行分获团体一、二、三名；方姬、黄娟、张小红和刘新春（并列）分获会计全能一、二、三名。44名选手摘取个人单项技能和出纳综合奖项，其中黎托支行方姬、黄娟获得珠算加减法第一名，跳马支行张李钰获得存贷款计息第一名，圭塘支行杨博获得计算器翻打百张传票第一名，圭塘支行李吉利获得单指单张点钞第一名，黎托支行龚志行获得机器点钞第一名、出纳笔试加机器点钞综合奖第一名，营业部贺为获得出纳笔试加单指单张点钞综合奖第一名，环科园支行肖灿获得信贷业务知识笔试第一名，营业部费鸽获得新业务知识笔试第一名。（余素梅）

【服务地方经济】 2015年，长沙雨花农村合作银行着力服务三农、服务小微，扶持地方经济发展。坚持“因地制宜、量力而行、务求实效”的原则，对贷款投放进行科学规划，围绕高桥、红星两大市场，抓住黎托片区棚户改造、城中村改造和商业楼盘开发的契机，鼓励发放住房按揭贷款、农户商户联保贷款、中小企业贷款，适度支持符合条件的房地产开发贷款，保证重点领域的资金需求，发展建设圭塘河生态景观改造项目的绿地城花公司等10家战略客户。坚持保好客户、保老客户、保小客户的“三保”原则，坚持有保有压、有扶有控、有进有退，引导信贷资金投向实体经济、商贸流通行业、小微客户群体，确保信贷资金的有效投放。充分发挥辖内商圈众多、商户云集的地区优势，加大对商贸流通客户的支持力度。规范贷款抵押房屋登记费用，由客户自行承担改为客户在办理抵押登记后凭长沙市房产局开具的房屋抵押登记费发票到长沙雨花农村合作银行报销，为客户报销抵押登记费用近5万元。（余素梅）

教育·科技

教　育

【概况】 雨花区教育局主管全区教育工作，行政编制20名，其中领导职数7名（含区人民政府教育督导室领导职数2名），机关后勤服务编1名，2015年，内设办公室、基础教育科、政工人事科、计财科、基建规划科、综合科（监察室）、民办幼教科、教育督导室、教育工会、学生科（团委）。设教育公共服务中心、教育科学研究所、艺术体育科技中心、会记核算中心、考试中心、信息技术与装备中心、教育后勤办、素质教育基地。在职15人，引进人才2人，雇员2人；退休29人。办公地点设在雨花区人民政府机关大院二号楼。

2015年，雨花区教育工作围绕办人民满意教育目标，积极主动作为，扎实有效地推进各项工作，较好地完成年度工作目标，教育事业保持又好又快发展态势，获“全国教育信息化创新应用典范区域优秀实践奖”“全国全民终身学习活动周先进单位”“全国生命教育杰出单位”“湖南省文明单位”“湖南省教育强区”“湖南省中小学校责任督学挂牌督导创新区”等26项区级以上荣誉，并作为全省唯一区（县）入选为“全国青少年校园足球实验区”。区教育局按照“党要管党、从严治党”要求，组织基层党组织书记集中培训，实施“三比三看”书记项目党建，打造党性强、业务精、作风实的基层支部书记队伍。按照组织程序，成立南屏锦源小学党支部、石燕湖中学党支部；抓实新发展党员考核工作，发展新党员20名。组织各基层党组织开展党建工作交叉检查，促进各支部交流提升。组织党组织结对共建活动、在职党员进社区和“绿森林”学雷锋志愿服务活动。加强非公党组织指导和建设，天华小学党支部荣获“长沙市社会组织先进党组织”称号。组织以学习“廉政准则”“处分条例”等为主题的专题学习，开展“以案释纪”警示教育活动，启动教育系统重点岗位党风廉政专题培训，引导广大党员干部廉洁从政、廉洁从教。组织廉政动漫作品设计大赛，征集作品132件，4件作品被省纪委三湘风纪网采用。强化督查，重点对在职教师有偿补课、家教家养等违反师德行为进行查处。开展纪律审查65起，其中核查违规补课收费的12起，清退违规收费1008508元，约谈校长书记52人次，诫勉谈话25人次。代表区委接受市委党风廉政建设考核，受到考核组高度评价。　（何兵生）

【教育事业】 2015年，雨花区认定普惠性民办幼儿园60所，公办园和普惠性民办园占园所总数60.3%，其中新增一级、二级普惠园13所，占全市的40.6%。保障人民群众依法享有受教育的权利，小学、初中适龄人口秋季入学率均为100%。组织城区中小学、幼儿园与跳马地区15所中小学幼儿园结成友好园校，通过优势带动、重点帮扶、名师送教等方式，促进全区教育均衡优质发展。通过湖南省教育强区评估验收，教育工作达到优秀等次。

东澜湾小学、佳兆小学如期投入使用，新增60个教学班，学位近3000个。配建学校相继启动，雅礼万境中学完成一半建设工程量，枫树山中航城小学部分楼栋封顶，砂子塘平阳小学主体工程完成三层。代建项目芙蓉路小学进场施工，洪塘学校进入招标阶段，鄱阳、莲湖、东方红小学规划审批基本完成。扩建项目顺利竣工，芦荻塘、茶元山、井圭路小学新教学楼将陆续投入使用，新增学位2000个。投入3000万元，添置更换多媒体教室、电子白板、触摸电视一体机等设备，提升全区教育现代化水平。全面开展"一师一优课、一课一名师"活动，强化应用能力，全区102节课被评为市级以上优课，其中，16节为国家级优课，雨花区获评为优秀组织奖。2015年全国新技术支持下的个性化学习研讨活动中，全区选送的10节展示课，9节课获一等奖、1节课获二等奖，同时获评为优秀组织奖。坚持育人为本，以德为先，深入践行社会主义核心价值观，引导雨花学子不仅会读书、成绩好，而且品行好模范多。杨雨洁代表长沙市参加全国少代会，受到习近平总书记亲切接见；"全国最美孝心少年"游柘楠，"湖南省残疾青少年励志奖"获得者彭兰溪，拾金不昧好少年何翔、黄雄婷等成为新的典型。砂子塘小学被评为"全国优秀少先队集体"，枫树山小学被评为首批"全国心理健康教育特色学校"。

（何兵生）

【教育教学】 2015年，雨花区通过夯实教学常规、加强督导视导等举措，确保教学质量持续领跑。全区小学毕业测试语、数两科合格率分别为98.47%、94.37%，中考一次性合格率为91.51%，各项指标均名列全市前列；高考本科上线率为62.69%，其中，二本以上372人，高考质量持续保持市内同类学校领先位次。砂子塘小学被评为"湖南省基础教育课程改革样板学校"；长塘里小学、天华学校、局三幼获市中小学常规管理工作一等奖；和平小学、吉联小学被评为市小学校本管理先进单位。加强跳马镇教育工作，1月16日，区教育局举行跳马学校专题调研见面会，加强对跳马镇教育工作的了解，做好跳马镇15所中小学校并入雨花区的相关工作，肯定跳马镇的教育管理模式、办学优势，并指出从现在起，雨花区教育工作的谋划，心中要有"跳马"，希望跳马镇各学校继续发扬优良作风，以好的管理，共同努力，创造辉煌。3月26日，雨花区基础教育学会、区教科中心组织开展"牵手跳马 圆梦雨花"活动，通过参观交流，使雨花区各中小学、幼儿园和跳马学区各学校、幼儿园之间相互熟悉，为学校之间搭建共同参与、联动合作的平台。城区30所中小学、幼儿园与跳马地区的学校、幼儿园签订牵手合作协议，共同推进雨花教育均衡优质发展。

（何兵生）

【素质教育】 2015年，雨花区坚持"一校一特色，一生一特长"素质教育思路，促进学生全面发展个性发展。全年学生在艺术、科技、体育三个项目中获市级以上奖励1644人次，其中，国家级奖励233人次。湖南省第五届艺术展演中，全区5个节目全部获一等奖，其中，枫树山小学、鸿铭小学的合唱、泰禹小学的舞蹈节目代表湖南省参加全国艺术展演，获一等奖。稻田中学作品获第十一届全国"宋庆龄少年儿童发明奖"金奖；周南雨花中学等三所学校作品在第二十一届全国发明展览中获金奖。红星二小获市小学生排球男子组冠军，桂花树小学、树木岭小学获篮球男、女子组冠军。德馨园小学等6所学校入选为全国青少年校园足球特色校；雨花区代表队获"常佰通"2015全国青少年校园足球冠军杯赛总决赛小学男子组亚军，创湖南省校园足球历年最好成绩，并获得"最佳赛区奖"。承办全国第四届小学校长分论坛，以"为了每一个生命的自然绽放"为题，重点推介生命教育区域特色。出台各学科生命化课堂、生命化德育建设指导意见及评价标准；开展生命化德育研讨活动和生命化课堂展示活动，为各试点校、各学科教学提供方法、指明方向。明德雨花实验中学被评为"2015年度全国生命教育先进单位"。

（何兵生）

【教师队伍】 2015年，雨花区开展"做党和人民满意的好老师”系列活动，潘雪陵、庄荣芳、张琳等100名教师获评为市、区级“党和人民满意的好老师”。引进专业人才338人，全区有市区级名师工作室11个，特级教师5人，区级以上骨干教师420人，做到校校有骨干。培训教师2344人次，提升教师教育教学水平；组织64名中小学校行政干部参加清华大学教学管理干部高级研修培训，培养高素质教育管理人才。全区教师获省级以上教育教学竞赛奖励41人，其中，国家级奖励13人。梁志军获第二十一届“华天”优秀教师奖，李恒荣获第十七届“九芝”优秀班主任奖。交流教育行政干部和教师249人，促进师资力量的均衡共享。定期关心慰问洞口县支教教师，组织全区名优教师通过送教下乡、专题培训等方式，提升教师综合素养，促进事业发展。（何兵生）

【校园安全】 2015年，雨花区组织教育系统安全生产谈心对话活动，下发《关于建立领导干部带队检查学校安全工作制度的通知》，教育局班子成员带队深入学校、幼儿园检查安全工作，全力确保校园安全。专职保安人数188人，公办中小学、幼儿园保安配备率100%。市对区平安校园考核排名第一，王家冲小学、长郡雨花外国语学校、局一幼等25所学校创建为省、市级安全文明校园。（何兵生）

【服务社会】 2015年．雨花区教育局获评为长沙市教育系统关心下一代工作先进集体。支持普惠学前教育发展，拨付经费1511万元，受惠幼儿15300人；为12905名民办义务教育阶段学生免除学杂费；发放助学金374.05万元，惠及学生幼儿3719人。关心教职工身心健康，开展丰富多彩的工会活动；慰问病、困教职工和退休职工500多人次，慰问金100多万元。积极帮扶万博汇三期项目，促进项目建设顺利进行；推动郡原美村学校建设，委托区主管项目质量安监，促成项目早开工、快建设；设法撬动美联小学的建设，主动做好与市直部门的对接，现场办公，为报建手续的办理寻求突破。局拆迁工作组一班人，坚定工作信念，不畏难，不退缩，发扬吃苦耐劳精神，加班加点，高强度工作，大力度推进，超负荷运转，全力冲刺拆违拆迁。拆除违章建筑5栋，拆除违章面积5万平方米，与11户签订拆迁协议，涉及拆迁人口35人，全面完成征拆任务。发挥区艺体中心、心辅中心、学校少年宫等阵地育人功能，切实加强未成年人思想道德建设；积极协调相关职能部门和街道，加强校园周边环境整治，推动文明城市创建工作深入开展。承办湖南省“珍爱生命快乐成长”暨长沙“呵护成长”大学生志愿者结对帮扶活动启动仪式、长沙市“星城之星”——体育之星专场活动暨雨花区“国际篮球日”开放展示日等大型活动，获各方好评。长郡雨外承办的长沙市2015年“勿忘国耻圆梦中华”南京大屠杀78周年纪念活动成为长沙市未成年人思想道德建设纪念活动的典范。区心理健康辅导中心被授予“长沙市未成年人心理健康辅导工作基层示范点”称号。认真做好群众工作，不定时走访、上门慰问，拉近与群众的距离；分类统筹处理群众反映的问题；帮助社区成立“少儿之家”活动室，增设宣传栏13块，打造社区文化长廊，受到群众好评。牵头会同区卫计局、团区委深入跳马镇梅怡岭村进行入户走访活动，走访困难户45户，收集到有关就业、就医、就学等相关问题。区教育局出资5万元，联合其他单位重点支持村级道路硬化、泥塘除淤和弥补办公经费的不足，方便群众工作生活。（何兵生）

【雨花区通过教育强区评估验收】 2015年5月20—21日，湖南省委组织部、省教育厅牵头，省教育督导委员会对雨花区进行教育工作“两项督导评估考核”。9月1日，湖南省教育督导委员会通报评估考核结果，雨花区以综合性指标、学前教育、义务教育、高中教育四项全优，总分全省第一的优异成绩通过教育强区评估验收，区级政府教育工作和区级党政主要领导教育工作实绩达到优秀等次。省督导评估考核组高度评价雨花区教育工作，认为：雨花区委、区政府认真落实教育优先发展战略，高

接受教育工作“两项督导评估考核”

起点谋划、大力度推进、全方位保障，推动教育事业快速协调健康发展。教师队伍建设成效明显，建立教师补充长效机制，注重教师的培养培训和定期交流，师资队伍结构合理，教师待遇得到较好保障。积极发挥了示范园的辐射作用，带动全区园所规范办园行为，实施科学保教，在全省率先出台幼儿园教师编制标准，学前教育快速发展。大力推进义务教育均衡发展，教育教学质量高，办学特色鲜明，成为全国首批义务教育发展基本均衡县。区域教育发展基本达到教育强区建设标准，总体水平处于全省领先行列。（何兵生）

【教育工作大会】 2015年2月6日，雨花区召开2015年度教育工作大会。会议回顾总结2014年工作，部署2015年教育工作。会议提出2015年全区教育工作的总体思路是：深入贯彻落实党的十八届三中、四中全会以及全国和省、市教育工作会议精神，以办人民满意教育为宗旨，以实现教育现代化为统领，以提升发展内涵和质量为中心，以“做党和人们满意的好老师”为抓手，围绕构建“美丽教育”主题，紧密结合教育改革发展实际，不断提升依法治教及教育治理能力，奋力开创教育强区建设新局面。具体工作目标是：顺利通过第三轮县级人民政府教育工作督导评估，争取优秀等级。统筹城乡教育均衡、优质发展，关注每一个学生的健康成长、全面发展，继续保持区域教育质量领先位次，努力打造教育名区。确保砂子塘东澜湾小学投入使用，推动雅礼万境中学等一批项目开工建设，完成2所幼儿园新建任务及1所公办幼儿园改造任务，推进提质扩容项目建设再上新台阶。确保符合条件的适龄儿童及务工人员子女100%相对就近入学，全区公办园和普惠性民办园达到园所总数的60%以上，学前三年教育毛入学率达到96%以上。全区教育工作要突出结构治理，提升办学品质；突出资源配置，推进均衡优质；突出素质教育，打造教育品牌；突出队伍建设，夯实发展基础；突出党建引领，强化保障措施。（何兵生）

【雨花区委调研教育工作】 2015年7月15日，雨花区委召开教育工作调研会。区委书记邱继兴，区委副书记、区长张能峰，区委常委、组织部、统战部部长冯聪龙，区委常委、常务副区长邹春林出席会议。区委办、政府办、编委办、教育局、区财政局、人社局、电政办，跳马镇主要负责人与会。区委常委、区委办主任黄文先主持会议。张能峰对雨花教育事业给予高度评价。他表示，雨花教育“名声在外，办得好；质量倍升，越来越好；很有成果，人民认可”。区委、区政府将始终坚持优先发展教育，助推教育事业高位发展，全力改善办学条件。邱继兴指出，教育工作历来受到区委、区政府的重视和关注，全区上下联动，凝合力、显成效，共同建设打造教育强区、名区。虽然教育工作摊子大、需求大、投入大，但全区依然注重个性化教育和打造教育品牌，使全区教育工作多年来高位均衡发展，处于领跑位置。区委、区政府将一如既往全力支持教育事业，全力改善办学条件，逐步提高教师待遇，努力办好人民满意的教育。（何兵生）

【易炼红调研雨花区教育工作】 2015年7月7日上午，湖南省委常委、长沙市委书记易炼红在市领导陈献春、夏建平，区委书记邱继兴等陪同下调研长塘里小学。易炼红一行驻足学校书法展板前，对于学校能运用拟人书写法在全校开展写字教学、弘扬中华传统不时地颔首称赞；参观学校的录播室，听取校长谢秀云关于学校运用“互联网+”助力生命教育有效开展并取得丰硕成果的工作汇报，5月，长塘里小学作为长沙市唯一小学、湖南省五所小学之一，前往山东青岛参加由联合国教科文组织、中华人民共和国教育部合作举办的“国际教育信息化大会”“全国中小学教学信息化应用展览”，并引起国务院副总理刘延东以及联合国教科文组织等官员的高度关注，易炼红表示：“教育的希望在这里”。长塘里小学二十五年如一日地开展校园足球活动，并向国家输送一大批专业人才，易炼红夸赞“足球的希望在这里。”考察结束后，易炼红肯定“长塘里小学发展定位准确、思路清晰、优势明显、前景广阔，希望能继续秉承办人民满意的教育为目标，坚持走特色办学之路，实现办学个性化、多样化”；表示，教师是太阳底下最光辉的事业，做教育是一件幸福的事，它承载着人民群众对幸福生活的期待，寄托着亿万家庭对美好未来的期盼。向学校所有教师多年来的辛勤耕耘表示崇高的敬意和深切的问候，勉励全体教师能适应新常态，满足人民群众新期盼，在锐意改革创新中，推动长沙教育事业大发展，跃上新台阶。（何兵生）

【王柯敏调研雨花教育工作】 2015年4月13日，湖南省教育厅党组书记、厅长王柯敏率省教育厅办公室、基教处、体卫艺处、信息化办相关负责人考察调研长塘里小学。长沙市教育局党委书记、局长卢鸿鸣，副局长缪雅琴，雨花区委书记邱继兴、副区长王清华等陪同调研。王柯敏对长塘里小学的办学特色，尤其是在信息技术研究方面所取得的成就给予高度评价。表示，从长塘里小学可以看出雨花教育有一批优秀的教师，这群老师富有荣誉感、责任感，真正在用爱心践行教育这一爱的事业，雨花区不愧是长沙市的教育大区、教育强区。市教育局、区教育局要摸索提炼出可复制、可持续的优秀学校的办学经验；加大宣传力度，通过教育新闻网、教育杂志、电视媒体等，大力宣传身边的好学校、好老师。（何兵生）

【卢鸿鸣调研雨花教育工作】 2015年11月12日，市教育局党委书记、局长卢鸿鸣，副局长孙传贵、缪雅琴一行调研雨花区教育工作。雨花区委书记邱继兴，区委副书记、区长张能峰，副区长王清华，区政府副调研员盘正元陪同调研。卢鸿鸣肯定雨花教育工作，强调，雨花区是教育大区、教育强区、教育创新实验区，雨花教育办得有质量、有品牌、有品质、有地位、有影响、有示范，在结合实际、创新发展等方面具有借鉴意义。雨花区要以基本实现教育现代化为主线，科学谋划教育“十三五”规划。教育现代化建设着力要准，既要硬件条件现代化，更要教育理念现代化。教育项目落地要实，保障要强。要对接全市教育的重大工程，在重点和难点问题上谋求突破。要在“义务教育阶段消除大班额”“阳光招生”“学前教育普惠性”“创建儿童友好型城市”等方面寻求发展。坚持内涵发展，不断提高教育质量，全面落实立德树人的根本任务，着力抓好践行社会主义核心价值观、学生创新意识和实践能力培养等，通过实施教育综合改革激发教育活力。（何兵生）

科学技术

【概况】 雨花区科学技术局（简称“区科技局”）负责全区科技项目申报、创新平台建设、知识产权等工作。内设办公室、科技管理科、知识产权管理科3个科室，核定编制6名，2015年，在职干部职工数8人，其中借调1人，雇员3人。局党支部，党员10人，其中在职党员10人。办公地点设在雨花区人民政府机关大院内。

2015年，区科技局紧紧围绕年初确定的科技工作要点，以加强提升自主创新能力，不断提高科技管理与服务水平工作为重点，不断推动科技工作发展。联系壹里星街项目，定期到企业走访，了解情况，解决实际困难，帮助协调解决土方工程队提前索要工程款等矛盾纠纷。按时向区“三定三抓”办公室报送项目情况月报表。该项目立项（备案）、用地规划许可、土地红线确认等工作均已完成，年内完成投资12000万元，累计完成投资20410万元。（刘子溶）

【科技成果转化】 2015年，雨花区组织市、区内企业申报上级科技计划项目，了解企业发展状况，收集企业发展难题。区级科技计划项目立项75项。其中产业类项目41项，软科学项目7项，科普项目27项。区科技局出台《关于加强区级科技计划项目验收工作的意见》，推进项目验收，联合区财政局、区教育局和街道验收区级科技项目106个，其中产业类项目41个；软科学项目29个；科普示范项目36个。举办以“创新引领发展，科技惠及民生”为主题的科技活动周启动式；组织高校专家进园区、进企业指导；联合雨花经开区产业局、区创业办举办参观高新技术暨创新创业经验交流活动。组织12个街道开展科普进社区活动；组织卫生局系统开展卫生知识进社区、进家庭活动；组织以“家校联动，科技惠民”为主题的校园科技节活动。与湖南大学等省内高校专家举办技术需求对接会14次，对接技术需求项目81个，转化成果18个。加大创新平台建设力度，力推产学研合作促进科技成果转化，2015年，雨花区有国家、省、市级科技创新平台95个。其中国家级实验室1家、国家级工程技术中心3家、国家级企业技术中心1家、省级重点实验室7家、省级工程技术中心14家、省级企业技术中心7家、省级院士工作站1家、市级院士工作站1家、市级工程技术中心8家、市级企业技术中心24家、成果转化平台3家、创新服务平台15家、资源共享平台2家、产业示范基地8家。区域产业结构不断优化，新增嘉丽购物有限公司、长沙鼓风机厂有限责任公司、湖南晓光汽车模具有限公司、长沙迪沃机械科技有限公司、天闻数媒科技（湖南）有限公司等高新技术企业32家。实现国内生产总值（GDP）1593.37亿元（含中烟），其中高新技术产业增加值446.3亿元，占GDP比重达28.01%（含中烟）。新增专利申请2816件，比上年增长18.97%。其中发明专利891件，增长1.71%。专利授权总量1997件，比上年增长30.35%。11月，区科技局组织参加长沙市科技成果转化交易会活动，征集区内企业科技成果转化5项、产学研签约项目6个、企业技术需求项目5个、科技企业融资项目4个、企业高层次人才需求4个，完成市级下达的任务，形成开展产学研活动、促进科技成果转化的浓厚氛围。

（刘子溶）

【科技活动周】 2015年5月8日，区科技局组织召开2015年雨花区科技活动周工作调度会。雨花经开区产业局、区卫生局、区教育局、各街道（镇）、长沙长泰机器人有限公司、长沙比亚迪汽车公司等25家单位及企业代表参加会议。19日，2015年“创新引领发展 科技惠及民生”科技活动周启动仪式在区会议中心举行。长沙市科学技术局副局长周一平、长沙市科学技术协会副主席王勇、雨花区人民政府副区长陈怀宇、雨花区政协副主席陈国强、长沙市科学技术局境外处处长蒋泰文等领导出席，陈怀宇主持启动仪式。陈国强致辞；区政府副调研员潘冬云通报2015年雨花区科技活动周活动总体安排；雨花经开区产业局、井湾子街道、区教育局做表态发言，周一平副局长讲话，陈怀宇宣布雨花区科技活动周开幕。5月20日，中南大学教授鲁五一、林立新和长沙理工大学教授徐学军、贺慧勇到雨花经开区企业，开展贴近对接服务。4位专家考察长沙比亚迪汽车公司、长沙长泰机械股份公司和长沙科达建设机械制造公司，与企业老板和技术负责人面对面交流，详细了解企业发展、产品市场和技术团队情况。与湖南亿利达实业公司、湖南睿度科技公司、湖南唯科拓石油科技服务公司、湖南海福来科技公司、湖南普斯赛特光电科技公司、长沙科达建设机械制造公司、长沙克明面业股份公司、湖南晓光汽车模具公司、长沙比亚迪汽车公司、湖南正忠科技发展公司10家企业真情对接。与会企业结合发展实际，分别提出在产品开发中遇到的10多个技术难题，专家们一一进行了解答，并表示千方百计帮助企业解决这些问题。21日上午，区科技局、雨花经开区产业局、区创业富民办共同组织60余家企业约70多人，举办高新技术参观暨创新创业经验交流会。科技活动周期间，区科技局组织12个街道开展科普进社区活动；组织卫生局系统开展卫生知识进社区、进家庭活动；组织以“家校联动，科技惠民”为主题的校园科技节活动。先后与湖南大学等省内高校专家举办技术需求对接会14次，对接技术需求项目81个，转化成果18个。

（刘子溶）

【知识产权保护】 2015年，雨花区加强知识产权保护工作。4月20日到4月26日，开展“知识产权工作宣传周”活动，在全区范围内开展知识产权进社区、进学校、进企业、进机关系列宣传活动。21日，雨花区在区委党校举办2015年提高自主创新专利实务培训班，邀请市知识产权局局领导班子成员、副调研员徐拥军进行授课，组织全区30余家科技企业专利工作者参加培训。4月24日，在高桥街道金环社区开展“尊重知识产权，建设智慧社区”重点宣传活动。在曹家坡小学开展上一堂知识产权课，开展一次知识产权知识竞赛，组织知识产权手抄报评比等系列活动。6月12日，召开雨花区打击侵犯知识产权和制售假冒伪劣商品工作（简称“双打”工作）联席会议，长沙市知识产权局党组成员、副局长、长沙市“双打”工作领导小组办公室主任崔晓，区人民政府副区长陈怀宇出席会议，区政府办、区委宣传部、区法院、区检察院、雨花经开区、区发改局、区科技（知识产权）局、区财政局、区商务和旅游局、区文化体育新闻出版局、区农林水局、区食品安全管理办公室、区法制办、区工业和信息化局、区公安分局、区工商分局、区质监分局、各街道及跳马镇等30余单位分管负责人参加会议。23日，雨花区知识产权局专利执法人员联合市知识产权局专利执法人员一行6人到喜盈门范城开展专利执法检查。执法人员对家用电器、儿童玩具、日常用品500余件标有专利标识的产品进行仔细辨认甄别，对涉嫌有假冒专利或专利标准不规范的20余种商品进行调查取证，对万和电热水器商店下达协助调查通知书，要求商场在规定时间内提供有效专利证明材料、专利缴费发票和专利产品进货合法来源等资料；向商家负责人宣讲专利标识标注等相关专利知识，引导商家开展专利商品自查自纠工作，严把进货关，杜绝专利侵权产品、专利假冒产品进入市场。10月27日，雨花区科技局（区知识产权局）、区教育局联合组织在枫树山大桥小学举行“保护知识产权，创新发展” 雨花区第二届中小学知识产权教学竞赛。全年办理专利执法案件24件。

（刘子溶）

文化·体育

综　述

【概况】　雨花区文化体育新闻出版局（简称“区文体新局”）为区人民政府工作部门，负责全区文化体育新闻出版工作。内设办公室、公共文体艺术科、文化产业科（市场科）3个职能科室，核定行政编制7名，其中领导职数3名。下设4个二级事业单位：文化市场综合执法局，正科级，核定事业编制8名，其中领导职数2名；文化馆，副科级，核定事业编制3名，其中领导职数1名；公共图书馆，副科级，核定事业编制3名，其中领导职数1名；文物管理所，核定事业编制1名。2015年，干部职工47人，其中在职干部23人，引进人才1人，雇员15人，退休8人；全局党员31人，其中在职党员27人，退休党员4人。办公地点设在雨花区人民政府机关大院文化中心。

2015年，雨花区探索文化管理新模式，推进服务体系、为民办实事、公共场馆建设，注重文化传承和文化品牌提质，把握活动开展、市场管理、产业发展等重点工作，推进文化领域各项工作创新发展，各项工作成效明显。成立领导小组，全面铺开国家公共文化服务标准化试点工作，召开全区动员会，明确责任分工，加大财政投入。区文化馆顺利通过国家一级馆复评，文化馆、公共图书馆中心馆—总分馆建设全面推进，民生实事工程全面推进，区、街、社区三级公共文体设施网络不断健全，全面深化免费开放。开展各类公益培训活动，打造电影惠民基地，实现篮球馆、羽毛球馆、游泳场馆免费开放。策划开展文化科普送万家、“欢乐潇湘.美丽雨花”文艺作品征集等活动，举办湖南省纪念抗战胜利70周年大型原创作品交响音乐会，群众文化生活更加丰富。完成第三次全国文物普查工作及不可移动文物名录的编制、建档工作，举办雨花区“非遗”展演周活动，成立雨花“非遗”馆，举办“天下非遗在雨花”——中国雨花“非遗”文化节。构建“网乐潇湘”监督平台和政府、社会、行业三位一体的文化市场监管网络，开展文明创建、校园周边环境治理、“清源”“净网”“护苗”“秋风”等专项行动，文化市场环境进一步优化。举行全民健身节系列活动，完成2015年全民健身活动状况调查工作，群众体育不断发展。　（黄靖宇）

【行政审批】　2015年，雨花区强化对行政审批制度改革、规范行政审批行为，指导文化市场行政审批恪守“便民、高效、规范、廉洁”服务宗旨。推进政务公开，实行“阳光式”操作，积极推行政务公开，将全区行政审批事项的项目名称、设立依据、申请条件、办事程序、办理时限、收费标准等全部向社会公开，积极丰富公开载体，全方位、多形式地接受社会监督。促进职能转变，推进“创新式”管理，使政府职能从过去“管、审、批”的干预型政府向“扶、帮、助”的服务型政府转变。区文体新局在政务中心窗口设立投诉受理处，通过设

立意见箱、投诉电话等方式，对行政审批服务中心运行过程实行全方位、全过程监督。（黄靖宇）

文　化

【文化活动】2015 年，雨花区进一步健全三级公共文化设施网络，馆、站、室免费开放常态化、优质化。完成省、市、区民生实事工程建设任务，投入 200 多万元新建、提质雨花亭、跳马 2 个示范性街道综合文化站，新建 12 个示范性社区公共文化活动中心，完成 1 个 3000 平方米的户外全民健身中心、篮球场、乒乓球场、健身路径的提质改造建设，并对市民免费开放。继续深入开展“雷锋号”群众文化服务“十送工程”等各类公益培训活动，打造电影惠民基地，通过政府购买服务实现篮球馆、羽毛球馆、游泳场馆免费开放，丰富群众文化生活。积极开辟公共文化服务新途径，面向社区居民及外来务工人员、特殊群体提供多元化的文化服务，王魁、敖耀寰等获评优秀基层文化人才，王魁同时获评湖南省艺术节“三湘群文之星”。强化原创精品节目打造，策划开展外来务工人员 K 歌比赛、职工合唱比赛、文化科普送万家、“欢乐潇湘. 美丽雨花”文艺作品征集等活动；打造一批原创文艺节目，参加 2015 年湖南艺术节三湘群星奖大赛展演；成功举办湖南省纪念抗战胜利 70 周年大型原创作品交响音乐会。延续品牌开展各类公益活动。区“群众文化节”传承传统文化，“书香雨花”读书节引入“亲子互动 DIY”、科技、“互联网 +”等时尚元素不断推陈出新，品牌效应更加突出。

（黄靖宇）

【文物保护】2015 年，雨花区完善区、街、社区和义务巡护员四级文物保护网络建设，建立督查机制，做好文物调查、勘探及抢救等工作，全区文物安全无事故。完成第三次全国文物普查工作及不可移动文物名录的编制、建档工作和雨花亭历史文化学术调研。配合拆迁指挥部进行张文忠烈士墓迁移工作。重建雨花亭、恢复重建红一方面军总前委指挥部等项目纳入“十三五”规划。省级“非遗”项目洞井龙舞纳入市州“十三五”保护计划。举办雨花区“非遗”展演周活动，将“非遗”资料数字化，不断丰富“非遗”展品的形式。成立雨花“非遗”馆，完成“非遗”特色产业文化街区建设可行性调研工作。举办“天下非遗在雨花”——中国雨花“非遗”文化节，国家、省、市 40 多家媒体宣传报道。

（黄靖宇）

【文化市场】2015 年，雨花区推进商事登记制度改革，实行三优化政策，行政审批整体提速 50%，构建“网乐潇湘”监督平台和政府、社会、行业三位一体的文化市场监管网络。举办长沙市“阳光娱乐”K 歌大赛，荣获“特别贡献奖”。开展“打非治违”“文明创建”“扫黄打非”、校园周边环境治理、“清源”“净网”“护苗”“秋风”专项行动，出动文化执法人员 9500 余人次，检查文化市场经营单位 4700 余家次，立案查处案件 94 件，行政罚款 40.71 万元，其中，加班错时执法 2300 余人次，检查经营场所 600 余家次，立案调查 35 起。办理网吧违规经营案件 92 起，非法出版物案件 2 起，受理举报 110 件，其中受理市局交办、督办落实件 60 件，案件办结率和满意率 100%。侯家塘电院社区“扫黄打非”社区工程获省“扫黄打非”先进示范点，经验向全省推广。开展网吧行业分级管理试点工作，确定首批 37 家网吧被授予 A 级网吧，另有 35 家 C 级、D 级网吧实行重点监管，湖南新闻联播、湖南都市频道、湖南经视频道、《长沙晚报》、网易网、新民网等媒体进行宣传报道。（黄靖宇）

【文化产业】2015 年，区文体新局参与文化“十三五”规划编制，搜集整理文化产业资金扶持申报项目，为全区文化产业发展提供良好的服务。鼓励和引导社会力量参与公共文化服务。汇聚德思勤 24 小时书店，小鱼儿创意美劳儿童艺术馆、大德美术馆、雨花“非遗”展示馆等社会文化机构参与全民艺术普及工程。启动雨花“非遗”民俗特色

产业街区建设。（黄靖宇）

【美术、书法、摄影大赛】 2015年5月，雨花区以“我们的中国梦”为主题开展“欢乐大潇湘 美丽雨花”群众美术、书法、摄影大赛等活动。专门召开“欢乐潇湘 美丽雨花”群众美术、书法、摄影活动推进会，层层发动全面部署，收到参赛作品2000余件，聘请湖南省书法美术摄影协会的6位专家对作品进行专业评选，甄选出作品550余件进行评奖，选送120件优秀作品参加市赛，获评获一等奖1个，二等奖1个，三等奖2个。（黄靖宇）

【原创文艺作品大赛】 2015年7月14日，雨花区“群星耀雨花”第二届原创文艺作品大赛在长沙实验剧场举行，舞台汇聚近年来雨花区群众文艺创作的精品节目。从参赛的40多支群众文艺团队中遴选13支团队参加市赛，获金奖1个、银奖1个、优秀奖4个。其中，路桥艺术团的《舞龙人》获第五届湖南艺术节舞台作品类“三湘群星奖”银奖。（黄靖宇）

原创作品

【第七届“书香雨花”读书节】 2015年8月8日，雨花区第七届“书香雨花”读书节开幕式暨“创意·悦读”进社区启动仪式在德思勤城市广场启动。活动现场，活力舞蹈、创意儿童艺术作品展使整个空间充满想象力，云屏数字阅读机让市民们充分享受指尖阅读的快乐。家长带着孩子在现场体验“趣味童年”亲子艺术创意美劳，气氛热烈。雨花“非遗”

书香雨花

传承儿童在现场获赠书包和文具，书香情浓浓融入创意童年。活动设两个分会场，小鱼儿童年艺术馆发掘儿童创意，拓展创意美劳；畅销书作家王臣与读者一起分享读书的意义。（黄靖宇）

【少年儿童系列读书活动】 2015年，雨花区图书馆组织“书香湖南——2015年雨花区少年儿童‘中国梦·汉语美’系列读书活动”，整理上交读后感十余篇，推选阅读之星2人。其中获省“三湘少年儿童阅读优秀个人”2人，省“主题推荐书籍读后感撰写活动”三等奖2人；“长沙市少年儿童市阅读之星”2人，市“主题推荐书籍读后感撰写活动”一等奖4人，二等奖1人，三等奖2人。雨花区图书馆获“优秀组织奖”“指导奖”。（黄靖宇）

【原创作品交响音乐会】 2015年9月6日，湖南省纪念抗日战争胜利70周年大型原创作品交响音乐会在湖南大剧院举行。音乐作品是国家一级作曲家孟勇（湖南益阳人，现住雨花区）老师的原创音乐巨作。作品既是中华儿女、三湘英杰英勇抗击日本侵略者、追求民族独立与自由、建设美好湖湘、美丽雨花的艺术表达，也是长沙市委、市政府关于宣传文化工作“多出文艺作品、多出人才、多出文化成果”的体现。（黄靖宇）

【中国·雨花“非遗”文化节】 2015年11月19日，“天下非遗在雨花”——中国·雨花“非遗”文化节在雨花“非遗”馆启动，活动结合文化创意、“互

联网 +”，主打“逛非遗”“赏民俗”“淘古玩”、“吃夜市”“看好戏”“赢大奖”，开展“非遗现场展演”“古玩艺术品交易会”“百年湘绣展”三大主题活动及文化夜市、谜语竞猜、企业剑客路演互动、古典服饰礼仪展示、“镇宅、镇店之宝大 PK”全民鉴宝行动、“小辣椒逛农博”非遗专场、寻找儿时记忆——亲子非遗 DIY 八大系列活动，有看、有买、有吃、有玩，以此展现雨花“非遗”文化魅力，壮大雨花文化号召力，以雨花“非遗”馆为中心，开启中国雨花国际非物质文化遗产特色街区建设项目。

（黄靖宇）

【群众文化节】 2015 年，雨花区以“文化惠民”为出发点，创新思路和举措，注重提升文化活动品质，坚持“植根社区、贴近百姓、惠民利民”的原则，以满足社区群众文化需求为出发点和落脚点，精心实施“群众文化节”系列群众活动，通过打造群众家门口“文化乐园”等形式组织街道、社区开展团队展演、展示等系列活动。（黄靖宇）

体　育

【概况】 2015 年，雨花区举行全民健身节系列活动，3 万多人参加拔河、健步走、登山、篮球、羽毛球、趣味运动会等各项比赛；组队参加省、市各级各项比赛，承办长沙市老年人广场舞暨健心操舞展示活动；承办长沙市“羽协杯”区县市羽毛球友谊赛并获冠军。成立区篮球协会，门球协会获长沙市女子门球比赛冠军，组织参加湖南省一级社会体育指导员健身操、柔力球、广场舞培训；全区门球比赛、广场舞比赛等活动丰富多彩。认真落实《中华人民共和国体育法》和湖南省《全民健身条例》，依法依条例开展体育工作，接受省人大体育工作“一法一条例”执法工作检查并获得高度评价；完成 2015 年全民健身活动状况调查工作并接受市体育局检查；扎实开展篮球、羽毛球、游泳池场馆政府购买服务免费开放工作，狠抓体育场馆安全生产，顺利通过市体育局安全生产检查。（黄靖宇）

【李平考察体育工作】 2016 年 1 月 23 日，长沙市体育局局长李平、群体处处长殷建军、副处长傅结胜一行三人考察雨花区体育工作，听取区文体新局局长王琳全面汇报《建设现代体育公共服务体系三年行动计划（2015—2017）》实施情况，实地查看区级全民健身中心的项目选址现场。李平指出，雨花区的体育工作在区领导的高度重视和体育人的辛勤努力下，品牌凸出、特色鲜明、蓬勃发展。希望雨花区能够再接再厉，马上行动，在体育设施、传统项目、拆违控地、区域品牌、体育产业等五大方面积极作为，做出新的成绩。市体育局也将加大投入、加强管理、共同为丰富群众的体育生活努力。副区长王清华陪同考察（黄靖宇）

【老年体育协会工作会议】 2016 年 3 月 30 日，雨花区 2016 年老年体育协会工作会议在区文体新局召开。区老年体育协会办公室副主任罗寅辉主持会议，老年体育协会办公室主任赵长林总结协会 2015 年工作并部署 2016 年工作安排；健身协会、门球协会、广场舞协会主席总结汇报各自协会的工作；老年体育协会副主席肖学源提出将“生命在于运动”“生命不息、运动不止”“健身动起来”等健身口号贯穿老年体育协会工作中；老年体育协会主席罗四安宣讲《关于进一步加强新时期下老年人体育工作的意见》。区文体新局局长王琳非常感谢和肯定老年体育协会为雨花区体育事业所做出的贡献，提出 2016 年老体协工作要“对老体协重视到位”“整体发展规划到位”“抓政策文件的落实到位”“抓好组织网络的全方面覆盖到位”“场地设施建设到位”“健身活动推动到位”“后勤保障到位”“工作思路创新到位”，希望借助 8 个到位，将雨花区老年人体育工作开展的红红火火、如火如荼。（黄靖宇）

医疗卫生

卫生行政

【概况】 2015年，雨花区卫生机构513个（含省、市发证），区直单位有区疾控中心、区妇幼所、区卫生监督所3家，三级医院5家，二级医院10家，一级医院37家，街道社区卫生服务中心10家，乡镇卫生院1家，社区卫生服务站56家，村卫生室45家，门诊部127家，诊所160家，医务室59家。注册卫生技术人员15467人，其中区内发证机构注册执业（助理）医师3341人，注册护士1849人。

2015年，雨花区卫生局负责全区的医改、医政、卫生监督、疾病预防控制、妇幼保健、健康教育、基层卫生、红十字会等业务工作的管理、指导。内设办公室、政工科、医政科、公共卫生科、会计核算中心和二级机构基层卫生综合管理中心、红会办。核定编制20名，其中领导职数4名；9月前，全体在职干部职工数19人，引进人才3人，雇员4人；退休8人，离休1人；党员27人，其中在职党员20人。雨花区卫生局坚持以深化医药卫生体制改革为主抓手，以“关注社会民生、促进群众健康、彰显公益服务”为宗旨，以居民群众得实惠、医疗机构促发展、党委政府满意为目标，不断加强基层医疗卫生服务体系建设，创新服务模式，基层医疗卫生服务能力显著提高，卫生惠民逐步显现。9月，雨花区机构改革，组建区卫生和计划生育局。10月底完成机构、职能、人员的整合工作，雨花区卫生和计划生育局内设办公室、医政医管科、公共卫生科（应急办）、基层卫生科（医改办）、规划与信息科、计划生育基层指导课、计划生育家庭发展科、流动人口服务管理科8个科室，下辖13个二级机构，指导区红十字会的业务工作。（张剑屏）

【医卫改革】 2015年，雨花区坚持以深化医药卫生体制改革为主抓手，以“关注社会民生、促进群众健康、彰显公益服务”为宗旨，以居民群众得实惠、医疗机构促发展、党委政府满意为目标，不断加强基层医疗卫生服务体系建设，充分整合区域卫生资源，夯实基层基础，扩大国家基本药物实施范围，提升基层医疗卫生服务能力，构建区域卫生服务协同体系，创新服务模式，基层医疗卫生服务能力显著提高，卫生惠民逐步显现。首推全科医生团队进社区，组建130个全科医生团队、7个家庭医生工作室，与辖区居民建立较稳定签约服务关系，为居民提供预防、保健、康复、医疗、健康教育、计划生育技术等“六位一体”的全方位服务。签约居民享受家庭居民健康档案、重点人群保健服务、个性化健康保健方案、中医体质辨识、预约门诊、优先就诊和畅通的双向转诊等健康咨询和管理服务，医疗服务“私人订制”进入寻常街坊家。全科团队或家庭医生工作室按照“一社区一团队一医生”的原则实行网格化管理，每周深入责任服务区，以老年人、残疾人、低保户家庭等重点人群为主体，提供点对点、面对面的服务。创新管理方法，制定

《雨花区医疗机构量化分级管理工作实施方案（试行）》，实行医疗机构量化分级管理，根据医疗机构依法执业情况、执业环境、面积布局、设施设备、制度建设、人员管理、服务质量等，对医疗机构开展分级评审。医疗机构按示范、合格、基本合格单位、不合格单位，分为 A、B 、C、D 级，分别强化监督检查，重点监督 D 级医疗机构，必要时可依法作出罚款、暂缓校验、限期整改、吊销许可证的处罚，有效推动医疗机构建设标准化、医疗执业行为规范化，提高医疗机构的医疗服务质量和水平。以基层医疗机构为网底，湘雅附二医院、省人民医院、市中心医院等省部级、市级医院为省市级诊疗中心，通过上级医院专家团队点对点支援、人才逆向流通、畅通双向转诊通道、建立医疗硬件支撑等举措，构建区域卫生协同服务体系，着力解决群众“看病难，看病贵”问题，为辖区群众提供最优质的卫生服务资源。政府举办基层医疗机构严格落实国家基本药物制度，规范基层财务及经费管理。国家基本药物制度惠民利民，政府举办基层医疗机构严格落实国家基本药物制度，实行上集中采购，集中配送，零差价销售政策，政府补助药品零差价，规范基层财务及经费管理。实施基本药物制度后，5 个政府办社区卫生服务中心实施基药业务量实现“双增长双降低”，门诊人次 32 万余人，比 2014 年增长 25.84%，基药销售 1403 万余元，比 2014 年增长 34.93%，群众实惠进一步显现。（张剑屏）

【公共卫生服务】 2015 年，雨花区加强公共卫生服务体系建设，公共卫生工作扎实推进，基本卫生服务均等化稳步推进。建立居民电子健康档案 65.7 万份，居民健康档案建档率 81.06%，0~6 岁儿童健康管理 4.5 万人，孕产妇健康管理 6704 人，老年人中医药健康管理 3.2 万人和 0~3 岁儿童中医药项目管理 1.2 万余人。为 651 名孕产妇提供住院分娩补助经费 19.71 万元；免费检测艾梅乙母婴阻断 6198 人，叶酸增补率 99%。开展卫生监督协管服务的基层医疗卫生机构达 100%，并有完善的相关工作制度、服务记录等，社区居民普遍得到实惠，居民健康水平逐步提升。建立健全卫生应急“一网四库”工作机制，应急物资储备齐全，疾病预防控制能力提升。严格落实 24 小时应急值班工作，及时处置各类突发公共卫生事件，未发生突发公共卫生事件。积极创建湖南省应急示范区、慢性病综合防控示范区和儿童保健服务合格区，规范管理公共卫生服务工作。开展慢性病“社区卫生服务中心—疾控中心—医院”一体化防控管理项目逐步，提高居民对慢性病管理的依从性。老年人健康管理 6.1 万余人，高血压患者健康管理 4.2 万人，糖尿病患者健康管理 1.4 万人，重性精神疾病患者健康管理 2853 人，接种疫苗约 35 万剂次。开展春运食品安全、春季学校食品安全、生姜制品等专项整治，开展雨花区小餐饮店整规日常监督，配合各街道对不配合、不规范、不整改的门店开展日常监督。开展节会保障专项行动，成立应急小组进行食品安全保障，有效预防食物中毒、二次供水污染事故等突发公共卫生事件的发生。通过三级监管网络，建立 200 余家非法行医者黑名单，完善非法行医台账。（张剑屏）

【红十字工作】 2015 年，雨花区组织第 15 次红十字“博爱送万家”活动，发放款物总价值 31.88 万元，区红十字会发放救助金 37000 元、救助物资价值 2.65 万元，受益 1000 余人。组织无偿献血活动，无偿献血 4808 人次，区直机关 317 人献血 11 万毫升。6 家媒体宣传报道区红十字会开展团体预约无偿献血活动。通过宣传日活动、短信、微信等多种方式，继续加强造血干细胞、器官、遗体捐献知识的宣传力度，登记遗体器官捐献志愿者 16 名。组织各类宣传，发放宣传资料 2.6 万份，8000 余名群众参与活动，获市红十字会宣传展报评比活动一等奖和组织奖，继续组织社区开展红十字模范单位创建活动，全面推进红十字工作开展。（张剑屏）

【院区协同服务体系】 2015 年，雨花区构建院区卫生服务协同体系。1 月 8 日，区委区政府召开雨花区院区合作座谈会，区委副书记、代区长张能峰主持会议，会议邀请省内和驻区 13 家省部级、市级医院领导和专家参加，共话院区合作事宜。区委政法委副书记王强通报全区医疗纠纷处理及维稳处置情况，副区长王清华介绍雨花卫生工作成绩和惠民举措，及雨花区与各大医院合作情况。湘雅医院、湘雅二医院、省肿瘤医院、省人民医院、省中医药大学第一附属医院等医院负责人相继发言，介绍医院基本情况、科院特色，就院区合作发表建议。张能峰评价座谈会规格很高，内容很实，通过座谈，交流了感情、升华了感情、发展了感情，体现了合作的精神，展示了合作的实力，表达了合作的意向；希望会后感情要发展、交流要常态、合作要到位，深度对接合作意向，争取每年召开一次形式灵活的院区合作座谈会，雨花区委区政府会支持、服务好院区合作。区委书记邱继兴肯定座谈会实现“三增”：增进了解、增加友谊、增强协作，体现了习总书记“全面建设小康、全面深化改革、全面依法治国”的精神。他表示区委、区政府将更好地做好服务，一如既往地加大对医院正常秩序的维护和保障，全力支持院区合作，使雨花居民共享优质医疗资源和医疗服务；同时雨花区将不断提升基层医疗机构的服务能力和服务水平，将各大医院作为强有力的技术后方，使百姓放心在社区就医。会后，雨花区卫生局按照院区合作座谈会要求，进一步加强与各大省部级医院对接，在医疗救援、应急处置、双向转诊绿色通道、名院名医信息资源库的建设等工作上，将具体工作做实。6 月 30 日，院区协同医疗卫生服务体系框架协议签约仪式在长沙市中心医院举行，长沙市卫生和计划生育委员会副主任刘明章出席。长沙市中心医院党委书记吴敏泉主持签约仪式，院长杨励、雨花区卫生局党委书记、局长韩哲等参加签约。雨花区政协副主席廖云伟致辞，对本次“院区”协同医疗服务体系框架协议的成功签署表示祝贺。韩哲围绕“院区”协同医疗卫生服务体系的目的、内容、主要措施等，简要介绍雨花区积极利用长沙市中心医院作为区域医疗服务的核心作用，在前期对口支援、人才培训、双向转诊等合作的基础上，深入交流、互利共赢，构建优质高效的区域协同医疗卫生服务体系，通过中心医院专家团队的指导支持，将优质资源引入基层，加强基层医疗卫生服务队伍建设，提升基层医疗卫生服务能力，让居民群众就近解决基本医疗的服务。刘明章表示，雨花区与长沙市中心医院积极探索在“手牵头”帮扶的基础上紧密合作，做出许多卓有成效的工作，希望今后院区之间加强人才交流互动，加强基本医疗与基本公共卫生融合，创出特色亮点，祝愿双方的合作能结出丰硕的成果，成为全市院区合作的成功典范。（张剑屏）

【互联网＋康复服务】 2015 年，雨花区与湖南省工伤康复中心开展院区协作，探索新形势下借助互联网平台开展稀缺康复资源调配，有效使用康复治疗资源，主要通过“互联网加社区康复服务”模式，利用 O2O 线上结合线下的模式，对接康复专家、社区康复机构和患者三方，搭建雨花智慧康复服务互联网平台，有效提升社区康复医疗服务水平，满足居民日益增长的康复医疗需求。该模式针对康复医学发展不平衡，康复专家少，社区康复能力不足，水平不高的问题，通过线上初步自动评估和定性指导意见，再导入到线下康复机构进行康复治疗，开展线上咨询和线下专家现场指导，为基层医疗机构提供在互联网上与国内一流的康复专家交流互动的机会，将康复专家有限的治疗实施最大化，有效提升基层医疗机构康复服务能力。（尹　平）

【项目建设】 2015 年，雨花区完成砂子塘街道社区卫生服务中心加固改造和室内装修工程。完成 6 个村卫生室改造工程，完成跳马中心卫生院团然分院装修改造工程，洞井街道社区卫生服务中心（含精神科康复病房）动工建设，雨花区公卫大楼实验室和室内装修施工，黎托街道社区卫生服务中心设计方案优化工作，办理建设土地前期工作。（黄　江）

【防病工作会议】 2015 年 4 月 29 日，雨花区防病工作暨湖南省卫生应急、慢病示范区创建工作动员大会召开。省、市、区相关领导和区直部门、街道、镇、医疗机构、各社区卫生服务中心、卫生院等110余人参加会议。会议总结2014年全区防病工作，部署2015年防病工作，对2015年卫生应急、慢病示范区创建工作进行责任分工、安排部署。省卫计委应急办主任石国勇指出，两个示范区的创建需要多部门协作、配合和支持；两个示范区的创建工作要加强督导；要以示范区的创建来提高自身能力。省卫计委疾控处副主任李孝志、市卫生局副局长欧志明、区政府副调研员盘正元分别对雨花区创建两个示范区提出相关工作要求。（谢姣梅）

【全科团队培训】 2015年4月10日，雨花区区卫生局邀请上海市长宁区的全国社区卫生专家授课，进行全科团队服务培训，各社区卫生服务中心（中心卫生院）、站（村卫生室）负责人、全科医生等200余人参加培训。通过围绕长宁区的卫生综合改革过程中如何开展签约服务、签约服务的绩效考核管理、全科团队的慢病管理等几个方面进行讲解，对开展全科团队服务工作有整体、全面的认识。（张剑屏）

【统战特约人员座谈会】 2015年12月8日，区卫生计生局召开统战特约人员座谈会，特邀来自民盟、致公、九三学社等党外人士参会。党委副书记、副局长龚文波代表通报2015年卫生计生工作情况及2016年重点工作安排。各位代表肯定卫生计生工作取得的成绩，同时结合自身工作实际工作重点，就全科医生队伍建设、慢性病管理、“全面二孩”政策的宣传落实等方面提出建议及意见。（张剑屏）

【青年干部座谈会】 2015年5月，为进一步加强卫生系统干部队伍建设，激发干部队伍活力，区卫生局党委制定《雨花区卫生系统干部交流工作方案》，启动干部交流学习工作，在22名青年干部中，择优选择8名优秀干部进行第一批双向交流学习。11月16日，区卫生计生局党委组织召开雨花区卫生计生系统年轻干部交流座谈会，局班子成员，各科室主任，各二级机构、政府办社区卫生服务中心及卫生院负责人，交流学习干部及卫生计生系统青年干部代表参加会议。座谈会上，第一批参加交流学习的干部和带教老师谈学习体会、带教心得，部分青年干部代表也踊跃发言，对进一步加强干部队伍建设，特别是做好干部交流工作提出中肯的意见和建议。（张　静）

【省卫计委检查雨花区卫生工作】 2015年6月8日，省卫生和计划生育委员会基层处副处长梁迪军带领专家组一行5人，检查雨花区2014年度基本公共卫生服务项目进展情况。市卫生和计划生育委员会主任周敏，区委副书记、区长张能峰，副区长王清华陪同检查。检查组抽取井湾子街道社区卫生服务中心为现场检查机构。通过查阅相关资料、电脑等距抽查电子档案、电话核实等方式，检查健康教育、免疫规划、居民健康档案管理服务、老年人健康管理服务、0~6岁儿童健康管理服务、孕产妇健康管理服务、高血压患者健康管理、2型糖尿病患者健康管理、重型精神病患者健康管理等基本公共卫生项目的服务情况和项目资金管理情况。专家组现场对高血压、糖尿病、孕产妇等重点人群开展满意度调查，并随机抽取6名公卫服务人员进行基本公共卫生服务综合考试。专家组充分肯定雨花区各项基本公共卫生服务项目服务，健康管理服务规范管理率高，居民知晓度高、满意度高，将每一项公共卫生服务真正落实到居民身上。希望井湾子社区卫生服务中心再接再厉，努力打造成全国示范社区卫生服务中心。（尹　平）

疾病预防

【概况】 长沙市雨花区疾病控制中心（简称“区疾控中心”）为区卫生和计划生育局二级机构，是全额拨款的副科级事业单位，坐落于雨花区政府机关大院东南角，办公楼面积为3304平方米。承担着全区疾病预防与控制、突发公共卫生事件应急处置、免疫规划、卫生监测、健康教育与健康促进、健康体检、实验室检测检验与评价、技术指导等职能内设办公室、财务科、质控科、传染病防治科（应急办、公共卫生科、体检科、结核病防治科、检验科、免疫规划科、地慢病健教科。核定编制28名，2015年，在职在岗工作人员26人，引进人才1人，雇员21人，退休职工26人。党员23人。

2015年，雨花区以加强人才队伍建设为基础、以创建省级慢病与应急示范区为契机，全面提升综合管理水平和技术服务能力，创建省级慢性病综合防控示范区及省级卫生应急综合示范区两个示范区，获“中国全球基金湖南省结核病项目先进集体”、湖南省“十二五”规划重点传染病监测先进单位、2014—2015年度湖南省城市癌症早诊早治项目工作实施单位二等奖、长沙市慢病宣传技能竞赛最佳创意奖、慢病管理实现质的飞跃，结核病各项指标超额完成，学校卫生管理成效显著，免疫规划、艾滋病管理、公共卫生、检测检验四大能力提质。区疾控中心加强内部管理，制定岗位说明书，明确岗位职责，完善采购、用餐、休请假、车辆管理等制度，实行科室内部考核制，规范科室行为。组织到上海市长宁区、宁波市疾控中心学习考察；到天心区、芙蓉区、望城区及长沙县疾控进行现场学习，外派培训70批次141人次参加省市培训，优化知识结构。外请省市专家授课14人，举办各类技术培训班20期，培训2983人次，采用座签制度、到会通报制度及逢训必考制度，对迟到、缺席人员及考试分数形成《培训情况通报》发至各参训单位，每次培训结束后由质控科对培训对象开展问卷调查，对培训组织、内容、授课老师等进行综合评定，并提出意见与建议，推动培训质量不断提升。开展工作督导6大类25批，编发《督查通报》，确保督导取到实效。区疾控中心获雨花区“中国梦·劳动美”职工法律知识竞赛二等奖，党支部入围全区“组织工作创新奖”。（吴　军）

【疫情监测】 2015年，雨花区组织开展埃博拉出血热防控、中东呼吸综合征、突发公卫事件处置等相关知识培训5次。雨花区传染病及死亡病例网络直报单位29家，区疾控中心审核传染病卡34854张、死亡卡6155张，及时审核率100%，处理预警信息354条，24小时内及时率100%，调查3起疑似事件。报告现住址为雨花区的甲乙丙类传染病23种6645例，发病前五位的病种为手足口病、其它感染性腹泻、流行性腮腺炎、肝炎、肺结核，占甲、乙、丙类传染病报告总数的86.31%。无甲类传染病发生，发生乙类传染病17种1528例，死亡4例；丙类6种5117例，无死亡。每月疫情网络报告及时率、审核及时率均为100%，无重卡，辖区内网络直报单位每月疫情报告率100%，无零缺报单位。全区报告现住址为雨花区的死亡病例4575例，死因居前三位的疾病是循环系统疾病、肿瘤、呼吸系统疾病，死亡病例网络报告及时率、审核及时率均为100%，审核及时率100%。区疾控中心定期对辖区内二级以上医疗机构开展传染病、死亡病例及医院消毒管理的督查，对医疗机构进行两次传染病及死亡病例的漏报调查，对两家医疗机构和两家社区卫生服务中心在《人口死亡信息登记管理系统》中报告的死亡病例进行死因复核。健全4支突发公共卫生事件应急机动队，开展多次培训和演练，参加长沙市卫计委组织的全市卫生应急演练获得好评。24小时值班电话保持通畅，采购更新10余万元卫生应急物资，装备齐全，救灾防病药械齐备；开展“5·12”应急宣传；规范有效处置突发公共卫生事件5起，学校、托幼机构等单位聚集性疫情7起，进社区入户消毒防控处置3次，开展雨后防病救灾应急处置1次，赴拆迁指挥部、城管局、环卫所开展高温中暑防护指导宣教各1次。（吴　军）

【重点传染病防控】 2015年，雨花区接诊腹泻病例1539例，检测1182例，采集外环境和食品标本180份开展霍乱弧菌监测，均未检测出霍乱弧菌。本地手足口病病例报告3585例，未报告本地重症及死亡病例；有效处置外地重症手足口病例8例。犬伤门诊接诊暴露后预防处置犬伤病例2091例，对9例外地疑似狂犬病例和1例本地病例及时开展流行病学调查、指导疾病防控及采样送检等工作。下发肾综合征出血疫苗1260人份，报告并有效处置出血热病例5例、疑似钩体病病例2例。主动搜索不明原因肺炎，对1例重症肺炎排查病例开展流行病学调查及相关防控排查、处置。处置登革热病例2例，其中1例经实验室检测排除，1例为实验室确诊病例。开展石马家禽批发市场职业暴露人群血清学监测，对2例疑似H7N9禽流感排查病例开展流行病学调查及相关防控处理，协助长沙市疾控中心开展H9N2禽流感病例回顾性调查及防控处置1例。（吴　军）

【性病、艾滋病防控】　2015年，雨花区上报现住址为雨花区的性病6种1035例。自2003年发现首例HIV感染者，全区累计报告HIV/AIDS 448例，2015年新发现108例，存活在访的402人。4家艾滋病自愿咨询点（VCT）均运行良好，完成咨询检测761人次，对黎托强制戒毒所新入所的421名被监管人员开展梅毒、丙肝及艾滋病病毒抗体筛查，完成国家级孕产妇HIV监测任务400名，哨点监测完成率100%。11所HIV初筛实验室均运行良好，及时对重点人群及自愿检测者艾滋病筛查累计188291人。对目标人群进行预防艾滋病、性病宣传教育等干预工作。发放宣传资料971份，安全套9000只，动员HIV检测971人。与HIV/AIDS面对面交流800余次，及时对新发现的HIV/AIDS进行流行病学调查，对存活者按时进行个案随访以及开展关怀活动。对17例住院治疗患者补贴其住院治疗费用60%，288名HIV/AIDS接受免费抗病毒治疗。对每个艾滋病病人与感染者发放电话补助费以及交通补助费，对生活困难者给予适应的生活补助。（吴　军）

【结核病控制】　2015年，雨花区非结防机构共报告肺结核患者或疑似肺结核患者416例，转诊72例，转诊到位68例，患者转诊率为17.31%，转诊到位率为94.44%。区疾控中心追踪到位248例，其他到位60例，总体到位376例，总体到位率90.38%，达到市级要求（>90%）。发现活动性肺结核患者数283例，完成率114.57%（市级任务数为247例），其中发现新涂阳患者数110例，完成率127.90%（市级任务数为86例）。区疾控中心每两个月对辖区内各街道社区卫生服务中心（卫生院）结核病防治工作督导1次，累计督导68次，督导完成率103.03%；新涂阳病人系统管理率97.32%，治愈率为87.50 %，涂阴病人系统管理率98.19%，完疗率为87.83 %。发现耐多药患者4例、完成耐多药可疑者筛查数56例，完成率分别为200%、112%，率先在全市对结核病药品实行电脑管理，药品报表无差错、无缺项，准确率达到100%。3月24日第20个“世界防治结核病日”。区疾控中心联合井湾子街道社区卫生服务中心在长沙市建筑工程学院开展“学校结核病防治知识”大讲座。（吴　军）

【慢性病防治】　2015年，雨花区开展慢性病“社区－疾控－医院”一体化防控管理项目，进一步完善医疗机构和社区卫生服务中心的双向转诊机制，实施“三位一体”慢性病综合管理模式；开展重性精神病流行病学调查及慢性病基线调查项目，完成对辖区4070人的慢性病基线调查及录入工作，进一步提高居民对慢性病管理的依从性；联合开展

雨花区防病工作会议

儿童口腔疾病综合干预项目，对辖区内7~9岁的1000名在校学生进行免费的口腔健康检查、窝沟封闭和健康教育；开展口腔健康流行病学调查项目，协助省口腔流调队开展对108名居民、324名3至5岁幼儿园儿童、1280名11~15岁中学生的口腔健康问卷调查及口腔卫生无创性检查；现场指导社区卫生服务中心（卫生院）慢性病业务3次，业务培训3次，协调辖区内省市精神病医院，及时发现重性精神病人等措施，提升慢性病及重性精神病人发现及管理质量。全区建立居民健康档案656480份，老年人档案62676份，健康管理率89.76%，高血压患者档案43456份，健康管理率35.27%，糖尿病患者档案14338份，健康管理率为21.85%，重性精神疾病患者建档3268份，在册率4.05‰，在管档案2737份，发现患者管理率83.75%。在全区二级以上（含二级）医疗机构开展慢病与肿瘤登记工作，慢性病个案实行一人一病一档案。完成城市癌症早诊早治项目6537份高危问卷调查和2033例的高危人群临床筛查。（吴　军）

【地方病防治】 2015年，雨花区开展“4·26”全国疟疾日和“5·15防治碘缺乏病日”系列宣传活动；对2例雨花区的间日疟病人进行疫点处置；完成464例“三热”病人的疟原虫血片镜检（任务数360人）；完成对300户居民食用盐的入户采盐、实验室检测及结果分析和上报工作；完成210名8~10岁学生尿碘水平尿样采集和甲状腺肿大触诊工作，完成100名孕妇的食用盐监测、尿碘采集及50名孕妇健康教育知晓情况问卷调查工作；顺利通过地方病“十二五”规划终期评估；完成3例本区报告布鲁氏菌病患者流行病学调查、采样和健康教育工作。（吴　军）

【麻风病防治】 2015年1月25日，世界第62届“世界防治麻风病日”，雨花区组织各街道社区卫生服务中心开展以“加速行动，消除麻风危害”为主题的宣传活动。每日浏览麻风病系统，及时掌握疫情动态，对1例外地转入现症患者按时进行随访及督促定期复查规范服药，对与其密切接触者开展麻风病筛查，筛查信息及时上报系统。（吴　军）

【免疫规划】 2015年，雨花区接种疫苗54.6445万剂次，其中一类疫苗36.8105万剂次，二类疫苗17.8340万剂次，报告疑似预防接种异常反应病例74例，均及时有效处置，未发生任何预防接种安全事故和接种纠纷。冷链运转正常，疫苗管理规范，继续使用疫苗数据库管理系统进行电脑管理，出入库清晰明了，并采取定期与不定期相结合的方式盘点库存，确保账苗相符。疫苗针对疾病监测敏感，及时调查处理免疫规划针对疾病720例，其中AFP病例58例、麻疹疑似病例614例、流脑病例1例、乙脑病例47例。全面实施入托入学儿童查验预防接种证工作新模式，开展抽查督导，查验配合度和补种效果大幅提升。9月至11月，全区开展麻疹类疫苗查漏补种（8月龄~6岁儿童）工作，接种麻风疫苗4697剂次，接种麻腮风疫苗4744剂次，补种接种率均达到95%以上。（吴　军）

【卫生监测】 2015年，雨花区完成餐饮具、医疗机构、直饮水、二次供水、桶装水、公共用具、游泳池水、末梢水、井水、食品、湖水等11类监测，监测单位1170家，采集样品2829份，合格数2669份，合格率94.30%。对“两节两会”、“全国青少年校园足球冠军杯赛2015赛季（长沙）揭幕战”、“三考”期间接待单位、第28届亚洲男子篮球锦标赛暨奥运会选拔赛、农博会的餐饮具、公共用具、饮用水进行抽样检测，监测样品数579份。开展对跳马镇石燕湖生态旅游公园、学校、幼儿园的生活饮用水水质抽样检测、跳马镇医疗机构器械消毒效果检测及跳马镇井水监测，分别采集样品26份、65份、8份。完成40批次大米中铅、镉监测，5批次野干菜中镉、砷、二氧化硫监测和30批次消毒餐饮具的致病菌的监测；食源性疾病监测工作开展顺利，超额完成工作任务，上报食源性疾病暴发事件2起；完成1582批次食品安全监测任务（其中定量711批次，定性871批次），

超额完成工作指标。完成474家重点职业病危害企业的原始资料采集，录入127份重点职业病职业健康检查情况个案。（吴　军）

【卫生检验】　2015年，雨花区完成各类样品检测85737项次，其中食品检验1566项次，餐饮具、公共用具、环境卫生类样品检测3483项次，二次供水、末梢水、直饮水、井水、游泳池水、桶装饮用水、生活饮用水及其他水质检测5650项次，医疗器械检测空气、物体表面、手、器械、消毒剂及污水1933项次，各类从业人员健康体检转氨酶检测34430人次，大便检测34430人次，霍乱检测151项次，公共卫生突发事件样品80份，艾滋病抗体检验、梅毒检验、丙肝检测、风疹检测、麻疹检测4014人次。参加艾滋病、梅毒、风疹麻疹、致病菌、水中硒省级能力验证活动，均取得优秀。（吴　军）

【健康管理】　2015年，雨花区建立健全健康教育工作网络，在政府网站和区疾控中心网站开辟健康教育专栏，根据季节与传染病流行特点更新防病知识；借助"健康卫士"短信平台，向辖区居民发送健康短信；自编"中老年健康手册""惠民便民手册"书籍免费向居民发放，让健康生活方式深入人心。区疾控中心印制健康教育宣传栏、宣传折页、宣传海报分发至各街道中心，确保宣传内容准确性与一致性。各类宣传日活动10余次，咨询8000余人次，其中"全国爱牙日"宣传在湖南都市、政法频道、《长沙晚报》、红网、腾讯等媒体报道。区疾控中心等19家医疗卫生机构的控烟工作均达到无烟卫生计生机构创建标准。制作控油壶、BMI尺、计步器、腰围尺、膳食宝塔贴等各类支持性工具，组织各街道开展全民健康生活方式行动健康支持性环境建设工作，在圭塘河景观带举行"健步圭塘河，'羊'帆新雨花"的大型公益健行活动，在同升湖学校篮球场开展中老年人广播体操比赛。创建歇马亭社区公园为健康主题公园，经省行动办审核，确认洞井街道高升社区、跳马镇综合文化服务中心等25个单位（其中健康社区11家，健康单位4家，健康食堂5家，健康餐厅5家）达到健康支持性环境标准。辖区内安装"健康自测点"12个，对全区居民进行免费量血压、测量体重、发放健康支持性工具和健康咨询活动。新增全民健康生活方式基层健康指导员200名。从业人员健康体检接检34427人，实检34397人，受检率99.91%，其中公共场所601人，食品行业33796人，供水系统30人，体检检出异常者86人。完成新增3家健康体检承检机构的业务指导和质量控制工作，通过市卫生局的评审。（吴　军）

【学校卫生管理】　2015年，雨花区专项督查各学校幼儿园入托入学儿童查验证工作，组织辖区内各学校及托幼机构的校长、园长召开座谈会，通报学校聚集性疫情发生情况，介绍学校传染病防控工作。约谈发生疫情的学校托幼机构的负责人，增强学校托幼机构的负责人责任意识和防病能力。组织学校、托幼机构开展常见传染病知识培训，同时在水痘、流行性腮腺炎、手足口病等高发期，通过短信平台向学校发布疾病防控提示信息，制作传染病防控知识宣传折页和告家长书，在校园内开展宣传活动。对出现聚集性疫情的学校，区疾控现场对学校的班主任和卫生老师进行常见传染病防控知识和晨午检工作培训，制定常见传染病的隔离时限、复课要求及消毒规范，规范学校疫情处置行为。学校对传染病防控重视度与配合度增加，学校传染病疫情得到有效控制。（吴　军）

【省级慢性病综合防控示范区创建】　2015年年初，雨花区启动省级慢性病综合防控示范区创建，通过"保障常态化""防控专业化""普及全民化""管理信息化"创建特色化""服务长效化"6项举措，积极推进慢性病防治工作有序开展，12月8日，慢性病综合防控省级示范区评审组对雨花区创建工作进行考核评估，评审组充分肯定雨花区区委、区政府开展创建工作以来所做的工作和取得的显著成效，通过查阅资料，实地考察等方式，雨花区各项指标达到省级慢性病综合防控示范区的标准，雨花区被授予“湖南省慢性病综合防控示范区”称号。

（吴　军）

【省级卫生应急综合示范区创建】 2015年年初，雨花区申创省级卫生应急综合示范区，围绕“以创促建，深挖亮点”的创建工作思路，通过加强突发应急事件组织体系建设、监测预警、完善应急预案、做好应急准备、应急处置、规范信息报告、强化宣传教育等工作，创建工作取得成效，12月29日，省卫计委副主任方亦兵一行6人的“省级卫生应急综合示范区”验收评审专家组对雨花区的卫生应急示范区创建工作进行评审验收。通过综合评审，雨花区以99.7分的高分顺利通过省级评审组验收，获得“湖南省卫生应急综合示范区”称号。（吴　军）

【国家疾控中心调研雨花区疾控工作】 2015年3月12日，中国疾控中心免疫规划中心免疫服务与评价室主任郑景山一行3人，到雨花区调研春季传染病防控及麻疹疫情监测工作，省疾控中心、市卫生局、市疾控中心工作人员陪同。调研组听取雨花区2014年传染病防控及免疫规划工作情况汇报，查阅相关原始资料，现场调研长沙市中心医院、雨花亭街道社区卫生服务中心，对长沙市中心医院麻疹/风疹监测病例血标本及咽拭子采集和有关于医院内感染控制落实情况进行翔实的调查；对雨花亭街道社区卫生服务中心的预防接种补助落实情况、存在的问题和基层的建议、免疫规划专业人员情况等等方面进行了解并指导。调研组一行对雨花区的工作给予充分肯定，希望雨花区疾控中心继续做好传染病防控及麻疹疫情监测工作，切实为人民群众的身体健康保驾护航。（吴　军）

公共卫生

【概况】 雨花区卫生监督所隶属雨花区卫生和计划生育局，为参照公务员管理的副科级事业单位，编制25名，其中领导职数2名。依法承担监督管理餐饮消费环节食品安全（2015年10月19日移交到区食品药品监督管理局）、生活饮用水及涉及饮用水卫生安全产品，依法监督管理公共场所、职业、放射、学校卫生等工作，依法监督管理集中式餐饮具消毒企业及消毒产品，依法监督管理传染病防治工作，依法监督医疗机构和采供血机构及其从业人员的执业活动，整顿和规范医疗服务市场，打击非法行医和非法采供血行为等职责。内设办公室、法制稽查科、医疗卫生监督科、卫生监督一科、卫生监督二科。2015年，在职干部职工数29人，雇员9人；退休1人；党员20人，其中在职党员19人。办公地点设在雨花区人民政府机关大院一号楼。

2015年，雨花区卫生监督所以加强卫生监督体系、执法队伍建设，保障生活饮用水、学校和公共消费场所、餐饮食品卫生安全，规范整治医疗服务市场等工作为重点，强化内部管理、规范监督行为、加大执法力度、推进依法行政，不断推动卫生监督工作稳步发展，获评全市“卫生行政处罚案卷评查二等奖”、长沙市高铁新城片区拆违拆迁工作“优秀集体”。抽调5名干部职工参与城投1号、2号地和潭阳洲的拆违拆迁，1人被长沙市委、市政府评为长沙市高铁新城片区拆违拆迁工作优秀个人，1人被长沙市委、市政府评为长沙市潭阳洲片区拆违拆迁工作“先进个人”，3人获得区级“先进个人”称号。（徐　杰）

【食品安全】 2015年，雨花区开展春运食品安全大检查安全专项整治、春季学校（托幼机构）食品安全专项整治、生姜制品专项整治、小餐饮店整规行动、农村聚餐监管行动、含铝食品添加剂规范使用专项整治、食品安全百日利剑专项整治、面食米粉类餐饮服务提供者专项检查等专项整治活动，出动执法人员1900人次，排查食品经营户1200家，发放监督意见书623份，责令整改169家，立案处罚15家，罚款2.91万元；开展“诚信经营、文明餐桌”行动，全面铺开“文明餐桌”行动，鼓励消费者文明用餐、理性消费、杜绝浪费，发放“文明餐桌"提示牌和标语2万余份，"内四塘"文明餐桌覆盖率100%；完成元旦、春节、中秋、国庆，两会，高考、中考，"全省中学生运动会""第28届亚洲男子篮球锦标赛"等节会保障行动，下达卫生监督文书300余份，发放宣传材料1157余份。

（徐　杰）

【医疗卫生监督】　2015年，雨花区开展非法行医集中取缔行动20次，出动执法人员300余人次，取缔非法诊所17家次，立案处罚2人次，没收药品100余公斤，B超机1台，向公安机关移送1人；全年不间断的持续开展"两非"专项整治，规范母婴保健技术服务机构工作，严厉打击"两非"行为，检查母婴保健机构40家。雨花区卫生监督所监督传染病防治工作，检查各级各类医疗机构500余家次，开具意见书100余份，立案查处违法行为严重的机构2家；开展消毒隔离专项整治、病原微生物实验室生物安全专项整治、美容场所专项整治共6次，检查医疗机构186家。对辖区内的医疗机构进行放射卫生的监督检查，监督覆盖率100%。

（徐　杰）

【公共场所卫生监督】　2015年，雨花区结合文明城市指数测评，开展公共场所量化分级活动，公共场所监督覆盖率和量化评级率100%；对全区35家游泳场（馆）进行全面的专项检查，重点监督区政府公布的对中小学生免费开放的6家游泳池的卫生管理情况，立案处罚雨花区兵华游泳馆安排未获得有效健康合格证明的从业人员从事直接为顾客服务工作的行为；开展辖区公共场所无卫生许可证经营专项整治行动，查出无卫生许可证经营公共场所126家，限期整改69家，取缔和自行关停57家，立案处罚拒不办理卫生许可证仍然然营业的单位2家；开展公共场所含文化娱乐场所（KTV、网吧、电游室、游艺厅等）无证经营专项整治行动，出动执法车辆8台，执法人员113人次，查出无证经营的文化娱乐场所5家，下达卫生监督意见书5份，整改5家。

（徐　杰）

【饮用水卫生监督】　2015年，雨花区卫生监督所对辖区内二次供水单位进行全面检查，出动执法人员180人次，检查从业人员160名，对不符合要求、存在卫生隐患的单位及时提出限期整改意见，二次供水单位卫生监督覆盖率100%，建档率100%；开展农村集中式供水单位卫生监督管理专项检查工作，协调雨花区疾控中心对跳马镇所有农村集中式供水单位进行全面上门水质抽检，排查出存在问题的农村集中式供水单位23家，约谈问题较严重的湖南省广通石燕湖生态旅游责任有限公司等单位，雨花区卫生监督所与跳马镇政府分管领导和相关部门会商，督促、指导跳马镇政府起草《长沙市雨花区跳马镇自建集中式供水行业卫生安全管理办法》，形成长效监督机制。

（徐　杰）

【学校卫生监督】　2015年，雨花区开展春、秋季两次学校卫生专项检查，出动人员250余人次，车辆60台次，全面检查学校食堂、自备水源和生活饮用水、传染病防治、消毒管理，检查学校98家，下达《卫生监督意见书》76份，责令整改76家。

（徐　杰）

【行政执法】　2015年，雨花区卫生监督所办结各类卫生行政许可事项825件，其中餐饮服务许可519件，公共场所卫生许可299件，二次供水卫生许可7件，办结率100%。接到各类投诉举报155例，处置率、反馈率和满意率均达到100%。其中，餐饮类投诉112例，公共场所类投诉13例，二次供水投诉3例，医疗类投诉27例，调查举报属实137例，举报不实18例。办理行政处罚案件41起，其中食品安全类案件17起，医疗类案件12起，公共场所类案件7起，生活饮用水类案件5起，罚款70520元，没收违法所得51558元。案卷评查创新思路，实行交叉评查，内部审查及点评处罚案卷26份。严格稽查着装及上下班等情况，开展对职工的风纪风貌稽查12次，稽查执法责任落实情况48次，开展集中文书制作情况的稽查1次。

（徐　杰）

【培训宣传】 2015年，雨花区卫生监督所举办全所干部职工培训10期，管理相对人培训7期。培训内容涉及医疗执业、餐饮服务食品安全、大中专院校及中小学食品安全及学校卫生、托幼机构卫生、公共场所卫生等，培训人员3500余人次，受益单位1700余家。在雨花区圭塘街道社区卫生服务中心、雨花经开区开展《中华人民共和国职业病防治法》宣传活动，出动宣传人员18人次，宣传车辆4台次，接待咨询110余人，发放宣传单1000余份，悬挂宣传横幅10条，制作宣传版面8块，发放科普读物100余本。（徐　杰）

【公共场所量化分级】 2015年，雨花区切实履行公共场所卫生监督职责，实行美容美发、住宿、公共浴室（足浴）等公共场所卫生监督量化分级管理，提高公共场所卫生监督工作管理水平。公共场所评审为A、B、C、D四级，A级单位两年监管频次不少于1次，B级单位监管频次一年不少于1次，C级单位一年不少于2次，D级单位随时监管。该新型监督管理模式，使公共场所卫生监督工作更加规范、更加系统，大大降低卫生监督事故与风险，辖区范围内形成争当优秀、比超先进的良好氛围，公共场所卫生的卫生水平得到明显提高。2015年，雨花区评定A级10家、B级40家、C级150家。通过审查验收核发合格证97户，按标准给予现场验收合格发证97户，量化分级工作覆盖率达100%，消费投诉同比下降30%。（徐　杰）

【市级青年文明号创建】 2015年，雨花区卫生监督所推进青年文明号创建活动，建立党支部书记任组长的“青年文明号”创建工作小组，从组织建设、工作机制、人才培养、硬件设施等方面齐发力，建立“党政重视、齐抓共管、共建和谐”的创建长效机制，推动创建工作全面铺开。该所先后完成新公卫大楼建设、建立三级监管网络体系，同时加大队伍建设和人才培养力度，提升执法水平和服务水平，增强队伍的活力。11月19日，共青团长沙市委、共青团雨花区委考核验收该所创建“青年文明号”工作，雨花区卫生监督所创建为市级“青年文明号”。（徐　杰）

妇幼保健

【概况】 雨花区妇幼保健所负责妇幼卫生工作，为副科级全额拨款事业单位，是区卫生和计划生育局二级机构。内设妇保科、儿保科、婚检科、计指科、检验科、健教科、信息科、办公室。核定全额拨款事业编制28名，2015年，在职干部职工数39人，其中在编职工19人，雇员20人；所党支部党员14人。办公地点雨花区人民政府大院内东南角。

2015年年初，区妇幼所全面推行岗位聘任制，经公开报名、自荐等环节，9名年轻干部被选聘为科室负责人。选派2人联点五一社区，3人到东山街道参与全面拆迁大行动；选派唐品佳到区政府秘书科跟班学习等。外派培训10次，30人次；举办各类技术培训班13期，培训近800人次。区妇幼所将全区街道分为3组，实行联点分片业务指导管理制度。各片区明确一个由政府主办的社区卫生服务中心牵头，形成管理片区。由区妇幼所业务骨干组成业务指导工作组（外线组），定期对社区卫生服务中心进行业务培训、指导、考核。片区内形成业务帮扶互助，共同发展的良好局面。分别于4月14日—18日和8月25—29日对9家助产机构和10家社区卫生服务中心进行妇幼卫生、母婴保健技术服务及计生工作专项检查。7月18—22日，对驻区9家助产医疗机构进行产科质量评审和爱婴医院进行复审督导检查，检查组给予充分肯定。获评长沙市2013年度妇幼卫生工作先进单位。

（杨　珊）

【妇女保健】 2015年，雨花区妇幼保健所对全区准备怀孕和早期妊娠的妇女免费增补叶酸（包括流动人口），驻区10家助产机构、各街道社区卫生服务中心同时发放，目标数8662人，实际完成8505人，孕产妇叶酸增补率98.2%。农村孕产妇孕产妇住院分娩率100%，高危孕产妇实行分级住院分娩，住院分娩率100%，分娩补助1555人，经费32.58万元（跳马镇有4个月在长沙县报账）。艾滋病、梅毒和乙肝母婴传播免费检测11014人。对辖区医院上报的107位梅毒孕产妇和12位艾滋病孕产妇进行随访，11名艾滋病产妇各1000元经费补助到位。婚检中心为群众提供方便快捷的免费婚检服务，形成在体检中进行婚前健教、在交谈中进行孕前指导、在劝慰中进行传染病控制知识宣教的新型雨花婚检特色模式，免费婚检11014人，婚检率94.92%。新增梅毒孕产妇所生儿童24人，新增艾滋孕产妇所生儿童1人，梅毒随访人次148次，艾滋随访人次8次，无失访。对社区转诊的高危儿及营养性疾病儿童进行专案管理。（杨　珊）

【高危孕产妇管理】　2015年1月15日，雨花区卫生局下发《加强孕产妇安全管理的通知》，雨花区妇幼保健所召开10个街道社区卫生服务中心妇幼专干及妇幼所全体群体保健人员专题会议，部署安排街道社区卫生服务中心对春节期间及冰冻期间孕产妇进行全盘摸底及高危追访工作，春节期间，雨花区高危孕产妇957人，预产期孕产妇287人，外出返乡孕妇88人。10个街道社区服务中心及区妇幼所对高危孕妇及春节期间预产期的孕妇全部进行电话访视或面访。2月4日，雨花区妇幼保健所聘请由省劳卫医院妇产科主任带领3位妇产科医生、区妇幼妇女保健科保健科4位医生及健教科1名专干组成的高危筛查队伍，采用乡村医生摸底造册、乡镇妇幼专干电话预约，集中定点筛查结合上门面访的方式于对黎托、东山2个街道100余孕妇进行高危筛查。雨花区管理高危孕妇3720人，安全分娩2595人，管理≥20分460人，安全分娩322人，红色预警0人。≥20分的高危孕产妇实行区、街两级管理，雨花区妇幼保健所安排专人负责，每月一次电访，孕期每人1~2次上门访视，进行指导和基本检查。雨花区妇幼保健所配合市产前筛查中心对229名唐氏筛查高风险孕妇进行孕期追踪随访，按时督促指导她们进行进一步的检查，提高出生人口素质，降低畸形儿的出生，其中自然流产3人，引产11人，21三体确诊3例，NTD因素2人，督促进行产前诊断，召回率100%，确保229个家庭的幸福。对流动人口中的孕产妇，各乡、街（镇）仍按照一个居委会或一个村进行管理；对流入外地孕产妇使用统一的委托书，实行委托管理，指定专人负责。雨花区妇幼保健所寄出委托书，委托当地妇幼保健机构管理寄居在北京、上海、广东等地的18名孕妇，并电话与孕妇及单地妇幼保健机构保持联系，保证追访到位。雨花区与福建泉州建立“泉州市流动人口计生区域协作信息共享通报平台”，在长沙地区的泉州11个市、区、县流动孕产妇女查环查孕信息均可以通过平台通报原籍。雨花区妇幼保健所组织开展孕产妇死亡和孕产妇危重症集中评审及围产会议，评审病例6例。落实高危孕产妇救助，2015年2月20日（大年初二），一湘乡籍39岁孕妇在雨花区内某医院分娩巨大儿，出现产后大出血、DIC，因病情严重转入湘雅二医院ICU,其爱人为乌鲁木齐人，没有固定工作，家属无力承担医疗费用，家庭即将面临崩溃。雨花区妇幼保健所得到消息后，立即组织相关人员到医院了解情况，指导产妇家属按雨花区高危贫困救助方案的要求提供相关资料，让产妇丈夫一次性顺利地拿到高危贫困孕产妇救助资金1万元。雨花区妇幼保健所还奔走政府的多个部门，申请多渠道救助，得到区卫生局、区妇联以及助产机构的大力支持，区妇联给予5000元的救助，助产机构捐助1万元。产妇丈夫激动得哽咽。（杨　珊）

【农村妇女病普查】　2015年，雨花区继续免费实施“宫颈癌”“乳腺癌”及妇女常见病普查工作，应查人数13549人（含流动人口），实查14789人（其中有一个村委托其他医疗机构筛查，数据未统计），普查率109.1%，查出患病人数6775（其中一人患多种疾病按一人计算）人，患病率45.8%，转诊二级筛查529人，查出乳腺癌1例，宫颈癌2例，CIN1级17例，CIN2级4例，CIN3级2例，投入费用53万元。雨花区妇幼保健所多方争取支持，千方百计通过救助、协调相关部门予以减免治疗费用，进行二级筛查转诊到长沙市妇幼保健院进行检查住院治疗的患者，均可免挂号费，检查费按国家两癌项目成本价收取。住院治疗的两癌患者在城居医保等报销的基础下，区妇联给予2000~5000元不等的救助，补助困难“两癌”妇女21人（往年查出），为患病妇女得到有效医治增添希望。（杨　珊）

【剖宫产信息质量控制】　2015年，国家放开单独二孩政策，高危孕产妇增多，雨花区采取应对措施，全区助产机构剖宫产率33.86%（上年33.78%），剖宫产率基本与上年持平，首次剖宫产率19.6%。2月、7月，雨花区妇幼保健所组织对提交爱婴医院复核申请的9家原爱婴医院全面督导，评审专家按照卫生部下发的“双十条”规定和国家卫计委《爱婴医院复核标准》和此次督导，我们严格按照“双十条”规定和国家卫计委《爱婴医院复核标准》，对照《雨花区产科质量评估标准》，分管理组、产科组、新生儿科组、护理组四组进行督导，主要检查产儿科病房、门诊、产房、孕妇学校等相关科室，采取查看医院资料、考察现场、随机询问孕产妇、现场抽考医务人员母乳喂养知识及新生儿窒息复苏的理论及操作考核等方式进行。9家医疗保健机构爱婴医院及产科质量区级督导均合格。长沙市中心医院、长沙市妇幼保健院、湖南省中医附一医院代表长沙市接受省卫计委的爱婴医院复核检查，一致获得好评。（杨　珊）

【儿童保健】　2015年，雨花区登记备案管理托幼机构156个。雨花区妇幼保健所下到各托幼机构督查安全检查、环境卫生、消毒、晨检、食谱等，要求登记本记录及时完整，督导率100%。对提交申请的15所幼儿园（包括复评的3所）进行卫生保健评估，评估合格的幼儿园14所，不合格的幼儿园1所。联合区卫监所、区疾控加强对托幼机构餐饮卫生的检查督导，全面落实托幼机构餐饮服务许可工作，有效保障集体儿童的饮食卫生安全；联合教育局检查幼儿园开园工作，做好儿童入园体检工作，把好传染病控制关，入园体检儿童14109人，儿童入园体检率100%，幼师体检1967人。开展新生儿疾病筛查21108人，筛查率98.9%，新生儿听力初筛查22466人，筛查率105.2%。根据国家卫生部《新生儿死亡评审规范》，定期到辖区医院收集“新生儿死亡调查表”和“儿童死亡报告卡”，4月13日和9月29日，两次开展新生儿死亡评审工作，组织专家组成员对在辖区医院住院死亡的10例新生儿评审，要求新生儿死亡医院主管医生带齐病历相关资料参加讨论，最后评定9例是创造条件可避免死亡，1例是不可避免死亡，通过评审对新生儿死亡主要死因的影响因素作出科学分析，找出存在的主要问题，并提出干预措施。

（杨　珊）

【婚前免费检查】　2015年，雨花区免费婚检11014人，婚检率94.92%。雨花区妇幼保健所利用“一站式”服务模式大力宣孕前优生健康检查工作在促进社会经济发展和保障群众健康的重要作用，提升孕前优生检查工作的社会共识，积极争取政府更加重视、关心和支持妇幼卫生事业发展，从组织上保证孕前优生健康检查各项工作的落实。把健康教育作为自身的特色，在人员、设备和经费等方面进一步加大投入力度，按统一计划、共同参与、分工负责、协作配合的要求，做好健康教育工作。继续利用宣传栏、宣教处方等开展婚前保健知识宣教，进一步发挥各种便利的优势，为服务对象提供健康教育咨询服务。在进一步做好婚前健康检查对象健康教育资料分发的同时，利用街道社区妇幼保健及计划生育网络、婚姻登记窗口等途径，发放各式健康教育宣传资料，努力扩大婚前健康教育覆盖面。抓好孕前健康检查管理工作常规的贯彻落实，进一步重视孕前健康检查管理，不断规范技术服务，提高服务质量。加强对各项工作制度落实情况的检查指导，及时提出工作建议，巩固提高孕前健康检查各项指标。5月，取得省计生委室间质评5项检查结果准确率为100%的好成绩。定期收集全区服务对象信息、资料，及时整理，进行统计分析，并按规定时间上报。定期对孕前健康检查工作进行信息反馈、通报，在收集、整理资料过程中要力求资料真实、可靠和科学性。9月，建立站内孕前优生健康检查体检信息化管理系统，加快检查结果及时反馈，完全避免手工录入时可能发生的录于错误。严格遵照相关管理规定，认真履行孕前健康检查工作的职责，积极与区民政局、区人口与计划生育局协调，开展《中华人民共和国母婴保健法》及孕前保健知识宣传，提高群众的自我保健意识，营造自觉进行孕保健的社会氛围。对检查者均给予咨询指导，并提出孕前医学意见。（杨　珊）

【创建儿童合格保健区】　2015年，雨花区严格按照《湖南省儿童保健服务规范化建设标准及考核评分细则》要求，创建儿童保健合格区。10月12日，雨花区接受市级考核，全面检查雨花区妇幼保健所，抽查东塘、跳马两个社区卫生服务中心。专家们通过听汇报、看材料、实地走访考察、入户调查等多种形式进行考核评审，从组织管理、服务项目开展、保健质量评价、房屋设备四大方面重点考评妇幼所和社区卫生服务中心。评估结果合格，准备接受省级考核验收。（杨　珊）

社会生活

民政事务

【概况】 雨花区民政局主管区社会行政事务，负责区属内救灾救济、基层政权和社区建设、城乡低保、福利彩票发行、社会组织、优抚安置、流浪救助、殡葬工作等方面的工作。设办公室、计财科、基层政权和社区建设科、优抚安置科、社会福利科、社会事务科、社会组织管理科7个科室，设区社会救助局、生活无着人员救助管理站、社会服务管理中心（雨花区社会工作局）、社会福利中心（雨花老人之家）4个二级机构。编制37名（行政编制8名，机关工勤编1名，全额拨款事业编制28名），其中，区社会救助局参公编制8名，区生活无着人员救助管理站事业编制7名，区社会服务管理中心事业编制11名，区社会福利中心事业编制2名。2015年，在职在编干部34人，退休干部9人。局党支部，党员29人。办公地点设在雨花区人民政府机关大院1号楼1层。

2015年，雨花区围绕“为民服务、为民解困”，以保障民生、发展民主、服务社会为主线，努力推进民政事业健康持续发展，大胆创新，探索实践，走出一条雨花民政转型发展的新路子。成为全国基层儿童福利服务体系建设试点区、全国“救急难”工作试点区、全省双拥模范单位、全省军休职工社会化服务管理试点区，全省慈善工作先进单位、全省民政新闻宣传信息工作先进单位，连续第十一年获得全市民政工作目标考核第一名等多项市级荣誉，民政事业持续健康发展。

2015年，雨花区民政局在做好各项业务工作的同时，全力配合支持全区中心工作，抽调4人参与黎托片区拆迁，1人参与潭阳片区拆迁，2人作城中村改造工作，2人参与农博会。充分发挥业务部门优势，积极主动对接，协助支持棚改项目，主动做好“三定三抓”工作，主动解决对象的困难和需求，为涉农街道解决大病医疗救助149人次，81.69万元。协调全区各建设项目配套社区办公服务用房工作，签订建设项目配套办公服务用房或建设资金协议17份，配套面积达到1.0245万平方米，较好地解决居家养老服务及各项社会事务服务等一系列民生问题，项目建设得到顺利推进。被长沙市高铁新城片区拆违指挥部评为优秀集体；积极开展“一推行四公开”“民意快线工程”和“一进二访”活动，深入联点社区，下发民情联系卡600多张，走访接访居民群众300多人次。配合社区各类工作的开展，给予社区各类经费支持。走访慰问社区居民760人次，慰问现金累计2.4万元，米和油累计90件，搜集居民合理诉求15个，协调处理问题50余个；全局干部职工全力投入文明创建活动，狠抓责任落实，创新社区治理，优化社区环境，规范窗口服务，完成地名、地址、路门牌、路名牌、街巷牌的查漏补缺工作，做好流浪乞讨人员救助、殡葬秩序整治、火车南站治理工作，协助做好联点社区的迎检工作，完成文明创建的工作目标。（邓颖晴）

【社区建设】 2015年，雨花区在率全省先进行社区职能职责清理，将摸底出来的涉及的52个部门、558项社区事项精减至35个部门、147项，核减率达73.7%，以区委一号文件的形式予以确定，厘清职责，成为民政部、中央组织部（民发〔2015〕136号）文件《关于进一步开展社区减负工作的通知》的蓝本。7月，民政部全国社区治理创新大会上，区委书记邱继兴以《社区减负职能归位 打通联系服务群众“最后一公里”》为题作典型发言。全国首创“以居民服务需求为导向的社区分类治理模式”，将全区社区分为老旧城区居民型、单位型、新楼盘型、综合型、失地农民安置型、保障性住房型、商贸型等7个类型，确立7类社区的基本治理框架。该模式获2014年度中国社区治理十大创新成果提名奖，并作为成果经验，在首届中国社区治理论坛、中西部地区社区治理和服务能力建设示范培训暨经验交流会等一系列大型会议上作典型发言。与民政部政策研究中心签订“社区分类治理视角下”的合作课题协议，进一步向全国推介推广。7月初，在东塘、砂子塘两个街道进行建设“一口式”社区公共服务信息平台试点，将试点街道公共服务中心从社会事务办剥离单设，实施社区前台和后台AB岗改革。居民群众只要在社区代办点或街道公共服务中心的一个业务受理窗口，就可以办理涉及7部门的138项服务事项，极大地缩短办事时间，实现服务的“一门式”向“一口式”的转变，打通服务居民群众的最后“一米”。12月，雨花区承办全国社区治理和服务能力建设示范培训班暨经验交流会，来自全国各地的民政人参加会议，区委书记邱继兴发言，全面展示雨花区社区建设的成果，民政部基层政权司司长徐立给予高度评价。 （邓颖晴）

【民生保障】 2015年，雨花区推进社会救助服务标准体系建设，在全区范围内发布推广《雨花区社会救助服务标准体系》，9月17日，全国标准化建设试点项目顺利通过国家标准化委员会验收，成为全省、全国的示范项目。启动全国“救急难”工作试点，出台“救急难”工作试点实施方案，建立“一门受理、协同办理”工作机制和急难问题“主动发现、及时处理”的网格化管理制度，制定救助事项“转办、联办”协作制度，整合救助资源，建立部门联动机制，开通化解急难问题的“绿色通道”。开展全市全面实施城乡低保一体化建设试点，出台《长沙市雨花区人民政府办公室关于开展城乡居民最低生活保障一体化工作的通知》和《长沙市雨花区社会救助申请家庭收入计算评估实施细则》，按照“保障标准、工作流程、工作制度、工作平台、管理体制”五个统一的要求，打破城乡界限，深入改革最低生活保障机制，在全区所有街道（镇）全面实施城乡低保一体化救助4.545万户次、7.954万人次，救助资金2784.41万元。深化梯级社会救助体系，建立以城乡低保为基础，医疗救助、临时救助、教育救助、流浪救助等为辅助，慈善互助为补充，惠民解困“雨露工程”为延伸的梯级社会救助体系。启动新一轮惠民解困雨露工程，出台《长沙市雨花区人民政府关于开展新一轮“三年惠民解困雨露工程”的实施意见》（雨政发〔2015〕33号），每年区级财政专项安排500万~1000万元资金，实施三无五保安康计划、困境儿童幸福计划、救急难工作等10个民生项目，确保困难群众基本生活得到保障。城乡低保和农村五保对象4022户、6983人，救助4.545万户次、7.954万人次，救助资金2784.41万元。主动为生活无着人员提供食宿2515人次，乘车凭证1023人次，医疗救助312人次。不断完善救灾体系，积极开展国家级综合减灾示范社区建设，左家塘街道牛角塘社区、高桥街道怡园社区被评为2015年度国家级减灾示范社区。充分发挥慈善救助功能，慈善救助惠及困难群众5000人次。销售彩票5100万元，9月，新建曙光路厅开始试运行。 （邓颖晴）

【社会福利】 2015年，雨花区完善“居家养老为基础、社区养老为依托、机构养老为支撑、虚拟养老为补充”的社会化、全覆盖的养老服务体系，推行公建民营、民办公助等多元化养老机构运营方式，实行80岁以上老人普惠制高龄津贴制度。启用省

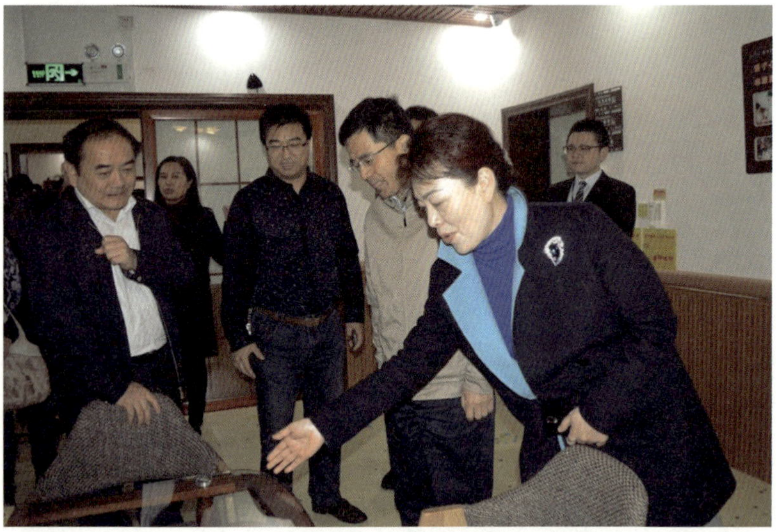

东塘街道枫树山老年人日间照料中心

老龄工作信息管理系统，提高 100 岁以上老人高龄津贴至每人每月 500 元，发放高龄津贴 4.73 万人次，755.9 万元。投入 110 万元提质改造区社会福利中心。新增公办养老床位 150 张。建成红星老年公寓、普亲冯家冲社区老年养护中心、永济老年养护院、松泉养老院、康怡老年护养院 5 家民办养老机构，民办养老机构床位数 411 张。在永济老年养护院、康怡老年护养院积极推进医养融合的养老模式，实现“足不出栋”的医疗与养老相结合。省委常委、市委书记易炼红，省民政厅党组成员、老龄办主任陈毅华等调研养老服务工作，对“医养结合”给予高度评价。侯家塘、东塘、雨花亭、同升 4 个街道完成街道老年人日间照料中心建设并投入运营；建成 18 个标准化的居家养老服务中心（农村幸福院），老年日托床位 100 余张。提升居家养老政府购买服务能力，6 月起标准提高到 500、400、300 元，确保全区基本养老服务补贴覆盖率达 100%，以全国适度普惠型儿童福利制度建设、基层儿童福利服务体系建设试点、第二批收养评估试点区为契机，建立完成困境儿童生活保障制度，启动“困境儿童幸福计划”项目，按照“政府主导、民政统筹、部门配合、社会参与”的思路，搭建“部门联动、政策支撑”平台，创新方式引入专业社会组织及社会力量参与儿童福利服务工作，发放散居孤儿生活费 71 人次 14.58 万元；发放民政学院 2014 年度孤儿生活费 249 人，101.89 万元；发放困境儿童困境生活补贴 666 人次，27.11 万元；办理收养登记 15 例，解除 1 例。（邓颖晴）

【区划地名】 2015 年，雨花区贯彻落实《长沙市地名管理办法》，办理道路命名 9 条、增订和补订一批门牌号码，协助全区 16 个项目在市办理地名信息命名；完成雨花区和天心区关于“别有洞天”确定归属地的任务，开展第二次全国地名普查准备工作。出版 2015 年《长沙市雨花区行政区划图》，直观、准确地反映包括跳马镇在内的雨花区行政区划和政治、经济、文化、交通、旅游及自然环境状况。

（邓颖晴）

【婚姻登记】 2015 年，雨花区办理结婚登记 5356 对，离婚登记 2167 对，补发婚姻证件 757 对，出具（无）婚姻登记记录证明 11425 份，登记合格率和出具证明准确率达 100%，无任何搭车收费、乱收费现象。通过民政部专家组验收，雨花区婚姻登记处被确定为国家 AAAA 婚姻登记管理机关。

（邓颖晴）

【殡葬管理】 2015 年，雨花区开展殡改执法行动，及时妥善处置城区违规搭棚治丧行为，大力整治跳马镇违规土葬行为。做好殡改惠民报销补助和救助工作，补助 685 人，补助金额 66.08 万元，救助困难对象 2 人。开展为期 1 个月的殡改宣传，在高桥街道怡园社区举行“以三心，表三情”大型公祭活动，结合座谈会和公祭活动等形式使殡改法规和各种惠民政策为广大市民所熟悉。清明期间，集中排查明阳山公墓和石马铺公墓，确保清明期间安全无事故；在中、高考期间，对雨花区各考点周边环境和住宅小区进行日查夜巡，确保学生们在高考期间不受到搭棚治丧的干扰。（邓颖晴）

【社会组织管理】 2015 年，雨花区落实社会组织发展“1+7”系列政策文件（《雨花区社会组织登记管理创新和改革的意见》《雨花区政府向社会组织购买民政事务服务暂行办法》《关于实施社会组织公益创投项目的通知》《关于印发雨花区社会组织登记办事指引的通知》《关于社会组织直接登记相关事项的通知》《关于社区社会组织登记管理事项的通知》《关于社会组织分类及重点培育类别的通知》《雨花区社会组织培育扶持暂行办法》），为社会组织和社工机构发展提供政策支持。形成区、街道、社区三级社会组织孵化网络。安排社会组织专项扶持资金300~500万元，逐渐形成数量适中、种类齐全、品牌凸显的社会组织体系。2月，承办全国社区治理和服务能力建设示范培训班暨经验交流会，区委书记邱继兴做经验发言。（邓颖晴）

【双拥优抚】2015年，雨花区深化双拥创建工作，加大双拥宣传阵地建设，完善各项双拥宣传设施，开展“双带双促”活动，投入100万元创业服务基金，完善政策扶持、创业培训、创业服务“三位一体”的工作机制。走访慰问驻区部队20个、各类优抚对象和军休职工5370多人，赠送新年日历2000份，支出慰问经费284.19万元，充分体了党和政府对广大优抚对象的关爱之情。建设双拥宣传阵地，定期维护、完善区双拥主题公园、区国防双拥宣传长廊和各基层辖区内双拥宣传设施，及时更换宣传内容。规范发放各类优抚经费1898.55万元。落实各项优待政策，实现优抚对象医疗保障“一站式”服务，救助困难对象45人次，7.35万元。率先全省积极探索军休职工社会化服务管理经验，落实军休人员生活政治医疗待遇，发放军休经费1424.22万元。发放自谋职业补偿金43.1万元、待安置期间生活费6.57万元，城乡自主就业退役士兵一次性地方经济补助214.52万元、城乡义务兵家属优待金1124.05万元。接收退役士兵档案378份，接收长沙县移交跳马镇退役士兵档案1595份。解决2003年以前转业士官遗留问题，协调落实安置到雨花区的转业士官工作岗位和待遇。加强对优抚对象的动态管理，组织退役士兵职业教育和技能培训。（邓颖晴）

人口与计划生育

【概况】雨花区人口和计划生育局内设设办公室、法规科、宣教科、规划统计科、奖扶科、科学技术科。二级机构长沙市雨花区计划生育药具技术站负责全区药具发放、普及和使用等工作，流动人口计划生育服务管理中心负责全区流动人口计划生育服务管理工作。行政编制12名（其中领导职数7名），事业编制7人。区计划生育药具技术站和流动人口服务管理中心均为区计划生育局二级事业单位。2015年9月前，在编在岗人员为19人，专业引进人才2名、雇员3人、离退休人员7人（党员5人）。在职干部中，党员22名。办公地点设在雨花区人民政府机关大院区治2号楼四层。9月，雨花区政府机构改革，区人口和计划生育局与区卫生局合并组建为区卫生和计划生育局。

2015年，雨花区人口和计划生育局继续紧扣“争先进位”目标，贯彻省、市计生工作会议精神，立足机构改革的新要求，着眼政策调整的新形势，注重目标管理，注重责任落实，更加注重长效机制，进一步“强基础、稳队伍、抓转型、促提质”，致力于“抓重点、破难点、创亮点、上水平”，人口自然增长率6.79‰，符合政策生育率95.22%，人口性别比108.45，全面完成各项人口计划生育指标，有效促进全区人口计生工作水平的提升，主要考核数据名列全省前茅，在全省重新分类排名第一方阵中排名第一，获得全省计划生育优秀单位的称号，获得长沙市人口和计划生育工作优秀单位、全省优化卫生计生户外宣传示范单位、全省计生协会优秀单位。（龚德文）

【基础建设】2015年，雨花区继续坚持党政领导一把手亲自抓、亲自抓、分管领导具体抓、相关部门配合抓的人口计生工作格局，健全“五个同等”“三个纳入”工作机制（经济与人口计划同等制定、指标同等下达、工作同等安排、进程同等督查、成绩同等表彰；纳入区委、区政府重要议事日程、纳入全区经济与社会发展总体规划、纳入干部绩效考核）。区委常委会、区长办公会、区人口计生工作领导小组定期调度，先后5次召开专题会议听取人口计生工作情况汇报；继续坚持优先预算、优先考虑、优先拨付和逐年递增的原则，按高于区级财政2015年预计经常性收入增长幅度的标准，安排人口和计划生育经费2448.42万元，比上年增长14%；区本级安排配套资金71.9万元，保障农村部分计生家庭奖励扶助所需经费；列支专项经费57.32万元，为14周岁独生子女家庭、计生特殊家庭、计生专干、流动人口协管员、部分放弃再生育家庭购买计划生育家庭意外伤害保险。落实计生家庭奖励特别扶助经费405.24万元、城镇独生子女父母奖励经费260万元、基本公共卫生服务项目经费732.35万元，确保计生工作的各项保障落到实处。雨花区突出宣传“单独两孩”政策、“城镇独生子女父母奖励”政策等新出台的一系列政策，为辖区居民办理“单独两孩”再生育证1890本，审核录入城镇独生子女父母信息4.1万人，营造计生工作良好的社会氛围；开展各类计生宣传活动60场次，印制宣传资料20万余份，在《中国人口报》《湖南日报》《红网》等媒体发表宣传报道100余篇，其中省级以上媒体报道50余篇。全区未发生计生工作的重大负面舆情。3月2日，全省卫生计生宣传工作会议在长沙召开，作为全省此次经验交流的唯一区县级计生部门，区计生局局长周宏伟作题为《实施五导工程 建设幸福家庭》的经验交流报告。雨花区加强人口信息化建设，建立计生队伍“四级工作网络”，基层计生专干190人、计生协管员139人、组级信息员921人。强化技能培训，组织“单独两孩政策”培训、城镇独生子女父母奖励政策培训等各类培训30余次，加快计生队伍专业化、科学化、规范化建设步伐。突出创优争先，连续两年评选“十佳计生干部”“十佳流动人口计生协管员”，加大对优秀计生干部的奖励，进一步激发计生干部队伍的活力。坚持把提高人口计生统计质量作为夯实基础、提升工作水平的关键举措来抓，切实强化工作创新，不断夯实基层基础，做到讲实话、报实数，确保人口计生数据的真实性。数据测评、实时通、重点信息通报、网格化“四块数据”，实行“周排名、月点评”的工作制度，确保人口统计信息的准确性。科学规范人口计生统计信息的收集、上报、分析与监测等流程，数据测评工作保持省、市前列，确保人口计生统计基础工作的高效运转。

（龚德文）

【计生服务】 2015年，雨花区依托区、街、社区三级计生服务平台，为广大家庭成员提供“婚、孕、产、育、教、健、养”全程服务，打造新型人口和家庭公共服务网络体系。实施“幸福家园”“家庭医生”计划和成立家庭发展指导中心，加大对辖区家庭的帮扶力度。积极开展“家庭健康发展计划”系列活动，切实惠及人民群众。全面推广通过政府购买服务的方式，对全区计生特殊家庭实施心理、生育、健康、生活、养老等五大关怀行动，全方位呵护，全程跟踪服务，开展计生特殊家庭志愿活动280次，个案服务1300次，心理帮扶720人次，建立健康档案529人，医疗陪护200小时。雨花区构建“大网格化”服务管理信息化应用格局，投入1000万元试点建设“智慧社区云”管理系统平台，开发出智慧党建、智慧城管、社会风险排查三个子项目，接入市“天网工程”，探索部门之间线上线下联动、数据共享互联、创新安全风险分类管理“三大模式”，全面打造智慧型幸福家庭。强化社会综合管理，实行“网格化管理、组团式服务”，将移动互联、大数据、多媒体等新兴技术综合应用到社会治理工作实践中，整合服务资源，落实服务承诺更加明晰服务范围。推行“一体化管理”“一站式审核”“一门式办公”，实现联系服务群众长效化、精准化、常态化，真正实现“进一个门、办所有事”的社区管理服务目标，人口信息化建设工作被国家卫计委在全国重点推广。加大街道和社区政务公开、办事公开、村务公开力度，切实提高依法行政能力，全区没有出现违法行政行为。加大对违法生育的处罚力度，社会抚养费征收立案率100%。创新办证方式，开通准生证办理、政策咨询等为民办事“绿色通道”，实现办证审批提速50%和办证零投诉，切实做到依法行政、便民利民。坚持以“为民、惠民、利民”理念，构建统一的计划生育利益导向政策体系，奖扶工作准确率达到100%。发放五项奖扶资金893万元，设立扶助项目5个。出台独生子女家庭增加一人份额的文件，针对计生家庭不同情况做出具体规定，配套制定退出机制。加强对新生儿出生缺陷管理的宣传工作，联合市妇幼所在全区开展预防出生缺陷宣传周活动，加强对高危人群出生缺陷干预检测，目标人群覆盖率、早孕随访和妊娠结局随访率均达到100%，婴儿出生缺陷率得到有效预防。（龚德文）

【流动人口服务】 2015年，雨花区以“日常工作标准化，特色工作品牌化”为目标，完善一个阵地（流管中心“一站式”服务阵地）、建设两支队伍（流管员队伍、新市民计生协会会员队伍），突破三个难点（重点区域个性化服务、均等化服务转型、区域协作多元化）。坚持“以人为本，服务至上、健全体系、公平对待”的工作原则，全面推进流动人口卫生计生基本公共服务均等化试点，构建流动人口均等化服务平台，在全区各个街道深化流动人口均等化服务，形成一街一品特色服务。东塘街道建立早教示范基地，为流动人口0~3岁婴幼儿提供均等化早教服务；井湾子街道打造“幸福里”工程，实现流动人口与常住人口幸福融合；砂子塘街道金地社区打造“一站式”综合服务示范区，利用“家庭医生”为辖区流动人口提供免费服务；侯家塘街道廖家湾社区构建“心文化”社会融合自助服务工作品牌。雨花区率先在全省启动计生移动信息化建设试点工作，拓展移动采录、移动查询、移动办公、移动办证等功能，人口信息采集工作效率提升50%以上，准确率100%。与省内38个区县、省外12个区县建立区域协作关系，开展区域协作28次。利用区域协作系统为辖区流动人口免费孕检2.6万余人次，免费接受孕检率达到98%以上。（龚德文）

【综合治理】 2015年，雨花区加强前置审查机制落实，严格落实“一票否决”制度，在评先评优、公务员录用、领导干部提拔选聘以及酝酿党代表、人大代表、政协委员候选人时，均经计生部门严格审核把关，对被“一票否决”的单位和个人，严格问责。进一步完善奖惩机制，各街道办事处（镇）均建立奖惩考核机制，对工作开展到位、成绩突出的街道（镇）、村、社区（筹委会）进行奖励，对工作落实不力、出现滑坡的街（镇）、村、社区（筹委会）进行约谈。首次启动半年度考核“预否决”，对工作退步严重的街（镇）、村、社区（筹委会）给予“黄牌警示”。15个单位纳入计划生育综合治理部门，进一步强化综治部门协调配合，完善部门综治会议、工作监督调查制度，注重部门联动配合，破解难题。区公安分局定期清查流动人口；区民政局办理收养登记时严格查验收养人的生育状况证明；区建设局管理和服务建筑工地流动人口。成立由分管副区长任组长的专项集中行动领导小组，查处典型“两非”案件3例，有力保障全区的生育环境。强化计划生育相关信息共享，构建“互通信息、共建共享”的工作机制。各综治部门均认真履行信息共享职责，严格按照相关要求进行通报，信息通报的质量达到高效水平。区公安分局实时通报迁入户口的已婚妇女信息5503人、新登记上户人口信息5133人；区民政局实时通报新增婚姻登记信息5224人；区教育局实时通报上年度新入学的小学在校生信息11384人；区建设局实时通报施工单位查验育龄妇女的流动人口婚育证明信息52人；区工商分局实时通报核发营业执照的已婚育龄妇女信息2806人。（龚德文）

【全区计生大会】 2015年3月25日，雨花区人口计生工作大会在雨花会议中心召开，区四大家分管领导，区人口计生工作综合治理部门分管领导，各街道党政一把手，计生办主管，计生办主任，计生协会会长，各社区（筹委会）主任，双十佳代表（十佳计生干部、十佳流动人口计生协管员），区人口和计划生育局全体人员参加会议。区委副书记汪娟主持会议，副区长李国军作工作报告，总结

2014年人口计生工作，传达省市人口计生工作相关会议精神，部署2015年工作。区委常委、宣传部部长何托林宣读2014年度人口和计划生育工作考核评估结果，砂子塘街道办事处等13个单位、区委组织部等19个综治部门、活力社区等18个社区、湖南省核工业地质局等57个驻区单位、郭建红等150名个人受到表彰。13个街镇和19个计生综合治理部门向区委副书记、区长张能峰递交《雨花区2015年度人口和计划生育工作目标管理责任书》。张能峰代表区委、区政府高度肯定2014年全区计生工作取得的成效，指出后段工作任务艰巨。要求全区计生干部和综合治理部门领导要高度重视会议的重要性，要抓牢计生基础工作，认真落实国家和上级的政策措施，抓牢流动人口的管理工作，抓好打击“两非”工作。全区上下要进一步强化大局意识和责任意识，放眼长远、立足当前，干字当头、狠抓落实，以新思路谋求新作为，以新作风保障新成效，继续保持人口计生工作先进水平，为雨花区经济社会发展创造更好的人口环境。

（龚德文）

【计生协会】 2015年，雨花区继续深化“三级联创四到基层”工作，全面推进“创先争优、服务大局”活动。不断拓展基层协会组织建设，同升街道实施“蓝丝带行动—流动女工生殖健康及权益保护促进计划”项目，被国家计生协会列为全国流动人口计生协会示范点创新试点项目；雨花亭街道成立商住楼宇新市民计生协会；洞井街道成立“蒲公英协会之家”等。全区计生基层群众自治示范单位村级创建率达到100%。7月9日，雨花区计划生育协会第四次会员代表大会召开，区人大常委会副主任周凌云、副区长陈怀宇出席会议。各街道计生协会会长、秘书长，各单位推荐的协会理事和会员代表参加会议。区人口和计划生育局长周宏伟主持大会。周凌云同志代表区计生协会第三届常务理事会做工作报告，回顾总结计生协会第三届理事会的工作情况以及取得的经验和成绩，分析面临的形式及存在的问题，提出计生协会工作新目标。第四届第一次理事会上，与会代表以举手表决的方式选举产生区计生协会第四届常务理事会，周凌云当选为会长，周宏伟为第一副会长，李春云为常务副会长。

（龚德文）

【国家卫计委调研雨花区计生服务工作】 2015年6月18日，国家卫计委流动人口管理服务司副巡视员李戎一行，调研雨花区流动人口卫生计生基本公共服务均等化工作，省卫计委流管处处长李志源、副处长喻锁玲，市卫计委副主任厉卫东陪同调研。调研组深入廖家湾社区通过实地查看、查阅资料、现场交流等形式，详细了解廖家湾社区利用志愿者流动人口基本公共卫生计生服务均等化工作，重点了解和调研“鲁爷爷会客室”“孟妈妈青少年家护园”，恰逢社区联合省儿童医院的外籍人员开展端午节活动，调研组一行同现场表演的外籍人员亲切交谈，认为该活动能够有效促进流动人口的社会融合，调研组对社区的流动人口服务管理工作给予充分肯定，利用志愿者开展服务活动，有体系、有机制、有成效，切实值得推广。

（龚德文）

【省卫计委调研雨花区计生服务工作】 2015年4月16日，省卫计委流动人口处处长刘红华等一行4人，调研指导雨花区流动人口基本公共卫生计生服务均等化工作开展情况，市卫计委副主任厉卫东、区政府副区长陈怀宇陪同调研。调研组考察高桥社区卫生服务中心流动人口基本公共卫生计生均等化服务情况，查阅流入人口免费计生技术服务落实、预防接种、健康档案建立、传染病防治、家庭医院签约等均等化服务工作电子台账及活动剪影，在高桥街道召开座谈、汇报会，听取雨花区流动人口卫生计生基本公共服务均等化工作情况的汇报，详细询问了雨花区新市民代表享受到的卫计均等服务、对均等服务工作的建议或意见，了解基层流口专干当前工作情况及存在的困难，调研组充分肯定雨花区流动人口卫生计生基本公共服务均等化工作的开展及取得的成绩。

（龚德文）

【省卫计委调研流动人口网格化工作】 2015年7月29日，省卫计委副主任张义昌一行7人在市卫计委主任周敏、区委书记邱继兴、区长张能峰等陪同下，深入砂子塘街道调研流动人口网格化工作，参观砂子塘街道2楼“智慧社区”办公区，召开汇报、座谈会。砂子塘街道、东山街道分别汇报流动人口网格化工作并现场讲解演示“智慧云”管理系统的工作原理、操作及创新移动终端设备采录流动人口信息的操作；副区长陈怀宇面汇报雨花区依托网格化模式创新信息化手段破解流动人口计划生育服务管理难题。会议就雨花区流动人口网格化工作机制、队伍建设、经费保障、服务效能等方面展开座谈。张义昌充分肯定雨花区网格化模式、信息化手段在破解流动人口服务管理工作难题中取得的成绩，尤其是其在应用于社会服务与管理方面做出了探索与实践，可以作为试点推广。他强调，由人口计生部门牵头的网格化系统，形成运用机制促进人口计生工作的转型发展与创新发展，从方面来讲，为卫计合并，整合卫生计生资源提供基础性支撑，为整个社会管理提供人口基础数据支撑。要更进一步健全、完善流动人口网格化队伍网络建设，更进一步完善、更新技术层面要，更进一步拓展社会应用覆盖面，形成规模，效益。邱继兴表态，将进一步提高认识，加大重视力度，对计生工作要看得更重，抓得更实，尤其是在人口信息化建设方面，将会以此次调研为契机，进一步加大人财物保障，确保人口信息化建设工作不断创新，走在前列。 （龚德文）

【计生系统干部培训班】 2015年3月23~24日，雨花区计生局对全区区、街、社三级计生系统工作人员400余人进行为期两天的业务培训，旨在进一步加强基层计划生育队伍建设，推动全区人口和计划生育工作再上新水平，培训邀请省、市卫计委相关业务处室领导专家对奖扶政策、流动人口管理、计生优质服务、协会、基层群众自治及省考核评估方案等工作进行重点讲解，并对培训人员提出的问题现场答疑。 （龚德文）

【计生考核结果讲评会】 2015年5月14日，雨花区召开2015年半年度人口计生考核结果讲评会，区委副书记、副区长张能峰，区委宣传部部长何托林，区人大常委会副主任周凌云，副区长陈怀宇，区政协副主席任壮岳出席会议；各街道行政主要负责人、计生办分管领导、计生办主任，区人口计生局全体干部参加会议，会议全面回顾上半年人口计生工作，讲评上半年区检考核情况，部署人口计生工作。会议下发《关于2015年半年度全区人口和计划生育工作考核结果的通报》和《关于对2015年半年度区人口和计划生育工作部分单位进行“黄牌警示”的通报》。张能峰肯定全区计生工作所取得的成绩，认为上半年全区计生工作稳中有进，措施有力，有特色，有亮点。计生工作任何时候都不能松懈，要安排有责任心、能干的、有担当的干部从事计生工作。要求全区要看到工作中的问题和不足，目标管理不能松，要带着责任抓计生；基层基础不能松，要带着问题抓计生；队伍建设不能松，要带着使命抓计生；优势项目不能松，要带着压力抓计生。 （龚德文）

民族事务

【概况】 雨花区民族宗教和外事侨务局（简称区民宗外侨局）为区政府直属事业单位，负责全区民族宗教和外事侨务方面的事务管理，宣传民族、宗教、外事、侨务法律、法规和政策并开展执法工作。核定编制5名，2015年年末，在职干部职工数5人，雇员1人；局党支部，正式党员4人，预备党员1人。办公地点设在雨花区人民政府机关大院2号楼3层。

2015年，雨花区以巩固和发展平等团结互助的社会主义新型民族关系为重点，做实民族工作，构建团结共进的民族关系。充分发挥宗教界人士和信教群众在经济社会发展中的积极作用、着力营造良好的涉外涉侨环境为重点，推动民族宗教和外事侨务工作发展。 （王　卓）

【民族工作】 2015年，雨花区严格执行民族优惠政策，办理普通高校招生享受民族优惠政策考生资格审核88人，更改少数民族34人。2月，雨花区开展以民族团结进步为主题的民族联谊活动，组织来自各条战线的少数民族企业家、少数民族干部、少数民族优秀工作者、少数民族外来务工人员等少数民族代表人士30余人的民族联谊座谈会，畅谈民族团结进步工作。5月，区人大、区民族宗教和外事侨务局组织开展“情系湘西，助学扶贫”活动，开展怀化麻阳苗族自治县和怀化芷江侗族自治县扶贫慰问活动，慰问麻阳飞山中学助学扶贫金8万元，慰问芷江恶滩村扶贫修路金5万元。10月，区民族宗教和外事侨务局组织高桥大市场10多个民族，50多名少数民族同胞与部分汉族同胞开展民族联谊活动，参观考察长沙县陶公庙、望城区“书香门”、铜官窑，开展古树名木欣赏、树龄评估、呼啦圈、单腿跳、脚斗等比赛。11月，区民族联谊分会组织全区30多名少数民族代表人士开展民族联谊活动，促进各民族交往交流交融，营造民族团结进步浓厚氛围。 （王　卓）

2015年2月5日，雨花区开展民族联谊活动

【服务管理】 2015年，雨花区进一步加强对少数民族流动人口的服务管理，制定切实可行的工作方案，整合各部门职能，建立涉及少数民族的急难救助、矛盾纠纷调处等制度。8月，雨花区与新疆和田地区墨玉县、和田市签订关于少数民族流动人员服务管理的合作协议书，共同促进少数民族人口管理工作开展。通过摆放展板、发放宣传资料等方式宣传民族知识、法律知识，增进汉族同胞对少数民族同胞的了解，增进少数民族同胞对法律知识的了解。区政务大厅设立少数民族优先服务窗口。在高桥街道成立少数民族群众服务站，积极为辖区少数民族群众开展法律援助、技能培训、就业创业等服务，推动民族工作发展，促进民族融合、人口融合。高桥大市场股份有限公司“民族之家”设置固定民族知识宣传栏宣传民族知识，定期开展活动，组织市场内少数民族经营户和员工开展拓展训练。依法协调处理矛盾，4月，区民族宗教和外事侨务局在处理迎新路兰州拉面馆城管执法受阻事件过程中，与回族上访代表现场见面、沟通，劝导并带领当事人前往井湾子城管中队看望、慰问伤者，双方握手言和，当事人主动到井湾子派出所投案自首，事情圆满解决。11月，在处理井湾子修路拆违事件中，区民族宗教和外事侨务局多次组织实地走访、座谈协商，回族店主马索来和街道办事处达成协议，回族店主同意拆除违章的店面，街道办事处补偿门面租金、装修费用，获悉马索来房屋经历过自然灾害，家境困难的情况后，区民宗外侨局在其违章建筑拆除后给予2000元的慰问费。 （王　卓）

【维权帮扶】 2015年，雨花区建立健全处理涉及民族方面矛盾纠纷的长效机制，制定突发事件应急预案，及时组织协调处置涉及民族方面的矛盾纠纷，将矛盾和纠纷化解在萌芽状态。加强接访走访，积极开展少数民族维权帮扶活动。接待少数民族群众来访7批次，均进行协调处理或耐心解释，得到群众的认可。2月，走访慰问唐维燕、李春英等28户少数民族代表人士和困难群众。6月，经过多方协调，藏族同胞领回占道经营被收缴的物品。7月，高桥街道友谊社区筹委会2户东乡族经营户子女入学问题得到解决。课题《少数民族权益保障与创新社会管理研究——以长沙市雨花区为例》获省民委三等奖。 （王　卓）

【少数民族群众服务站】 2015年7月1日，雨

花区召开少数民族群众代表座谈会，举行少数民族群众服务站的揭牌仪式。市民族宗教事务局副局长彭晓军，区委常委、组织部部长、统战部部长冯聪龙，区委统战部、区民族宗教和外事侨务局、区教育局、区司法局、区人力资源和社会保障局、区卫生局、区计生局、区城管局、区公安分局、高桥街道等部门单位负责人，市民族联谊会会长、市伊斯兰协会会长、少数民族群众服务站相关人员以及部分少数民族代表参加会议和仪式。区民族宗教和外事侨务局局长姚正清介绍雨花区少数民族的基本情况，高桥街道办事处主任莫志刚宣读《高桥街道少数民族服务站工作方案》。区直各部门分管负责人、高桥街道负责人、市民族联谊会负责人、市伊斯兰协会负责人就少数民族的服务和管理提出各自的意见和建议。各位少数民族代表就对少数民族的服务和现今汉族同胞和少数民族同胞之间的相处谈了自己的感受，并表达了对政府关心的感谢之情。冯聪龙强调，雨花区少数民族工作要加强联谊，增进团结；发挥自主优势，发挥组织协调作用；履行部门职责，加强服务管理；争取社会支持，促进和谐稳定。彭晓军对少数民族群众服务站提出建议：解决问题，服务少数民族；加强联系，从源头上掌握少数民族同胞的情况；是信息、沟通、服务、协调齐抓共管，上下联动。彭晓军、冯聪龙为少数民族群众服务站揭牌，与会人员参观高桥大市场“民族之家”。（王　卓）

宗教事务

【宗教工作】 2015 年 3 月，雨花区委、区人大、区政府、区政协领导，区委统战部、区民族宗教和外事侨务局到跳马镇大安寺、丰田古寺、团头河福音堂调研宗教工作，10 月，市委统战部、市民宗局调研跳马镇丰田古寺宗教场所工作，解决寺庙交通、通讯等方面问题；从宗教专项工作经费中列支 4 万元用于解决区教职人员参加医疗保险资金缺口问题。雨花区加强宗教法律法规的宣传普及，开展

2015 年 10 月 23 日，长沙市委统战部调研宗教场所

宗教法律法规宣传月活动，在清泉寺、大安寺、丰田古寺、团头河福音堂、川河占白龙王庙、佛圣禅寺等宗教活动场所和民间信仰活动场所制作固定宣传栏，开展宗教法律法规宣传；发放《宗教工作法律法规政策汇编》，引导信教群众依法依规开展宗教活动；编印《民族宗教知识问答》，解答工作中群众咨询的常见问题。加强协调服务，继续开展以“教风”为主题的和谐寺观创建活动，引导区内宗教活动场所积极开展创建活动。年初召开宗教活动场所管理工作会议，4 个宗教活动场所清泉寺、3 个民间信仰活动场所的负责人和财务人员以及宗教活动场所所在地的街道统战专干参加会议。会议进行财务、安全管理知识的学习和培训，进一步提高宗教场所的管理水平，调查摸底、集中走访民间信仰场所，进一步掌握辖区内民间信仰场所的情况，推进创建工作。加强宗教活动场所人员管理制度，做好宗教教职人员摸底排查工作，严格场所常住人员管理制度，对外来挂单人员实行登记造册。切实做好宗教活动场所安全防范制度，与宗教活动场所签订《安全责任书》，组织相关街道、镇、宗教活动场所和民间信仰场所的管理人、宗教教职人员召开消防安全工作会议，提高各相关单位消防安全意识，督查各街道、镇及时对相关人员进行消防宣传培训和消防安全检查。（王　卓）

【宗教场所管理会议】 2015 年 6 月 10 日，雨花区召开宗教活动场所和民间信仰场所管理工作会议，区民族宗教和外事侨务局姚正清主持会议，各

相关街道、镇统战专干，4个宗教活动场所和3个民间信仰场所负责人参加会议。会议组织与会人员学习《关于印发〈雨花区宗教政策法规学习月活动方案〉的通知》《关于加强全区宗教活动场所和民间信仰场所安全的通知》《关于在宗教界人士中开展论文征集活动的通知》。区民宗外侨局局长姚正清通报近段时间宗教工作的一些情况，听取各街道、镇、宗教活动场所、民间信仰场所宗教工作的情况汇报。姚正清强调，各宗教活动场所和民间信仰场所务必做好《宗教工作法律法规政策汇编》书籍发放工作；务必做好场所情况公示工作；各宗教活动场所要积极参与论文征集活动；各街道、镇协助场所做好场所庙志工作；按属地管理原则，各街道、镇务必做好相关场所负责人、宗教教职人员消防宣传培训工作，务必做好相关场所消防安全检查工作。（王　卓）

【宗教场所安全检查】2015年9月，雨花区民族宗教和外事侨务局组织相关街道部门对辖区内的宗教活动场所开展安全大检查行动，督查场所防火设施及防火通道建设情况、消防措施的落实情况、安全用电、用火、用气情况、房屋建筑安全情况、卫生防疫措施落实情况、安全制度及落实情况，查找场所存在的安全问题和不足，针对场所存在的几个安全问题，下达责令限期整改的通知书，督促整改落实到位。通过安全大检查，宗教活动场所的安全隐患得到进一步消除，安全设施进一步得到完善，宗教活动场所负责人、教职人员和信教群众的安全意识得到进一步增强，场所的安全环境得到进一步改善。（王　卓）

街道（镇）

雨花亭街道

【概况】 雨花亭街道地处长沙市雨花区“腹地开发”和长株潭三市融城的前沿阵地，北起南二环、劳动东路，西至韶山南路，南抵香樟路，东临万家丽路，是典型的城乡结合地带，也是城区建设改造的攻坚区域。2015年，街道辖曲塘、雨新路、路桥、正圆、新星、自然岭、华云、雅塘村、香南郡、麻塘桥社区10个社区，井塘、自然、石马3个社区筹委会。辖区面积7.8平方千米，常住人口近5.8万人，有政府机关、企事业、驻区单位400余家。内设党政办、经济办、社会事务办、综治办、城管办、计生办、财政所，二级事业单位有社区公共服务中心、综合文化服务中心、安全监督管理中心、征收安置服务中心、人民来访接待暨矛盾纠纷调处中心，街道机关核定行政编制16名，其中领导职数11名，机关后勤服务人员事业编制1名，二级事业单位事业编制核定38名。2015年，在职在岗人数51名，其中行政编18名，行政待编1个，事业编32名。

2015年，雨花亭街道紧紧围绕“强信心、夯基础、稳大局、攻项目”的工作思路，抓好“抓发展与保稳定”“抓经济与重民生”“抓重点与带全局”等关键问题，确保街域经济社会各项事业的又好又快发展。获得“省级优秀财政所”“雨花区2012-2014年度组织工作创新一等奖”“湖南省规范化司法所”“2015年度市级无偿献血组织工作先进单位”“雨花区信访工作先进单位”“雨花区禁毒先进单位”“雨花区党管武装先进单位”等荣誉；曲塘社区、正圆社区创建为“省级充分就业星级社区”，麻塘桥社区创建为“长沙市充分就业社区”。

（谢佳曦）

【街域经济】 2015年，雨花亭街道完成财政收入63110万元，完成固定资产投资493857万元，其中生产性服务业187661万元；实现限上社会消费品零售总额99400万元，同比增速12%。全街有在建产业项目万坤图财富广场、五江天街国际广场等10个，占地面积约42.67公顷（640亩），总建筑面积241万平方米，投资额32亿元；有待建项目航空路、嘉天广场等7个，涉及土地总面积约40.74公顷（611亩），预计总投资70亿元，均处于有序推进的良好态势；旭辉香樟公馆、五江天街、蓝光幸福满庭、乐尚城等4个“三定三抓”项目进展迅速，均进入销售阶段。五江天街项目、“215”圭塘河改造工程配套项目、欧亚达项目完成拆迁腾地。10月8日，启动华云棚改项目，签约451户，征拆率为96.8%；井塘村城中村改造拆除房屋87栋、建筑面积约3万平方米，违章建筑38处，各类违章建筑1.7万多平方米，完成两年计划任务的29%；石马城中村改造，拆除违章面积6.5万平方米，基本完成拆违工作，私房拆迁全面启动。（谢佳曦）

【社会事业】 2015年，雨花亭街道依托社区微信公众号，了解到居民借阅书籍、寻找路线等生活上的“微心愿”；面对信访工作，本着实事求是的原则，变群众上访为干部下访，因案施策，解决症结；通过民意调查，收集南二环雅塘村路口人行天桥、石马社区出行必经道路泥泞等居民问题500余件；积极开展惠民聚心工作，通过部门合作努力，解决南二环雅塘村路口人行天桥、曲塘路沿线建筑垃圾清理、碧翠园小区水电改造、东方红小学校园居民群众关心的热点难点问题200（改）余件；对全街1000余家生产经营单位开展安全生产大检查，取缔或整治60余家无证或非法单位，实现安全生产零事故目标。标准化提质改造麻塘桥、香南郡、曲塘社区阵地，设施更加完善、服务更加贴心。建立0~16岁适龄儿童入学统计表，确保义务教育入学率100%，残疾儿童入学率100%，小学巩固率100%，初中巩固率100%。重视社区教育，社区学校有2名兼职管理人员，有相对稳定、适应社区教育需要的专兼职和志愿者相结合的社区教育辅导员队伍。社区学校开设失地农民（农村劳动力转移）课程，培训3200人次；完成长沙市终身教育学习网注册1242人，4684学分。结合《长沙市2015年度100个示范性社区（村）综合文化服务中心建设实施方案》的要求，街道综合文化站和曲塘文化活动室进行全面提质改造。投入资金100余万元将街道办事处二楼打造成一个集学习、娱乐为一体的文化活动中心，占地1200余平方米，内部设置乒乓球室、健身室、舞蹈排练室、图书阅览室等9个功能室。在树木岭路388号鼓风机场宿舍内，打造活动面积400平方米曲塘社区文化活动中心室，设有办事大厅、三室一场（图书阅览室、多功能培训室、文化活动室和文化活动广场）、警务室以及儿童活动中心等。按照服务需求、合理配置的原则，为综合文化站配备室内健身器材1套，音响、话筒、功放2套，4套棋牌室桌椅、12台联想台式电脑、12套电脑桌椅和投影仪，及各类书籍5000余本。依托市民学校、远程教育等平台，开展“传统戏曲进社区”“红色经典进社区”“红色助残月”“中华经典诵读”等群众文化教育活动，丰富居民的精神生活，提升居民的文化素质；雨新路社区580互助联盟，成为全市示范性群众工作品牌，科普微公园的打造，更是拓展服务群众的内涵，实现线上和线下良性互动。为麻塘桥社区申请3套室外健身路径，其中一套安装到位，为正圆社区、华云社区、雨新路社区等申请6套健身路径、2张乒乓球桌以及1个篮球架，为丰富社区居民业余身体，增强体质提供条件。完善相关管理制度，着重围绕服务群众的目标，对人员配备、设备管理以及时间安排上进行合理保障，确保周一至周六（节假日除外）上午8:00–12:00和14:30–17:30，周日8:00—12:00，面向居民群众免费开放；周六周日安排专人值班，确保公共文化资源成果市民共享最大化。坚持以群众喜闻乐见的活动为切入，积极发展、鼓励辖区文艺团队开展文艺汇演、广场舞教学、文化交流等活动。全街登记在册的市民文艺队伍有路桥艺术团、金秋艺术团、自然艺术团、新星艺术团4支，参与群众500余人，均获得长沙市百家文艺团队荣誉。开通锋尚雨花亭微博、开展锋尚大讲坛、锋尚广播站等服务载体，定期开展服务社区活动，积极鼓励社会各领域专家参与其中，群众主动加入志愿队伍，形成“我志愿，我快乐”的良好文化氛围。定期举办的“经典诵读”系列活动，举办“诵读中华经典，放飞中国梦想”“倡导诵读经典，弘扬中华文化，争做文明市民”“学道德模范，诵中华经典，做一个有道德的人”等活动，弘扬优秀传统文化。

（谢佳曦）

【综合治理】 2015年，雨花亭街道坚持防控结合、疏堵结合，及时排查化解项目建设矛盾纠纷，对全街14个重点工程、17个重点项目拆迁建设，启动信访风险评估机制，做好前期摸排和稳控方案，基本避免因项目建设引发新的信访问题；完善以平安志愿者、治安情报信息员队伍为重要力量的信息网络建设，明确社区（筹委会）一把手为第一责任人，负责对辖区内矛盾纠纷进行摸排和源头化解，抓早、抓小、抓苗头，确保矛盾纠纷及时化解在最基层。逐一走访信访重点人员、重点个案，党政班子集体研究、分析症结，根据信访人个案制定具体化解方案，集全街之力进行攻坚，街道析置后的57名重点信访人员均得到有效化解、缓解，进京非访登记次数由2014年的19人次下降到11人次，同比下降42%。街道联合区交通运输管理局、区文体执法局、区交警三中队、六中队、工商所、雨花亭派出所等重点整治树木岭路段、香樟路沿线等重点地区、重点路段，发放交通安全、消防安全、防抢防盗、防电信诈骗、禁毒禁赌、反邪、便民手册等各类宣传资料32962多份，有效维护辖区良好秩序，提升周边群众的安全意识。充分发挥巡防站点和单位内保力量作用，对重点地区实行全面守点布控，结合平安创建、“平安社区”“平安家庭”等活动开展，利用QQ群、短信平台、微信平台、户外电子屏等宣传载体，广泛开展平安宣传活动，辖区内治安形势进一步好转，群众自我防范意识和安全意识进一步提升。国安工作纳入综治目标管理考核和平安创建指标体系之中，制定工作方案，建立工作制度，印制、发放宣传资料5000余份；安排专项资金用于国家安全人民防空建设和情报信息员奖励。出动人员200多人次，完成各类保卫工作10余次。通过落实刑释邪教“法轮功”人员回访帮教措施，开展“无邪创建”、预防和反对邪教进社区（筹委会）、进校园等活动，完成上级对街道及社区开展无邪教创建活动的验收任务；增加宣传载体，开展形式多样的反邪教宣传活动等，有效提高广大群众对邪教危害性的认识、预防和抵制邪教的能力，崇尚科学、自觉抵制邪教蔚然成风。雨花亭街道组织社区干部、管区干警，多渠道收集，多手段汇总，联合派出所摸排涉毒人员117名，逐人建立家庭、单位、派出所和社区“四位一体”帮教台账，社区明确帮教责任人，落实帮教措施；发动群众开展形式多样的禁毒宣传活动，进一步提高广大群众对“有毒治毒创无毒，无毒防毒保净土”的认识，净化毒品滋生、蔓延的土壤。以“群众工作站”为平台，“综治大走访”活动为契机，变“坐门等访”为“深入走访”，倾听群众诉求。加强社会管理防控体系建设，培植石马社区筹委会的党员义务巡逻队、路桥社区“夕阳红”义务巡防队、市中心医院“白衣天使”义务巡防队、正圆社区“老兵”义务巡防队等群众自发组织的义务巡防队伍，合理整合兼职、专职巡防队伍，提高防控水平，有效地调动群众参与和维护社会治安的积极性，为营造和谐稳定的社会环境提供有力保障。雨花亭街道加强对辖区幼儿园、培训学校综合安全管理，建立无证办学（园）台账，组织落实清理整治。3月起，重点对雨花亭街道学校、幼儿园周边治安环境、校园及周边地区非法、违规经营的出租房屋、娱乐场所（网吧、电子游戏厅、桌球室、歌厅、舞厅、录像厅、麻将馆）、烟花爆竹店、音像书刊点、校门外侧50米内的摆摊设点、占道经营、随意张贴、悬挂各类标牌、不洁饮食摊点和其他各类非法摊点开展整治行动。依法取缔在学校周边占道经营、无证无照的商贩和“三室二厅”场所，整治交通秩序混乱的现象，集中整治学校周边食品卫生安全。（谢佳曦）

【环境保护】2015年，雨花亭街道开展“绿色社区”创建评选活动。在新星小区出口和雅塘村社区广场处制作公益广告牌，宣传街道生态资源优势，在主要道路、公共场所悬挂宣传创模的横幅、制作标语。在新星小区广场设立宣传站和环保政策、法规和咨询台，散发环保宣传资料3000余份。制作宣传册4000余册、环保袋2000个，在中小学校、购物中心广场等人流密集的地方通过设立环保咨询台、展出宣传展板、现场发放宣传资料等方式宣传环境保护法律法规、低碳减排知识。组织环境污染隐患负责人，各社区（筹委会）环境保护专干、信息员、协管员、环境监督管理人员培训5次，人员517人，讲授环境保护知识、水环境保护、政策法规、应急方案和日常工作等内容，提升工作人员的监督管理能力。将全街分为13个管理网格，增设13名环境保护专干，以落实环境保护目标责任，有效整合社区等社会管理力量和资源，加强协调和督促成员单位发挥职能作用，自觉承担起保护环境安全工作的职责任务。坚持将指导和督促社区把环保工作放在平时的每件工作中，规范和健全各类工作资料和台账。重大突出不稳定因素、重点人员稳控等台账建立登记。同时建立环保文字台账、电脑台账和影像台账等，确保环境保护工作的有序开展。

（谢佳曦）

【基层党建】 2015年,雨花亭街道结合“三严三实”专题教育活动，大力扩展骨干力量外出学习培训的新路径，从培训、考核、激励等方面提升基层党组织书记队伍的先进性建设水平。贯彻落实基层党建“三年行动计划”，结合“当一次社区志愿者、参加一次社区活动、提一条合理建议、确定一户帮扶对象、办好一件便民实事”的“五个一”的原则，开展在职党员进社区等活动。引导广大党员群众参与不合格党员民主测评，稳妥开展不合格党员处置工作。通过整合资源、整体运筹，将非公党建活动和辖区“群英会”“孝为先”“寸草心”等社会组织、公益组织活动有机结合，继续挖掘和提升“百企联建”非公党建品牌资源价值，推动非公党建规范化运作更趋成熟，辖区企业的参建率、促进发展的辐射力、服务群众的满意度均显著提升。提质改造街道综合文化站、曲塘社区文化活动中心，打造由图书室、电子阅览室、健身房、多功能活动室等组成的功能齐全、设备先进的新文化活动阵地；开展“社区’连心桥’串起你我他”“中华经典诵读系列”、“爱党爱家”群众文化汇演、“青春绽光彩·托举中国梦”系列活动“课本剧大赛”“健康知识讲座”等文体活动，向上向善、求真求美的街域文化价值理念日趋深入人心。街域文化的认同激发传统文化、志愿文化、公益文化的竞相发展。由社会组织“孝为先”牵头，联合数个非公党组织开展的“关爱高龄抗战老兵——临终寻认亲”活动，在中央电视台综艺频道报道并给以高度评价；开展志愿者服务活动，继续推行“送清凉进工地”“送服务进小区”活动，深受居民欢迎；华翼府商务楼宇党委60余名党员前往平江参与爱心助学公益活动，帮助贫困儿童圆梦校园，得到社区各界的普遍赞誉。（谢佳曦）

【华翼府商务楼宇党建】 2015年，雨花亭街道继续推进华翼府商务楼宇“百企联建”非公党建品牌。华翼府商务楼宇位于长沙市韶山南路123号，是集经营、办公、住宅于一体的高档商务楼，总建筑面积5.6万平方米，入驻各类企业180余家，涵盖证券、家装、教育、传媒、设计等行业，年创利税千万元以上。华翼府商务楼宇党委下辖14个党支部，直管党员84名，有大批入党积极分子。党委在全体楼宇入驻企业和共产党员中，组建“百企联建”党建联盟，通过“三建三联三创”（建班子、建阵地、建机制；组织联建、活动联办、发展联动；创一流价值、创一流基地、创一流窗口）活动的持续有效开展，“百企联建”楼宇党建的归属感、正能量和认同度得到全面发挥，实现非公企业发展与党建工作的互动共赢。“百企联建”楼宇党建联盟模式被人民网、红网、《长沙晚报》等省内外多家媒体重点推介。6月3日，省委组织部指导处处长龙稳铠等一行调研华翼府商务楼宇党委非公企业党建工作开展情况，市委组织部指导处处长杨志强、市非公党工委办公室主任王新兰、区组织部部长冯聪龙等陪同调研。6月8号，雨花区在雨花亭街道华翼府召开雨花区组织工作推进会，组织部副部长王青春，组织部非公工委书记李悦、雨花亭街道工委书记杜剑、雨花区各街道（镇）党建工作分管领导参会，参观华翼府“百企联建”非公党建示范点。

（谢佳曦）

高桥街道

【概况】 高桥街道位于雨花区东北部，东临浏阳河支流圭塘河，南接劳动东路，西靠二环线，北至人民东路，距离长沙火车站、长沙火车南站、黄花机场均只有十几分钟路程，地处武广高铁和沪昆高铁、京珠高速和机场高速、城市地铁和城际轻轨交汇区域，总面积4.71平方千米。街道机关行政编制13名（其中领导职数9人），机关后勤服务人员事业编1人，二级事业单位事业编制35人。2015年，高桥街道辖友谊、高桥两个社区筹委会和金环、怡园、火焰、高桥大市场、五一、永定、永祥、鑫华8个社区，省邮政局、省计生委、长沙海关等驻街企事业单位28家，高桥大市场、高建市场、高桥汽配等综合（专业）型市场8个，总人口16万人，其中，常住人口3万人、流动人口13万人；街道内设党政综合办、经济发展办、社会事务办、社会管理综合治理办、城市管理办、人口与计划生育办、财政所、安全监督管理中心、征收安置服务中心、人民来访接待暨矛盾纠纷调处中心、司法所、环境监督管理站、市场管理办、两保站及公共服务中心（政务服务中心）。街道机关工作人91人，其中在职在编干部实有48人（行政编14人、事业编23人、工勤编11人），引进人才1人，随军家属2人，临聘人员29人，两保人员7人，司法所4人。全街党员1132人，街道办事处机关办公地址在万家丽中路88号。

2015年，高桥街道经过经济发展、社会发展和重大工作等指标的综合评定，在全市160多个乡镇街道经济社会发展综合排名中，获长沙市2014年度经济社会发展综合评价“十强十快”乡镇街道。怡园社区他乡美俱乐部，受邀参加省民政厅举办的2015年湖南省国际社工节宣传周启动仪式，推介他乡美俱乐部，展示他乡美的风采。

（刘响玲　郑　琼）

【街域经济】　2015年，高桥街道完成财税总收入8.06亿元，完成规模工业总产值0.76亿元，完成社会固定投资57.7亿元，实现限额以上社会消费品零售额33.5亿元，合同利用外资3800万美元，引进省外境内资金6.5亿元、市外境内资金19亿元。湖南信息园完工，金鸿宇大厦、天下一家新天地进入销售，锦湘国际星城、华鸿源项目施工顺利。高桥大市场提质改造继续深入，现代商贸城北向、新药材城相继改造，原老药材城改建为农副产品城。大力进军电商，全力申报“市场采购”贸易方式试点，培育内外贸一体化竞争新优势。高桥物流市场以开展“三清两规范”整治为突破点，物流商户全部外迁，提质改造正在进行。农安小区市场提质改造同步跟进，投入1000多万元打造神农茶都文化步行街。招商引入天下一家、天下一家新天地商业综合体、华雅佳苑裙楼以及金鸿宇国际裙楼等项目。湖南安欣检测有限公司、湖南华源科技有限公司、湖南冀忆发展有限公司等大型公司进驻。高桥物流市场搬迁，批量商户纷纷入驻。高福星小区三期招商工作有序进行。开展税收属地管理专项清查，新增项目税收800多万元。重点整治涟源百货城等市场税征秩序，新增私有房产税1500万元。

（刘响玲　郑　琼）

【社会事务】　2015年，高桥街道强势开展“两年拆违大行动”，分片分组拆除违章24.5万平方米，完成计划任务量196%。其中，高桥村拆违2.1万平方米，实现历史违章彻底清零；友谊片区分五批拆违21万平方米。实施就业再就业培训工程，开课20余次，新增就业人数2026人，“零就业”家庭动态清零。怡园、大市场社区成功创建省级充分就业社区，永祥、鑫华社区成功创建市级充分就业社区。深化卫计协同服务，成立湖南首个家庭医生社区工作室，联合高桥卫生服务中心开展“爱心接力工程”，免费赠送每人价值2000元的健康医疗服务。深入推进“同心社区”创建工作，怡园社区成功创建省级同心社区，高桥大市场社区与民建湖南省委结对共建，成功创建市级同心社区。加强社会保障体系建设，社会保险扩面18027人次，高标准打造街道救助服务中心，代表全区迎接社会救助服务标准化试点项目评估。高度重视学习教育工作，枫树山美联小学开工建设，打造“他乡美俱乐部”“启善读书会”“国学馆”等一批学习载体和教育品牌。积极实施文化惠民工程，激发全民参与文化建设的热情，举办文体活动30余场次。强化少数民族服务和管理，联合高桥大市场建设“民族之家”阵地，促进各民族和睦相处、和衷共济、和谐发展。

（刘响玲　郑　琼）

【综合治理】　2015年，高桥街道完善城市管理体制机制，成立“两委一办一中心”，制定“一办法一细则”，建立“两级网格、三类区域”管理模式，下移工作重心。投入2000余万元整治提质赤新路立交桥，协调争取政府支持3000多万元改造朝晖路、五一片区等区域，投入150多万元绿化梦泽园·阳光丽都“围而未建”项目2万平方米，市、区主要领导给予肯定。强势开展“靓丽·畅通高桥”百日整治行动，实现“看起来舒服、走起来舒畅”的效果。破解夜市治理难题，探索夜市治理新模式，打造永定特色美食七街，转型为长沙首个夜市摊点环保型无油烟示范街。加快推进道路建设，石坝路实现通车，六号路、民主路全面施工，万家丽路快速化改造完工。落实最严城管要求，将全街划五片设五站，投入200万元配强装备，精聘51名综管队员，下移重心开展综合执法，办理“数字化”案件超1.3万件，按期结案率、一次性结案率均实现100%。投入政法经费700余万元，组建30人综治特勤队伍。积极控压发案，开展专项清查行动30余次，发案数同比下降12.66%。严格落实信访工作制度，开展化解信访积案“百日专项行动”，信访事项办结率100%。开展“飓风一号”等大规模消防隐患整治行动21次，消防整治成效明显，火险火情次数同比下降49.5%。整改地下停车场14个，拆除违建仓库395个，恢复车位860个。实施“千家万店”无假货实事工程，排查整治食品安全80多次，建立健全食品溯源体系。

（刘响玲　郑　琼）

【基层党建】 2015年，高桥街道夯实党建基层基础，创新推行“三联三主动”党建工作模式，联系服务800个对象和项目，解决200多件民生实事。精心打造怡园社区“他乡美 和为贵”文化长廊、火焰社区党建文化墙、五一社区“百德”文化墙等一批党建文化新载体。挂牌成立鑫华社区，提质改造6个社区，建成永祥社区2270平方米新阵地，积极推进金环社区智慧小区APP项目建设，怡园社区申报市级党员干部示范培训实践基地。实施党务人员培养“123”工程，选优配齐专职党务人员和非公党建指导员。依托商圈党校等载体开课培训20多次，推送优秀文章300多篇。开展社区书记“身边人讲身边事”活动，编印4期《经验推荐》，全面落实社区党建和社区建设三年行动计划，全面完成高桥大市场社区党组织软弱涣散整改。切实强化党风廉政建设，坚持教育、制度和惩防相结合，集体约谈社区和大办负责人，谈话、问责、处理40余人次，进一步营造风清气正干事业的良好氛围，凝聚齐心协力谋发展的强大能量。积极开展民主评议党员活动，处置不合格党员9名，轮岗调整干部33人。突出党建问题整改，以党建为引领，助推抓实7个实事工程。

（刘响玲　郑　琼）

【鑫华社区挂牌】 2015年4月27日，高桥街道鑫华社区正式挂牌成立，区委常委、组织部部长、统战部部长冯聪龙，副区长陈怀宇，区民政局局长周敏等区领导出席挂牌仪式。高桥街道全体党政成员，辖区站、所、队、各社区（筹委会）负责人及辖区单位、居民代表等参加活动。鑫华社区是以商业贸易为特色，集商贸、居住、休闲于一体的园林式综合性社区。社区服务中心设在华晨国际公馆2栋2楼（雨花区万家丽中路二段8号），东至圭塘河、西抵政修路、北邻长沙大道、南靠劳动路，辖区面积约0.48平方千米。辖区内有中国电信湖南公司、长沙市周南雨花中学、砂子塘新世界小学、华雅国际大酒店、华雅高尔夫、华雅国际财富中心、华晨世纪广场、华晨双帆大厦、高桥国际大厦、湖南和顺集团、华雅林语苑和华雅花园等单位和小区，常住人口约1.1万人。

（刘响玲　郑　琼）

【易炼红考察高桥大市场】 2015年8月30日，湖南省委常委、长沙市委书记易炼红一行考察指导湖南高桥大市场建设与发展情况，现场考察了解高桥立交桥桥下公园、高桥酒店用品城等，听取湖南高桥大市场股份有限公司董事长罗映红汇报湖南高桥大市场提质改造成果及市场未来发展规划。雨花区委书记邱继兴，区委副书记、区长张能峰，高桥街道工委书记李才军，办事处主任莫志刚等陪同考察。

（刘响玲　郑　琼）

【民建湖南省委“同心社区”挂牌】 2015年3月18日，民建湖南省委“同心社区”在长沙市高桥街道办事处高桥大市场社区正式成立。省政协副主席、民建省委主委赖明勇，省人大常委、民建湖南省委专职副主委朱皖，民建省委副主委、长沙市政协副主席、民建长沙市委主委段安娜，中共长沙市委统战部常务副部长刘映群，中共雨花区委书记邱继兴，中共雨花区委常委、组织部部长、统战部部长冯聪龙出席揭牌仪式。赖明勇和高桥大市场社区书记方燕平共同为“湖南民建同心社区”揭牌。赖明勇对“湖南民建同心社区”的揭牌表示热烈的祝贺，对高桥大市场社区的工作尤其是“同心社区”的创建工作给予充分肯定。（刘响玲　郑　琼）

【胡衡华专题调研“围而未建”治理情况】 2015年6月7日，长沙市委副书记、市长胡衡华一行专题调研高桥街道“围而未建”地块专项整治情况。胡衡华充分肯定街道开展“围而未建”地块专项整治工作取得的成效，对街道在时间短、任务重的情况下能够取得标准高、成效好的效果表示满意。市委常委夏建平，市政府秘书长谭勇，雨花区人民政府区长张能峰，区委常委、副区长罗予武等市、区相关职能部门领导、街道党政负责人陪同调研。

（刘响玲　郑　琼）

【家庭医生社区工作室】 2015年4月11日，雨花区高桥街道社区卫生服务中心全科团队签约（家庭医生式）服务启动仪式在中心前坪举行。区卫生局局长韩哲、副局长陈泽香、高桥街道办事处主任莫志刚、怡园社区书记游端霞、街道社区卫生服务中心负责人、中心5个家庭医生团队与7个站全科团队、签约居民代表约350人参加启动仪式。此为全省首个家庭医生社区工作室。（刘响玲　郑　琼）

【高桥国学馆开馆】 2015年6月25日，高桥国学馆落成高桥现代商贸城，首次运营公开授课，邀请国学讲师、长沙天心书院院长崔治中为现场商户、市民激情开讲“君子之道”。崔治中引经据典，课堂氛围相当活跃，活动现场座无虚席，湖南高桥大市场的商户、员工及市民大声齐颂国学经典《弟子规》，高桥国学馆开馆后将作为新的文化阵地，服务于社会，为广大社会人士及高桥商户免费提供文化交流、学习平台。（刘响玲　郑　琼）

【2015年中华茶祖节】 2015年4月20日，省委农村工作部、省农办、省农业厅、省供销合作总社、湖南日报报业集团主办，省茶业协会、省茶叶学会、茶祖神农基金会、汝城县政府承办，神农茶都特别协办的2015年中华茶祖节开幕式暨临湘黑茶品评推介会在高桥神农茶都开幕。省委、省人大、省政府、省政协及省直涉茶部门、茶叶行业组织领导、全省茶叶龙头企业及来自全国茶叶经销商近1000人出席一年一度的茶界盛典。（刘响玲　郑　琼）

【民政部专家组评估社会救助标准化试点项目工作】 2015年9月17日，民政部组织北京市标准化研究院、安徽省标准化研究院、湖南省质监局、长沙民政学院等单位的高工和教授10余人组成专家组，评估高桥街道社会救助标准化试点项目。专家组肯定高桥街道社会救助工作按照标准化建设的要求，在阵地建设、窗口设置、档案管理、公示栏设置、办理流程等方面都达到高标准、高要求。

（刘响玲　郑　琼）

【环卫工人“暖心屋”启用】 2015年10月30日，为环卫工人贴身设计的“暖心屋”，在高桥街道怡园社区前坪举行揭牌仪式。长沙市委常委、统战部部长文树勋，市政府副秘书长、市信访局局长、市委群工办主任周春晖，雨花区委书记邱继兴等参加揭牌仪式。“暖心屋”严格按照标准设立，为环卫工人提供贴心设施与服务，解决环卫工人饮水难、热饭难、休息难等实际问题，让在露天作业的环卫工人不再“四处漂泊”，真正有一个爱心编织的“幸福家园”。（刘响玲　郑　琼）

【枫树山美联小学奠基】 2015年12月19日上

午12点，枫树山美联小学奠基仪式暨开工典礼在高桥街道举行。区委常委、组织部部长、统战部部长冯聪龙，副区长王清华，区教育局局长王青春，高桥街道党工委书记李才军，办事处主任莫志刚出席仪式，美联天骄城、高桥社区筹委会负责人等参加仪式。枫树山美联小学新校舍位于雨花区嘉雨路和民主路交汇处的东北角，总占地面积1.5万平方米，开设36个班。枫树山美联小学的动工建设，圆学龄儿童求学梦，让更多孩子享有更好更公平的教育。（刘响玲　郑　琼）

左家塘街道

【概况】 左家塘街道地处雨花区北部，总面积7.80平方千米，系长沙市城区面积最大的街道。办事处驻桂花路271号。街道党政机关核定行政编制14名，其中领导职数9名，后勤服务人员事业编1名，核定二级事业单位事业编制36名。2015年，人口17万人，其中常住人口12万人、流动人口5万人。街道内设党政综合办公室、财政所、司法所、经济发展办公室、社会管理综合治理办公室、城市管理办公室、人口和计划生育办公室、社会事务办公室、安监站；下辖21个社区。街道机关工作人员74人：在职在编干部实有46人，其中行政编14人、工勤编2名、事业编30人，临聘人员28人。全街党员3634人。

2015年，左家塘街道借助二次开发，主攻项目建设；落实最严城管，美化城市环境；完善救助体系，推进民生事业；深化组织建设，提升队伍活力，不断推动街域经济社会全面发展，获全国“和谐社区建设示范街道”“湖南省档案工作规范化管理省一级”“全省禁毒工作先进集体”。牛角塘社区获“2015年全国综合减灾示范社区”，窑岭、长钢社区获“湖南省充分就业星级社区”。（卢金慧）

【街域经济】 2015年，左家塘街道牢牢把握“稳中求进”总基调，推动经济转型升级、提质增效。完成财政总收入9.6亿元，完成规模工业总产值1.22亿元，固定资产投资39.12亿元，完成限上社会消费品零售总额42亿元，实际到位外资4700万美元，实现省外境内资金47800万元，市外固投131890万元，申报省外境内新项目8个。一汽棚改项目实现全面竣工，顺利完成分房；汇财中心项目、芒果雅苑项目、天翼未来城项目1~8号栋综合楼及商铺全面封顶竣工，对外招商；长钢新、老11栋棚改项目征收工作率全市之先圆满完成签约腾房；莱特尔棚改项目实现房屋倒地，施工进场；省话剧团老旧宿舍区及周边地块棚改项目、地铁3号线城南东路站及桂花路站房屋征收项目的征拆工作按照时间节点稳步推进。街道坚持全面实施产业提质战略，大力发展楼宇经济和现代服务业，促进产业优化升级。中铁五局（集团）有限公司本部正式入驻，新引进华住酒店集团、长沙哲博百众（团800）网络科技有限公司等20余家现代服务业企业，为街域经济后续增长提供强大动力。（卢金慧）

【社会事务】 2015年，左家塘街道超额完成省、市为民办实事各项工作任务。城镇新增就业1540人，帮助失业人员再就业1341人，就业困难对象再就业876人，职业培训342人，办理灵活就业人员社会保险补贴445人，补贴资金213.1万元；新增企业基本养老保险1471人，企业基本工伤保险1842人，城镇居民医疗保险缴费人数达到20706人，超额完成全年目标任务数；发放高龄津贴40.33万元，发放社会救助资金902万元，为172户无房和住房困难家庭办理住房租金补贴，发放金额42万余元；推进社保卡“一卡通”的信息采集和发放工作，完成个人信息采集7658份；完成残疾人家庭实施“家庭畅行”工程10户，贫困残疾人居家养老服务97人，其中2个示范社区、13个明星社区通过市、区级验收；15个社区进行社会救助标准化中心创建工作并通过验收。3月，街道被民政部授予“全国和谐社区建设示范街道”的荣誉称号。扎实开展食品安全工作，对全街食品生产、加工、流通、餐饮等企业进行全面系统地调查摸底，专项整治学校食堂及周边、五小门店、农贸市场、无证无照生产加工销售企业，保障辖区内无食品安全事故。群众文化生活日益丰富，开展“满意潇湘 美丽雨花”书法美术摄影大赛、“书香雨花”读书节、“校园书画作品展”等活动，促进社区、学校、社会的良性互动。全民健身活动蓬勃开展，新增1处室外健身路径，建成窑岭社区示范性社区文体活动中心，在全街范围内开展中老年人广播体操比赛，得到居民群众的广泛参与。加强人口计生工作，顺利通过省、市计生委年度检查，接待、省市卫计委的特色调研。继续推进“教育强街”战略，投入24万余元用于改善办学条件，强化专项整治行动力度，不断优化校园周边环境。（卢金慧）

【综合治理】 2015年，左家塘街道继续重视安全生产，加大安全隐患查处力度，完成王公塘天润花园、树木岭怡景民居、左家塘干休所、阿弥岭一片23栋和二片9栋等危险护坡和地面沉降等安全隐患的排危施工。开展安全生产大检查和专项治理活动，形成“时时抓，人人抓”的安全生产格局，组织消防培训312次，消防演练41次，打击非法生产经营4处，关闭涉黄场所15家，处理麻将室2家。构建人防、物防、技防相结合的治安防控体系，安装高清监控探头26个，刑事发案同比下降18.98%，社会大局整体稳定，辖区内未发生重大安全事故。街道获“全省禁毒工作先进集体”。“全国无邪教示范街道”通过省级验收。（卢金慧）

【城市管理】 2015年，左家塘街道策划并调度社区惠民资金项目87个，资金400多万元。湖橡、嘉园、曹家坡社区阵地建成新迁，21个社区分别投入10多万元用于粉刷楼栋、实施社区绿化、硬化、亮化工程等。增补灭火器2800余个，在背街小巷添置果皮桶180余个，社区内添置垃圾桶800余个，改造自来水户表4316户，新增绿化面积5200平方米。加强生态建设和环境保护，着力改善城市居住环境。在全面守点布控的基础上，抽调精干力量50余人组成日常巡查整治队伍，对辖区内的主次干道、重点区域、背街小巷的店外经营和流动摊担进行全天候的巡查、劝导和整治。暂扣违规经营工具、取缔占道经营现象80多处，劝导教育门店主、流动摊主3540余人次，纠正各类违章数千起。拆除影响市容市貌户外广告和不规范的门店招牌2200多处，改造拆除王公塘街、红花坡小学、杨家山夹皮沟等违章建筑500多处，60706.58平方米，清理沟渠170余条，清理绿化带35万平方米，清扫路面120余万平方米，全面实施“庭院花香”绿化美化，街道作为全区文明创建工作的主战场，实现文明创建迎检工作“零失误”，摘得“长沙市文明标兵单位”的桂冠。出台优化城管工作的制度和考核机制，进一步细化网格化管理模式，实行社区主任、城管专干、执法队员、城管协管员、环卫管理员、绿化、市政维护联络员捆绑工作，强化人员履职履责意识。努力提升城管反应和处置效率，街道城管办每日都对信息平台的案件进行梳理，各类案件发案11471起，结案销案11471起，城管数字信息整改率、按期整改率达到100%。坚持落实“门前三包”责任制，实现城市管理常态长效。2700余门店全部签订责任状，办理门前三包责任制案件336起，依法依规处罚门店213家，长效机制进一步健全，城市面貌发生显著变化，获“长沙市城市管理十佳街道”等荣誉称号。（卢金慧）

【基层党建】 2015年，左家塘街道开展“在职党员进社区”“网格化管理，组团式服务”等活动，组建“花为媒爱绿护绿服务队”“乐善美服务队”等党员志愿服务团队72个，开展“党建比学赶超”活动，发挥基层党组织战斗堡垒和党员先锋模范作用。开展社区书记党建述职评议，表彰奖励一批党建工作先进单位，加大对非公党建扶持力度，创建长沙普济医院、景然园林等一批“星级非公支部”。继续推动小区、楼栋党建，形成“红色港湾”“党群凝心站”“党员课堂”等社区党建服务平台，升格湖橡社区“雷锋超市”为辐射全街居民群众的“雷锋志愿服务大本营”，开展为辖区贫困半失能老人捐赠轮椅等志愿服务活动，光明网等多家媒体报道。

针对辖区老、中、青各年龄层次居民特点，打造嘉园社区“党员百分百服务”品牌，以全方位、多渠道的优质服务凝聚党心民心。坚持狠抓基层党组织带头人队伍建设，定期开展培训活动，组织社区书记主任赴兄弟街道学习交流3次，非公和社会组织党组织书记轮训2次。打造“季度三星”评比、“青年干部主题沙龙活动”等平台，长钢社区佳润新都党支部被评为市级党员示范培训实践基地。探索推进党员分类管理和积分制办法，严格落实“三会一课”、党员民主评议和不合格党员处置等制度，按程序处置不合格党员15人。实施“社区三考”，对排名靠后的社区工作人员进行转岗学习，全街干部形象进一步优化。探索构建基层党风廉政建设工作新机制、新载体，社区设纪委书记（纪检委员），延伸党风廉政触角。开展“廉政清风伴我行”系列活动，打造曹家坡、窑岭社区等廉政文化示范点，优化党风廉政建设工作格局，街道获“2014年度全区党风廉政建设先进单位”称号。开展群众工作“民意快线”工程，通过抓宣传、抓基础、抓机制、抓创新，有效推进民生问题办结。各社区群工站驻站干部深入走访，探索联系群众、倾听民意、化解矛盾的新路径，组织开展各具特色的履职活动，形成窑岭社区“微心愿帮帮团”、曹家坡社区“居民说事点”、阿弥岭社区“齐出招小区自管会”、赤岗社区“德嗲工作室”、树木岭社区“牵手树木岭”微博等一批群众工作品牌。畅通知民意、解民忧的渠道，顺应群众期待，理顺群众情绪，整合多方力量，投入资金500多万元，集中解决一批下水管网堵塞、小区护坡安全隐患、道路基础设施落后等重点、难点问题，解决辖区群众关注的民生问题300多件，服务群众水平进一步提升。（卢金慧）

【“全国和谐社区建设示范街道”】 2015年，左家塘街道注重和谐社区建设，坚持“高标准建设，高水平管理，高质量服务”，探索形成社区建设“五化”（构建“三位一体”的社区组织构架，体制改革系统化；打造“三社联动”的社区治理模式，服务管理社会化；构建功能完善的社区工作平台，保障机制多元化；营造两型宜居的社区生活氛围，社区环境人本化；践行惠民利民的社区服务宗旨，服务项目精细化）模式。4月24日，全国社区建设经验交流暨社区治理工作推进会表彰全国和谐社区建设示范单位，雨花区政府获得民政部颁发的“全国和谐社区示范城区”奖；左家塘街道作为全省获此殊荣的唯一街道代表参会，在会上由民政部授予“全国和谐社区建设示范街道”奖牌。（卢金慧）

【“爱心红米 全城义卖”公益活动】 2015年2月11日，雨花区委统战部联合永州祁阳县农业局、雨花区左家塘街道办事处等多家单位，以“买红米做公益，让农民回家过年，帮助更多孩子免于午间饥饿”为主题，开展“爱心红米，全城义卖”爱心活动。雨花区委统战部副部长程缅、相关社区负责人以及爱心志愿者100余人参加活动。活动源于永州种粮户280公顷（4200亩）红米找不到合适的买主，而在深远偏僻的贫困山村的孩子们还未等到免费的午餐。经过“免费午餐”的发动，种粮户主动拿出销售红米的部分费用回馈社会，捐赠1万份“免费午餐”，帮助更多的山区孩子免于午间饥饿。活动现场，湖南省浙江商会、长沙市零售行业协会、中国牛商会和长沙市各界企业代表出席活动开幕式，仁乐义工、弘五星义工团以及许多在校学生都参与义卖活动。（卢金慧）

【“雷锋志愿服务大本营”】 2006年，左家塘街道湖橡社区志愿者队伍创立长沙市首家“雷锋超市”。2015年，左家塘街道借助湖橡社区搬迁新阵地的契机，全面深化推广“雷锋志愿服务”品牌，将湖橡社区“雷锋超市”提质升级，在社区阵地挂牌成立“左家塘街道雷锋志愿服务大本营”。“雷锋志愿服务大本营”建立专门的工作班子，制定详细的工作章程、实施方案及年度计划，确保“大本营”的运行有章可循；完善基础设施，开设爱心志愿服务、法律援助服务、就业帮扶服务等多个志愿服务窗口，针对群众亟须的志愿服务项目进行登记管理，并提供一对一帮扶，将服务对象辐射至全街所有需要提供帮助的居民群众。8月18日，左家塘街道工委联合长沙市福彩中心主办，湖橡社区承办的公益福彩进社区之“福彩有爱·孤老不独”轮椅发放仪式暨左家塘街道“雷锋志愿服务大本营”现场结对帮扶主题活动在湖橡社区露天停车场举行，现场为辖区47名贫困半失能老人捐赠轮椅。长沙市福利彩票发行中心主任贺新平，中共雨花区委办常务副主任刘昌军，中共雨花区委政研室副主任、区委群工办常务副主任熊灿等出席活动。截止到2015年年底，“雷锋志愿大本营”登记注册志愿者已达8000多人，涵盖雷锋志愿服务大本营服务队、三爱心志愿服务队、邻里维和服务协会、桂花社区医疗志愿服务队等42支志愿队伍，开展各类大型公益活动10余次，中央电视台、湖南卫视、长沙电视台新闻频道、公共频道、《湖南日报》、湖南文明网、《长沙晚报》等30多家中央、省、市媒体相继进行报道。（卢金慧）

【“左家右邻同心银行”志愿服务】 2015年，左家塘街道继续推进“左家右邻同心银行”建设。3月2日，由长沙市文明办、雨花区文明办、左家塘街道办事处、左家塘街道同心银行联合举办的“寻雷锋足迹，‘抢’爱心‘红包’，助困难群众”主题实践活动在曹家坡社区开展。“曹家坡社区雷锋爱心基金”接受授牌，现场分设义诊台、政策咨询台，为居民提供健康管理服务，雷锋巧匠服务队的志愿者们现场为居民提供义务理发、配钥匙等服务，并为结对的困难居民派发爱心“红包”。社区通过搜集身边好人好事，把志愿服务存储到“雷锋爱心基金”中来。居民可利用雷锋爱心平台存储“红包”，作为救助困难居民的雷锋爱心基金捐赠给需要帮助的居民，爱心“红包”包括适当的物资援助、法律援助、计生服务、居家养老等志愿服务，并根据个人困难情况进行“私人订制”服务，确保雷锋精神落到实处。（卢金慧）

【“居民说事点”】 2015年5月11日，左家塘街道曹家坡社区成立民意快线“居民说事点”，设立“居民说事吧”、放置“居民说事记录本”，“居民说事联系卡”，放置“居民说事箱”，公开“居民说事热线”及微信二维码。确定每个月28日为“居民说事例会日”，社区党总支、社区居委会和社区群众工作站在“居民说事吧”联合召开“居民说事议事会”及“民生问题群众见面会”，社区联点部门、民生问题所涉及的相关责任部门和责任人均到场参加会议。通过这些方式积极受理居民群众反映的热点、难点问题及意见和建议，畅通社区更为便捷的服务渠道，架起一座社区与居民群众沟通交流的和谐桥梁。截止到2015年年底，解决民生实事百余件，真正做到“小事不出社区、大事不出街道”，贴心为居民群众服好务、办好事。（卢金慧）

【长钢新老11栋项目全部实现签约】 雨花区长钢新老11栋棚改项目位于左家塘街道，系原长沙钢厂（2002年改制更名为长沙华铭实业有限公司）职工宿舍。项目占地面积约0.31公顷（4.69亩），涉及居民208户，需拆除房屋面积5108平方米。2014年始，雨花区委、区政府高度重视该项目的实施，组织该项目申报纳入国开行统贷平台，采用货币补偿的方式对居民实行安置。该项目自2015年3月发布征收决定启动签约工作，6月底已经全部签约，房屋基本腾空拆除，成为新一轮棚改中内五区首个当年启动、签约清零的棚改项目，该项目地块将规划用于道路建设和城市绿化，实现新一轮棚改“四增两减”的目标。（卢金慧）

【纪念抗日战争胜利70周年】 2015年8月4日，湖南省文明办、长沙市文明办、雨花区文明委主办，左家塘街道、嘉园社区承办的纪念世界反法西斯战争胜利暨抗日战争胜利70周年之“勿忘国耻　圆梦中华”主题系列活动在省人大机关会议中心和左家塘街道嘉园社区优尔惠超市一楼同步开展。长沙市文明办未成年人处处长陈星卫、副处长张晓梅、刘荣，雨花区宣传部副部长谢国文、文明办副主任董玲玲参加活动。爱好书画的老年人和青少年围绕抗战主题进行现场作画，并对居民进行展示；进行舞台表演，以音乐、歌舞和朗诵的方式奏响抗战胜利的呼声。一幅幅浓墨重彩的书画，一曲曲极富感染力的乐章，让观众回到那段英雄岁月，重温那一段光辉历史，在雨花区营造浓浓的节日氛围，在群众中普及抗战知识，在未成年人中树立爱国意识。

（卢金慧）

侯家塘街道

【概况】 侯家塘街道位于雨花区西北部，地处长沙城区“心脏”位置，东起韶山北路，南至劳动西路，西到芙蓉中路，北抵人民中路，总面积1.78平方千米。街道党政机关核定行政编制16名，核定领导职数9名，核定后勤服务人员事业编1名，核定二级事业单位事业编制36名。2015年，侯家塘街道辖电院、泉塘、广济桥、麻园湾、枫树岸、湘农桥、廖家湾、侯家塘、韶山路、水院、活力、梓园12个社区，常住人口7万余人，流动人口近3万人。内设党政综合办公室、财政所、经济发展办公室、社会管理综合治理办公室、城市管理办公室、人口和计划生育办公室、社会事务办公室。设综合文化服务中心、公共服务中心、安全监督管理中心、计划生育服务所、征收安置服务中心、人民来访接待暨矛盾纠纷调处中心6个二级事业单位。街道机关工作人员71人：在职在编干部39人（其中行政编14人、事业编25人），引进人才2人，临聘人员21人，两保人员9人。

2015年，侯家塘街道以党建引领为宗旨，以服务群众为原则，以联盟共建为途径，整合辖区单位、企业、社会组织、红徽章志愿者、在职党员、热心群众等社会资源，积极探索社会组织和社会组织党组织的“双孵化、双共建、双促进”的党建工作新模式，建设韶山路社区“怡梦轩”社会组织党组织双孵化基地，打破传统的自上而下的管理形式，构建出自下而上的“共同参与社区治理，构建和谐党群关系”的基层党建新格局。侯家塘街道在全街部门、社区、两级干部中全面推行 “两考三评”考核办法，通过日常考核与年度考核相结合，评选模范部门、示范社区和岗位标兵，不断提升服务效能，提高群众满意度。注重实绩考核和群众公认度，通过演说方式，投票评选岗位标兵、模范部门、示范社区，以此激励先进，鞭策后进，激发干部队伍活力。

（刘伊祉）

【街域经济】 2015年，侯家塘街道完成财税收入8.918亿元、全社会固定资产投资30.07亿元、规模工业总产值17.86亿元，实现全社会消费品零售总额42.12亿元，经济总量和单位面积产出贡献率稳居全区前列。嘉熙中心项目建至地上45层，写字楼销售逾两成；大财门项目全面竣工，进入尾盘销售、商业区招商、集中交房阶段；地泰地质家园竣工，销售逾六成。引进湖南黄金股份有限公司（上市公司总部）落户，新注册公司474家，其中，文化企业63家，注册资本500万（含）以上公司99家，有效巩固街道高端现代服务业集聚优势。

（刘伊祉）

【城市管理】 2015年，侯家塘街道继续推进史上最严城市管理工作，实施精细化管理，构建网格化体系，对照“精致精美”的标准，开展全民大清洗60余次，彻底取缔长塘里夜市点，拆除历史违法建设9291平方米、违章广告616块，有效控违12起，确保违法建设“零增长”。全面完成侯家塘社区、长塘里小区提质改造扫尾工程，油器厂、造化塘范围内8栋宿舍楼下水道改造和路面铺油；廖家湾、侯家塘、枫树岸、麻园湾、梓园等5个社区内8座化粪池改造。5月、8月，街道两次获评全市城市管理工作“十佳”街道。 （刘伊祉）

【志愿服务】 2015年，侯家塘街道继续担当测评主力街、主阵地重任，以高标准、优环境、零扣分圆满完成文明创建省检和季度测评；高品质建设侯家塘“法为本”主题广场、廖家湾崇德广场和廖家湾“善做魂”、韶山路“孝当先”主题社区，开展经常性“志愿服务进万家”“志愿服务项目认领”

志愿服务

等群文活动，多次得到中央和省市媒体推介。2月28日，全国精神文明建设工作表彰暨学雷锋志愿服务大会上，侯家塘街道廖家湾社区获评全国文明单位。3月2日，长沙市文明办、雨花区文明委、雨花区侯家塘街道、长沙孟妈妈青少年保护家园等单位共同举办的“我们的中国梦·志愿服务进万家”活动在侯家塘街道红旗法治广场举行。省文明办创建指导处处长张志辉，市文明办副主任杨立平，市文明办志愿服务处处长袁军，区委常委、宣传部部长何托林，区委宣传部副部长、文明办主任谢国文等领导出席活动，全国最美志愿者孟繁英，全国道德模范洪战辉、任菲莉、廖月娥，金牌义工鲁遐龄，侯家塘街道社区“感动人物”、星巴克、北京银行、西南石油局等十大优秀志愿服务队参加活动。7月6日，在全国首期志愿服务实践基地培训班暨“邻里守望”社区志愿服务座谈会上，侯家塘街道廖家湾社区被授予“全国社区学雷锋志愿服务联络工作示范站”荣誉称号，社区书记、主任刘映先作为湖南省社区代表参会并作经验发言。（刘伊祉）

【社会事务】 2015年，侯家塘街道积极推进社区减负增效试点，有效解决枫树岸、麻园湾等社区阵地难题；全面升级侯家塘社区“心视界”残疾人服务中心；打造韶山路社区“邻里坊”“怡梦轩”“桑榆舒苑”等多功能服务阵地，晋级全省精品示范品牌，得到社会各界的肯定赞赏；计生工作继续保持领先优势，在区级考评中名列前茅；民政工作发放各类补助、救助、慰问金146.1万元、低保金135.13万元、高龄津贴31.7万元，成功推荐就业513人。确立推进小林子冲棚改、完成财税任务、提质活力社区环境、创建市级城管示范街道、整治省建六公司D类危房隐患、保持综治“红旗单位”称号、保持计生“模范街道”称号、提质枫树岸社区阵地、打造廉政文化宣教阵地、打造党建和社区服务新品牌10件民生实事，全部办结。完成小林子冲棚改签约379户，完成黎托中范四期拆违26.3万平方米，为城区提速发展腾出空间。（刘伊祉）

【综合治理】 2015年，侯家塘街道推进社区治安防控体系建设，依托“平安护学岗”“中心巡防站”等治安防护站所，发案率同比下降18%。借力“法律为民工作室”“流动法庭”，调处矛盾纠纷231起，调解成功率100%。积极开展“安全大篷车”宣讲、“消防体验角”宣教、“安全巡查角”监控、“安全之星”评选等活动，高效完成电信308大院液化气压力管道排危害、红旗区居民房内危化品处置、三重大厦广告牌拆除等1885处隐患，辖区持续平安稳定。（刘伊祉）

【欧阳海泉考察廖家湾社区】 2015年3月10日，南昌市委副书记、市委政法委书记欧阳海泉一行到侯家塘街道廖家湾社区考察，参观“雷锋号”志愿者工作站、鲁爷爷爱心室、孟妈妈青护园等特色服务阵地，详细了解廖家湾社区10886志愿服务管理模式，并与金牌义工鲁遐龄、全国最美志愿者孟繁英亲切交流，对社区志愿服务工作给予高度评价，叮咛志愿者们要张弛有度、劳逸结合，保重身体。长沙市委常委、市委政法委书记钟钢，市委副秘书长夏文斌，市委宣传部副部长、市文明办主任郑力虎，区委常委、区委宣传部部长何托林，区人民政府副区长、区公安分局局长谭应林陪同考察。

（刘伊祉）

【段桂青考察廖家湾社区】 2015年4月13日，中国志愿服务联合会副秘书长段桂青等人考察侯家塘街道廖家湾社区“雷锋号”志愿者工作站、鲁爷爷爱心室、孟妈妈青护园等特色服务阵地，并与全国最美志愿者孟繁英、全国奉献之星鲁遐龄亲切交谈，段桂青对廖家湾社区志愿服务工作给予充分肯定，并强调新形势下志愿服务工作要形势新共识，并大力推进“邻里守望”志愿服务活动，充分发挥党、团员骨干带头作用，加强志愿服务信息化、制度化、法制化建设，开展好组织培训工作。他要求社区进一步发挥现有优势，提升模范典型人物的影响力，带动更多人投身志愿服务活动。省文明办志愿服务处处长李仕民，市文明办主任、长沙志愿者联合会副会长郑力虎，市文明办志愿者工作指导处处长袁军，区委常委、宣传部部长何托林陪同考察。

（刘伊祉）

【李玉文到廖家湾社区交流】 2015年4月14日，台湾中华工商业联合会理事长李玉文率南台湾民众参访团到侯家塘街道廖家湾社区开展两岸交流活动。参访团参观道德时光隧道、“雷锋号”志愿者工作站、鲁爷爷爱心室、孟妈妈青护园等特色服务阵地，雨花区委统战部部长冯聪龙热烈欢迎南台湾民众参访团到访雨花区，介绍雨花区历史、文化、经济和社会事业的有关情况，希望两地加强交流，共谋发展。社区负责人从社区基本情况、志愿服务工作以及与台湾同胞的交往3个方面进行详细介绍。李玉文介绍台湾风土人情，分享志愿服务工作经验和体会，并诚邀祖国同胞参访台湾，进一步加深两岸同胞感情，共享发展经验成果。湖南省台办副巡视员罗爱民表示，社区建设不仅需要政府、志愿团队等多方支持，更要内外协作，要积极利用“政府引导+居民自治”的方式，团结各方力量建设和谐家园。省台办交往处彭开春，市台办副主任王劲峰、市台办交流交往处处长欧阳鹏陪同交流。

（刘伊祉）

湘台民众交流

【张湘涛调研侯家塘街道宣传阵地建设】 2015年4月29日，长沙市委常委、宣传部部长张湘涛，市委宣传部副部长、文明办主任郑力虎一行到侯家塘街道调研社会主义核心价值观主题宣传阵地建设情况。查看侯家塘法治广场法治宣传栏、法律氧吧，查看廖家湾社区崇德广场效果图、“善做魂”核心价值观主题展板，实地查看韶山路社区“邻里坊”五吧一园阵地，详细了解侯家塘社区“法为本”主题广场及廖家湾社区“善做魂”、韶山路社区“孝当先”等核心价值观主题社区建设情况。听取侯家塘街道工委书记向星汇报宣传思想文化工作。张湘涛对侯家塘街道精神文明建设工作给予高度评价。区委常委、宣传部长何托林，区委宣传部副部长、文明办主任谢国文全程陪同。（刘伊祉）

【叶剑辉考察社区统战工作】 2015年5月7日，浙江省宁波市委统战部常务副部长叶剑辉等到侯家塘街道廖家湾社区考察社区统战工作。市委统战部副调研员刘清广、政策理论研究室主任鲁海文、副主任蒋耀明、区委统战部常务副部长邹开其、副部长程缅、侯家塘街道工委委员周彬参加。考察组参观社区“雷锋号”志愿者工作站、“侨之家”鲁爷爷工作室和孟妈妈青护园等特色服务阵地，翻阅统战工作台账、大记事、网站等相关资料，听取社区志愿服务、统战等工作情况介绍，详细了解同心工作站工作制度、统战工作对象类别、驻点统战人士开展服务群众工作等工作情况，并与金牌义工鲁遐龄和“全国最美志愿者”孟繁英进行亲切交流。叶剑辉表示，廖家湾社区统战工作内容丰富，方法载

体活，特色亮点多，为开展好新形势下统战工作提供了有益的借鉴。（刘伊祉）

【长沙市委组织部调研党建工作】 2015年5月12日，长沙市委组织部组织指导处副处长周煜人、党员教育中心主任科员王圣民等到侯家塘街道廖家湾社区调研党员示范培训实践基地建设工作。区委组织部常务副部长、区基层办主任王青春、街道党工委副书记蒋多利陪同调研。调研组参观廖家湾社区“雷锋号”志愿者工作站、孟妈妈青护园、鲁爷爷爱心室、“先锋自助爱心吧”等服务阵地，观看社区党总支关于党员教育管理“345”工作法的专题短片，并听取社区党总支书记刘映先关于社区关于党员示范培训实践基地建设工作的汇报。周煜人对社区党建工作给予充分肯定，表示社区充分发挥和调动辖区内党员的主动性和积极性，搭建“雷锋e超市”、街坊仲裁庭等特色载体，享誉全国孟妈妈青护园、鲁爷爷爱心室等社会组织具备专业社工的独特优势和以党员志愿者的核心引领，成为社区的左臂右膀，为社区提供精细化、个性化、多元化的服务，充分发挥了党员示范效应。（刘伊祉）

【第二届“520邻里节”】 2015年5月20日，侯家塘街道举办韶山路社区第二届“520邻里节”活动。两百余名居民群众相聚一起，共度邻里节，共话邻里情。区政协主席李电晖、副主席康长萍，区民政局局长周敏，区妇联主席郑迎春，区统战部副部长、工商联党组书记程缅，侯家塘街道工委书记向星等出席活动。活动现场设置邻里点赞、绿色社区、心愿认领和风采展示四个活动版块。由候选居民讲述家庭和美故事，居民通过现场“点赞”评选出孝老爱亲、夫妻和睦、邻里和谐、热心公益、学习进取、绿色环保6个“和美家庭”。设置“以旧换绿”台，居民纷纷通过废旧衣物换绿色植物种子与花盆的形式，践行节能环保、低碳生活。社区以OTO（线上线下）形式，将居民微心愿晒出来，爱心人士可随时进行认领和服务。社区培育发展的摄影协会、老年人健身协会、广场舞协会、书画协会、棋牌协会等5个社会组织和辛巴早教、康乃馨养老医疗机构等6个志愿团队，均通过设置便民服务台的方式，现场招募协会组织会员，并为居民群众提供免费摄影、书画作品赠送、广场舞表演、亲子早教、法律维权等特色服务，使“党群一家亲，邻里一家人”的理念融入每家每户。（刘伊祉）

【驻湘全国人大代表调研社区治理创新工作】 2015年8月5日，十二届全国人大代表长沙小组到侯家塘街道韶山路社区，就“新形势下社区治理机制体制创新研究”进行专题调研。省核工业地质局局长陈书山，副局长罗年、刘向明，办公室主任雷振中，市民政局局长丁文，雨花区区委书记邱继兴，雨花区人大常委会主任龚景顺，雨花区人民政府副区长陈怀宇，区民政局局长周敏，侯家塘街道工委书记向星，工委副书记、办事处主任石远康等全程参加。调研组一行实地参观社区“邻里坊”综合服务中心、“桑榆舒苑”日间照料中心、“怡梦轩”社会组织党组织双孵化基地，详细了解社区基础建设、服务阵地打造、惠民政策落实、社区社会组织建设等工作情况，对社区紧贴居民群众需求，采取行政推动、政策引导、公益创投等方式，有针对性地提供高效服务给予充分肯定；对社区深化服务形式，通过“外引＋内培”扩大社区社会组织影响，实现社区从二元到多元管理的升级，不断夯实服务基础，搭建多元服务平台，全方面为社区居民提供服务给予极力好评。（刘伊祉）

【台北市长沙同乡会访问廖家湾社区】 2015年10月14日，台北市长沙同乡会参访团到访侯家塘街道廖家湾社区，雨花区委常委、组织部部长、统战部长冯聪龙，雨花区台办主任唐荣欢、雨花区台办副主任刘娟、侯家塘街道工委书记向星、侯家塘街道工委副书记蒋多利等陪同。台北市长沙同乡会参访团一行参观社区楼栋文化建设阵地、道德时光隧道、社区志愿者广场、雷锋号志愿者工作站、孟妈妈青护园、鲁爷爷爱心室等特色工作阵地，看到红红火火的志愿服务活动，干净整洁的社区环境，居民和美幸福的生活，参访团赞不绝口。随后进行座谈，侯家塘街道工委书记向星致辞，对台湾同胞的到来表示最热烈的欢迎。廖家湾社区书记、主任刘映先向与会人员做社区涉台教育工作汇报，介绍雨花区对台工作情况。双方就社区工作、志愿服务、社工服务等工作进行深入地沟通和交流。

（刘伊祉）

【民政部考察雨花区社区建设】 2015年12月1日，民政部基层政权和社区建设司司长徐立率考察团到侯家塘街道韶山路社区调研社区治理和服务创新工作，省民政部基层政权和社区建设司副司长刘勇、省民政厅厅长段林毅，长沙市副市长陈中，雨花区区委书记邱继兴，区民政局、侯家塘街道、韶山路社区领导全程参与。徐立一行实地参观社区“怡梦轩”社会组织党组织双孵化基地，详细了解社区基础设施建设、便民服务开展情况、社会组织管理创新工作运行情况及“三社联动”社区发展工作新模式。随后，参观了“桑榆舒苑”日间照料中心的“四室一中心”，以及“邻里坊”综合服务中心“五吧一园一文化长廊”，对韶山路社区治理和服务创新工作给予高度评价。（刘伊祉）

砂子塘街道

【概况】 砂子塘街道地处雨花区东塘东南角，处于城市繁华中心。街道行政机关编制16名（其中领导职数9名），后勤服务人员1名。二级事业单位事业编制核定36名，其中：公共服务中心（政务服务中心）9名；综合文化服务中心6名；安全监督管理中心8名；计划生育服务所3名；征收安置服务中心8名；人民来访接待暨矛盾纠纷调处中心2名。辖区内有曙光南路、韶山南路、劳动东路、新建东路、砂子塘路“三横二纵”五条主次干道，长沙卷烟厂、沃尔玛、友谊商场、中医学院、万博汇、顺天财富、潇影集团、阳光锦城、通程电器、国美电器等近百家单位驻街。街道辖8个社区，内设党

砂子塘街道外景

政综合办公室（纪检监察室）、经济发展办公室（统计站）、社会事务办公室、社会管理综合治理办公室、城市管理办公室、人口与计划生育办公室、财政所（“三资”监管服务中心、审计站）；下设公共服务中心（政务服务中心）、综合文化服务中心、安全监督管理中心、计划生育服务所、征收安置服务中心、人民来访接待暨矛盾纠纷调处中心6个二级事业单位；司法所派驻。辖区面积2.6平方千米，常住人口6万余人，流动人口1万余人。2015年，在职在岗人员77名，其中行政编制人员13人，挂职1人，事业编制人员24名，区引进人才人员3名；雇员36人，离退休1人。街治设雨花区曙光南路1号。

2015年，砂子塘街道获得“湖南省安全生产示范街道”“湖南省规范化司法所”“长沙市城市管理示范街道”“长沙市平安街道”“长沙市社会管理综合治理先进街道”等称号。金地社区获“全国充分就业社区”，梨子山社区获“湖南省充分就业社区”称号。（琚　涛　黄金山）

【街域经济】 2015年，砂子塘街道完成财政总收入9.13亿元，完成社会固定资产投资37.7亿元，完成全社会消费品零售额49.08亿元。街道协同地税局进行逐一走访街区重点税源单位，开展综合治税收工作专项摸底清查，查清家底、协税护税，确保税收入库。街道统计站被评为市级二级示范类统计站，成功迎接省市统计系统现场观摩调研。万博汇三期、友谊公寓、楚城东塘一号、潇影大厦等5

个产业项目纳入雨花区“三定三抓”活动项目，街道“三定三抓”项目共4个。万博汇三期2万平方米商业裙楼封顶进行外墙装饰，写字楼主体工程建设第16层；友谊公寓主体工程建设完工，外墙装饰施工手续报建；泰禹国际写字楼主体工程建设第15层；拿铁空间项目进行基坑、护壁及地下室施工。棚改项目有序进行，9月9日，长电宿舍、食品一厂宿舍两个地块发布第五公告，启动签约工作，完成签约266户，签约率60%以上，工作进度在全区名列前茅。街道创新实施“个案分析、包户销案”的工作方法，通过联络优质团购房源、二手房源，做好住保政策解答服务等解决征收对象后顾之忧。利用社区广播正面发声占领征收舆论主战场，借助拆除之势、围挡之势，形成浓厚的征收氛围。协同户籍民警、党员群众等多方力量，及时化解矛盾危机，促进签约工作稳步强势推进。劳动路跨京广铁路桥改造项目基本完成项目内房屋征收腾地工作，洞井路、曙光路（延伸线）完成涉及范围内所有土地及建筑物的初步摸底。街道引进潇湘影视广播电台、潇湘电影频道、潇湘电影投资有限公司、潇湘印象（湖南）传媒有限公司、飞鹰广告设计有限公司、明珠旅游广告策划有限公司、长沙潇影电影城有限公司等文化企业7家。其中长沙潇影电影城有限公司投资2000万元以上。（吴学智　琚　涛）

【社会事业】 2015年，砂子塘街道投入100万元，打造占地面积600余平方米的社会组织实践园，成功引进砂家帮志愿者协会、孝为先、阳光天使等8家社会组织入驻，在辖区开展为老、助残、关爱失独家庭、扶贫帮困等公益服务。落实《雨花区全国社区治理和服务创新试验区实验方案》要求，全面做好社会管理信息化服务试点工作，推行政务服务“一口式”受理，办理各类事项5621项，群众办事时间平均缩短50%，满意率大大提升。率先探索网格化管理模式，打造网格化管理云指挥中心，开发升级智慧社区云管理平台，实施AB岗人事改革，社区工作人员下沉到网格，配齐“一长五员”，配备手持终端设备，强化基层管理，畅通群众服务“最后一公里”。（吴学智）

【综合治理】 2015年，砂子塘街道做好“9·3”阅兵、“九一八”等重大特护期间安全稳定工作，实现特护期零进京、零非访的工作目标。开展“平安夜话”“五零”竞赛活动、平安家庭创建工作、“红袖章”工程和“巡防积分、快乐享兑”活动。群众维权工作站接待来访180人，调解各类民间纠纷53起，解决困扰王家冲32栋居民20余年的房产证、湘银公寓施工与周边群众矛盾等问题7件，全街刑事发案相比下降9%。开展安全检查35批次，排查生产经营单位1050家，发现隐患120处，现场整改105处，下发整改通知书15份。积极探索社会风险分级分类管理机制，依托网格化管理模式以金地、茶园坡社区为试点，建立分级分类管理基础数据库，完成“省级安全示范街道创建”验收工作。（吴学智）

【基层党建】 2015年，砂子塘街道推广“一议两评三激励”党建特色项目，成功申报“区组织工作创新奖”。更新“大工委”成员，召开季度联席会议，实现“大事共议、要事共决、信息共用、资源共享”。组织“寻找最美砂子塘人”评选、“微心愿”征集系列活动，坚持“大浪淘砂”工作点评，举办作风建设大会。依托网格化管理系统，探索智慧党建建设，街道作为雨花区唯一现场观摩点，成功迎接区社区党建和社区建设暨季度党建工作推进会现场观摩。致力于打造“金地精品社区”，完成社区阵地改造和装修，启动文化氛围和视频监控建设，试点双联双执模式。以野坡社区为试点，探索“一议两评三激励”楼栋支部工作法，构建支部建设长效机制。（吴学智）

【端午节活动】 2015年6月19日，砂子塘街道联合长沙县青山铺镇，以践行党的群众路线为抓手，以“我们的节日”为主题，以“弘扬中华民族优秀传统文化，宣传社会主义核心价值观，培养爱国主义情操”为目的。以“端午”佳节为契机，开展“情

系中国梦 传承爱国情”端午活动，通过“互助共建”方式，创新开展跨区域群众文化交流活动，整合草根文艺志愿服务团队力量，发掘和引入群众喜闻乐见的本土传统文艺节目，营造富于传统文化特色的浓厚节日氛围。活动分“传承文化、传播文明、传递幸福”三个篇章进行。长沙市文明办副主任杨立平，长沙市创建督查综合组组长雷幸生参加活动。

（杨　军）

【程水泉到砂子塘调研】 2015年11月11日，长沙市委常委、组织部部长程水泉一行，考察砂子塘街道金地社区、雨花区社会组织孵化中心和砂子塘街道网格化云指挥服务中心，调研社区党建和社区治理工作召开专题座谈会，听取砂子塘、东塘、左家塘和侯家塘街道党工委书记和部分社区党组织书记实践体会发言。区领导邱继兴、张能峰、冯聪龙等陪同。（杨　军）

【民政部到砂子塘观摩调研】 2015年12月1日下午，民政部基层政权司司长徐立率全国社区治理与服务能力提升培训班全体学员到砂子塘街道实地观摩考察社区治理与服务创新工作。观看政务服务中心社会事务“一口受理、协调办理”工作简介，了解窗口“一口式”受理的全部过程，在自助查询平台上了解居民办事流程。参观街道云智慧指挥中心，详细了解网格化管理调度模式；实地查看金地社区治理与服务创新宣传栏、现场观摩社会事务一口办理流程、查看社区服务阵地各功能室配置情况。在观摩中，徐立肯定街道社区治理成效好，社会组织发展好、生命力强，具有代表性。（杨　军）

东塘街道

【概况】 东塘街道地处东塘广场西南角，四周韶山路、劳动路、芙蓉路、二环线环绕，新建西路、雨花路贯穿其中，三纵四横的路网格局初步形成，交通便利。2015年，辖区总面积2.4平方千米，常住人口4万余人，流动人口1万余人，辖牛婆塘、枫树山、新雨、七里庙、芙蓉南路、东塘、省人大、政院、华银园、浦沅10个社区居委会。街道内设党政综合办公室、经济发展办公室、社会事务办公室、社会管理综治治理办公室、城市管理办公室、人口与计划生育办公室、财政所，设公共服务中心（政务服务中心）、综合文化服务中心、安全监督管理中心、征收安置服务中心、计划生育服务所、人民来访接待暨矛盾纠纷调处中心6个二级事业单位，建有共青团街道工作委员会、工会、妇女联合会等群众团体。街道行政编制数16个，事业编制数36个；在职在岗42人（不包含随军家属、引进人才、两保人员、街道雇员），退休干部数16个，离休干部数1个。机关党支部党员41名。街治设雨花区新建西路188号。

2015年，东塘塘街道以“三市、三倍”、“六个走在前列”为工作指引，围绕区“五化五新”战略部署，树立“领跑雨花，争做标杆”工作目标，突出“树五面旗帜，创东塘精品”工作主题，凝心聚力，务实进取，改革创新，街域经济社会实现平稳健康发展。1月，被民政部授牌为“全国和谐社区建设示范街道”。获省、市、区无偿献血先进单位，市、区计生工作“模范街道”荣誉称号，市级反邪教示范街道，市级安全生产标准化安监站，全市城市管理“十佳街道”“城管示范街道”，区三好政协联络处，市级荣誉。（肖　嘉）

【街域经济】 2015年，东塘街道完成税收收入63663万元，为年任务的97.12%，增速20.1%，其中地税完成36500万元，国税完成23050万元，其他征收部门完成3850万元；完成固定资产投资38.9亿元，为年任务的101%，其中生产性服务业投资完成306761万元，为年任务的177%；完成社会零售消费品销售总额（限上）230540万元，较上年增长7.64%。完成规模工业总产值13000万元，较上年增长13%。完成外贸进出口总额730万美元，为年任务的100%，实际完成市外境内固定资产投资完成15.62亿元，为年任务的120%。实际到位外资完成4932万美元，为年任务的107%。华狮棚改项目一期除因被法院冻结的2栋外完成拆迁腾地；二期发布3号公告，筹备发布4号公告。长城信息棚改项目244户已签约231户，签约率94.7%。地铁三号线东塘站项目征收工作全部完成，拆除所有房屋并腾地。高铁片区东旭国际项目拆违96%，签约90%，拆房80%。中机八院项目一期东院办公区入驻办公，二期补偿协议486户，剩余1户未签，拆除私房11栋。长沙建鸿达威斯汀酒店进行地基与地下层建设。六都国际三期进行主体施工。芙蓉南路小学完成基坑施工与主体招投标，启动主体建设。培育全区第一栋税收超两亿元楼宇商会大厦，中机、神农、大华3栋税收超千万商务楼以及专业服务业示范楼宇新芙蓉之都鑫融国际写字楼。都邦财产保险湖南分公司、平安保险代理有限公司湖南分公司、天安财险湖南分公司、湖南有限广安广电网络发展有限公司、西南证券湖南分公司、湖南房友圈网络科技有限公司等重点企业10余家驻街。（肖　嘉）

【社会事业】　2015年，东塘街道超额完成为民办实事各项指标。投入4万余元，配齐配强社区硬件，提质社区政务中心功能设置，推动公共服务综合信息平台全面运行，形成试点效应。12345市民热线60件处理到位，态度满意率100%。培育或引进政院社区老首长工作室、牛婆塘社区金牌帮女郎、枫树山社区培源社工等64个社会组织，注册7个、备案53个，提质社区建设服务。举办“请让我来帮助你”社会组织公益巡展、“心怀感恩，与爱同行”等活动，“中国文明网”、《湖南日报》等媒体广泛报道。枫树山社区居家养老工作受到市委书记易炼红肯定。芙蓉南路社区康怡养老院评为“省居家养老服务示范点”。芙蓉南路、牛婆塘与枫树山，新雨与政院，浦沅社区分别评为市残疾人工作“示范”“五星”“四星”社区。申报、审核、落实社区惠民资金项目23个，金额近150万元。与“建发·中央公园”签订七里庙社区办公阵地配套协议，牛婆塘社区新办公阵地施工有序开展，政院社区居

政情通报会

家养老中心纳入社区提质改造工程整体规划。监督指导长城非常生活小区、湖南工院小区首届业委会成功选举。推进鑫宇翠庭、湖南工院、浦沅小区、中江国际花城物业管理改革试点。完成三重星都心、中江国际花城、长城非常生活、城市快线、融橙上品等小区物业维修基金使用竣工验收。街道评为“全国和谐社区建设示范街道”，牛婆塘、政院社区评为“全国和谐社区建设示范社区”。推动公共卫生服务均等化，整合医疗资源，为居民群众开展义诊、家庭医生、健康咨询等各项服务，全面推进卫计融合，卫计基础数据统计准确率100%，其中符合政策生育率97.8%，男女性别比100 ∶ 87。与资兴东江街道、湘乡龙洞镇、慈利零阳镇签订流动人口区域协作协议，扩大区域协助服务；打造政院社区近1000平方米“市新家庭文化屋”，并创建为省卫计委文化宣教阵地，均被《中国人口报》报道。针对早教期、青春期、新婚期、哺乳期和更年期不同时期服务需求，构建“关爱人生五期”全程化服务体系，省幸福人家网专题推介。推出“健康直通车”活动，定期开展活动，宣传发布健康小知识，提升全民健康素养。开展“5280邂逅爱情，寻爱第六都”青年联谊沙龙等活动，促进家庭幸福。推行“社区＋社会组织＋社工”三社联动模式，成立社区早教服务基地、心晨青少年心理服务中心，与省慈善总会、社会组织联办“今生有约，让爱延续”关爱“失独家庭”等公益活动，社会反响巨大。献血任务385人，超额15人，评为市、区无偿献血组织

工作先进单位。东塘、政院社区评为“市红十字会示范单位”。注重常态化创建，认真落实全国文明城市建设和未成年人思想道德建设各项指标任务，创建工作亮点特色突出，市民文明程度不断提高。举办长沙市“学身边雷锋，扬文明新风”社区网络春晚、开展“大美东塘”摄影大赛、“联盟学雷锋，点亮微心愿”“我们的节日·重阳——诗词歌赋楹联颂，最美不过夕阳红”等活动，被中国文明网、央视新闻频道等媒体报道。以读书日、感恩节等为契机，开展“诵读经典，我的梦”讲故事比赛等校园文化进社区系列活动，促进青少年健康成长。政院、东塘社区复评“市文明社区”，政院社区评为“市先进市民学校”。浦沅社区杨志伟家庭评为“市文明五好家庭”。深入践行社会主义核心价值观，打造牛婆塘“和为贵”、枫树山“孝为先”等主题文化社区，其做法在《长沙宣传》推介。评选推介践行核心价值观“先锋人物”，社会文明风气日渐浓厚。省人大社区被评为“全国首届敬老志愿服务模范单位”。深入实施“十分钟读书圈”、社区“小喇叭”工程，群众文化日益活跃。一季度文明指数测评街道排名全市第一。广泛发动辖区党团、工会、妇联组织等深入开展志愿服务活动，形成“锋蜜帮帮团”“青枫义工”等志愿服务品牌。政院社区评为市“五好”离退休干部党支部。浦沅社区成功创建“市妇女之家”反家暴工作示范点。牛婆塘社区评为“省两型建设示范社区”“市级同心社区”，新雨社区评为“市两型创建单位”。以争创全国社区教育示范街道为契机，浓厚全民终身学习氛围。充分发挥“两代表一委员”资源优势，开展“红色陪伴助残行，委员圆梦微心愿”等活动，服务居民群众。街道政协评为“区三好政协联络处”，政院社区政协委员工作室评为“区十佳委员工作室”。

（肖　嘉）

【综合治理】 2015年，东塘街道持续推行综治工作“项目化治理”，实施“治安巡防、安全巡查、矛盾巡诊、法治巡讲、消防巡练、文化巡演”“六巡工程”。依托《法治东塘》刊物、“法治在线”服务、“红袖章”工程等举措深化平安法治街区建设。司法调解案件157件，成功率100%。成功调处重特大医疗纠纷12起、群体矛盾纠纷7起，无一起纠纷激化演变成重大群体性事件。各大特护期，重点对象成功稳控，实现上访零进京。定期开展打击“黄赌毒”违法犯罪及校园周边环境整治专项行动，净化治安环境。国防科大人文与社会科学学院、省二医院、长城信息公司雨花路161号大院整合开发领导小组办公室等单位在治安宣传、矛盾纠纷调解中发挥积极作用，群防群治作用发挥明显。浦沅社区连续4个月实现“零发案”，“老口子义务巡防队”“老首长义务巡防队”事迹被《法治日报》等报道。芙蓉南路社区“杨阳老兵之家”积极参与综合治理，有效化解涉军信访问题，彰显正能量。“五零”竞赛多次名列前茅，上半年市综治民调全区第一。华银园社区评为“全国民主法治示范社区”，浦沅、省人大社区评为“市平安社区”。“麓山枫”社工服务中心参与社会治理经验做法全区推介。打造“青年民兵之家”，武装工作经验全区推广，被湖南教育电视台等媒体报道。成功创建“市级无邪教示范街道”。落实领导干部带队检查安全生产制度，强化“党政同责，一岗双责”，与部门、社区、单位和企业签订消防、安全生产责任状和承诺书1400余份，与社区、大办签订安全生产目标管理责任书40余份，责任层层落实到位。发放安全宣传单5万余份、《安全生产知识手册》5000份。消防应急演习覆盖辖区30家单位，育新小学消防应急救援演练被《长沙晚报》、《红网》和省市安监网站报道并录入省局宣教片。大华宾馆、神农酒店、省工业职院、浦沅集团南区管理室等单位高度重视安全生产，保障一方安全。联合多部门开展“打非治违”“九打九治”等专项行动，确保辖区无非法经营。排查整改较大安全隐患13起，取缔关闭经营场所1家。企业隐患上报率、整改率100%。街道安监中心成功创建市级标准化安监站。新一佳超市、志诚汽修厂、金盆物业成功创建三级以上标准化企业。狠抓行业整治，切实开展“五小整治”“冬季食品安全排查”行动，加强药品经营企业协管，

确保辖区食品药品安全。（肖　嘉）

【城建城管】 2015年，东塘街道推行“网格化、一体化、人性化、社会化”理念，打造“精细型、智慧型、阳光型、全民型”新城管。投入60余万元，打造“东塘智慧城管网络监控指挥中心”，建设3个多功能城管执勤室，整合优化街道城管、执法中队、环卫所三方力量，试行环卫外包，实现全天候巡查，全天候处置，一体化调度，有效处置数字化案卷8000余条，《湖南日报》《长沙晚报》等媒体广泛报道。开展阳光门店评比，成立城市管理协会、门店自治协会等自治型社会组织，打造“城管百科全说”文化墙，践行人性化执法。拆除违章搭建13520平方米，做到了辖区内违章基本清零。1月、4月、9月区城管工作月度考核第一，11月3日，全市“城市管理示范街道”创建工作现场观摩会在街道召开，市区两级与会领导对智慧城管给予高度评价。全年被评为全市城市管理“十佳街道”。全面提质街区环境，新增绿化面积0.546公顷，超额完成任务。牛婆塘、政院社区提质改造以及浦沅、枫树山、七里庙社区户表改造有序推进。枫树山、牛婆塘、新雨、芙蓉南路社区纳入化粪池改造工程。街道管理的部分社区和小巷环卫清扫服务外包工作顺利完成。针对校园周边和重要节点，开展食品安全集中整治行动30余次，严格保障食品安全。未发生一起食品安全责任事故。组织市容环境、经营秩序整治行动50余次，收缴流动摊担300多个，整顿店外经营400余起，清理乱涂乱贴乱挂牛皮癣4000余处，清除堆物700余处，路面修复3000平方米，绿化补损500余平方米，市政补损400余处。督促辖区门店及专业公司科学投药，加强监管，辖区环境综合治理成效显著。红十字会工作创出品牌，连续第五年被评为“全市无偿献血工作先进单位”。注重常态化创建，认真落实全国文明城市建设和未成年人思想道德建设各项指标任务，创建工作亮点特色突出，市民文明程度不断提高。组织100余名环保志愿者共同发起环保“快闪”活动使环保得到有效推广；街道获全省新《环保法》知识竞赛，最佳组织奖。迎接“6·5”世界环境保护日，缔造环保地标共建最美社区。不定期巡查辖区环境，开展四季“三灭”行动，举办“全民参与爱国卫生，共建共享健康东塘”“美丽中国梦，禁烟我先行”等活动，爱国卫生深入人心。（肖　嘉）

东塘街道智慧城管指挥中心

【基层党建】 2015年，东塘街道制定出台切实推进全面从严治党“1+5”系列文件，大力实施“二三二”工程，《长沙组工通讯》专题推介。开展片区“党课超市”讲座5次、党建业务培训4次、非公和社会组织党组织书记普遍轮训3次，经常性组织党员远教学习，严格督促落实组织生活，创新推行党员分类管理积分考核、“五议五评两公开”民主评议、“5+2”不合格党员处置等举措，初步认定不合格党员8人。其中党员分类管理积分考核经验做法被《湘组研究》专版推介。980名直管党员、1215名在职党员、48名两代表一委员和20余个志愿团队整合进52个网格，“5280”组团式服务覆盖上万人。开展社区“组织工作创新奖”评选，涌现“先锋陪伴”等10余特色项目。政院社区列入“市党员干部示范培训实践基地”。在高铁片区成立东旭国际项目拆迁工作组临时党支部，在社会组织“老首长工作室”成立党支部，党员争当先锋助发展。各非公企业党组织广泛开展“八个一”“双进四联”等活动，银旺、盈科支部争创“五星级非公党组织”，高新支部打造“先锋党组织品牌”。政院社区评为市“五好”离退休干部党支部。践行“三严三实”，深入落实“民意快线”工程，开展“一进二访”“与群众交朋友、帮基层解难题”“万卷问民心——民情大走访”“访民情、解民忧、聚民心”等活动。全街184名党员、干部联系社区群众204户，走访816户次，收集民生问题需求224个、意见建议600余条，办结率100%。深入实施“东塘百事通”工程，短信平台收录4万余人信息，覆盖80%，发送服务短信达200万条人次，微信公众平台发送信息2240条，浏览32万余人次，有效畅通社情民意，做法入编《长沙市基层服务型党组织建设典型案例50例汇编》；全面推行“社区陪伴”全程式服务，将全街549名党群志愿者与141名居民结成陪伴对子，开展服务700余人次，在《长沙通讯》推介。推行“青蓝”工程，将街道党政班子成员、大办主任与机关、社区青年党员干部，以“1+1”“1+2”的形式，结成23对帮扶对子，通过开展一次谈心、一次读书、一次调研、一次社交、一次参观“五个一”活动，激发干部干事创业的积极性。开展“强素质，增活力，优服务”系列培训活动，举办青年干部座谈沙龙，开展调研成果评比，提高干部队伍综合素质。公开竞聘提拔中层干部4人，招考社区工作人员6人，1人考录公务员，35人考取社工证，基层队伍结构进一步优化。健全民主集中制，严格监督执行“三重一大”集体决策、民主生活会、重大事项报告等制度。打造政院社区“清廉社”廉政教育警示基地，开展廉政书画展、廉政诗词创作等形式多样的群众廉政文化活动，邀请省、市委党校教授开展《条例》、《准则》解读讲座，并实现百事通微信平台参学、手机短信参学、网络远程参学，全街上下勤廉氛围日益浓厚。与区检察院结对共建，通过街道工委与区检察院党组结对、街道机关部门、社区与院科室结对，充分发挥区检察院职能优势，提高依法科学预防职务犯罪水平。以社区网格为单位建立10个区域化廉建点，社区、辖区单位、区检察院三方联动，共同发挥廉政宣教、民主监督、参谋咨询、评议评价、桥梁纽带作用。该经验做法被湖南卫视等报道。深化社区党风民情观测站建设，创新推行“廉政义工＋社工”监督模式，提升群众监督水平，实现依法有效监督。狠抓案件查办，通过明察暗访、扩大群众监督等方式，多渠道发现案源，加强与公安系统联动，形成办案合力，提高办案质量和执纪水平。 （肖　嘉）

【中联重科工程起重机分公司计生关系移交】 2015年1月6日，中联重科工程起重机分公司810名职工及家属计生关系正式移交到长沙县泉塘街道泉盛社区。长沙县计生局、泉塘街道、东塘街道、中联重科总公司等相关单位负责人参加移交会议。会议由泉塘街道计生办主任熊岚主持。中联重科总公司代表戴灿介绍中联重科工程起重机分公司的职工、育龄妇女人数以及现有计生关系的归属情况。东塘街道计生办主任黄志泉通报工程起重机分公司在管辖范围内的计生工作开展及育龄妇女管理情况。长沙县计生局副局长杨军肯定移交工作，她指出，中联重科工程起重机分公司从2010年搬迁到长沙县泉塘街道后，其计生关系一直还由原归属地雨花区东塘街道浦沅社区管理，由于没有及时将职工、家属的计生档案移交到属地街道管理，不但给职工办理生育证、独生子女证带来很大的麻烦，也加大基层计生人员的工作量和工作难度，让双方的工作都很被动。自2014年7月31日移交工作正式纳入工作议程以来，雨花区计生局、长沙县计生局正确指导，东塘街道计生办、泉塘街道计生办高度重视，浦沅社区、泉盛社区积极配合，移交工作圆满完成，为中联重科工程起重机分公司计生工作的顺利开展奠定坚实基础。 （肖　嘉）

【全区武装工作观摩交流会】 2015年3月19日，雨花区武装工作观摩交流会在东塘街道召开。区武装部部长宋尊德、政委罗永垂等领导出席会议。各街道（镇）武装部部长、副部长（专干）等60人参加会议。与会人员实地参观东塘街道芙蓉南路社区“杨阳老兵之家”、东塘街道政院社区军地共建打造的国防教育基地。宋尊德高度评价“杨阳老兵之家”在传递正能量上所做的贡献，肯定政院社区军地共建打造的国防教育基地的规范化、特色化，做法和经验值得全区学习和借鉴。区人武部副部长温利锋宣读《民兵整组检查督导情况》通报，宋尊德认为东塘街道的武装工作做到了“五个统一”及“四个有”，要求：进一步提高认识，深入推进全民国防教育的普及发展；进一步提高质量，加强业务学习，高标准、高质量完成各项工作任务；进一步提高基层武装工作地位，做到有为有位。（肖　嘉）

【广州军区调研雨花区双拥工作】 2015年11月11日，广州军区转业办主任卢坚大校、政治部群工处处长刘文宁上校一行调研雨花区双拥模范建设工作，到社区对进行了。工作组参观东塘街道政院社区国防教育室、双拥公园、社会组织“老首长工作室”活动站室，听取社区书记吴萍关于双拥工作的情况介绍，听取“老首长工作室”执行主任彭忠秋介绍社区离退休老干部参与社区建设的情况。任卢坚充分肯定政院社区军地融合工作，社区把双拥工作作为服务军队建设、巩固军政军民团结的大事来抓，整合社区部队资源，创新工作方法和举措，谱写了军政军民鱼水情、一家亲的新篇章。希望社区继续打造好双拥工作平台，着力做好辖区部队服务和离退休老干部文化养老工作。湖南省军区、长沙市警备区政治部、雨花区民政局、东塘街道等相关负责人陪同。（肖　嘉）

【“老首长工作室”党支部】 2015年，东塘街道探索社会组织党组织规范化建设，建立完善“三会一课”、民主评议党员、专题组织生活会等党内基本制度，努力把党的活动融入社会组织活动全过程，推动党建工作与社会组织良性互动、共赢发展，开创社会组织党建工作新局面。探索在社会组织中建立党组织，7月9日，东塘街道成立“老首长工作室”党支部，为社区和谐建设注入了强大的红色力量。老首长工作室党员51名，成立党支部能更有效加强党员的属地管理，发挥老同志党性强、服务意识强的特点。支部党员学养深厚、各有专长，他们担当顾问，成立新潮流书画院、新气象影像社、新时尚大讲堂、新风格创作室、新境界艺术团、新风采歌舞队6支服务队伍，深入社区、辖区单位、中小学校开展巡讲、巡展、巡演活动，架起居民与社区，党员与群众间沟通联系的桥梁，被评为“长沙市离退休干部先进集体”。“老首长工作室”党支部作为全街第一家社会组织党支部，将发挥典型带路、示范引领效应，吸引更多社会组织加入党组织队伍。（肖　嘉）

【街道智慧城管指挥中心】 2015年11月3日，长沙城管示范街道创建调度会在雨花区召开，该区东塘街道推出的长沙首个街道智慧城管指挥中心亮相，作为先进经验在全市推广。东塘街道2.4平方千米的范围内，130余个高清监控摄像头盯防主次干道和广场、工地、菜市场，占道摆摊、乱扔垃圾一露头就会被发现，指挥中心将现场截图连同GPS定位地址，智慧城管微信平台将通知最近的执法分队进行执法。东塘街道以数字化视频监控系统为依托，推出覆盖全街的智慧城管指挥中心，实现全天候巡查、全天候处置、一体化调度。街道整合平安城市系统原有60余个监控摄像头，新增70余高清摄像头，移动巡逻车安装360度旋转摄像头全天分3个时段进行地毯式排查，每次2小时。摄像头和移动巡逻车联网并轨，24小时监控辖区环卫、秩序状况。监控发现哪有问题，视频画面即时传送到所属区域的分队队员手机上，迅速执法。（肖　嘉）

【社会保障一卡通】 2015年11月18日，雨花区首台社会保障一卡通自助服务终端在东塘街道东塘社区上线。一卡通终端上设有社会保险、政务咨询、人事人才劳动关系等6个模块的实时服务项目，并实现与长沙劳动保障网、银行实时联接，居民可以用身份证或社会保障卡在终端上实时查询养老、医疗、失业生育等险种的待遇享受发放情况。自助终端上有长沙劳动保障网微信号，可以方便居民查询所有的社会保障政策信息。社区负责人表示，社会保障一卡通自助服务终端，减轻街道、社区、银行等社保经办单位的柜台工作量，免除居民到社保局、银行排长队查询缴费的奔波之苦。此举把社保服务真真实实的推进到老百姓的身边，东塘社区3000多居民将第一时间享受到该便利。（肖　嘉）

【“绿色循环日”】 2015年9月19日，长沙市文明办、雨花区文明委主办，东塘街道、砂子塘街道承办的湖南首个“绿色循环日”暨“绿色湘依”旧物循环利用启动仪式在雨花亭凯德广场举行。活动旨在为社会公众搭建践行绿色环保，参与“两型社会”建设的平台，为公益组织和绿色循环企业发展探索新的模式。启动仪式上，湖南省环保志愿服务联合会代表何建军致欢迎辞，宣布发起湖南首个“绿色循环日”。“绿色湘依”项目负责人陈磊对该项目做介绍。社区、高校、企业组成的志愿服务队代表，向社会发出“践行绿色生活，发起绿色循环日”的倡议。省文明办志愿服务工作处处长李仕铭，省志愿服务组织联合会协调中心主任童延，市委宣传部副部长、文明办主任郑力虎，市文明办副主任丁德喜，区文明办主任谢国文等相关部门领导，社区、高校、企业组成的志愿服务队，以及数百名居民群众参加活动。（肖　嘉）

【社会组织公益巡展】 2015年，东塘街道投资近50万元建设成立“东塘街道社会组织发展扶持中心”，为社会组织提供办公活动场地，购买社会组织提供的公益服务项目，设立专项资金鼓励引进、培育社会组织入驻东塘、服务东塘居民，社会组织在东塘形成“百花齐放，百家争鸣”的良好局面。6月11日，由长沙市文明办、雨花区文明委指导，雨花区文明办、雨花区文明办、雨花区残联主办，东塘街道工委、办事处承办的“请让我来帮助你——长沙市雨花区2015年社会组织公益巡展”活动在东塘国美电器前坪启动。雨花区政协主席李电晖、副主席陈国强，区委宣传部副部长、文明办主任谢国文等出席活动。东塘辖区60余家社会组织首次在居民群众面前集体亮相。为构建“全民齐参与、公益常态化”服务格局，湖南公共频道“帮女郎帮你忙”栏目负责人现场为东塘街道下辖10个社区“帮女郎爱心点”授牌。长沙市红十字会、“金牌帮女郎”工作室为10户困难家庭赠送慰问物资；“绿色湘依爱心捐赠”环节，收集居民带来的闲置的洁净衣物用品，将送达湖南省内需要帮助的贫困地区。9场公益巡展活动陆续在全街范围内铺开。（肖　嘉）

社会组织公益巡展

【内四塘两年拆违三级对接会】 2015年4月28日，雨花区内四塘（雨花区东塘、侯家塘、左家塘、砂子塘合称“内四塘”）两年拆违市、区、街三级对接会在东塘街道召开，长沙市政协副主席、市工商联主席彭继球，市工商联秘书长李俊，雨花区区人大常委会副主任、工商联主席周凌云，区政协副主席罗艳辉，区政府副调研员朱志培以及市政协经科委、区两年拆违指挥部、内四塘相关负责人参加会议，周凌云主持会议。东塘、左家塘、砂子塘、侯家塘街道负责人分别汇报拆违控违工作，区城管局副局长易恒良代表区两年拆违指挥部汇报雨花区拆违控违工作进展情况。雨花经开区党工委副书记、纪工委书记洪健代表内四塘各点长发言，强调要将拆违与改善民生紧密结合。彭继球充分肯定各街道在拆违控违工作中取得的成绩，尤其对东塘街道采取的“三个结合”工作模式（拆迁与控违相结合，以控违为主；拆违与拆迁相结合，以拆迁为主；拆违与提质改造相结合，以提质改造为主）给予高度评价，雨花区要做好借势拆违、依法拆违、科学拆违三方面工作，更好更快推进拆违控违，深化城市环境综合整治，掀起拆违控违工作新高潮。（肖　嘉）

【拆迁工作组临时党支部】　2015年7月12日，东塘街道东旭国际项目拆迁工作组临时党支部在项目指挥部挂牌成立。雨花区委书记邱继兴为临时党支部授牌。东塘街道负责拆迁的东旭国际项目总用地17.95公顷（269.25亩），其中东塘街道项目组需拆除合法建筑50栋、违章7万平方米，涉及合法拆迁对象55人。5月，东塘街道抽调23名街道、社区党员干部支援高铁片区拆迁拆违工作。工作人员仅用20天时间完成东旭国际项目全部入户调查、量房任务，拆除平阳、粟塘违章32处，2.1万余平方米，无一因拆迁拆违引发群体性事件和安全责任事故，高速高质完成阶段性工作任务，创造全新的“东塘速度”，为高铁片区拆迁漂亮开局。因抽调干部属于全脱产拆迁拆违，给组织生活的开展带来一定困难，为加强拆迁党员的教育管理，通过发挥党员先锋模范作用加速推进拆迁拆违工作，东塘街道举行东旭国际项目拆迁工作组临时党支部成立大会，会上选举支部书记1人，支部副书记2人，支部委员2人。指挥部临时党支部与平阳、粟塘社区党支部结成联建对子，通过联席会议、党员专题组织生活、党员结对、志愿者服务、信息员沟通等方式，帮助拆迁户理情绪、算细账、释疑虑、解忧困，把党组织的优势发挥在一线。东塘街道负责拆迁工作指挥长黄金表示，项目要“拆得快、拆得稳、拆得好”，离不开一支业务精、打仗硬的队伍。东塘街道把党支部建在拆迁拆违的第一线，打造拆迁拆违工作的战斗堡垒，成为雨花区拆迁拆违工作中的一个创新之举。（肖　嘉）

【东塘商会换届】　2015年7月31日，雨花区工商联（总商会）东塘分会第三届换届选举大会暨全体会员大会在东塘街道召开。雨花区工商联（总商会）副主席戴鹰，东塘街道工委书记谢国富出席会议。第二届东塘商会会长曾多喜向大会作执委会工作报告，总结东塘商会在组织建设、参政议政、会员服务、光彩事业等多方面取得的成就和不足。会议审议并通过东塘街道商会换届选举办法（草案）。根据大会选举办法，选举产生第三届东塘商会会长、副会长和秘书长。名源堂中医药发展有限公司董事长曾多喜当选为新一届会长，安贞医院董事长游志雄等5人当选为副会长，东塘街道办事处经贸办主任徐安当选为秘书长。雨花区工商联纪检组长胡永谦充分肯定东塘商会的工作成绩，对新当选的领导班子成员表示祝贺，希望东塘商会充分发挥商会执委会的服务职能作用，鼓励会员争做有素质、有责任心的会员，领跑雨花，争做标杆。（肖　嘉）

【东塘华狮棚改项目二期工作会议】　2015年1月4日，东塘街道在华狮棚改项目指挥部会议室召开工作调度会。区委常委、副区长罗予武，区政府副区长王海军，区征收办主任黎顺利，区棚改办主任陈建良，长沙市轨道公司、长沙市红星实业公司、卓然城市房屋咨询公司代表及项目指挥部工作人员参加会议，会议由东塘街道工委书记、华狮项目指挥部指挥长谢国富主持。1月15日，东塘街道华狮棚改项目二期在项目指挥部开展选定评估机构投票，因参与投票数未达到被征收人120户的三分之二，投票无效；根据评估机构选定原则，需采取抽签方式选定评估机构。1月26日，根据法定程序，华狮棚改项目二期抽签选定评估机构。长沙市征收办法规科科长高润石主持抽签选定评估机构活动，市、区征收办相关领导、区公证处工作人员、东塘街道办事处分管副主任、东塘街道华狮棚改项目指挥部工作人员、被征收户代表和7个报名的评估机构参与活动，按照既定动作，通过现场参与被征收户代表抽签，最终湖南新融达房地产评估有限责任公司中签，经雨花区公证处现场公证，成为华狮棚改项目二期评估单位。2月9日，东塘街道发布华狮棚改项目二期二公告（征收补偿方案征求意见稿），张贴公示。街道组织所有征收补偿工作组人员召开征求意见培训会，街道重点办主任匡喜乐详细解释二号公告具体内容。分管重点工程的街道办事处副主任寻伟阳强调，入户必须做到“六个到位”，即人员到位、程序到位、政策解答到位、时间到位、收集情况到位和思想认识到位。街道办事处主任黄金要求工作人员把政策宣讲务必弄清、工作务必重视、入户务必严谨。街道工委书记谢国富围绕项目特殊性、程序特殊性和工作特殊性向所有工作人员阐述入户背景的特殊含义，征收意见征集工作要熟悉掌握政策业务；扎实听取意见，积极做好正面引导；全面掌握情况。街道按照“1+1+1”（一名街道工作人员、一名拆迁公司人员、一名评估公司人员）工作模式入户征求意见。3月11日，东塘街道在华狮棚改项目指挥部召开2015年首次工作调度会。雨花区副区长王海军，区征收办主任黎顺利，长沙市交通轨道集团有限公司副总经理朱利红出席会议，黄金主持会议。街道重点办主任匡喜乐详细汇报工作进展情况，逐一列出被征收户提出的共性问题及工作预安排表；寻伟阳希望社会稳定风险评估尽快启动，评估机构尽快出预评估结果，业主方尽快拿出安置方案的户型、面积、套数等具体方案，集体讨论被征收户的共性问题，鸳鸯楼的安置方案更具体化。黎顺利建议安排一个各方代表参与的面对面见面会；建议评估机构加快进度，对周边房源的市场情况了解准确到位；建议进一步明确集体宿舍的性质；建议安置方案的具体户型设计尽快定稿。谢国富部署华狮棚改二期下一步工作，要求尽快征求对安置方案的意见，进一步明确安置方案、社会稳定风险评估工作，工作资金要保证到位，时间节点要做硬性要求，强调在工作中要强化目标意识、协调意识和效率意识。王海军强调，政策宣传引导要到位，工作进度要加快，协调配合要加强，矛盾化解要强化。（肖　嘉）

【长城信息棚改项目】 长城信息棚改项目是长沙市2014—2017年度重点棚改项目，也是改善该地区居民居住条件、提升城市品质的一项民生工程。长城信息项目位于雨花路161号，待征收的范围包括长城信息宿舍区，占地面积0.812公顷（12.18亩），房屋7栋17734.11平方米，其中私有住宅228户16783.11平方米，单位公房面积951平方米；雨花路47号~191号历史性占地棚户区建筑，私房16栋3336平方米。2014年12月4日，东塘街道长城信息棚改项目正式启动。2015年3月25日，东塘街道在长城信息棚改项目指挥部召开后续工作调度会。区政府副区长王海军、区政协副主席陈国强、区棚改办主任陈建良、区征收办主任黎顺利、区住保局局长刘明生出席，街道办事处主任黄金主持。东塘街道副主任寻伟阳指出，长城信息棚改工作推进中面临着评估公司进场、雨花路确权、征收安置方案及历史遗留等问题。东塘街道工委书记谢国富部署长城信息棚改后续工作，提出明确当前推进工作、明确一个原则、明确后续工作的“三个明确”。陈国强认为必须明确态度、统一思想、理清思路、分步骤落实、安置方案考虑全面，确保项目顺利推进。王海军强调：加大政策宣传，坚持正面引导；深入把握好政策，考虑全区政策平衡问题，对相关政策要吃透，执行到位；加大问题的协调、衔接、督促力度，街道办事处要牵头，督促长城信息解决好历史遗留问题，安置房的面积、户型尽快与厦门建发协商，达成一致；加快工作进度，加强项目的调度，明确责任定时间、定内容、定举措，各部门责任上肩，迅速推进项目建设。6月29日，项目指挥部召开棚改业务培训会，街道抽调干部、拆迁公司工作人员50余人参加培训。雨花区征收办征收科科长周毅围绕征收目的、征收范围、征收部门及实施单位、征收签约期限、征收补偿方案、被征收人权利与义务等方面详细解读《长沙市雨花区人民政府关于雨花区长城信息及周边地块棚户区改造项目房屋征收决定公告》。东塘街道副主任寻伟阳讲解房屋征收重点环节、程序，对工作人员如何解答好被拆迁户关心的房屋征收、回迁安置、资金管理等问题做详细说明，强调工作人员要就每一户的具体情况进行分析研讨，入户时要耐心细致做好解释工作，对有实际困难的住户，想尽一切办法予以协调解决，要通过无微不至的服务赢得居民群众的理解和支持，及时把不稳定因素消灭在萌芽状态。7月14日，东塘街道召开长城信息棚改项目专题培训会。街道全体党政领导班子成员、长城信息棚改项目拆迁公司及所有负责项目征收补偿工作的工作人员出席会议，办事处主任黄金主持。围绕算账、解释、解答3个方面，从14个方面对工作人员进行培训。会议标志着东塘街道长城信息棚改项目签约工作全面启动。7月21日，东塘街道成立签约工作领导小组，制定详细的实施方案，150余人组成8支服务队伍，在东塘街道长城信息及周边地块棚户区改造征收指挥部现场签约会议室启动长城信息棚改项目签约，105户住户签订协议，占征收总任务的46%。8月10日，东塘街道在长城信息棚改项目指挥部召开紧急调度会。街道全体领导班子、各大办主任、各征收补偿组工作人员及拆迁公司工作人员参加会议，谢国富主持会议。会议汇报项目最新进展和工作目标，要求工作组实施班子领导上户、大办主任上户、“一把手”重点上户和长城信息领导合作上户等4个层次上户；重点把握签约时间概念、签约早晚得失、责任意识、法律程序和政策到位等方面工作。会议要求，长城信息棚改项目需继续延续“5+2”“白加黑”工作模式，每日一碰头，每日一小结，每日一方案。8月21日，家住计算机厂的被征收户周女士到长城信息及周边地块项目指挥部完成了签约仪式，当晚12点，东塘街道长城信息棚改项目第一阶段签约91.59%。

（肖　嘉）

【“白丝带”行动】　2015年11月26日，由长沙市文明办、市妇联、雨花区文明委主办，雨花区群工办、区综治委、区妇联承办，东塘街道办事处、浦沅社区协办的“反对家庭暴力，共创和谐社区”暨贯彻男女平等基本国策20年活动在社区广场举行，上百位浦沅社区的居民朋友佩戴着象征反对家庭暴力的“白丝带”，现场承诺绝不参与家庭暴力，更不会纵容任何家暴行为。社区志愿者现场表演一系列以倡和谐、反家暴为主题的文艺节目。非遗传承人“神州第一剪”洪源老师为活动送上贴合主题的作品“家和万事兴”。表演节目结束后，全体社区居民踊跃在“制止家庭暴力，你我有责”的宣传板上签名合影，大家庄严承诺绝不参与家庭暴力，更不会纵容任何家暴行为。白丝带活动的举办适逢长沙市推出《长沙市家庭暴力告诫制度实施办法》，其中社区将起到非常关键的线索传递作用，浦沅社区构建反对家暴志愿者队伍，提供专业法律咨询服务，切实维护家暴受害者的人身权益，并成功创建长沙市反家暴示范社区。

（肖　嘉）

圭塘街道

【概况】　圭塘街道位于雨花区东南角，是雨花区区治所在地，西临京广铁路，东连京珠高速公路，北靠机场高速、高桥大市场，南抵省森林植物园。2015年，街道面积12.1平方千米，内设党政综合办公室（纪检监察室）、经济发展办公室（统计站）、社会事务办公室、社会管理综合治理办公室、城市管理办公室、人口与计划生育办公室和财政所（“三资”监管服务中心、审计站）；设公共服务中心（政务服务中心）、综合文化服务中心、安全监督管理中心（水务农业生态服务中心）、计划生育服务所、征收安置服务中心和人民来访接待暨矛盾纠纷调处中心。辖长重、劳动东路、美林景园、体院路、圭塘、中南院、大塘、雨花家园、景程、泰安10个社区居民委员会，月塘、圭塘、大塘3个社区筹委会，常住人口6.5万人，辖区有法人单位1307家，个体户2500家，中国五矿二十三冶建设集团有限公司、中盐勘察设计院有限公司、中国水电顾问集团中南勘测设计研究院、中航工业湖南资产经营管理有限公司、湖南航空工业局、中国联合网络通信集团有限公司湖南省分公司、国家林业局中南林业调查规划设计院、湖南中烟工业有限责任公司8家中央单位、湖南省煤田地质局，湖南省环境保护厅、长沙广电集团（长沙市广播电视台）、湖南省地质矿产勘查开发局（含402队）、湖南省射击运动管理中心、湖南省羽毛球运动管理中心、湖南省摔跤柔道跆拳道运动管理中心、湖南省举重运动管理中心、核工业304队、省公安厅831反恐基地、湖南省勘查设计院11家厅、处级单位，湖南体育职业学院、长沙市航空职业技术学院（圭塘分院）、湖南省工贸学校驻街。街道机关核定行政编制16名，后勤服务人员编制1名，事业编制36名。全体在职干部职工49人，其中科级实职领导10人，引进人才2人，雇员48人；退休干部10人。全街党员915人，其中机关支部党员70人。

2015年，圭塘街道抓住雨花区打造中部现代服务业中心给圭塘发展带来的巨大契机，着力推进“政治要街、经济强街、品质新街”建设，通过观念启动、示范带动、日常推动、项目促动等措施，抓思路明方向、抓重点破难题、抓党建强队伍，切实推进产业高端化、城区品质化、管理精细化、民生幸福化、党建科学化建设，全街经济社会发展呈现良好态势。（王　艳）

【街域经济】 2015年，圭塘街道完成两税总收入106109万元，在雨花区12个街道中排名前列；完成全社会固定资产投资507000万元，其中房地产投资168849万元，城镇固投338151万元；完成工业及生产性服务业投资185126万元，为年计划的88.69%；规模工业总产值完成10526.7万元。引进注册资本在5000万以上的企业4家，注册资本500万以上的企业近百家；引进省外境内资金6.2亿元，引进市外境内项目固定资产投资19.08亿元，实际到位外资4000万美元；帮扶新城·新世界（东西团）、旭辉国际广场、喜盈门·范城等项目的招商，市广电集团下属10余家子公司陆续进驻新广电楼。11个拆迁项目全部完成腾地任务；拆除集体土地内合法建筑37栋，违章建筑182栋，违章面积43680平方米，拆除国有土地内建筑面积37460平方米，腾地约26.65公顷（399.72亩）；拥有48户住户、24个门面的圭塘村商住楼，实现8天腾空、10天倒地；多年未决的新城·新世界、劳动路铁路桥改造、马王堆路改造等项目的“钉子户”逐一攻克，分6批次抽调35名干部参与高铁新城片区、雅塘片区的拆迁和红星大市场迁建工作，为全区拆迁建设做出贡献。产业项目17个（在建11个，待建6个），投资17亿元，房地产销量突破28万平方米，长房·半岛蓝湾、旭辉国际广场、兴旺·正佳广场、长沙新广电、欧亚达·第一国际、圭塘河生态景观区项目、长重棚改等产业项目进展顺利，推进安徽国祯、大江城市广场、安装公司、五江天街等项目前期准备工作。（王　艳）

【社会事务】 2015年，圭塘街道坚持为民办事的政务服务理念，接待办事群众5668人次，受理并办结事项4325件。认真办理“12345”市民服务热线，办结市民投诉182件。积极发展社会组织，成功打造街道社区社会组织公益实践基地，培育社会组织64家，打造“幸福港湾”“温心家园”“五彩一家”等10个为民服务市区品牌。深入开展物业服务，指导6个小区成立业主委员会，完成7个小区16批次动用物业维修资金，顺利启动3个物业小区的改革试点，推荐长冶小区申报市级开放式物业模范单位。专资鼓励创业就业，多方搭建就业桥梁，帮扶2名创业能手、14家创业企业成功申报区级奖励，帮助400人解决就业问题。常态化开展群众自发性文体活动，“校园文化进社区”“歌舞进社区”“体育节”等活动深受群众的欢迎，承办市级文体活动10余场，成功打造长重、泰安等示范性社区文化活动室（中心）；实现所有社区（筹）配备篮球场、乒乓球台和健身路径等。抓好“两保”工作，对624户特殊家庭发放慰问资金26.56万元。有效落实双拥优抚、高效津贴、困境儿童等民生资金110万元。积极开展“社区康复”“助行工程”“家庭畅行工程”等帮残助残活动，为各类重度残疾人和贫困残疾人发放补助20万元。创新推行“12345”失独家庭服务模式，全年办理计生相关证件、证明1300多份，新采录流动人口9800人，发放奖励资金61.7万元，社会抚养费征收到位率11.5%，超考核指标6.5%，计生相关工作被《中国人口报》等专业主流媒体大幅报道。（王　艳）

【城市建设】 2015年，圭塘街道拆除月塘片区等重点违章区域，超额完成“两年拆违大行动”和“一

雨花区调研圭塘街道工作开展情况

年基本清零”的拆违任务，拆除违章6.98万平方米，超额完成任务数的55.26%，同比增长107.11%，拆违面积位居全区第三；重点整治湘府路、沙湾路等主次干道两厢违章和樱之谷、美洲故事等小区违章，切实做到新建违章一脚踩死，制止违章搭建36起，拆除新建违章2.29万平方米。启动大塘社区筹委会集体经济改制和城中村改造工作，圭塘社区筹委会4期安置房建设至正负零，3期安置房完成分房；月雅苑1期完成分房扫尾。完成丽白路、香月路、长塘路、圭星路、华塘路、山塘路拆迁建设，丽白路、香月路二期、长塘路通车；前期筹备圭星路、华塘路、山塘路建设。（王　艳）

【城市管理】　2015年，圭塘街道坚持“最严城管”，以城管、环卫重心下移为契机，在加大投入中提升维护能力，在整治乱源中提升街域品质，在长效管理中提标城管工作，城管工作实现常态坚持和长效管理下的大突破和大改善。新增城管一线人员109人，新增投入100多万元，新购4台电动汽车，4台电动摩托，采取全天候、无缝隙的值班巡查，切实增强巡视处置能力；开展综合整治行动，整治长重立交桥、三个安置小区、劳动路马路市场、砂子塘学校周边、体院路夜市、区治周边门店等重点区域，维护市容秩序环境。处理数字化晚班案卷458条，连续7个月获满分，6月和11月，以全区第一的成绩两获全市“十佳街道”殊荣。9月，依法启动对长重物流市场的集中整治，拆除违章7112.3平方米，拆除违章广告3000余平方米，力推高桥市场提质改造，《长沙晚报》等主流媒体专题报道，市区领导多次肯定。开展“最美雨花、幸福家园”等系列创建活动，组织开展“践行社会主义核心价值观”“我们的节日”等创建活动20场次，文明社区、文明单位、文明人物、文明品牌迭出，中央文明网等媒体多次报道。试点推行“义工”创建工作，以“孙建华义工室”为基础，大力发展“义工”组织，广泛发动志愿者和社区居民参与文明创建，引导群众共享共创。投入专项经费加大文明创建的软硬件建设，提质改造体院巷和园丁街2个背街小巷。以文明指数测评为导向，主动开展自查自纠，整改问题100多个，集中开展10次创建迎检，省、市、区各级创建检查成效良好。（王　艳）

【社会综治】　2015年，圭塘街道以“平安圭塘”建设为总抓手，积极开展“平安社区、平安单位、平安家庭”创建活动和“五零”竞赛活动，着力构建“群防群治、共防共控、专群结合”的“五位一体”防控体系。投入综治奖励经费160万元，组建社区平安志愿者队伍4支，涌现出“平安巡逻团”“红袖章”巡逻队、365巡防队等优秀志愿巡逻队伍。开展学校周边治安环境整治、打击传销、取缔赌博机等专项整治行动20次，严厉打击各类违法犯罪行为80起，抓获各类犯罪嫌疑人91人，刑事发案率同比下降10.87%，入室盗窃率下降23.46%，其他盗窃率下降36.80%，“五零”竞赛全区第一。完善落实公开接访、直接包案和定期走访机制，接访群众931人次，调解信访问题81个，引导杨子冶金公司职工通过法律途径解决问题，妥善处置月塘村60号令拆迁群体的信访问题。2次获全区信访工作季度考评满分。强力推进安全生产责任制落实，“五级、五覆盖、五落实、五到位”工作要求有效落实，定期开展安全隐患排查，将“九打九治”等9大类安全专项整治活动贯穿全年，取缔2家固体酒精黑作坊、1家危化品企业，1家生产企业，300家重点监管企业全部管控到位。食品安全、消防安全工作取得新成绩，确保不发生事故。（王　艳）

【群众工作】 2015年，圭塘街道以“民意快线”和“一进二访”为载体，组织全街干部深入社区访民情、问民需、解民困，开展结对帮扶活动。全街四级党员干部261人联系特殊群众332户，走访群众5205人，分三批收集群众意见建议329条，有效解决长冶小区居民用水难、体院巷泵房改建等民生问题335个，完成承诺事项42个，全面落实19项惠民资金项目，完成8项省市为民办实事任务。民意快线的务实成效赢得百姓点赞。（王　艳）

【基层党建】 2015年，圭塘街道以全面从严治党为总要求，贯彻落实党风廉政建设“两个责任”，工委班子坚持将落实主体责任作为分内事、重头戏；自觉履行“第一责任人”的责任，坚持对涉及党风廉政建设的重要工作亲自部署、重大问题亲自过问、重点环节亲自协调、重要案件亲自督办，街道纪工委紧扣区、街工作中心和纪检工作重心，坚决抓好主业，为建设“政治要街、经济强街、品质新街”的新圭塘提供强力的纪律保障。以责任状的形式，逐级落实全街13个社区（筹）基层党组织的管党责任。严格落实“项目书记”要求，全面实施党建工作项目化管理，以抓项目的精神落实和推进全街党建工作，坚持以问题为导向，深入调研、广征意见，坚持采取申报社区现场陈述、座谈交流、评估分析、集体研究等程序，确定13个党建服务项目，坚持每月一督查一通报、每季一点评一调度、半年一述职一测评的工作机制，严格督促指导全街13个党建项目的实效开展。组织开展述职述廉2次，开展干部状态测评1次，有效地传导主体责任，确保主体责任在基层党组织落到实处、落到细处。组织开展作风督查20次，查处违纪违规案件13起，配合区纪委查处案件7起，调查核实与答复区纪委、区信访局移送的督办件4件、群众反映的信访件5件。通过刚性的执纪问责，赢得圭塘发展的大合力，确保“两个责任”的有效落实，确保全街的风清气正。坚持“周月季”的机制，发送廉政短信46条，通报廉政案例8批次，开展集中性廉政学习6次，开展廉政专项检查5次，开展廉政讲评4次。以第十届“4·20”廉政文化节为契机，组织“清廉杯”廉政知识抢答赛，深入开展廉政文化进社区活动；全街13个社（筹）通过制作宣传栏、举办廉政讲座、印发宣传图册、开展廉政抢答赛、廉政文艺汇演等形式开展廉政文化活动。以“清风讲堂”为载体，启动主题宣讲活动，全街13个社区（筹委会）、31个党组织组织学习报告会25次；开展“问责思为、勇当先锋”专题党性分析。通过常态化的警示教育，使广大党员和党员干部更加牢固地树立遵纪守规的意识。严格执行“三级联述联评联考”制度，组织开展党建工作述职测评2次，以圭塘学苑为平台，开展专题学习4次，专题党务培训2次，选送56名党员干部赴清华、浙大等知名高校进修；选拔35名党员干部到重点项目压岗锻炼；选拔培训9名村级后备干部和20名社区后备主职。以民意快线为平台，摸排问题333个，解决208个，答复125个；将全街编成189个网格，组织886名党员开展志愿服务活动120场次，服务居民1万多人次。整治泰安社区软弱涣散党组织的问题，投资近100万元新建党员活动中心，协调开发商提供400平方米的社区阵地；积极推进“三年行动计划”建设任务全面完成。以党建示范点为标杆，深入开展“最美雨花、幸福家园”等创建活动，“党员365天天工作室”“邻帮邻党员义工团”等基层党建品牌更响更亮。项目党建“同推共建”工程获雨花区“组织工作创新奖”二等奖；《圭塘街道探索建立“三个一”党员动态管理机制》《美林景园社区创新建设“邻帮邻党员义工团”》《雨花家园社区“党员365天天工作室”的实践与思考》等多篇文章在省、市、区刊物和党建微信公众平台上发表；《中国组织人事报》《长沙组工通讯》发表工委书记的署名文章多篇。注重在破解难题上充分发挥党组织的凝聚力量和党员干部的带头示范作用，带领全街党员干部解决拆迁腾地、违章拆除、城市管理等重点难题。（王　艳）

黎托街道

【概况】 黎托街道地处长沙东大门，东西北三面分别为浏阳河、圭塘河环绕。境内长潭高速、京珠高速纵穿南北，长沙大道、机场高速横贯东西，立体互通高效衔接。2015 年，街道总面积 15.5 平方千米，总人口 4 万人（含流动人口）。街道辖粟塘、合丰、花桥、大桥、潭阳、川河、平阳 7 个社区筹委会，广益、东澜湾 2 个社区居委会，体育新城、黎锦苑 2 个社区筹备组。内设党政综合办公室、纪检监察室、经济发展办公室、社会事务办公室、社会管理综合治理办公室、人口与计划生育办公室、城市管理办公室、财政所，设二级机构政务服务中心、征收安置服务中心、安全监督管理中心、人民来访接待暨矛盾纠纷调处中心。街道行政机关编制 12 名，其中领导职数 7 人；事业单位编制 26 人，在职在岗 26 人。退休干部 32 人（含集体退休人员），全街党员 989 人。

2015 年，街道紧扣“整章建制强基础，凝心聚力破难题”的工作目标，全力推进中心工作，统筹协调发展各项经济社会事业，经济社会实现又好又快发展。获评市市 2015 年拆违控违工作优秀街道。（周李琦）

【街域经济】 2015 年，黎托街道完成税收收入 10.67 亿元，非税收入完成 920 万元；完成规模工业生产总产值 2.4 亿元，完成限额以上社会消费品零售总额 26.8 亿元，完成固定资产投资 59 亿元；完成生产性服务业 22.6 亿元、省外境内固定资产投资 6.2 亿元、市外境内固定资产投资 18 亿元；完成外贸进出口额 1000 万美元，完成年计划的 161%。江河东澜湾高层一期、二期竣工完成，商业区进入基础建设阶段；京武浪琴山一期 1–6# 高层 12 月底竣工验收，项目二期报建；城市地标—运达中央广场完成美食广场、超市等地铁商业建设，12 月开业；万科魅力之城二期高层进入装修阶段，幼儿园开工建设；文化产业园一期、东旭国际、万科等项目蓄势待发，全街经济发展呈现良好局面。花桥生产安置用地和湖南东远置业有限公司签订框架协议，确定合作开发；做好地铁口的运达中央广场、长沙大道地铁口沙湾路沿线、沙湾公园地铁口劳动路沿线的“一点两带”周边商务楼宇群的服务工作；吸引湖南运达房地产开发有限公司长沙瑞吉酒店、运达美食代美食广场、运达美生活·精品超市、北斗丝路股份有限公司、湖南合能房地产及旗下子公司、长沙丰采好润佳百货有限公司 6 家优质企业进驻。（周李琦）

【城市建设】 2015 年，黎托街道按照市委、市政府提出的城区违法建筑必须实现“一年基本拆除，两年基本清零”的总体目标，紧咬中心，顶住压力，迅速行动，拆除违法建筑 420 余万平方米，拆违量占全区 60% 以上，位居第一，全市排名前列，实现两年任务一年基本完成。京珠高速以东、长沙大道南北两侧环城绿带拆违行动打响市、区“史上最大规模拆违行动”第一枪，40 天拆违 40 万平方米，总结提炼分层动员、宣传造势、拍照编号、申报登记、无主认定、调查丈量、督搬督拆、督促签约、帮助腾空、安全拆除、组织清场“十一步工作法”各片区严格执行、不打折扣，构建了一整套切实可

2015 年 5 月 20 日，雨花区委调度黎托片区项目建设

行、务实管用的拆违控违保障体系，实现拆违控违工作拆得快，拆得好又拆得稳，形成全市率先之势。省委常委、长沙市委书记易炼红视察评价环城绿带拆违“创造了雨花速度，形成了雨花模式，展示了雨花作风”，并带领市委“四大家”班子和全市干部代表现场观摩学习。市领导坐镇指挥平阳三角洲片区拆违，181 名市级抽调干部组成“尖刀连”，与区街村干部混编联合作战，仅用 47 天时间提前完成市委下达的拆违任务，创造日均拆违 2.23 万平方米、单日拆除量最高 14 万平方米的“速度奇迹”，打造为拆违的“雨花样板”和“长沙典范”。省委书记徐守盛视察时现场号召在全省推广“雨花经验”。潭阳洲分片区拆违经过 100 多天的艰苦奋斗，提前 1 个多月完成清零任务，创造“潭阳红”典型。合丰分片区在“力量少、时间紧、任务重”的情况下，奏响全区、全市集中连片违建拆除“收官之战”的进军号，为 2015 年全市拆违画上圆满句号。黎托街道启动拆迁项目 39 个，占全区拆迁项目的 40%，征地面积约 532.85 公顷（7992.96 亩）、应拆合法房屋 3019 栋。拆迁任务重、腾地时间紧、工作压力大，118 名市、区抽调干部与街村干部一起共 400 余人分赴 15 个指挥部，夜以继日、连续攻坚，实现合丰中泛四期、合丰安置地、花桥污水处理厂等 16 个项目的腾地目标，腾地面积 110.33 公顷（1654.95 亩）。签订协议 463 栋，拆除合法房屋 481 栋(含上年已签协议的)。红旗路(机场高速以南)、川河路、花侯路北延线、圭塘河路、朝晖路、山塘路等重点项目通过高位、高频协调，依法开展大规模清边扫障行动，妥善处理后续事宜，维护良好的施工环境，确保重点项目顺利进场。文化产业园、湘诚壹佰(南片)、D-09 号地项目等多个产业项目交地，实现拆迁新突破。拆违拆迁中涌现的大批典型，湖南卫视、湖南日报、长沙晚报、长沙新闻等媒体作专题报道。（周李琦）

【城市管理】 2015 年，黎托街道加大对花侯路沿线的环境整治，打造一条通往武广高铁的形象主干道。铁腕整治乱倒渣土现象，开展拉网式全面普查，做好营运车辆登记和备案，组织大型渣土整治行动 10 余次，全年未出现大规模乱倒渣土的现象。及时有效处理数字化案卷 4642 条，结案率和按期结案率达均 100%，2 月至 8 月，城管数字化全区排名第一。按照“史上最严城管”要求，开展对博进路的马路市场、辖区内乱倒乱卸渣土、违规夜市、店外经营等现象的集中整治行动 40 余次，取缔了博进路的马路市场，收缴流动摊担 500 多个，制止店外经营 400 余起、违规夜市 42 处，扣留灯箱广告 600 余块，违规招牌 300 块，改善辖区内环境。（周李琦）

【社会事业】 2015 年，黎托街道完成城乡低保一体化并轨工作；举办失地农民专场招聘 6 场会，城镇新增就业人数 1115 人；被征地农民纳入社保 271 人；参与调处劳资纠纷 38 起，为农民工追回劳动工资 60 余万元。完成黎锦苑一期交房工作，完成平阳社区 60 号令安置房分房工作，大桥社区四区安置房分房、交房工作基本完成；粟塘安置房建设接近尾声。计生服务“一盘棋和网格化”系统数据全年导入 20000 多档册信息，确保栋不漏户、户不漏人。及时办结反馈 12345 市民热线问题 162 件，态度满意率 100%；不断完善养老服务基础设施建设，投入 50 万元建设老年日间照料中心；有条不紊推进绿城桂花城、运达中央广场、融科·檀香山的物业试点改革工作。街道成立老龄保健协会，辖区 9 个社区（筹委会）均成立分会，发挥其优势开展“五老四教”主题活动，广益社区保牌市级“‘五老四教’示范阵地”；广益绿城健身队参加区级老年保健操比赛，获得全区二等奖。（周李琦）

【综合治理】 2015 年，黎托街道划分综合安全、消防安全、食品安全三大模块，严格落实检查制度，做到“检查、通报、整改”一体化，街道党政“一把手”负责带队，安全检查 100 余次，发现并消除各类安全隐患 172 处，其中重点隐患 1 处。成立 16 人安监中心直属队，投入 210 万元用于工资提标、装备保障、消防基建、整治行动及宣教投入；新增

10台大功率电动安监巡逻车，建成消防站点13个，装备器材100余件，水箱总吨数近400吨，提高消防火灾应急救援能力。结合“九打九治”要求，组织13次集中执法行动，排查发现安全隐患35处，整改率100%。火灾事故同比下降50%，未发生重大安全生产事故，“平安黎托”建设成效明显。黎托街道依托司法调解室，依法依规有序处理群众纠纷，成功排查化解各类矛盾338起，解决各类纠纷50起，调处率100%，成功率99%，挽回经济损失450余万元，无一起演化成重大群体性事件，依法维护社会稳定；新发现吸毒人员100%录入动态管控系统，联合派出所开展行动14次，整治37家出租门面，在潭阳成立“禁毒协会”；司法所被评为“省级示范司法所”。信访总量稳步下降，成功劝返900余人次，进京非访人次同比下降62%，在大拆违大拆迁的背景下，没有新增信访对象，没有发生群体性事件；组织“全面实现信访工作信息化”培训2次，促使信访工作人员做网络信访的“明白人”。（周李琦）

【基层党建】 2015年，黎托街道制定《黎托街道机关作风建设及工作效能管理考核办法》，纳入年度绩效考核，不断强化作风建设意识，筑起贯彻落实党风廉政责任制的制度防线。街道纪委组织全体机关和社区干部观看廉政警示教育片，借助廉政文化节，多次收集各大办、各社区意见建议，认真查找岗位廉政风险点，把岗位风险教育贯穿廉政勤政风险防控工作的全过程。新成立正点供应链和绿城物业两个非公党支部以及绿城·桂花城、茂华国际湘和双水湾等3个楼栋网格化党小组，打造潭阳基层党建示范点。落实区“民意快线”工程文件精神，统筹服务资源，强化服务功能，提升服务水平。通过开展“万卷问民心”“驻村夜访”和“承诺办事”等活动，收集民生问题118个，解决113个，说明5个。开通“黎托印象”微信公众号，形成资源深度联动、党员主动作为、社会密切配合、服务长效落实的良好局面。结合不合格党员处置，持续推进“党员梯级管理”制度，获得区2013~2015年“组织工作创新奖”一等奖。深化开展“读书、荐书、送书”活动，分季度为街道干部和社区书记、主任送书1000多本。（周李琦）

【“三结合三转变”拆安模式】 2015年，黎托街道成功实践拆迁安置的“三结合三转变”大桥模式，即坚持开发与惠民结合，实现拆迁对象由被动拆向主动拆转变；坚持征拆与发展结合，实现拆迁安置从注重眼前向兼顾长远转变；坚持示范带动与群众力量结合，实现拆迁机制由孤军作战向协同作战转变。创造“整村拆迁、整村安置、整村开发”的经验，获得群众支持拥护，市委炼红书记亲自批示要求全市学习借鉴。（周李琦）

【拆迁项目四成以上实现腾地】 2015年，黎托街道启动拆迁项目39个(含扫尾项目17个)，占全区拆迁项目的40%，16个项目圆满实现腾地，腾地面积110.33公顷（1654.95亩）。其中7、8号地项目自开始签协议至5月30日顺利签约最后一户不到3个月，创造拆迁工作史上签约新速度；历时6年的湘诚壹佰(南片)项目所剩23栋合法全部签订协议，经过大量艰苦工作，实现由破冰拆除到全面腾地的目标。省市媒体对拆违拆迁中涌现的大批典型作专题报道。（周李琦）

洞井街道

【概况】 洞井街道是长株潭“两型社会”建设的前沿阵地、“生态绿心”区域和三市一体化的“功能纽带”。东连武广新城，西通湘江生态产业经济带，北融红星商圈，南接长沙雨花经济开发区，京港澳高速、万家丽路、韶山路、绕城高速、时代阳光大道、湘府路“三纵三横”的路网覆盖全街，长株潭城际轻轨在辖区设置汽车南站、湘府路两个站点，综合交通体系成型；全域青山绿水环绕，坐拥省森林植物园，圭塘河风光带横贯全境，生态环境独具魅力。是长沙新南城的东南门户，雨花区域一体化的新增长极。2015年，街道总面积22.3平方千米，辖高升、新城、商贸城、丰园、新裕、湘天、植物园、南庭、歇马亭、龙庭10个社区，牛头、洞井、天华、桃花、和平、板塘、鄱阳7个社区筹委会，另设一个社区筹备组。总人口约10万人。内设党政综合办、经济发展办、社会事务办、社会管理综治治理办、城市管理办、人口与计划生育办、财政所、司法所，设二级事业单位公共服务中心（政务服务中心）、综合文化服务中心、安全监督管理中心、计划生育服务所、征收安置服务中心、人民来访接待暨矛盾纠纷调处中心。辖区有政府机关、企事业、驻区单位1400余家。街道机关核定编制53人，在职在编42人、其中领导职数13人，引进人才2人、随军参编家属1人，退休16人。街道设机关党支部和离退休干部党支部，党员56人。

2015年，街道坚持“转型融城，创新示范”的奋斗，突出“发展壮大集体经济，打造社区特色品牌”的工作主题，以改善民生为根本，以党的建设为保障，统筹推进产业项目、城市建管、公共事业、社会保障、产权改制、物业管理等服务综合创新，加快建设生态、宜业、宜居洞井，经济实力不断增强、城市形象日益提升、社会民生持续改善。

（刘承爱）

【街域经济】 2015年，洞井街道实现税收收入6.48亿元，完成非税任务1450万元，完成固定资产投资59亿元，完成限额以上社会消费品零售总额41亿元，实现规模工业总产值1.3亿元，实现实际到位外资3987万美元，外贸进出口4950万美元，省外境内资金61692万元，市外境内资金形成固定资产投资180040万元。指导和协助各筹委会盘活用活“两安”土地，采取自主开发或合作开发模式，大力发展村级集体经济。板塘华美达酒店、桃花旺府酒店、京石医院、星享国际、天华国际茶叶城等相继运营，效益良好。高升、桃花、和平、板塘等村级集体经济年收入均稳定在千万元以上，成为老百姓共建共享全面小康的源头活水。全街产业项目32个，其中区级“三定三抓”项目13个，按照“在建项目抓进度、续建项目抓投产、开工项目抓保障、前期项目抓落地”的原则，对重大产业项目分类开展“亲情服务”，走访项目60余次，服务项目解决困难问题16个。裕天国际、华坤时代、湘核家园、卓越蔚蓝城邦等在建项目进展顺利，高升时代广场、五矿万境南山、中航城等项目开盘后销售良好，北大未名、复地湘府路项目、湘天城市广场、中建嘉和城等项目均在着力做好前期准备工作。通过项目支撑、高端引领、服务提质“三个驱动”，为南城强势突破持续发力。引导产业向“一廊两环”集聚发展，现代服务业发展势头良好。区文化产业示范基地汇艺文创中心落户湘府十城后，街道加大楼宇招商引资，着力吸引培育一批税收贡献大、品牌形象好、带动作用强的企业进驻，做强总部经济，稳定经济总量、打造现代服务业示范版块，目前包括湖南演艺集团总部、湖南佳悦文化创意集团总部、湖南思齐文化教育集团总部、加拿大环球传媒等龙头文化企业在内的11家文化创意企业相继入驻办公。发挥产业项目的辐射效应，积极构筑环植物园生态健康新航母，塑造环汽车南站融城商业新地标。生产性服务业投资占固定资产投资38%，洞井现代服务业不断释放活力，蓬勃发展。（刘承爱）

【社会事务】 2015年，洞井街道完成桃花苑区保障性安置住房一期、牛头三期安置房建成后的分房工作，致力于让村民群众人人享受“精致生活”。桃花苑一期分房804套，安置103号令拆迁村民297户961人；牛头三期分房22栋286套，安置60号令拆迁村民566人；发放103号令延期过渡费4984751元。鄱阳农民生活安置房项目复工瓶颈破除。有序推进安置小区物业化管理，加快建设生态宜居宜业洞井。全街居民群众全面共享和谐幸福典范城市成果，切实提升获得感。坚持“民生为本、共享发展”原则，把促进人的全面发展，增进人民福祉作为工作出发点和落脚点，加强社保政策宣传力度，努力提高群众参保意识，不断推动社保体系城乡并轨。完成城镇新增就业1420人，失业人员再就业685人，农村劳动力转移就业382人，城乡基本养老保险、城乡居民医疗保险、企业养老保险新增扩面、新增工伤保险等各类保险参保人数和缴费额均超额完成任务指标。就业困难人员再就业、“零就业”家庭动态清零、创业就业技能培训、人社平台标准化建设管理、殡葬管理、社会救助、社会福利、城乡低保等各项工作均取得重大成效。成功创建为湖南省农村劳动力转移就业雨花区唯一重点监测点、长沙市城乡居民基本养老保险雨花区唯一街道经办服务示范点。街道指导丰园社区创新推出街道社区引导、社会组织协治、社工团队服务、社会企业支撑“四社”模式，探索雨花引导社会组织参与社会治理新路子，提供推进“全国社区治理和服务创新实验区”建设新样本。11月30日，中国新闻网以《社区社会治理“四社”联动模式的实践和探索》为题予以报道。各社区紧紧围绕“一社一特”目标要求，因地制宜，扎实推进特色品牌创建工作。商贸城社区创建为省级充分就业星级社区，丰园社区创建为省级无障碍建设示范社区、省级两型示范创建单位，高升社区创建为市级节能环保示范社区、市级健康社区、市级文明社区，新裕社区创建为市级残疾人五星级明星社区，湘天创建为市级红十字模范社区。计生率超95%，完成区下达的责任目标，流动人口计划生育公共服务均等化工作基本完成，开展“国策情，雨花梦”计生协会日等系列活动，《湖南日报》《长沙晚报》等省市主流媒体报道。开展丰园、龙庭等社区“两型”社会建设改革试点，积极做好示范项目建设服务，做好重点节能工程项目申报和重点用能单位季度动态监察分析。综合整治校园周边环境进行，积极开展校园文化进社区活动，龙庭社区创建为示范性社区文化活动中心，开展群体性文体活动，有效促进文化大繁荣大发展。加大社区卫生、公共卫生经费投入，无重大和特别重大突发公共卫生事件。推进政务服务制度建设规范化、阵地建设标准化、政务公开规范化及市民12345服务热线等工作，依法依规公开信息794条，政务大厅接待群众各类办事2.1万余件；处置12345热线工单319件。人大、政协、文明创建、共青团、妇联、老干、武装、机要保密、工会、统战等工作均取得实质性成效，全街各项事业呈现出“百花齐盛”的蓬勃景象。（刘承爱）

【城建城管】 2015年，洞井街道推进融城步伐。沪昆动车所扩征项目拆除合法房屋10栋，拆迁人口32人；城际铁路代征项目拆除合法房屋1栋，拆迁人口5人；汽车南站综合枢纽改扩建项目拆除天雁大酒店，完成A地块42户拆迁工作；坪坝塘体育休闲公园项目拆除合法房屋34栋，拆迁人口156人；万家园公共租赁住房项目腾地1.76公顷（26.4亩），拆除合法房屋1栋，拆迁人口3人。完成万家丽路快速化改造等重大项目的环境维护、征地拆迁前期工作。以天华为试点，推进城中村改造，天华率先完成基础性工作，成为第二批全市城改试点单位示范，得到市、区领导的肯定。天华城中村改造项目内的45栋村民合法房屋、22967.052平方米的违章建筑全部拆除；完成清产核资、集体经济改革方案、集体经济组织、注册登记、村域规划调整等工作；逐步推进安置、医社保、户籍转换、村“两安”用地招商、“村改居”、相关遗留问题解决等工作；完成向股民发放股权证书，公司运营和管理启动。桃花利益调节方案在多次征求意见后形成初稿。受理城管数字化案卷1万余件，结案率和按期结案率均达到100%。“十万拆违行动”拆除违章建筑121313.25平方米，超额完成市区目标任务。派出4支队伍近30人支援黎托、东山、雨花亭的拆迁拆违工作，取得较好成绩。集中力量整治圭塘河环境卫生行动。在辖区众多路段未移交管理、众多地段未纳入“三局”维护、外街基础硬件设施不达标的情况下，通过“城管重心下移”，千方百计做好市容环境整治工作，重点整治牛头国有储备用地、板塘杨梅山等区域的渣土倾卸问题。开展城乡接合部环境卫生综合整治，用2个月时间集中整治南入城口，185户店外经营户、6000余台（套）设备全部搬离，清空场地4万余平方米，完善交通设施，确保南入城口整体形象的提升和交通秩序的有序畅通。

（刘承爱）

【综治维稳】 2015年，洞井街道坚持综合施策、各方联动，“心连心、心贴心、心换心”，搭建化解矛盾“连心桥”，努力将矛盾化解在基层，重点解决高升周继裕、桃花彭云华、鄱阳吴岳平等个体十余年来的历史遗留积案问题，稳控住蓝天建材城工程欠款、桃花和牛头村民利益诉求等群体性事件45起，连续七年保持街道无进京非访纪录。妥善处理正和骨科医院、前进大酒店、商贸城、桃花小学、布朗风幼儿园等17起非正常死亡事件，调处各类基层矛盾纠纷263起。发挥人防、物防、技防作用，推进基层警务建设、“红袖章”工程建设和“天网”工程建设。开展汽车南站周边等重点区域综合整治、治枪缉爆管刀行动、非法营运集中整治和传销清查清理等行动。探索破解农民安置小区刑案高发难题，在板塘小区构建治安防控体系，《法制日报》以《“洗脚进城”安家安身又安心》为题推介。全参与全天候全方位筑牢安全生产“防火墙”，开展消防安全大检查12次，检查生产型企业47家、学校（幼儿园）46所、网吧23家、建筑企业7家、其他单位1200家次，发现安全隐患650起，当场整改531起，限期整改119起，隐患整改率100%。加大安全生产、食品安全专项整治力度，将全街干部下派至各联点单位，开展安全生产大检查大排查行动，妥善解决桃花小学护坡垮塌、万侯路高压电线杆倾斜、裕天项目护坡开裂等重大安全隐患，切实维护一方和谐稳定。指导6家企业完成标准化创建工作，在明德洞井中学、红星花卉市场等重点区域开展消防演练活动，隐患排查治理“三自系统”建设成为全区标杆，顺利通过“省级安全生产示范街道”复评。

（刘承爱）

【基层党建】 2015年，洞井街道着力推进基层党组织。坚持党工委中心学习小组制度，深入学习中共十八届五中全会、“一准则一条例”等会议和文件精神，努力建设学习型、服务型、创新型组织，班子的宗旨意识、发展意识、忧患意识进一步增强。建立健全工委统一领导，党政齐抓共管，纪检组织协调，部门各负其责，依靠群众支持和参与的反腐倡廉工作机制。坚持民主集中制，认真执行党政例会制度，坚持集体领导与分工负责相结合，重大问题的决策都严格按程序由党政班子集体讨论决定。抓住重点节日开展暗访督查，作风建设诫勉谈话2人次，工作滞后诫勉谈话6人次，班子团结问题诫勉谈话2人次，立案审查11件，党纪处分10人，行政处分1人，干部作风得到强化，党风廉政建设成效不断深化明确社区专职书记，配备党建专职人员。组织社区（筹委会）书记赴市内社区（村）学习先进经验，切实加强社区（筹委会）后备干部培养，培训党务工作者168人，提升党员干部能力水平。扎实推进高升金典楼宇党建，高升社区打造为市级党员干部示范培训实践基地，积极打造丰园社区党建示范点。以天华筹委会为试点，推行“加减乘除”村级党员量化积分管理办法，中国新闻网、《长沙组工通讯》专题推介。严格落实党员民主评议和不合格党员处置工作，整顿牛头等软弱涣散党组织。探索实施“‘街’市党建”，形成非公党组织自主交流、共同发展良好局面，《长沙晚报》、“湖南红网”等媒体进宣传报道。基层干部队伍建设、党建工作、人才工作有效推进，为街域经济社会发展奠定坚实的组织基础。以落实“民意快线”工程为抓手，全心全意为群众服务，效果明显。铺排45位街道干部进驻社区（筹委会）群工站，每月27日、28日群工日固定驻点办公，平常不定期走访，走访群众1009人次。联点干部与群众一对一交朋友，结对帮扶群众204人次，全部完成向群众承诺办实事项目54项；收集民生问题351件，完结238件，答复107件，移交6件，办结率100%。南庭社区举办“金秋染洞井，温情暖社区”第一届“睦邻周”活动，全面传递民情民意；新裕社区利用短信平台与居民互动、快捷服务得到居民高度赞许；丰园社区切实打造“智慧生活体验馆”服务品牌，更好地为居民群众创新了优质的服务模式，赢得居民群众纷纷点赞。

（刘承爱）

【纪念建党94周年】 2015年7月1日，洞井街道南庭社区开启为期半月的庆“七一”系列活动，隆重纪念建党94周年，重温党的丰功伟绩，坚定党的理想信念，践行党的指导精神。7月1日晚7：30，南庭社区联合中铁五局集团组织开展“庆七一”暨抗日战争胜利七十周年文艺晚会。50位男女合唱《最美的歌儿唱给妈妈》，拉开晚会帷幕。原创诗朗诵七律《庆七一》、满江红《永记忆》；歌舞《我的中国梦》《中国吉祥》，书法展示《大好河山》，小品《家》等精彩节目，以鲜活的文艺形式激发人民群众爱党、爱国的真挚情感，展现广大居民昂扬向上的精神风貌。增强社区和单位的凝聚力，表达群众对祖国、对党、对政府最真挚的祝福。7月6日，南庭社区书记邹珍带领支部委员为困难老党员文斌送去大米和油等生活物资，表达党组织的关心祝福。文斌年已70岁，由于常年病痛折磨，导致其行动不便，生活难以自理。7月10日，南庭社区党支部召开第一次党员民主组织生活会，支部13位党员一一进行深刻的批评和自我批评。7月15日，南庭社区党支部书记邹珍组织支部党员、社区干部前往浏阳市谭嗣同故居参观和学习，强烈感受谭嗣同深沉的爱国情怀和坚定不移的理想信念。在谭嗣同故居的大堂里，再次郑重地进行宣誓仪式；到大围山进行拓展训练，完成携手并进、狭路相逢、千米竞走、水上秋千等项目，跋山涉水纪念红军长征，体会红军的艰苦和共产党的伟大。

（刘承爱）

【纪念五四运动】 2015年5月4日，洞井街道团委在湘天社区奥利匹克花园小区举办“奔跑吧·青春”五四青年节活动，纪念五四运动96周年，弘扬“五四”爱国、民主、科学精神。机关的青年干部和各社区（筹委会）团委书记参加活动。活动集智力、体力、毅力、判断力和团队训练为一体，参赛人员分3支队伍，游戏分4个环节，“快乐传真”游戏考验判断力、“爱的抱抱”“趣味运动接力赛”考验团队反应能力、团队协作，现实版“撕名牌寻宝大战”考验团队智慧与体力。活动持续3个小时，团干部和青年干部体验着奉献、协作、勇气带来的成功喜悦，感受合作与沟通的重要性，注入强大青春正能量。

（刘承爱）

【“小巷有奇音”政研沙龙】 2015年5月8日，中共雨花区委政研室主办，洞井街道办事处承办的“小巷有奇音”政研沙龙活动在红星国际会展中心举行，探讨幽发微社区治理之道，倾听阡陌小巷奇音。省委改革办专职副主任秦国文、省委政研室副主任张伟达、市政府研究室主任唐曙光、雨花区委书记邱继兴等出席活动。长沙市各区、县委政研室的负责人；雨花区各街道相关人员及部分村、社区书记代表参加活动。古韵古风的茶艺表演，拉开活动序幕。洞井街道党工委书记周建雄致欢迎辞，期待思想在动力中碰撞发酵，祝福愿景在动力中蝶变创生，“小巷”奇音的探索之旅开启。整个活动穿插着严肃深刻、诙谐幽默的方式，通过“VCR-小巷·活着”“争鸣—小巷·我见”“话剧—小巷·东游”三个环节，生动鲜活地展示雨花政研工作者的理论内涵和精神风貌。新闻纪实片《小巷·活着》吸引大家的集中关注，争鸣环节，“砍我一刀”“阿里巴巴”“草根创客”三支队伍，对如何开展社区工作唇枪舌剑，分别论述社区的去行政化、社会化与智慧化。东游话剧以原创性的构思、非专业的挑战带来精彩绝伦的表演，引发深邃的共鸣，将活动推向更高潮。锦旗交接仪式之后，雨花政研人自拍自唱的MV《在路上》，真实道出雨花人的奋进、政研人的坚守。

（刘承爱）

【灯谜展猜活动】 2015年9月1日，全国百城抗战灯谜展猜活动在雨花区喜盈门北广场进行。灯谜展猜活动将纪念中国人民抗日战争暨世界反法西斯战争胜利70周年与九三学社创建70周年有机融合，由九三学社长沙市委牵头，长沙市文明办、中共雨花区委宣传部、中共雨花区委统战部、雨花区洞井街道、九三学社雨花区工委和民革雨花区工委等联合举办。活动突出弘扬雨花谜语非物质文化遗产主题，旨在以传承非物质文化遗产的实际行动，缅怀在争取民族独立和自由过程中英勇献身的烈士们，缅怀为追求和平正义做出重要贡献的中华儿女。

雨花区砂子塘泰禹小学的少年志愿者们代表全体人员为来到现场的抗战老英雄系上鲜艳的红领巾，以少先队礼致以最崇高的敬意。抗战老兵代表饱含深情地讲述抗战史。长沙市委常委、统战部长文树勋，市政协副主席、九三学社长沙市委主委王力力，雨花区委常委、组织部部长、统战部部长冯聪龙等出席活动并讲话。市委统战部副部长刘映群，九三学社专职副主委刘有良等为老兵送上满怀敬意的慰问金。设置精巧的谜题，彰显历史涵养，蕴含抗战知识，更结合长沙实际，体现雨花特色。大家争相竞答，在共同感受“谜”的文化，铭记革命史诗，传承民族精神，真正做到文化“谜”人不迷失。

（刘承爱）

【“校园文化进社区”活动】 2015年10月23日，洞井街道在板塘社区筹委会新市民文化广场开展“欢乐潇湘，美丽雨花”第四届校园文化进社区活动。活动分为“舞‘洞’青春·憧‘井’未来”文艺汇演和“保护地球，爱护我们的家园”环保书画展两个部分。该活动让孩子们走出校园、走进社区，为孩子们搭建在社会大家庭中成长的新课堂，让社区群众获得精神上的滋养，零距离地领略到青春的活力和校园文化的魅力，真正促动校园文化和社区文化资源的互惠共享。314名中小学生用歌曲、舞蹈、乐器、话剧、书画等形式展现出青少年蓬勃向上的风采。校园文化进社区活动进一步丰富全街群众文化生活、提升居民素质、促进社会和谐。（刘承爱）

井湾子街道

【概况】 井湾子街道扼据建设区域国际化城市长沙的东南门户，紧邻湖南省政府新址，距高铁长沙南站6千米、长沙黄花国际机场25千米，长株潭轻轨、长沙地铁纵贯其间。东临圭塘河风光带，西依韶山路，南抵涟源百货城，北接香樟路，面积9.8平方千米，常住人口近11万人。2015年，街道辖冯家冲、赤岗岭、三湘、香樟路、德馨园、井湾子、融城苑、红星、井湘、井圭路、井巷、井旺社区12个社区和莲湖社区筹委会；内设党政综合办公室、经济发展办公室、社会事务办公室、社会管理综合治理办公室、城市管理办公室（食安办）、人口与计划生育办公室、财政所、人民武装部；设公共服务中心、综合文化服务中心、安全监督管理中心、计划生育服务所、征收安置服务中心、人民来访暨矛盾纠纷调处中心6个二级事业单位，司法所派驻。街道党政机关核定行政编制16名，领导职数9名，核定机关后勤服务人员事业编制1名，街道二级事业单位均为全额拨款，核定事业编制36名。街道有行政编制人15人、事业编制人员26人、工勤编制人员1人、人才引进人员1人、无编聘用人员1人、雇员56人、工会职业化工作者1人、区司法局外派人民调解员4人。街道机关党支部，党员58人，预备党员1人。办公地点设在井湾路与洞井路交汇处东南角湖南省煤炭科学研究所院内。

2015年，街道紧紧围绕“筑牢基础，破解难题”的工作主题，以“走在前列，干在实处”的责任和担当，主动适应新常态，展现新作为，朝着“最美雨花·首善井湾”的目标前行，大力加强产业项目建设、城市综合整治、两型社会建设、民生实事建设、维稳和谐建设和基层组织建设，经济社会各项事业呈现出稳中有为、稳中有进的良好态势。获得“全国计生协会先进单位”“长沙市示范性统计站”“雨花区全面深化改革组织奖”“雨花区两型示范性街道”“雨花区信访工作一等单位”“区棚户区改造工作一等单位”等多项荣誉。（朱煌超）

【街域经济】 2015年，井湾子街道实现各项经济指标的落实，实现财税收入81391万元，完成全年任务的100.14%，较上年增长13.66%，税收连续三个季度完成率居全区第一，总数居全区第三；实现规模工业总产值17632.4万元，同比下降25.5%；限额以上社会消费品 零售总额实现380691万元，同比增长8.82%；实现固定资产投资619065万元，同比增长19.01%，完成年度目标的100%，其中生产性服务业投资290507万元，同比增长

广西考察团考察来德思勤广场

47%，完成年度目标的123.5%，生产性服务业投资占固定资产投资46.93%，比重持续增长；市外境内资金形成固定资产191147万元，完成全年目标的100%，实际到位外资3700万美元，完成全年目标的100%。井湾子街道始终将项目建设作为发展的驱动器，特别是在区级“三定三抓”等重点项目，做到科学规划，统筹调度，实现项目大丰收，德思勤四季汇购物广场顺利开业；长橡棚改项目拆迁6栋，A地块基本扫尾、B地块全部拆除，签约率达到95%，居全区棚改项目前列；启动三次司法强拆行动，红莲广场项目完成拆迁拆违11.4万平方米，仅剩最后1栋未倒地；红星农副产品大市场迁建工程得到区主要领导重视和支持，3月31日，区四大家现场办公研究处理相关问题，12月28日已启动新市场建设；一直围而未建的正旺国际铭城动工；木莲冲路全线通车，莲景苑、五矿万镜水岸、园康星都荟、中建信和城等“三定三抓”项目均按计划稳步推进。（朱煌超）

【城市管理】 2015年，井湾子街道紧扣“品质长沙”建设思路，以“最严城管·首善井湾”为主题，构建“三维立体”的城市管理模式，全力对红星商圈、香樟路、井圭路菜市场等重点区域开展七大整治行动，拆除违建144453.3平方米，其中莲湖物流仓库2.3万平方全部拆除，城管数字化实现两个100%，城管数字化连续两个月排名全区第一。

（朱煌超）

【社会事业】 2015年，井湾子街道8个区重点民生实事项目，完成6项，另外2项完成率超过95%，开展“民意快线”工程，集中办理三批群众关注和反映的302个民生问题，创新开展“树最美家风，享书式生活”活动，建设首个社区国学馆，营造浓厚的读书氛围；大力开展就业培训和招聘会，“十五分钟就业圈”逐步成型。建立井湾子街道社会组织孵化中心，引进和孵化“小蜜蜂”“优儿推”等一批有影响力的社会组织，社会公益服务逐步深入人心。做好信访工作，信访总量同比下降50%，进京非访量下降75%，发案率下降9.8%，实现年内特护期进京非访、到省、市上访“零登记”。莲湖村由原来有名的上访村变为上进村。

（朱煌超）

【党建工作】 2015年，井湾子街道以创建“五好”科级班子为目标，以“四抓四提”工作为抓手，推进基层服务型党组织建设。加强对各级党组织班子的补强调优工作力度、抓好优秀党员后备队伍建设，发挥街道党工委学习的示范引领和龙头带动作用、举办“学党章、讲规矩”非公党组织书记培训班，倡导全民阅读，以学习正学风提素质转作风。申报末位退出机制项目，完善对社区党组织书记的考核机制，岗位调整一名排名末位的社区书记；完善党建网格化管理项目，街道班子成员、机关干部和社区工作人员驻点到全街128个网格中，开展评比和督查。构建“基础工作＋特色工作”的社区党建考核体系、实行“半年一专项述职，一年一综合评价”的管党责任述职测评机制，建立“四评四审”机制，同时定严奖惩兑现，对履职不力、测评和考核排名

靠后的单位及个人进行通报，依程序处理考核不合格的党员 11 名。（朱煌超）

【何寄华检查食品安全工作】 2015 年 1 月 28 日，长沙市副市长何寄华，市食药监局局长孙卫东，区食安办主任何小林、副主任谢松林一行，检查红星大市场检测市场、零售区、华润万家超市生鲜区及全家园、玉楼东等单位，听取街道食安办负责人关于食品安全监管工作情况的汇报，详细查阅台账信息。何寄华表示，食品安全工作关系人民群众身体健康和社会稳定，要“绷紧这根弦”，针对节日市场特点，结合辖区实际，采取有效措施，切实加强对重点区域、重点品种、重点部位食品监管力度，严厉打击假冒伪劣和标识不明、过期等不合格产品在市场上销售；要严格执行食品安全值班制度，保持信息畅通，做好食品安全应急处置准备工作，一旦发生重大食品安全事故，快速反应、妥善处置。要全面加强食品安全监测，确保节日期间责任到位、措施到位、落实到位。（朱煌超）

【海峡两岸共圆健康梦】 2015 年 10 月 18 日，湖南中医药大学港澳台办、井湾子街道工作委员会、井湾子街道办事处共同主办海峡两岸共圆健康梦暨“优儿推”推拿文化交流活动，台湾交流团队首次在湖南省开展推拿文化交流活动，雨花区优儿推儿童健康服务中心授牌成立。区委常委、组织部部长、统战部部长冯聪龙等出席活动。井湾子街道工委副书记、办事处主任龙峥嵘致辞，指出，活动既是为了促进孩子健康成长，同时也是为弘扬中医文化，为群众提供最实用、最贴心的服务，大大提升了居民的生活品质和幸福指数。优儿推发起人王德军就打造“和睦邻里，向善相助”，共建公正、健康、和谐、美好家园做公益梦想汇报。活动设置台湾专家义诊、儿童健康公益讲座、小儿推拿义诊、优儿推公益班妈妈代表分享等丰富的交流互动环节，穿插易筋经传统功法、儿童文艺表演、社区老年队表演等节目，受到社区民众的关注与一致好评。授牌仪式后，与会领导和嘉宾参观优儿推儿童健康服务中心，了解优儿推“一个平台（儿童健康网络平台），两个讲堂（儿童健康知识讲堂、小儿推拿家长讲堂），三个场馆（儿童健康档案馆、儿童健康科普馆、小儿推拿体验馆）”建设情况，纷纷表示会支持优儿推作为公益先锋，建设好儿童健康公益服务队，辅助社区服务，提高社区居民生活质量。（朱煌超）

【市委政策研究室调研市场发展】 2015 年 3 月 31 日，长沙市委政策研究室副主任彭鉴西、石曙光一行调研井湾子街道红星农副产品大市场，实地查看红星农副产品大市场的布局、经营、市场内环境秩序和周边综合环境情况，红星实业集团公司总经理张承彦、红星农副产品大市场总经理胡超向调研组介绍相关情况。红星实业集团公司董事长罗跃汇报红星农副产品大市场的基本情况、市场择址迁建工作进展情况和搬迁工作存在的困难、问题等。井湾子街道工委书记刘江红着重就红星农副产品大市场的搬迁工作提出建议，表示红星村从一个小农村做出大文章，是一面旗帜，一个品牌，是中国的红星，长沙的红星。建议要高定位、新创意、早落地对待红星农副产品市场的搬迁工作，充分挖掘产业附加值，尽快落实市场选址工作。副区长余宏卿建议市委市政府从规划引导、政策推动、配备培育、转型创新四个方面推动和支持雨花市场发展。区委常委、区委办主任黄文先就雨花市场发展的定位和方向做发言。彭鉴西表示，人的力量是最大，红星农副产品大市场的搬迁要有一支好队伍，市场的经营和发展要有好人气。要按照现代化、标准化、集约化、绿色化的标准做好市场提质和搬迁工作。

（朱煌超）

【红星发展现场办公会】 2015 年 3 月 31 日，雨花区书记邱继兴，区委副书记、区长张能峰，区人大常委会主任龚景顺，区政协主席李电晖率区四大家领导集体到井湾子街道红星实业集团召开现场办公会，研究和部署相关工作。听取红星实业集团有限公司董事长罗跃、井湾子街道工委书记刘江红汇报红星发展情况、主要经验和存在困难，发展思路与重点工作情况。发改、财政、国土、建设、规划、民政、城管、工信、跳马镇等部门负责人围绕红星实业集团发展、红星农副产品大市场择址迁建等问题发表意见和看法。龚景顺、李电晖、王雄文、刘海秋、余宏卿、陈怀宇、陈国强等领导分别对红星当前需要解决的问题献计献策，提出许多具体的看法和建议。张能峰认为，红星的发展要实现“六上”，即思路要上档次、产业要上品质、发展要上规模、融资要上市场、管理要上水平，效益要上台阶。邱继兴指出，此行来红星是以区最高规格的会议研究最小基层组织的发展问题，主要目的就是要形成强大的合力，不折不扣的推进红星发展；要高度重视，不遗余力；崭新发展，依法创业；握紧拳头，奏强主业。会议明确红星领导联点、社区更名、商圈建设、市场提质改造等问题。（朱煌超）

【小儿推拿公益讲座】 2015年7月11日，湖南省中医学会推拿专业委员会和省中医药大学在井湾子街道井旺社区举办长沙首个小儿推拿社区公益讲坛。该讲坛由湖南小儿推拿顶级专家主讲小儿推拿与儿童养、育、医知识，每月至少免费开讲一期。专家为家长们详细讲解了儿童健康科普知识讲座、健康咨询、小儿推拿调理等知识，为幼儿制定全面的保健计划。采用现场示范的方式，将小儿推拿的基本手法及适应病症进行讲解，解答家长们的疑问。长沙小儿推拿社区公益讲坛长期在井旺社区举办，每月至少开班一次，市民可报名预约。先期将办小儿推拿基本班，湖南省中医学会推拿专业委员会和省中医药大学专家将定期进社区，为社区0~14儿童建立健康档案，对孩子成长提供养、育、医全程健康指导，设立小儿推拿保健工作室，每周派出2到3名专家驻室培训义诊，全程免费。（朱煌超）

【快乐“百人晨诵会”】 2015年11月22日，井湾子街道开展弘扬经典诵读暨“小新星百人晨诵会”活动。活动由长沙市文明办、雨花区文明委主办，井湾子街道党工委、井湾子街道办事处承办，井旺社区、小新星国际教育红星校区协办，市文明办副主任梁飞彩、市文明办未成年人工作处处长陈星卫，市文明办未成年人工作处副处长张晓梅，街道工委书记刘江红，办事处主任龙峥嵘参与活动。上百名孩子在老师的带领下朗诵《论语》《弟子规》。梁飞彩一行参观井旺社区优儿推健康服务中心和小蜜蜂青少年服务中心，对环境和场地布置都给予高度肯定，表示社会组织要实实在在做到能提供一个给青少年健康成长的良好环境和氛围，使青少年茁壮成长。（朱煌超）

【大学生创业大讲堂】 2015年12月2日，井湾子街道人社站、湖南科技职业学院联合举办“大学生创业大讲堂”，聘请德思勤创客中心老师曾勇讲课，主讲老师从创业渠道、创业定位、创业范围等方面进行案例讲述，引导大学生树立自强意识、成才意识、创业意识，积极扶助、资助大学生科学创业实践，实现党中央提出的“以创业带动就业”的战略部署。参加活动的百名大学生，可免费参加培训，并可获得“大学生创业贷款”和创业指导。（朱煌超）

【社区青少年宫】 2015年12月23日，长沙市首个社区青少年宫揭牌成立，落地井湾子街道井旺社区，为辖区青少年提供思想道德教育、科技体验普及和文化艺术交流等服务。长沙市文明办副主任梁飞彩，共青团长沙市委党组成员、长沙市青少年宫主任苏启丰，民政学院社会管理学院院长周涛，雨花区委常委、组织部部长、统战部部长冯聪龙，副区长陈怀宇，五矿二十三冶建设集团房地产公司总经理杨志威等领导出席揭牌仪式。揭牌仪式开始前，出席的领导、嘉宾实地参观青少年宫，详细了解小蜜蜂项目的运营模式、发展状况，观看孩子们做的手工，要求社区规范管理、因地制宜，满足学生需求，为未成年人的健康成长和全面发展创造良好条件，打造家长放心的校外建设阵地。社区青少年宫由开发商提供360余平方米的室内阵地，开设四点半课堂、创意大讲堂、社区星光大道、趣味运动会、书吧等活动室，将周边配套的小区篮球场、足球场和乒乓球室等纳入青少年宫的活动阵地。社区青少年宫让每个孩子“有书 、有伴、有乐、有学”，解决双职工家庭子女放学早、无人看管、放学后孩子去哪等问题，让孩子在放学后有“家”可归，为社区青少年提供离家最近的活动基地，为社区家长提供安全放心的孩子乐园，为最美雨花助力添彩。

（朱煌超）

东山街道

【概况】 东山街道是连接武汉、广州和上海、昆明的联结点、交汇区，劳动东路、新花侯路、香樟东路、曲塘路、北支路、南支路、杜花路以及下穿京珠高速路，辖区城市道路逐步形成方格网状的城市交通路网系统；由高铁带动的人流、物流、资金流、信息流等各种经济发展要素日益集聚扩张，成为雨花区规划建设的高铁新城崛起、高铁经济兴起的核心区域。东山街道南起劳动东路，北至湘府路，西到京珠高速。雨花区合丰堤委会、星辰农电公司城区分公司雨东供电所、雨花区黎托邮电所、长沙市雅礼雨花中学、东山黎托联合教育党支部、雨花区农村合作银行社武广支行、雨花区东山街道动物防疫站、东山街道社区卫生服务中心、长沙皓宇贸易发展有限公司党支部、长沙东广建筑工程有限公司党支部、长沙洋华机电设备制造有限公司党支部、湖南东山建筑工程有限公司党支部 12 家企事业单位驻街。2015 年，街道辖长托、黎托、东山、边山、侯照、渔场 6 个社区筹委会、东山镇、南雅、黎郡 3 个社区及黎雅社区筹备组，总面积 14.2 平方千米，总人口 5.1 万，其中常住人口 13732 人。内设机构党政综合办公室(纪检监察室)、经济发展办公室(统计站）、社会事务办公室、社会管理综合治理办公室（高速铁路协调管理中心）、城市管理办公室、人口与计划生育办公室、财政所（“三资”监管服务中心、审计站)，设公共服务中心(政务服务中心)、综合文化服务中心、安全监督管理中心（水务农业生态服务中心）、计划生育服务所、征收安置服务中心、人民来访接待暨矛盾纠纷调处中心 6 个二级事业单位，司法所 1 个派驻机构。街道党政机关核定行政编制 16 名，领导职数 9 名，机关后勤服务人员核定事业编制 1 名，在职干部行政编制 14 人；；工勤编制 1 人。，街道二级事业单位均为全额拨款，核定事业编制 36 名，实有事业编制 33 人。机关党员 48 人。街道办事处暂驻曲塘路黎明渔场社区筹委会。

2015 年，街道围绕“发展腾空间、片区出形象、产业见成效、民生得实惠”的工作主题，整合街村力量，科学铺排工作，强化工作举措，务求明显实效，努力为街域经济社会发展奠定更为坚实的基础。

（李　梅）

【街域经济】 2015 年，东山街道全口径总任务数为 31450 万元，完成税收入库 30736 万元，完成年计划的 97.73%，其中，国税任务数为 13066 万元，税收入库完成 10949 万元，完成年计划的 83.8%；地税任务数为 18318 万元，税收入库完成 19693 万元，完成年计划的 107.51%；其他税收任务数为 66 万元，税收入库完成 94 万元，完成年计划的 142.75%。限额以上社会消费品零售总额目标任务 828 万元，完成 792.6 万元，完成全年任务的 95.72 %；社会固定资产投资（含房地产）目标任务 223420 万元，完成 258694 万元，完成全年任务的 115.79 %；工业总产值的目标任务为 18523 万元，完成 19656 万元，完成目标任务的 106.12%。项目 10 个，其中产业项目 8 个，开工建设的有 5 个；基础设施项目 2 个。星光铭座、台商总部大厦营销展示中心、湖南智能物流集配枢纽、中港珠宝旅游商业城等重点产业项目推进顺利。新引进永清环保总部大楼项目，已经完成土地证办理和工商注册，项目位于香樟路与侯花路交汇处西南角，项目用地面积约 5.13 公顷（77 亩)，总建筑面积约 34 万平方米，总投资约 30 亿元，拟打造集办公、金融、休闲购物、餐饮娱乐、酒店等于一体的城市综合体。

（李　梅）

【城市建设】 2015年，东山街道围绕控违拆违、数字化管理、环卫爱卫、市容秩序、渣土管控等工作重点，着力加强队伍建设、责任落实、管理考核和机制建设。以征拆项目铺排的为重心，同步推进“东山大会战、清零200万”拆违行动，在60天时间内，拆违164.59万平方，刷新长沙市单日拆除违章面最大（10月22日，单日拆违26万平米）和一段时间内违章拆除总量最多（41天拆违面积突破113万平方米）两项纪录。拆违35个地块，拆除违章1916774.64平方米。东山街道涉拆项目40个，其中扫尾项目3个，续拆项目3个，新启动项目34个。用地面积425.23公顷（6378.48亩），合法房屋千余栋，合法房屋共签协议392栋，拆除388栋，拆除违章1916774.64平方米。沪昆配套工程（片区18号、片区20号地红旗路以西）、红旗路，片区18号、片区20号地（红旗路以东），川河南路、川河路（规划调整部分），文化产业园，教育配套用地（片区26号地），沪昆动车所，29号地加油站，片区30号地（含平阳南路）10个项目全面腾地，腾地面积80.05公顷（1200.807亩），拆除合法房屋141栋，按期交付沪昆动车所项目施工，切实保证沪昆配套工程、川河路、川河南路、红旗路等一批重点工程建设施工需要。征拆项目片区17号地（含黎托路）、城投3号地、片区23号地、东旭国际、侯照统征地（物流园）仓储2、3号地、侯照路（湘府路—杨梅路）6个项目扫尾清零，占地面积70.24公顷（1053.575亩），应签合法房屋228栋，签约合法房屋193栋，拆除房屋161栋。办理完前期手续，发布征地公告启动城投4号地、片区24号地、保障住房四期安置地（城投14号地）、红旗路扩征项目，占地面积46.69公顷（700.382亩），涉及合法房屋200栋，签约合法房屋90栋，拆除41栋。沪昆配套工程、沪昆动车所、片区18号、20号、23号、24号地等19个新启动项目签订合法房屋拆除协议392栋，拆除房屋388栋，拆除违章面积1916774.64平方米。（李　梅）

【综合治理】 2015年，东山街道继续深化“平安网格”建设，推进网格化管理纵向到底、横向到边，努力实现网格精细化管理、服务团队优质化服务。下辖的9个社区（筹委会）常住人口数15882人，流动人口数16149，，建立网格119个，解决问题数41个，走访户数102户。开展辖区单位“零发案”竞赛，深入开展“平安社区”“平安学校”“平安家庭”“平安市场”等平安创建工作，定期通报社区（筹委会）、企业单位的发案情况及治安形势，充分调动全街企事业单位、居民群众参与社会管理综合治理工作的积极性。分类管理信访化解对象，加强对涉稳重点人、重点事的滚动排查，对重点人、事做到情况明、底数清，并逐一建档，每月不少于一次召开研讨会，扎实推进重点疑难信访的协调工作。全力劝阻进京上访人员依规上访，理性上访，杜绝无理、极端上访事件的发生。受理信访电件12件，比上年增加2件；省长信箱3件，市委书记信箱1件，区级信访7件，街道信访1件。其中受理涉拆信访7件，受理维权信访2件，受理安置问题信访2件，受理社区集体经济信访1件，做到件件有着落、案案有结果。开展校园周边、企业周边治安环境整治行动，重点排查中小学周边及在建项目周边各类隐患并及时整治发现的问题；开展整治涉黑、黄、赌、毒场所行动，加强对“三室两厅一吧”场所的管理力度；开展“打击、防控盗窃专项行动”，联合巡特警中队、派出所、工商、税务、安监、城管、社会事务、司法等部门开展集中执法行动行动10余次，收缴老虎机10多台，张贴“禁止向成年人销售烟酒标志”20多张，取缔流动摊贩70多个，下达整改安全隐患通知书30余份，整改治安隐患3处。开展集中清查黎郡社区流动人口与出租房屋专项行动，清查704户，核实常住人口215户，核实流动人口233户，无人在家177户，空房79户，共登记596人，其中流动人口532人，常住人口64人。在册社区矫正人员共有14人，解矫人员22人；在册归正人员54人，未发生重新犯罪等情况。涉毒人员56人，社区戒毒11人，社区康复人员暂无，按一人一档的要求建立戒毒（康复）台账，对其进行动态化、日常化管理。东山街道辖

区范围没有在册“法轮功”邪教人员。（李　梅）

【安全生产】　2015年，东山街道发挥安全生产网格化管理作用，全区安全生产外街综合考评中，一季度排名第一、二季度第四、三季度排名第一。街道每周对全街生产经营单位变动情况进行摸底，分行业、分类别、分重点及时更新单位台账，做到底数清、问题明。街道、社区（筹委会）两级安监人员每月对辖区内所有生产经营单位进行“全覆盖、地毯式”隐患排查，日常检查和专项行动结合，形成“每日有检查，每月有行动”的检查模式，在检查中兼顾一般、突出重点、把握节点，提高事故隐患早发现、早处理的能力，对事故隐患进行登记备案，实施有效监控，督促其整改。消防安全日常检查单位10235家次，其中当场整改3830家，下达责令限期整改通知书2928家，对责令改正达不到标准的单位进行断电168次，3309家单位情况良好。食品安全日常检查单位754家次，检查餐饮服务单位353家次、食品加工厂92家次、食品经营单位160家次、学校幼儿园74家次、药品经营单位70家次、农贸市场8家次，下达责令整改通知书196家，380家单位情况良好。农村集体聚餐11次，均符合食品安全农村聚餐要求，未出现安全事故。加强节假日、重要时期的安全监管，有针对性地开展安全生产专项整治。春节、两会期间开展安全生产大检查、烟花爆竹和瓶装液化气经营门店专项整治，“春节”后，开展安全生产大检查“回头看”、节后复工复产安全生产大检查，“五一”、国庆等节假日均开展了安全生产大检查专项行动，保障街道辖区节日期间的安全稳定。在纪念抗日战争胜利70周年活动期间，街道安监系统采取有力措施，加大对辖区内安全检查排力度，及时整治发现的隐患，有效防范事故发生，为全街创造良好安全生产环境。街道多次召开专题安全工作会议，学习贯彻上级有关文件精神，全面部署街道高温季节安全生产大检查集中整治行动。集中两天时间，组织街道、社区工作人员分成7个小组将1500份文件送到辖区内每一个生产经营单位，现场进行安全知识宣传，让生产经营单位负责人领会文件精神，自觉开展安全生产自查自纠，配合安全隐患整治行动。对违章建筑中的仓储、物流单位进行地毯式安全隐患排查，做到不留死角、不留盲区，对非法运输、储存危险化学品的行为，坚决查处整治，事故隐患及时清零。主动化解项目征拆、矛盾调解、重点人群稳控等重点工作中的不稳定因素，成功调处矛盾纠纷118起，继续保持“不发生一起到市赴省进京上访”的目标。率先在全区建立南雅社区社区戒毒（康复）工作指导站。（李　梅）

【社会事务】　2015年，东山街道对接区国土局、区征地办，认真细致收集整理台账，准确核算，及时完成侯照、边山、长托、东山、黎托、渔场6个社区31个项目延期过渡费的审核发放工作，发放延期过渡费4140632元。处置房源311套，涉及处置对象219户，发放处置款9840万元，处置工作的完成有效缓解保障住房建设项目建设任务，缩短拆迁户的安置过渡时间，减轻安置过渡费资金发放压力，满足拆迁人员多元化安置需求。创新分房方式，合理有效分配剩余安置房源，自2014年4月1日以后的拆房对象，均按拆迁时国土分栋为原则，采取“1栋1套”的方式，根据拆房验收倒地时间依次进行抓阄选房登记，得到村民的认可与拥护，解决整体房源不足的问题，解决现有拆迁对象的安置过渡问题，分两批完成分房397户、590套，安置776人，其中黎雅苑324套、太和园266套，完成年度分房工作任务。建立健全征地拆迁安置数据台账、档案，准确掌握拆迁安置对象的相关信息和安置进度，及时更新录入拆迁安置数据信息，完成录入拆迁项目80余个，拆迁人口2006户，9189人（包括农业人口7538人，非农业人口286人和独生子女证1348本）；完成安置数据2471户，8893人（包括农业人口7116人，世居非农229人，“半边户”241人，独生子女证15077本），申购保障住房面积764000平方米，处置保障住房845套，申购物业面积47320平方米，已安置保障住房面积4711420平方米，已安置物业面积43877平方米；

完成在籍农业人口数据总人数12470人，其中60号令拆迁462人，103号令拆迁8570人，其他政策3438人（未拆迁转户人数）。继续围绕“计卫一家”特色工作模式，完善和创新流动人口卫生和计划生育基本公共服务体系，坚持采用“流动孕检服务车”，在流动人口集中的区域为已婚育龄妇女上门开展免费B超孕检服务。深入推进“创造争优服务大局”活动，开展高铁新城东山街道“情系巾帼圆梦想 牵手妇女奔小康”项目，通过建设宣传阵地，拓展致富渠道，践行生育关怀，创建幸福社区、文明社区，切实解决失地农民后顾之忧。率先在全区启动计生移动信息化建设试点工作；区人口计生工作半年度综合检查，全区排名第二、外街排名第一；东山街道代表雨花区计生局参加长沙市计生协会组织的“5·29”演讲比赛，获二等奖；流动人口平台信息管理工作考核、全员人口数据测评工作，居全区第一名；组织开展中国梦·国策情演讲比赛，“7·11”等系活动；计生协会工作获区考核排名第一。积极开展各类精彩纷呈的群众文体活动，组织开展第三届“东山杯”男子篮球赛、第四届“东山杯”男子篮球赛、10个社区（筹委会）踊跃组队参与。推荐南雅社区两名群众文艺骨干到区文化馆艺术培训班进修，进一步充实社区文艺团队艺术创作力量；积极与市、区沟通协调，在黎郡社区开展长沙市歌舞剧院“送戏进社区”活动；在黎托社区筹委会开展长沙市花鼓剧团“送戏下乡”活动；两次组织黎郡、边山等社区居民30人次，免费观看话剧《鸡零狗碎的青春》、湘剧《古画雄魂》；响应区政协号召，挑选5名职工参加长沙市“政协杯”男子篮球赛。街道为长沙市图书馆黎郡分馆免费赠送图书60余册，依托黎郡分馆开展四季图书漂流活动；参加在黎郡小学举办的“亲子彩跑”活动和小学生“台湾作家管家琪读书见面会”。街道团委积极参与团区委组织的创业拓展培训活动，组织街道干部职工参与“健步圭塘河”环保公益活动、“长沙好青年”评选活动、团区委组织的“纪念抗战胜利70周年”主题演讲活动、团区委开展的“我的青春拆违拆迁日记”征文等活动。响应区委宣传部的各类网评工作，完成引导舆论跟帖130余条。在长沙网发表信息131条，区政务网刊发信息268条。宣传推介街道各线的主要工作做法和优秀经验，进一步扩大街道工作的区内影响，宣传展示街道外在形象。落实区委“民生幸福化”要求，将就业培训、创业扶持、医社保、大病救助等民生事业摆在突出位置。着力抓实民生保障。城镇新增就业1420人；失业再就业342人，其中困难人员再就业327人；新增农村劳动力转移145人；职工培训243人，创业培训50人，创业大讲堂100人；企业养老保险618人；大学生服务41人；机关养老保险新增71人；被征地农民新增医社保247人，办理退休94人；发放基本社会保障费107.35万元；征地申请补贴786人，补贴金额400.8万元；城乡居民医疗保征缴57.02万元；工伤保险新增扩面768人；实现零就业家庭动态就业援助100%；提供创业小额担保贷款45万元；劳动调解32起，金额达45万元；已建工会组织的企业工资集体协商率达100%；两网化采集231家。开展4场招聘会，组织100多家企业提供1000多岗位，在社区居民聚集地黎郡、南雅社区开展，将大批就业岗位送到居民家门口，为广大求职者提供免费的就业服务。退休人员认证1800多人，社会保障卡信息确认登记3199人，发放社会保障卡1684张。开展社会组织培育工作，街道社会组织27个，居民自治类7个，社区服务类9个，文体娱乐类10个，社会福利类1个，其中备案登记的9个，注册登记的1个，街道初级社会工作师11人。中级社会工作师1人；积极推行殡葬改革，街道成立红白理事会7个；区、街两级走访慰问贫困、残疾、重病等家庭545户，享受人均住房租金补贴10户，申请到廉租房3户。（李　梅）

【基层党建】 2015年，东山街道党工委、街道纪工委围绕重大决策、人事管理、财经支出、建设管理以及大额资金监控五个重点方面，着力推进武广高铁新城核心片区“全面拆迁、全面拆违”的繁重任务，着力应对“征拆阻力大、群众诉求高、安置矛盾多、干部超负荷”的现实形势，全面推行“暖心”“正风”“肃纪”主题行动，为强势高效推进工作提供有力的组织保障、纪律保障和作风保障。街道党工委、纪工委立足于党纪条规的最大许可范围，旗帜鲜明地关怀体恤街村干部。党工委按照“加班与没加班的不一样，负责与没负责的不一样、做成事与没做成事的不一样”的“三个不一样”的基本原则，在区委、区政府核批的拆迁加班费、征拆奖金总额内，重点向机关中层干部、做具体事的干部倾斜。按照工会有关规定，组织女干部职工“三八”妇女节到保利观看电影、组织机关工会会员拔河比赛、按规定发放工会年节慰问物质，全面地兑现工会福利待遇。进一步完善机关雇员、城管协管员、综治巡防队员、街道民兵应急队员有关福利待遇的实施办法，保障并提升劳动报酬。10 名机关干部提拔到中层骨干岗位，考核录用 1 名协管员转为机关雇员，打破编制与身份限制，选拔 2 名政府雇员分别担任征收安置服务中心主任和党政办副主任。对于机关干部工作人员的选拔任用和待遇改善，街道纪工委既不认死理“霸蛮”、更不钻牛角尖“呆搞”，而是实事求是、落实党工委真心实意关爱体恤干部的明确要求，最大限度地保护做事的干部的积极性。在涉及社区两委干部的不实信访、谣言误解、是非议论问题上，街道党工委、纪工委通过街道、社区各种会议、不同场合，运用短信平台、内部刊物，在通报核实情况时，举一反三开好党员大会以及村组骨干会议，肃清对两委干部的不利影响，坚定地维护基层组织的合法性，坚决地维护两委干部的权威性，让两委干部在村民中抬得起头、直得起腰、讲得起话。公正处置东山镇社区财务信访、东山和渔场社区村集体经济组织用地的信访问题。在制度监管、充分沟通的前提下，充分授权基层组织和两委干部，在拆迁拆违推进、征拆个案解决、村级项目运作、群众合理诉求的解决中运用自主权，稳住位子、给足面子、站好墙子。理直气壮地兑现两委干部福利待遇正常增长机制，完善《东山街道社区（筹委会）两委干部工资福利待遇的有关规定》，按照以岗定薪、奖勤奖学、尊重工龄、打破平均的基本原则，从基本工资、工龄、高温、加班、绩效奖金等各个方面，把社区支筹两委干部的正常待遇保障得更加充分。新选拔配备社区筹委会干部 2 名，提拔社区筹委会委员 7 名。基于此，创造了东山街道 36 个征拆项目同步强势推进，东山镇社区征收一个月完成 21 栋全部合法房屋协议签订、一个星期拆除合法房屋 15 栋，边山社区沪昆动车所在没有征地手续的情况下先行征地建设、“东山大会战”9 天时间调查违章建筑 100 万平方米的纪录。充分运用“土地征收全程服务所”和“民意快线”工程等平台，实行拆迁前、拆迁中、拆迁后的“全程服务”，做到既动员拆迁，又帮搬帮拆，更重在帮助群众解决拆迁后在过渡住房、子女就学、就医养老和创业就业中遇到的问题，让群众真切感受到“人走茶不凉”。结合“民意快线”工程，开展“与群众交朋友，帮基层解难题”等活动，东山街道第一批收集交办的民生问题 81 个，办结问题 79 个，办结率 92.5%，承诺事项 27 项，办结 24 项，办结率 88.9%。加快办理第二批民生问题 82 项，实现“热线打得通、部门联得动、实事办得快”。黎郡新宇一期康景园、二期熙春园地下管网改造、地下室渗水以及黎雅苑小区绿化提质等群众反映热切的问题得到有效解决。在“东山大会战，拆除 200 万”行动中，协调对接市轨道公司妥善解决了黎托家具城 140 多户拆迁户以及 100 多户违章经营户的搬迁困难和租金矛盾。面对“全面拆迁、全面拆违”的严峻考验，充分发挥草根领袖、社会组织、街道工商联、东山商会的作用。街道大力支持东山商会“抱团取暖、共渡难关”，指导东山商会成立“东联置业”公司，以房地产、项目工程、仓储物流、电子商务、宾馆酒店业等为发展方向，汇集地方资金资源，齐聚各方正能量，竭力维护征拆大局，全力推动征拆进度。街道加强党风廉政教育，把教育培训抓成常态。在各基层组织中，组织开展“一堂党课与讲座”“一场观影与讨论”“一套好书与交流”活动。各基层组织开展党课教育 28 场次，组织党员观看《百团大战》《南京南京》《高速公路上的腐败陷阱——省交通厅系列腐败案剖析》等电影与讨论 10 场次，为机关党员赠送《之江新语》《中国触动》《中国超越》《中国震撼》等书籍300套，向全街共产党员发送温馨提示、党建小知识等短信2000余条。组织党员赴韶山毛主席故居、浏阳文家市胡耀邦故居、宁乡花明楼刘少奇故居开展党性教育。用民主评议匡正风气。在各基层组织中，召开一次班子民主生活会、党员组织生活会，开展一次民主评议，民主评议一改以往“优秀”“合格”“基本合格”“不合格”的空泛做法，实行针对性强、具体化标准的评议，做到“硬挺硬”“实打实”，打破民主评议“和稀泥”、走形式。街道纪工委按照党政会议要求，加强对街治建设工程项目的招标、资金使用、工程质量、进度等关键环节的监督。完善《专项资金管理制度》，强化对大额资金、拆迁补偿资金、工程建设资金监管。制订《机关规范化建设制度汇编》，对机关考勤、卫生、值班、安全保卫、廉政、计算机管理、服务承诺、定期回访、会务接待等管理制度执行，定期检查落实。严格贯彻执行中央“八项”规定，以及各项廉政纪律要求，督促党员干部厉行勤俭节约、反对铺张浪费，公务接待在机关食堂就餐。加强公务用车管理，从严控制会务和办公经费的支出。严格执行《关于党和国家工作人员操办婚丧喜庆事宜的暂行规定》，10多名街道党员干部，8名社区班子成员家中的婚丧嫁娶宴席没有违纪违规。围绕项目征拆、拆违控违、安全排查、雨情防汛、机关管理等重心工作，纪工委不定期督查，强化执行力。5月1日，长沙普降暴雨，街道、社区在接到指令不到半小时，集结近200人的队伍，确保武广站场地下通道的应急警戒、交通主干道通畅以及广大群众拆迁过渡房和违章仓库的应急排险。街道机关组织街道、社区举办“东山杯”男子篮球赛、拔河比赛，从赛制制定、参与对象、安排社区群众文艺团队汇演等环节中，把街道、社区群众性文化体育活动与群众性文艺汇演有机结合，提高群众参与率、认可度，倡导树立新风尚。街道选派队员积极参与侯照社区“七一”党员拔河比赛、黎托社区群众健身操比赛，与广大群众骨干融洽关系。在街道安排下，边山社区组织党员和群众骨干到高升学习“村级留地转型发展经验”，长托社区党员参观比亚迪电动汽车制造开阔视野，黎托社区组织党员和群众骨干实地参观戒毒所等等。通过一系列机关、基层阳光健康活动，引导广大社区党员和群众骨干，正确看待拆迁拆违与地方发展，不断摒弃基层不健康文化习惯。针对社区（筹委会）党员会议、党员活动、村民组长和村民代表会议参会人员请假多、迟到多、早退多的现实问题，街道党工委、纪工委制定方案、明确要求，对照、参照《中国共产党纪律处分条例》有关规定，以会前会后签到表为主要依据，约谈、通报请假最多、经常迟到早退人员，下决心纠正“有组织无纪律”现象。对每个社区（筹委会）请假、迟到、早退次数最多、情节和影响最坏的，进行立案处置。经街道党工委同意、纪工委以书面形式要求街道城管办、综治办、计生办、党政办、征收安置服务中心、派出所向街道纪工委移交办案线索。针对乱倒渣土、渣土巡防管控不力的突出问题，3月，街道纪工委在区纪委的精心指导和区城管警察大队的大力支持下，严肃查处城管渣土协管员违纪案。对4名渣土协管员分别给予撤职、行政警告处分。对街道分管城管副职、城管执法中队中队长进行约谈，对城管执法中队晚班队员诫勉谈话。对综治办移交的侯照社区筹委会党员黄某某吸毒、党政办移交的社区公共服务中心邓某某等2人上班看电脑视频违反作风纪律、计生办移交的4个社区筹委会党员违反计划生育规定超生、征收安置服务中心移交的20多名党员干部拒绝购买小区车位、黎郡社区盛某某不配合违章建筑拆除等，分别启动立案、约谈、训诫措施。街道纪工委办理的案件情况，在党政会议研究决定的基础之上，打破过去留些情面、平衡关系、照顾情绪、隐去姓名不点到村和不点到人的搞法，通报到机关部门、通报到社区党员，不搞遮遮掩掩，真正达到处置极少数，教育保护大多数的目的。

（李　梅）

【“东山大会战　清零200万”】　2015年9月，东山征拆分指挥部落实区委、区政府统一部署，成立“东山大会战、清零200万”拆违指挥部，面对任务重、时间短、难度高的严峻考验，区委常委、区委办主任黄文先担任指挥长坐镇指挥，东山街道办事处党工委书记陈怀柏、办事处主任杨钦涵挂帅，聚合14个区直部门，8个街（镇）的力量280人，啃硬骨头，打攻坚战，大兵团协作，高强度推进。10月31日，黎托家具城全部拆除，边山、侯照，东山长托指挥部拆除违建面积超过26万平方米，截至11月9日，拆除违章164.59万平方米，加上先期拆除的42万平方米，完成“奋战60天，清零200万”的艰巨任务，未发生一起安全事故、一起群体性事件或一例行政强拆，为群众挽回经济损失306986元。刷新湖南省单日拆违面积最大（10月21日，实现单日拆除违章26万平方米）和一段时间内违章拆除总量最多（41天累计拆除违章113万平方米）两项纪录，全年拆违200.15万平方米，创造史无前例的“东山速度”，拆违工作得到省委常委、市委书记易炼红的高度肯定。（李　梅）

同升街道

【概况】 同升街道地处长沙市东南角，东与跳马镇接壤，西南与长沙县大托镇为邻，北邻洞井街道，是整个长沙市内城区最东端，绕城高速、京珠高速、武广高铁、沪昆高铁从中穿过，拥有李家塘、绕城互通和万家丽路三个入城口，是长株潭融城的前沿，是长株潭一体化的“桥头堡”和两型社会建设的核心区域，总面积23.3平方千米，是雨花区面积最大的街道。2015年，辖6个社区筹委会(白田、洪塘、新兴、同升、金井、桃阳)和6个社区(景环、同升湖、古樟树、联盟社区;新聚园、仙姑岭两个社区筹备中)。户籍人口1.3万余人，流动人口5.5万余人。街道内设党政综合办、纪检监察室、财政所、经济发展办、人口与计划生育办、城市管理办、社会管理综合治理办、社会事务办、劳动与社会保障办、国土城建与拆迁安置办，设公共服务中心（政务服务中心）、综合文化服务中心、安全监督管理中心、计划生育服务所、征收安置服务中心（城乡一体化服务中心）、人民来访接待暨矛盾纠纷调处中心6个二级事业。街道机关干部职工总人数205人，其中，在职在编干部实有43人（行政编核定编制16名，实有17人，事业编核定编制36名，实有26名，领导职数核定编制9人，实有9人），引进人才2人，随军家属无编聘用1人，雇员59人，八大员100人，退休11人。街道机关党支部分为两个党小组，党员42人。

2015年，街道围绕区委、区政府“加速领跑，加快转型，努力打造中部现代服务业中心”的决策部署，紧扣“党建引领”“社区、民生发展”等主题，锐意创新，攻坚克难，经济指标、项目服务、社会管理、党风廉政等均取得较好的成绩，特色工作亮点纷呈。获得“市级计生优质服务模范街道”“2014年度区重点工程建设协调服务工作一等单位”“长沙市雨花区安全生产工作一等单位”等多项荣誉。

（何　奎）

【街域经济】 2015年，同升街道实现税收73758万元；固定资产投资完成359447万元，其中生产性服务业完成165813万元；实际到位外资1000万美元，市外境内实际完成固投96000万元；社会消费品零售总额451646.2万元；完成长泰机器人等重点税源企业工商税务变更；新增注资百万元以上企业177家，注资千万元以上企业42家；完成辖区企业清税412家，其中登记入册的企业295家，证件不齐和异地纳税企业121家。纳入区重点项目和三定三抓项目24个，项目总量居全区之首，为长沙总部基地招商搭建平台，引进16家重点企业入驻;上报牛栏山公园项目和新日域标准厂房项目，作为2016年重大项目储备和2015年社会投资重大项目（新增）；进一步完善打造黄谷路汽车6S街区，协调16家汽车销售企业、14家房企和2家工业旅游企业举办“雨花房产汽车消费节”，销售房产480套，销售汽车4439辆，同比增长14.3%。

（何　奎）

【拆迁拆违】 2015年，同升街道拆违30638.49

平方米，超额完成雨花区“百日大会战”任务；日常拆违拆除22处，违章总面积5224.5平方米；完成时代阳光大道东延线项目、狮子山公园建设拆迁工作，绕城线绿化带项目、沪昆动车所项目完成交地。污水处理厂项目拆除违章板房800平方米，转移堆积物6000多平方米，顺利进入施工阶段。在街道项目服务、黎托平阳“湘诚壹佰南片”项目中，街道工委成立“拆迁突击队”党支部，从各部门抽调15名拆迁精英参与拆迁，仅用不到60天顺利拆除拖延6年的“湘诚壹佰南片”18栋“顽固”建筑，30余天拆除城投4号地13栋合法栋及1000多平方米过渡房，实现东山片区167栋、252323.88平方米违章全部清零，为区域项目腾地奠定坚实基础。

（何　奎）

【社会事业】 2015年，同升街道推行“劝导就业”“平安街道建设”和“社区站厕建设”等民生十事；扎实做好大病救助、临时救助、同心圆救助三大工作，救助157人次，发放救助资金259791元。打造“同升日间照料中心”，对辖区25名居家养老服务对象进行上门服务；获“阳光计生示范街道”称号和全国“计生依法行政示范街道”称号；被推荐为中国计生协会湖南唯一流动人口计生协项目单位，并启动蓝丝带行动——流动女工生殖健康及权益保护促进计划。组织招聘会4场，提供就业岗位2000余个，实现就业200余人；城镇新增就业1204人；下岗失业人员再就业390人，完成工作任务200人的195%；新增农村劳动力转移就业人数203人，完成工作任务70人的290%；城镇登记失业率控制在3%以内；城乡居民基本医疗保险完成缴费7805人，205700元。

（何　奎）

【综合治理】 2015年，同升街道刑事发案数468件，发案率同期下降12.5%，继续推行30人的“红袖章”义务巡逻队，志愿巡防人员增至317名，完成9个社区警务室的基础建设，“天网工程”中新增摄像头120个，全街摄像头增至580个；查处5家无证无照电子游戏经营场所，现场砸毁“捕鱼机”7台、连线机8台、老虎机5台，扣留涉嫌非法营运车辆5台；通过民兵整组，全街民兵总数603人；接待来访群众37批次、125人次，受理信访案件5起全部办结完成；排查调处各类矛盾纠纷65件，调解成功32件，挽回各类经济损失上千万元。

（何　奎）

【基层党建】 2015年，同升街道在机关、各社区（筹）开展“肃党风，树正气”党员民主评议，实行“党员证发放”“三严三实”“街村现状”有机结合，突出“四项学习”“五项评议”和“十大处置”，总评议人数638人，其中立案3件，限期改正9人，诫勉谈话11人，延期转正1人，暂缓发放党员证者28人。街道推行实在、实干、实绩“三实”的用人导向，面向社会公开招录社区工作者15名，组织社工师资格考试，举办2015村级经济管理人才培训班，推行“书记讲党课”，在同升、金井社区筹委会试讲，听课人数200余人；下大力气对“党员准入”和“党员清退”进行系统整治，打造桃阳社区筹委会党建示范点，成立由社区书记、委员、党小组长和事务监委会成员组成的政审监察组，把牢六道“准入关”，划定不合格党员清退红

2015年11月11日，省委组织部在同升街道调研党建工作

线，先后为8名入党积极分子召开政审讨论会，为7名先进入党积极分子开具政审合格外调函，纯化党员干部队伍。制定“委托第三方进行廉纪绩效综合测评调查”的方案，从廉洁守纪和工作绩效两方面对166名机关工作人员、900余人社区党员、干部实行民意测评，以量化标准、廉政到人的实际行动达到监管效应最大化。（何　奎）

【李军督查安全生产工作】 2015年8月26日，长沙市委常委、纪委书记李军带队督查湖南红星盛业食品股份有限公司和长沙市莲湖医用氧厂安全生产工作，详细听取企业安全生产工作情况介绍，重点检查湖南红星盛业食品股份有限公司的制冷机房、设备控制室、污水处理车间和长沙市莲湖医用氧厂气体充装车间及液氧罐区。现场询问企业存在的安全隐患及容易发生安全事故的部位环节，询问设备运行情况、检修周期及检修时的相关规定，查看值班记录，并对现场负责人的安全管理知识进行提问。他强调：抓安全就是抓可持续发展，要切实夯实企业安全生产主体责任，落实当地党委政府属地责任，抓好各级职能部门监管责任。雨花区委书记邱继兴，区委副书记、区长张能峰，区委常委、纪委书记王清政，区委常委、副区长罗予武，以及市区相关职能部门、街道主要负责人陪同检查。

（何　奎）

【同升“汽车·房产旅游消费季”】 2015年6月5日，“雨花区第二届同升汽车·房产旅游消费季”暨“大爱同升，爱心送考”启动仪式在雨花黄谷路汽车6S街区凯迪拉克4S店前坪举行。活动由长沙市商务局、长沙市旅游局、雨花区人民政府、雨花经开区管委会共同指导，雨花区商务和旅游局、雨花区同升街道办事处联合主办，湖南金鹰955电台、汽车之家、搜房网共同承办，同升街道辖区16家汽车销售企业、14家房地产项目和2家工业旅游企业共同协办，湖南东宸智地房产开发有限公司特别支持。活动周期长达三个月，持续到8月底。通过发挥服务型政府职能，采取“政府搭台、企业唱戏、消费者受益”的形式，以汽车、房产、工业旅游“三合一”的立体组合满足不同消费群体的需求，进一步拉动消费的同时，旨在将黄谷路汽车6S街区打造成为长沙南部最受消费者欢迎、人气最旺的汽车6S街区，同时有助于“宜居同升、两型同升”的建设和工业旅游的发展。（何　奎）

【长沙市首届网友节】 2015年1月21日，由长沙市文明办、雨花区文明委指导，中共雨花区委宣传部主办，长沙市雨花区同升街道办事处、微妙文化传播（湖南）有限公司承办，长沙市雨花区文体新局、雨花区教育局、星辰在线等联合协办的长沙市首届网友节暨首届微电影文化节颁奖典礼在长沙晚报大厦星辰国际艺术中心举办。长沙市网管办主任李鹏飞，长沙市委宣传部副调研员罗庆龙，雨花区委常委、宣传部部长何托林，《长沙晚报》报业集团党委委员、副总经理、副总编辑庄居湘，《长沙晚报》编委、星辰在线总编辑、总经理何旭出席活动。该网友节暨微电影文化节是在湖南省建设文化强省、推动文化创意产业健康发展的大背景下进行的创新之举，符合长沙市“力争三倍、力行五推、共圆三梦”的目标，同时利用新媒体力量宣传雨花，起到树立雨花美丽形象，打造雨花良好口碑，增进社会各界人士对雨花的认同，弘扬主旋律，传播正能量的重要作用。（何　奎）

【村级经济管理人才培训班】 2015年4月29日，“同升新市民能人”SHOW、“同心社区”创建点授牌暨村级经济管理人才培训开班仪式在同升街道比亚迪公司举行。长沙市人民政府副市长、民盟长沙市委主委何寄华，长沙商贸旅游职业技术学院党委副书记、院长刘国华，雨花区委副书记汪娟，民盟市委专职副主委刘志红，市文明办副主任丁德喜，雨花区委常委、组织部部长、统战部部长冯聪龙等领导出席活动。民盟雨花区工委各支部主委、副主委，相关职业院校教师代表，同升街道全体党政班子成员及各社区（筹委会）两委成员，村级经济管理人才培训班学员及进行绝活展示的能人等近200

人参加活动。活动由中共长沙市委统战部指导，民盟长沙市委、市文明办、中共长沙市雨花区委统战部主办，民盟雨花区工委、雨花区文明办、同升街道办事处承办，长沙职业教育基地各民盟支部、长沙市商贸旅游职业技术学院共同协办；为同升新市民各类能人提供充分展示自我的平台，充分发挥统战资源优势，密切与职业教育基地各民盟支部的联系，进一步深化“同心”思想。中共雨花区委副书记汪娟宣布“村级经济管理人才培训班”开班。12月23日，同升街道“村级经济管理人才培训班”总结大会暨结业典礼在长沙商贸旅游职业技术学院举行。会议由长沙商贸旅游职业技术学院副院长贺华主持，长沙商贸旅游职业技术学院党委书记王小平，区委常委、组织部部长、统战部部长冯聪龙，街道党政领导张建、尹新国、曹旭鑫等出席。冯聪龙对街道加强组织建设、队伍建设，特别是村级建设所做的系列工作给予充分肯定，要求学员们“常怀为民的情怀、提升法制的观念、提高服务能力、有更高的视野、有担当的精神”。王小平表示，学校将全力为区域发展贡献力量，并期待街校的合作拓展到更高的层面、更宽的领域。（何　奎）

跳马镇

【概况】　1995年5月，长沙县“撤区并乡”，合并跳马、团然、石门三乡成立跳马镇。2015年1月14日，跳马镇由长沙县划入到长沙市雨花区。跳马镇地处长株潭两型示范区的“绿心绿肺”，跳马因关羽战长沙时跃马跳涧而得名，跳马处在长沙市雨花区南部的丘陵地带，东与浏阳市柏嘉镇及株洲市的云龙新城、龙头街道、井龙街道相邻；南与株洲市白马镇、湘潭市昭山镇毗邻；西与长沙市天心区暮云街道和南托街道相攘；北与长沙市雨花区同升街道、洞井街道及长沙县黄兴镇相接。距长沙市区12千米，距株洲市区10千米，距湘潭市区18千米。长潭高速、长株高速、醴潭高速、长沙市的绕城高速及洞株连城大道穿镇而过，浏阳河流经该镇。镇政府设在斑竹塘。2015年，跳马镇设党政综合办公室、经济发展办公室、社会事务办公室、社会管理综合治理办公室、人口和计划生育办公室和财政所、监察室、人民武装部。辖跳马、关刀、嵩山、杨林、沙仙、复兴、双溪、三仙岭、石桥、梅怡岭、曙光垸、冬斯港、白竹、喜雨、石燕湖、新田、田心桥17个村和金屏、斑竹塘两个社区，总面积183平方千米。其中山林面积9293.33公顷，耕地面积4086.67公顷，水面积335.2公顷。人口66443人；其中农业人口59591人，非农业人口6852人。

2015年，跳马镇发展特色都市休闲旅游产业。跳马镇是生态旅游胜地，自然资源独特。国家级AAAA级旅游景区——石燕湖生态旅游公园坐落在该镇的石燕湖村；有三星级以上的辰午、天赐园、雅园、德园、进贤等12个生态农庄。境内的跳马涧，历来是兵家必争之地，是长沙地区著名的古战场。明代的吉简王、悼王、庄王、宣王及王妃的墓地葬于天鹅池和三仙岭；始建于唐代的嵩山古寺坐落在嵩山村；清末著名爱国将领左宗棠的忠骨埋葬在白竹村。跳马镇整合国家石燕湖公园、天赐园、嵩山古寺、左宗棠墓、跳马涧及辰午山庄等现代农庄及航院博物馆旅游资源，打造“山水”“休闲”“爱国主义”的旅游文化，充分发挥石燕湖生态公园龙头带动作用，同时加大对外宣传力度，以嵩山古寺、左宗棠墓、跳马涧等旅游资源为包装项目对外推介，做大做强跳马镇的旅游产业。积极探索两型建设新思路，按“退二进三”的原则引导企业进出，淘汰落后产能，支持企业节能降耗、清洁生产、发展循环经济，严格执行绿心地区建设项目准入管理程序，切实保护绿心地区生态环境。获得国家级“生态乡镇”、创建“全国绿化模范县”先进单位及长沙市首届“魅力乡镇”等多个荣誉称号。（刘希贤）

【镇域经济】　2015年，跳马镇以建设长株潭融城核心区、“两型社会”生态建设样板区、产业转型升级承载区、城乡一体化建设示范区为目标，围绕“两型示范、特色引领、城乡一体”的发展思路，凝聚共识、抢抓机遇，开拓创新、主动作为，呈现区划调整有序对接、重点项目强力推进、各项工作齐头并进的良好局面。实现企业总产值9.07亿元，工业企业总产值5.4亿元。规模工业企业共11家，实现规模工业总产值3.87亿元；完成全社会固定资产投资12.8亿元；实现农林牧渔总产值12亿元，比2011年的9.21亿元增长30%；财政税收1.02亿元，比2011年的7597万元增长34%；居民纯收入人均可支配收入22410元，比2011年的14740元增长52%。

跳马镇是省会长沙百里花卉苗木走廊十万亩苗木基地的主要生产区，是中国首批“花木之乡”和“红继木之乡”。2009年，跳马镇启动花木大世界（湖南花木科技示范园）建设。该项目集生产、销售、信息平台、展示、观赏、休闲、旅游于一体，占地面积266.67公顷，总投资3亿元，分三期建设。项目建成后，预计各类花卉苗木产品年销售30亿株，收入超30亿元，创税收1.87亿元。跳马镇优化产业结构，发挥“花木之乡”优势，加大宣传推介力度，提升品质及服务，塑造优质品牌形象。走农业产业化、市场化和多元化道路，以“湖南花卉苗木科技示范园”（花木大世界）建设为龙头，建立跳马花卉苗木营销综合平台，引导本地农户实现产业化经营、专业化生产、市场化运作，带动产业提质升级，壮大本镇特色优势产业，带动农民创业致富。2015年，全镇花木面积5560公顷，品种123个，销售收入12亿元，产品销往全国20多个省市、港澳台地区及韩国、日本等国家。花卉苗木专业合作社48家，流转土地3公顷以上的苗木场58家。（刘希贤）

【城乡建设】 2015年，跳马镇重点建设项目15个，其中自建项目2个，征地拆迁项目7个和其他建设项目6个。该镇抓住与雨花区对接的契机，加快融城力度，重点引进红星（白竹）农副产品全球采购中心、白竹水乡和佳兆业3个项目，提升跳马的影响力和知名度。9月，占地近67公顷（约1000亩）、投入约50亿的红星（白竹）农副产品全球采购中心项目（第一期）在短短55天内实现和谐拆迁，12月28日顺利开工建设。12月，全长12.5千米、总投入约5亿元的洞株公路主线建成通车，成为贯穿跳马的第一条高等级公路，彻底改观跳马的交通现状，成为连接长沙、株洲的主干道之一；投入1.5亿元建设高标准的石燕湖大道，改善居民出行条件和集镇形象，成为跳马城镇建设的新亮点；硬化改造村级公路40千米，亮化20千米，亮化公路长度居历年之首；改善居民的出行条件；引入公共交通，15路和27路公交线顺利延伸至跳马。坐落于田心桥村的湖南绿心公司速生草科研基地，项目关注度进一步提升。省级重点项目——黄花机场导航台项目的征拆工作进入扫尾阶段。金屏集中安置区建设加快推进，中南地区工程咨询产业基地、省标准创新与推广中心、镇域汇新纸业、欧米茄、仙翁食品、智多星等项目建设如火如荼。加大水利工程建设，投入资金2500万元，加固14座病险水库、曙光垸大堤，建设小型农田水利工程、农村安全饮水工程；自来水工程一期、二期，天然气管道对接工程项目竣工并投入使用；斑竹塘集镇立面改造全部竣工，完成跳马涧集镇、石燕铺集镇改造设计及镇区污水主管网扩容、收集支管网及自来水支管网建设。投入近2000万元、占地面积3.34公顷（50亩）的敬老院顺利建成，2015年被评为市级示范敬老院。投入1500万元新建占地面积1公顷的镇综合文广站，充分发挥综合文化服务中心的载体作用，多次接受省、市、区领导观摩指导，并被评为长沙市示范性综合文化服务站。6月5日，跳马镇依法依规对该镇沙仙村3处共2100余平方米的违章建筑进行强拆行动。（刘希贤）

【社会治理】 2015年，跳马镇围绕“平安雨花”、“平安跳马”主题开展综治工作，加大“红袖章”巡防力度，投入巡防费用近70万元，采取路面巡防和走村入户的巡防方式开展巡防工作，降低镇域内刑事、治安案件的发案率，确保了镇域内的治安案件数目未因区划调整而上升；重视矛盾纠纷调解工作，2015年共调处各类矛盾纠纷203件，调处成功203件，调解成功率达100%。加大农村环境治理资金投入，完善环卫基础设施，做好农村垃圾分类处理和回收，积极创建省级农村环境综合整治示范点；依法依规取缔非煤矿山，严格控制破坏生态、污染环境的企业生产经营；加强渣土巡查管理，严厉查处辖区内有消纳场地、无审批手续的渣土场；狠抓拆违控违，制定拆违工作计划表，建立属地管理责任制度、党政班子成员联系村制度、日常巡查制度等工作机制，明确拆违控违责任，时刻保持高压态势。2015年组织综合执法行动26次，拆除违章建筑22245平方米，实现区委、区政府提出的“两个零”工作目标。制定美丽乡村建设实施方案，选取石燕湖村进行美丽乡村建设、曙光垸村进行提质改造。形成以曙光垸村为典型示范，逐步在全镇带动推广的创建格局，积极打造跳马“美丽小镇、城区花园”形象。曙光垸村被评为“湖南省美丽乡村建设示范村”。全面落实安全生产责任，坚持“安全第一，预防为主，综合治理”的方针，加大安全生产执法监察力度，以“安全生产月”“千人送训进万企”等活动为契机，组织开展各类宣传教育培训10余次，组织各职能部门开展“九打九治”打非治违专项行动6次，保证了我镇安全形势持续稳定。加强干部队伍思想教育，每周组织机关干部开展弘扬正能量主题的机关宣讲活动，营造学习先进典型、人人创先争优的浓厚氛围；大力开展群众工作“民意快线”工程，集中解决第一、二、三批民生问题266个，配合区委“一进两访”工作安排，积极参与1000户困难户集中走访，受到广泛好评；党风廉政建设常抓不懈，严格落实中央“八项规定”，省委“九项规定”，强化民主监督，全镇上下营造风清气正的良好氛围。（刘希贤）

【社会事务】 2015年，跳马镇开展春节慰问工作，慰问贫困户1857户，慰问总金额199.8万元。全年核定享受城乡居民低保1109户，发放金额347.2万元，在全市范围内率先实现城乡低保一体化；认真执行国家新型养老政策，对所有年满80岁的农村老人异动情况进行登记造册，及时发放高龄补贴；深入推进殡葬改革，完成新敬老院的搬迁和入住，落实医疗救助、社会优抚、低保救济、慈善助残等各项工作。举办以“建设美丽乡村·共创幸福跳马”为主题的村级文化艺术节活动15场，打造跳马特色文化活动品牌。提质建设镇文广站，发挥综合文化服务中心的载体作用，多次迎接省市区领导观摩指导；教育教学井然有序，学校管理逐步规范，镇域各中学招生实现微机派位，小学实现划片招生，与城区实现无缝对接；医疗卫生工作有序开展，65岁以上老年人免费体检7900余人次，对育龄妇女免费进行防癌普查3000余人次，提质改造三仙岭、双溪、嵩山村卫生室，确保安全、有效的医疗保障；平稳推进全镇计生各项工作，加强计划生育政策宣传，积极规范生育秩序，不断完善人口网格化管理。宣传教育普及率95%以上。（刘希贤）

【长沙市雨花区跳马镇揭牌授印仪式】 2015年1月14日，长沙市雨花区跳马镇揭牌授印仪式在跳马镇政府驻地斑竹塘举行。长沙市、雨花区、长沙县有关领导及跳马镇全体机关干部、部门负责人、村(社区)书记、主任200多人参加仪式。长沙市委常委、常务副市长陈泽珲宣读市人民政府批复文件，雨花区委书记邱继兴，区委副书记、代区长张能峰分别授中共雨花区跳马镇党委、雨花区跳马镇人民政府印鉴。区委常委、组织部部长冯聪龙宣读《中共雨花区委关于跳马镇领导班子成员分工的决定》。跳马镇党委书记谭爱兵代表跳马6万多干部群众作表态发言。邱继兴指出，跳马镇行政区划调整是市委、市政府立足长沙发展实际作出的战略部署，是市委、市人大、市政府、市政协的英明决策。当前和今后一个时期，雨花区正处在“筑牢基础、破解难局，朝着打造中部现代服务业中心、加快实现基本现代化目标阔步迈进”的历史时期，希望跳马镇全体干部职工和全区人民一道，同心同向、真抓实干、奋发进取，为率先建成“三市”、强力实施“三倍”、加快基本现代化进程做出新的更大的贡献。（刘希贤）

【跳马镇文化艺术节】 2015年6月26日，由中共雨花区委宣传部、雨花区文体局、中共跳马镇委员会、跳马镇人民政府主办的“欢乐潇湘·美丽雨花”活动之跳马镇村（社区）文化艺术节在跳马镇文化广场举行，当地群众4000余人参加启动仪式。活动节目均由村民自编自导自演，有广场舞《好运来》、歌曲独唱《祖国之恋》、伞舞《梅花泪》等节目，其中，斑竹塘社区表演广场舞《藏家乐》、花鼓戏《瓜子红》及快板《社区新面貌》等文艺节目10余个。 （刘希贤）

【冯聪龙调研跳马镇民族宗教工作】 2015年3月3日，雨花区委常委、组织部部长、统战部部长率四大家领导到跳马镇调研民族宗教工作。冯聪龙一行实地参观丰田古寺、团头河福音教堂、大安寺建设情况，了解信教群众依法开展宗教活动的情况，并在大安寺召开调研工作座谈会，调研组分别就丰田古寺用地问题、入寺公路建设、团头河福音堂重建、大安寺网络、交通问题等进行研究，要求各部门积极配合，做好服务，在促进经济社会发展和弘扬传统文化建设中发挥积极作用。冯聪龙表示，宗教信仰是弘扬优秀传统文化、维护社会和谐稳定的纽带桥梁，各级部门、单位应上下协同、共同努力，实事求是的解决宗教场所自身建设上的困难问题，进一步贯彻落实党的宗教政策，积极主动加强对宗教活动场所的管理，更好地为信教群众服务。

（刘希贤）

【刘映群调研丰田古寺】 2015年10月23日，长沙市委统战部常务副部长刘映群、市民宗局副局长王自书调研宗教场所工作，实地参观丰田古寺寺庙主殿、观音殿、居士楼、宗教法律法规宣传长廊，听取该场所的情况汇报，了解该场所建设及信教群众依法开展宗教活动的情况和存在的问题。刘映群强调，要认真贯彻落实党的宗教政策，完善各相关与宗教界人士联系制度，推进沟通联系常态化、长效化。要加强政策法规宣传教育，创新载体形式，讲究方式方法，更好地教育和引导宗教界人士和信教群众多层次、多形式地开展爱国主义教育，增强广大神长教友的公民意识、法律意识和爱国情怀。要提高依法管理宗教事务水平，促进社会和谐，凝聚发展正能量。市、区、镇三级相关部门要加大对宗教场所相关问题的解决力度，为宗教界改进相关工作提供有益的经验。 （刘希贤）

【中美园林植物交流培训】 2015年11月1日，跳马镇举办2015年中美园林植物交流培训会。中南林业科技大学资深教授、雅林所苗木专家及基层重点花卉企业、花卉种植大户、花卉苗木专业合作社代表等160余人参加交流培训。培训特邀美国佐治亚大学资深教授、美国缅因大学终身教授、湖南省特聘“芙蓉学者”张冬林以及3名美国苗木资深专家进行授课。专家介绍美国花卉苗木产业发展现状及对中国苗木发展的启示，讲解有关花卉苗木引种、栽植、推广技术，重点讲解新品种花卉苗木的育种技术、美国现代科技苗圃种植技术、杂交品种的繁殖技术、苗木产品互联网营销等知识，现场解答在花卉苗木种植中遇到的疑难问题，帮助大家解决日常种植中遇到的实际问题。通过培训，增加种植户对美国先进苗木技术的了解，激发群众种植好花卉苗木的积极性，提高农民花卉苗木栽培种植技术，壮大跳马镇花卉苗木产业，提升农民创业就业能力，为跳马继续推进“湖南花卉苗木科技示范园”建设，打造中南五省第一花木大市场增添活力。

（刘希贤）

【“防灾减灾日”安全宣传】 2015年，跳马镇确定5月11日至17日为“科学防灾减灾，构建平安跳马”防灾减灾宣传周，开展应急管理法律法规和防灾减灾科普的宣传宣教活动，增强公众防灾减灾意识，提升避灾自救技能。5月12日，在镇政府广场及石燕铺集市分别设立为民服务宣传台，开展2015年“防灾减灾日”安全宣传活动。现场设置宣传咨询台、宣传展板，向前来咨询群众发放各种宣传彩页、手册，宣传防灾减灾、安全保障、消防安全、环境保护与健康生活和卫生防病知识等知

识，发放《防震减灾常识》400余份，宣传单300余份，接受群众咨询450余人次。（刘希贤）

【跳马镇总体规划方案专家咨询会】 区划微调后，跳马镇立足于长株潭融城核心区、“两型”社会生态建设样板区、产业转型升级承载区、城乡一体化建设示范区“四区”建设，加速全镇美丽乡村建设进程，建设环境更美、民风更淳、农民生活更富的新跳马。2015年10月30日，长沙市规划局召开跳马镇总体规划（2015—2030）方案专家咨询会。该总规方案提出跳马镇总体规划定位为积极发展生态旅游与生态住宅，布局面向长株潭的房地产、旅游、休闲娱乐等区域性服务设施，以发展成为长株潭区域第三产业发达、基础设施完善的生态田园新镇。提出结合各村的现状各项条件，打造成一个“一轴、两区、五组团”的产业空间布局形态。规划确定的人口规模近期为5.5万人，远期为9.4万人，依据上述测算结果，确定跳马镇镇区规划近期用地规模控制在5.8平方千米，远期用地规模控制在9.2平方千米。市规委部分专家、市国土局、市园林局、市规划局有关处室及雨花区分局有关人员和跳马镇政府参加会议。（刘希贤）

【红星农副产品全球采购中心项目开工】 2015年12月28日，长沙红星农副产品全球采购中心项目开工仪式在跳马镇白竹村举行。雨花区委副书记刘素月主持开工典礼，红星实业集团董事长罗跃致辞。跳马镇党委书记谭爱兵代表跳马镇干部群众在开工典礼上发表讲话。谭爱兵表示，长沙市委市政府决定将红星农副产品大市场搬迁至跳马镇白竹村，这是跳马镇人民经济社会生活的一件大喜事，对跳马镇的发展建设具有重大的历史意义。

（刘希贤）

【洞株公路（长沙段）通车】 2015年12月30日，洞株公路（长沙段）建成通车。湖南省委书记、省人大常委会主任徐守盛，副书记、省长杜家毫等参加这次通车仪式。洞株公路（长沙段）是长株潭“两型社会”规划建设的城际快速干线之一，列入省、市“十二五”国省干线公路建设计划。该项目起于长沙市雨花区环保大道下穿京港澳高速公路处，经白田村、团田村、跳马涧、双溪村，止于株洲市荷塘区，全长13.712千米，其中长沙县境内12.46千米，采用设计时速80千米、路基宽度28米的一级公路标准，雨花区境内12.52千米，采用设计时速60公里、路基宽度38米的城市主干道标准。项目投资估算总额9.48亿元。（刘希贤）

人　物

新任区领导

张能峰

张能峰，1969年12月出生，湖南安乡人，在职研究生，法学硕士，中共党员。曾任共青团湖南省委常委、青工部部长。

2002年5月至2005年8月，任中共绥宁县委副书记（正处级）；2005年8月至2006年4月，任中共武冈市委副书记（正处级）；2006年4月至2007年2月，任中共邵阳市大祥区委副书记、代区长，2007年2月，在邵阳市大祥区第二届人民代表大会第六次会议上当选为区长。2007年2月至2012年4月，任中共邵阳市大祥区区委副书记、区长；2012年4月至2014年10月，任中共邵阳市大祥区委书记；2014年10月，任中共长沙市雨花区委副书记、副区长、代理区长。2015年1月，任中共长沙市雨花区委副书记、区长。（柳　旻）

刘素月

刘素月，女，湖南长沙人，1973年8月出生，1993年8月参加工作，1993年6月加入中国共产党，湖南大学经济与贸易学院国际贸易学专业毕业，在职博士研究生学历，经济学博士。

1993年8月至1995年4月，任长沙卷烟厂一车间技术员；1993年5月至1996年1月，任长沙卷烟厂团委专干；1996年1月至1999年10月，任长沙卷烟厂团委副书记；1999年10月至2001年4月，任长沙卷烟厂团委书记；2001年4月至2006年6月，任共青团长沙市委副书记；2006年6月至2007年10月，任中共长沙县委常委、县委宣传部部长；2007年10月至2011年6月，任中共长沙县委常委、长沙县人民政府副县长；2011年6月至2013年4月，任长沙市商务局党委书记；2013年4月至2015年11月，任长沙市商务局（长沙市招商合作局）党委书记、局长；2015年11月，任中共长沙市雨花区委副书记、区委党校校长。

（柳　旻）

邹春林

邹春林，1973年2月出生，1992年8月参加工作，1998年6月加入中国共产党，大学本科学历。

1992年9月至1995年5月，任长沙县大鱼塘乡财政所会计、总会计；1995年5月至1996年2月，任长沙县春华镇财政所总会计；1996年2月至2000年9月，任长沙县春华镇财政所所长；2000年9月至2001年3月，任长沙县春华镇镇长助理、财政所所长；2001年3月至2001年7月，任长沙县春华镇副镇长、财政所所长；2001年7月至2002年12月，任长沙县果园镇副镇长；2002年12月至2005年2月，任共青团长沙县委书记；2005年2月至2007年9月，长沙县福临镇党委副书记、镇长；2007年9月至2010年4月，任长沙县福临镇党委书记；2010年4月至2012年11月，任长沙县黄兴镇党委书记，长沙县副县级干部、黄兴镇党委书记；2012年11月至2015年4月，历任长沙县人民政府副县长，长沙县人民政府副县长、党组成员、北山镇党委书记（兼），县委常委，县人民政府副县长、党组成员、北山镇党委书记（兼）。2015年5月，任中共雨花区委常委、区人民政府党组副书记、常务副区长。（柳　旻）

余宏卿

余宏卿，出生于1972年10月，汉族，湖南临湘人。1990年7月参加工作，1994年6月加入中国共产党，本科学历。

1990年7月至1991年7月，临湘县定湖中学教师；1991年7月至1992年12月，任临湘县人民政府办公室秘书；1992年12月至1995年7月，任临湘市人民政府经研室干部；1995年8月至1997年8月，任临湘市政府办工交组组长；1997年8月至1997年12月，任临湘市政府办工交组组长、副主任科员；1997年12月至2001年4月，长沙市天心区人民政府办公室干部；2001年4月至2005年7月，任长沙市天心区人民政府办公室副主任；2005年7月至2008年2月，任中共长沙市天心区青园街道工委副书记、办事处主任；2008年2月至2009年3月，任中共长沙市天心区青园街道工委书记、人大工委主任（兼）；2009年3月至2009年4月，任中共长沙市天心区大托镇党委书记；2009年4月至2011年6月，任中共长沙市天心区大托镇党委书记、中共湖南天心环保工业园工委会副书记（兼）；2011年6月至2015年11月，任长沙市雨花区人民政府副区长；2015年11月，任中共长沙市雨花区委常委、宣传部部长。

（柳　旻）

宋尊德

宋尊德，籍贯湖南浏阳，46岁，大学本科学历，中共党员，上校军衔。

1987年10月入伍，曾任天津警备区战士、班长、排长、指导员、连长、参谋；24集团军通信站站长；浏阳市人武部后勤科长、副部长等职。曾荣立三等功两次。2011年4月任长沙市雨花区人民武装部部长。2015年7月任中共长沙市雨花区委常委、中国人民解放军长沙市雨花区人民武装部部长。（柳　旻）

郭四军

郭四军，1975年3月出生，中共党员，研究生学历，中共党员。

1997年6月毕业于湖南财政经济学院，7月被分配至湖南省技术进出口公司财务部工作，先后任会计员、主管会计、财务部副经理、经理等职；湖南省外经贸厅第七届团委委员，公司团总支书记。2005年12月起，任长沙市商务局（长沙市招商合作局）党委委员、总经济师。2000年12月通过湖南大学金融学本科自学考试，获经济学学士学位。2003年9月—2006年6月，攻读中共中央党校研究生院世界经济专业硕士研究生，研究方向为国际金融。2012年9月，任长沙雨花工业园党工委副书记、管委会主任。2015年，任中共长沙市雨花区委常委、长沙雨花经济开发区党工委书记。

（柳　旻）

黄建元

黄健元，1966年10月出生，湖南宁乡人，中共党员，大学文化，一级警督。

1987年7月至2004年11月，先后在宁乡县公安局，长沙市公安局西区分局、岳麓分局、芙蓉分局工作；2004年11至2009年9月，任长沙市公安局开福分局政委；2009年9月至2015年11月，任长沙市芙蓉区人民政府党组成员、副区长、公安分局党委书记、局长；2015年11月，任长沙市雨花区人民政府党组成员、副区长、公安分局党委书记、局长。（柳　旻）

王明玖

王明玖，1975年10月出生，湖南衡南人。

1994年8月参加工作，2000年6月加入中国共产党，本科学历，法律硕士学位。

1994年8月至2010年2月，先后任衡阳市人民检察院书记员、副科级助理检察员、反贪局侦查一室主任，长沙市雨花区人民检察院检察员、反贪污贿赂局局长、正科级检察员；2010年2月至2011年12月，任长沙市雨花区纪委副书记；2011年12月至2014年9月，任长沙市雨花区东塘街道党工委书记；2014年9月至2015年8月，任长沙市雨花区黎托街道党工委书记；2015年8月，任长沙市雨花区人民政府党组成员、副区长。（柳　旻）

张良欣

张良欣，出生于1975年4月，汉族，湖南浏阳人，1995年9月参加工作，1999年1月加入中国共产党，省委党校研究生学历。

1992年9月至2002年4月，历任金刚镇政府干部、浏阳日报社记者，浏阳市政府办干部，大瑶镇党委副书记；2002年4月至2006年6月，历任雨花区人民政府办公室综合科长、副主任、主任科员；2006年6月至2007年1月，任长沙市雨花区委办公室副主任、主任科员；2007年1月至2015年11月，历任雨花区左家塘街道办事处主任，街道党工委书记；2015年11月，任雨花区人民政府党组成员、副区长。

（柳　旻）

模范人物

姜鹏鹏

姜鹏鹏，女，1989年9月出生，中共党员，大专文化，长沙神农大酒店餐饮部楼面主管。

她始终保持勤奋敬业的工作作风，本着全心全意为人民服务的宗旨，努力为宾客提供满意的服务。在酒店工作期间，参加过多次重要接待，2010年被酒店派往张家界参加首届中国旅游文化节接待活动，得到一致好评；2012年被湖南省旅游局选派前往张家界接待国家领导人，以优异的表现获得领导赞许。2011年，代表长沙市参加湖南省旅游饭店服务技能大赛获得第一名；2012年，参加长沙市商务局主办的“百万市民票选服务明星”获得“金牌服务明星”称号；2013年，参加长沙市第七届旅游行业职工职业技能竞赛，获得中餐宴会摆台第一名，参加湖南省旅游行业岗位明星评选活动获得“餐厅服务员岗位明星”荣誉称号。在平凡的工作岗位中，她一直以积极认真的态度对待每一件事，积极参加单位组织的各项公益活动，工作勤勤恳恳，任劳任怨，对待同事亲切友善，对待客人积极主动。自从事酒店工作四年以来，一直在酒店一线服务的工作岗位上重复着平凡的工作，默默奉献着自己的青春和热血，收到客人书面表扬信86封，年年被评选为酒店优秀员工。2014年，获“全国五一劳动奖章”，获评“湖南省劳动模范”。2015年，获评“全国劳动模范”。（柳　旻）

张　虎

张虎，1969年8月出生，湖南长沙人，中共党员，

法学本科学历，长沙市雨花区人民法院执行局审判员。

1990年10月，从湖南省司法学校毕业分配到长沙市郊区人民法院工作（1996年更名为雨花区人民法院），先后在岳麓山法庭、经济审判庭、民事审判庭、速裁法庭、立案庭、法警队、执行局等审执一线工作，历任书记员、助理审判员、审判员。2015年5月21日，其因积劳成疾昏倒在工作岗位，经医院诊断为脑瘤，经医治无效，不幸逝世。在法院工作的26年里，其始终奋战在审判执行一线，先后主审案件1912件，参与办案2000多件，每一起案件他都认真对待，秉公办理。不管是立案送达、开庭审理还是执行阶段，他都想群众之所想，急群众之所急，所办案件无一错案、无一举报或投诉。他把毕生的智慧和精力都奉献给了自己热爱的司法事业，从不计较个人得失，二十多年如一日忘我工作，殚精竭虑，即使身体出现严重不适，仍然带病坚持工作，直到生命的最后一刻。其生前感人事迹在全市、全省法院系统进行宣讲，并在《法制日报》《人民法院报》《湖南日报》《长沙晚报》专刊或头版报道，成为优秀基层法官先进典型，被湖南省高院追记个人一等功，并追授“全省优秀法官”“长沙市优秀法官”“雨花区优秀共产党员”等荣誉称号。（魏小晓）

孟繁英

孟繁英，女，汉族，1958年4月出生，湖南长沙人，民盟盟员，高中文化。长沙孟妈妈青少年保护家园园长。

2000年从城市电信分公司退养后，走进社区做义工。2004年参与创办“长沙雨花义工俱乐部”。2006年创办全省首个社区青少年禁毒教育基地，2008年首创民间社团“长沙孟妈妈青少年保护家园”

（简称“青护园”），义务服务失足青少年、流浪儿童和社区特殊群体子女、家属。2010年成立“孟妈妈禁毒联盟”；2012年建立“社区未成年人心灵家园”。她常年组织开展公益活动，参加志愿者活动6万余人次，全国道德模范文花枝、洪战辉、任菲莉等2000余名先进模范、社会爱心人士成为“青护园”爱心园丁。针对青少年人群开展禁毒法律宣传教育上万人次，“一对一”帮扶矫正失足少年220多名，帮扶关爱特殊群体青少年2000余名。先后获评“中华慈善人物”“全国十大民间戒毒人士”“首届中国好人榜好人”“全国维护妇女儿童权益先进个人”“民盟全国优秀盟员”“全国百佳优秀志愿者”“湖南省十大杰出志愿者”等。2014年3月，获评“长沙市最美女性人物”，11月获评“2014年度CCTV中国（湖南）法治人物，12月5日，在第29个国际志愿者日到来之际，孟繁英被中共中央宣传部、中央文明办、中国志愿服务联合会授予“全国十大最美志愿者”。2015年10月，获全国道德模范提名奖。

（柳　旻）

统计资料

表 2　　行政区域

指标	单位	社区居民委员会	社区筹委会	行政村
总计	个	111	36	18
雨花亭街道办事处	个	10	3	0
高桥街道办事处	个	8	2	0
左家塘街道办事处	个	21	0	0
侯家塘街道办事处	个	12	0	0
砂子塘街道办事处	个	8	0	0
东塘街道办事处	个	10	0	0
圭塘街道办事处	个	10	3	0
黎托街道办事处	个	2	7	0
洞井街道办事处	个	10	7	0
井湾子街道办事处	个	12	1	0
东山街道办事处	个	3	6	0
同升街道办事处	个	4	6	0
跳马镇		1	0	18

表 3　　经济社会发展主要指标

指标	单位	2015 年	2014 年	同比增长（%）
一、土地面积	平方千米	292.2	115.23	
二、年末总人口（户籍人口）	万人	64.88	57.63	12.6
三、地区生产总值	亿元	1018.22	918.49	10.8
第一产业	亿元	7.22	0.79	-16.9
第二产业	亿元	381.47	365.1	7.3
第三产业	亿元	629.53	552.60	13.4
四、工业总产值	亿元	—	—	—
规模工业总产值	亿元	562.47	506.93	12.7
五、农林牧渔总产值	亿元	11.0	1.16	-43.6
# 农业	亿元	9.63	0.7	-44.9
六、粮食产量	吨	1980	67	-67.5

续表 3 经济社会发展主要指标

指标	单位	2015 年	2014 年	同比增长（%）
七、全社会固定资产投资	亿元	624.33	512.86	18.2
#城镇固定资产投资	亿元	457.67	512.86	18.2
八、社会消费品零售总额	亿元	640.76	593.96	9.5
九、进出口总额	亿美元	13.11	12.45	73.2
#出口总额	亿美元	11.41	11.42	84.2
十、实际利用外资金额	亿美元	5.96	5.4915	15.9
十一、引进市外境内项目固定资产投资	亿元	234	198	21.5
十二、地方公共财政预算收入	万元	611340	526433	19.1
地方公共财政预算支出	万元	786170	618961	13.1
十三、城市居民人均可支配收入	元	42905	40497	9.0
十四、高新技术产值	亿元	1150.49	877.63	—
高新技术产业增加值	亿元	446.32	454.8	—
十五、城镇化率	%	97.7	99.05	—

表 4 经济社会发展综合指标

指标	单位	2015 年	2014 年	同比增长（%）
科学技术支出	亿元	0.5180	0.6206	−16.5
认定国家级企业（集团）技术中心	家	0	0	0
省部级以上科技成果	项	28	30	−6.7
专利申请	件	2816	2367	19.0
授权专利	件	1997	1532	30.4
签订产学研技术合同	项	532	520	2.3
年技术市场成交合作合同金额	万元	49100	49500	−0.8
产学研科技人员服务企业人数	人	12580	12000	4.8
人均水资源	立方米	1456	1456	0
平均年降水量	毫米	1490	1392	7.0
总用水量	亿立方米	3.79	3.78	0.3
人均用水量	立方米	512	511	0.2
森林覆盖率	%	38.09	29.02	31.3
完成造林面积	公顷	20	13	53.8
园内企业个数	个	587	496	18.3
园内企业产值	亿元	322.14	3102451	16.0
新签约企业数	个	76	62	22.6
合同签约总额	万元	62547	52654	18.8
登记个体工商户个数	个	12318	11379	8.3
新登记企业户数	个	8490	7755	9.5
新修市政道路	千米	4	6.7	−2.4
基础设施投资总额	万元	61000	85000	−9.0
维修路面及人行道	万平方米	15	15	0
计划投资立项数	个	154	136	13.2
备案数	个	80	67	19.4

续表 4　经济社会发展综合指标

指标	单位	2015 年	2014 年	同比增长（%）
计划立项总额	万元	3541280	931353	280.2
备案总额	万元	1552064	2161253.80	–28.2
社区改造	个	17	5	240
拆违面积	平方米	6700000	1249300	436.3
高新技术产值	亿元	1150.49	877.63	
高新技术产业增加值	亿元	446.32	454.80	

表 5　生产总值

指标	单位	2015 年	2014 年	同比增长（%）
地区生产总值[注]	万元	10182193	9184905	10.8
第一产业	万元	72215	7914	
第二产业[注]	万元	3814714	3650951	7.3
工业[注]	万元	2757634	2715549	5.5
建筑业	万元	1070184	947436	12.6
第三产业	万元	6295264	5526040	13.4
交通运输、仓储邮政业	万元	181430	179923	3.0
批发和零售业	万元	983292	928395	6.4
住宿和餐饮业	万元	272621	254929	3.6
金融业	万元	632746	521059	20.6
房地产业	万元	310589	269708	18.0
其他服务业	万元	3899439	3372026	15.2
营利性服务业	万元	1863090	1597184	16.2
非营利性服务业	万元	2036349	1774842	14.3
人均地区生产总值[注]	元/人	128921	122205	—

说明：1. 地区生产总值、第二产业、工业均为含中烟公司长沙卷烟厂部分口径；
2. 人均地区生产总值按现价计算

表 6　财政收支情况

指标	单位	2015 年	2014 年	同比增长（%）
一、财政总收入	万元	1297197	1186561	9.32
上划中央两税	万元	137280	107040	28.25
其中：公共财政预算收入	万元	611340	526433	16.13
二、公共财政预算支出	万元	786170	618961	27.01

表 7　招商引资情况

指标	单位	2015 年	2014 年	同比增长（%）
一、进出口总值	万美元	131103	124500	5.30
其中：出口	万美元	114089	114172	–0.72
二、当年新签项目（合同）个数	个	22	7	214.00
三、合同利用外资	万美元			
四、实际到位外资	万美元	59600	54900	8.56

续表 7 招商引资情况

指标	单位	2015 年	2014 年	同比增长（%）
其中：已投产（开业）企业	个	12	10	20.00
五、引进市外境内项目固定资产投资	亿元	234	198	18.18
海关进出口总额	亿美元	13.1103	12.45	5.30
出口	亿美元	11.4089	11.42	–0.97
进口	亿美元	1.7014	1.03	65.00
#一般贸易	亿美元	13.01	11.08	17.42
加工贸易	亿美元	0.09916	0.14	–29.17
外商直接投资额	亿美元	5.96	5.49	8.56
实际利用外资金额	亿美元	5.96	5.49	8.56
对外承包工程和劳务合作合同金额	亿美元	0.917	0.63	45.76
对外承包工程和劳务合作完成营业额	亿美元	1.0595	1.42	–24.44
实际引进省外境内资金	亿元	90.63	76.3	18.78
国内旅游人数	万人次	1554.2	1375.4	13.00
国内旅游收入	亿元	150.29	142.64	5.40
境外入境人数	万人次	18.55	17.32	7.10
旅游业总收入（人民币）	亿元	178.64	148.3	20.50
国内旅游收入（人民币）	万人次	150.29	142.64	5.40
旅行社总数	个	39	35	11.40
星级饭店总数	个	17	17	–5.50
其中：五星级	个	3	3	1.00
四星级	个	5	5	1.00
三星级	个	7	7	–14.30
二星级	个	2	2	1.00
星级饭店客房总数	间	3639	3720	–2.20

表 8 教育事业基本情况

指标	单位	2015 年	2014 年	同比增长（%）
一、中等专业学校数	所	1	1	0
1、中等专业招生数	人	1166	1108	5.2
2、中等专业毕业生数	人	964	926	4.1
3、中等专业在校学生数	人	3192	3001	6.4
二、普通中学学校数	所	4	4	0
普通高中在校生	人	5383	5082	5.9
三、普通初中学校数	所	11	10	10.0
普通初中在校生	人	17689	15670	12.9
四、小学学校数	所	65	53	22.6
其中：小学在校学生数	人	64556	57143	13.0
五、幼儿园数	所	159	144	10.4
其中：幼儿园在园幼儿	人	24896	22300	11.6
教职工数	人	3695	3370	9.6
六、小学生初中入学率	%	100	100	0
七、高中阶段毛入学率	%	100	100	0
高中阶段辍学率	%			

表 9　　文化体育事业基本情况

指　标	单位	2015 年	2014 年	同比增长（%）
艺术表演团体	个	19	19	0
文化馆	个	1	1	0
公共图书馆	个	1	1	0
放映农村公益电影	万	0.05	0.05	0
全区共有体育场地	万平方米	175.6	167.53	4.59
体育场	个	16	16	0
体育馆	座	11	11	0
运动场	个	40	38	5
游泳场	个	21	21	0
各种训练房	个	366	367	–.027
全区全民健身运动参加人数	万人	56	58	–3.57
全区开展全民健身项目	项次	35	36	–2.86

表 10　　卫生事业基本情况

指标	单位	2015 年	2014 年	同比增长（%）
卫生机构数（含驻区）	个	513	488	5.1
医院、卫生院（含驻区）	个	56	50	12.0
妇幼保健院（所、站）	个	1	1	0
专科疾病防治院（所、站）	个	0	0	
医院、卫生院床位数	张	1156	1005	15.0
卫生技术人员（含驻区）	人	15467	13821	11.9
执业医师和执业助理医师	人	3341	2952	13.2
注册护士	人	1849	1329	39.1
全区疾病预防控制中心（防疫站）	个	1	1	0
全区疾病预防控制中心（防疫站）卫生技术人员	人	22	23	–4.3
卫生监督检验机构	个	1	1	0
卫生监督检验机构卫生技术人员	人	20	18	11.1
社区卫生服务中心	个	10	10	0
社区卫生服务中心床位数	张	568	523	8.6
社区卫生服务中心卫生技术人员	人	441	441	0

表 11　　环境卫生事业基本情况

指标	单位	2015 年	2014 年	同比增长（%）
一、完成工作量				
收运垃圾	万吨	53.8	42	28.1
清扫街道	万平方米	861	852	1.1
保洁从业人数	人	2261	2716	–16.8
二、环卫专用设备				
垃圾运输车	辆	77	78	–1.3
扫路车	辆	31	23	34.8
洒水车	辆	55	39	41.0

续表 11　　环境卫生事业基本情况

指标	单位	2015 年	2014 年	同比增长（%）
三、环卫设备				
公共厕所	座	70	69	1.4
其中：本年新建	座	3	2	50.0
垃圾站	个	135	133	1.5
其中：本年新建	个	3	2	50.0

表 12　　园林绿化基本情况

指标	单位	2015 年	2014 年	同比增长（%）
园林绿化覆盖面积	万平方米	2530.78	2362.6	7.1
绿化覆盖率	%	44.01	41.1	7.1
绿地面积	万平方米	2300.71	2210.39	4.1
新增绿地面积	万平方米	90.32	67.38	34.0
绿地率	%	40.01	38.4	4.2
公共绿地面积	万平方米	1087.50	1041.27	4.4
公园个数	个	32	27	18.5
公园面积	万平方米	258.62	235.77	9.7

表 13　　环境保护基本情况

指标	单位	2015 年	2014 年	同比增长（%）
工业废水排放总量	万吨	182.4	193.6	-5.8
工业废气排放总量	万标立方米	263697	289625	-9.0
工业固体废物产生量	万吨	1.16	0.66	75.8
其中：工业固体废物综合利用率	%	100	100	0
水质满足Ⅲ类标准的断面比例	%	33.3	33.3	0
水质满足Ⅳ类标准的断面比例	%	33.3	33.3	0
城市污水处理率	%	97.7	96.88	0.82
空气质量达到二级标准的城市（区）	个	1	1	0
烟尘控制区	个	5	5	0
其中：烟尘控制面积	平方千米	47.6	47.6	0
区域环境噪声功能达到二级标准的城市（区）	个	1	1	0
环境噪声控制区	个	3	3	0
其中：环境噪声控制面积	平方千米	28	28	0
全省已批准国家生态示范区个数	个	1	1	0

表 14　　劳动就业和社会保障情况

指标	单位	2015 年	2014 年	同比增长（%）
城镇新增就业人员	人	16303	19442	-16.1
城镇登记失业人员	人	3814	5930	-35.7
城镇登记失业率	%	2.47	2.30	7.4
安排下岗失业人员再就业	人	6683	6594	1.3
其中：大龄就业困难对象再就业	人	3946	3028	30.3

续表 14　　劳动就业和社会保障情况

指标	单位	2015 年	2014 年	同比增长（%）
失业人员培训	人	320	48	566.7
农村富余劳动力转移就业增加人数	人	1654	2660	-37.8
农村劳动力转移培训	人	1709	1534	11.4
年末企业职工参加基本养老保险人数	人	98386	90707	8.5
在职人员［注］	人	80511	96476	-16.5
退休人员	人	17875	14057	27.2
年末城乡居民养老保险参保人数	人	26385	27024	-2.4
年末参加工伤保险职工人数	人	83671	60421	38.5
年末参加失业保险职工人数	人	64943		
年末领导失业保险金职工人数	人	2054		
	人	70269		

说明：指标口径除含正常参保人员外，还包含机关养老保险参保人员和暂停参保人员

表 15　　人事工作基本情况

指标	单位	2015 年	2014 年	同比增长（%）
一、各类专业技术人员总计	人	3671	3349	9.6
其中：工程技术人员	人	26	26	0
农业技术人员	人	4	4	0
卫生技术人员	人	199	150	32.7
教学人员	人	3390	3125	8.5
会计人员	人	8	8	0
经济人员	人	5	5	0
二、各类专业技术人员构成				
其中：工程技术人员	%	0.71	0.78	-9.0
农业技术人员	%	0.11	0.12	-8.3
卫生技术人员	%	5.42	4.48	21.0
教学人员	%	92.35	93.31	-1.0
会计人员	%	0.22	0.24	-8.3
经济人员	%	0.13	0.15	-13.3

表 16　　安全监督基本情况

指标	单位	2015 年	2014 年	同比增长（%）
一、特殊行业人员培训（全区总计）	人	1486	1596	-6.9
其中：雨花亭街道	人	54	54	0
高桥街道	人	380	380	0
左家塘街道	人	42	30	40.0
侯家塘街道	人	80	80	0
砂子塘街道	人	70	63	11.1
东塘街道	人	70	66	6.1
圭塘街道	人	14	17	17.6
黎托街道	人	120	120	0
洞井街道	人	300	320	-6.3

续表 16　　安全监督基本情况

指标	单位	2015 年	2014 年	同比增长（%）
井湾子街道	人	52	95	-45.3
东山街道	人	48	37	29.7
同升街道	人	26	24	8.3
环科园	人	230	310	-25.8
二、重大危险源监控率（全区总计）	%	3 处	4 处 100 %	-25.0
其中：雨花亭街道	%	0	0	
高桥街道	%	0	0	
左家塘街道	%	0	0	
侯家塘街道	%	0	0	
砂子塘街道	%	0	0	
东塘街道	%	0	0	
圭塘街道	%	0	0	
黎托街道	%	0	0	
洞井街道	%	0	0	
井湾子街道	%	1 处	2 处 100 %	-50.0
东山街道	%	0	0	
同升街道	%	2 处	2 处 100 %	0
环科园	%	0	0	

表 17　　民政工作及社会救助情况

指标	单位	2015 年	2014 年	同比增长（%）
一、登记结婚数	对	6717	6843	-1.8
二、离婚总数	对	2386	1964	21.5
登记离婚	对	2386	1964	21.5
三、城镇居民得到政府最低生活保障	人	4614	4937	-6.5
四、各类收养性社会福利单位床位数	张	711	611	16.4
五、各类收养性社会福利单位收养人员数	人	447	323	38.4
六、城镇各种社区服务设施	个	930	920	1.1
综合性社区服务中心	个	1	1	0
七、财政预算安排“低保”资金增长率	% / 万元	1494	1824	-18.1
八、年末农村贫困人口	人	2369	471	403.0
九、社会救济总人数	人	6983	5408	29.1
城镇居民最低生活保障人数	人	4614	4937	-6.5
农村“三无”人员低保	%	458	38	1105.3
其他特困人员低保	人	1911	433	341.3
十、综合性社区服务中心	个	1	1	0
十一、接受社会捐赠资金	万元	80.63	174.2	-53.7
直接接收社会捐赠	万元	80.63	174.2	-53.7
十二、销售社会福利彩票	万元	4984	4480	11.3
十三、筹集社会福利资金	万元	249.2	224	11.3

表 18　档案事业与馆藏情况

指标	单位	2015 年	2014 年	同比增长（%）
机构数	个	1	1	0
专（兼）职工作人员	人	15	16	-6.3
馆藏档案				
全宗	个	120	120	0
案卷	卷	58476	47150	24.0
录音、录像、影片	盘	155	155	0
照片	张	6200	6138	1.0
资料数量	册	3820	3820	0
利用人数	人次	2500	2160	15.7
利用档案	卷次	4500	3290	36.8
利用资料	册次	320	345	-7.2
利用档案资料	页	260	232	12.1
公开出版	种	1	1	0
公开出版字数	万字	72.5	76.5	-5.2
内部参考	种	1	—	
内部参考字数	万字	23.6	—	

说明：上表因部分数据统计口径变化，不可比

表 19　农林牧渔总产值、现价、可比价、速度

项目	单位	2015 年	2014 年
一、按现价计算			
农林牧渔服务业总产值	万元	109951	11625
农业产值	万元	96287	7057
林业产值	万元	0	0
牧业产值	万元	6954	3362
渔业产值	万元	3591	1132
服务业产值	万元	3119	74
二、按可比价计算			
农林牧渔服务业总产值	万元	100348	11493
农业产值	万元	86754	6689
林业产值	万元	0	0
牧业产值	万元	7118	3610
渔业产值	万元	3357	1121
服务业产值	万元	3119	73
农林牧渔服务业总产值速度	%	-17.7	-39.7

说明：速度 =（本年现价 / 价格指数—去年同期数）/ 去年同期数

表 20　主要农作物生产情况

项目	单位	2015 年	2014 年
农作物总播种面积	千公顷	0.79	0.17
一、粮食作物播种面积	千公顷	0.29	0.01
总产量	吨	1980	67

续表 20　　主要农作物生产情况

项目	单位	2015 年	2014 年
谷物播种面积	千公顷	0.29	0.01
总产量	吨	1980	67
稻谷播种面积	千公顷	0.29	0.01
总产量	吨	1980	67
（1）早稻播种面积	千公顷	0	0
总产量	吨	0	0
其中：优质稻面积	千公顷	0	0
总产量	吨	0	0
（2）中稻与一季晚稻播种面积	千公顷	0.29	0.01
总产量	吨	1980	67
优质稻面积	千公顷	0	0.01
总产量	吨	0	67
（3）晚稻播种面积	千公顷	0	0
总产量	吨	0	0
优质稻面积	千公顷	0	0
总产量	吨	0	0
二、蔬菜播种面积（含菜用瓜）	千公顷	0.5	0.16
总产量	吨	15350	5100

表 21　　茶叶、水果生产情况

项目	单位	2015 年	2014 年
一、茶叶产量	吨	1	0
绿毛茶	吨	1	0
二、水果产量	吨	202	0
1、园林水果	吨	202	0
柑	吨	120	0
橘	吨	0	0
柚	吨	0	0
葡萄	吨	0	0
其他园林水果	吨	0	0
2、瓜果类水果（西瓜、甜瓜、草莓）	吨	0.5	0
三、年末果园面积	千公顷	0	0
其中：柑橘园面积	千公顷	0	0

表 22　　畜牧业生产情况

项目	单位	2015 年	2014 年
当年出栏猪头数	万头	3.93	1.2
出栏肉猪	万头	3.93	1.2
当年出售和自宰的家禽（鸡鸭鹅）	万羽	9.8	1.8
当年出售和自宰的的狗	只	0	0
当年肉类总产量	吨	3159	867
猪肉产量	吨	2908	840

续表 22　畜牧业生产情况

项目	单位	2015 年	2014 年
牛肉产量	吨	52	0
羊肉产量	吨	3	0
禽肉产量	吨	196	27
其他肉产量	吨	0	0
当年禽蛋产量	吨	930	83
生猪存栏	万头	1.4	0.49
家禽存笼	万羽	9.16	1.7

表 23　渔业生产情况

项目	单位	2015 年	2014 年
水产品总产量	吨	2850	934
淡水产品养殖产品	吨	2254	934
鱼类（含鳝鱼、泥鳅）	吨	2249	934
淡水养殖面积合计	千公顷	0.58	0.1
池塘养殖	千公顷	0.18	0.1
其中：精养池塘	千公顷	0	0.1
水库养殖	千公顷	0.39	0

表 24　2014—2015 年规模工业企业主要经济指标

指标	单位	2015 年	2014 年
企业单位数	个	107	103
工业总产值（现价）	万元	5624760.0	5069313.4
工业销售产值（现价）	万元	5661369.0	4977517.2
工业增加值（现价）	万元	2635518.0	2423588

表 25　2015 年建筑业企业生产情况（综合）

指标	单位	总计	国有及国有控股企业
一、企业个数	个	124	33
有工作量的企业个数	个	122	33
二、建筑业合同情况			
签订的合同额	千元	420489787	387834369
1. 上年结转合同额	千元	221664533	206178445
2. 本年新签合同额	千元	198825254	181655924
三、承包工程完成情况			
1. 直接从建设单位承揽工程完成的产值	千元	115860968	99299074
（1）自行完成施工产值	千元	115813846	99299074
（2）分包出去工程的产值	千元	47122	
2. 从建设单位以外承揽工程完成的产值	千元	204852	124740
四、建筑业总产值	千元	116018698	99423814
其中：装饰装修产值	千元	3608918	2868522

续表 25　　2015 年建筑业企业生产情况（综合）

指标	单位	总计	国有及国有控股企业
其中：在外省完成的产值	千元	76285630	72868349
1. 建筑工程产值	千元	109959518	95957256
2. 安装工程产值	千元	2991120	1644484
3. 其他产值	千元	3068060	1822074
五、竣工产值	千元	70204214	60202573
六、房屋建筑施工面积	平方米	95813623	86035204
其中：本年新开工面积	平方米	26235184	22635006
其中：实行投标承包面积	平方米	92355020	84090578
其中：本年新开工	平方米		
七、劳动人员情况			
从事建筑业活动的从业人员平均人数	人	300317	250138
从业人员期末人数	人		
其中：工程技术人员	人	31390	22439
其中：一级建造师	人	2321	1508

表 26　　房地产企业

指标	单位	2015 年	2014 年
房地产企业数	个	118	129
计划总投资	万元	15246866	14028129
自开始建设累计完成投资	万元	10012440	9278072
本年完成投资	万元	1666648	1879008
本年新增固定资产	万元	347273	901476
本年购置土地面积	平方米	116461	376145
房屋施工面积	平方米	15482448	16238788
竣工面积	平方米	642970	1985703
竣工价值	万元	291982	583369
商品房销售面积	万平方米	257.9	178.7971
商品房销售额	万元	1665692	1254412

表 27　　全社会固定资产投资完成情况表

指标	单位	2015 年	2014 年	同比增长（%）
固定资产投资	万元	6243265	5298795	17.82
一、城镇及以上投资	万元	6243265	5298795	71.82
1. 城镇 500 万元以上固定资产投资	万元	4576617	3390527	34.98
2. 房地产投资	万元	1666648	1908268	-12.66
二、商品房销售情况				
1. 商品房销售面积	万平方米	257.93	184.05	40.15
其中：住宅销售面积	万平方米	227.73	161.17	41.30
2. 商品房销售额	万元	1665692	1281006	30.03
其中：住宅销售额	万元	1417942	1028282	37.89
附一：工业投资	万元	741537	634376	16.89

续表 27　　全社会固定资产投资完成情况表

指标	单位	2015 年	2014 年	同比增长（%）
附二：更新改造投资	万元	1260624	1390699	-9.35
附三：建安工程投资	万元	5144218	3736204	37.69
其中：生产性服务业投资（占比）	万元	2974960		47.6
园区工业投资	万元	621872	452620	37.39
园区技改投资	万元	161983	225220	-28.08

说明：含跨区项目投资 10 亿，此投资为生产性服务业投资
因跳马划入雨花区，2014 年同期数相应调整

表 28　　2015 年固定资产投资完成情况

指标	单位	合计（按隶属关系分）
一、计划投资	万元	
1. 计划总投资	万元	21593063
其中：本年新开工项目	万元	4672699
2. 自开始建设累计完成投资	万元	15153833
二、自年初累计完成投资	万元	6115206
其中：本月完成投资	万元	205231
其中：国有经济控股	万元	1282675
其中：住宅	万元	1097411
1. 按登记注册类型分	万元	
内资企业	万元	6010698
国有企业	万元	774516
集体企业	万元	34240
股份合作企业	万元	4820
联营企业	万元	10756
国有联营企业	万元	4500
集体联营企业	万元	6256
国有与集体联营企业	万元	
其他联营企业	万元	
有限责任公司	万元	2108265
国有独资公司	万元	95003
其他有限责任公司	万元	2013262
股份有限公司	万元	226946
私营企业	万元	2442799
私营独资企业	万元	55546
私营合作企业	万元	56246
私营有限责任公司	万元	2287727
私营股份有限公司	万元	43280
其他企业	万元	408356
港、澳、台商投资企业	万元	73435
合资经营企业（港或澳、台资）	万元	43500
合作经营企业（港或澳、台资）	万元	
港、澳、台商独资经营企业	万元	15385

续表 28　　2015 年固定资产投资完成情况

指标	单位	合计（按隶属关系分）
港、澳、台商投资股份有限公司	万元	
其他港、澳、台商投资企业	万元	14550
外商投资企业	万元	17493
中外合资经营企业	万元	10035
中外合作经营企业	万元	
外资企业	万元	2500
外商投资股份有限公司	万元	4958
其他外商投资企业	万元	
个体经营	万元	13580
个体户	万元	13580
个人合伙	万元	
2. 按建设性质分	万元	
（1）新建	万元	3005461
（2）改建	万元	204582
（3）改建和技术改造	万元	1260624
3. 按构成分	万元	
建筑工程	万元	4209515
安装工程	万元	835606
设备工器具购置	万元	423308
其中：购置旧设备	万元	3324
其中：用于更新的设备	万元	32276
其他费用	万元	646777
其中：房屋建筑物购置费	万元	200
其中：建设用地费	万元	277635
4. 按国民经济行业分	万元	
（一）农、林、牧、渔业	万元	21095
农业	万元	
林业	万元	4273
畜牧业	万元	
渔业	万元	
农、林、牧、渔服务业	万元	16822
（二）采矿业	万元	
煤炭开采和洗选业	万元	
石油和天然气开采业	万元	
黑色金属矿采选业	万元	
有色金属矿采选业	万元	
非金属矿采选业	万元	
开采辅助活动	万元	
其他开采业	万元	
（三）制造业	万元	615412
农副食品加工业	万元	20329
食品制造业	万元	9200

续表 28　　2015 年固定资产投资完成情况

指标	单位	合计（按隶属关系分）
酒、饮料和精制茶制造业	万元	
烟草制品业	万元	
纺织业	万元	
纺织服装、鞋、帽制造业	万元	15010
皮革、毛皮、羽毛（绒）及其制品业	万元	
木材加工及木、竹、藤、棕、草制	万元	
家具制造业	万元	
造纸及纸制品业	万元	
印刷业和记录媒介的复制	万元	
文教体育用品制造业	万元	10900
石油加工、炼焦及核燃料加工业	万元	
化学原料及化学制品制造业	万元	16850
医药制造业	万元	
化学纤维制造业	万元	
橡胶和塑料制品业	万元	
非金属矿制品业	万元	23780
黑色金属冶炼和压延加工业	万元	31488
有色金属冶炼和压延加工业	万元	
金属制品业	万元	38806
通用设备制造业	万元	82460
专用设备制造业	万元	252788
汽车制造业	万元	7165
铁路、船舶、航空航天等制造业	万元	
电气机械及器材制造业	万元	57750
计算机、通信和其他电子制备制造业	万元	15400
仪器仪表制造业	万元	19850
其他制造业	万元	
废弃资源综合利用业	万元	
金属制品、机械和设备修理业	万元	13636
（四）电力、热力、燃气及水的生产和供应业	万元	126125
电力、热力的生产和供应业	万元	35629
燃气生产和供应业	万元	2800
水的生产和供应业	万元	87696
（五）建筑业	万元	78455
房屋建筑业	万元	6245
土木工程建筑业	万元	24454
建筑安装业	万元	15200
建筑装饰和其他建筑业	万元	32556
（六）交通运输、仓储和邮政业	万元	461016
铁路运输业	万元	8760
道路运输业	万元	273693
水上运输业	万元	15550

续表 28　　2015 年固定资产投资完成情况

指标	单位	合计（按隶属关系分）
航空运输业	万元	14730
管道运输业	万元	
装卸搬动和运输代理业	万元	52166
仓储业	万元	91167
邮政业	万元	4950
（七）信息传播、软件和信息技术服务业	万元	909885
电信、广播电视和卫生传输服务业	万元	2450
互联网和相关服务业	万元	237764
软件和信息技术服务业	万元	669671
（八）批发和零售业	万元	451800
批发业	万元	319703
零售业	万元	132097
（九）住宿和餐饮业	万元	49454
住宿业	万元	44572
餐饮业	万元	4882
（十）金融业	万元	50270
货币金融业	万元	5150
资本市场业	万元	40340
保险业	万元	
其他金融业	万元	4780
（十一）房地产业	万元	1877355
房地产业	万元	1877355
（十二）租赁和商务服务业	万元	469914
租赁业	万元	82391
商务服务业	万元	387523
（十三）科学研究和技术服务业	万元	647350
研究与试验发展	万元	319909
专业技术服务业	万元	140340
科技交流和推广服务业	万元	187101
（十四）水利、环境和公共设施管理业	万元	224928
水利管理业	万元	4969
生态保护和环境治理业	万元	
公共设施管理业	万元	219959
（十五）居民服务和其他服务业	万元	7161
居民服务业	万元	2000
机动车、电子产品和日用产品修理业	万元	5161
其他服务业	万元	
（十六）教育	万元	23879
教育	万元	23879
（十七）卫生和社会工作	万元	38110
卫生	万元	33160
社会工作	万元	4950

续表 28　　2015 年固定资产投资完成情况

指标	单位	合计（按隶属关系分）
（十八）文化、体育和娱乐业	万元	30656
新闻和出版业	万元	
广播、电视、电影和影视录音制作业	万元	5900
文化艺术业	万元	9400
体育	万元	10500
娱乐业	万元	4856
（十九）公共管理和社会组织	万元	32341
中国共产党机关	万元	
国家机构	万元	12991
人民政协和民主	万元	5200
社会保障	万元	
群众团体、社会团体和其他成员组织	万元	
基层群众自治组织	万元	14150
（二十）国际组织	万元	
国际组织	万元	
三、新增固定资产	万元	4402593
四、项目个数		
1. 施工项目个数	个	925
其中：本年新开工	个	737
2. 本年投产项目个数	个	739
五、房屋建筑面积		
1. 施工面积	平方米	14850181
其中：住宅	平方米	9762274
2. 竣工面积	平方米	642970
其中：住宅	平方米	478263
六、本年资金来源合计	万元	8477263
1. 上年末结余资金	万元	1010770
2. 本年资金来源小计	万元	7466493
（1）国家预算资金	万元	54835
其中：中央预算资金	万元	44223
（2）国内贷款	万元	718296
（3）债券	万元	0
（4）利用外资	万元	500
其中：外商直接投资	万元	500
（5）自筹资金	万元	5133244
其中：企、事业单位自有资金	万元	705608
其中：股东投入资金	万元	298391
其中：借入资金	万元	51635
（6）其他资金来源	万元	1559618
七、各项应付款合计	万元	611472
其中：工程款	万元	332988

表 29　　社会消费品零售总额及增速（2000 ~ 2015）

年份	单位	总额	增幅 %
2015	万元	6407559.3	7.88
2014	万元	5939602	9.5
2013	万元	5264307.3	12.67
2012	万元	4672148.8	14.95
2011	万元	4072964.8	19.15
2010	万元	3441217.4	20.80
2009	万元	2853144.0	20.16
2008	万元	2374522.2	21.57
2007	万元	1953167.0	19.60
2006	万元	1633073.2	16.96
2005	万元	1396301.0	16.96
2004	万元	1193827.8	17
2003	万元	1020365.6	17
2002	万元	872107.4	15.48
2001	万元	755202.1	16.21
2000	万元	649860	16.08

说明：经省统计局统一评估，社会消费品零售总额的累积增长速度采用滚动基数计算，2013、2015 年数据按经普资料进行调整

表 30　　全社会消费品零售总额分类

项目	单位	2015 年	2014 年	增幅 %
社会消费品零售总额	万元	6407559.3	5939602.2	7.88
一、按销售单位所在地	万元			
1. 城镇	万元	6350104.4	5889602.8	7.82
2. 乡村	万元	57454.9	49999.4	14.91
二、按行业分组	万元			
1. 批发业	万元	696985.3	653482.6	6.66
限额以上企业	万元	504077.3	490223.5	2.83
限额以下及个体户	万元	192908.0	163259.1	18.16
2. 零售业	万元	5277459.6	4885971.7	8.01
限额以上企业	万元	2925064.4	2894943.0	1.04
限额以下及个体户	万元	2352395.2	1991028.7	18.15
3. 住宿业	万元	58908.0	60074.8	-1.9
限额以上企业	万元	43878.6	47361.2	-7.35
限额以下及个体户	万元	15029.4	12713.6	18.22
4. 餐饮业	万元	374206.4	340073.1	10.04
限额以上企业	万元	192428.8	186231.9	3.33
限额以下及个体户	万元	181777.6	153841.2	18.16

表 31　　2015 年商品交易额亿元以上市场

序号	市场名称	商品交易额
1	湖南高桥大市场	4065700
2	长沙市红星实业集团有限公司农副产品大市场	3061536
3	长沙市五金机电大市场	230000

续表 31　　2015 年商品交易额亿元以上市场

序号	市场名称	商品交易额
4	长沙市设备交易中心	168200
5	长沙红星花卉大市场	40000
6	湖南高桥汽配城	15260
7	红星实业集团有限公司湖南井湾子家具广场	18800
8	长沙市大都市商业街	29882
9	长沙市高桥建筑装饰材料市场	24100
10	长沙市大全联机电市场	17600
11	长沙市红星建材交易中心	26000
12	长沙市红星糖酒批发大市场	20534
13	长沙市东塘交易市场	13299
14	长沙市高桥火焰大市场	12295
合计		7743206

表 32　　2015 年大型会展情况表

序号	宾馆名称	地址	联系电话
1	中华姓氏文化产业博览会	2015 年 1 月 1 日	国家级
2	湖南省生态高值农业产业博览会	2015 年 1 月 1 日	省级
3	首届东阳红木家具跨年万人团购会	2015 年 1 月 1 日	省级
4	2015 湖南（红星）年货购物节	2015 年 2 月 1 日	省级
5	591 长沙国际婚博会	2015 年 3 月 1 日	国家级
6	2015 年中国再交会	2015 年 4 月 1 日	国家级
7	2015 第六届中国（湖南）教育博览会	2015 年 6 月 1 日	国家级
8	2015 乐购雨花房产节“楼盘大联展”	2015 年 7 月 1 日	省级
9	第 29 届中国墙体屋面节能材料、设备暨配套产品博览会	2015 年 10 月 1 日	国家级
10	2015 湖南（第六届）旅游休闲博览会	2015 年 10 月 1 日	省级
11	2015 长沙孕婴童产品博览会与幼教用品及玩具博览会	2015 年 11 月 1 日	省级
12	2015 第 11 届湖南糖酒食品交易会暨健康食材、用品展览会	2015 年 12 月 1 日	省级
13	湖南冬季大型人才招聘会	2015 年 12 月 2 日	省级

说明：以上会展的承办单位均为长沙红星国际会展中心

表 33　　2015 年星级宾馆

序号	宾馆名称	星级	地址	联系电话
1	长沙神农大酒店管理有限公司	五星	长沙市芙蓉中路三段 269 号	84218888
2	湖南华雅国际大酒店有限公司	五星	长沙市万家丽南路 81 号	85322222
3	长沙通程控股股份有限公司通程山庄酒店	五星	长沙市同升湖	85168888
4	湖南省大华宾馆	四星	长沙市劳动西路 528 号	85509980
5	长沙湘城大酒店	四星	长沙市韶山南路 133 号	82811111
6	湖南五华酒店有限公司	四星	长沙市芙蓉中路三段 255 号	85528888
7	湖南金辉大酒店	四星	长沙市雨花路 181 号	85608090
8	湖南金源阳光酒店有限公司	四星	长沙市芙蓉中路二段 279 号	85558888
9	湖南金赋大酒店	三星	长沙市芙蓉中路三段 5 号	85555499
10	湖南省神禹大酒店有限公司	三星	长沙市劳动西路 529 号	82776888

续表 33　　2015 年星级宾馆

序号	宾馆名称	星级	地址	联系电话
11	湖南金叶神农大酒店	三星	长沙市曙光中路 249 号	85488206
12	长沙市华宇酒店有限责任公司	三星	长沙市劳动中路 87 号	85510429
13	湖南南枫大酒店有限公司	三星	长沙市劳动西路 78 号	85549999
14	湖南新海悦酒店有限公司	三星	长沙市东二环一段 678 号	84781788
15	长沙市天洋大酒店	三星	长沙市劳动中路 98 号	85508588
16	长沙美仑和一酒店有限公司	二星	长沙市东二环一段 632 号	82815111
17	湖南省华云经济开发公司华云大酒店	二星	长沙市雨花路 163 号	85510562

表 34　　城乡一体化城镇住户收支调查

项目	单位	附加单位	2015 年	2014 年	增幅 %
家庭基本情况	—	—			
调查户月数	户		840	840	
可支配收入	元	人	42905.25	40497.42	8.40
消费性支出	元	人	36144.33	33216.35	8.81
恩格尔系数	—	%	23.2	23.1	
现金收支情况	—				
一、家庭总收入	元	人	44528.24	42254.12	5.38
# 可支配收入	元	人	42905.25	40497.42	8.40
（一）工资性收入	元	人	22335.39	23114.69	-3.37
（二）经营净收入	元	人	6321.75	5991.67	5.51
（三）财产净收入	元	人	4373.13	3298.41	32.58
（四）转移净收入	元	人	9874.98	8092.66	22.02
二、家庭人均总支出	元	人	40663.63	38382.69	5.94
（一）消费性支出	元	人	36144.33	33216.35	8.81
1. 食品烟酒	元	人	8399.72	7684.17	9.31
2. 衣着	元	人	2404.32	2196.16	9.48
3. 居住	元	人	8545.27	6883.66	24.14
4. 生活用品及服务	元	人	2467.78	1362.84	81.08
5. 交通和通讯	元	人	5535.96	6986.31	-20.76
6. 教育文化娱乐服务	元	人	6572.19	5209.29	26.16
7. 医疗保健	元	人	1763.50	2107.54	-16.32
8. 其他用品和服务	元	人	455.59	786.37	-42.06
（二）财产性支出	元	人	1.19	59.73	-98.01
（三）转移性支出	元	人	988.54	1128.71	-12.42
（四）购置资产及非经常性转移支出	元	人	2533.97	2505.94	1.12
（五）生产经营费用支出	元	人	359.6	45.37	692.59
（六）部分商业保险支出	元	人	158.75	122.98	29.09
（七）借贷性支出	元	人	477.25	1303.62	-63.39
主要消费品拥有量	—	—			
1. 汽车	辆	百户	50.28	39.89	26.05
2. 助力车	辆	百户	22.66	15.96	41.98
3. 洗衣机	台	百户	93.62	92.02	1.74

续表 34　　城乡一体化城镇住户收支调查

项目	单位	附加单位	2015 年	2014 年	增幅 %
4. 电冰箱	台	百户	99.37	88.83	11.87
5. 彩色电视机	台	百户	121.24	103.19	17.49
6. 家用电脑	台	百户	109.17	89.36	22.17
7. 摄像机	架	百户	13.93	25.53	-45.44
8. 微波炉	台	百户	72.15	73.4	-1.70
9. 空调器	台	百户	216.9	157.45	37.76
10. 淋浴热水器	台	百户	91.14	87.23	4.48
11. 消毒碗柜	台	百户	40.8	43.09	-5.31
12. 健身器材	套	百户	4.22	1.6	163.75
13. 固定电话	部	百户	66.37	71.28	-6.89
14. 移动电话	部	百户	217.49	194.15	12.02
15. 接入互联网的移动电话	部	百户	150.29	52.13	188.30
16. 接入有线电视网络的电视机	台	百户	101.75	85.64	18.81
17. 接入互联网的计算机	台	百户	84.64	51.06	65.77
住房情况	—	—			
1. 家庭居住人口	人	户	2.91	2.69	8.18
2. 现住房总建筑面积	平方米	人	39.1	38.9	0.54

（区统计局）

文献选录

保持定力　矢志突破
率先建成全面小康社会加快实现基本现代化
——在区委四届二十次全体（扩大）会议上的讲话

邱继兴
（2015年9月24日）

同志们：

这次区委全体（扩大）会议，主要任务是贯彻落实省委、市委全会精神，报告今年以来区委常委会的工作，研究部署下阶段的工作，动员全区上下进一步统一思想，保持定力，矢志突破，率先建成全面小康社会加快实现基本现代化。

9月11日召开的市委十二届十次全会，吹响了率先建成全面小康社会加快实现基本现代化的冲锋号。全会指出，当前和今后一个时期，既是率先建成全面小康社会的冲刺阶段，又是实现基本现代化的奠基时期，总体上要把握两个节点：一是2017年率先建成全面小康社会、率先打赢扶贫开发攻坚战；二是在建成全面小康社会基础上用五年时间进行现代化探索实践，到2022年实现基本现代化阶段性目标。全会强调，要从“两个一百年”奋斗目标和“四个全面”战略布局中，准确把握长沙发展所处的战略定位、历史方位，担当起率先建成全面小康社会加快实现基本现代化的光荣使命。

全区各级各部门要切实把思想和行动统一到市委重大决策部署上来，以强烈的责任感和使命感，在连续两年全面小康建设排名全省第一的良好基础上，加压奋进，探索实践，着力打造率先建成全面小康社会加快实现基本现代化的“雨花样本”。下面，我按照区委常委会研究的意见，向全会作报告。

一　攻坚克难、实干善为，今年以来全区各项工作富有成效

今年以来，面对复杂多变的宏观经济形势、持续加大的经济下行压力和繁重的建设发展任务，区委常委会在市委、市政府的正确领导下，团结带领全区广大干部群众，围绕“三市三倍”的战略部署，紧扣“筑牢基础，破解难局”的工作主题，攻坚克难，主动作为，雨花各项事业统筹推进、逆势而上，鼓舞了全区干部群众奋勇向前的信心和士气，提升了雨花发展的形象和地位。

1. 全面建设小康持续领跑。一是经济工作卓有成效。今年1—8月，完成地区生产总值631.7亿元（含长烟），增长8.9%；实现财政总收入87.09亿元，增长7.7%；地方公共财政预算收入40.22亿元，增长9.1%，两项收入总量位居城区第一。固定资产投资430亿元，增长17.1%；社会消费品零售总额402.8亿元，增长8.5%。规模工业总产值317亿元，增长11.5%。德思勤城市广场如期开业，红星大市场迁建进展顺利，10个现代服务业项目纳入国家试点。湖南机器人产业集聚区落户雨花经开区，成功引进36家机器人企业；总投资50亿元的比亚迪电动卡车及特种车项目计划年内投产。二是城市品质明显提升。实施拆违控违、造绿增绿、最严城管、环境治理“四场攻坚战”，全力攻坚高铁新城、雅塘片区、棚户区及城中村拆违拆迁，开展千人拆违大行动，大兵团作战，成片区清零，拆除违法建筑345.7万平方米，创造了拆违工作的“雨花速度、雨花模式、雨花作风”，腾出了发展空间，彰显了干部作为。环城绿带建设、圭塘河流域综合治理、高速公路两厢整治及火车南站、汽车南站周边地区综合整治取得阶段成效。磁浮工程、万家丽路快速化改造等一大批省、市重点工程建设顺利推进，木莲冲路等22个区级项目全面实施。三是民生事业不断改善。创新实施群众工作“民意快线”工程，分两批次集中办结一批群众集中反映的民生问题；20项省市为民办实事工程，4项提前完成任务，11项任务基本完成。莲景苑、月雅苑等4个农民保障住房主体完工，跳马镇新敬老院投入使用，全区教育、社会保障和就业、医疗卫生等民生支出达28.96亿元，占公共财政预算支出的70.2%。

2. 全面深化改革落地见效。坚持问题导向，以有力有效举措抓改革推进，进一步凸显改革成效和改革红利。重点推进9大类48项改革，加快政府机构和事业单位分类改革，深化行业体制和行政审批制度改革，完善行政审批事项流程，率内五区之先制定权力、责任、流程“三张清单”，行政审批项目平均办理时限由38个工作日减少到10个工作日，缩减率73.7%。推动金融改革创新，打造了首个省内工业园区与湖南股交所合作的“企业上市挂牌孵化基地”；试点推行PPP融资模式，合作设立城市发展基金，积极筹备棚改、城改基金发行工作，有序推动圭塘河二期等项目融资模式试点。巩固社区减负增效成果，积极探索住宅小区物业管理改革，进一步加强基层社会治理和服务创新。成立全省首个“道路交通事故矛盾纠纷调处中心”，启动绿心生态补偿试点，创立全省首个公检法环境执法联动协作模式。健全动态化管理、专业化评估、定期化督查机制，推进审查、督办、约谈等制度，有效提升了改革含金量、执行力和广大人民群众对改革的获得感。

3. 全面依法治区稳步实施。强化法治、善治、共治理念，提升社会治理能力。大力开展执法监督和执法规范，整治“四风”和侵害群众利益行为等三大专项整治成效明显。全力推进法治街道、法治社区创建和基层民主政治建设，党务、政务、村务实现“三公开”。坚持源头治访、依法处访、领导接访，狠抓矛盾纠纷排查化解，成功调处一批涉及拆迁安置、非法集资、医疗、物业等方面的矛盾纠纷。强化立体化治安防控体系建设，保持了依法打击违法犯罪的高压态势。组织了安全生产“九打九治”春雷行动、隐患整治和专项治理，开展重点企业负责人安全生产谈心对话活动，推进企业安全生产责任“五落实五到位”建设，全区未发生较大群体性事件、舆情危机事件、安全生产事件，区域本质安全水平逐步提升，社会大局和谐稳定，人民群众安居乐业。

4. 全面从严治党扎实推进。加强区委常委会自身建设，扎实开展“三严三实”专题教育，带头讲政治、守纪律、顾大局、讲团结，不断增强领导发展、驾驭改革、把握全局能力。区四大家班子合力共为，各级领导亲力亲为，广大干部努力作为，全区上下一盘棋、一条心、一块干、一起苦，形成了激情干事、实干善为的干事创业氛围。推进班子队伍建设，坚持“好干部”标准和“六用六不用”原则，突出“有激情、能干事、敢担当、守规矩”的选人用人导向，选拔了一批优秀年轻干部到街镇、社区（筹委会）任职，提拔重用了一批在拆违拆迁、信访维稳、项目建设等一线攻坚克难、担当实干的干部。进一步巩固全面从严治党新常态，区委常委会多次研究部署党风廉政建设工作，常委会班子成员带头落实党风廉政建设责任制、带头遵守廉洁自律各项规定。持之以恒纠正“四风”，对一批软弱涣散的村、社区（筹委会）党组织、非公经济和社会组织党组织进行整改，带动了全区党风政风的进一步好转。

区委常委会支持区人大及其常委会依法行使监督、决定、任免等职权，支持区政协围绕团结和民主两大主题履行职能。认真学习贯彻党的群团工作会议精神，重视发挥工会、共青团、妇联等群众团体的作用。老干、工商联、侨务、残联、民族宗教等工作取得新进展，宣传思想、科技教育、医药卫生、文化体育等工作取得新进步。党管武装工作进一步加强、军政民关系更加密切。希望同志们对区委常委会的工作多提意见和建议，我们将认真听取、充分吸纳、积极改进。

二 清醒认识、冷静分析，进一步坚定筑牢基础、破解难局的信心和决心

当前，经济发展进入新常态，我们面临的机遇前所未有，遇到的挑战也前所未有。在谋划工作、推进发展中，我们一定要有战略眼光、全局思维，既要正视问题、看到不足，也要冷静分析、看到希望，坚定加快雨花又好又快、率先发展的信心和决心。

首先，我们要在冷静分析不足中找准差距，实现精准发力。从今年的工作来看，围绕“筑牢基础、破解难局”的工作主题，我们的基础在逐步夯实，难局在有效破解，保持了良好的发展势头。但实事求是地讲，一些难题仍有待从根本上破解，一些矛盾亟待攻克和解决。如果我们不真正为新一轮转型创新发展打下更为坚实的基础，就会落伍，就会掉队，就会被别人超越。一是经济增长难、产业转型难。虽然今年经济总量继续保持了高基数上的稳增长，但增速在放缓，质量在下降，背后的根本原因，就是产业结构有待调节优化，批发和零售业、租赁和服务业等没有形成稳定的纳税大户，工业机器人、汽车制造等高新技术产业和现代服务业支撑作用不强。二是拆迁腾地难、项目推进难。拆违全面清零的担子还很压肩，拆违拆迁没有统筹推进，招商引资没有实质突破，全区投资过10亿元以上项目虽有60多家，但真正纳税过亿元的企业仅7家，缺乏强有力的大项目、好项目作支撑，重大税源、重大项目繁荣发展的格局尚未形成。三是深化改革难、矛盾化解难。改革进入攻坚期，深层次的问题不断显现，各种利益错综复杂，后段工作推进的难度会越来越大。少数人对改革持观望态度、有畏难情绪，全面深化改革仍然任重道远。区域内涉及征地拆迁、企业改制、非法集资等方面的利益纠结，群访、闹访和重复上访的问题较为突出，交通、消防、建筑等领域的安全隐患不容忽视，维护社会大局任务依然繁重。四是干部干事难、群众引导难。不愿干事、不敢干事、不会干事、干不成事的现象还在一定程度、一定范围存在，“上热下冷”的问题尚未得到彻底改观。近三年民调在全省、全市排名一直比较靠后，与雨花发展的首位度不相符，在倾听群众呼声、了解群众诉求、体恤基层艰辛、尊重群众首创上还有很多工作要做。

其次，我们要在科学研判形势中坚定自信，保持战略定力。第一，信心源自对宏观形势的研判。当前，我国发展进入新常态，经济结构调整和转型升级的势头良好，国民经济正发生一系列重大而深刻的变化，这些重大趋势性变化是符合经济规律的，也是符合宏观调控方向的。经济运行平稳，稳中有好、稳中有进、稳中提质的发展态势没有改变。国家“一带一部”战略的实施，长株潭自主创新示范区的建设，加之市委、市政府正强力实施“三市三倍”战略，坚持稳住、进好、调优，都为雨花加快发展提供了良好的外部环境。第二，信心源自对发展定位的把握。2012年开始，区委、区政府提出了打造“中部现代服务业中心”的战略构想，这一目标定位，符合中央精神、时代要求和雨花实际，已经成为全区上下的统一意志、共同愿景。在年初的全会上，我们提出“筑牢基础、破解难局”的工作主题，这是区委在着眼全局、立足长远、深入思考的基础上提出来的，必须紧盯“筑牢基础、破解难局”的工作主题不松劲，不人云亦云，不心慌神乱，一以贯之，保持定力，持续用力，精准发力。第三，信心源自对发展来势的看好。比如说空间优势，通过强力推进拆违拆迁和棚户区、城中村改造，全区可供直接开发的优质土地2万余亩，这在长沙内城区是绝无仅有的。特别是高铁新城，仅今年就新腾土地2000余亩，良好的区位交通优势正逐步转化为无限商机，各大战略投资项目纷至沓来，必将成为雨花新的经济增长极。同时，传统商圈二次开发步伐加快，工业园区机器人等产业初显曙光，跳马生态产业的发展前景广阔，全区面上新的经济增长点较多，雨花将迎来最佳发展期。第四，信心源自对干部队伍的认可。在雨花，我们几大家班子精诚团结、同心同向，谋事创业的氛围非常好。我们广大党员干部担当奉献、真抓实干，是一支召之即来、来之能战、战之能胜的队伍。特别是在今年的拆违控违攻坚战中，区、街、村各级干部顶烈日、冒酷暑、战高温，风雨无阻、披星戴月、连续作战，展示了一种能打硬仗、善打胜仗的新状态、新面貌、新作风，得到了省市各级领导和广大群众的充分认可。有了这样一种劲头、一种担当，就没有打不赢的攻坚战、啃不下的“硬骨头”。只要我们继续同心同德，担当实干，积极作为，就一定能推动全区各项工作走在前列、率先发展！

综合以上分析，我们认为，当前雨花发展正处于筑牢基础、破解难局的紧要关口，正处在充满机遇、跨越崛起的关键阶段，在这样的转折点和节骨眼上，慢走一步，差之千里；耽误一时，落后多年。唯有奋进，才能赢得主动、赢得优势、赢得地位。我们一定要在过去打下的良好基础上百尺竿头、更进一步，以强烈的责任感和使命感，率先行动，积极作为，在新常态下实现新突破、拓展新空间、争创新优势，在率先建成全面小康社会加快实现基本现代化的新征程上奋发作为。

三 找准定位、精准发力，以马上落实的干劲推动各项工作

这次市委全会，提出率先建成全面小康社会加快实现基本现代化的战略目标，充分彰显了市委的战略眼光、执政理念、价值追求和非凡智慧。对雨花来讲，我们比以往任何时候都更有基础、更有信心、更有能力率先建成全面小康社会，加快实现基本现代化。我们的奋斗目标：一是今年要确保全面小康工作继续排名全省第一，市对区绩效考核争先进位，实现“小康三连冠、全市争一流”的工作目标。二是在“小康三连冠”的基础上，从2016年开始，全面推进实现基本现代化的各项探索实践，力争通过五年时间，到2020年率全省之先实现基本现代化的阶段性目标。

区委提出上述奋斗目标，既是基于对发展形势和现实条件的客观估价，也是审时度势、因时而变的战略抉择。这个目标，是一个自我加压、砥砺奋进，跳起来“摘桃子”的目标。雨花发展的接力棒传承到我们手里，我们就应该有这样的自信与担当。全区各级各部门要与区委保持高度一致，咬定目标，深入分析，精准发力，确保各项目标任务的全面完成。

在推进工作、加快发展中，我们要牢固树立“五种理念”，并自觉将这些理念贯彻规划、决策、措施、执行的全过程，真正成为全区上下特别是各级党员领导干部的共识。一是规划发展的理念。规划科学是最大的效益，规划失误是最大的浪费。要重视规划的引领作用，坚持规划先行，先规划后建设；刚性执行规划，按规划搞建设。要注重城市发展规划、土地利用规划、产业发展规划的有机统一，重点抓好中部现代服务业中心“一核心、四组团”的产业控制性详规和跳马的“四规合一”工作，以高水平的规划促进雨花的有序发展、高质发展。二是创新发展的理念。推进全民创业、大众创新，在引导人才、科技、金融等创新的基础上，重点推进管理创新，向管理要活力、要效益。进一步加强基层社会治理和服务创新，以服务需求和问题导向来推进党委政府的决策，不搞一厢情愿、朝令夕改，通过创新管理手段、创新服务意识，构建科学、规范、简洁、高效的管理体系。三是开放发展的理念。注重在更大范围、更宽领域、更高层次上扩大内外开放，坚持“走出去、引进来”，广泛利用国际国内两种资源、两个市场，打造开放型平台，培育开放型经济，成为开放型高地，加快区域城市设施、公

共服务、社会管理、产业发展、科教文化、人居环境和市民素质的国际化、现代化。四是绿色发展的理念。绿水青山就是金山银山。要把两型引领、绿色低碳作为发展追求、生活方式，积极构建两型产业体系、绿色建筑、高效交通、低碳文化，重点保护浏阳河、圭塘河、清泉寺城市公园、石燕湖生态公园和跳马的绿心绿肺等原始生态，努力实现更高质量、更好效益、更可持续的发展。五是和谐发展的理念。不断健全民主法治，切实保障人民权益，有效维护社会公平正义，营造优越的投资环境、良好的社会秩序、融洽的人际关系，加快推进更高水准的文明城区、平安城区、法治城区建设，让文明法治成为雨花重要的特质和标识，让城市更有安全感、归属感，让市民更有获得感、幸福感。

在实际工作中，全区上下要坚持把谋长远与抓当前有机结合起来，循序渐进，稳步推进。当前和今后一个时期，我们要在以下五个方面努力实现突破。

1. 要在拆违拆迁攻坚上求突破。注重内街外街相统筹，拆违拆迁相结合，突出抓好高铁新城、雅塘片区、棚户区、城中村四大板块的征拆工作，力争全年实现腾地5000亩。要发扬“钉钉子”、啃“硬骨头”精神，一鼓作气，乘势而上，全面攻坚潭阳洲、东山两大片区，捆绑式作战，成片区清零，坚决实现年内拆除违章建筑500万平方米，力争完成600万平方米。同时，要抓好重点区域的违建管控，要紧密结合“三年造绿大行动”和项目建设计划，有项目的要迅速腾地、建好围挡、尽快启动；暂无项目的地块，街镇要守土有责，安排力量守控到位，禁止倾卸渣土、禁止新建违章；规划为公共绿地的区域，要迅速平整场地、抓紧植绿覆绿，确保“拆除一片、清理一片、建设一片、绿化一片”。

2. 要在项目建设推进上求突破。发展是第一要务，项目是第一支撑。要始终扭住项目建设这个“牛鼻子”，把“项目奋进年”活动抓得有声有色、风风火火。着力提速增效。对年初铺排的77个重大项目，要全力以赴抓开工、抓投产、抓增效，重点支持比亚迪电动卡车、特种车及电动乘用车项目建设，年内确保完成110亿元、力争120亿元产值目标；推进机器人产业集聚区建设，抓紧已签约项目的落地建设，做大做强长泰机器人等龙头企业。着力招大引强。要抢抓“中国制造2025”、“互联网+”带来的历史性机遇，以现代服务业、高端制造业、高端楼宇、总部经济为主攻方向，引进一批产业配套、投资额大、高附加值的优质税源企业，推动项目集群式满园扩园、产业链条式聚集发展。着力帮扶服务。巩固提升“三定三抓”帮扶成效，全力为项目帮办手续、帮解难题、帮促进度、帮优环境。牢固树立“服务企业就是服务发展”的理念，主动参与、支持、配合项目建设，全面深化、推进、拓展帮促服务。对破坏项目建设施工环境的不法行为，一律严厉打击、顶格处理，为项目建设扫清障碍、保驾护航。

3. 要在产业结构优化上求突破。注重产业转型升级，构建结构更优、层次更高、整体竞争力更强的现代产业体系。加快打造中部现代服务业中心。要以现代服务业三年行动计划为契机，重点培育总部经济、楼宇经济，力争未来三年总部经济在现有33家的基础上达到50家。加大政策扶持力度，着力发展壮大现代金融、文化创意、专业服务、电商物流、现代商贸、健康养老、旅游休闲等七大现代服务业产业。要狠抓东塘商圈二次开发，抓紧高桥大市场采购贸易方式试点，全力推进红星大市场迁建工作，让传统商圈焕发生机活力；要抓紧在高铁新城、雅塘片区规划布局一批战略投资项目，吸引现代服务业企业进驻。努力培育国家级经济技术开发区。以新型工业化为引领，重点打造新能源汽车、机器人、电子信息等产业集群；围绕“互联网+”行动计划，促进以云计算、物联网、大数据等新信息、新技术与现代制造业的融合发展。年内至少引进投资过10亿元项目1个、5亿元项目2个，力争2019年、确保2020年打造千亿级园区，争创国家级经济技术开发区。加快建设雨花电子商务产业园。高标准建设好物流园仓储1号地，积极引进电商龙头企业、现代物流大型综合平台企业、干线运输企业，抓紧普洛斯、国美等项目的洽谈落地，塑造多层次、多类型的物流配送格局，努力将雨花建设成全省重要的物流中心。

4. *要在城市品质倍升上求突破*。要切实按照“宜居宜业、精致精美、人见人爱”的目标，融入人文、智慧、绿色、精致理念，加快打造品质城市的升级版。向建设升级要品质。统筹规划基础配套与公益设施，搞好地上路网建设与地下管网配套，加快推进城市交通、信息、能源等基础设施的现代化，提升城市承载功能。重点完善高铁新城、雅塘片区、跳马等区域的基础设施，加快推进木莲冲路等8个新建项目、圭塘河路等11个续建项目建设，打通断头路，畅通微循环。向管理升级要品质。继续实行史上最严厉、最精细、最到位的城市管理，深度推进清洁城市、畅通城市、绿色城市、靓丽城市行动，抓好城郊接合部、城区老旧社区背街小巷、“两河”流域污染整治，提质提档环城绿带、高速公路两厢、火车南站综合管理水平，真正做到见底色、现本色。要突出抓亮点、树标杆，打造一批清洁靓丽的示范路段、示范街道、示范社区。向环境升级要品质。以新《环保法》实施为契机，全面推进“清霾、碧水、蓝天、净土”四大行动，全面排查污染源，全面清理环境违法违规建设项目。建立环境管理长效机制，实施资源有偿使用，探索生态补偿试点，重点抓好跳马镇农村环境综合整治和美丽乡村建设。

5. *要在改善民生民利上求突破*。致力于保障改善民生，让老百姓更有归属感、获得感和幸福感。民生保障要扩面提标。抓好为民办实事工程，切实保障低收入群众基本生活。扩面提标就业、养老、医疗等各项保障措施，统筹推进终身教育、就业服务、社会保障、基本医疗、住房保障、养老服务六大体系建设，让更多的老百姓过上更加幸福美好的生活。扶贫访困要精准到位。在全区组织开展“一进二访”（进村入户、访困问需、访贫问计）活动，推进精准扶贫，抓好全区面上及浏阳镇头镇的帮扶工作，把扶贫对象摸清，把困难家底搞实，把贫困原因核准，率先打赢扶贫开发攻坚战。要壮大村级集体经济，增强“造血功能”，提高村民收入。要以“民意快线”工程为抓手，重点解决居民群众反映的突出问题，提升群众对社会治理能力的认可度，确保“民调”排名大幅提升。和谐大局要持续巩固。全面推进依法治区，坚持严格执法、公正司法、全民守法，突出严防与严打、治理与服务、专业队伍与群防群治相结合，巩固“平安雨花”建设成果。刚性落实领导接访、依法处访、妥善息访等举措，疏导群众情绪，维护群众权益。要全面开展安全生产大检查，进一步深化“九打九治”打非治违行动和安全生产专项整治工作，以政府监管责任的落实促进企业主体责任的落实，确保社会大局安全稳定。

四　以严和实的精神加强班子队伍建设，为率先建成全面小康社会加快实现基本现代化提供坚强保障

率先建设全面小康社会加快实现基本现代化，全区党员干部有什么样的作风，就有什么样的作为。习近平总书记强调要“做政治上的明白人，做发展的开路人，做群众的贴心人，做班子的带头人”。这既是对县委书记提出的要求，也是所有党员干部的基本遵循和行动指南。我们要以开展“三严三实”专题教育为契机，全面落实长沙市社区党建和社区建设三年行动计划，完善基层党建考核体系，深入推进从严治党“四聚工程”，狠抓基层党组织建设和班子队伍建设，充分发挥基层党组织的战斗堡垒作用和党员干部的先锋模范作用，进一步提振干事创业的精气神，“让有为者有位，为担当者担当”。

1. *要有想干事的激情*。想干事，是一种状态，一种激情。有了这种状态，干事创业就有了基础，有了这种激情，推进干事创业就有了动力。每一名党员干部，要坚持以雨花的发展为重，时刻想着自己应该做什么？成天在忙什么？今后能留些什么？始终保持争先的激情、奉献的热情、创业的豪情。各级党组织要坚持用好思想建党这个传家宝，把抓好党员干部的思想政治工作摆在首位，严肃党内组织生活，定期开展状态测评、教育讨论、谈心谈话等活动，注重正导向、正能量、正激励，引导全区党员干部紧扣工作目标，凝聚共识、奋发有为，形成共推雨花发展的强大合力。

2. *要有敢干事的担当*。当前，极个别干部畏首畏尾、左顾右盼，对发展中遇到的各种难题，不敢碰硬、不敢突破，怕担风险，怕犯错误，怕得罪人，干事劲头锐减，不思进取、无所作为。作为一名党的干部，在其位就要尽其责，应该做的事，顶着压力也要干；应该负的责，提着帽子也要拼。破解发展难局，推动雨花发展，需要我们有迎难而上、攻坚克难的干劲，冲锋在前、舍我其谁的担当，各级党员干部要敢于开拓创新，敢于直面矛盾，敢于攻坚碰硬，以超常的胆识和作为，赢得超常的发展。前不久，中央下发了《推进领导干部能上能下若干规定（试行）》的文件，重点是解决干部能上不能下的问题。要结合雨花实际，探索完善干部能上能下的措施，切实加大治庸治懒治散力度，让敢担当、能干事的干部出得来、上得去，让“不严不实”的干部失去市场、没有舞台。

3. 要有会干事的本领。会干事是一种能力和水平。面对新情况、新问题，要善于用脑、善于借鉴、善于创新，让老经验不断有新突破，老办法不断有新举措。要坚持群众观点，始终把群众放在心上，始终把群众利益摆在首位，始终把群众工作方法运用作为制胜法宝，真正把群众工作做到千家万户。要坚守法治底线，推进依法行政，严格依法办事，在法律法规允许的框架下开展工作，做到有权不任性、用权受监督。要加强学习、努力钻研，真正以新思想、新视野、新模式思考问题、推动工作，不断提升发展经济的能力、改革创新的能力、依法办事的能力、化解矛盾的能力、带领群众的能力。

4. 要有干成事的追求。干成事，是一种追求，一种效益。要咬定目标不放松、围绕任务不松劲，当前干什么，长远干什么，什么节点干到什么程度，都要心中有数、步步为营，力求每抓一项必有回应，每干一事必有回响，定一件干一件，干一件成一件。区委积极倡导“有激情、能干事、敢担当、守规矩”的用人导向，对奋战在一线、冲锋在前头，尤其是那些在条件艰苦、工作困难的地方和领域默默无闻干出实绩，为区域经济社会发展做出贡献的，就是我们重点关注、重点培养、重点提拔的对象。同时，要强化各级党委（组）的主体责任，把纪律和规矩挺在前面，坚持执纪必严、违纪必究，寸土不让、一抓到底，构建监督检查、通报问责的新常态，进一步净化党风、政风，营造风清气正、心齐气顺的良好政治生态。

当前中秋、国庆临近，全区各级各部门单位要切实按照“守土有责”的职责要求，切实抓好本区域、本单位的各项工作。要把安全生产扛在肩上，严防交通、消防、食品等领域安全事故发生；要把社会和谐稳定抓在手上，抓紧排查隐患，加强面上管控，让人民群众过一个热闹祥和的节日；要把群众安危冷暖记在心上，访民情、察民意、帮民困，把群众工作做细做实。今天全会下发了“一进二访”活动的实施方案，全区各级领导干部要在中秋前后迅速行动，在10月10日前完成三天以上的第一轮集中走访。要恪守廉洁从政各项规定，落实党员干部“十个严禁”的纪律要求，以实际行动深入践行“三严三实”。同志们，率先建成全面小康社会加快实现基本现代化，是雨花必须担当的时代责任，是全区人民的共同愿景。让我们在省委、市委的坚强领导下，以生逢其时的历史使命，舍我其谁的责任担当，冲锋在前的豪迈气概，保持定力，矢志突破，在“筑牢基础，破解难局”中，奋力谱写率先建成全面小康社会加快实现基本现代化的美好篇章！

（杨小军　提供）

长沙市雨花区人民代表大会常务委员会
工　作　报　告

——2016年1月13日在长沙市雨花区第四届人民代表大会第四次会议上

区人大常委会主任　龚景顺

各位代表：

我受长沙市雨花区第四届人民代表大会常务委员会的委托，向大会报告工作，请予审议。

2015年的主要工作

2015年是全面完成“十二五”规划的收官之年。区人大常委会在中共雨花区委的正确领导下，认真学习贯彻党的十八大及十八届三中、四中、五中全会和习近平总书记系列重要讲话精神，围绕全区工作大局，结合人大工作实际，依法依规行权，从严从实履职，着力在推进法治、加强监督上体现新成效，致力在关注民生、助力发展上展现新作为，努力在服务代表、自身建设上实现新突破。一年来，共举行常委会会议10次，听取和审议专项工作报告11个，作出决议、决定6项，组织开展专题询问和专项工作评议各1次、集中视察7次、专题调研5次，圆满完成了区四届人大三次会议决定的各项目标任务。

一 坚持依法依规，着力增强监督工作实效

常委会坚持围绕中心、突出重点、讲求实效的思路，按照监督法的规定，注重选择好角度、设计好尺度、把握好力度，综合运用多种监督方式，实现了有力监督与大力支持的良性发展。

1. 首次专题询问聚焦圭塘河环境整治。圭塘河是雨花区的母亲河，圭塘河环境问题一直是雨花人民群众反映强烈的突出问题。常委会积极回应群众关切，决定首次运用专题询问的方式加强对圭塘河环境综合整治的监督。主任会议成员视察了圭塘河水环境治理情况，听取了区人民政府关于圭塘河环境综合整治工作报告。常委会组成人员和部分人大代表分为六个调查组，针对沿河水量状况、沿线污染情况和沿岸居民境况等问题，集中深入走访调研，广泛收集意见建议。常委会第二十五次会议组织开展专题询问，16位常委会组成人员和列席会议的人大代表就圭塘河源头治理、减排控污、开发建设等问题提出询问。区人民政府区长、分管副区长和区城建投、区农林水局等12个部门主要负责人到会应询。专题询问通过各大媒体进行详细报道，受到广泛关注，产生积极影响。区人民政府高度重视、迅速行动，启动了圭塘河水体生态修复工程和流域引水工程，完成王家咀泵站截污管网建设，切实将询问有关问题整改落实到位。

2. 专项评议文化市场管理工作。常委会高度关注文化产品对于全区人民群众精神生活的影响，年初就将文化市场管理确定为2015年专项工作评议的重点内容，对区人民政府进行了为期4个月的文化市场管理专项工作评议活动。安排13个调查组分别深入文体、工商等职能部门及辖区街镇，通过走访调查、听取汇报、企业座谈，撰写了《雨花区文化市场管理情况调查报告》。召开全区文化市场管理专项工作评议大会并进行满意度测评，来自高桥、左家塘等地区的5名区人大代表就证照办理、网吧监管、商事制度改革等问题提出了意见建议，被评议部门负责人作了表态发言。常委会提出“强化组织领导、严格市场监管、加快产业发展、讲求宣传实效”的评议意见，以书面方式反馈了代表建议和满意度测评结果。区人民政府采取有效措施，

健全了工作协调机制和“三级管理”体系，相关职能部门开展了专项整治，并按规定时限报告了整改落实情况。

3. 加强财政预决算审查监督。积极推动新《预算法》在我区的贯彻落实，加强对政府预算的全口径监督，真正实现政府每一分钱纳入预算管理目标。抓住预算的编制、执行、调整、决算及审计等关键环节，专门邀请农财工委兼职委员、审计专业人员全程监督预决算工作，对2015年部门或专项资金预算编制情况进行了抽检审查，提前介入、深度参与2016年预算编制工作。强化预算执行监督，听取区财政工作情况和区国、地两税税收征管情况汇报，听取和审议2014年度区本级预算执行和其他财政收支情况的审计工作报告、2014年财政决算草案和2015年1—6月预算执行情况的报告、2015年1—10月预算执行情况和2015年财政预算调整方案（草案）的报告，审查批准了2014年财政决算报告和2015年财政预算调整方案（草案）。开展专项督查，督促区人民政府推进预决算公开。加强对政府性债务的监督，推进区人民政府及时清理债务存量、严格控制债务增量。坚持审计整改跟踪问效，促进工作落实。

4. 加强对经济工作的监督。听取和审议“十三五”规划纲要（草案）编制情况的报告，要求区人民政府落实中央和省、市、区委重大决策部署，准确研判发展形势，科学编制规划纲要。区人民政府对“十三五”规划纲要（草案）认真做了修改完善，并提请本次大会审查批准。关注产业项目建设，主任会议成员集中调研德思勤、欧亚达、汇财中心和嘉熙中心等重点项目，专题听取全区发展改革工作情况汇报，督促区人民政府在产业政策、项目管理、争资跑项等方面加大工作力度。关注产业园区发展，集中视察了雨花经开区机器人产业集聚区和比亚迪二期特种车项目、电子商务产业园仓储1号地，对园区发展规划、土地经营、项目建设、税源培植等提出意见建议。关注“城市品质化”，组织主任会议成员深入黎托、东山、高桥等片区专题调研，实地视察雨花环城绿带建设、沪昆高铁配套工程和大桥安置小区拆违现场，大力支持全区“史上最大规模拆违拆迁”工作。按照区委安排，常委会主任会议成员及部分委室负责人深入各自联系的“三定三抓”、市场迁建、拆违拆迁等项目现场和文明创建一线，积极推动工作开展。

5. 加强对法治工作的监督。常委会认真贯彻依法治国方略，监督区人民政府及有关部门制定落实年度普法工作计划，不断浓厚依法行政、依法办事的氛围。以国家宪法日活动为契机，全面落实由人大及常委会选举任命的国家机关工作人员集体向宪法宣誓制度。推进“司法公正长沙行”，主任会议听取区公安分局关于办案质量检查情况的报告，并通过组织人大代表旁听和评议法院庭审工作、参加检察院开放日活动、督促处理涉法涉诉案件等方式，全面了解审判、检察机关执行法律和有关政策的情况，促进司法公正，提高司法效率。围绕群众反映强烈的环境污染治理、食品药品安全、城市建设管理等问题，配合上级人大对水污染防治法、食品安全法、城乡规划法、未成年人保护法等9项法律法规的实施情况开展执法检查，并针对检查中发现的问题和执法检查审议意见的办理情况进行跟踪督办。完善规范性文件备案审查机制，对区人民政府报备的7件规范性文件进行了备案审查，维护了国家法制的统一。实行信访接待、协调沟通、交办督办“一体化”制度，全年共接待受理人民群众来电来信来访32件次，均按法律法规和政策要求进行了转办、交办和督办，妥善处置了一批群众反映比较集中的问题。

6. 加强对民生问题的监督。常委会坚持把关注民生、改善民生、保障民生作为依法履职的出发点和落脚点，着力推进解决人民群众最关心、最直接、最现实的利益问题。高度重视棚改工作，主任会议成员集中调研长钢、小林子冲等棚改项目，与相关职能部门、街道、项目负责人进行面对面交流，详细了解每个项目的资金、手续、进度等情况，督促区人民政府落实政策要求、保障群众利益、加强质量监管。关注城市环境卫生状况，主任会议成员专题调研渣土管理、维护作业、待遇保障等情况，听取了区环卫工作汇报，督促区人民政府在工作机制优化、设施设备改善、工人社保补缴等方面落实到位。以推进跳马保护性开发为重点，主任会议专题听取区农业林业水利工作汇报，着力督促解决影响跳马现代农业产业发展的有关问题。以“守护碧水蓝天，建设美丽雨花”为主题推进“环保世纪行”活动，集中视察雨花污水处理厂、“两河”流域、跳马生态保护等情况；以“三湘农产品质量安全行”活动为抓手推动溯源体系建设，确保全区人民群众“舌尖上的安全”；深化“三湘农民健康行”活动，重点围绕村卫生室改造和乡村环境卫生整治督促政府职能部门履职作为；组织区人大代表赴少数民族贫困地区开展助学扶贫活动，推进“民族团结进步行”活动落实到位。

二 坚持合拍合力，依法决定重大事项和人事任免

常委会紧扣全区发展大局、紧跟区委决策部署、紧密联系工作实际，围绕涉及改革发展稳定的重大问题和人民群众普遍关注的热点问题，按照“既监督又支持，既决定又督促”的思路，在充分调研、广泛论证和集体讨论的基础上，及时进行听取和审议，依法作出决议和决定，始终做到“与区委合拍、与政府合力、与群众合心”。

1. 认真行使重大事项决定权。常委会先后听取了区本级政府性债务融资规模与偿还执行计划、棚改基金设立、经开区发展基金融资等情况汇报，依法作出了《关于批准雨花区人民政府将东山镇集镇棚改项目纳入区国民经济和社会发展计划的决议》等决议决定，同意区人民政府提出的设立棚改基金解决雨花区棚户区改造项目部分资本金相关事项，确保全区旧城改造工程顺利进行。

2. 依法行使人事任免权。常委会始终坚持党管干部和依法任免相统一的原则，认真做好人事任免工作。进一步规范和完善任免制度，充分保障常委会组成人员在干部任用上的知情权、表达权，坚持按照听取拟任人员有关情况说明、任前调查、法律考试、任前陈词、无记名投票表决、颁发任命书、向宪法宣誓等法定程序，全年共任免国家机关工作人员53人次，其中决定任免区人大常委会各工作机构负责人及工作委员会兼职委员16人次，决定任免区人民政府副区长及其他组成人员24人次，任免区人民法院副院长3人次、审判员4人次、人民陪审员11人次，任命区人民检察院副检察长1人。按照代表法、选举法等有关规定及相关程序，认真做好代表资格审查工作，依法接受8名区四届人大代表辞职请求，依法终止6名区四届人大代表资格，依法确认13名补选的区四届人大代表资格有效，依法补选市第十四届人大代表3名并报本次大会备案。

三、坚持知情知政，切实保障代表依法履职

常委会坚持“人大工作的主体是代表，人大工作的开展靠代表，人大工作的潜力在代表”的理念，不断激发代表履职热情，充分保障代表履职权力，致力将人大常委会机关建设成真正的“代表之家”。

1. 认真做好代表联系。常委会坚持开展“双联”活动，推进“两代表一委员”工作室、代表微信群等联络平台建设，及时通报常委会公报、计划安排、审议意见及区情信息等，加强了常委会委员与代表、代表与人民群众的联系。扩大代表对常委会工作的参与，全年共邀请代表列席常委会会议、专题询问和专项工作评议89人次，参加调研视察、政情通报、座谈讨论等活动380人次。开展代表向选民述职工作，全年共安排84名区人大代表向选区选民述职，进一步畅通了代表与群众之间的联系，社会反响良好。

2. 认真督办代表建议。常委会高度重视代表建议办理工作，探索建立了“牵头领办、重点交办、跟踪查办、全面督办”相结合的办理工作机制，先后两次听取区人民政府关于代表建议办理情况的汇报，特别是对本届人大历次大会确定的立案件和督办件进行了强力督办，由文健雄等代表提出、被确定为区四届人大一次会议大会立案件的区公卫大楼项目全面交付，由李定平等代表提出、被确定为区四届人大一次会议大会督办件的石坝路项目全线贯通，由江伟雄和张承彦等代表提出、被确定为区四届人大二次会议大会立案件的木莲冲路项目全线贯通，由杨雁平等代表提出、被确定为区四届人大二次会议大会督办件的赤新农贸市场提质改造项目全面完工，由程献等代表提出、被确定为区四届人大三次会议大会立案件的圭塘河环境综合整治项目第一年工作成效明显，由李才军等代表提出、被确定为区四届人大三次会议大会督办件的朝晖路提质改造工程顺利完工。区四届人大三次会议以来，共收到代表建议89件，均已办理完毕并答复代表，一批事关发展大局和民生民本的问题得到较好解决，代表建议督办实效明显提升。

3. 认真组织代表活动。常委会注重闭会期间代表活动，对发挥代表作用的形式、内容和途径进行了深入探索。组织省人大代表雨花小组和驻区部分市人大代表专题调研跳马地区“两型”规划、基础设施、开发建设等问题，积极争取支持。组织区人大代表听取“一府两院”2015年上半年政情通报，收集整理代表审议意见53条。围绕“项目推进雨花行”活动、武广高铁片区拆违拆迁、产业项目建设等进行代表集中视察，有效发挥了代表知情督政的作用。不断加强代表小组制度规范、工作台账和活动阵地建设，主任会议专门听取东塘、圭塘、东山等人大街道工委工作汇报，各代表小组结合工作实际围绕项目、民生、环境、公益等主题扎实开展代表活动。

4. 认真搞好代表服务。常委会积极推进代表工作制度化、程序化、规范化建设，逐步完善代表履职学习培训、履职行为规则等7项制度。落实代表履职登记办法，建立代表履职档案，积极探索代表履职通报、出勤公布和履职表扬等制度，进一步激发了代表依法履职的热情。举办“代表审议权的实践与运用”专题培训班，不断提高代表履职能力。加大履职典型的推介力度，代表投身发展、创新创业、为民代言、热心公益的责任意识和履职意识进一步增强。

四 坚持从严从实，不断加强常委会自身建设

常委会坚持贯彻落实中央和省、市、区委各项部署要求，以扎实开展“三严三实”专题教育为契机，始终把讲政治、严规矩、守纪律挺在前面，全面加强自身建设，不断提高履职能力。

1. 扎实开展专题教育。常委会按照“三严三实”要求，聚焦对党忠诚、个人干净、敢于担当，认真搞学习、查问题、抓整改、建机制，依法行权、廉洁用权的意识进一步增强。通过专题学习、专题党课、专题研讨和专题民主生活会，践行“三严三实”要求的思想自觉和行动自觉进一步巩固。按照区委统一部署，常委会主任会议成员及机关干部扎实开展“一进二访”活动、“民意快线工程”和联点帮扶工作，努力为街镇社村和困难群众排忧解难。

2. 加强机关规范建设。常委会坚持破立并举，注重建章立制。健全常委会会议议事规则，坚持常委会会前集中学习制度，努力提高议事、决事、办事水平。制定《雨花区人民代表大会常务委员会专题询问暂行办法》，推进专题询问工作的制度化、规范化。完善人大会务操作规程，保障各类会议高效有序进行。坚持常委会集体学习和党组班子成员轮流讲党课制度，不断提高机关干部的理论素养和业务能力。坚持民主生活会和组织生活会制度，严格执行党风廉政建设责任制，常委会机关党的建设进一步加强。

3. 增强工作整体合力。常委会注重提升人大系统业务水平，组织常委会组成人员、镇人大和人大各街道工委负责人赴厦门大学参加履职能力提升研讨班集中培训。注重发挥兼职委员作用，专项工作充分听取兼职委员的专业意见。注重对上联系和对外交流，安排机关干部到省市人大学习培训，有重点地选择专题学习考察，重视与来区考察的兄弟区县人大学习交流。注重加强对镇人大工作的指导和对人大街道工委的领导，通过列席常委会会议、召开工作联系会等方式共同推进全区人大工作。注重人大工作宣传，发挥新闻媒体和网络平台作用，为常委会和人大代表履职营造良好舆论氛围。

各位代表，常委会过去一年各项工作的进展和成效，是在区委的正确领导下，全体区人大代表、常委会组成人员、各工作委员会兼职委员、镇人大及人大各街道工委和区人大常委会机关工作人员辛勤努力的结果，是区人民政府、区人民法院、区人民检察院密切配合的结果，也是全区人民和社会各界关心支持的结果。在此，我谨代表区人大常委会，向重视、关心、支持和共同推进人大工作的领导和同志们，向跳马地区讨论组列席人员对我们工作的理解、配合与支持，表示崇高的敬意和衷心的感谢！

同时，我们也清醒地认识到，与党和人民的期望、宪法法律的要求、改革发展的需要相比，常委会工作还存在一些差距和薄弱环节：监督工作的内容和方式有待进一步丰富，对常委会审议意见的跟踪问效还需进一步加强，推动解决代表和人民群众普遍关注的热点难点问题还要进一步努力，闭会期间代表活动的形式和载体需要进一步创新，对街镇人大工作的考核指导还要进一步关注等。对此，我们将认真听取人大代表和各方面的意见，切实加以改进和完善。

2016 年的主要任务

2016 年是全面实施“十三五”规划和全面建成小康社会决胜阶段的开局之年、全面推进依法治国的关键之年。区人大常委会要在中共雨花区委的正确领导下，高举中国特色社会主义伟大旗帜，以马列主义、毛泽东思想、邓小平理论、“三个代表”重要思想、科学发展观为指导，全面贯彻落实党的十八大及十八届三中、四中、五中全会和习近平总书记系列重要讲话精神，坚持党的领导、人民当家做主、依法治国的有机统一，牢固树立创新、协调、绿色、开放、共享发展理念，围绕区委四届二十一次全体（扩大）会议暨经济工作会议提出的战略目标，更加坚持紧扣中心，更加注重依法履职，更加关注为民代言，更加体现主动作为，努力为建设更加殷实的全面小康和更高水准的现代化城区做出积极贡献。

一 增强中心意识，促进经济社会发展

围绕全区经济社会发展大局，牢牢把握人大工作的正确方向，依法行使重大事项决定权，推动区委重大决策部署的贯彻落实。围绕全区招商引资、拆违拆迁、民生事业等重点任务，科学谋划常委会工作的思路和举措，使人大工作与中心工作始终同频共振。坚持党管干部和依法任免的有机统一，进一步规范国家机关工作人员任免工作程序，确保党委意图和人民意愿的高度一致。

二 增强法治意识，切实强化监督职能

听取和审议区人民政府关于教育、卫生、科技、征地、金融证券等工作情况的报告，配合上级人大开展执法检查，加强规范性文件备案审查，促进依法行政。听取区人民法院、区人民检察院关于办案质量检查情况的报告，依法开展信访工作，推进司法公正。开展对食品安全、社区改造等工作的专题调研，督促解决问题。推动新《预算法》的学习贯彻，研究制定预决算审查监督暂行办法。听取和审议财政预决算及审计工作等报告，对部门预算编制和专项资金进行全方位审查、全过程监督，加强预决算执行情况和审计整改工作的跟踪监督。听取全区政府性债务及偿债措施的情况汇报，逐步推进将政府性债务纳入预算管理。加强对圭塘河环境综合整治第二个实施年度的工作监督，对本届以来通过的决议决定和审议意见进行“回头看”跟踪督办。梳理总结并继续开展“环保世纪行”“三湘农产品质量安全行”“三湘农民健康行”“司法公正长沙行”“民族团结进步行”和“项目推进雨花行”等活动。

三 增强主体意识，充分发挥代表作用

坚持把代表工作摆到更加重要的位置，支持、规范和保障代表依法履行职务。继续深入开展“双联”活动，落实常委会组成人员联系走访代表制度和主任接待日制度。坚持代表履职学习制度，办好代表履职培训班和经验交流会。坚持代表列席常委会会议制度，进一步扩大代表对常委会工作和专项工作的参与。坚持“一府两院”半年度工作向代表通报制度，保障代表知情知政。坚持和完善代表履职登记与述职制度，稳步推进驻区市人大代表述职工作。健全代表履职服务保障机制，完善代表工作信息平台，推进代表活动室规范化建设，加强对闭会期间代表活动的指导、协调和服务。健全代表建议办理“集中督办、重点督办、联合督办”机制，提高办结率和满意率。探索区人大代表退出机制，

加强对代表的动态管理，培育宣传代表依法履职先进典型。

四 增强大局意识，推动同级同步换届

按照中央和省、市委的安排部署，2016 年市县乡同级领导班子将实现同步换届。我们要站在全局的高度，深化对同级同步换届工作重要性的认识，坚定不移地贯彻中央和省、市委的重大决策部署，严格按照区委的要求，把坚持党的领导、充分发扬民主和严格依法办事有机结合起来，依法认真做好换届选举各项工作。精心组织好相关法律法规和换届业务工作的学习培训，切实做好代表资源摸底调查工作，加强对镇人大换届选举工作的指导和监督。严格执行换届选举的法律规定，坚决落实严肃换届纪律的有关要求，深刻汲取衡阳破坏选举案、南充拉票贿选案的教训，旗帜鲜明地将纪律和规矩挺在前面，确保换届选举工作依法有序、风清气正。

五 增强服务意识，提升依法履职能力

坚持把加强自身建设、提高履职能力作为常委会各项工作开展的重要基础和有力保障。自觉践行“三严三实”，切实加强常委会机关思想政治和党风廉政建设。加强学习型党组织和学习型机关建设，努力提高为民掌权、为民履职、为民服务的本领。贯彻落实中共中央转发的《中共全国人大常委会党组关于加强县乡人大工作和建设的若干意见》（中发〔2015〕18 号）精神，推进人民代表大会制度和人大工作与时俱进、完善发展。推进信息化建设，建立雨花人大门户网站，鼓励各街镇同步开设人大工作网站网页。加强机关干部队伍建设、效能建设和作风建设，加强上下级人大机构和兄弟区县人大工作联系交流，共同提高人大工作质量、运行效率和整体活力。

各位代表！人民的期待殷切而厚重，我们的使命光荣而艰巨。让我们在中共雨花区委的坚强领导下，围绕“最美雨花·幸福家园”的总体目标，同心同德，锐意进取，扎实工作，努力开创我区人大工作新局面，为建设更加殷实的全面小康和更高水准的现代化城区做出新的更大贡献！

政府工作报告

张能峰

2016 年 3 月

各位代表：

现在，我代表区人民政府，向大会报告工作，请连同《雨花区国民经济和社会发展第十三个五年规划纲要（草案）》一并审议，并请各位政协委员和列席人员提出意见。

一　2015 年及“十二五”工作回顾

2015 年是实现“十二五”规划的收官之年。面对比较严峻的宏观经济形势，在市委、市政府和区委的正确领导下，我们紧扣“筑牢基础、破解难局”的工作主题，在适应新常态中体现新担当，在抢抓新机遇中谋求新发展，精心施策、勤勉实干，较好完成了区四届人大三次会议确定的目标任务。

（一）区域经济在应对挑战、积极作为中平稳增长。坚持稳中求进、好中求进，整体经济向中高速、高质量平稳运行。预计全年完成地区生产总值 1026 亿元（含长烟，下同），增长 9.8%；财政总收入 129.72 亿元，增长 9.25%；一般公共预算收入 61.13 亿元，增长 16.13%；实现固定资产投资 620 亿元，增长 17.5%；社会消费品零售总额 650 亿元，增长 9.5%；实现规模工业总产值 566 亿元，增长 14.2%；引进省外境内资金 85 亿元，市外境内资金形成固定资产 236 亿元，实际到位外资 6.2 亿美元；城镇居民人均可支配收入 4.4 万元，增长 8.7%。主要经济指标继续领跑中部省会城区。

（二）产业发展在抢抓机遇、战略驱动中加速转型。落实“项目奋进年”、“三定三抓”各项举措，帮助项目发展、帮促产业升级。雨花经开区被授牌全省唯一“机器人产业聚集区”，签约 37 家机器人厂商，5S 机器人应用展示中心建成开放，长沙机器人研究院签约落户。比亚迪总产值突破 130 亿元，电动乘用车项目正式投产，投资 50 亿元的电动卡车、特种车项目启动建设。现代服务业蓬勃发展，阿里云创客 + 创业孵化基地落户雨花，现代电子商务物流园、文化产业示范基地加快建设。高桥大市场启动争创市场采购贸易方式试点工作，红星大市场迁建卓有成效，东塘商圈加快提质改造。全区登记在册 10 亿元以上项目 57 个，新增 6 个项目纳入国家现代服务业综合试点，一批城市综合体、高端商务楼宇投入运营。成功举办 2015 年湖南长沙（香港）高铁新城专题招商推介会、雨花（北京）招商推介会，全年引进重点项目 26 个，15 家区域性总部签约落户。农业产业化步伐加快，花卉苗木产业不断拓展。高水平举办了 2015 中部（湖南）农博会。

（三）城市建管在综合施策、合力攻坚中同步提质。“千人拆违”行动成效显著，共拆除违章建筑 670 万平方米，占全市拆违总量的 47.85%，实现清场复绿 97.5 万平方米，创造了单日拆违 26 万平方米的新纪录，“雨花经验”在全省推广。开展 37 个重大项目征拆工作，沪昆配套、广铁 5000 套、动车所等重点项目顺利交地，全年实现腾地 9500 亩。棚改工作加快推进，长钢、长重、妹子山等 3 个项目实现清零腾地，长橡、华云、梨子山、小林子冲等 9 个项目进入拆迁扫尾，累计完成棚改签约 3200 户，有机棚改 2736 户，为市对区考核任务的 179%。城改进度全市领先，天华、大塘、高桥、井塘 4 个城改村征拆任务基本完成。53 处 3038 亩“围而未建”闲置地块得到有效整治。城市承载功能日趋增强，万家丽路高架通车，磁浮快线试运行，京珠高速下沉、火车南站东广场等项目稳步实施；洞株公路、木莲冲路、石坝路、香月路等10条道路建成通车，新建农村公路30公里。火车南站、城南入口、花侯路两厢等区域综合治理成效明显，启动环城绿带建设、高速两厢绿化，圭塘河二期建设顺利推进，湘江综合枢纽城区段截污工程主体完工，花桥二期、雨花一期污水处理厂建成运行。实现城管、环卫体制重心下移，“最严城管”项目化推进，投资1.6亿元提质改造老旧社区17个、背街小巷11条、化粪池65座，文明指数测评走在全市前列。

（四）重点领域在深化改革、坚持创新中彰显活力。完成新一轮的政府机构改革，实施事业单位分类改革，重新组建区食品药品监督管理局，合并成立区卫生和计划生育局。深化行政审批制度改革，科学编制权力、责任、流程“三张清单”，行政审批精简率达74.6%。深化商事登记制度改革，实行“三证合一”，新增商事主体2.3万户。深化投资融资体制改革，积极探索PPP融资方式，合作设立城市发展基金。住房保障手续电子化审批全面推行，农村集体经济产权制度改革稳步推进，住宅小区物业管理改革进行试点。推行社会事务“一口式”服务改革，在全省率先启动绿心生态补偿机制。成立“道路交通事故矛盾纠纷调处中心”，创立“公检法环境执法联动协作”模式。

（五）社会事业在科学统筹、普惠民生中共建共享。20项省市为民办实事任务全面完成，加快社会保障扩面提标，实现城镇新增就业16303人，失业人员再就业6683人，落实低保救助2134万元，全国社区治理和服务创新试验区经验交流会在雨花召开。实施安居惠民政策，完成房产办证处遗14662户，农村危改援建72户，公租房开工建设1794套。加快农民保障住房建设，月雅苑、瑞景苑实现分房交房，川河苑、桃花苑二期开工建设。新改扩建学校7所，新增学位4860个，顺利通过省教育强区评估验收。搭建科技创新平台8个，实现成果转化18项。深化卫计协同服务，完成医疗卫生改造项目8个，区公卫大楼即将投入使用，计生工作在全省综合考核中被评为优秀。推进国家公共文化服务标准化试点，建成示范性街道文化站2个、社区文化活动中心12个。狠抓安全生产工作，工程质量安全、食品药品安全、消防安全、交通安全等重点领域监管卓有成效，顺利通过省级安全生产示范区复查验收。深入开展人民调解、信访积案攻坚，进京非访人次同比下降50.9%。依法严密防范和严厉打击违法犯罪，刑事发案同比下降6.34%，群众安全感不断增强。国防和后备力量建设、人事编制、史志档案、疾控卫监、人防、统计、国土、规划、质监、工会、共青团、妇联、工商联、民族宗教、外事侨务、侨联、对台、残联、科协、老干、老龄、关工委、机关后勤等各项工作成效明显。

（六）自身建设在从严从实、创优增效中不断加强。强化对财政预算执行、领导干部经济责任、政府性投资的审计监督，节约财政资金3424.29万元，节减政府采购资金984万元，“三公经费”同比下降25%。率先启动“民意快线”工程，深入开展“一进两访”活动，切实解决群众生产生活难题。试点建设社区公共服务信息平台，升级改造12345热线网络办理平台，建成社区（村）便民服务中心118个。自觉接受区人大和区政协的监督，办理人大代表议案、建议102件，政协委员提案88件，主动接受圭塘河环境综合整治专题询问。扎实开展“三严三实”专题教育，加大党风廉政建设和反腐败工作力度，查处违反“八项规定”和“四风”问题78起，查处各类党员干部违纪问题130人，党风政风进一步好转。

各位代表，2015年的完美收官为“十二五”目标完成画上了圆满句号。五年来，我们紧紧抓住“四化两型”、“三量齐升”和“三市三倍”、“六个走在前列”的战略机遇，直面发展中的各类矛盾问题，有效应对严峻经济形势的考验，全面完成了“十二五”确定的各项目标任务。

——五年来，我们的区域经济加速领跑，先发优势不断巩固。各项主要经济指标位居中部省会城区前列，地区生产总值迈上千亿台阶，年均增长9.8%。单位GDP综合能耗比“十一五”末下降18.5%。财政总收入、一般公共预算收入分别是“十一五”末的2.2倍、3倍，年均分别增长16.8%、24.7%，两项收入总量居于全省城区首位。累计完成固定资产投资2447亿元，年均增长22%，是“十一五”的2.3倍；社会消费品零售总额2643亿元，年均增长13%，是“十一五”的2.2倍。城镇居民人均可支配收入是“十一五”末的1.8倍，年均增长11.8%。科学发展的持续性、统筹发展的协调性、稳定发展的抗风险能力明显增强。

——五年来，我们的发展方式加快转变，产业基础更加厚实。全区三次产业结构由2010年的0.5 ∶ 41.5 ∶ 58调整为0.7 ∶ 36.3 ∶ 63。现代服务业黄金走廊初具雏形，金融保险、电商物流、文化创意、专业服务等产业发展势头良好，相继引进世界500强企业17家、实力央企32家，建设大型城市综合体42个，培育亿元税收楼宇2栋、千万税收楼宇12栋，15个项目纳入国家现代服务业综合试点。雨花经开区跻身全省一类园区，企业突破600家，比亚迪成为全省首家产值过100亿汽车企业，智能机器人产业呈现蓬勃发展态势，战略新兴产业增加值占比突破20%。东塘、高桥、红星等传统商圈稳步提质，举办各类消费节会40余次，中部（湖南）农博会越办越好。

——五年来，我们的城市品质不断提升，发展环境持续改善。实施城建重点项目103个，总投资118.8亿元，新建改造城市主次干道40.5公里，沪昆高铁、地铁2号线、磁浮快线完成结网，雨花交通枢纽地位进一步凸显。实现征拆腾地2.57万亩，拆除违法建筑975.04万平方米。相继完成火车南站、汽车南站、高桥市场、红星市场等区域综合整治项目98个，提质改造老旧社区29个、背街小巷16条，建成特色景观街3条、公共站厕130座，社区公园及小游园33个，连续八年保持“省级文明城区”称号。圭塘河环境综合整治加快推进，环城绿带和美丽乡村建设启动实施，新增绿地345.8公顷，铺设污水管网128公里，获评中国生态文明示范区。

——五年来，我们的民生事业蓬勃发展，幸福指数大幅提高。坚持将新增财力80%左右用于改善民生，全面小康实现程度连续两年排名全省第一。不断完善社会保障和梯级社会救助体系，累计发放城乡低保救助资金1.31亿元，城镇登记失业率控制在4%以内，先后获得全国和谐社区建设示范区、全国养老服务示范区等荣誉。“六五”普法工作扎实开展。率先清理规范社区职能，社区事项由558项精减为147项。启动棚户区改造项目22个，完成改造7461户；启动城中村改造项目12个，完成改造4个，其他项目有序推进；建设农民保障住房项目11个，分房交房9000套；享受住房保障6978户，筹建公租房6880套。新建改造中小学、幼儿园39所，新增学位2.4万个，教育教学质量居全市前列。科技创新成果显著，搭建科技创新平台71个。公共文化服务体系不断健全，全民健身氛围日趋浓厚。计划生育工作扎实开展，公共卫生服务能力显著提升，先后获得全国文化体育工作先进区、全国计生优质服务先进区等殊荣。不断强化安全生产的监管责任和主体责任，扎实开展各类安全生产专项整治，被评为省级安全生产示范区。深入推进“平安雨花”建设，妥善化解矛盾纠纷和信访积案，稳步提升区域本质安全水平，连续九年被授予省“平安区（县）”称号。

各位代表，过去五年的成绩，归功于市委、市政府和区委的正确领导，得益于区人大、区政协的监督支持，离不开历届打下的坚实基础，凝聚着全区人民的共同努力。在此，我谨代表区人民政府，向在各个岗位辛勤劳动、无私奉献的干部群众，向各民主党派、工商联、人民团体、驻区单位，向各位人大代表、政协委员、老领导、老同志和社会各界人士，表示衷心的感谢，并致以崇高地敬意！

各位代表，五年来的积极探索和丰富实践，为雨花阔步前行积累了十分宝贵的经验，主要有四个方面的启示：一是必须用科学的思路引领发展。思路决定出路，思路引领出路。做工作，干事情，关键是要有一个好思路。确定思路贵在集思广益，符合实际；贯彻思路贵在持之以恒，始终如一。二是必须用创新的举措破解难局。我们必须时刻保持解放思想、与时俱进的清醒。要善于适应新形势，分析新情况，解决新问题，完善新方法，创造新机制，取得新成果，不千篇一律，不人云亦云。三是必须用实干的作风砥砺兴业。我们要坚守谋事有思想、办事有原则、成事有担当、干事有奖惩的理念，不急功近利，不心浮气躁，抓住主要矛盾，找准主攻方向，一件一件地抓，抓一件成一件。四是必须用成果的共享凝心聚力。我们必须坚持民本思想、民生导向，把改善民生、维护民利、确保民安作为处理改革、发展、稳定三者关系的根本，致力于实现好、维护好、发展好群众切身利益，用事业凝聚人心，以发展鼓舞人心。

与此同时，我们也清醒地看到，发展中不平衡、不协调、不可持续问题客观存在：一是经济质量不够优。结构性矛盾仍然突出，发展质效不够高，增长优势不明显，保持高基数上的高增长压力较大。二是战略项目不够多。引进战略性的大好项目不多，工业支撑力、投资拉动力、产业辐射力不强。三是管理水平不够高。城市监管长效机制不健全，一些治理顽疾时有反弹。项目帮扶、环境优化的力度有待加大。四是法治观念不够强。运用法治思维和法治方式谋划决策、推进工作、解决问题的能力有待进一步提高，行政诉讼、违纪违法案件时有发生。五是工作落实不够快。有些重要工作的开展、重点项目的推进、重大问题的解决，执行落实层面不够到位等等，这些问题，我们将采取有力措施，切实加以解决。

二　“十三五”时期的目标与任务

对新时期的发展走势，习近平总书记作出了“四个没变”的战略判断，即：经济发展长期向好的基本面没有变，经济韧性好、潜力足、回旋余地大的基本特征没有变，经济持续增长的良好支撑基础和条件没有变，经济结构调整优化的前进态势没有变。2015 年底，相继召开的中央经济工作会议、城市工作会议、农村工作会议，作出的形势判断、释放的改革信号、部署的工作任务，为我们谋划今后发展指明了方向。雨花“十三五”发展环境趋好，既面临转型发展的艰巨任务，又具备加速领跑的有利条件。我们必须始终保持战略定力，不断改善需求侧管理，积极释放供给侧动力，确保在新一轮发展中抢占先机、再创佳绩。

今后五年政府工作基本思路是：围绕“四个全面”和“五位一体”的总方略，按照“六个走在前列”的总要求，紧扣“最美雨花、幸福家园”的总目标，坚持创新发展、协调发展、绿色发展、开放发展、共享发展，稳增长、调结构、惠民生、防风险，努力打造中部现代服务业中心、现代交通枢纽区、智能制造集聚区、绿心生态示范区，建设更加殷实的全面小康和更高水准的现代化城区。

今后五年主要预期目标是：地区生产总值年均增长 8.5%，2020 年末达 1540 亿元；财政收入年均增长 10.5%，2020 年末达 214 亿元，一般公共预算收入达 97 亿元；固定资产投资年均增长 16%；实际利用外商直接投资年均增长 12%，进出口总额年均增长 15%；城镇居民人均可支配收入年均增长 10%；城镇登记失业率控制在 4% 以内。

今后五年的主要任务是：

——通过五年努力，我们将建设一个综合实力更加出色出彩的美丽雨花。坚持规划引领、创新驱动、项目支撑，重点培育高铁经济、总部经济、楼宇经济、生态经济，着力发展壮大现代金融、文化创意、专业服务、电商物流、健康养老、休闲旅游等主要业态。引导商圈经济提质发展，促进房地产健康发展，推动现代电子商务物流园集聚发展，以“十里长廊、百座楼宇、千亿产值”为目标，打造名副其实的中部现代服务业中心。推进新型工业化和信息化融合发展，重点打造智能机器人、新能源汽车、健康环保等先进制造业集群，打响“雨花创造”、“雨花智造”品牌，创建千亿产值园区、国家级园区。培育新型农业经营主体，以花卉苗木、休闲旅游为主导，加快发展科技含量高、附加值高的现代都市农业，打造新的经济亮点。到 2020 年，力争现代服务业对 GDP 的贡献率达到 70%，机器人产值达到 300 亿元，比亚迪产值达到 400 亿元。

——通过五年努力，我们将建设一个城市品质更加精致精美的美丽雨花。突出高铁新城建设，力争五年将高铁新城建成一片税收高地、就业洼地，一座实力新区、魅力新城。加快城市基础设施建设，新建扩改43条、84公里的主次干道，推进火车南站、磁浮快线、汽车南站综合交通枢纽建设。加快拥堵路段扩容和断头路改造，抓好南横线跨区道路建设，规划建设城市支路150公里、跳马乡村道路150公里，提升重要交通节点和道路通行能力。对区内规划道路的地下管网进行优化设计，有序建设地下综合管廊。完善主要商业地段、专业市场的市政设施，新建一批公共停车场、公卫设施和文体设施。到2020年，力争建成区面积扩容至120平方公里，城镇化率达到92%以上，把雨花建设得更加秀美靓丽。

——通过五年努力，我们将建设一个人居环境更加宜居宜业的美丽雨花。对能源和水资源消耗、建设用地等总量和强度实行双控，推动低碳绿色发展。划定耕地、森林、湿地、水体等生态保护红线，实行生态环境损害和污染事故责任追究。扶植低碳技术研发、示范和产业化，加快培育以低碳排放为特征的工业、建筑业和交通体系。积极普及绿色建筑，推广节能与新能源汽车，创建“公交都市”示范城区。完成老旧社区、背街小巷、农贸市场提质改造，修建一批特色景观街，创建国家卫生城区。加快绿心、绿廊、绿道建设，完成圭塘河、浏阳河环境综合治理，提速公园游园、公共绿地建设，打造“百园城区”、“绿色都市”。承办好第12届中国国际园林博览会。

——通过五年努力，我们将建设一个对外开放更加多维多元的美丽雨花。充分发挥高铁新城的大支点、强辐射作用，更好地吸纳区域资源和要素，促进区域融合发展。加强与世界500强、国内100强、行业10强的密切联系和深度合作，推动全方位的对外开放。推广发展跨境电子商务，鼓励企业不断拓展国际营销渠道，力争高桥市场采购贸易方式试点取得成功。深入挖掘培育新能源汽车、智能机器人等外贸增长点，引导创新外贸发展路径。继续深化经济、行政、社会等重点领域改革，全面提升区域发展的外向度和辐射力，不断打造智慧城区。“十三五”期间，力争招商引进投资100亿元以上的项目5个，投资50亿元以上的项目10个，投资10亿元以上的项目50个。

——通过五年努力，我们将建设一个人民群众更加安定安康的美丽雨花。着力解决民生问题，全力兜住民生底线。打造一批示范性创客平台，拓展就业创业空间。逐步普及15年基础教育，力争新建中小学20所、幼儿园6所，力促优质教育资源均衡共享。强化社会主义核心价值观的引领，加强文化阵地建设，完善公共文化服务。深化卫生体制改革，优化卫生资源配置，打造“15分钟”就医圈，积极创建国家级卫生应急示范区、慢性病综合防控示范区。加强保障性住房、廉租房建设。养老保险、医疗保险提质扩面，低保应保尽保。深化全国社区治理和服务创新实验区创建，加强社区公共服务平台建设，加大政府购买服务力度，提升社会组织服务水平。全力维护社会稳定、确保公共安全，加强重点行业领域安全监管，维护人民生命财产安全。拓宽社情民意表达渠道，加强社会矛盾纠纷调处，促进社会和谐安定，实现政府治理、社会调节和居民自治的良性互动。

三　2016年工作重点

2016年是实施“十三五”规划的开局之年。今年政府工作总体要求是：全面贯彻上级经济工作会议和“两会”精神，紧扣率先建成全面小康社会、加快实现基本现代化的总目标，破解发展难题、厚植先发优势，确保“十三五”各项工作开好局、起好步。

2016年全区经济社会发展的主要预期目标是：地区生产总值增长8.5%以上；财政总收入增长8%以上；一般公共预算收入增长8%以上；固定资产投资增长15%以上；规模工业总产值增长8%以上；社会消费品零售总额增长9.5%以上；实际到位外资6.3亿美元，引进省外境内资金91亿元，市外境内资金形成固定资产269亿元；城镇居民人均可支配收入4.7万元；城市登记失业率控制在4%以内；节能减排等约束性指标全面完成。

今年重点抓好以下六个方面的工作：

（一）聚焦财源培植，在产业转型上精准发力。发展壮大新兴产业。主动对接“中国制造2025”，推进新能源汽车产业发展，力争比亚迪实现产值200亿元，力促电动卡车、特种车项目今年4月投产。加快建设机器人产业集聚区，力争年内机器人企业突破100家，产值突破50亿元。推动绿色建筑产业园建设，加快园区产城融合步伐。重点发展阿里云创客平台，有序壮大创客平台家族，抢占“互联网+”产业高地。改造提升传统商贸业。加大业态调整和二次招商力度，加快东塘商业中心提档升级，提速红星农副产品市场迁建，做实高桥市场采购贸易方式试点基础，加快高桥物流货运市场外迁与招商。做大做强现代服务业。积极培育总部经济、楼宇经济，力争年内引进总部经济10家。加快建设现代电子商务物流园，力促仓储1、2、3号地建设。提升房地产开发品质，加大消化库存力度，推动房产市场健康发展。加快湖南国际中医健康城建设，带动健康养老产业发展。

（二）聚焦拓城提质，在项目建设上精准发力。大力实施“511工程”，全力推进118个重大项目的建设。注重项目品质。要继续搞好对接争取，在已有一批项目进入省市“十三五”规划“盘子”的基础上，力争再策划推出一批具有战略引领、支撑带动作用的重大项目进入国家、省里规划“笼子”。要把高铁新城、雨花经开区、电子物流园、雅塘片区等作为招商引资重中之重，组建100人的精湛队伍分赴发达地区招商引资，力争引进50亿元以上的投资项目2个，10亿元以上项目10个，亿元以上项目50个。搭建服务平台。坚持力量围绕项目转、资金围绕项目投、政策围绕项目定，组建100人的专门工作班子，开辟企业政务服务绿色通道，全心全意帮扶重大项目建设，全力以赴促开工、促投产、促见效。拓宽发展空间。精选500人的拆迁拆违队伍，采取“兵团作战”模式，突出抓好高铁新城、雅塘片区、棚户区改造、城中村改造四大板块拆迁安置；全面攻坚黎托、东山两大片区拆迁拆违，力争全年腾地5000亩以上。启动劳动东路两厢、长沙衡器厂等8个棚改项目，完成2600户棚改任务。继续抓好城中村改造。完善城市功能。全力配合火车南站东广场、城际轻轨、城市地铁、磁浮快线等重点工程建设，推进汽车南站综合交通枢纽改扩建。重点建设红旗路、杜花路、万芙路、先锋路、侯照北路、花卉路等一批主次干道，完成洞井路、曙光路跨京广铁路桥、川河路圭塘河桥施工，加快万家丽路快改地面道路和时代阳光大道东段建设。启动电动充电桩布点，加快公共停车场建设，完善消防站点、消防通道、环卫站厕、公用市政等基础设施，推进地下管网规划建设。

（三）聚焦品质塑造，在强化管理上精准发力。坚持常态化管理。启动第二批“最严城管”项目化整治，建好区城管指挥监督平台，提升城管网格化、数字化、智能化水平。开展“文明出行、畅安雨花”道路交通综合整治行动，加强火车南站、汽车南站和城郊结合部等区域综合整治，重点要对门前三包、夜市扰民、占道经营、渣土运输、黑车营运等突出问题进行专项整治，继续保持打非治违的高压态势，完成火车南站亮化工程和排水排污系统建设，扮靓湖南窗口，打造最美形象。坚持精细化管理。创新城市管理“义工”模式，切实提升居民群众的支持率、参与度。实施园林绿化体制改革，探索垃圾分类处理模式，提升道路维护作业水平。提质改造19个老旧社区、8条背街小巷，启动韶山路、芙蓉路、人民路立面祛斑和人行道提质工程，完成万家丽路、湘府路、花侯路、香樟路、沙湾路等主次干道增绿补绿。坚持生态化管理。加大公园、游园、绿地建设力度，积极建设清泉寺公园、跳马森林公园、牛栏山公园、同升湖湿地公园，加快打造“百园城区”、“绿色都市”。继续实施环保行动计划，加强环境风险防控，抓好大气、水体、土壤、噪声污染防治。抓好“两河”流域污染整治，推进浏阳河文化旅游产业带建设，启动圭塘河引水工程，完成圭塘河香樟路至浏阳河段建设。扎实推进节能减排工作，推进居住建筑节能改造，完善环境监管和生态补偿机制，建设更高水准的生态文明城区。

（四）聚焦城镇统筹，在加速融城上精准发力。加快跳马区域规划。完成跳马总体规划修编，搞好总体规划、土地规划、产业规划和绿心规划多规融合，完善村庄规划编制，稳步推进建制村合并工作。加快都市农业发展。提升传统农业、培育生态农业、发展设施农业，打造集观光、科普、体验、生产于一体的现代都市农业。特别是要提高花卉苗木产业档次，规划建设千亩同种树木园林，打造一片“特色农庄群”，让大家看得上眼、住得下来、买得放手。加快生态小镇建设。推进农民集中居住区建设，完成跳马14个村的环境综合整治。实施“农村安全饮水工程”，加强农业水利项目建设，加快曙光垸浏阳河大堤建设和中小型水库改造。抓好跳马路网建设，织好融城交通网。

（五）聚焦体制创新，在深化改革上精准发力。稳步推进经济领域改革创新。主动对接供给侧改革，从“去产能、去库存、去杠杆、降成本、补短板”等方面着力，加快构建质量和效率并重的多点供给结构。拓宽融资渠道，重大基础设施和公共服务项目打捆探索PPP模式。深入推进预算管理改革，逐步建立事权与支出责任相适应的制度。积极推进行政领域改革创新。3月底前公车改革要取得阶段性成效。要进一步打破定势、简政放权，给予基层更多资源配置权，营造更加宽松的发展管理环境。继续深化审批制度改革，要通过创新机制、再造流程，变串联审批为并联审批，变人工审批为电子审批，进一步为企业、为基层、为群众“松绑”、“减负”。不断推进社会领域改革创新。深化全国社会治理和服务创新实验区创建，扩大住宅小区物业管理试点，拓宽社会组织和居民群众参与社区治理的路径。积极推进居家养老、日间照料由社区向小区拓展延伸。

（六）聚焦民生改善，在增进福祉上精准发力。多办民生实事，增强民生福祉，不断提升老百姓的获得感、舒适感、安全感、幸福感。完善社会保障体系。鼓励大众创业、万众创新，加快示范性创客空间建设，加强就业创业精准服务。全面推行“一口式”服务平台建设，推动“救急难”试点，深化“惠民解困雨露工程”，启动“低保家庭教育援助计划”。完成房产办证处遗工作，抓好廉租房、公租房、经济适用房等保障对象的货币补贴、实物配租及分配安置。强化公共服务管理。加强科技创新平台建设，基本建成区域技术创新体系。全面启动“七五”普法。加强雨花素质教育基地建设，加快推进雅礼万境中学、平阳小学等6所学校建设。实施普遍两孩政策，抓好全国健康促进区试点，全面实施药品零差价，改造标准化村卫生室6所，建好洞井街道社区卫生服务中心。加强文化市场执法，推进文化阵地建设，打造“非遗”特色文化街区。维护社会安定和谐。深化“平安雨花”建设，健全立体化社会治安防控体系，增强群众安全感。畅通信访渠道，加强依法治访，积极化解信访积案。加强食品药品安全监管，健全应急管理体系，确保群众饮食用药安全。不断强化安全生产监管责任，加大涉安产品、涉安领域执法力度，常态化开展安全生产打非治违、集中执法、隐患整治和安全大检查，进一步督促企业落实安全生产主体责任，严防重大安全事故发生。统筹推进各项工作。推进军民深度融合发展，扎实做好双拥共建、退伍安置和人民防空工作。精心策划第十八届中部（湖南）农博会，认真组织第三次农业普查、第二次地名普查，加快雨花数字档案馆建设。推进人事编制、统计、国土、规划、质监、工会、共青团、妇联、工商联、民族宗教、外事侨务、侨联、对台、残联、科协、老干、老龄、关工委、机关后勤等事业蓬勃发展。

四　努力建设人民满意政府

适应新常态，引领新常态，对政府自身建设提出了更高要求。建设人民满意政府必须进一步提高执行力、公信力、亲和力、约束力。

（一）坚持实干善为，切实增强执行力。学好用好中国特色社会主义政治经济学，坚持民主决策与科学决策并举，坚持工作程序与工作效率并重，时刻保持立说立行、一抓到底、干就干好的韧劲。工作谋划注重长远，工作推动把握细节，工作方法力求创新，工作落实讲求实效，坚定地承担起改革之责、发展之责、稳定之责。要加强目标责任管理，强化过程监管和督促检查，确保责任明确到位、政令执行到位、工作落实到位、奖惩兑现到位。

（二）坚持秉公用权，切实增强公信力。强化制度信用、政策信用和程序信用，完善公开承诺制和岗位责任制，建立健全市场准入和全程监管机制、守信激励和失信惩戒机制，言必行、行必果，全面提升政府诚信。完善领导、专家、群众相结合的决策机制，落实决策咨询、听证、公示制度，确保决策集中民智、反映民愿、体现民意。着力解决好与群众利益息息相关的现实问题，努力做到重大决策依民而定，工作措施应民而出，安危冷暖为民而系，造福于民，取信于民。

（三）坚持勤政为民，切实增强亲和力。最大的责任就是为民解决最急的困难，最大的政绩就是为民提供最好的服务。我们要时刻不忘为民之责，责随职走、心伴责行，在其位、谋其政、干其事、担其责。坚持眼睛向下看，身子向下沉，重心向下移，脚步向下迈，访民情、解民意、集民智，把执政为民的要求融入到思想感情里、体现在政策措施上、落实到具体工作中，以更多的精力、更大的力度，多干让老百姓期盼的实事、多干让老百姓满意的好事。

（四）坚持依法行政，切实增强约束力。把纪律和规矩挺在前面，始终与党中央保持高度一致，坚持市委、市政府和区委的坚强领导，自觉接受区人大的法律监督和工作监督，主动接受区政协的民主监督以及社会舆论监督，认真办理人大议案、代表建议和政协提案，依法办理行政复议、诉讼案件。坚持“法无授权不可为，法定职责必须为”，用法治思维和法治方式履行职责，确保政府行为合法适当、合理适度。切实加强党风廉政建设，加大反腐败工作力度，加强审计监督、财政监督和行政监察，严格规范管理工程招投标、政府采购、国有资产转让，千方百计降低行政成本，科学有效调度使用资金，努力营造风清气正、廉洁高效的政务环境。

各位代表，经过多年的积累蓄势，我们雨花的发展魅力十足。面对从紧的宏观经济形势，我们雨花的发展任务艰巨。破解发展难题，需要我们合力攻坚；厚植先发优势，需要我们积极作为。让我们在市委、市政府和区委的坚强领导下，团结一心、奋力拼搏、真抓实干，为全面建成小康社会、加快实现基本现代化而努力奋斗！

坚持政协文化引领　助力建设最美雨花

——2016年1月11日在政协长沙市雨花区第四届委员会第四次会议上

李电晖

各位委员、同志们：

我受政协长沙市雨花区第四届委员会常务委员会的委托，向大会报告工作，请予审议，并请列席会议的同志提出宝贵意见。

2015年工作回顾

一年来，区政协深入贯彻落实党的十八大、十八届三中、四中、五中全会和习近平总书记“9·21”讲话精神，牢牢把握团结和民主两大主题，紧紧围绕区委“筑牢基础、破解难局”的工作重心，坚持以“勇、智、善、雅”的雨花政协文化为引领，按照“明大势、谋大局、做大事”的工作思路，大力推进协商民主，积极建言献策，服务中心、服务大局，为雨花经济发展、民生改善和社会进步做出了应有的贡献。

一 服务大局，在助推雨花发展中体现政协敢于担当的勇气

过去的一年，我们牢固树立大局观念，在拆迁拆违、产业转型创新发展、社会治理等大事、要事面前，全区政协组织和广大委员主动融入，自觉担当，谱写了服务大局的新篇章。

（一）面对拆违控违难题，在服务大局中勇挑重担。史无前例的全区大拆违，时间紧、任务重、难度大。区政协积极响应区委号召，快速行动。政协组织认识明确，态度坚决。区政协深刻领会省、市有关指示精神和区委工作意图，迅速统一了全区政协系统对拆违工作的思想认识，并利用政协组织的影响力，促进社会各界认清拆违大势，广聚拆违正能量。在拆违工作的关键攻坚节点，压缩或推迟相关会议和活动，配合区委、区政府打赢这场攻坚战。政协干部深入一线，增添合力。区政协系统的同志心系拆违，深入一线，扎实工作。区政协主席会议成员多次到现场调研，参与指挥，鼓劲加油，协调解决难题。主动配合市政协在我区联点的6位副主席，一道推动相关街、镇的拆违控违工作。区政协机关克服人手少等困难，派出精兵强将，帮助东山街道长托社区拆违拆迁，夜以继日做群众工作，甚至采取包括帮干农活、帮助搬家等多种方式感化拆迁户，终于完成了指挥部多次下达的拆违拆迁任务。同时，政协干部还转战平阳三角洲，携手市政协抽调的干部，顺利完成所承担的拆违工作任务。各街、镇政协联络处主任和联络员以拆违拆迁为己任，发挥了组织指挥者和工作骨干作用。东山、黎托政协联络处的同志们奋战在拆违主战场，做出了特殊贡献。政协委员模范带头，推动拆违。委员们积极响应区政协的号召，用实际行动支持和推动全区拆违工作。杨先建、刘文革委员作为拆违主战场的村级组织主要负责人，带头拆除违章建筑，并动员亲友及时跟进，影响和带动了周围群众，加快了拆违进度；彭开智委员作为黎托家具市场董事长，为市场整体拆除做出了十分重要的贡献；邹开其委员发挥广泛联系社会各界的优势，当好群众贴心人，推动潭阳拆违；王建林委员积极配合指挥部，充分发挥电力部门在拆违中的重要作用。

（二）面对经济发展难题，在帮扶项目中勇于突破。我区经济结构已进入深度调整、转型创新发展的关键时期。全区政协系统认清形势，适应经济发展新常态，积极为区域发展献计献策，长沙新闻频道《政协之声》进行了专题报道。关心支持产业转型升级、创新发展。主席会议成员多次深入高桥、红星、东塘商圈调研，支持市场提质发展，提出建设性意见，为解决发展难题牵线搭桥。高桥大市场面貌焕然一新，高桥街道政协联络处以及莫志刚、刘金华等委员做出了很大贡献。大力推进雨花大众创业、万众创新，井湾子街道政协联络处以及粟芳、丘文等委员全力推进中小企业公共服务平台建设，积极支持阿里云创客空间＋孵化器等项目落成运营，德思勤创业大街引人注目。省政协《湘声报》分别以“转型高桥、蝶变商圈”和“为双创提供‘保姆式’服务”为题进行了重点宣传报道。区政协鼓励、支持企业界委员积极探索产业转型升级。方荣国委员突破传统医药领域，转型发展电子商务医药和健康养老产业；汤志林委员探索物流总部经济，发展新型总部集群；李湘伟委员借助“一带一路”战略，开拓了东南亚机电市场；叶长发委员积极助推汽车南站升级改造工作，等等。关心支持棚改项目的推进工作。主席会议成员和政协委员多次深入到长城信息、长沙橡胶厂、小林子冲、梨子山等老企业和棚改项目现场，推动各项工作。东塘、砂子塘、侯家塘、左家塘等街道政协联络处的同志身体力行，长期战斗在棚改项目一线，建功立业。担任湖南中医药大学副校长的周小青委员为梨子山棚改项目指挥部免费提供独栋院子，协助做好周边住户的思想工作。关心支持联点项目的帮扶工作。区政协以“三定三抓”为平台，深入项目现场实地帮扶，帮助解决建设难题，使所帮扶的项目有了新进展。宏聚地中海项目配套学校建设问题得到市政府的原则同意；高强度增塑珊瑚人骨项目高压电塔迁移等难题取得突破性进展。各基层联络处紧贴项目建设发力，经开区政协联络处协助园区成立长沙机器人研究院、智能装备创投基金等项目；同升街道政协联络处面向园区企业打造多种形式服务平台，优化项目发展环境；雨花亭街道政协联络处积极助推雅塘片区项目建设，破解了很多难题。

（三）面对基层治理难题，在维护稳定中勇于探索。基层是否和谐稳定，事关雨花发展大局。区政协继2014年重点关注社区减负问题后，2015年继续重视基层社会治理工作。积极探索街道、社区新的基层治理工作模式。我们多次深入到砂子塘、东塘等街道和基层同志一起探索社会事务“一口式”受理模式、网格化社会管理模式的发展路径，帮助推广其先进经验。组织相关委员，配合基层同志共同做好金地、韶山路、政院等社区的创新管理工作。积极探索社会组织在基层治理中的重要作用。我们鼓励热心公益事业的委员立足雨花实际，建立健全各种社会组织，帮助做好基层治理工作。傅强委员积极创办雨花区社会组织孵化基地和社会组织实践园，带领众多社会组织大力开展助老助残、关爱失独家庭、扶贫帮困等公益事业，开展了卓有成效的社区服务。砂子塘街道政协联络处为社会组织在提供场地、参与指导方面做了很多实事。积极探索解决小区物业管理难题。区委十分重视小区物业管理改革工作，区政协主动配合，积极献计献策。同时，区政协以及圭塘街道政协联络处认真对接市政协对我区的专项调研，提供有代表性的调研现场，提出加强和改进物业管理的意见，起到了上下联动、破解难题的作用。

二 建言献策，在科学履职中发挥政协集思广益的智慧

过去的一年，我们始终坚持科学履职。在履行三大职能时，把协商民主摆在首要位置，并统筹做好参政议政、民主监督等工作，履职方式更优、效果更实，充分展示了政协人的智慧和力量，发出了政协好声音。

（一）协商民主凝聚各方智慧。习近平总书记明确指出：“协商就要真协商”。一年来，我们采用对口、专题、提案、界别四种协商形式，相继开展了四大调研协商活动，把我区协商民主推向新的高度。凭借智慧精准选题。搞好调研协商，选准课题是前提。要做到精准，必须从党委、政府的重要决策中来，从创新发展的实践中来，从人民群众的热切期盼中来，从政协委员的普遍关注中来。火车南站综合管理为各级领导和人民群众共同聚焦；跳马镇作为雨花大家庭的新成员如何共迎新一轮大发展；雨花电子商务物流如何蓬勃兴起；雨花文化产业如何驶入发展的快车道，经过政协上下精心考量，区政协常委会确定这四个课题为年度调研协商的重头戏。依靠智慧深度调研。深入调研是协商民主的必修课。区政协成立专门的领导小组，并由几位副主席分别带队走访调研，历时大半年。委员们不辞劳苦，以独到的眼光准确把脉，寻找对策，提出很有价值的建议，形成四篇高质量的调研报告。这些报告为区委调研专辑所采纳，其中《坚持保护性开发建设，打造生态型魅力跳马》和《破解火车南站管理难题，扮靓湖南窗口》两篇调研报告先后被市政府《决策咨询》刊发；《发挥区域优势，促进雨花区文化产业发展》的调研报告被《长沙宣传》采用；《打造雨花电商航母，促进区域经济发展》的调研报告已推荐到省政协。凝聚智慧务实协商。区委、区政府高度重视协商民主工作，主要领导和分管领导多次参加相关协商会议，现场听取委员们的意见与建议，并予以充分肯定，当场指示或会后批示有关单位及时采纳大家的真知灼见。我们认为，与会委员的协商意见凝聚着社会各界的智慧，问题剖析深刻，观点新颖鲜明，对策务实管用。如：火车南站要优化公共服务，营造文化氛围，展示湖湘文化和长沙特色；坚持保护性开发，建设美丽、富裕、幸福跳马；加快雨花电子商务物流产业园建设，打造雨花电商航母；雨花文化产业要着力打造影视传媒、演艺娱乐、数字出版、创意设计四大特色产业，“一路两河”文化产业带、大东塘文化商圈、跳马文化产业新区三大特色板块的意见与建议，等等，令人耳目一新，反响强烈。参加协商会议的相关部门负责人态度诚恳，纷纷表示要珍惜政协的意见，化为工作动力，抓紧落实有关工作。系列调研协商活动，凝聚着各民主党派、各专委会、相关部门和洞井、跳马等街、镇联络处以及许多政协委员的心血和智慧。对此，区委、区政府予以高度评价，市政协在工作报告中予以充分肯定。

（二）提案建议饱含委员智慧。政协委员通过提案提出意见与建议，积极参政议政，奉献才智。高质量的提案体现了委员的睿智。经过近几年来的经验积累，去年委员提交的近百件提案都具有较高的水准。被评为年度优秀提案的6件提案很具有代表性。以党派、团体、专委会名义提交的集体提案更是集思广益，发挥了集体的智慧。高层的批办、督办增添了提案办理的动力。区委、区政府非常重视政协提案工作，主要领导和分管领导及时阅批重点提案，明确了任务、指明了方向、加快了进度。区政协主席会议以及区政府督查室等部门督办提案也产生了很好的效果。高效的承办保证了办理的实效。区政府办以及各承办单位更加看重委员提案，配合紧密，耐心细致，增强了提案人发自内心的满意度。

（三）民主监督发挥政协智慧。作为政协的一项重要职能，民主监督必须敢于监督、善于监督。把监督职能作为支持改进工作的一种重要手段。民主监督只要用心去做，便可化难为易。只要是有利于工作，区委、区政府会大力支持，相关单位会主动配合。区环保局为了加强环境保护工作，多次与区政协主动对接，就大气污染防治和圭塘河治理开展了系列活动，真正把支持寓于监督之中，加大了工作力度。把监督重点放在事关发展与民生的重要领域。财政经济、教育卫生、城建城管等方面的主管领导和部门，通过各种途径与我们协商相关问题，认真吸收采纳政协的监督意见。围绕区财政预算与执行情况、阳光司法与公正审判等问题进行的视察座谈等，都取得了满意的效果。把监督方式运用到各项重要工作之中。数十名委员认真负责地参与了社会公认度评估测评、绩效考核评价等活动；数十名委员分别作为人民陪审员、检风检纪监督员、环境保护监督员很好地履行了监督职责。同时，委员们还就职业教育、少数民族流动人口管理、农村社会保险、最严城市管理等单项工作提出很好的监督意见。

三　关注民生，在促进和谐稳定中突显政协回报社会的善心

过去的一年，我们时刻不忘民生大计。委员心怀善意，多行善举，造福民众，净化风气。

（一）“真情五助”播洒爱心。区政协系统形成和发展了“真情五助·温暖雨花”的公益品牌。助残活动经久不衰，更加出彩。“爱心大冲关，委员来助残”活动形式新颖，由各民主党派和基层政协联络处组成的20支爱心队伍与区内残障儿童及其家长相聚圭塘河畔，携手“冲关”，场景令人振奋。10万元的现场捐款，感动着残障儿童的心灵，影响着周围群众。区政协机关干部参加“同享有声世界、共绘彩色童年”活动，帮助爱丽聋儿康复中心建立起爱心画室。助老活动此起彼伏，温暖夕阳。“幸福守望、携手夕阳”“携手看雨花，浓浓敬老情”等系列活动，把政协委员和老人们紧紧连在一起，彼此倍感温暖，浓厚了敬老爱老的良好氛围。助业、助困、助学活动形成常态，更见实效。据不完全统计，全年为群众提供了280多个就业岗位；为困难群众解决生活问题160多个，资金近100万元；不仅帮助了区内困难学生70余人，而且在湘西、怀化等贫困地区开展了“爱心午餐”等公益助学活动。

（二）社情民意紧贴民心。政协委员来自社会各界，特别接地气，而社情民意是委员履职的直通车，承载基层重托，专为民众开通。民意收集渠道更加多样。委员工作室的提质运行，多层次的信访接待，多形式的面对面交流，使来自群众的信息量大幅增加。经统计梳理，内容翔实的达2000多条。民意传递途径更加快捷。通过政协刊物、政协网络，及时把一些需要引起上级重视的事项反映到省、市、区各级领导，以便更好地为群众排忧解难。去年上报的20多篇社情民意信息，有6篇为上级政协所采用，其中姚正清、何重曙、莫艳芝等委员《关于发展社区居家养老服务的建议》《关于对中小学托管机构管理的建议》被省政协采用。民意实现程度更加提高。由于全区各级政协组织和政协委员的共同努力，采集的大部分信息相继得到解决或令人信服的解释。如火车南站旅客换乘难、跳马镇群众乘坐公交难等实际问题，都是在领导的批示和主管部门的支持帮助下得到了解决。

（三）群众工作温暖人心。“一进二访”精准帮扶。主席会议成员分别带队深入跳马镇对口联点村组开展帮扶工作。区政协机关协调相关单位，为村级发展解难题，解决了集体山塘维护、村民旧房改造及生活困难等实际问题，为60多户困难群众送去温暖。联点工作真心相助。区政协与省人大社区联系紧密，帮助丰富社区文化生活，协调小区道路改造，做了很多实事。

四　提升素养，在自身建设中彰显政协不同凡响的雅量

过去的一年，我们十分重视自身建设，政协组织充满活力，政协委员雅量剧增。

（一）随着“三严三实”教育的深入进行，全面提升政治生态之雅。“三严三实”政治营养极为丰富，能促进政协之树常青。区政协系统专题学习扎实开展，专题民主生活会紧扣实际，坚持把纪律和规矩挺在前面，既抓学习，又抓践行，努力创建山青水秀的政治生态。

（二）随着雨花政协文化的不断丰富，全面提升文化品位之雅。文化的功能非常强大，不仅可以培养人的情操，而且可以塑造人的灵魂。勇、智、善、雅，已成为雨花政协人心中的歌。以此为题，政协委员纷纷撰写歌词，孟勇委员作为国家一级作曲，欣然为《雨花政协委员之歌》谱曲，现已在委员队伍中唱响。勇、智、善、雅，已成为雨花政协人的一种追求，做人就要做这样的人！文化的魅力无处不在，去年4月，70名雨花政协人前往复旦大学参加培训，接受一流大学的文化洗礼，提升了履职能力，增添了几分儒雅。

（三）随着委员示范工作室的提质运行，全面提升委员履职风格之雅。区政协坚持把委员履职平台引向街道、社区，把工作经费投向基层。十大委员示范工作室的打造，不仅改善了委员履职环境，而且优化委员组合，增强委员履职能力。许多驻室委员积极参与社区事务、社区服务，发挥“四员”（政策宣传员、民情传递员、矛盾化解员、爱心敲门员）的作用，深受居民喜爱和信任。

回顾过去一年的工作，我们深感欣慰。在此，我代表区政协常委会向所有关心、支持政协工作的各位委员、各位领导和同志们表示衷心的感谢！

在总结成绩的同时，我们认为还存在一些不足之处。如委员主体作用有待进一步发挥；政协刊物传递民意的作用有待进一步增强；民主监督的影响力有待进一步扩大，等等。对此，我们将在今后的工作中逐步加以改进。

2016年工作思路

2016年是“十三五”开局之年，也是本届政协换届之年。区政协将认真学习贯彻党的十八大、十八届三中、四中、五中全会精神和中共雨花区委四届二十一次全会精神，紧紧围绕区委的重大战略部署，继续以“勇、智、善、雅”的雨花政协文化为引领，忠实履职、追求卓越，为雨花发展建真言、献良策、出实招，为建设“最美雨花·幸福家园”做出新的贡献。

一 围绕项目建设，助推区域发展

新的一年，雨花区项目建设任务仍然十分艰巨。区政协将继续聚焦全区项目建设的重点领域，通过视察调研和实际参与等途径，鼓励委员在项目拆迁、招商、建设等环节献计出力。继续关注高铁新城、经开区、现代电子商务物流园的重点项目建设，助推新兴产业项目的发展壮大，增加后劲。

二 围绕协商民主，致力忠实履职

协商民主是我国社会主义独有的民主形式，我们要在协商民主上下功夫，求实效。新的一年，区政协将针对热点难点问题，组织好行之有效的集中协商。要千方百计提高提案办理水平，特别是针对委员普遍关注的重要问题深入调研，发挥提案在参政议政、民主监督方面的特殊作用。要搞好重点提案回眸，检阅本届政协重点提案办理的实际效果。要加大民主监督力度，发挥委员在促进公正执法、依法行政等方面的重要作用。继续发挥好政协委员特约监督员在大气污染防治及环境保护、圭塘河引水工程和综合开发整治方面的监督作用。

三 围绕民生改善，促进社会和谐

继续发扬雨花政协履职为民的好传统、好作风。要更多地为民生民利建言献策。重点关注小学生划片就近入学，发挥职教基地优势、加强职业教育，计生政策调整配套落实等新问题；积极反映民声、传达民意、疏导民怨、助解民忧。要继续开展“真情五助”主题活动。发挥政协优势，引导委员集中发力，奉献爱心，扩大“真情五助·温暖雨花”的社会影响。要更多地及时反映社情民意。深入居民群众，掌握百姓诉求，编好《意见与建议》、《社情民意》；通过政协组织和长沙政协微信平台等新载体传递民意，帮助解决具体问题。

四 围绕文化传承，搞好政协换届

根据中央和省、市委的意见，今年将实行同级同步换届。我们要正确认识这一重大决策的重要意义，认真贯彻落实，通过换届，我们要确保重建一支高素质的政协委员队伍。区政协将在区委的领导下，会同有关部门，扎实做好有关工作。提前一年进行换届，我们更觉履职的宝贵。各位委员都要十分珍惜本届最后一年的履职时光，不松劲、不懈怠，以更加出色的成绩迎接换届的到来。我们要认真做好总结提升工作，通过编辑书籍、媒体宣传等形式，把本届履职精华传承下来，发扬光大。独特的雨花政协文化，是全体委员合力打造的履职精品，在区内外都产生了很好的反响，我们将进行系统总结，进一步探寻其文化基因，规范文化内涵，定位文化功能，回眸文化实践，展示文化愿景，使这一来之不易的成果如同耀眼的接力棒，在雨花政协人手中默默传递。

各位委员、同志们，“人民政协要把为‘十三五’时期发展献计出力作为履行职能的主线，建真言、谋良策、出实招”，习近平总书记前不久在全国政协新年茶话会上的重要讲话还在我们耳边回响。我们一定要按照习总书记的要求，在中共雨花区委的坚强领导下，为建设“最美雨花”建言献策，忠实履职，为雨花“十三五”开局之年旗开得胜而努力奋斗。

长沙市雨花区加快推进新型工业化发展和信息化建设的扶植奖励操作办法

为加快推进我区新型工业化[①]发展和信息化建设，促进“两化”融合步伐和产业转型升级，鼓励支持新型工业化和信息化企业做大做强，实现雨花经济持续健康发展，根据《长沙市雨花区人民政府关于印发〈长沙市雨花区促进区域产业发展扶植奖励办法（修订稿）〉的通知》（雨政发〔2014〕65号）文件精神，特制定本操作办法。

第一条　扶植对象

本办法扶植奖励对象指在雨花区内工商注册，纳入区域统计范围，并对区级财力产生贡献的新型工业化和信息化企业。

第二条　鼓励新型工业化企业发展壮大

1. 凡当年新增纳入规模以上统计单位的新型工业化企业，给予企业3万元的“进规入库”奖励。

2. 对年销售收入首次过10亿元、50亿元、100亿元台阶的规模以上新型工业化企业，分别给予10万元、50万元、100万元奖励。

第三条　扶植新型工业化产业聚集扩张

1. 支持工业用房建设。凡一次性投资开发5万平方米以上（含）的工业用房（含标准厂房和工业总部用房）建设，项目投资主体在项目竣工验收并投入使用当年，按其用于生产厂房和办公用房的面积一次性给予20元/平方米的扶植。

2. 支持购买工业用房。对在我区工业用房项目购房入驻、工商注册和税政关系登记在我区，且符合园区主导产业[②]发展方向的企业，按100元/平方米给予购房补贴（不含附属和配套用房），单个企业最高补贴金额不超过500万元。上述购房补贴从企业投产并开始形成产值当年起，按照50%、30%、20%的比例分三年补贴到位。

3. 鼓励租赁工业用房。对于在我区工业用房项目租房入驻、工商注册和税政关系登记在我区，且符合园区主导产业发展方向的企业，从投产并形成产值起头三年分别按照40元/平方米、30元/平方米、20元/平方米的标准给予企业租房补贴。先租赁后购买的，在享受购房补贴时，需扣除已享受的租赁补贴。

4. 促进产业集聚。根据工业用房项目开发总体量的不同，按一个工业用房项目建设规模10万平方米以下（含）的可形成一个主导产业、10万平方米至50万平方米（含）的可形成两个主导产业、50万平方米以上的可形成三个主导产业的标准，对主导产业面积占总面积55%以上的工业用房开发商，分别给予30万元、50万元、100万元扶植。

第四条　促进新型工业化技术转型升级

1. 鼓励创新发展。对获评国家级、省级、市级技术创新示范的新型工业化企业，且当年产生良好效益的，一次性分别给予50万元、30万元、10万元扶植。

2. 鼓励产业升级。对关键共性技术[③]列入当年湖南省战略性新兴产业重大关键共性技术发展导向目录的新型工业化企业，一次性给予5万元扶植。对符合首次研制或应用湖南省首台（套）重大技术装备[④]的新型工业化企业，一次性给予5万元扶植。对新纳入湖南省中小企业“专精特新”[⑤]示范企业名单的新型工业化企业，一次性给予3万元扶植。

第五条　加快工信两化互促融合

1. 促进移动互联网发展。对入驻、工商注册和税政关系登记在我区且新增投入500万元以上或办公用房使用面积3000平方米以上（含）的移动互联网产业创新创业平台，一次性给予50万元扶植。对当年营业收入5000万元以上或当年认定为省重点移动互联网企业的，一次性给予20万元扶植。

2. 推进信息化建设。对入驻、工商注册和税政关系登记在我区且当年新通过CMM3、CMM4、CMM5等级认证[⑥]的软件企业，一次性分别给予5

万元、10 万元、20 万元扶植。对与注册在本市的第三方 B2B、B2C⑦电子商务平台签订服务协议，并支付一年以上服务费用的规模以上工业企业，一次性给予 2 万元扶植。

3. 推进智能仓储运用。对入驻雨花现代电子商务物流园且工商注册和税政关系登记在我区的电子商务、现代物流、现代商贸企业，购买园区信息化立体智能仓储面积达 1000 平方米以上（含）的，一次性给予创业扶植资金 10 万元；租用园区信息化立体智能仓储面积 3000 平方米以上（含），并已经缴纳全年租金的，一次性给予创业扶植资金 3 万元。

第六条　支持新型工业化服务平台建设

参与区级中小微企业公共服务平台建设，并经雨花区加速推进新型工业化工作领导小组授牌的中小微企业公共服务站点，当年一次性给予 20 万元扶植。对已建立的中小微企业公共服务站点，由雨花区加速推进新型工业化工作领导小组根据每年服务绩效进行考评，评定为合格的给予 3 万元奖励，评定为优秀的给予 5 万元奖励。

第七条　附则

1. 企业入驻后第二个财务年度可申请兑现相关优惠政策。申报单位和企业必须保证申报资料的真实性，如有弄虚作假行为，取消扶植奖励资金（已领取扶植奖励资金的应全额退还），并从当年起 3 年内不再列入扶植奖励范围。

2. 购房补贴发放期间，相关业主不得对外出售、出租或变更用途，否则须退还已获得的购房补贴资金。购房补贴和租赁补贴只针对初次购买和租赁行为，一套工业用房只能享受一次补贴政策。

3. 本办法所述各项优惠政策与我区其他相关奖励政策如有重复，按最高奖励标准进行奖励，不重复计奖。

4. 对落户本区的新型工业化和信息化企业（项目）或其投资方、股东关联方，若已享受特殊政策奖励或优惠（含土地优惠政策），不得再依本办法进行奖励。

5. 本办法自印发之日起实施，由雨花区加速推进新型工业化工作领导小组负责解释。

附件　名词解释

①新型工业化：就是坚持以信息化带动工业化，以工业化促进信息化，就是科技含量高、经济效益好、资源消耗低、环境污染少、人力资源优势得到充分发挥的工业化。

②园区主导产业：主要指先进装备制造、新材料、生物医药、新能源、信息技术、节能环保六大产业。

③关键共性技术：是指湖南省加速推进新型工业化工作领导小组办公室发布的湖南省战略性新兴产业重大关键共性技术发展导向目录（2015）内的 30 项重大技术。

④湖南省首台（套）重大技术装备：是指省内企业首次自主研发或国产化制造的重大技术装备及关键部件。

⑤专精特新：“专”指专业化生产、服务和协作配套的能力；“精”指精细化生产、精细化管理、精细化服务；“特”指利用特色资源，弘扬传统技艺和地域文化，采用独特工艺、技术、配方或原料，研制生产具有地方或企业特色的产品；“新”指开展技术创新、管理创新和商业模式创新，培育新的增长点，形成新的竞争优势。

⑥ CMM_3、CMM_4、CMM_5 等级认证：CMM（Capability Maturity Model 软件能力成熟度模型）是由美国卡内基梅隆大学的软件工程研究所（SEI）创立的 CMM 认证评估，共有五个等级，分别标志着软件企业能力成熟度的五个层次。从低到高，软件开发生产计划精度逐级升高，单位工程生产周期逐级缩短，单位工程成本逐级降低。

⑦ B2B、B2C：B2B 是 Business-to-Business 的缩写，是指企业对企业之间的营销关系，它将企业内部网通过 B2B 网站与客户紧密结合起来，通过网络的快速反应，为客户提供更好的服务，从而促进企业的业务发展。B2C 是 Business-to-Customer 的缩写，而其中文简称为“商对客”。“商对客”是电子商务的一种模式，也就是通常说的商业零售，直接面向消费者销售产品和服务。B2C 即企业通过互联网为消费者提供一个新型的购物环境——网上商店。

长沙市雨花区政府信息公开工作细则

第一章　总　则

第一条　为切实加强政府信息公开工作，根据《中华人民共和国政府信息公开条例》（以下简称《条例》）、《湖南省实施〈中华人民共和国政府信息公开条例〉办法》、《长沙市政府信息公开实施办法》和其他有关法律、法规的规定，结合我区实际，特制定本工作细则。

第二条　本细则所称政府信息，是指行政机关在履行职责过程中制作或者获取的，以一定形式记录、保存的信息。

第三条　区人民政府应当加强对政府信息公开工作的组织领导。区人民政府办公室是本区政府信息公开工作的主管部门，负责推进、指导、协调、监督本行政区域的政府信息公开工作。

第四条　区政务服务中心是区人民政府信息公开工作机构，依法组织开展本区政府信息公开、维护和更新政府信息、政府信息公开保密审查及编制发布政府信息公开指南、目录和年度工作报告等工作；负责依法处理向区人民政府提出政府信息公开申请的日常工作。

第五条　区属各部门单位应当建立健全本部门单位信息公开的工作机构和工作机制，具体负责承办本部门单位的政府信息公开日常工作，做到机构健全、制度完善、责任明晰、程序清楚、工作落实。

第六条　垂直管理部门在上级主管部门的领导和区人民政府统一指导、协调下开展政府信息公开工作。

第七条　行政机关在政府机构改革中被撤销、合并或者调整职权的，其制作、获取的政府信息，由继续履行相关职权的行政机关负责公开；没有继续履行相关职权的行政机关，由保存该政府信息的单位负责公开。

多个行政机关共同制作的政府信息，由各参与制作的行政机关负责公开。

第八条　行政机关公开政府信息，应当遵循以下原则：

（一）“以公开为原则，以不公开为例外”的原则；

（二）“谁制作、谁公开”，“谁保存、谁公开”的原则；

（三）先审查、审批，后发布的原则；

（四）公正、公平、便民、及时、准确的原则；

（五）“一事一申请”的原则。

第九条　行政机关在公开政府信息前，应当依照《中华人民共和国保守国家秘密法》以及其他法律、法规和国家有关规定对拟公开的政府信息进行审查。

符合下列情形之一的政府信息，不予公开：

（一）根据《中华人民共和国保守国家秘密法》等法律、法规和国家有关规定，涉及国家秘密的；

（二）根据《中华人民共和国反不正当竞争法》等法律、法规和国家有关规定，涉及不为公众所知悉、能给权利人带来经济利益、具有实用性并经权利人采取保密措施的技术信息和经营信息的；

（三）根据相关法律、法规和国家有关规定，涉及他人身份、通讯、健康、婚姻、家庭、财产状况等个人隐私的。

（四）根据法律、法规和国家有关规定，其他不予公开的。

行政机关对涉及商业秘密、个人隐私的政府信息应当按照本细则第三十二条的规定执行。

第十条　行政机关应当按照“先审查、后公开”的原则，建立健全政府信息公开保密审查机制，明确国家秘密、商业秘密和个人隐私的审查程序和责任。

行政机关对政府信息不能确定是否可以公开时，应当依照法律、法规和国家有关规定报有关主管部门或者同级保密工作部门确定。

第十一条 行政机关发布政府信息依照国家、省、市有关规定需经批准的，未经批准不得发布。

行政机关在制作政府信息时，应当确定该政府信息是否公开。对不予公开的政府信息，应当注明不予公开的理由和依据。

第十二条 行政机关公开政府信息，不得危及国家安全、公共安全、经济安全和社会稳定。

第十三条 行政机关应当建立健全政府信息监测和澄清机制。行政机关发现影响或者可能影响社会稳定、扰乱社会管理秩序的虚假或者不完整、不正确的信息，应当在其职责范围内及时纠正并发布准确的政府信息予以澄清。

第十四条 行政机关应当建立不公开的政府信息动态管理机制，对符合公开要求的政府信息依法公开。

第十五条 行政机关应当建立健全政府信息发布协调机制。行政机关发布政府信息涉及其他行政机关的，应当与有关行政机关进行沟通、确认，确保行政机关发布的政府信息准确一致。

第二章　主动公开

第十六条 除依照《条例》和《长沙市政府信息公开实施办法》有关规定必须主动公开的政府信息外，根据本区实际情况，行政机关要重点公开以下政府信息：

（一）行政法规、规章和规范性文件；

（二）国民经济和社会发展规划、专项规划、区域规划及相关政策；

（三）国民经济和社会发展统计信息；

（四）财政预算、决算报告；

（五）行政事业性收费项目的名称、依据、标准；

（六）政府集中采购及公共资源交易项目的目录、标准（招标书）及实施情况；

（七）行政许可的事项、依据、条件、数量、程序、期限及申请行政许可需要提交的全部材料目录及办理情况；

（八）重大建设项目的批准和实施情况；

（九）扶贫、教育、医疗、社会保障、促进就业等方面的政策、措施及实施情况；

（十）突发公共事件的应急预案、预警信息及应对情况；

（十一）环境保护、公共卫生、安全生产、食品安全、产品质量的监督检查情况；

（十二）城乡建设和管理的重大事项；

（十三）社会公益事业建设情况；

（十四）征收或者征用土地、房屋拆迁及其补偿、补助费用的发放、使用情况的实体性及程序性公文；

（十五）抢险救灾、优抚、救济、社会捐助等款物的管理使用和分配情况；

（十六）涉及第三方合法权益，但不公开可能对公共利益造成重大影响的政府信息；

（十七）国务院、省人民政府、市人民政府年度公开重点领域政府信息。

第十七条 行政机关应当加强政府信息资源的规范化、电子化管理，分类整合政府信息资源，营造公众利用信息资源的良好环境，提升政府信息资源的开发利用水平，增强政府信息对人民群众生产、生活、科研提供帮助和服务的有效性、实用性。

第十八条 属于主动公开范围的政府信息，要自该政府信息形成或者变更之日起 10 个工作日内予以公开。因特殊情况 10 个工作日内不能公开的，最迟不得超过 20 个工作日公开；法律法规对政府信息公开期限另有规定的，从其规定。

第十九条 行政机关应当编制、公布政府信息公开指南和政府信息公开目录，并及时更新。

政府信息公开指南应当包括政府信息分类、编排体系、获取方式，政府信息公开工作机构的名称和联系方式，政府信息公开申请的办理程序、权利救济途径。

政府信息公开目录要包括政府信息的索引、名称、内容、概述、生成日期、本部门单位政府信息公开的责任科室（办）等内容。

第二十条 行政机关可以通过下列渠道公开政府信息：

（一）政府网站；

（二）政府公报；

（三）新闻发布会；

（四）报纸、广播、电视；

（五）档案馆、公共图书馆、政务服务大厅；

（六）公共查阅室、资料索取点、信息公告栏、电子信息屏；

（七）政务微博、微信等网络平台；

（八）其他方式和渠道。

行政机关应当采取便于公众知晓的方式公开信息。

第二十一条 行政机关应当采取以政府门户网站为主，其他渠道为辅的方式，及时公开、更新政府信息，并提供信息检索、查阅、下载等服务。

第二十二条 区人民政府要在区政务服务中心、档案馆、公共图书馆设置政府信息查阅场所，并配备相应的设施、设备，为公民、法人或者其他组织获取政府信息提供便利。其他行政机关可以根据需要设置政府信息查阅场所和设施。

行政机关要向政务服务中心、档案馆、公共图书馆提供主动公开政府信息的电子文本，移送主动公开的行政规范性文件纸质文本3份。

已移交档案馆的政府信息公开，依照有关档案管理的法律、法规和国家规定执行。

第二十三条 行政机关应当公开政府信息公开咨询电话，为公民、法人或者其他组织提供咨询服务。

第三章 依申请公开

第二十四条 政府信息依申请公开工作严格按照申请－受理－审查－处理－答复的程序进行。

第二十五条 行政机关应当正确把握“政府信息”的定义范围，在收到政府信息公开申请后先进行甄别，确定申请人申请的内容属于政府信息后，按政府信息依申请公开程序办理；不是政府信息的，应当进行说明。

第二十六条 行政机关应公布受理政府信息公开申请的办公地址、办公时间、联系电话、传真号码、电子邮箱、举报电话等，方便公民提出申请。

申请公开政府信息的公民存在阅读困难或者视听障碍的，行政机关应当为其提供必要的帮助。

第二十七条 申请人向行政机关申请获取政府信息，应当填写统一格式的政府信息公开申请表（详见附件1或附件2），采用书面的形式（包括数据电文形式）提出；采用书面形式确有困难的，申请人可以口头提出，由受理该申请的行政机关代为填写政府信息公开申请，并由申请人签名确认。

第二十八条 申请人申请政府信息公开需提供的材料及要求：

（一）申请人为公民个人的，提供身份证明、申请公开政府信息的用途与本人生产、生活、科研等特殊需要有关或与依申请公开政府信息存在法律意义上的利害关系的书面证明材料，委托他人代办的，还需提供代办人身份证复印件和授权委托书；

（二）法人或其他组织申请的，提供申请人的营业执照、组织机构代码证、法定代表人或主要负责人身份证明、申请公开政府信息的用途与本单位（组织）生产、生活、科研等特殊需要有关或与依申请公开政府信息存在法律意义上的利害关系的书面证明材料。委托他人办理的，还需提供代办人身份证明材料和授权委托书；申请公开政府信息的内容描述应具体、准确，包括能够指向特定政府信息的文件名称、文号或者其他详尽、准确的特征描述；

（三）获取信息的方式以及提供信息的形式要求；

（四）列明被申请机关的具体名称。

5人以上（含）共同申请同一政府信息，可以推选1名至3名代表提交申请，并提供推举证明材料或授权委托书。

第二十九条 行政机关对政府信息公开申请应当予以答复。能够当场答复的，应当场予以答复；不能当场答复的，应自收到申请之日起15个工作日内予以答复；如需延长答复期限的，经区政务服务中心负责人同意，并书面告知申请人，延长答复的期限最长不得超过 15 个工作日。

因不可抗力或其他法定事由不能在规定期限内答复申请人或者向申请人提供政府信息的，期限中止。中止时间不计算在前款规定期限内，障碍消除后期限恢复计算。期限的中止和恢复，行政机关应当向申请人书面说明情况。

第三十条 对已经受理的政府信息公开申请，行政机关应当认真细致地审查，对不符合要求的，应当要求申请人加以完善、重新提交申请（详见附件 3 或附件 4）；需重新提交申请的，受理时间以重新收到申请之日起算，申请人逾期不重新提交申请的，视为申请人撤回申请。

第三十一条 申请人要求撤回政府信息公开申请的，行政机关应当准许，并登记备案。

申请人向同一行政机关同时申请两项以上政府信息，行政机关可以按“一事一申请”的原则，要求申请人重新提出申请，也可以视申请内容复杂程度根据便民原则分别答复或者合并答复；对不属于本部门单位制作、获取、保管和公开的信息，告知申请人正确获取该信息的方式、渠道。

申请人向同一行政机关多次提出同一内容的申请或根据其申请公开信息的内容描述、特征指向，能够确定为具体某项已答复过的政府信息，应视为重复申请，行政机关可书面告知其不予受理。

第三十二条 行政机关认为申请公开的政府信息涉及商业秘密或者个人隐私，公开后可能损害第三方合法权益的，应当书面征求第三方的意见；第三方不同意公开的，行政机关不得公开；第三方未在行政机关要求期限内作答复的，视为不同意公开。如行政机关认为不公开可能对公众利益造成重大影响的，应当予以公开，并书面告知第三方。

行政机关征求第三方意见所需时间不计算在政府信息公开答复的时限内。

第三十三条 对政府信息公开申请，行政机关根据下列情况分别作出书面答复：

（一）申请公开的政府信息已主动公开的，应告知申请人获取政府信息的方式和途径；

（二）申请公开的政府信息属于可以公开的，应当向申请人公开（详见附件 5）；

（三）申请公开的政府信息中含有不应公开的内容，但能作区分处理的，应向申请人提供可以公开的信息内容；对不予公开的部分，应说明理由和依据；

（四）申请公开的政府信息属于不予公开范围的，应告知申请人并说明理由和依据；

（五）申请公开的信息属于行政机关在日常工作中制作或获取的内部管理信息，或处于行政机关讨论、研究、审查中的过程性信息，应告知申请人不属于政府信息；

（六）申请公开的政府信息所涉事项属于本机关公开范围，但本机关未制作、未获取，或者未以一定形式记录、保存的，应告知申请人申请的信息不存在，并说明理由和依据；

（七）申请公开的政府信息所涉事项不属于本机关公开范围，应告知申请人。对能确定该政府信息公开机关的，告知申请人该行政机关的名称、联系方式；

（八）未按照政府信息公开申请要求提供相关书面证明材料，申请内容不明确、信息不完整的，应告知申请人作出更改、补充；当事人逾期不补正申请材料并未向被申请机关提交的，视为撤回申请。

第三十四条 行政机关对下列申请事项分别按照以下方式处理：

（一）申请内容为咨询、信访、举报等事项，不属于政府信息公开申请范围的，应告知申请人通过相应渠道提出，对能确定负责该事项的行政机关，告知申请人该行政机关的名称、联系方式；

（二）申请内容属于行政程序中的当事人、利害关系人要求查阅案卷材料的，应告知申请人按照相关法律、法规规定办理；

（三）申请公开的政府信息已经移交各级档案馆的，应告知申请人按照有关档案管理的法律、行政法规和国家有关规定办理。

第三十五条 行政机关认为申请人申请公开的

政府信息与本人生产、生活、科研等特殊需要无关或行政机关要求申请人对依申请公开政府信息与其本人的利害关系作出进一步说明，申请人拒绝提供证明资料的，行政机关可以不予提供该政府信息。

第三十六条 行政机关向申请人提供的政府信息应是现有的，不需要汇总、加工或者重新制作的信息；否则，应当告知申请人不予提供。

第三十七条 行政机关依申请公开政府信息，应当按照申请人要求的形式予以提供；无法按照申请人要求的形式提供的，可以安排申请人查阅相关资料、提供复制件或者其他适当形式提供。申请人对答复形式没有明确要求的，原则上以书面的方式答复申请人。

第三十八条 行政机关应当对以下情况进行记录，并留存相关材料：

（一）申请人没有提供有效联系方式，致使行政机关无法向申请人提供书面答复的；

（二）征求第三方意见，无法与第三方取得联系或者未收到其回复意见；

（三）申请办理中的其他特殊情形。

第三十九条 多人就同一政府信息向同一行政机关提出公开申请，行政机关同意公开，且该政府信息能为公众知晓的，行政机关可将该政府信息纳入主动公开范围。

行政机关对申请公开的政府信息决定予以公开的，申请人可以建议行政机关将该信息纳入主动公开范围。

第四十条 公民、法人或者其他组织有证据证明行政机关提供的与其自身相关的政府信息记录不准确的，有权要求该行政机关予以更正。

行政机关有权更正的，应及时予以更正；无权更正的，应转送有权更正的行政机关处理，并告知申请人。法律、法规、规章对信息更正有特殊程序规定的，从其规定。

第四十一条 申请人向区人民政府所属相关部门单位提出政府信息公开申请的，由各相关部门单位承办，承办前须向区政务服务中心登记备案。相关部门单位和区政务服务中心应建立健全信息公开联动机制，互相通报政府信息依申请公开的有关信息，查阅、复制文件、档案等有关资料；在办理政府信息依申请公开过程中，区属相关部门单位遇到难以把握的情况，应与区政务服务中心及其他相关职能部门进行协商处理。

第四十二条 申请人向区人民政府提出政府信息公开申请的具体承办工作由区政务服务中心负责，区属各相关部门单位协办。区政务服务中心在依法履行政府信息公开申请职责时，需要相关行政机关提供关联的文件、资料和解释说明的，相关行政机关应自收到协办函件之日起3个工作日内出具书面回复意见并提供相关的文件、资料（详见附件6）；情况复杂需要延期的，应以书面形式向区政务服务中心说明理由并明确答复期限。

第四十三条 行政机关依申请提供政府信息，可以收取实际发生的检索、复制、邮寄等成本费用，收取的费用纳入同级财政管理；具体收费标准按照省物价和财政主管部门制定的标准执行。

第四十四条 农村五保供养对象、城乡居民最低生活保障对象以及领取国家抚恤补助的优抚对象，经本人申请，凭民政部门颁发的相关证明资料，受理机关免收相关费用。

第四章 监督和保障

第四十五条 区人民政府应当建立健全政府信息公开工作考核制度、社会评议制度和责任追究制度，定期对政府信息公开工作进行考核、评议。

第四十六条 行政机关应当在每年3月1日前，公布本行政机关上年度的政府信息公开工作年度报告，并向区人民政府提交年度报告。

政府信息公开工作年度报告包括下列内容：

（一）行政机关政府信息公开组织机构、制度建设、渠道场所、教育培训等年度工作开展情况；

（二）行政机关主动公开政府信息情况；

（三）行政机关依申请公开政府信息和不予公开政府信息情况；

（四）因政府信息公开申请行政复议、提起行政诉讼情况；

（五）政府信息公开收费及免除费用情况；

（六）政府信息公开工作存在的主要问题及改进情况；

（七）其他需要报告的事项。

第四十七条 各行政机关应建立健全本机关的政府信息公开工作机制，制定工作实施方案，按要求完成政府信息公开工作。此项工作纳入区人民政府对各部门单位的年度绩效考核。因相关行政机关延迟或拒绝回复函件或不按要求提供和不及时提供信息公开所需文件、资料的，所引起的行政复议、行政诉讼的不利后果由相关行政机关承担。

第四十八条 区人民政府办公室负责开展政府信息公开年度考核工作。政府信息公开年度考核情况应向社会公布。

第四十九条 行政机关可采取多种方式开展社会评议，征求公民、法人或者其他组织对本机关政府信息公开工作的意见和建议。对合理的意见和建议，行政机关应予以采纳。

第五十条 政府信息公开工作主管部门和监察机关负责对区属行政机关政府信息公开的实施情况进行监督检查，指导、监督本区政府信息公开责任追究工作，执行本区行政问责办法。

第五十一条 公民、法人或者其他组织认为行政机关不依法履行政府信息公开义务的，可以向上级行政机关、监察机关或政府信息公开工作主管部门举报。收到举报的机关应予以调查处理。

公民、法人或者其他组织认为行政机关在政府信息公开工作中的具体行政行为侵犯其合法权益的，可以依法申请行政复议或提起行政诉讼。相关行政机关发现政府信息公开工作相关问题应及时纠正。

第五十二条 行政机关违反本细则，未建立健全政府信息发布保密审查机制的，由监察机关、上一级行政机关责令改正；情节严重的，对行政机关主要负责人依法予以处分。

第五十三条 行政机关违反本细则，有下列情形之一的，由监察机关、上一级行政机关责令改正；情节严重的，对行政机关直接负责的主管人员和其他直接责任人员依法予以处分：

（一）不依法履行政府信息公开义务的；

（二）不及时更新公开的政府信息内容、政府信息公开指南和政府信息公开目录的；

（三）违反规定收取费用的；

（四）通过其他组织、个人以有偿服务方式提供政府信息的；

（五）公开不应公开的政府信息的；

（六）违反本细则的其他行为。

第五章 附 则

第五十四条 法律、法规授权的具有管理公共事务职能的组织公开政府信息的活动，适用本细则。

第五十五条 教育、医疗卫生、食品药品、计划生育、环保、市政、环卫、园林等与人民群众利益密切相关的公共企事业单位在提供社会公共服务过程中制作、获取的信息公开，参照本细则执行。

有关主管部门应对所属或者管理的公共企事业单位的信息公开工作进行指导和监督。

第五十六条 法律、法规和国家有关规定对政府信息公开另有规定的，从其规定。

第五十七条 本细则自 2015 年 11 月 1 日起施行。

长沙市雨花区人民政府
关于加快发展养老服务业的实施意见

雨花经开区，火车南站地区综管办，各街道办事处（镇），区直各部门单位：

为进一步完善我区基本养老服务体系，健全社会养老服务发展机制，大力推进老年社会福利事业发展，提升老年人生活质量，根据《长沙市人民政府关于加快发展养老服务业的实施意见》（长政发〔2015〕1号）和《长沙市人民政府办公厅关于印发〈长沙市养老服务业综合改革试点实施方案〉的通知》（长政办函〔2015〕6号）文件精神，结合我区实际，提出如下实施意见。

一 指导思想

以全面深化改革为动力，不断满足老年人日益增长的养老服务需求，充分发挥政府的引导作用和市场的决定性作用，调动社会各方面力量，逐步健全"以居家为基础、社区为依托、机构为支撑、社会为主体"的设施齐备、功能完善、规模适度、布局合理、覆盖城乡的适度普惠型养老服务体系，"9064"(90%的老人依靠居家养老，6%的老人依托社区养老，4%的老人依赖机构养老）养老格局更加健全，全面实现养老服务整体布局科学化、运作机制市场化、投资主体多元化、服务对象公众化、服务方式多样化、服务队伍专业化、监督管理规范化。

二 总体目标

1. 大力发展各类养老机构，到2020年，实现每千名老年人拥有养老床位数40张以上，全区各种形式的养老服务床位总数达到7800张。

2. 2017年底，各街道必须建成至少1所400平方米以上的老年人日间照料中心；2018年底，跳马镇必须建成1所400平方米以上的老年人日间照料中心。

3. 2020年底，各社区（筹委会）和跳马镇60%以上的村必须建成200平方米以上的居家养老服务中心（农村幸福院）。

三 具体措施

（一）全面发展居家养老服务网络（区民政局、区司法局、区财政局、区人力资源和社会保障局、区卫生和计划生育局、区电子政务管理办、各街道、跳马镇）

1. 完善基本养老服务补贴制度，规范政府购买上门服务措施，大力培育发展居家养老服务企业和社会组织，为居家老年人提供上门助餐、助浴、助洁、助急、助医、法律援助等定制服务，推进老年人助餐点（老年餐桌）建设。

2. 强化养老服务信息化建设，规范运营社区为老服务信息平台，完善虚拟养老院服务功能，实现服务覆盖率达100%。2020年底前完成社区为老服务信息平台的提质升级，建成覆盖全区的智慧养老平台。

（二）完善养老服务设施建设（区城乡建设局、区民政局、区城市管理和执法局、区公安分局、区国土分局、区规划分局、区质监分局、区消防大队、区残联、各街道、跳马镇）

1. 支持建设老年人日间照料中心和居家养老服务中心等养老服务设施，按照人均用地不少于0.1平方米的标准，分级规划设置养老服务设施。

2. 新建小区按照每百户30平方米的标准配建养老服务设施，与住宅同步规划、同步建设、同步验收、同步交付使用。养老服务设施的配建应相对独立，按照无障碍设施工程建设相关标准和规范，推动和扶持老年人家庭无障碍设施的改造，加快推进坡道、电梯等与老年人日常生活密切相关的公共设施改造。

3. 已建成社区无养老服务设施或现有设施面积没有达到每百户20平方米标准要求的，各街道（镇）要制定计划，逐年通过购置、置换、租赁等方式开辟养老服务用房，2020年底前全部达标。

（三）全力推动养老机构建设（区城乡建设局、区民政局、区财政局、区人力资源和社会保障局、区环境保护局、区卫生和计划生育局、区公安分局、区工商分局、区国土分局、区规划分局、区消防大队、各街道、跳马镇）

1．充分发挥公办养老机构托底保障作用，重点为城市“三无”老人和农村“五保”老人提供无偿供养和护理服务，为低收入家庭的失能半失能老人和失独老人提供低偿服务。开展实施公办养老机构入住评估轮候和财政补贴制度。

2．推进区社会福利中心公办养老机构改革试点工作，进一步规范公建民营的运营模式，规范跳马镇敬老院管理，2020年年底完成跳马镇敬老院二期建设工程。

3．鼓励社会力量举办规模化、连锁化、家庭化和小型化养老机构。鼓励社会资本对企业厂房、闲置校舍、宾馆、招待所、公办后勤服务设施等按照相关标准进行整合和改造，用于养老服务。鼓励发展养老地产，开办营利性、公益性养老机构。鼓励建管分离，养老服务设施由投资商兴建，由专业养老机构运营。

4．推动医养融合的养老机构建设，鼓励有条件的养老机构或医疗机构改造成医养融合的老年护理院。

5．支持符合相关条件的养老机构办理养老许可证，规范许可条件和流程，畅通办证渠道。

（四）不断发展社区（筹委会）、村养老服务（区教育局、区民政局、区老龄办、区财政局、区人力资源和社会保障局、区文化体育新闻出版局、区卫生和计划生育局、各街道、跳马镇）

1．大力推进基层养老服务示范点的建设，发挥社区（筹委会）、村公共服务设施的养老服务功能，加强养老服务设施与社区（筹委会）、村服务中心及卫生、文化、体育等设施的功能衔接，发挥综合效益，各类公益性养老服务设施要向社会老年人开放。

2．支持社会组织参与养老机构或服务设施建设运营、养老产品开发、养老服务提供，使社会组织成为发展养老服务业的重要力量，建立一批具有雨花特色的老年产业协会、养老服务行业协会、老年护理研究会等，采取政府购买服务的方式，委托专业社会组织开展养老服务教育培训、研究交流、咨询评估等服务，承担养老服务行业标准制定、服务质量评估、服务行为监督、第三方认证等事务，发挥其在行业自律、监督评估、服务中介、风险分担等方面的作用。

3．培育、扶持各类专业化、社会化的养老服务组织或社工团队，为老年人开展日间托老、医疗康复、集中就餐、文体娱乐、老年学习等养老服务项目，到2020年，各街道（镇）至少培育或引进2家专业的养老服务社会组织。

4．加强老年协会建设，形成覆盖全区的三级老年协会组织网络，支持老年协会运营管理居家养老服务中心（农村幸福院），开展自我管理、自我服务，组织邻里互助。

5．积极维护老年人的合法权益，在全区内分片增设老年人优待证办理窗口，建立80岁以上老年人高龄津贴自然增长机制。

6．鼓励开展为老志愿服务。建立为老志愿服务登记、回馈制度，积极倡导机关干部、企事业单位职工和大中小学学生参加为老志愿服务活动，扶持各类为老服务志愿组织开展志愿服务，组织“敬老文明号”“敬老模范单位”“助老之星”和“十大孝星”的评选活动。

（五）加强养老服务人才队伍建设（区民政局、区财政局、区人力资源和社会保障局、区卫生和计划生育局、各街道、跳马镇）

1．通过政府购买服务的方式，建立1家养老服务实训基地，聘请专业的教师团队，对养老服务从业人员开展职业技能培训，每年计划培训50人，并组织参加职业资格认证考试，培训经费在区级福彩公益金中预算。

2．提高养老护理员的社会地位和工资福利待遇，区人社部门适时发布养老护理员工资指导价位，推动建立工龄补助制度，依法缴纳养老保险等社会保险费，开评“十佳护理员”和“优秀护理员”。

3．增设公益性岗位，在公办养老机构和街道（镇）、社区（筹委会）、村养老服务机构中开发公益性岗位，优先安排以特困人员为重点的就业困难人员，对吸纳就业困难人员比例不低于60%的养老服务机构，按照人社部门相关政策给予社保补贴和岗位补贴。

（六）大力发展养老服务产业（区老干部局、区发改局、区城乡建设局、区民政局、区司法局、区商务和旅游局、区文化体育新闻出版局、区卫生和计划生育局、区两型办、区工商分局、区国土分局、区规划分局、区质监分局、区金融办、区现代服务业发展办、各街道、跳马镇）

1．将养老产业纳入全区服务业发展规划，制定区“十三五”养老服务业发展规划。

2．按照国家产业发展政策要求，积极引导和鼓励社会民间资本、工商资本、外来资本等以独资、合资、合作等多种形式参与投资老年生活服务、医疗康复、教育娱乐、老年用品、休闲旅游等养老服务产业，创立1~2个雨花养老品牌项目。

3．支持企业围绕老年人的衣食住行医和文化娱乐等需要，开发安全有效的康复辅具、服装服饰等老年用品用具和服务产品；引导银行、保险等金融机构开发适合老年人的理财、保险等产品。鼓励房地产商建设集老年住宅、老年公寓、老年医院、老年社区于一体的养老服务综合体。积极拓展适合老年人特点的文化娱乐、体育健身、老年大学、休闲旅游、社区商业、健康服务、法律服务、精神慰藉等养老服务。

（七）推进养老服务业行业标准建设和监督（区民政局、区财政局、区审计局、区质监分局、各街道、跳马镇）

按照有关法规、政策和标准，健全养老服务行业准入和退出机制，制定雨花区养老服务质量标准体系，加强养老服务业行业监督，以政府购买服务的方式，引入第三方组织，开展服务行为监督、服务质量评价和老年人养老需求评估工作，加强对养老补助资金的监管，确保财政资金使用效益。

四 扶持政策

（一）完善土地供应、税费政策（区发改局、区城乡建设局、区民政局、区财政局、区卫生和计划生育局、区工商分局、区国土分局、区规划分局、区残联、各街道、跳马镇）

1．将养老服务设施建设用地纳入城镇土地利用总体规划和年度用地计划，并在国有建设用地供应计划中予以优先安排。新建养老服务设施用地依据规划单独办理供地手续的，每宗地面积原则上不超过3公顷；集中配建医疗、保健、康复等医卫设施的，不得超过5公顷。养老服务设施用地转让，其地上所建养老服务设施应整体转让，不得分割转让和分割销售。严禁将养老设施建设用地改变规划条件进行房地产等经营性用地项目的开发，对于拟改变土地用途的养老服务设施用地应当由政府收回处置。

2. 由民政部门认定的非营利性养老机构建设、养老服务设施，与公办养老机构执行相同的土地使用政策，可依法使用国有划拨土地或者集体建设用地。对利用单位自有用地兴办养老服务设施项目的，若符合城市规划及养老产业专项规划的有关要求可采取协议出让方式供地，年限均不超过50年。享受划拨用地政策的非营利性养老机构，可变更为营利性养老机构，变更性质时，可办理协议出让（租赁）土地手续，补缴出让金（租金）。

3．2015年开始，对社会力量提供的床位数在200张、500张和1000张以上的养老服务投资项目，可分别列入区级服务业重点项目，优先给予用地保障。

4．鼓励将闲置的厂房、仓储用房、学校、培训中心、度假村、农庄等存量房产和土地改建为养老服务设施，支持使用农村集体建设用地兴办养老服务机构。

5．养老服务机构确有困难并提供了残疾人就业岗位的，依照《湖南省按比例安排残疾人就业规定》，可以到区残联申请减免残疾人就业保障金。

6．争取市相关部门支持，落实养老机构用水、用气（燃料）等与居民用户实行同质同价，用电按居民生活用电计价等优惠政策。

（二）完善投融资政策（区发改局、区科技局、区民政局、区财政局、区文化体育新闻出版局、区金融办、各街道、跳马镇）

1. 区、街道（镇）应加大投入，安排财政性资金支持养老服务体系建设。

2. 区级福彩公益金50%以上要用于支持发展养老服务业，并随老年人口的增加逐步提高投入比例。体育彩票公益金要为老年活动阵地配备健身器材。

（三）完善医养融合政策（区民政局、区人力资源和社会保障局、区卫生和计划生育局、各街道、跳马镇）

1. 区卫生和计划生育部门牵头，区人社、民政部门参与制定医养融合政策，有条件的养老机构，支持其申请设立医疗机构，符合条件的可纳入医保定点范围；不具备内设医疗机构的养老机构，支持周边医院、社区医疗卫生服务机构共同合作、资源共享；明确老年护理院发展政策，鼓励社会资本举办老年护理院，严格准入门槛，为失能半失能老人提供养老医疗服务。

2. 养老机构内设医疗机构聘用医生、护士、药剂师等卫生技术人员，在资格认定、职称评定、技术准入和推荐评优等方面，享受与公立医疗机构同等待遇。

（四）完善区级财政补贴政策（区民政局、区财政局、各街道、跳马镇）

1. 调整居家养老服务补贴政策，推进养老服务设施建设步伐

（1）街道（镇）老年人日间照料中心建设补贴按照一、二类标准，区财政一次性分别补贴15万元、10万元；运营补贴按照一、二类标准，区财政每年分别补贴10万元、6万元。

（2）居家养老服务中心（农村幸福院）运营补贴按照一、二类标准，区财政每年分别补贴3万元、2万元。2015年开始新建的居家养老服务中心（农村幸福院）建设补贴按照一、二类标准，区财政一次性补助5万元、3万元。

（3）将基层养老服务示范点创建纳入财政补助，每年创建10个，按照每个2万~5万元的标准给予一次性补助，列入区级福彩公益金预算。

2. 提高基本养老服务补贴政策，加大居家养老政府购买上门服务投入

（1）对本区户籍12个街道的困难老年人和跳马镇城镇户籍的困难老人，实施基本养老服务补贴，服务补贴以购买服务的方式，按A、B、C三类实施。

A类老人每月享受500元的服务补贴：一是年满60周岁的失能半失能散居“三无”老人；二是年满70周岁的散居“三无”老人、失独低收入老人，获市级以上劳模称号的低收入老人。

B类老人每月享受400元的服务补贴：一是年满60周岁的失能半失能低保老人、失独低收入老人；二是年满70周岁的低保老人、失能半失能低收入老人。

C类老人每月享受300元的服务补贴：一是年满60周岁失能半失能的低收入家庭老人；二是百岁老人；三是年满70周岁失能半失能家庭生活困难（家庭月人均收入在上年度本市社会平均工资50%以下）的重点优抚对象；四是年满70周岁失能或半失能子女不在长沙市区（县）内或无力照顾（子女均系残疾或重病人员）的生活困难（家庭月人均收入在上年度本市社会平均工资50%以下）的重度残疾老人（一、二级残疾）；五是年满80周岁且家庭月人均收入低于上年度本市职工最低工资标准且子女不在长沙市区（县）内或无力照顾（子女均系残疾或重病人员）的空巢老人。

（2）跳马镇农村户籍困难老人的基本养老服务补贴按购买服务的方式实行，2015年度按A、B、C三类确定的条件纳入，统一按每月300元标准执行，2016年开始按A类500元、B类400元、C类300元标准执行。

（3）服务补贴资金由市、区两级财政按照1:2的比例分摊。上述对象入住养老机构的，服务补贴可抵扣入住费用。

3. 建立困难老人的养老政府补贴制度（区民政局、区财政局、各街道、跳马镇）

（1）实施“三无、五保”安康计划，完善“三无、五保”老人政府托底供养制度，社会力量兴办的养老机构经批准收住“三无”“五保”老人的，区财政部门按公办养老机构标准全额补贴的基础上，上浮10%。

（2）实施困境老人夕阳计划和失独老人关爱计划，建立孤寡老人、困难低保老人、困难失独老人入住福利机构的养老补贴制度，经过评估，采取入住补贴的形式，支持入住区内各类养老机构养老。

（3）实施困难老年人助餐补贴政策，区级福彩公益金先期预算20万元，并逐年提高预算比例。

4. 提高养老机构建设和运营财政补贴制度（区民政局、区财政局、各街道、跳马镇）

（1）对社会力量兴办的养老机构，按照每张床位新建补贴1万元、改建补贴5000元的标准给予建设补贴。

（2）对公办民营和社会力量兴办的养老机构收住长沙市户籍社会寄养老人的，按照实际入住老人数给予运营补贴，每床每月补助160元。

（3）各类养老机构的运营补贴与居家养老政府购买服务补贴不重复使用，按照就高原则给予补贴。

（4）对社会力量兴办的养老机构有如下情况的，不享受财政补助资金：一是未经批准，擅自变更机构名称、地址、负责人的；二是未经批准，擅自合并，或改为他用的；三是屡次违反养老服务行业规定和职业道德，管理服务质量差，入住老人及亲属年投诉率超过30%的；四是年内发生重大安全生产事故，或重大新闻事件，情况属实且造成恶劣影响的。

5. 建立财政补贴保费和政府购买社会组织参与养老服务补助制度（区民政局、区财政局、区金融办、区老龄办、各街道、跳马镇）

（1）支持和鼓励养老机构购买养老机构责任险，在符合纳入市级补助的基础上，区级对各机构缴费金额的10%予以补助，补助资金列入每年区级福彩公益金预算。

（2）将“三无”“五保”、低保、重点优抚对象、失独老人意外伤害险纳入财政补贴范围，列入每年老龄事业资金预算。

（3）健全政府购买服务机制，培育专业社会组织或社工团队开展养老服务，加大财政资金扶持力度，按相关规定执行。

6. 建立高龄津贴自然增长机制（区民政局、区财政局、区金融办、区老龄办、各街道、跳马镇）

继续实施80岁以上老年人普惠型高龄津贴制度，逐步提高津贴补助标准，实现本区户籍100岁及以上老年人高龄津贴每人每月500元，90~99岁老年人高龄津贴每人每月100元，80~89岁老年人高龄津贴每人每月50元。

五 工作要求

（一）加强组织领导

完善区发展养老服务业工作领导小组建设，明确负责全区养老服务业发展的总体设计、统筹协调、整体推进和督促落实，由区人民政府区长任组长，常务副区长、分管副区长任副组长，区发改局、区教育局、区城乡建设局、区民政局、区财政局、区人力资源和社会保障局、区商务和旅游局、区文化体育新闻出版局、区卫生和计划生育局、区经济和信息化局、区食品药品监督管理局、区公安分局、区工商分局、区国税局、区地税局、区国土分局、区规划分局、区质监分局、区消防大队、区金融办、区政府研究室、区老龄办、各街道（镇）等部门为成员单位。领导小组办公室设在区民政局，将原区居家养老服务指导中心调整为区养老服务指导中心，承担对全区养老服务业发展的指导工作，负责促进我区养老服务业健康快速发展，其人员编制仍然在区民政局内部调剂解决。

（二）健全体制机制

区直各相关部门、各街道（镇）要高度重视养老服务业发展，切实履行统筹规划、政策扶持、资金引导、典型示范、监督管理等职责，研究制订加快推进养老服务业发展的政策措施，认真落实养老服务业发展的相关任务要求，形成齐抓共管、整体推进的工作格局。区民政部门要牵头履行业务监管职能，加强宏观引导、行业规范、业务指导、信息发布和监督管理。区老龄工作机构要发挥综合协调作用，加强督促指导工作。区发改部门要将养老服务业发展纳入国民经济和社会发展规划，支持养老服务设施建设，要探索建立科学合理的养老服务定价机制。区财政部门要逐步建立符合养老服务业发展需要的公共财政投入增长机制。区人力资源和社会保障部门要制定养老服务公益性岗位细则，加强医疗保险定点管理、养老服务人员管理、职业技能培训与鉴定工作。区卫生和计划生育部门要研究医养结合服务模式，提升医疗服务能力。区城乡建设局、区国土分局、区规划分局等部门要编制规划、落实政策，统筹养老服务设施建设和土地供应。区税务部门要落实税收优惠政策。区教育局、区商务和旅游局、区文化体育新闻出版局、区食品药品监督管理局、区公安分局、区工商分局、区质监分局、区消防大队、区金融办等部门要按各自职责创新政策，加大对养老服务业的扶持力度。

（三）营造发展环境

在全社会广泛开展尊老、爱老、助老思想道德教育，转变社会养老观念，倡导新型孝道文化。表彰先进，树立典型，大力营造关心支持养老服务业发展的良好社会氛围。

六、本办法自 2015 年 6 月 1 日起实行。

雨花区现代服务业发展行动计划（2015—2017年）

现代服务业是国民经济的重要组成部分，是构建现代产业体系的重要支撑，是社会文明的重要标志。为充分发挥现代服务业对于加快转变经济发展方式、提升产业综合素质、满足群众精神需求、实现全面小康建设目标的重要作用，根据《湖南省人民政府办公厅关于印发〈湖南省现代服务业发展行动计划（2014—2017年）〉的通知》（湘政办发〔2014〕47号）、《长沙市人民政府办公厅关于印发〈长沙市现代服务业发展行动计划（2015—2017年）〉的通知》（长政办发〔2015〕4号）文件精神，结合《长沙市雨花区人民政府关于雨花区打造中部现代服务业中心的意见》（雨政发〔2014〕34号），特制定2015—2017年全区现代服务业发展行动计划。

一 总体要求

（一）发展思路

顺应现代服务业成为经济发展主导力量的趋势，围绕提升与全面建成小康社会相适应的供给能力和服务水平的目标，充分发挥作为“一带一部”（即东部沿海地区和中西部地区过渡带、长江开放经济带和沿海开放经济带结合部）和长江中游城市群（即武汉城市圈、环长株潭城市群、环鄱阳湖城市群）中心城市的区位优势，紧紧围绕“打造中部现代服务业中心”目标，通过激发市场内生动力、挖掘产业增长潜力、增强企业创新活力，做大做强优势服务业，引导培育新兴服务业，改造提升传统服务业，加快培育经济发展新的增长点，全力打造以“一核两带四组团”为载体的现代服务业集聚区，实现服务业发展倍增目标，推动和引领三次产业高端发展和城市功能显著提升。到2017年，初步把我区建设成为立足长株潭、服务中部、面向全国的中部现代服务业中心。

（二）基本原则

1. 坚持规划引导。遵循产业规划、空间规划、土地规划、项目建设规划“四规合一”的原则，加强规划约束力和执行力，统筹现代服务业产业布局、区域发展、土地利用和项目建设。

2. 坚持市场主导。充分发挥市场配置资源的决定性作用，进一步推进政府管理创新，加大简政放权力度，激发各类市场主体的创新创业活力。

3. 坚持分类指导。根据服务业发展规律、区域布局及分类特点，分地域、分类别进行指导，加强政策措施的针对性、有效性和可操作性。

4. 坚持创新发展。以市场需求为导向，以科技创新为动力，以高素质人才为支撑，深入实施创新带动战略，营造有利于新技术、新业务、新业态发展和推广应用的良好环境。

5. 坚持改革推进。深化行政、社会、文化管理体制改革，推进国有企业、垄断行业、事业单位改革，消除制约现代服务业发展的体制性障碍。

（三）发展目标

2015—2017年，全区服务业固定资产投资年均增速达到16%左右；力争到2017年，全区服务业增加值占地区生产总值比重达到60%以上；培育形成一批国内外享有较高知名度、拥有较强核心竞争力的大企业集团、产业集聚区和优势品牌。

二 主要任务

（一）培育服务业重点产业

1. 商贸物流。（责任单位：区商务和旅游局、区发改局、区科技局、区财政局、区工业和信息化局、区交通运输局、区现代服务业发展办、雨花现代电子商务物流管委会、区会展办。除特别说明外，排名第一的均为牵头单位，下同）

主要工作：一是大力发展电子商务。引导传统工业和商贸服务企业开展电子商务，鼓励基于电子商务的各种商业创新推动实体交易与网上交易共同发展。培育本地新兴电子商务企业，以楼宇经济为载体，依托现有电子商务平台吸引更多企业入驻，开展形式多样的B2B、B2C电子商务业务，建立大宗商品电子化交易平台，形成电子商务产业集群。引导嘉丽购、爱尚通程等品牌做大做强，打造国家级电子商务示范基地。加快红星农副产品大市场迁建，推动高桥市场片区转型升级，开发整合实体与互联网资源的垂直电子商务平台，形成批发市场O2O市场群，打造高桥国际示范区。二是打造体验式消费中心。鼓励传统商贸企业转型升级，开展以顾客体验为中心的经营模式创新。以城市综合体为载体，推动商贸企业在卖场本身的消费功能外，更注重消费的多元化、多业态体验。三是抓好现代服务业综合试点项目。对我区目前正在开展的试点项目，加强指导、督查和服务，积极推动机制创新、标准创新、业态创新、方式创新和技术创新。四是培育好会展经济。以红星会展中心为依托，进一步培育好中国中部（湖南）国际农博会，积极引进国内外有影响的大型展会，培育产业关联度高的工程机械配件、房交、汽车等展会。五是提升商务商贸水平。以总部经济为总揽，以“三定三抓”为抓手，加快商务楼宇建设，督促台商总部大厦等一批项目早日开工，推进跨国公司总部经济园等项目建设。实施高端酒店健康发展工程，扩大商务楼宇二次招商，建立区现代服务业数据库，促使楼宇经济进一步与招商引资、引进税源、区域发展需求相结合。六是壮大发展现代物流业。抢抓长沙定位于全国一级物流园区布局城市的契机，优化全区现代物流产业发展环境，进一步完善相关政策、法规、制度，建立健全促进全区现代物流产业发展的政策法规体系。按照国家级现代服务业项目试点要求，加快雨花现代电子商务物流中心建设，通过重点发展电子商务物流、商贸物流公共服务平台，加大仓储、展示与物流的整合力度，实现与周边物流园区的错位发展。七是推动物流产业转型升级。以雨花现代电子商务物流中心为依托，大力发展电子商务、分拨、配送中心，重点引进和培育电子物流和虚拟物流企业中的龙头企业、AAAAA级物流企业以及第三方、第四方物流企业等一批有核心竞争力的品牌物流企业，鼓励区内有条件的物流企业实施行业整合，做大做强物流业上下游相关产业，逐步形成以物流业为纽带、配套产业为支撑的特色产业集群。八是建立商贸物流公共信息平台。通过整合雨花区以及长沙市各类批发市场的物流资源，建设区域性、综合性、开放性的第四方物流信息平台，鼓励商贸流通企业、生产加工企业和物流配送企业通过各种合作方式，对配送资源进行整合和规划，实现城市共同配送。

发展目标：2015—2017年，全区电子商务交易额年均增长40%以上，电子商务交易额分别达到140亿元、196亿元、274亿元；重点电子商务企业集聚发展；到2017年，全区社会消费品零售总额年均增长14%左右，传统商圈特色明显；实现传统商贸业向现代商贸业转型，促进体验式消费中心的形成；现代服务业综合试点项目2015年完成7个，2016年完成4个，2017年全面完成；会展经济效益显著增强；2015年现代服务业数据库建成并投入使用；楼宇二次招商力度不断加大，形成科学化、专业化的招商模式；到2017年，全区社会物流收入实现年均增长7%，社会物流总费用占GDP的比值下降1~2个百分点；雨花现代电子商务物流中心建设成效显著，物流服务能力逐步提升，物流服务水平明显改善，现代物流发展体系基本形成。

2. 现代金融。（责任单位：区金融办、区发改局、区财政局、区工业和信息化局）

主要工作：一是大力扶植金融服务业。着力引进各种新型金融机构，摆脱同类同城竞争，实现差异化定位和创新发展。在吸引各类金融机构区域性总部落户的基础上，重点引进股权基金、金融后台服务等机构，力争引进北京金融街，逐步搭建并形成金融聚集平台。二是进一步提升金融配套服务能级。加快金融功能区基础设施和软硬件配套设施建设。加强与保险机构的深度合作，合理引导保险资金投向重点领域。研究制定规范民间融资的管理办法，探索建立民间融资备案管理制度和民间融资监测体系。推进政府投融资平台改革，实现投资主体多元化、项目建设市场化。三是加快发展资本市场。加强对股权投资类企业的备案管理和扶持力度，吸引各地资本集聚，提升资本活跃度。促进资本市场发展，实现1~2家企业到各类市场上市挂牌并向高端市场发展。四是强化监管打造金融安全区。建设有序、诚信、公平竞争的金融生态环境，鼓励、规范并完善互联网金融的发展和监管，形成有效的金融监管预警和风险控制体系。

发展目标：到2017年，金融产业增加值占GDP的比重提高到5%左右；金融支持科技创新和经济结构调整力度进一步加大。

3. 健康养老。（责任单位：区卫生局作为健康产业牵头单位，区民政局作为养老产业牵头单位，雨花经开区、区发改局、区城乡建设局、区财政局、区人力资源和社会保障局、区环保局、区工务局）

主要工作：一是建立健全医疗卫生及养老医疗相结合的各类服务体系。大力发展医疗卫生服务（包括高端医疗、特色医疗等），推动建设健康教育、健康体检、营养保健、妇幼保健、心理健康、口腔健康、公共卫生等健康管理服务体系。同时，构建养老医疗相结合的综合服务体系、康复医疗体系、中医药服务体系、健康保险服务体系；逐步完善健康旅游、体育健身、休闲保健、健康文化等其他健康服务体系。二是建设健康产业平台。以湖南健康产业园为平台，推进雨花经开区健康产业园开发，打造“中国·雨花生命健康中心”，引导健康服务业稳步发展。引进国内外先进技术，加大对健康服务业的政策和资金扶持。三是支持养老等新兴服务业发展。加大财政支持力度，支持街道（镇）、社区（筹委会）、村健康服务业和养老服务业设施建设，加快大型连锁养老机构建设，做好养老护理员职业培训和持证上岗工作，同时大力发展养老地产等新兴业态，满足居民多层次养老需求。四是出台养老服务发展实施意见及扶植政策。加大政府对养老机构、养老服务设施和养老品牌项目建设扶持力度，加大政府购买养老服务力度。鼓励社会资本参与养老服务业，支持民办养老，探索引进养老地产项目入驻。

发展目标：2015—2017年，公共卫生经费逐年增加，居民对基层医疗服务满意度不断提高，每千人拥有床位数不断满足居民诊疗服务需求；全区基本形成以非营利性医疗机构为主体、营利性医疗机构为补充，公立医疗机构为主导、非公立医疗机构共同发展的多元办医格局，健康服务产业规模逐步壮大，服务体系基本建立。全区社区养老和居家养老相结合的养老模式逐步完善，养老产业规模逐步壮大，全区养老机构新增床位数分别为300张、100张、1500张，总床位数发展到2531张；到2017年年底，实现每个街道至少建设1个老年人日间照料中心。

4. 科技信息。（责任单位：区科技局、雨花经开区、区发改局、区教育局、区人力资源和社会保障局、区工业和信息化局）

主要工作：一是支撑优势产业发展。依托区内科研设计院所资源和汽车、环保、IT等产业基础，突出科技服务、信息服务等专业技术服务优势，运用现代科技知识、现代技术和分析研究方法以及经验、信息等要素向社会提供智力服务。鼓励有条件的企业创建市级、省级、国家级的工业设计中心，鼓励企业与高校、科研机构合作成立产学研相结合的专业化研发设计企业或机构。鼓励信息服务业企业入驻示范楼宇，给予企业高管奖励、平台服务费用补贴、APP软件开发补贴等政策扶植。二是大力推进“互联网+”计划。以促进工业和信息化融合为目标，鼓励工业企业在研发、生产、销售环节积极运用云计算、物联网、大数据等新一代互联网技术，建立工业信息服务平台，加快融合创新，引领创新驱动，扩大产能效能，提高市场占有率，实现转型升级发展。三是扶持一批专业化平台。建设全区中小企业服务中心，建设科技研发开放式创新平台，实现科学技术服务业与制造业和其他服务业有机链接。抓好机器人产业集聚区建设，打造具有国际竞争力的机器人研发、生产基地。四是强化知识产权支撑。把知识产权保护工作纳入研发设计、产业转化、市场推广全过程，培育一批具有竞争力的知识产权综合服务机构。依法查处各种知识产权违法行为，重点做好科技园区、大型展览会、技术和商品交易市场、综合商场等重点地区知识产权保护的社会监督和执法检查工作。五是提升教育培训水平。引导职业院校加强学科专业建设，支持有条件的服务业企业与院校、科研院所联合建立实训基地，支持各类培训机构开展技能型人才培育。

发展目标：2015—2017 年，全区高新技术产业增加值占 GDP 比重分别达 25%、27%、30%；培育认定高新技术企业分别为 90 家、110 家、120 家；科技服务业营业收入年均增长 11% 以上；在汽车、环保、信息服务等优势产业领域以及机器人产业方面形成一批高水平的研发设计服务企业，建成一批共性和关键技术研发服务平台；知识产权保护体系不断完善。

5. 文化创意。（责任单位：区委宣传部、区发改局、区科技局、区商务和旅游局、区文化体育新闻出版局、区工业和信息化局）

主要工作：一是强化产业导向。编制“十三五”雨花区文化产业发展规划，加快构建“一核、两带、三区”（“一核”指湘府路文化产业核心区，“两带”分别指圭塘河生态经济带、浏阳河生态经济带，“三区”分别指中心城区文化创意产业集聚区、高铁新城文化创意产业集聚区、雨花经开区文化创意产业集聚区）的文化创意产业发展格局。二是做强优势产业。坚持规划引领与政策引领并举，重大项目带动与重大活动带动齐驱，一手抓孵化培育，一手抓招商引资，不断壮大市场主体，做大做强创意设计、影视传媒、数字资讯三大优势产业，推动雨花文化产业大发展。三是推动集聚发展。编制湘府路文化产业集聚区发展规划，修改完善文化产业发展政策，推动和引导一批重大文化产业项目、文化事业项目和文化企业在湘府路两厢集聚；加强文化景观建设，加快区“综合馆”（图书馆、科技馆、博物馆、规划馆、文化活动中心）建设，提升文化品位；强化集聚区的策划包装和宣传推介，将湘府路打造成知名的文化产业集聚区。四是促进产业融合。大力实施“文化 +”产业发展战略，积极推动“文化 + 商业”“文化 + 金融”“文化 + 旅游”“文化 + 互联网”，促进文化产业跨界融合，促进产业结构转型升级。

发展目标：2015—2017 年，全区文化创意产业增加值年均增长 15% 左右，文化产业增加值逐年占 GDP 比重的 7.5%、7.8%、8%；文化产业的规模持续扩大，力争将雨花区打造成为文化创意产业增长极，逐步建成在中部地区具有影响的文化创意中心。

6. 专业服务。（责任单位：区发改局、区财政局、区人力资源和社会保障局、区商务和旅游局、区现代服务业发展办）

主要工作：一是加快壮大产业规模。重点选择能服务全区支柱产业，体现城市服务功能，发展潜力大、智力要素密集、产业关联带动效应强的行业进行培育。积极构建以律师事务所、会计师事务所、审计师事务所、税务师事务所等为主体的法律和财务服务类企业；着力推动以规划设计、勘察设计、工程设计、建筑设计、园林景观设计、装饰设计、工业设计、科研设计等为主体的规划设计服务类企业；重点抓好以经济咨询、管理咨询、技术咨询、信息咨询、工程咨询、投资咨询、教育咨询等为主体的专业咨询服务类企业；培育壮大以商务代理、房地产中介、科技中介、招投标代理、工商税务代理等为主体的中介代理服务类企业。二是实施产业集聚区打造。以东塘商圈为核心、以红星商圈为延伸，依托认定挂牌的专业服务业示范楼宇，打造专业服务业集聚区，发挥集聚优势和产业功能孵化作用，发挥专业服务业专项政策的扶植作用，促进专业服务业做大做强。三是抓好区内的龙头企业。以中国轻工业长沙工程有限公司、长沙市规划设计院有限责任公司等龙头企业为示范，着力培育创新性强、具有行业龙头潜质的专业服务业企业，积极引进一批国际国内有影响的专业服务机构以及行业领先企业。四是强化人才智力保障。制定相关政策措施，加快引进法律和财务服务、规划设计服务、专业咨询服务等专业人才，对贡献突出的企业高管给予奖励。以行业协会为依托，建立高素质专业人才保障平台，建立一套较为完整的执业人员培训体系，形成专业人才培训基地，为产业的后续发展和产业链延伸提供强大的人才支撑。

发展目标：2015~2017 年，全区专业服务业加速发展，基本实现专业服务业的优先发展、集聚发展、错位发展和转型发展，努力打造好东塘、红星两大专业服务业集聚区和双塔国际、新芙蓉之都两大专业服务业示范楼宇，专业服务业对经济发展的支撑作用进一步增强。

7. 旅游休闲。（责任单位：区商务和旅游局、雨花经开区、区发改局、区城建投）

主要工作：一是实施产业融合发展战略。推动旅游与文化、体育、信息、物流、工业、建筑、会展、商贸、休闲等行业融合发展。二是加快特色街市建设。鼓励和支持挖掘地方文化、依托地方特色打造特色商业和文化街市，提质曙光路餐饮文化街、车站南路景观商业街；依托德思勤城市广场，依托省植物园、圭塘河生态经济带等加快城市绿道建设；策划举办系列节会、活动，促进文体、休闲、旅游等服务消费，提高休闲旅游消费水平，增强产业发展的内生动力。三是打造一批雨花旅游品牌。利用同升湖、浏阳河、省植物园、跳马镇等自然风光发展生态休闲旅游；利用节能环保汽车、模具加工等发展工业旅游；开发红一方面军总前委指挥部遗址资源发展红色旅游；挖掘清泉寺、东山古镇的民族特色，建设主题公园，发展文化旅游。

发展目标：2015~2017 年，全区旅游总收入年均增长 20% 左右，努力实现旅游品质提升、旅游服务提高、旅游产业转型、旅游事业繁荣，全面打造雨花旅游经济。

（二）优化服务业区域布局

根据商务部研究院为我区编制的现代服务业发展相关规划以及全区“十三五”发展规划，以优势产业集群化发展为重点，加强政策引导、突出市场主导，构筑以“一核两带四组团”为核心，各板块之间错位发展、功能互补、业态集中集聚、资源集约节约的空间布局。“一核”片区现代服务业总体呈现以湘府路两厢为主体，以红星商圈和高铁新城为两翼的“一体两翼”空间布局。分布着红星商圈的现代商贸产业集群、湘府路两厢的股权金融、文化创意等两大产业集聚区和现代物流产业集群，以及高铁新城的商务服务集聚区。“两群三区”的“2+3”现代服务业产业体系合理分布在哑铃形的区域。“两带”中圭塘河生态经济带以休闲文化旅游区、浏阳河生态经济带以度假养老旅游区为产业重点。“四组团”中，高桥片区打造现代商贸服务业组团、东塘片区打造金融科技服务业组团、雅塘片区打造现代商务服务业组团，雨花经开区打造科技健康产业组团。（责任单位：区现代服务业发展办、区发改局，各有关部门）

（三）创建省级服务业集聚区

在全区范围内组织开展省级服务业集聚区创建工作，规范服务业集聚区管理工作，研究服务业集聚区优惠政策，力争到 2017 年，我区以“一核两带四组团”为载体的现代服务业产业集聚平台创建省级服务业集聚区。（责任单位：区发改局、区商务和旅游局、区现代服务业发展办、各有关部门）

（四）建设服务业重大项目

在重点行业领域积极推动建设一批业态新、影响力强、拉动效应明显的现代服务业项目，实行动态化管理，确保项目的先进性、带动性、引领性。（责任单位：区委宣传部、区发改局、区科技局、区民政局、区商务和旅游局、区卫生局、区工业和信息化局、区金融办、区现代服务业发展办等有关部门）

（五）培育服务业领军企业

充分考虑服务业行业差异和特点，按照经营规模、盈利能力、就业人员、上缴利税等标准，研究确定并支持培育一批具有国际竞争力、引领产业发展的服务业领军型企业。（责任单位：区发改局、区商务和旅游局、各有关部门）

三、工作保障

（一）加强组织领导。建立雨花区服务业发展联席会议制度，加强对全区服务业发展的组织领导、统筹规划、政策制定和综合协调。雨花经开区、各

街道（镇）建立相应工作机构，分级统筹推进服务业发展。（责任单位：区政府办、区现代服务业发展办、区小康办、区深改办）

（二）加大资金投入。设立服务业发展资金，支持发展服务业重点领域和龙头企业、建设重大基础设施和公共服务平台、服务业集聚区发展和重大改革创新。（责任单位：区发改局、区财政局）

（三）优化发展环境。在区服务业发展联席会议统一部署下，各成员单位明确职责、分工协作，形成促进服务业发展工作合力。发改部门负责牵头制订服务业发展的综合性政策，加强服务业产业资金使用监管；区现代服务业发展办负责牵头做好商务部研究院为我区编制的现代服务业规划的落实；财税部门切实贯彻国家、省、市、区有关促进服务业发展的财税政策，按照统一部署积极推进“营改增”改革；商务、科技、工信、金融、文化、民政、卫生等部门负责制定各重点行业发展专项规划和政策；工商、国土资源、物价、质监等部门负责制定市场准入、土地供应、价格收费、标准建设等方面的具体扶持政策。（责任单位：区发改局、区财政局、区现代服务业发展办、各有关部门）

（四）加强人才保障。重点加强现代服务业复合型领导人才、高层次企业管理人才和高素质专业技术人才队伍建设。鼓励建立现代服务业人才公共实训基地，强化紧缺人才和实用型高技能人才培养，鼓励支持企业面向海内外引进高层次管理人才和技术人才。（责任单位：区人力资源和社会保障局、区发改局、区教育局）

（五）加强统计考核。区统计局负责建立科学、统一、全面、协调的服务业统计调查制度和信息管理制度，规范服务业统计范围和基本内容。完善服务业统计方法和指标体系。将服务业发展指标纳入全区年度绩效考核评价体系，加强动态督查和考核，确保我区全面完成各项目标任务。（责任单位：区绩效考核办、区统计局、区委督查室、区政府督查室）。

附件：《雨花区现代服务业发展行动计划（2015—2017）》重大项目任务分解表

附件　　《雨花区现代服务业发展行动计划（2015—2017）》重大项目任务分解表

序号	工作事项	目标及要求			牵头单位	责任单位	责任领导
		2015 年	2016 年	2017 年			
1	建设湖南省机器人产业集聚区	9 家已签约企业启动项目建设，并基本完工，全年共引进 15 家以上机器人相关项目	完成工业机器人研究院建设，确保引进项目建成投产	实现机器人产业规模化生产	雨花经开区	区科技局 区工业和信息化局	杜旭辉
2	建设湖南大健康产业园	医疗健康地产完成储备，医疗健康创业中心启动一期建设	制定术后康疗基地等项目的建设方案，开始前期筹备工作。医疗健康创业中心一期开始对外招商和二期开始动工。养老健康地产进行有序出让和开发	医疗健康创业中心一、二期基本建设完成，并完成招商，实现投产。路网建设基本完成。术后康疗基地等项目建设动工	雨花经开区	区发改局 区商务和旅游局	
3	成立上市企业孵化基地	成立上市企业孵化基地，全年完成 50 家企业定点培训，推动 10 家企业新四板上市	全年完成 50 家企业定点培训，推动 10 家企业新四板上市	在主板实现注册制后，推动 10 家左右企业在主板或中小板上市	雨花经开区	区人力资源和社会保障局 区金融办	邓　波

续上表　　《雨花区现代服务业发展行动计划（2015—2017）》重大项目任务分解表

序号	工作事项	目标及要求			牵头单位	责任单位	责任领导
		2015 年	2016 年	2017 年			
4	编制文化产业发展规划	完成“十三五”文化产业发展规划编制、湘府路文化产业集聚区发展规划编制	落实“十三五”文化产业发展规划	加强对湘府路文化产业集聚区宣传推介	区委宣传部	区发改局 区商务和旅游局 区文化体育新闻出版局 各街道办事处 跳马镇	何托林
5	推动文化产业项目建设	推动长沙新广电中心，汇艺文创中心等项目顺利交付使用	推进中港珠宝城、圭塘河海洋主题公园等重大文产项目建设，策划包装跳马“影视文化产业基地”项目	中港珠宝城等重大文产项目基本竣工交付使用		区发改局 区商务和旅游局 区文化体育新闻出版局 区城建投 各街道办事处及 跳马镇	
6	培育文化产业专业楼宇	新推出 1 栋文化产业专业楼宇	扎实推进文化产业示范楼宇建设	扎实推进文化产业示范楼宇建设，力争企业入住率达 60%		区发改局 区商务和旅游局 区文化体育新闻出版局 各街道办事处及 跳马镇	
7	文化产业招商引资	年内新引进限上文化企业 10 家，中小文化企业 100 家以上	年内新引进限上文化企业 10 家，中小文化企业 100 家以上	年内新引进限上文化企业 10 家，中小文化企业 100 家以上		区商务和旅游局 区文化体育新闻出版局 各街道办事处 跳马镇	
8	“十三五”规划的编制和实施	完成区“十三五”规划编制，规划中明确我区产业布局和现代金融、专业服务、文化创意、信息服务、电子商务、健康养老、旅游休闲等重点现代服务业产业发展方向	全面分解“十三五”规划中现代服务业产业发展的部门单位责任，切实抓好规划的实施	组织“十三五”规划的中期评估工作，重点评估现代服务业产业发展成效	区发改局	区科技局 区民政局 区商务和旅游局 区卫生局 区工业和信息化局 区金融办 区现代服务业发展办 雨花现代电子商务物流园	邹春林
9	扶植和培育现代服务业示范楼宇	开展顺天国际金融示范楼宇、新芙蓉之都和双塔国际专业服务业示范楼宇、长房天翼未来城电子商务和信息服务业示范楼宇等 4 大示范楼宇的集聚效益评估工作，会同有关部门抓好湘府十城文创中心、潇影大厦等现代服务业集聚平台建设；重点抓好示范楼宇内企业的引进和培育，适时打造若干现代服务业集聚区（或示范楼宇）	继续抓好 4 大楼宇服务业企业的引进和培育；适时研究健康养老、旅游休闲示范楼宇（园区）政策，争取新增挂牌 1 至 2 个示范楼宇	4 大示范楼宇全面形成示范效益，每栋楼宇内相应企业区级税收总贡献达 1000 万元以上		区委宣传部 区财政局 区商务和旅游局 区工业和信息化局 区金融办 区现代服务业发展办 相关街道办事处 区委宣传部 区教育局 区市政局 区规划分局 区电子政务管理办公室 （7 大项目联点部门单位）	

续上表　　《雨花区现代服务业发展行动计划（2015—2017）》重大项目任务分解表

序号	工作事项	目标及要求			牵头单位	责任单位	责任领导
		2015 年	2016 年	2017 年			
10	以“三定三抓”活动为抓手，帮扶一批重大现代服务业项目	促成第六都小区商会大厦（260 米威斯汀酒店）启动建设；促成嘉熙中心（200 米写字楼）和万博汇三期（217 米写字楼）主体基本封顶；促成德思勤城市广场部分商业开业运营	重点帮扶好高铁新城片区运达中央广场二期（200 米写字楼）、中港珠宝旅游商贸城和中部跨国公司总部经济园等 3 大标志性服务业项目的启动建设和顺利推进	力争实现 2015 和 2016 两年服务业项目中的 3 大项目基本建成营运，具备集聚现代服务业高端产业的条件，初步形成产业集聚示范效应	区发改局	区委宣传部 区财政局 区商务和旅游局 区工业和信息化局 区金融办 区现代服务业发展办 相关街道办事处 区委宣传部 区教育局 区市政局 区规划分局 区电子政务管理办公室 （7 大项目联点部门单位）	邹春林
11	强化知识产权支撑	健全完善区级知识产权资助政策体系，出台《长沙市雨花区知识产权补助办法》，进一步加大政策引导力度。认真开展 4·26 知识产权宣传周活动，开展知识产权进社区、进学校、进企业活动，创新知识产权宣传方式，切实增强社会公众知识产权意识	完善知识产权保护体系，积极开展“专利护航”行动，加强专利工作市场巡查力度。依法严查假冒专利案件。开展打击侵权假冒联合执法行动，形成严厉打击侵犯知识产权和制售假冒伪劣商品的高压态势，遏制假冒侵权等违法行为的发生	继续完善知识产权政策引导体系，发展专利申报代理等知识产权中介服务机构，鼓励企业积极开展发明创造，力争专利申请达 1900 件，专利授权达 1200 件	区科技局	区工商分局 区质监分局	何托林
12	产学研合作	加快科技自主研发，支持 40 个创新项目，重点引导全洲医药物流、商康网等创新服务体系建设重点产品，培育一批骨干企业，积极构建市场主体自主创新服务体系	鼓励企业与高校、科研机构合作，继续加强与中南大学、湖南大学、长沙理工大学等六所高校产学研合作	鼓励企业与高校、科研机构合作成立产学研相结合的研发设计或机构		区教育局 区人力资源和社会保障局	
13	建设科技创新平台	支持企业与高等院校、科研院所深度开展产学研合作，联合建设实验室、工程技术中心	实现科学技术服务业与制造业以及其他服务业有机链接	利用科技平台，加快科技成果推广，转化科技成果 1 项以上		雨花经开区	
14	建设街道老年人日间照料中心	建成 3 个老年人日间照料中心	建成 4 个老年人日间照料中心	实现全区每个街道至少建成 1 个老年人日间照料中心		各街道办事处 跳马镇	邹春林 陈怀宇
15	养老机构新增床位	新增 300 张床位	新增 100 张床位	新增 1500 张床位			

续上表　　《雨花区现代服务业发展行动计划（2015—2017）》重大项目任务分解表

序号	工作事项	目标及要求			牵头单位	责任单位	责任领导
		2015 年	2016 年	2017 年			
16	盘活城市综合体	德思勤城市广场、华晨世纪广场建成并全面投入运营，启动兴旺正佳广场（原兴苏广场）、国家新城项目商业部分的建设	运达中央广场、万博汇、湘天奥林匹克花园全面建成，并协助做好商业部分招商工作	华悦城、裕天国际、新华都·万家城、万科·魅力之城基本完成建设，并启动招商	区商务和旅游局	区发改局 区现代服务业发展办 相关街道办事处	余宏卿
17	实施高端酒店健康发展工程	瑞吉酒店、W酒店投入使用，并开张营业，启动威斯汀酒店的建设	全面启动铂尔镘、威斯汀、洲际酒店建设，力争威斯汀酒店投入运营，争取促成汉斯酒店、费尔蒙酒店等两家星级酒店成功签约	启动希尔顿酒店建设，力争铂尔镘、洲际酒店建成并投入运营，争取一家星级酒店成功签约		区发改局 区城乡建设局 区工商分局 区现代服务业发展办 相关街道办事处	
18	打造高桥国际示范区	依托省、市商务系统政策，成立专门的工作小组，帮助高桥市场积极争取申报国家级市场采购贸易试点、申报跨境电子商务试点	加快启动市场采购贸易试点和跨境电子商务试点工作、大力提升高桥大市场的外向度、帮助其在东盟建立海外商贸园区	市场采购贸易方式、跨境电子商务试点完成并取得一定实效		长沙市海关 区发改局 区财政局 区工业和信息化局 区工商分局 高桥街道办事处	
19	红星农副产品大市场迁建项目	明确选址意见；办理用地规划方案编制、预审、环评、报批等用地手续；启动项目一期用地范围内房屋拆迁工作；完成市场不动产归属、管理方式及经营户情况的调研摸底	完成项目一期用地范围内的拆迁；办理项目一期建设前的相关手续；完成项目一期用地范围内“三通一平”；对市场及周边突出的治安问题和环境问题进行集中整治	完成项目一期42公顷建设；启动项目一期的对外招商；年底完成市场一期试营业	区商务和旅游局	区城管执法局 区交通运输局 区征地办 区公安分局 区国土分局 区规划分局 区交警大队 红星实业集团	余宏卿
20	建设石燕湖生态公园项目	启动石燕湖生态公园绿心花海生态旅游小镇项目规划设计，涵盖水上乐园、高空乐园、温泉酒店、文化体验街等项目	开展石燕湖生态公园AAAAA级旅游景区的申报创建工作，积极推动石燕湖精品旅游项目的建设	力争基本建成石燕湖生态公园绿心花海生态旅游小镇项目。协助石燕湖生态公园完善进出道路、停车场等配套基础设施		区发改局 跳马镇	
21	雨花区“综合馆”建设	完成规划选址	启动建设	建成并投入使用，向市民提供文化公益服务	区文化体育新闻出版局	相关街道办事处	王清华

续上表　　　　《雨花区现代服务业发展行动计划（2015—2017）》重大项目任务分解表

序号	工作事项	目标及要求			牵头单位	责任单位	责任领导
		2015 年	2016 年	2017 年			
22	建设雨花区中小企业服务中心	完成服务体系3年规划编制、1个区级服务中心和3个基层示范服务站点的前期建设	统筹建设“区街（镇）企”三级服务网络，统筹建设好“区级一中心+园区、街道（镇）、工业地产、重点商圈及写字楼宇的多服务站点”格局	逐步实现平台服务全网络化、标准化、信息化、高效化管理，建成服务信息及产品互联互通、分工协作、资源共享的中小企业服务骨干体系及基础服务网络	区工业和信息化局	各街道办事处 跳马镇	余宏卿
23	建立社区卫生服务中心	洞井街道社区卫生服务中心启动建设；黎托街道社区卫生服务中心（暂定名）办理规划国土等手续；同升街道与雨花经开区共同明确同升街道社区卫生服务中心选址意见	洞井街道社区卫生服务中心完成建设，搬入新址办公；黎托街道社区卫生服务中心（暂定名）争取启动建设；同升街道社区卫生服务中心完成办理建设前期手续	黎托街道社区卫生服务中心（暂定名）主体完工；同升街道社区卫生服务中心启动建设	区卫生局	区工务局	王清华
24	物流园道路建设	川河路建成通车，侯照路北段启动建设；杨子路、牛角冲路、侯照路南段完成规划、设计、用地手续办理；战备路、红旗路做好协调对接工作	侯照路北段建成通车；杨子路、侯照路南段办理施工许可，启动设计、土地平整等工作；牛角冲路启动建设，年底通车，侯家冲路前期手续办理（规划、设计、用地）	杨子路、侯照路南段建成通车；侯家冲路办理施工许可，启动建设	雨花现代电子商务物流管委会	区工务局 区国土分局 区规划分局 东山街道办事处	余宏卿
25	物流园项目建设	仓储1号地块二次招商。引进1家现代物流大型综合平台企业落户，完成干线物流企业50家以上意向签约；完成仓储2号地平台项目签约，提前与1家以上电商代运营、互联网技术支持等电商产业配套服务商进行合作意向谈判	区间电商物流运输中心（仓储1号地）二次招商，实现50家物流干线运输企业落户；组织电子商务产业服务平台一期（仓储2号地）二次招商，确保电商企业入园意向签约10家以上；完成电子商务产业服务平台二期项目（仓储4、5号地块）签约。启动电子商务产业服务平台三期平台招商	继续二次招商，确保50家物流干线运输企业落户；启动平台二次招商，落户10家以上电商企业，签约10家以上电商企业；完成平台招商，三期（仓储6、7号地块）平台签约		区商务局和旅游局 区工业和信息化局 区交通运输局	

续上表　　《雨花区现代服务业发展行动计划（2015—2017）》重大项目任务分解表

序号	工作事项	目标及要求			牵头单位	责任单位	责任领导
		2015 年	2016 年	2017 年			
26	物流园物流网络建设	线上建设：启动园区物流信息共享平台建设，与省内最大的物流公共信息平台实现物流信息数据对接，解决园区物流信息孤岛问题； 线下建设：通过区间电商物流运输中心（仓储 1 号地）二次招商，启动省内、外区间物流干线运输网络连接建设	线上建设：完成园区物流信息共享平台建设。实现园区物流网络线上与线下相结合； 线下建设：完成省内物流干线网络布局，实现中南地区主要城市区间物流干线互联	线上建设：利用物联网技术，通过园区物流信息平台，建设园区电商物流大数据体系，为数据经济提供资源条件； 线下建设：依托园区区间电商物流网络，发展智能仓储、集中分拣、共同配送等高附加值物流业务	雨花现代电子商务物流管委会	区商务局和旅游局 区工业和信息化局 区交通运输局	余宏卿
27	现代服务业综合试点项目	完成 7 个现代服务业综合试点项目	完成 4 个现代服务业综合试点项目	现代服务业综合试点项目全面完成	区现代服务业发展办	相关街道办事处	余宏卿
28	现代服务业数据库建设	建成并启动现代服务业数据库，对雨花经开区和全区 13 个街道（镇）进行楼宇信息的统计和分析	充分发挥现代服务业数据库平台作用，协助招商引资、协助引进税源、协助产业结构调整。加强楼宇二次招商，争取引进 3~5 家现代服务业优质企业	强化楼宇二次招商，大力引进具有行业代表性的现代服务业企业，力争引进 10 家现代服务业龙头企业	区现代服务业发展办	区政府办 区委宣传部 区发改局 区商务和旅游局 区工业和信息化局 区金融办 区综合治税办 各街道办事处 跳马镇	余宏卿
29	大力扶植金融服务业，制定并逐步完善专项扶植政策，着力引进各类金融机构	制定专项扶植政策。继续推进小贷公司试点和融资性担保公司发展。力争新增 1~2 家小贷或融资性担保公司	优化产业扶植政策，着力引进股权投资等新型金融机构	初步形成完善金融市场体系	区金融办	雨花经开区 区发改局 区财政局 区商务和旅游局 区工业和信息化局 区工商联 各街道办事处 跳马镇	余宏卿
30	加强金融功能区建设，打造金融示范楼宇，促进区域金融产业集聚	抓紧对挂牌企业示范楼宇的培育和打造	力争新增挂牌 1 栋金融示范楼宇，逐步形成金融集聚区	通过金融集聚效应，逐步提高金融业附加值，促进区域经济发展			
31	促进资本市场发展，鼓励企业到各类资本市场进行直接融资	鼓励和引导区内企业进行股份改造，进入资本市场，实现 1~2 家企业到各类市场挂牌上市	实现上市公司数量较前年度提高	引导企业向高端市场发展			
32	优化金融生态环境	加强“打非”宣教工作加大对非法集资案件的打击和处置力度	探索互联网金融发展和监管。初步形成金融监管预警和风险控制体系。逐步打造金融安全区域	逐步建设有序、诚信、公平竞争的金融生态环境		区法制办 区公安分局 区工商分局 区经侦大队	

雨花区跳马镇农村村民住宅建设管理暂行办法

第一章　总　则

第一条　为加强雨花区跳马镇范围内村民住宅建设管理，规范村民住宅建设审批程序，根据《中华人民共和国土地管理法》《中华人民共和国城乡规划法》《湖南省实施〈中华人民共和国土地管理法〉办法》《湖南省实施〈中华人民共和国城乡规划法〉办法》《湖南省长株潭城市群生态绿心地区保护条例》等法律、法规规定，结合《长沙市国土资源局关于印发〈关于规范和改进农村宅基地管理的实施意见（试行）〉的通知》（长国土资政发〔2014〕112 号）文件精神和我区实际，制定本办法。

第二条　本办法适用于雨花区跳马镇辖区内，且位于长沙市城市规划中心城区范围外，由村民个人投资建设，在农村集体经济组织所有的土地上个人零星新建、改建住宅的用地、建设管理。

第三条　村民住宅建设用地选址必须符合跳马镇土地利用总体规划和跳马镇总体规划及村庄规划，遵循节约用地、选址合理、一户一基、建新拆旧原则，严格按照建设审批规定、申请条件和审批程序先批后建。

第四条　区国土分局负责村民宅基地的审批，并核发“村民住宅建设用地许可证”；区规划分局负责村民住宅用地选址审批，并核发“乡村建设规划许可证”，对经镇人民政府规划条件核实合格后的村民住宅进行备案登记；区城乡建设局负责村民住宅建设管理、房屋权属登记管理及有关质量和安全监督管理工作。

第五条　跳马镇人民政府负责辖区内村民住宅建设的监督管理，具体负责村民住宅建设申请审核、集中上报，并对村民住宅建设是否符合规划许可要求和规划条件予以核实。

第六条　村（居）民委员会负责核实本村（居）村民（居民）现有住房、家庭成员、户籍关系等情况，按要求对申报建房户的情况进行公示。

第一章　申请条件

第七条　村民申请建房必须符合本村村民宅基地建设方案。本村村民宅基地建设方案必须符合镇土地利用总体规划和村庄规划，由村（居）民委员会根据本集体经济组织实际情况拟定，并经村民代表大会表决通过，报镇人民政府备案。

第八条　村民申请使用农村宅基地建住宅必须符合下列条件：

（一）申请人必须是本集体经济组织成员，申请人户籍在本村；

（二）申请人为达到自然分户条件的农业户；

（三）独生子女户不论几代人只能作为一个家庭户型；有两个以上农业户口子女、子女已达婚龄且嫁娶的，经公安机关分户可作为两个以上家庭户型，但父母必须伴靠一农业户口子女建房；

（四）申请用于建住宅的宅基地仅限于本集体经济组织所有的土地；

（五）符合法律法规规章或本办法规定的其他条件。

第九条　农村村民一户只能拥有一处宅基地，其宅基地面积不得超过规定的每户最高限额用地标准（详见附件）；独生子女证每证增加一人批准用地面积；村民建房原则上不超过两层加 8 平方米的楼梯间，鼓励村民选用设计单位设计的统一图集。

第十条　下列情况申请使用宅基地的，不予批准：

（一）农村村民出卖、出租或赠予原有住房后，再申请宅基地的；

（二）城镇居民购买农村宅基地或非法使用集体土地建造住宅的；

（三）其它违反有关法律、法规、规章和本办法规定的。

第三章　审批程序

第十一条　申请人申请新建住宅时（包括原基改建），应当向镇人民政府和国土资源所作出自行拆除旧宅的承诺，并上交原《村民住宅建设用地许可证》，原基改建需先拆除方可审批；原宅基地由村集体经济组织收回土地使用权，分配给无宅基地的其他农户或纳入宅基地复垦范围，如不按承诺拆除旧宅的，以非法占地处理。

第十二条　村民申请宅基地的审批程序：

（一）建房不得占用基本农田，原则上不能占用耕地。如确需占用耕地的，必须缴纳耕地占用税，经国土资源所会同区国土分局用地科现场踏勘提出意见。

（二）申请人依本村村民宅基地建设方案向村（居）民委员会提出书面申请，经村民小组代表会议、村民代表大会讨论通过（经村民小组同意、村民委员会同意），在本集体经济组织张榜公示 7 个工作日。公示期满无异议的，由申请人携户口本、独生证、身份证等相关资料呈报国土资源所审查。

（三）由国土资源所牵头协同区规划分局、跳马镇小城镇办工作人员对选址进行共同认定后，填写“乡村建设规划许可证申请表”和“长沙市雨花区农村村民住宅建设用地审批表”，并提供坐标及拟选范围界限的宗地图给申请人，到农业、林业等有关部门签署意见，经镇人民政府审核后报区国土分局、区规划分局审批。

（四）区国土分局、区规划分局审批后，由国土资源所牵头，会同区规划分局、跳马镇小城镇办工作人员到现场放线定位，村民建设住宅必须同时持有“乡村建设规划许可证”和“村民住宅建设用地许可证”方可施工；村民申请的《村民住宅建设用地许可证》建设期限为 2 年，过期自动失效。

（五）房屋竣工后，国土资源所会同镇人民政府进行验收，验收合格后，申请人需到区规划分局进行备案，换发乡村建设规划竣工验收合格证明；国土资源所根据申请人的申请核发集体土地使用证。

第十三条　村民需取得《乡村建设规划许可证》后，方可取得“村民住宅建设用地许可证”。

第十四条　区规划分局“乡村建设规划许可证”具体办理流程如下：

（一）申请人向镇人民政府提出申请，并提交以下资料：

1.“乡村建设规划许可证申请表”；

2. 申请人户籍证明、身份证明；

3. 本集体经济组织审核意见和建房申请公示结果；

4. 土地使用证明材料，确需占用农用地的，提供农用地转用审批手续证明文件；

5. 利害关系人书面意见；

6. 建筑报建图；

7. 法律法规及国家、省、市、区规定的其他资料。

（二）镇人民政府自受理申请之日起 10 个工作日内依据规划及相关规范在实测地形图上标注拟选址位置、建设高度，签具选址意见并盖章，报区规划分局审查。

（三）区规划分局应自收到初审意见后 10 个工作日内作出审查决定。符合条件的，核发“乡村建设规划许可证”；不符合条件的，书面告知申请人并说明理由。申请人应自取得“乡村建设规划许可证”之日起 1 年内开工建设，否则“乡村建设规划许可证”自动失效，需重新申请办理。

第十五条　房屋验收合格后，申请人应向区城乡建设局申请办理房屋所有权初始登记，并提交以下材料：

（一）房屋初始登记申请表；

（二）权利申请人身份证、户口簿原件和复印件；

（三）申请人房屋所在地农村集体经济组织成员的证明；

（四）“村民住宅建设用地许可证”、乡村建设规划竣工验收合格证明、“乡村建设规划许可证”。

（五）集体土地使用权证；

（六）《房屋勘测报告书》；

（七）法律、法规及国家、省、市、区规定的其他资料。

第四章　法律责任

第十六条　有下列行为之一的，属非法占地或违法建设，由相关行政执法部门依法处理：

（一）未取得“村民住宅建设用地许可证”和“乡村建设规划许可证”进行建设的；

（二）未按照“村民住宅建设用地许可证”、“乡村建设规划许可证”确定的内容进行建设的；

（三）超过“村民住宅建设用地许可证”和“乡村建设规划许可证”有效期进行建设的；

（四）采用欺骗手段获批准进行建设的；

（五）其他违反法律法规的情形。

第十七条　行政机关工作人员在村民住宅建设申请、审核、审批过程中玩忽职守、弄虚作假、徇私舞弊、滥用职权、索取贿赂的，由所在单位或上级主管机关依法给予行政处分；构成犯罪的，移交司法机关依法追究刑事责任。

第五章　附　则

第十八条　本办法由长沙市雨花区城乡建设局、长沙市国土资源局雨花区分局、长沙市城乡规划局雨花区分局负责解释。

第十九条　本办法自发布之日起施行。

附件：雨花区跳马镇农村村民建房用地标准

一、原基改建类型

单位：平方米

户人数	3 人	4 人	5 人	6 人	7 人及以上
面　积	140	150	160	170	180

二、新建类型

单位：平方米

户人数 / 面积 / 占地类型	3 人	4 人	5 人	6 人	7 人及以上
耕地	90	100	110	120	130
其他用地	140	150	160	170	180

说明：用地面积包括住房、杂屋、厕所和畜舍

附　录

2015 年新闻存目

序号	时间	报道媒体	标　题
1	1-6	中央电视台综合频道	长沙长塘里小学：并购重组，为文化企业注入新动力
2	1-6	人民网（首页）	长沙雨花区推行社区职能改革 558 项事项精减为 147 项
3	1-13	人民网	长沙市雨花区人大会议开幕 努力打造中部现代服务业中心
4	1-14	《经济日报》	探寻中部农业大省的发展动力
5	1-14	中国经济网	湖南长沙率先向社区“许多多”说不
6	1-5	《长沙晚报》、红网、网易	通过法律途径表达利益诉求
7	1-6	《长沙晚报》、中国文明网、光明网、红网、星辰在线	退休老将军社区当义工
8	1-13	《长沙晚报》、光明网、星辰在线	“楼栋关怀室”开进明星党员家
9	1-13	《长沙晚报》、星辰在线、网易	东塘立交桥 好炫
10	1-18	《经济日报》、人民网、凤凰网	再见，“许多多”——湖南长沙实施社区职能减负增效改革回归服务群众本位
11	1-26	中国文明网（首页要闻）	长沙微电影文化节完美收官 用新媒体传播核心价值观
12	1-27	中国文明网（首页要闻）	长沙：无人监考体现诚信与成绩 信任从一堂考试开始
13	1-18	《三湘都市报》	政府“生意”来了，社会组织该如何“揽活”？
14	1-23	《长沙晚报》、光明网	改革提速，冲刺小康 雨花引领中部新跨越
15	1-28	《湖南日报》	“高桥”建造现代商贸千亿产业集群
16	1-29	《湖南日报》	湖南高桥大市场“八城”喜迎八方客
17	1-16	《长沙晚报》、新华网、红网、星辰在线	张能峰当选雨花区区长
18	1-23	《长沙晚报》、星辰在线、网易	易炼红参加雨花区代表团审议时强调 打造产城转型升级经典之作
19	2-4	《中国文化报》	长沙雨花区图书馆举办猜灯谜活动
20	2-4	中国青年网、新华网、网易	"相约南站你我同行"志愿服务活动 4 日启动
21	2-8	中国新闻网、新浪、网易、凤凰网	“小巷总理”减负 长沙社会治理创新
22	2-11	《人民日报》、人民网、红网、网易	长沙市雨花区将社区事务从 558 项精简为 147 项 社区减负 职能归位

续上表

序号	时间	报道媒体	标　题
23	2–11	《中国文化报》	长沙雨花区惠民话剧季揭幕
24	2–2	三湘都市报、红网	羊年来点“洋”货，优惠超出你想象
25	2–4	《长沙晚报》、新华网、人民网、星辰在线	最长寒假，精彩可以私人订制
25	2–4	《长沙晚报》、新华网、人民网、星辰在线	最长寒假，精彩可以私人订制
26	2–1	《长沙晚报》	火车南站停车 24 小时收费 50 元
27	2–1	《湖南日报》	集中精力解民难——长沙扎实推进教育实践活动整改纪实
28	2–6	《湖南日报》	干杯，城市美容师！
29	2–10	《长沙晚报》	小手绘灯笼 欢乐迎新年
30	2–14	《经济日报》、中国经济网	湖南长沙高桥大市场：商贾神速谋转型
31	2–15	《经济日报》	“城市纽带”重塑发展新格局
32	2–15	《经济日报》、中国经济网、人民网、凤凰网	长沙：打造中部枢纽
33	2–18	中国文化报	长沙雨花区举办新春公益文化活动
34	2–17	《长沙晚报》、光明网、红网、星辰在线	胡衡华检查节日市场供应及春运工作 确保安全便捷出行 打造高铁枢纽标杆
35	3–1	《长沙晚报》、光明网、红网、星辰在线	高铁新城将崛起中部一流展馆
36	3–5	人民网	长沙雨花区：联盟学雷锋 点亮微心愿
37	3–7	中国新闻网	中部省份湖南加速发展机器人产业
38	3–10	新华网	长沙雨花区打造机器人产业集聚区
39	3–6	《湖南日报》	“高桥”，放飞梦想的财富乐园——访湖南高桥大市场股份有限公司董事长罗映红
40	3–8	《长沙晚报》、红网、星辰在线、网易、凤凰网	“长沙 1 号”机器人问世 将在汽车花炮等产业显身手
41	3–12	《长沙晚报》、新华网、光明网、红网	大学生放低身段找工作
42	3–15	《湖南日报》、光明网、搜狐、网易	长沙火车南站春运客流量达 470 万人次
43	3–16	《长沙晚报》、红网、星辰在线、网易	高铁发送旅客首超总运量五成
44	3–24	《人民日报》、人民网、新华网、新浪、凤凰网	试点“应急维修”可直接使用维修资金
45	3–27	《科技日报》、光明网、中国新闻网	长沙雨花经开区着力机器人产业
46	3–25	《长沙晚报》、新华网、红网、星辰在线、网易	中部大枢纽 湖南新门户雨花阔步迈向现代化
47	3–30	《长沙晚报》、光明网、红网、网易	2017 年机器人产业产能将破百亿
48	3–30	《长沙晚报》	植物园迎最美赏花期 2.5 万人昨入园感受樱花浪漫
49	3–30	《长沙晚报》、红网、星辰在线	“区治公园”邀你赏花放风筝
50	3–31	《长沙晚报》、红网、星辰在线、凤凰网	易炼红赴雨花区调研督查拆违控违工作 “让人民群众看到变化得到实惠”
51	4–1	《长沙晚报》、新华网、网易、星辰在线	绿带绕城 美景有范 长沙环城绿带雨花段一期南侧率先建成亮相
52	4–1	《长沙晚报》、红网、星辰在线、网易	市人大常委会主任会议成员调研雨花区 以拆违为突破口 实现高水平发展
53	4–2	《长沙晚报》、红网、星辰在线、网易	社区干部自断百万“财路”带头拆违
54	4–7	《长沙晚报》、光明网、网易、星辰在线	让违法建筑无处容身——“打好拆违控违攻坚战”系列评论之五

续上表

序号	时间	报道媒体	标　题
55	4–7	《长沙晚报》、人民网、红网、星辰在线	清明小长假 高铁客流高峰超春运
56	4–18	《人民日报》、光明网、文明网、搜狐、网易	长沙退休女工 15 年帮扶 220 名失足少年
57	4–27	《长沙晚报》、红网、网易	中部现代服务业中心召唤雨花“文艺复兴”
58	4–27	《潇湘晨报》、网易	文化“黄金走廊”闪耀雨花
59	4–28	《湖南日报》、网易、凤凰网	雨花区文化产业精彩突围
60	4–25	《长沙晚报》、红网、星辰在线、网易	违建户致信城管：快来拆违！
61	5–11	《湖南日报》、人民网、华声在线、新浪	幸福雨花扑面来——长沙市雨花区全面建成小康社会建设纪实
62	5–13	《湖南日报》、红网、新浪	经济，在华丽转身中腾飞——长沙市雨花区全面建成小康社会纪实之二
63	5–15	《湖南日报》、红网	幸福，就是要百姓得实惠——长沙市雨花区全面建成小康社会纪实之三
64	5–13	《长沙晚报》、红网、星辰在线、网易	炼出好教师助力教育强区
65	5–6	《长沙晚报》、新华网、红网、星辰在线	推动养老服务业在转型升级中加快发展
66	5–7	《长沙晚报》、红网、星辰在线、网易	转型创新发展 提升城乡品质 市政协主席会议成员调研雨花区
67	5–11	《长沙晚报》、人民网、新华网、星辰在线、网易	加快推进项目建设 提升高铁新城形象
68	5–21	《经济日报》、中国经济网、网易、新浪	比亚迪：实施新能源车全市场战略
69	5–21	《光明日报》、光明网、新华网、网易、凤凰网	社区减负 职能归位
70	5–17	《长沙晚报》、光明网、红网、星辰在线、网易	年轻干部乐下基层搅活水
71	5–21	《长沙晚报》、红网、星辰在线、网易	“无胆干部”有胆气
72	5–18	《湖南日报》、红网、网易、凤凰网	和谐，生长在每一个角落——长沙市雨花区全面建成小康社会纪实之四
73	5–20	《湖南日报》、红网、网易、凤凰网	法治，深入人心成为自觉——长沙市雨花区全面建成小康社会纪实之五
74	5–22	《湖南日报》、红网	清新，无论春夏抑或秋冬——长沙市雨花区全面建成小康社会纪实之六
75	5–18	《长沙晚报》、新华网、红网、星辰在线、新浪	家门口都是好学校
76	5–16	《湖南日报》、人民网、红网、搜狐	湖南首家工业园区“企业上市挂牌孵化基地”成立
77	5–16	《长沙晚报》、红网、星辰在线	21 家中小微企业挂牌湖南 Q 板
78	5–19	《长沙晚报》、新华网、红网、新浪、网易	比亚迪投资 50 亿元在长兴建电动卡车及专用车生产基地
79	5–21	《长沙晚报》、新华网、光明网、红网、星辰在线	易炼红实地督查拆违控违工作时强调 让广大市民共享拆违控违成果
80	6–12	《湖南日报》专题、搜狐、网易	璀璨红星耀南城（图）
81	6–8	《长沙晚报》、人民网、红网、星辰在线、网易	181 名党员干部组成“排头兵”奔赴拆违一线
82	6–11	《长沙晚报》、红网、星辰在线、网易	雨花经验值得全省推广
83	6–12	《长沙晚报》、红网、星辰在线、搜狐	为让“南大门”变美 他们甘当“拼命三郎”（图）
84	6–17	新华网、网易、搜狐、凤凰网	长沙雨花区：让居民幸福指数跟随 G D P 一起增长
85	6–29	《光明日报》、搜狐	湖南首家 24 小时书店落地德思勤
86	6–25	《长沙晚报》、新华网、红网、网易、星辰在线	小康雨花别样红
87	6–15	《湖南日报》、新浪、网易、华声在线、凤凰网	60 天硬仗

续上表

序号	时间	报道媒体	标 题
88	6–24	《长沙晚报》、新华网、新浪、网易、星辰在线	高铁新城片区违法建筑申报登记完成 98%
89	7–7	光明网	8 家企业集中签约湖南省机器人产业集聚区
90	7–8	人民网	8 企业签约湖南机器人产业集聚区 年产将达 20 亿
91	7–8	中国经济网	8 家企业入驻湖南省机器人产业集聚区
92	7–9	中央电视台	第五届全国道德模范候选人事迹展播 孟繁英
93	7–2	《长沙晚报》	中部大枢纽 湖南新门户
94	7–2	《潇湘晨报》	宜居、宜学、宜商、宜业
95	7–8	《湖南日报》	8 家机器人企业签约入驻长沙
96	7–1	《长沙晚报》、红网、星辰在线、网易、搜狐	拆违一线：激情燃烧的岁月
97	7–4	《长沙晚报》、红星、星辰在线、网易	乐购雨花房产节开幕
98	7–8	《长沙晚报》、红网、星辰在线、网易	中部首家“机器人 5S 店”落户长沙
99	7–10	《长沙晚报》、红网、星辰在线、网易	长沙东入城口加速拆除违建仓库
100	7–13	《长沙晚报》、人民网、红网、凤凰网	高铁新城片区成立首个项目工地党支部 半月顺利拆违 2.1 万平方米
101	7–17	中国文明网	用“助人为乐”挽救失足青少年的孟繁英
102	7–24	《长沙晚报》	生逢其时更应为官有为
103	7–25	长沙晚报、网易、星辰在线	校园无围墙 名师常来往
104	7–20	《湖南日报》、光明网、中国网、新浪、搜狐、凤凰网	要快，还要有理有节 ——解读依法快速拆违的“雨花模式”
105	7–16	《长沙晚报》、新华网、光明网、红网、新浪	易炼红看望慰问拆违一线工作人员 乘势而为 一鼓作气 打赢拆违控违攻坚战
106	7–16	《长沙晚报》、新华网、红网、星辰在线、网易	饭店老板拆违不讲价钱 开新店请大家来尝红烧肉
107	7–20	《长沙晚报》、红网、星辰在线、网易、搜狐	草帽和防暑药成为“标配”
108	7–25	《长沙晚报》、红网、星辰在线、新浪、网易	五站合一构筑立体交通大枢纽
109	7–27	《长沙晚报》、红网、星辰在线、新浪、网易、凤凰网	拆违七百余万平方米，朝“清零”目标不断迈进
110	8–8	《湖南日报》、人民网、红网、星辰在线、网易	徐守盛在长沙市调研城市建设时强调 再鼓劲再发力再提速 奋力实现“四个新作为”
111	8–3	《长沙晚报》、新华网、红网、星辰在线、网易	月均 170 万平方米违建倒地 拆违拆出“长沙加速度”
112	8–8	《长沙晚报》、人民网、红网、星辰在线、网易	徐守盛在长沙市调研城市建设时强调 再鼓劲再发力再提速 奋力实现“四个新作为”
113	8–4	《长沙晚报》、网易	干部沉到基层以老带新大有作为
114	8–3	《湖南日报》、人民网、红网、网易、凤凰网	拆违促城市蝶变——长沙打响拆违控违攻坚战
115	8–1	《长沙晚报》、新华网、红网、星辰在线、新浪、网易	高铁新城片区第一轮拆违攻坚任务圆满完成
116	8–6	《长沙晚报》、红网、星辰在线、网易	全国人大代表长沙小组专题调研 长沙“五化”模式创新社区治理
117	8–6	《长沙晚报》、人民网、新华网、红网、星辰在线	“长沙南”亮了 东大门美了
118	8–18	《法制日报》	全力打造雨花“法治新样板”
119	8–18	《法制日报》	“六五普法”雨花法治建设亮点纷呈品牌迭出

续上表

序号	时间	报道媒体	标　题
120	8–25	《湖南日报》、华声在线、星辰在线、网易、凤凰网	用生命践行忠诚——追记长沙市雨花区人民法院法官张虎
121	8–19	《长沙晚报》、人民网、红网、星辰在线、凤凰网	长沙申办园博会 初步选址潭阳洲
122	8–25	《长沙晚报》、红网、星辰在线、搜狐	平凡的工匠法官
123	8–23	《湖南日报》、人民网、光明网、网易、凤凰网	把做好群众工作放在首位
124	9–10	《人民日报》	敢啃硬骨头的底气从哪来（微观·努力做“四有”县委书记）
125	9–15	《光明日报》	长沙：拆违让城市品质倍升
126	9–28	人民网	2015中国中部(湖南)国际农博会11月在长沙举行[2015农博]
127	9–28	中国新闻网	2015中部国际农博会11月举行 打造“智慧云农博”[2015农博]
128	9–9	《湖南日报》、华声在线、网易、凤凰网	以心换心贴心服务——解读快速拆违“雨花模式”的内涵
129	9–9	《长沙晚报》、星辰在线、搜狐、网易、腾讯	九幅漫画，秒懂拆违控违“雨花模式”
130	8–29	《湖南日报》、新浪、网易、凤凰网	践行“三严三实”的典范——长沙市党员干部深入拆违控违一线攻坚克难
131	8–28	《长沙晚报》、新华网、红网、星辰在线、凤凰网	长沙拆违控违坚持法治思维
132	8–31	《长沙晚报》、新华网、红网、星辰在线、网易	易炼红调研全市城市管理工作时强调 把最严城管推向深入形成常态
133	9–17	《长沙晚报》	生态景观还你诗意圭塘河
134	9–22	《长沙晚报》	高铁门户建金融文化创新创业城 雨花区“百万大拆违”后首个项目开建
135	9–25	《长沙晚报》	双节催热高铁游 日客流或破20万
136	10–18	《湖南日版》、新华网、人民网、红网、凤凰网	雨花“民意快线”连一线
137	10–14	《长沙晚报》、红网、星辰在线、凤凰网	未来雨花教育更公平更高质量——专访雨花区教育局局长王青春
138	10–26	《长沙晚报》	两千环卫人誓师建设“最美雨花”
139	10–1	《长沙晚报》、红网、网易	徐宏源在雨花区调研城市建设管理和拆违控违工作时强调 着力推进城市品质实现新提升
140	10–15	《长沙晚报》、人民网、新华网、红网、新浪、凤凰网	易炼红调研全市拆违复绿及开发建设工作时强调 让市民早日享受拆违控违带来的舒适愉悦
141	10–22	《长沙晚报》	雨花拆违刷新两大纪录
142	11–24	中央电视台1套	2015中国中部农业博览会闭幕
143	11–20	中央电视台1套	农博会开幕，农产品涉“电”触“网”[2015农博]
144	11–18	新华社	中部农博会参展台商：期盼台湾农业技术在湖南落地生根
145	11–18	《人民日报》海外版	2015中国中部（湖南）农博会开幕
146	11–13	人民网	2015农博会将于11月17日开幕 现场传播“非遗”文化项目[2015农博]
147	11–18	中国新闻网	2015中国中部(湖南)农博会开幕 首次设立台湾展区[2015农博]
148	11–18	中央人民广播电台	2015中部农博会开启农博“互联网+大智慧”时代[2015农博]
149	11–19	中国新闻网	民间艺人长沙展演技艺 传播“非遗”文化[2015农博]
150	11–19	中国新闻网	数百种“非遗”文化项目亮相长沙(图)[2015农博]
151	11–23	人民网	2015中国中部（湖南）农博会24日闭幕 交易总额超200亿[2015农博]

续上表

序号	时间	报道媒体	标　题
152	11-1	《长沙晚报》、红网、星辰在线、网易、凤凰网	社区因类施治“依着个性来” 社区分类治理雨花模式获全国社区治理创新成果奖
153	11-10	《湖南日报》	“农博梦”助推雨花经济加速——2015 中国中部（湖南）国际农博会系列报道之一
154	11-13	《湖南日报》	1000 家企业“借力”展翅高飞 ——2015 中国中部（湖南）农博会系列报道之二 [2015 农博]
155	11-17	《湖南日报》	汗水洒潭阳 真情暖百姓——长沙市高铁新城潭阳洲干群携手共建美丽园博会工作纪实
156	11-17	《湖南日报》	2015 中国中部 (湖南) 农博会今天启幕 九大主体活动等你热情参与 [2015 农博]
157	11-20	《湖南日报》	亲民劲风拂南城——雨花区“民意快线”工程创新群众工作纪实之一
158	11-17	《长沙晚报》	农博探变 手机一扫，24 小时内送货上门 [2015 农博]
159	11-19	《长沙晚报》	农博聚智：触“网”触“电”，让农业借风高飞
160	11-20	《长沙晚报》	带今日晚报，享六大品牌惊喜折扣 [2015 农博]
161	11-24	《长沙晚报》	2015 中国中部（湖南）农博会今日收官 七天揽金 205 亿元 农博吸金 百万人线上线下
162	11-26	《长沙晚报》	社会治理有了近 900 个好帮手
163	11-5	《湖南日报》	“快”解民生难题——长沙市雨花区“民意快线”工程创新群众工作
164	11-20	《湖南日报》	“让老百姓买得放心、吃得安心” 杜家毫参观 2015 中国中部 (湖南) 国际农博会 [2015 农博]
165	11-21	《湖南日报》	孙金龙参观 2015 中国中部 (湖南) 国际农博会 [2015 农博]
166	11-5	《长沙晚报》	易炼红赴雨花区调研经济社会发展情况 乘势而上实干善成 三年建成更美新雨花
167	11-13	《长沙晚报》	掌上逛农博 提前买新鲜农博会首个移动电商平台昨上线 [2015 农博]
168	11-18	《长沙晚报》	农博会今日开幕，徐宏源在检查筹备工作时强调 办一届精彩纷呈的农博盛会 [2015 农博]
169	11-19	《长沙晚报》	逛农博带着手机去扫货
170	11-21	《长沙晚报》	孙金龙参观 2015 中国中部 (湖南) 国际农博会 努力提升“湘字号”品牌竞争力 [2015 农博]
171	11-22	《长沙晚报》	要依靠群众来解铁疙瘩（拆违评论）
172	11-22	《长沙晚报》、红网、星辰在线、新浪、网易	浏阳河畔奏响“绿岛小夜曲” 雨花区潭阳洲片区两个月拆违 128 万平方米　党建引领促成合力
173	11-23	《长沙晚报》	提升品牌影响力 打造百亿产业集群 中国轻工集团调研长沙机器人产业
174	11-23	《长沙晚报》	长沙火车南站旅客满意度调查即日起展开 两种方式欢迎您参与
175	11-25	《长沙晚报》	长沙发起成立协作机器人应用 促进产业联盟
176	11-28	《长沙晚报》	长沙发出湖南首份家暴告诫书

专文选录

改革提速，冲刺小康 雨花引领中部新跨越

（原载于2015年1月23日《长沙晚报》）

长沙晚报记者　李卓

岁末年初，宏观经济“大气候”乍暖还寒，一组来自雨花区的年度盘点数据，却令人心头热流奔涌：2014年，雨花区完成地区生产总值1400亿元（含中烟），增长9%，连续7年在中部省会城区中雄踞首位；完成财政总收入118.66亿元，增长13.06%，连续13年保持全省城区第一！

如果把长沙比做一列风驰电掣的高铁列车，它的引擎在哪里？从上面这组脉动强劲的数字中，答案显而易见。今年是雨花区发展的提速元年，继京深高铁通车后，沪昆高铁湖南段又于去年底运营，两条高铁动脉在雨花区交会，划出一个中部交通大枢纽，高铁经济阔步跨越；今年也是雨花区的改革元年，在全省率先实施社区职能清理减负增效改革，558项社区事务删繁削冗至147项，在全市率先完成行政审批精简提速，减负增效轻装前行；今年更是雨花区全面建成小康的冲刺年，将善始善终，实现全面小康。

过去一年里，雨花区从容应对经济下行压力增大、区域竞争压力加剧的挑战，围绕率先建成“三市”、强力实施“三倍”的战略部署，瞄准建设中部现代服务业中心的战略目标，把握“锐意改革创新，率先科学发展”的关键主题，稳增长、调结构、促改革、惠民生，向百万雨花居民递交了一份满意的年终成绩单。

【实力雨花】

产业高端化：财政收入连续13年力冠三湘

“从外板件的加工到整车下线，都是我们自己做，比亚迪有这个垂直整合的实力！”提到“实力”二字，长沙比亚迪工程师冯克光语调顿挫。在他说话的当儿，一辆去年新上市的全新比亚迪S7稳稳地驶离生产线。确如他所说，这辆车除了玻璃和轮胎，都在比亚迪工厂里生产。将一块钢板轻松变成一辆新能源车，比亚迪就有这么“任性”。

“任性”的背后是实力。在比亚迪的涂装车间，辛勤工作的是一台台巨大的ABB机器手臂，它精准地通过自动识别，将需要的颜色设置并一一喷涂到位，有着灵活的6个关节，隐藏着无法猜测的强悍之美。ABB是目前国际上最先进的机器人之一，而将一块钢板变成汽车，比亚迪冲压、焊装、涂装和总装四步骤少不了这样的高大上机器人帮忙。在雨花区，可以这么“任性”的企业远不止比亚迪。去年，湖南首个工业机器人产业示范园落户雨花经开区，海内外工业机器人巨头长泰、库卡、拓野、佛山精一、湖南大捷、艾伯特等厂商成功签约落户，以工业机器人为代表的新型工业化领衔发展，成为整个雨花区区域实力的注脚。

新型工业化等众多优质产业项目，撑起了实力雨花的脊梁。近年来，雨花区坚持“产业高端化”发展战略，打造中部现代服务业中心，在全面提升产业品质中实现产业倍增。目前，全区登记在册的社会投资类产业项目146个，总投资1800亿元，年度计划投资360亿元。其中，长沙国际企业中心等59个项目投资在10亿元以上，德思勤城市广场、跨国公司总部经济园等6个项目投资在50亿元以上。在建设中部现代服务业中心战略目标下，雨花区大力发展文化创意产业，首个文化产业示范基地落户湘府东路汇艺文创中心，去年全区共有文化企业1834家，文化产业总产值达210亿元。2014年，完成地区生产总值1400亿元（含中烟），增长9%，连续7年在中部省会城区中雄踞首位；完成固定资产投资513亿元，增长18.2%；实现社会消费品零售总额580亿元，增长10%；特别是财政收入再创新高，继2013年财政总收入在全省城区率先过百亿元后，去年完成财政总收入118.66亿元，增长13.06%，连续13年保持全省城区第一。

【幸福雨花】

民生幸福化：百万雨花人奔小康“跑得快”

“以前中午提前来办事，只能在门外等，现在能进‘包厢’休息，享受空调、书报、茶水，还能网购。”去年，市民张力在雨花区政务服务中心质监窗口等待办证，感受到前所未有的变化。办证的市民没有在办事大厅外排成长龙，雨花区专门在政务服务中心旁边开辟了一间约80平方米的休息室，有舒适的沙发、空调，还有报刊和饮用水。该区还引进“拉卡拉”便民服务终端，市民在等待期间可通过该终端自助缴纳水、电、燃气、宽带等生活消费，还能用银行卡免费购买机票、火车票，甚至通过淘宝网购。政务服务窗口的变化，正是雨花区“民生幸福化”润物无声的一个缩影。

财政钱包渐鼓的同时，雨花区居民生活品质也水涨船高——连续6年，该区以新增财力的80%投入教育、社会保障和就业、医疗卫生等民生领域。2013年湖南全面建成小康社会工作考评结果于去年揭晓，雨花区在经济发展、人民生活、社会发展、民主法治与生态文明等五大类22项测评中综合排名全省第一，百万雨花人在奔小康的路上也“跑得快”。

“民生普惠，就是要做到让居民的幸福指数和GDP一起飞！”正如雨花区委书记邱继兴所说，群众的幸福指数，成为丈量雨花区率先科学发展成效的一把尺子。2014年，随着财政收入和GDP的增长，雨花区城镇居民人均可支配收入42000元，增长10%；新增城镇就业1.94万人，农村劳动力转移就业2600人，城镇登记失业率2.3%，“零就业”家庭实现动态清零。城乡低保救助6.8万人次，高龄老人津贴1.06万人。民生项目取得实效，圆满完成省13件、市7件实事。黎锦苑、黎雅苑、太和园、颐景苑等农民保障住房竣工分房，桃花苑、瑞景苑、莲景苑、月雅苑等农民保障住房主体封顶，农民保障房建设规模和投资总量居长沙之首。长沙锁厂棚改竣工交房，一汽棚改主体封顶，长重棚改一期竣工，华狮、长城信息、长钢、梨子山等项目启动改造。新建廉租房616套，185套公租房建设顺利。红星、高升、石马等城中村改造试点工作稳步推进。全面开展“清洁、畅通、靓丽”三大行动、十大专项整治和“百万拆违”大行动，一个整洁、清新、靓丽的幸福城区新画卷徐徐展开。

【和谐雨花】

和谐新典范：权力做减法 服务做加法

“原本听说办证要等两个月，没想到20个工作日内就拿到证，新店能提前开业了。”去年7月初，到雨花区政务服务中心办理图书、报纸、期刊、电子出版物零售经营单位行政许可证的市民张哲惊喜地发现，他开店需要办理的这项行政许可证，办理流程便捷了许多，法定期限60个工作日，20个工作日就能办妥。早在去年7月15日，雨花区就在全市率先完成行政审批精简提速。通过流程再造，所有进窗口办理事项均提速50%以上。诸如司法局基层法律服务所的设立和年检，法定时限15个工作日，提速后仅需3个工作日；文体新局的打印、复印、影印场所单位行政许可，法定时限60个工作日，承诺期限20个工作日，提速均超过50%。

雨花区委书记邱继兴表示："要做好权力的'减法'，更要做好服务的'加法'，要把群众关注的焦点、热点作为雨花改革的着力点，真改真干，无论阻力多大也义无反顾。"社会事业的全面进步成了实现雨花区率先科学发展的有力保障，而大刀阔斧的改革创新直接促成了各项社会事业的减负增效、全面进步。围绕"和谐新典范"的发展目标，雨花区锐意改革创新，率全省之先实施社区职能清理减负增效改革，将原来一个社区要承担的558项事项大刀阔斧精简至147项；减轻社区负担，让社区回归服务居民的本位。从今年起，凡不属于社区职责范围内的事项，上级部门不得随意转嫁社区，让居委会腾出精力融入居民中，因地制宜开展个性化服务。

"都说社区是个筐，什么都往里装。558项事项中，仅仅盖章一项就让社区不堪重负。"侯家塘社区主任周湘玉说，社区既无执法权也无调查权，甚至不可能了解上万居民的具体情况，要社区为各类琐事证明盖章，一个戳盖下去可能引来一堆麻纱。于是，302项社区工作事项整合规范为65项；84项挂牌事项精简为32项；48项业务操作系统精简为31项；52项证明性盖章事项精简为14项；72项区级部门对社区考核精简为5项，让社区彻底从繁杂琐事中解脱出来，打通服务群众的"最后一公里"。

在改革创新的同时，雨花区还提速发展民生事业，让民生福祉与经济发展同步。市一中雨花新华都学校、枫树山南屏锦源小学、长塘里新华都分校、黎郡小学等学校如期开学，新增校舍面积10万平方米、学位8550个，有效解决长沙市近2/3的外来务工人员子女就学问题；在23个已有的社区公园基础上建设了2条景观街，兴建了2个社区公园和4个小游园，新增绿地67.3公顷，让市民出门不远就有学校、花园，乐学、乐游、乐居。

【两型雨花】

城市品质化：水泥森林变诗意栖居

2014年4月的一天，裸露刺眼的水泥桥面忽然泛起绿波，东塘立交桥一夜之间"从头到脚"换上绿装。人们不知道，这些白天的美丽需要看不到的夜晚付出。

去年12月11日凌晨，沉沉睡去的人们无暇欣赏桥上的满眼葱茏，44岁的陈卫国却照例开始对这些花花草草的日常巡视。这个有着男人名字的女人，做的正是"女汉子"的活，是湖南第一批城市立体绿化的守夜人。白天从桥墩到桥面要浇水，夜里则要看护。陈卫国说，一整面墙壁和桥墩都是植物，有金森女贞、油麻藤、红叶石楠等，需要精心呵护。"像换苗这样的活必须在晚10时后，因为车少，安全。"

雨花区政府的大手笔投入和前瞻规划，加上许许多多像陈卫国这样的基层工人的忘我工作，让全省首个城市立体绿化项目在雨花区成为品质城区的一张名片。率先科学发展，生态环境是雨花区的软实力。近年来，雨花区坚持以"两型"为引领，深入推进"城市品质化战略"，着力建设生态宜居文明之区。全面推进节能减排，在城区率先设立"两型社会"专项扶持资金，在长沙首创基层社区废旧电池和节能灯回收体系试点。圭塘河生态经济带一期景观工程顺利完工，长沙首条城市环形绿道急速推进，实施了清霾、碧水、静音和污染隐患排查整治四大行动，开展了"两河"流域综合治理，圭塘河生态经济带二期开工建设，花桥污水处理厂二期、雨花污水处理厂建设顺利。一个宜居宜业、个性鲜明的生态文明之区悄然崛起。

【法治雨花】

管理法制化：

激励为官有为 问责为官不为

“城管工作就是与人沟通，建立信任。”去年3月14日，在人民路立交桥地下通道，周新元劝导一名阻挡了通道通行的摊主时，劈面迎来了一把明晃晃的菜刀。还好，他及时躲开了。作为雨花区左家塘城管执法中队中队长，周新元思考，这在某种程度上还是沟通出了问题。“城管执法最大难题就是社会偏见。”周新元说，摊贩说他们一不偷二不抢，凭什么要管。但他们没想过，城市需要秩序，在任何文明国家，乱摆摊担影响公共秩序都是要被管制的。“我相信沟通能让大家了解这些。”

现在除了上街执法，周新元还成了特殊课堂上的“讲师”，给外来务工者开设城管法律讲堂，介绍进城后有哪些和乡里不一样，哪些可以做哪些不能做。城管的积极作为，不仅体现在对违法行为的暴风骤雨式的果断执法，更在于春风化雨般的解释沟通和建立信任，这是法治社会的基本要求。

周新元和众多雨花区执法者的心声，正是雨花区“管理法制化”理念在基层的折射。运用法治思维和法制方法化解矛盾、维护稳定，建设干部队伍，是雨花区率先科学发展的标志。为让干部在法制化的框架下积极有为，整治为官不为，雨花区在全市首次对干部试行培养性交流和惩戒性交流。培养性交流的重点对象，是工作经历单一的年轻科级和科级后备干部，对其进行有计划的压岗、挂职、轮岗等锻炼，比如派驻社区居委会任第一书记、重点工程项目任指挥长助理、街道部门任主任或局长助理等，交流工作经历将作为未来提拔任用的重要考核依据。对于庸碌无为又无大错的干部，惩诫性交流将起警醒作用。该区规定，对工作落实不力、不胜任现职、在领导班子中搞不好团结、连续两年年度考核被评为基本称职以下等四类干部必须交流，由重点岗位转至非重点岗位。如果继续为官不为，将被问责。建设一支有激情、能干事、敢担当、守规矩的干部队伍，成为建设法治雨花的中坚力量。

过去一年，雨花区积极推进“平安雨花”建设，严厉打击各类违法犯罪活动，构建了立体化的治安防控网络，连续8年保持全省“平安县（区）”称号。完善领导包案接访、矛盾纠纷排查、信访稳定评估等机制，开展了化解信访积案专项行动；加强重点行业、重点领域安全隐患排查治理，保持“省级安全生产示范县（区）”称号；深入实施全国社区治理和服务创新实验区建设，成功创建“全国和谐社区建设示范城区”。

雨花区坚持“做权力减法，做服务加法”

制定了全省首张社区事务“负清单”

长沙市向区（县）下放的区本级

78项管理权限已全部承接到位

长沙市向区（县）下放的区本级

78项管理权限已全部承接到位

社区事务清单，原有558项，

现有147项，下降73.66%

数说雨花 2015

新目标：

地区生产总值高位增长8%以上

地区生产总值增长8%以上；财政总收入增长8%以上；地方公共财政预算收入增长10%以上；固定资产投资增长13%；社会消费品零售总额增长10%；实际到位外资6亿美元，引进省外境内资金80亿元，市外境内资金形成固定资产220亿元；城镇居民人均可支配收入增长9.5%。

新产业：

“一核、两带、四组团”

建设中部现代服务业中心

按照“一核：湘府路现代服务业黄金走廊；两带：浏阳河生态景观带和圭塘河生态经济带；四组团：东塘、高桥、红星、雅塘组团”的整体布局，重点发展现代金融、现代物流、现代商贸、文化创意、电子商务、工业设计、专业服务、服务外包、体育产业、健康养老、移动互联网等服务业。雨花经开区争取库卡、拓野等6家机器人企业尽快落地建设，力争年内入园机器人企业15家以上，推动新型工业发展壮大。

湖南市场看长沙　长沙市场在高桥

“高桥”建造现代商贸千亿产业集群

（原载于 2015 年 1 月 28 日《湖南日报》）

湖南日报记者　谢作钦　通讯员　刘亚娟

十八年筚路蓝缕，从“人往高桥走、财往高桥流”到“湖南市场看长沙、长沙市场在高桥”的行业领先地位，湖南高桥大市场向世人展示了一幅商贾云集、商贸繁荣的现代“清明上河图”盛景画卷。

十八年辛勤耕耘，从“全国十大综合商品交易市场”到“中国优秀示范市场”，湖南高桥大市场从未停歇构建品牌市场的脚步，一直朝着城市商业综合体市场方向迈进。

十八年奋力拼搏，从现代商贸城到新装开业的酒店用品城、酒水食品城，湖南高桥大市场奏响了一曲曲转型升级的华美乐章。

今天，作为长沙市委、市政府指定的一个不外迁的综合性大市场，湖南高桥大市场将用三年时间提质改造，转型升级，华丽蜕变，可望建成我国中部地区集商品展示、电子商务、金融结算为一体的大型现代商品交易中心，形成现代商贸千亿产业集群，扬帆远航。

湖南高桥大市场是我省和长沙市“九五”重点工程和国家重点扶持的市场建设项目。经过十八年的不断发展，已成为中南地区规模最大的国家级综合批发市场和全国第三大市场。

2014 年以来，根据长沙市委、市政府《三大市场迁建和高桥市场片区提质改造三年工作方案》，湖南高桥大市场成为不外迁的综合性大市场。按照雨花区政府《关于高桥市场片区提质改造三年工作方案》部署，高桥大市场狠抓“三个一”工程，将分两个阶段投入资金 120 多亿元对整个市场进行提质改造，迈出了提质建设、华丽蜕变的关键一步。

1 月 19 日，我们来到湖南高桥大市场见证其提质改造、转型升级的步伐。

1. 大规划，铺开发展新蓝图

位于长沙市雨花区长沙东二环的湖南高桥大市场，属于长沙核心区域，占地 1000 余亩，拥有营业面积 100 万平方米，现有经营户 6000 户，从业人员 12 万余人，经营项目包括酒店用品、酒水食品、茶叶、农副产品、文体玩具、家电百货、皮具饰品、针棉服饰、药材药品九大类逾百万种单品，年货流量达 5000 万吨，2014 年市场交易额接近 800 亿元。该市场立足于长沙，服务范围辐射江西、湖北、广东等周边 10 余个省市，不仅带动了高桥当地经济繁荣，更是湖南省市场行业的领头羊，是省内最大最成熟的核心商圈。

湖南高桥大市场自 1996 年 9 月 3 日开业以来，市场重点实施了“规范管理、重点引进、分片搞活、集中发展”的策略，先后引入福建食品城、广东食品城、日化城、名酒饮料城、农副产品城、纸制品城、文体玩具城、家电百货城、皮具百货城、茶叶城、药材城等十余个大型专业批发市场，销售覆盖省内各市州，辐射中南地区及周边 10 余个省市。曾成功举办 1998 年秋季全国糖酒交易会并连续承办了九届“湖南年货展销会”。1998 年秋季糖酒会更是实现成交总额 300 亿元，创历届之最，进一步加速了市场的发展与繁荣。

然而，随着市场竞争日趋激烈，经营格局发生变化，高桥大市场旧有的经营模式越来越难以适应市场发展的需要，面临着一场蜕变和升级。

湖南高桥大市场股份有限公司董事长罗映红告诉我们，湖南高桥大市场一直致力于“建一流市场，创一流管理”的理念，将高桥大市场打造成集现代化贸易、电子商务、物流、金融于一体的大型国家级综合市场。为了适应新常态新发展，下一步发展规划分为两个阶段，第一个阶段从2014至2016年投入14亿元左右，完成提质改造总面积32.5万平方米；第二个阶段是五年总体规划建设，总投资110亿元，其中，市场全面提质投资75亿元，物流园投资35亿元。完成180万平方米的建设任务，把高桥市场现有区域打造成为一个集商品展示交易、电子商务、金融结算为一体的现代化超级市场。

在湖南高桥大市场看到，这里市场主体规范，建立了精简、高效的管理体系；经营商品规范，实行商品划行归市，努力促进经营商品系列化；交易行为规范，正确处理繁荣与规范、搞活与管理、查处与引导三者关系，积极开展“重合同守信用”、“消费者信得过”商户、“党员示范岗”等多种形式的挂牌竞赛活动；环境布局规范，主要抓配套服务设施、社会综合治理，保证交易双方感到方便、舒适、安全。“公平、完善、优质、高效”是高桥大市场对全国客商的庄严承诺。

目前，湖南高桥大市场已与全国各省市数千家商业企业建立了购销关系，有五粮液、酒鬼酒、宝洁、美加净等1400多家2000余个名优产品湖南地区总代理、总经销进驻市场。

2. 大提质，市场旧貌换新颜

2014年，湖南高桥大市场股份有限公司投入10.2亿元，改造市场面积24.5万平方米。通过大拆迁、大建设、大调整，实现了提质改造的大效果。

首先，实施市场大拆迁，大幅减少“临建”面积。在提质改造过程中，通过优化设计，降低建筑密度，将原来的98.7万平方米“临建”面积减少了70.9万平方米，用来拓宽道路、扩大公共面积、增加停车位和绿化带。

其次，开展环境大建设，大幅提升市场环境。加强房屋结构安全等级，安装自动消防系统，达到消防安全要求；疏通路网，铺设沥青路面，使交通更加通畅；电力线路全部下地，电力增容满足商户用电；增设中央空调系统，优化购物环境；配套货梯、客梯、自动扶梯共92部；对市场外立面进行装修，实现美化、亮化；整体规划设置门面招牌，做到统一设计、统一风格、统一材质、统一施工的“四统一”；见缝插绿，种植桂花树、香樟树，实现屋顶绿化，市场环境更加舒适、美观。

再者，进行业态大调整，大幅优化经营业态。市场不断优化经营业态，退出了建材、美容美发用品、足浴用品和铝塑制品，形成了以酒店用品、酒水食品、茶叶、农副产品、小商品、婴童玩具、文体用品为主的业态格局。商户数量由过去的8000户减少到6000户，商户的数量虽然减少了，但市场的大客户、大品牌增加了，商品质量大大提升了。

最后，通过提质改造升级，市场品质全面提升。一是交通畅通。通过合理的功能分区，场内道路实现了微循环，停车位由4000个增加到9000个，基本满足了经营户和消费者的停车需求，实现车辆“进得来、停得下、出得去”。二是形象提升。改变了过去脏、乱、差的形象，营造了一个方便、畅通、有序、整洁的环境。三是规模聚集。通过提质改造，吸引了更多的优质厂商入驻，进一步带动了社会就业、增加了税收。四是公益便民。2014年投入1938万元，完成赤新立交桥下的土石方基础施工，对绿化、设施、道路和给排水进行了优化改造，在桥下公园新栽种了400多棵桂花树、玉兰树、红叶石兰，配套体育休闲设施，方便市民日常锻炼、休闲，解决了过去立交桥下环境差、交通堵、治安案件频发的问题。

3. 大决心，一张蓝图干到底

湖南高桥大市场将按照市场经济规律，加强管理，提升服务，使经营者有一个更大、更好的发展平台，实现双赢，相得益彰。

罗映红表示，高桥大市场作为唯一不外迁的综合性大市场，将坚定不移地落实长沙市委、市政府对市场提质改造的要求，严格按照总体规划分步建设，既在“硬件”上提质，又在“软件”上加强管理，改变过去“重发展，轻管理”、“重市场，轻环境”

的观念，在“硬件”上实现现代城市商业综合体总目标，在“软件”上加强管理，提升服务，把高桥大市场建设成为名副其实的“中国优秀示范市场”。

高桥大市场从提升市容环境、交通停车和形象档次的角度出发，按照“全局设计、分步实施、优化整合、示范带动、强化功能、突出品质”的思路，编制了《高桥大市场三年提质改造整体规划和实施方案》。在2014–2016年三年内，高桥大市场预计总投入14亿元左右，完成提质改造总面积32.5万平方米。2014年已投入10.2亿元，改造酒店用品城、酒水食品城一期、服饰城、中北栋一楼；2015—2016年将投入4亿元，改造东大门百货城、酒水食品城二期、医药流通园等。

同时，湖南高桥大市场为实现由传统商贸向现代商贸转型，正在紧锣密鼓地搭建“高桥商城”电商平台。高桥大市场股份有限公司副总经理罗晓女士介绍说，他们将根据商贸企业实体运行模式，结合电子商务本身的产业特点，发展B2R特色电商模式，即商家对终端零售商的一种集约化运营模式，实现集中仓储、网络采购、网络支付以及物流配送，再造一个网上高桥大市场。

罗晓女士认为，实体市场必须与电子商务融合，由传统商贸向现代商贸转型，通过“上网、上楼、上量”，实现可持续发展。现在，高桥大市场已经成立了电商运营中心，正在搭建高桥大市场电子商务平台，并与省电商协会联合设立了高桥电商学校，专门对市场上线商户进行培训，将发展线下网货博览交易会，拓展电子商务产业发展渠道，形成服务型、体验型的电子商务产业。

据了解，目前“高桥购”已有上线商家3000多家。“高桥商城”电商平台将在2015年全线开通，力争在2017年实现4 ~ 5万家以上用户上线，线上交易额突破200亿元。

未来湖南高桥大市场将实现从传统商业经营向全新的城市商业综合体转变，到2016年将实现市场交易额1000亿元大关，打造湖南省“千亿级商贸产业集群”。对此，罗映红董事长信心满满地说：“让我们一年接着一年干，钉好每一颗钉子，砌牢每一块基石，坚定信心，夯实基础，不断进取，开拓创新，共创我们美好的明天！”

新常态　新跨越　新发展
湖南高桥大市场“八城”喜迎八方客

（原载于2015年1月29日《湖南日报》）

谢文韬　刘亚娟

湖南高桥大市场由湖南高桥大市场股份有限公司统一定位、招商、运营、管理，湖南高桥大市场股份有限公司旗下拥有独立高桥小额贷款有限公司、高桥大市场物业管理有限公司等。十八年来，公司一直致力于“建一流市场，创一流管理”的理念，从2014年开始，计划投入120多亿元对整个市场进行提质改造，将高桥大市场打造成集现代化贸易、电子商务、物流、金融于一体的大型国家级综合市场。

目前，高桥大市场已经建成八个规范化专业市场，喜迎八方宾客。

高桥酒店用品城 中南地区酒店用品之都

2011年，高桥酒店用品城历经三次升级改造，加快推动了长沙市酒店行业、旅游业的发展。去年12月21日，总投资4.8亿元、总建筑面积共12万平方米的高桥酒店用品城盛大开业。

该城经营品类齐全，服务行业包括餐饮业、酒店业等行业，经营项目包括厨房设备调料、玻璃器皿、中西餐具、陶瓷用品、客房布草、酒店大堂用品、易耗品，以及酒店家具等，汇聚了一大批全国知名厂商，销售范围覆盖中南地区10多个省市区，影响全国。该城代理的国内外知名品牌有120多个，年销售额达9000万元。厨具项目有中山厨具、南方厨具、华翔厨具等，其中中山厨具是中南地区能承接5星级大厨房设备工程的主要厂家之一；还代理了美国、德国等众多国际知名厨具品牌，年销售额近亿元。布草项目中的艾尚织造，专门承接4星、5星以上酒店高档布草的设计和生产销售，在中部地区乃至全国都享有极高的声誉。同时，酒店用品城还有新百悦酒店用品、怀德工艺、启德装饰、美的地毯、天增玻璃、零度冰点标识大卖场、嘉美·佰胜酒店用品、佳美陶瓷等在中南地区享有极高知名度的品牌企业。

酒店用品城开业后，成为中国品类最全、规模最大、档次最高的现代化酒店用品交易中心，被誉为“中南地区酒店用品之都”。

高桥现代商贸城 做中国式的沃尔玛

高桥现代商贸城作为市场全面提质和高桥商圈的标志性项目，由湖南高桥大市场斥巨资打造的“商业新航母”，项目总投资10亿元，总建筑面积34万平方米，其中商场面积10万平方米，配套设计了6万平方米的地下停车场。目前已成为中南五省小商品交易核心区，其特点是：品牌最全，质量最优，物美价廉，批零兼营。

高桥现代商贸城主营皮具箱包、饰品百货、家居摆设、玩具婴童和电脑数码等，品类丰富，包括进口产品和高端产品等，是湖南地区最大的小饰品批发市场和最大的玩具批发市场。湖南、江西、贵州等省份的实体店小商品近80%出自这里。今后，将不断提升购物环境和服务质量，“批零兼营”描绘“现代版的清明上河图”。其中，斥资4亿元打造了“高桥电脑大世界”和斥资6亿元打造了“高桥皮具饰品城”、“高桥玩具城”。同时，荟萃苹果、华为、小米、OPPO、三星、联想、华硕、佳能等多个知名品牌、占地8000平方米的高桥大市场东大门手机电脑城也开门迎客。

2013年10月，由香港贸发局、长沙市政府联合主办的“湖南长沙香港周”暨“香港时尚购物展·长沙”展会上，香港工商协会会长认为：现代商贸城玩具城硬件设施、服务管理、品牌意识达到了国内领先水平，值得国内的二级批发市场学习。

高桥现代商贸城由过去一直承袭传统的门店式批发市场，发展成现代商贸城，标志着市场正向“商场式、集约式、仓储式”的全面提质升级发展。同时，在产品布局上向高端产业转型。

随着武广客运新城的崛起，在长沙城东，一个以高桥商圈为核心的“黄金十字架”已经初具雏形，值得期待！

高桥服饰城 消费者一站式购物中心

高桥服饰城位于湖南高桥大市场西大门，从最初只是一个批发市场，档次不高，规模不大，到整体投入近4亿元提质改造后，服饰城进行全新的商场化打造，硬件、软件环境均得到了质的提升，达到了高档购物中心水平。目前，服饰城现有经营面积近5万平方米，经营户达500户。

商场一般是以零售为主，而高桥服饰城的业态和形式是以批发为主，以“商场环境，市场价格”吸引省内外顾客。无论是从同类产品的高中低档，还是不同产品的整合，高桥服饰城应有尽有。主营项目包括男女品牌服饰、男女精品鞋、床上用品、童装、窗帘布艺、美食城和儿童游乐场等，业态齐全，能满足广大消费者“一站式”购物消费需求。

服饰城有三大核心竞争力，第一、以床上用品作为龙头和主打，床上用品是省内规模最大、品类最齐的卖场，打造湖南省最大的床上用品市场。第二、童装区是中南地区面积最大、品牌最齐全的卖场，汇聚了120个品牌，包括巴拉巴拉、力果、红黄蓝等知名儿童品牌，旨在打造长沙最大的童装品牌市场。第三、服饰城率先启动多业态规划，在高桥片区引进了13家餐饮项目，面积达到4000多平方米，美食城以快时尚餐饮为主，吻合餐饮消费主流，实现完善的业态。

2015年，服饰城还将在游乐场方面加大分量和投入，逐渐完善吃喝玩乐一条龙的配套服务。

高桥文体用品城 打造中部文体服务商圈

湖南高桥大市场文体用品城，经营面积2万多平方米。这里优势比较集中，地理优势明显。经过提质改造升级，商场的消防安全设施、购物环境等都达到高水准，实现从“集市型”向“品牌型”“集约式”发展。

主要经营项目有体育用品、体育设施、健身器材、保健器材等；文化用品涵盖学习用品、办公用品，既有通常使用的笔墨纸砚，还包括一些档案盒、档案袋、信封，以及高科技类的机器产品打印机、碎纸机等，代表品牌有晨光、真彩等。

经过改善提质后，这里消防设施、安全环境、购物环境、交通网络等都得到很大提升，经营户信心更足。品牌覆盖率广泛，体育用品涵盖李宁、耐克等各大知名品牌，文化用品也有晨光、酷狗、金万年等一大批受到消费者欢迎品牌。

文体用品城有两大明显变化，第一是在市场装修理念上的改变，门店装修精美，商品精致，排列整齐；第二个就是通过政府和市场的引导，高桥大市场的发展思路变得更加开放，不拘束于小打小闹，而是必须做大做强，勇立潮头。

未来高桥文体用品城将立足中南五省，继续扩大文体用品城的品牌影响力和美誉度，着力繁荣群众文化生活，形成合力打造中部文体服务圈。

高桥茶叶城 三湘茶叶第一城

湖南高桥茶叶茶具城位于湖南高桥大市场南大门，长沙大道和马王堆路交会处。2011年以前，湖南高桥茶叶茶具城还是以零散、低端批发为主，经过近几年规范经营、规划价格、包装细分，完成了从品质到品牌的提升，更加完善了细分市场，打造了一条包装街，成为行业首创。

湖南高桥茶叶茶具城面积达6.66万平方米，经营户约500户。通过整体提质改造，实现了规范停车，使整个市场的消费环境得到了全方位提升。该城业态包括茶、茶具、包装类、茶室设计、私人定制茶品等，着力打造以黑茶为龙头的国内茶叶集散地，形成特色茶产业文化；茶叶茶具城还成功主办2012中国（中部）湖南高桥茶叶博览会，安溪铁观音、古丈毛尖美丽中国行活动；还与湖南电台联合打造大型文化节目《茶道》，全面提升了湖南高桥茶叶茶具城的知名度和美誉度。

从以前卖口碑，到现在卖品牌；从以前注重品质，到现在注重品牌。湖南高桥茶叶茶具城通过内外兼修，进行了一次质的提升。随着品牌越来越多，茶叶市场也越来越专业。如今湖南高桥茶叶茶具城经过全面提质升级，已发展成为湖南省规模最大、品牌最齐的茶叶茶具市场，并辐射周边县市及中南地区，享有“三湘茶叶第一城”的美誉。

高桥酒水食品城　全国酒水食品行业领先品牌

湖南高桥大市场酒水食品城是湖南首个绿色食品集散地，全国最具影响力酒水食品市场之一，经营总面积8万多平方米，经营商户达1400多户，经营项目主要包含名酒、饮料、坚果、炒货、糖果、休闲、进口食品等。

酒水食品城经过多年发展，汇集了一大批全国知名品牌商，销售范围覆盖中南地区10多个省市。同时，顺应消费需求，招商引进了上百家进口食品代理商，产品来自日本、韩国、美国、德国等数十个国家。高桥酒水食品城将延续“以食品为引擎，附带酒水产品，采用批发为主、零售为辅”的经营模式，立足中南五省，辐射全国，稳固全国酒水食品行业市场领先地位。

1998年，高桥大市场举行的秋季糖酒会让全国各地许许多多产品涌现高桥，也让社会开始真正认识、了解和走进高桥。从此，高桥大市场酒水食品经营项目得以蓬勃发展。2014年初，将酒水食品区更名为酒水食品城。充分抓住文明城市创建的契机，多次对酒水食品城进行提质改造，特别是2013年底到2014年7月，对酒水食品城进行全面提质改造，使之有了一个翻天覆地的变化。目前，酒水食品城门面排列有序、招牌规范统一、道路畅通无阻，整个经营环境实现了一个质的飞跃。

纵观全国专业酒水食品市场，从品牌聚集数、开放程度、项目配套和影响力等方面来考量，高桥大市场酒水食品城应居全国领先地位。

高桥农副产品城 综合型全球采购集散地

高桥农副产品城位于高桥市场东北角，临万家丽路和马王堆路，经营面积近6万平方米，农副产品商户共有1000多户，年成交总额约200亿元，成为一个农副产品产业集群。

高桥农副产品城经营范围是粮食、油脂、调料、干活，鱼翅鲍鱼、酒店配送等，以粮油、干货、海产品、调料、农副产品等经营项目为主，还有云南黑桃、新疆葡萄干、东北绿豆、北海墨鱼、阿根廷鱿鱼、泰国香米、龙眼、越南荔枝干等，产品辐射全国各地，以及朝鲜、越南、泰国、缅甸等东南亚国家和地区，形成了以农副产品批发零售、物流配送、信息互换、检测检验于一体的综合性农副产品中转与集散的专业性市场，产品辐射全国各省份及东南亚地区，成为国内农副产品集散中心。

高桥农副产品城未来将着重打造一流的运营团队，加强现代物流建设，降低流通成本，严把质量关，服务民生，打造“菜篮子”、“米袋子”放心工程。加强现代化物流硬件基础设施、打造敬业运营团队，切实提升物流效率，降低流通成本，从而提高农副产品的性价比，为广大人民群众提供放心的食品。

高桥医药流通园　全国一流医药集散平台

高桥医药流通园经营总面积4万多平方米，目前已经成为“全国一流医药集散平台”“中国17家中药材市场之一”“保健食品无假货示范市场”。

园内有四个经营项目：一是以中药材为主打项目，是全国17家中药材专业市场中第一家由传统型市场向“公司制管理，市场化运作”的试点单位，在中药材质量和市场规范管理方面获得业内高度评价；二是保健食品是中南地区规模最大的、经营管理最规范的保健食品批发市场，主要经营企业有康恩保健、金一品康、福燕堂等。尤其是2013年国家食品药品监督管理总局部署的药品“两打两建”专项整治行动的总结电话会议上，获得了点名表扬。另外两个项目就是医疗器械和药品批发，这里有全国最大的家用医疗器械销售平台——科源医疗。

高桥医药流通园将继续规范医药供应保障体系，加强市场内部医药管理体制建设，规范市场，保证质量。市场还设置质量管理部，配备了专业的质量管理人员，经常组织经营户在市场内进行法律法规和中药材专业知识的培训，同时组织经营户参加省、市药监部门的学习培训，继续做大做强“全国一流的医药集散平台”。

"小巷总理"减负　长沙社会治理创新

（原载于2015年2月8日中国新闻网）

中新社记者　张明新　王齐龙　丁　栋

九十余年前，青年时代的毛泽东在湖南省会思索中国的前途与命运，并在橘子洲头留下激荡诗篇《沁园春·长沙》。时隔近一个世纪，这片热土又开始了新常态下中国城市治理改革与创新的积极探索。

地处长沙市中心地带的雨花区廖家湾社区，周边有6所中小学，多年来吸引了大量外来人口前来就学、求医、做生意，流动人口超过了常住人口的1/4。

流动人口的增加带来一系列社会管理问题，这让仅有9名工作人员的廖家湾社区居委会强烈感受到任务繁重、压力山大。受益于雨花区政府近日率先在湖南省推行社区减负增效改革工作，让居委会工作人员松了一口气。

此次改革对社区承担的事务进行了全面的清理、规范，558项事项精减为147项事项；52项证明性盖章事项精简为14项；72项区级部门对社区考核精简为5项。

"社区权力无限小，责任无限大。"居委会主任刘映先说，"以前校园周边环境维护、流动摊贩的规范、消防安全检查、网吧整治、黄色淫秽书刊的扫黄打非等工作都要社区居委会来做，但由于我们没有执法权，管起来很困难。"

"要将'小巷总理'还给小巷，减轻社区负担，让社区回归服务居民的本位。"雨花区委书记邱继兴表示，今后凡不属于社区职责范围内的事项，上级部门不得随意转嫁社区，让居委会腾出精力融入居民中，因地制宜开展个性化服务。

除着力为基层社区减负，雨花区还通过政府购买公共服务的形式，培育和发展社会组织，鼓励和支持其参与社会治理。由美国侨眷鲁遐龄创建的"侨之家鲁爷爷工作室"便是在廖家湾社区注册的5个社会组织之一。

年已八旬的鲁遐龄，看到社会上普遍存在青少年因压力过大导致身心健康受影响的问题，于2008年创立了工作室，为周边中小学学生提供心理辅导、人生规划指导和环保知识宣传等服务。为了"寓教于乐"，他还会抽时间教孩子们唱歌、拉二胡和制作环保风筝。

已有十多年志愿者服务经历的鲁遐龄说，基层社区工作就像"一个大箩筐"，没有经费和人力，办起事来很困难，社会组织能对社区治理起到很好的补充作用。

减负基层、鼓励多元参与的长沙实践改变了政府过去对社会事务强调控制的理念，促使政府从管理者转变为服务者。与此同时，简政放权、大胆地"自我革命"，改善营商环境、激发社会活力，也成为长沙创新社会治理的突破口。

"90后"大学毕业生李乐是长沙市2014年1月1日实施商事登记制度改革的直接受益者。

走访多地农庄，李乐发现大部分农场都因产销脱节出现亏损，由此产生了借助微信平台创建网上农业超市的创意。获悉长沙推行商事登记制度改革，他和3位朋友在5月底决定扎根长沙创业。

仅一天，他们申请的湖南佳乐鲜果电子商务有限公司就被核准登记。不到1个月，公司办好了"食品流通许可证"，并搭建起微信商城，正式营业。

这家迎合了互联网浪潮的新创企业发展迅猛。

截至去年12月初，佳乐鲜果已拥有1家体验店、2家直营店、3家加盟店和2家自营农场，月销售额达120万元，并获得了第一笔A轮天使投资资金。曾在多个省份尝试创业的李乐说，正是长沙走在全国前列实行商事改革，为自己创业提供了便利。

长沙市工商局注册分局副局长伍进称，长沙实施商改后前置审批由361项减少为19项，变“先证后照”为“先照后证”，审批效率大幅提升，企业营业执照办结时限减至2.5天，提速80%。

长沙市委组织部副部长、市编委办主任张白云介绍，2014年长沙先后出台了《长沙市本级行政审批项目目录》、《长沙市政府部门权力清单》和《长沙市行政审批项目流程清单》等多份重要文件，对与民众、企业关系最为密切的行政审批事项进行了全面清理和大幅精简，市本级行政审批事项由原来的428项精简至179项，精简率达到58%；长沙市本级行政权力由原来的9221项精简规范至3621项。

长沙市政府部门权力的“瘦身”，促进了政府职能的归位，管住“看得见的手”，使“看不见的手”释放出新的发展活力。截至2014年12月20日，长沙市新设立商事主体109306户，同比增长50.2%，其中企业39277户，同比增长90.5%，在中国中部六省省会城市中，增速位列第一，增量位居第三。

改革永远在路上。2015年伊始，长沙市委书记易炼红将“简政放权”工作定为首次调研的主题，提出要以行政审批制度改革再深化，争创长沙转型创新发展新优势，努力把长沙打造成为全国行政审批项目最少、行政办事效率最高、行政运行成本最低、行政过程最透明的城市之一。

长沙：打造中部枢纽

（原载于2015年2月15日《经济日报》）

2月9日上午9点，记者从北京西站乘坐高铁G83次出发，14:41准点到达长沙南站。

走出出站闸机，记者有3个直观的感受：其一，从高铁出站口走十几步就是长沙地铁2号线长沙火车南站的入口，地铁和高铁实现了无缝对接；其二，出站广场的立柱广告基本以商业地产、建材批发和投资公司为主，经济发展的热度和活力扑面而来；其三，车站周围道路平阔，崭新的公寓楼盘、商务楼宇和宾馆错落有致，难以想象这里曾经是长沙市郊的一片鱼塘和菜地。

随着采访的深入，高铁在长沙城市发展图景上划出的痕迹逐渐清晰起来。

通达扩张格局

沪昆与京广这两条我国东西与南北方向最长的高铁在长沙交会，形成了高铁“黄金十字”。

根据规划，未来渝厦高铁也将横穿长沙。届时，长沙将成为中部地区最大的高铁枢纽，并形成“12345”的快速交通网，即1小时到武汉，2小时到广州，3小时到重庆、杭州、深圳，4小时到上海、成都、昆明，5小时到北京。不仅如此，湖南省14个市州中已有10个开通高铁，省内高铁通车里程1296公里，位居全国第一，以长沙为中心的省内1.5小时经济圈正在成型。

长沙南站所在的雨花区曾经是长沙市的郊区，如今，一座现代化的高铁新城已经拔地而起。雨花区发改局副局长冀治宇表示，“高铁使得长沙与珠三角、长三角、中三角、京津冀地区的联系更加紧密，长株潭城市群一体化强势发展。”

中国城市规划设计研究院交通所副所长张国华指出，高铁枢纽对区域的各种经济、文化和社会活动具有强烈的吸引作用，特别是对高科技、高附加值、技术密集型产业产生集聚作用，其向外扩散的辐射力也将随内聚力的增强而增强。在集聚和扩散的共同作用下，高铁枢纽所在地区的规模得以扩大，该地区与周边组团、中心城区的联系得以增强，从本质上引导着城市空间结构的改变。

流动激发活力

连接湘江、湖南省政府和高铁南站的湘府路被誉为长沙市的“长安街”。在湘府路和韶山路交会处的一片工地上，断断续续的建筑围墙让长沙市新地标的英姿隐约可见，这就是德思勤城市广场。

这座正在建设中的大型城市综合体集中了产业、办公、商务、购物、娱乐、服务、居住等功能，将形成以金融、文化、电子商务、新能源、工业设计等为核心的产业集群，成为长沙市打造中部现代服务业中心的重要载体。

德思勤集团董事长龙固新表示，“长沙市要充分利用中部高铁交通枢纽的优势，打造一条现代服务业黄金走廊，规划建设以金融保险、专业服务、电子商务、文化创意、现代物流为主的生产性服务业和以餐饮娱乐、星级酒店、现代商贸为主的生活性服务业，将现代服务业发展与传统优势服务业提升结合起来。”

“高铁抬升了长沙的区位价值，带动了客流、信息流、人才流和资金流的汇集，使城市的投资环境大为改善，为调整升级产业结构带来巨大机遇，城市的发展活力也被充分激发出来。”湖南师范大学教授朱翔说。

开放倒逼提质

在湖南省高桥大市场酒店用品城的捷欧咖啡门店，负责人李凯瑞对记者说，“高铁既为我们带来了更多的客源和更广阔的市场辐射能力，也让来自广州、武汉、上海等市场的竞争压力变得近在咫尺。”

作为全国第三大综合性市场和中南地区最大的国家级综合性市场，拥有6000多家商户的湖南省高桥大市场对这种压力感受得尤为强烈。高桥大市场股份有限公司电商运营中心总监戴超波说，“开放带来的竞争倒逼我们加速从传统商贸业向现代商贸业转型，争取早日建成中部地区集商品展示、电子商务和金融结算为一体的大型现代商品交易中心。”

“高铁有利于加大城市对国内市场的开放力度和广度，在不同行政单元之间实现全面开放和公平竞争，由此倒逼城市提升经济发展的质量和效益，要把总部经济、商务经济和会展经济放在高铁新城产业化的第一位，实现创新发展、集聚发展和高端发展。”冀治宇说。

为了适应经济转型升级的新需要，长沙市雨花区着眼长远调整机构编制，去年新成立了现代服务业发展办公室和现代电子商务物流管理委员会，为打造中部现代服务业中心埋下了精彩的伏笔。

中部大枢纽　湖南新门户雨花阔步迈向现代化

（原载于 2015 年 3 月 25 日《长沙晚报》）

长沙晚报记者　程放军　李　卓

“平均每天要工作 15 小时以上。一个字，有蛮拼！”听到网友提问“区县主官好当吗”，雨花区委书记邱继兴借用电影《智取威虎山》里的桥段，小小地调了一侃。不过，“有蛮拼”却不是说笑，而是职业的写实：周日，刚刚带队从合肥学习征拆和城市规划建设管理经验归来，在高铁上看过本报专访提纲，邱继兴又在赶往高铁新城征拆现场的路上接受记者的采访。

电台里播放着许巍的专辑《在路上》，一如邱继兴的常态：不在社区和征拆项目现场，就在去社区和征拆项目的路上。今年雨花区要完成拆违目标 300 余万平方米，腾地 1.6 万多亩，这个拆违量是其他城区的总和。在他看来，饭可以一口一口慢慢吃，区域发展却必须阔步疾行，不容懈怠。

GDP 领跑中部省会城区，财政总收入雄踞全省城区首位，全面小康实现程度连续两年在全省一类地区排名第一，提前实现全面小康……雨花区全区上下的“拼”，已然取得了丰硕成果。坐拥“中部大枢纽，湖南新门户”的区位优势，雨花区并未安于守成，而是从容应对经济下行压力增大、区域竞争压力加剧的挑战，围绕率先建成“三市”、强力实施“三倍”，加快现代化进程的战略部署，打造中部现代服务业中心，建设湖南机器人产业集聚发展示范区，坚持稳增长、调结构、促改革、惠民生。邱继兴坦言，在改革和发展的道路上，雨花区党员干部一直“拼并快乐着”。

看点 1：改革创新

学“支付宝”，改革有效否群众来评估

“大道至简，有权不可任性”——在今年全国两会上，李克强总理这番话言犹在耳，一语中的。邱继兴的履历显示，任职雨花区之前，他一直在共青团系统工作。从团干部，到区县主官，在简政放权的大背景下，该如何适应这一变化？

“要敢于拎着‘帽子’干事，‘帽子’看得轻，事业就会看得重！”在邱继兴看来，权责对等，戴什么样的“帽子”、干怎样的岗位不重要，关键是不论权力轻重，必须要敢于担当，勇于负责。他坦言，团干部有一身青春朝气，有敢于干事的魄力，带到区县主官的岗位上，他很快适应了角色转换，改革创新的步子迈得更快更稳。

在长沙率先完成行政审批项目清理精简，行政审批项目由 224 项精简到 65 项，精简比例高达 71%，办事流程提速 60% 以上；率全省之先为社区减负增效，558 项社区事项核减至 147 项，核减率达 74%……早在去年，雨花区就在简政放权的改革上删繁削冗，大刀阔斧。

去年的改革步子已经很快，今年是否缓一缓？邱继兴表示，不仅不会放缓，而且将更加深入，改革重点将主攻内部审批。“你批，我批，他也要批，最后谁都不负责。这样的状况必须纠正。”今年该区改革第一条就是建立首审负责制，第一接审的责任人和牵头的职能部门必须担责，将权力层级划分厘清，决不允许出现“几个部门做主，最后无人作主”的乱象。

“有个段子说要用支付宝给干部发工资，虽是戏言却不无道理。”邱继兴说，从今年起雨花区将狠抓改革的效果评估，借鉴“支付宝”式的管理，引入受众评估机制。改革效果如何，请居民和政务服务对象来给好评、打差评，评估内容和结果直接与干部绩效考核挂钩。同时，纪检监察部门对往年改革成效进行“回头看”，督查落实，不让改革创新昙花一现。一言以蔽之，改革就是要做权力的减法，做服务的加法，做行政效能的乘法。

看点 2：高铁枢纽

“一核两带四组团”助力中部现代服务业中心

京、深、沪等地客人打“铁的”来长沙，走出高铁长沙南站，你可沿湘府路往西，到雨花汇艺中心音乐厅，徜徉于湖南交响乐团奏响的天籁之声中；可上湖南最大的城市综合体德思勤城市广场潮店“血拼”，泡在24小时图书馆里求知不打烊，倦了去顶级国际星级酒店融城花园下榻洗尘……总之，从长沙火车南站到红星商圈，沿湘府路一线，吃、住、行、游、购、娱，你可以任性到底。

“感兴趣的话，我私人请你，去刚刚入驻雨花区的湖南交响乐团听一场音乐会。”邱继兴仍在回味不久前欣赏的一场交响音乐会，湖南交响乐团入驻雨花汇艺文创中心后举办的首场大型音乐会，今年86岁的新中国第一位女指挥家郑小瑛的指挥，令人沉醉。邱继兴摊开雨花区区域地图，以雨花汇艺文创中心这个“点”为核心指给记者看，在湘府路上向东西延展，一段包含金融、文化创意、健康养老、专业服务等现代服务业的“黄金走廊”正徐徐展开。

如果把大都市的写字楼比喻为“垂直的商业街”，那么，位于湘府路上的5A绿色生态写字楼汇艺文创中心可谓长沙第一条垂直的“文化创意街”。作为雨花区文化产业示范基地，汇艺文创中心已云集了湖南演艺集团总部、湖南佳悦文化创意集团总部、湖南思齐文化教育集团总部三家企业总部以及加拿大环球传媒、腾讯·大湘网、天闻数媒等龙头文化企业。截至目前，入驻的文化产业项目总物业面积达17080平方米，占项目写字楼总面积的71%。

“机遇不仅留给有准备的人，更是留给有责任感、有使命感的人。”邱继兴说，京深、沪昆和规划中的渝厦三条高铁交会，在雨花区形成中部交通大枢纽。这一区位优势如何充分放大？怎样把高铁所带来的人流、物流、资金流、信息流汇集来为我所用？

雨花区提出打造中部现代服务业中心的总体定位，推动“一核两带四组团”的发展战略，提速产业转型创新发展，都是在围绕高铁枢纽来谋篇布局。“一核”指以红星商圈和高铁新城为两极，以湘府路作为走廊，建设成为中部现代服务业中心；“两带”是指圭塘河生态经济带和浏阳河生态经济带；“四组团”是指高桥组团、东塘组团、雅塘片区组团和雨花经济开发区组团。全区投资10亿元以上项目59个，50亿元以上项目6个，世界500强企业和大型央企区域性总部32家，现代服务业占GDP比重达63%。

高铁给雨花区带来了新的机遇、新的格局，大势之下必须担当作为。为此，雨花区实施“4+X”征拆行动：“4”即两年完成高铁新城拆迁、三年完成雅塘片区拆迁、四年完成棚户区改造、五年完成城中村改造；“X”即其他方面的拆迁。以拆腾空间，打基础，借高铁速度，推进区位优势变为产业优势。

看点 3：雨花智造

湖南首个机器人方阵产能可望破百亿

身高3米的“铁大个”，套上传统的狮子头，可以舞狮子扮“萌萌哒”；换上灵巧机器手，可表演投篮灌篮；戴上特殊手臂，为汽车焊接、喷漆等又快又好……邱继兴打开电脑视频，给记者播放一段“长沙1号”CTR工业机器人在雨花经开区下线首发的场景。“不要小看‘长沙1号’，未来它将成为产能突破百亿元、实现由长沙制造向长沙智造转变的代表！”

3月8日，湖南机器人产业集聚区正式落户雨花经济开发区。邱继兴说，今后湖南的工程机械、花炮、汽车等本土优势产业将广泛运用CTR工业机器人，在长沙市工业机器人三年行动计划中，长沙将建首个机器人应用研究院，未来长沙工业机器人产业产能将突破百亿元，实现工业机器人密度达100台/万人，“雨花智造”将成为“长沙智造”的领跑者。位于雨花经济开发区内的湖南工业机器人产业示范基地，已成功引进了库卡、长泰、佛山精一、拓野、湖南大捷、艾伯特等12家机器人厂商，成为湖南机器人产业集聚发展示范区，近期目标是在2017年达到50亿元的产值。

“雨花智造将在工业机器人和电动汽车两大产业上，实现两翼齐飞。”邱继兴说，雨花区计划将比亚迪全球电动汽车生产基地引入雨花经开区。比亚迪电动大巴K8今年投入长沙市场，乘用车产销两旺。目前长沙已经有100多辆纯电动公共汽车，这些整车均来自于雨花经济开发区内的长沙比亚迪汽车有限公司，这里也是比亚迪全国乃至全球新能源汽车生产的最大基地。目前，比亚迪总部正在筹划将其系列产品如轿车系列、大巴、卡车、特种车等全部放在长沙，打造国家级电动汽车生产示范基地。

对话

篮球场上锻炼干部，拒打“业务球”

记者：您每天一般是几点开始工作？

邱继兴：我一天的工作从早上7点50分进机关开始，基本要忙到晚12点，相信区县主官们都是这样的工作常态。

记者：工作之余的最大爱好是什么？爱好和工作之间有何联系？

邱继兴：没有强健的体魄和充实的头脑，如何“拼并快乐着”？不管平时工作有多忙、多累，我一直坚持阅读。一个人的修为素养怎么提升，视野格局怎么打开，还得靠读书，读好书。我比较感兴趣的是文化类的书籍，经常阅读关于湖湘文化、湘商文化方面的书。影视作品《历史转折中的邓小平》特别值得推荐，邓小平同志在历史的转折点力挽狂澜，给处在改革创新、领跑中部关键节点上的雨花区以启示。新春上班第一天，我们就将48集电视连续剧《历史转折中的邓小平》精编成23分钟的微影片，全区800名干部一起观影学习，很有收获。

从大学起我就是体育达人，引体向上要求3分钟完成24个，我基本一分钟就能完成，最爱就是篮球。我经常和机关同事以及辖区企业职工、社区居民打篮球。和同事打球，也是增添事业上的斗志，增进团队默契和树立正能量的最好方式。干部业余时间跑球场，远比泡牌桌健康有益。

记者：您打“业务球”吗？

邱继兴：对了，我从不打“业务球”，球场上只有本事高低，无级别上下。去年在全区机关篮球大赛上，我所在的区委办、区政府办两办队迎战井湾子街道和区发改局代表队，他们毫不讲客气，把我们打输了。

我代读者提个问

记者：统计数据显示，雨花区外来务工人员子女占全市的三分之一，面临每年新增5000名外来生源入学的压力。请问雨花区如何缓解学位压力，让外来娃和本地孩子同享教育资源？

邱继兴：雨花区在外来流动人口均等化服务方面一直非常用心，尤其体现在教育上。首先是加大投入，保障学位。近5年来，雨花区投入20亿元，新建和改扩建40所学校。以平均每年新增五六所学校的速度进行教育扩容，每年新增学位6000~7000个。

其次，雨花区加强了对房地产等项目配建学校政策的刚性执行，杜绝用花钱来代替学校实体配建的方式。

同时，雨花区全力推进优质教育资源均衡化，让外来娃不仅“有书读”，还能“读好书”。名校名师资源让外来务工人员子女和失地农民子女共享，将从名校砂子塘小学“空降”校长和骨干教师到即将建设的红星三小，建设一个外来流动人口子女定点学校中的品牌名校。

中部现代服务业中心 召唤雨花“文艺复兴”

（原载于2015年4月27日《长沙晚报》）

长沙晚报首席记者　李　卓

南来北往的客人走出长沙火车南站，踏足湘府路，长沙城的“文艺范”将在雨花区徐徐展现：走进雨花汇艺中心音乐厅，湖南交响乐团的演奏如天籁入耳；到亚洲最佳购物中心德思勤·四季汇，流行潮牌和高端奢侈品任挑；中部最豪华4D及IMAX影院、奥地利AST真冰溜冰场可以尽享动感，而若想闹中取静，哪怕搭乘每天最后一班高铁来长沙，也能在德思勤24小时书店里捧一杯咖啡，静读《深夜食堂》……

4月26日，荣膺“ICSC亚洲最佳购物中心”大奖的德思勤·四季汇购物中心开业纳客，标志着雨花区湘府路十公里现代服务业“黄金走廊”最西极——德思勤城市广场全面启幕。早在2012年，雨花区就提出，以东起长沙火车南站，西至德思勤城市广场的湘府东路走廊为核心，打造中国中部现代服务业中心。如今，自德思勤往东延展，经汇艺文创中心到最东极长沙新广电中心，全长两公里的湘府东路文化产业带更是成了雨花区建设中部现代服务业中心的产业前锋。截至去年底，雨花区实现文化产业增加值67亿元，占GDP比重由2013年的5.3%增至7.3%，由全市城区排名最末迅速攀升至第二。雨花区委书记邱继兴告诉记者，德思勤项目给正在快速突围的雨花文化创意、金融、旅游等产业注入了一支强心剂，将有力推动区域文化创意、金融、旅游等产业进一步发展。

台湾著名音乐人张培仁说过，文化产业的繁荣必先经历一场文艺复兴。雨花区从昔日农田菜地的“郊区”脱胎而来，文化产业一度是短板。作为中部国际文化产业的地标，以德思勤城市广场为核心的现代服务业中心，将在雨花区唤起一场“文艺复兴”，一系列高端文化创意产业业态，将潜移默化地改变雨花区的精神气质。一个“文艺范”的雨花区，或将改变长沙“西文东市”的传统产业格局。

嬗变　产业升级由“下里巴人”变“文艺范”

提及文化产业和文艺复兴这些高大上的词汇前，不妨来看看过去的雨花区。

“川河、粟塘、边山……地名里不是水就是山。”八旬老人吴金海是雨花区东山街道居民。他告诉记者，虽说“高铁新城”叫起来时髦，可从地名上看，它所在黎托、东山片区原来却很难见城市的痕迹。正如吴爹所说，不只黎托、东山，雨花区的前身就是“泥巴味”十足的郊区。时至今日，从地名上也能看出雨花区曾经的乡野痕迹：东塘、侯家塘、圭塘、左家塘、砂子塘……12个街道中就有5个街道名字带“塘”。

同样是雨花区人，80后的张泽如数家珍的却都是一些洋气的新地名：德思勤·四季汇、汇艺文创中心、费尔蒙酒店……他供职于一家全球500强企业，公司想把湖南总部设在雨花区中部现代服务业中心的核心红星商圈内，作为本地人，他受命前期选址，于是德思勤及周边高档写字楼成了他考察最多的地方。“我从小到大，看到红星由一个农贸大市场发展成一个热闹大商圈，现在又变成城市文化创意产业中心。”张泽认为，地名变化反映了区域产业升级带来的嬗变。

而文化产业正是雨花区产业高端化的直接见证。资料显示，2014 年，该区共有文化创意企业 1834 家，数量居内城区第一；实现文化产业增加值 67 亿元，占 GDP 比重 7.3%（2013 年为 5.3%），增速高达 40%，在内城区排名由 2013 年的垫底飙升至第二。仅在围绕湘府东路两公里范围内，去年新增长沙新广电中心、汇艺文创中心、德思勤 24 小时书店、AST 真冰溜冰场 4 张城市文化名片。

为推进文化产业发展，该区建立了全区文化产业项目库，首批 10 家重大文产项目入库。其中，长沙新广电中心即将交付使用；中港珠宝城、圭塘河文化产业带、德思勤文化产业中心等项目建设稳步推进。制定出台了《长沙市雨花区促进文化产业发展扶植奖励办法（试行）》，打造了全市第一栋文产专业楼宇、雨花区首家文化产业示范基地——汇艺文创中心。湖南演艺集团总部、湖南佳悦文创集团总部、湖南思齐文化教育集团总部、天闻数媒、元亨科技等 20 多家龙头文化企业已签约入驻，签约面积占项目写字楼总面积的 85%。同时，加快推进湘府路文化产业集聚区建设，推动了长沙新广电中心、汇艺文创中心等一系列重大文产项目开工建设，引进了加拿大环球传媒等 61 家规模文化企业，300 余家中小文化企业。

核聚　亚洲娱乐时尚中心吃喝玩乐不出街

“我都迫不及待要来逛德思勤了，周末一整天都可以‘泡’在这里。”家住红星商圈附近的张惠是一位年轻潮妈，早在德思勤·四季汇购物中心开业之前，她就盘算好在这度周末的 N 个攻略：上午带着孩子去亲子兴趣培训班或是一起做亲子瑜伽，午餐、晚餐在四季汇环球美食店铺品尝，这里有 134 家环球美食，随意挑；下午烈日当头，正好去百货潮店清凉淘宝，或是带着孩子滑真冰；晚上，把宝贝交给爷爷奶奶后，与老公的二人世界就在中部最豪华 4D 及 IMAX 影院看大片，或是泡 24 小时书店，重温当年在大学图书馆约会的甜蜜……

张惠的生活，吃喝玩乐都在德思勤一个街区内，从阳春白雪的瑜伽、阅读，到市井俚俗的夜宵口味虾、泡吧，都能在同一屋檐下轻松玩转。一个家庭的周末浓缩了长沙人的市民文化与幸福生活。都说长沙人过日子会“韵味”，因为生活在连续 7 年获选最具幸福感城市的长沙。

在雨花区委书记邱继兴看来，在长沙这座全国闻名的娱乐城市，娱乐时尚不仅是未来核心产业，更将是一种在中部地区标志性的生活方式。高铁枢纽是雨花区代表长沙，与中部乃至世界交流最近的门户，有责任通过中部现代服务业中心这个载体，以全新的娱乐精神来一次“文艺复兴”，推动雨花区乃至长沙的文化产业蓬勃发展。

“德思勤城市广场不是一个简单的购物中心，而是一个商圈，抢占的是未来市场，购物中心引进的品牌八成都是近 5 年来长沙的人气餐厅，以及全国比较好玩、有创新的品牌，还有国际范的品牌。”正如德思勤集团董事长龙固新所说，德思勤·四季汇购物中心正在以产业整合、产业链打通的模式，真正做到美食、娱乐、时尚与生活一体，把书店、艺术中心、设计中心甚至电视直播中心、演艺广场等都放进集商业、办公等功能的都市综合区内，打造亚洲娱乐时尚中心。

作为雨花区打造中部现代服务业中心的核心，德思勤·四季汇购物中心文化创意产业业态可谓缤纷多彩，中部首个奥地利 AST 真冰溜冰场与亚洲最大时尚娱乐集团韩国 CJ 合力打造的 4D 及 IMAX 影院、通宵营业的国际性 KTV，以及湖南卫视和第一财经的亚洲电视中心，为湖南时尚青年们带来娱乐新选择。

重塑　文化产业勃兴
或改写长沙“西文东市”格局

老长沙都有印象，河西高校扎堆，文化气息浓厚；河东高桥、红星、东塘市场群发达，商业氛围浓烈，因此沿袭形成了“西文东市”的产业格局。

今年 3 月《长江中游城市群发展规划》正式批复，强化了长沙作为国家级中心城市的地位，使得长沙的产业发展上升到国家战略层面，长沙迎来了重大的发展机遇，也蕴含着巨大的产业发展潜力，尤其是以文化创意产业为代表的现代服务业。在传统商贸市场发达的基础上，重塑区域精神气质，打造文化创意产业集群，成为雨花区决策者重点思考的发展课题。

在两公里长的湘府东路文化产业发展“黄金走廊”上，东有长沙新广电中心，中部有AAAAA绿色生态写字楼汇艺文创中心，可谓是长沙第一条垂直的“文化创意街”，而西端的德思勤·四季汇购物中心全新亮相，文化创意产业在这一洼地得到区位、政策等种种利好扶助，正在蓬勃兴起。

除了传统商业业态的打造，德思勤·四季汇购物中心更重视娱乐、时尚、文化元素的注入。除奥地利AST打造的真冰滑冰场与亚洲最大时尚娱乐集团韩国CJ合力打造的4D及IMAX影院、亚洲电视中心外，还有134家环球美食。同时，德思勤还着力于文化地标的建设，特别打造了湖南首家24小时书店。

戴德梁行长沙分公司副总经理文学说，整体来看，长沙现有的优质商场空置率维持低位，租金也表现平稳，但是未来两年有总面积超过80万平方米的新增供应，市场竞争压力进一步加大。年内新增项目大多位于新兴商圈，将令长沙商业格局“五一独大”的局面逐步改写。有专家还提出，文化产业的跨越式发展也将进一步把“西文东市”格局中的文化机构密集改写成文化创意产业项目密集，随着雨花区打造中部现代服务业中心战略的推进，长沙“西文东市”格局可谓重塑改写。

以德思勤·四季汇购物中心为例，它作为湖南首个以产业整合、产业链打通的大商业项目，使美食、娱乐、时尚文化与生活融为一体，把书店、艺术中心、设计中心甚至电视直播中心、演艺广场等都放进集商业、办公等功能的都市综合区内，本身就是一大创意。业内人士认为，德思勤·四季汇购物中心的落成开业，将改变长沙整体的商业格局，推动省府CBD及其周边的雨花区现代服务业中心，真正在产业上升级为“长江中游城市群”中的核心经济区域。

延伸阅读

2015年实现文化产业增加值80亿

“文艺复兴”的背后，将是雨花区文化产业新一轮的提速发展。今年，该区将怎样打造文化产业集聚区、壮大文化产业实力？雨花区委常委、宣传部长何托林表示，2015年，该区将以创新发展、融合发展为主要手段，大力实施“双引”“双带”“双培”“双推”工程，力争文化产业增加值保持20%以上的发展速度，全年实现文化产业增加值80亿元，占比达8%。

实施“双引”工程，强化产业导向。一是规划引领。编制“十三五”雨花区文化产业发展规划和湘府路文化产业集聚区“十三五”发展规划，绘就文化产业发展蓝图。二是政策引领。以促进文化产业集聚发展为导向，修改完善文化产业发展政策，助推湘府路文化产业集聚区快速发展。

实施“双带”工程，加快产业发展。一是重大项目带动。促进长沙新广电中心、汇艺文创中心等重大项目按期交付使用，推动中港珠宝城、长沙金融文化客厅、圭塘河文化产业带、德思勤文化产业中心、清泉寺等文产项目顺利实施，推动工业文化旅游项目实质启动，以及跳马、植物园文化旅游融合发展，策划包装1–2条文化产业特色街市，新推出一栋文化产业专业楼宇，推进湘府路文化产业集聚区建设。二是重要活动带动。服务于“湘府路文化产业集聚区”打造、重大项目建设，策划举办文化产业专题招商推介会、集聚区规划意见征询等系列活动，以活动促进文化产业快速发展。

实施“双培”工程，壮大市场主体。一是抓孵化培育。引进战略合作者，深化和高校、科研院校的合作，打造大学生文化产业创业孵化基地，激发大学生创业热情，孵化培育一批文化企业。二是抓招商引资。强化招商考核，创新招商方法，举办文化产业专题招商会、文化产业集中签约等活动，推动文化产业招商工作再结硕果。

实施“双推”工程，强化服务保障。一是宣传推介。围绕“湘府路文化产业集聚区”主题，加强对湘府路文化产业集聚区的策划包装开展系列宣传活动，不断提高其知名度和美誉度，力争用两年时间将其打造成全国知名的文化产业集聚区。二是服务助推。开展骨干文化企业大走访活动，帮助企业解决一些实际困难，助推企业做大做强。

幸福雨花扑面来——雨花区全面建成小康社会建设纪实

（原载于2015年5月11日《湖南日报》）

湖南日报记者　姚学文　通讯员　龙峥嵘　罗　玲

5月上旬，家住长沙市雨花区砂子塘街道、现年104岁高龄的宋秉清老人，领到了4月份的高龄津贴350元。同一天，外来务工人员子女、来自湘西的刘珊小朋友，走进雨花区枫树山大桥小学读书，和一帮城里孩子快乐嬉戏。

长沙市雨花区连续两年在“小康”建设测评中，蝉联全省一类县市区第一名。通过“小康”建设，老百姓得到的实惠越来越多。记者深入该区采访，一幅幅幸福美景呈现在眼前……

财政从排名最后跃为5区第一

走进砂子塘街道茶园坡社区，里面环境优美，秩序井然。公园内，居民们有的在快乐唱歌、跳舞，有的在开心下棋。

“这里是全区最早提质改造的社区之一。”街道负责人梁维指着其中一栋楼介绍道，“这栋楼的居民是以前长沙锁厂的职工，锁厂倒闭后，厂区变成棚户区。”

本世纪初，雨花区启动大规模城市提质改造，锁厂所在地堵住了曙光路的南拓，被列为重点改造的棚户区。经过几年努力，棚户区变成美丽小区，曙光路也得以顺利拉通。

锁厂棚户区改造，是雨花区经济发展和城市变化的一个缩影。“雨花区成立时，在5区中基础最薄弱，财政排名最后，经济以农业为主，城区布满大大小小各类工厂。”区统计局副局长刘波，对区里的历史颇为清楚。

新区成立后，城市建设突飞猛进。修建包括芙蓉南路、韶山南路、万家丽南路和湘府路、新建西路、时代阳光大道等在内的六纵七横、贯通全市的主干道。武广高铁开通之后，该区交通枢纽地位更加明显。

经济全面转型升级，区内原有的湖南计算机厂、长沙重型机器厂等，也纷纷搬离城中心。中海油湖南总公司、沃尔玛山姆会员店等一个个技术含量高的、节能环保的现代服务型企业相继落户。“区内世界500强企业和大型央企总部就有32家。”区委书记邱继兴自豪地说，“去年年中才招商的汇艺文创大厦，半年时间便吸引全球顶尖级100多家文化企业入驻。”

如今，雨花经济和城建脱胎换骨。现代金融、总部经济、文化创意、健康产业、电子商务等主体的现代服务业，蜕变为区域性经济的主宰。去年，该区实现地区生产总值1429.74亿元，财政总收入率全省城区之先突破百亿元大关，达到118亿元，收入总量连续13年位居全省城区第一。

新增财力80%用于改善民生

“10多年前，我生小孩子时，最近的医院是10公里外的市妇幼保健院。如今，全区每个社区和村都建起卫生院或村卫生室，看病方便了。”雨花区东塘街道的张玲如是说。

2010年起，雨花区启动社区卫生服务中心建设。如今，全区12个社区均建起标准化、高水平的卫生院，15分钟就医圈已经形成。卫生院还与2到3所大医院，签订“双向转诊”协议。同时，为每个居民建立了健康档案，一些社区还率全省之先，启动“家庭医生”制度。老有所医，在这里成为现实。

看病方便，只是雨花区民生改善的一个侧面。该区连续多年将新增财力的80%用于改善民生，老百姓受益多多。“去年，全区城镇居民人均可支配收入4.2万元，同比增长10%。”区长张能峰介绍。

该区在全省率先启动高龄津贴制度，80岁以上老人，分别领取不同等级津贴。目前，全区每年有1.06万老人享受到高龄津贴。

区内教育高位均衡。近5年，雨花区投入20亿元，新建和改扩建40所学校，以平均每年新增五六所学校的速度扩容教育，每年新增学位6000至7000个。实施优势带动，推动区域教育高位均衡，这不仅让全区适龄孩子享受到了优质教育，还解决了全市三分之一的外来务工人员子女上学问题。

空气质量优良天数342天

“住在这里真舒服！”现年68岁、家住圭塘河右岸的张世聪老大爷，一边在河边散步，一边听着广播里播报的新闻，内心几分惬意。

张大爷说，3年前的圭塘河是一条臭水沟。每当从旁边走过，老远就闻到恶心的臭气。

2012年，雨花区委、区政府将圭塘河改造列入民生工程。历时一年多，投入数亿元，如今的圭塘河，河水清清，杨柳依依，鸟语花香。居民可以在宽阔的广场跳舞，也可以在河边的石板路上散步，还可骑上自行车“悠然走一回”。

雨花区变美的，不只是圭塘河。行走在雨花区，你会发现，这里每个地方都像公园，又像花园。

雨花区在大力发展经济的同时，将环境保护列入优先地位。21世纪初，万家丽路南拓改造，如何处置植物园山体时，就面临要经济效益，还是要环境的考验。“如果要直接把山挖开，至少要少花1000万元。”邱继兴介绍，“但最后还是选择从隧道里通行。如今，隧道也成了一道靓丽的风景呢！”

区环保局提供的数据显示，2014年，该局区域内空气质量优良率为93.7%，空气质量优良天数为342天，比2013年度增加33天，PM10均值比去年同比下降13.3%；地表水质达标率98.8%；区域环境噪声值为54.6分贝，达到声环境质量二级标准。

■短评

着力点放在老百姓得实惠上

姚学文

在全省全面建成小康社会建设测评中，雨花区连续两年获一类县市区第一名，成绩令人瞩目。

特别是雨花区在推进全面小康进程中，始终不忘把着眼点放到老百姓得实惠上，每年将新增财力的80%用于改善民生。百姓看病方便了，小孩上学无忧了，老人有更多优待了，社会环境也变美了……老百姓获得了实实在在的幸福。

民生问题从本质上说就是对人的关怀，最忌讲空话、套话，雨花区从细微处着眼，实抓实干，让老百姓的幸福扑面而来，作出了表率。各级政府在谋划民生工作的时候都应从人民利益出发，让老百姓得到“看得见、摸得着”的实惠。

经济，在华丽转身中腾飞

——长沙市雨花区全面建成小康社会纪实之二

（原载于2015年5月13日《湖南日报》）

湖南日报记者 姚学文 毛敏轩 通讯员 龙峥嵘 罗 玲

前不久，有条新闻引起媒体广泛关注，湖南省2014年全面建设小康社会测评结果揭晓，长沙市雨花区继在上一年测算获全省一类区县（市）第一名，此次再次蝉联全省一类区县（市）第一名，GDP领跑中部省会城区，财政总收入雄踞全省城区首位。尤其令人欣喜的是，该区全面小康实现程度达到93%，35项全面小康测评指标中，人均财政收入、农村居民人均纯收入、基本医疗保险覆盖率等23项指标获得满分。

雨花区如此傲人的业绩是如何取得的？该区全面小康社会建设的经验带给我们什么启迪？4月初，记者就此深入该地采访。

转型时期 谋划现代服务业发展战略

走进雨花经济开发区，里面一派火红景象。比亚迪汽车、晓光汽车模具、长泰机械、贝尔环保等一大批全国有影响力的汽车、工程机械及零部件和环保类企业，纷纷在这里聚集。

“诞生于2003年的‘环科园’。建园时间不长，但园内目前有企业500多家，2014年实现规模工业总产值305亿元。今后园区将重点培育机器人产业，三年将实现50亿元产业目标。”区委书记邱继兴信心满满。

从无到有，从小到大的“环科园”发展的轨迹，也是雨花区经济发展的一个缩影。

雨花区在1996年区划调整、由原来的郊区改设新区时，是典型的农业为主体的区域经济，底子薄、经济基础弱，地区生产总值和财政收入都在五区排最后。

雨花区的一代代决策者，深谋远虑，坚持后发赶超。以基础建设和政策引领为抓手，高起点谋划，调结构、促转型。修建了包括芙蓉路、韶山路、万家丽路和湘府路、新建路、时代阳光大道等在内的六纵七横的、贯通全市的主干道。同时，对全区经济进行转型升级，将原来的湖南计算机厂、长沙橡胶鞋厂、长沙重型机器厂等国有大中型企业，有的通过土地置换，有的进行了整体搬迁，纷纷远离城中心。

一个个棚户区蜕变为崭新的现代小区，一个个具有较强技术含量的、节能环保的现代服务型企业相继落户。中海油湖南总公司、沃尔玛山姆会员店等一大批在全球有影响力的企业到这里扎根。“区域内世界500强企业和大型央企集团区域总部就有32家。”邱继兴自豪地说：“去年年中才开始招商的汇艺文创大厦，吸引了全球顶尖级100多家文化企业入驻。”

短短10余年，雨花区历经了脱胎换骨的变化。现代金融、总部经济、文化创意、健康产业、电子商务等主体的现代服务业，蜕变为区域性经济的主宰。经济转型带来全区经济获得快速发展。去年，该区实现地区生产总值1429.74亿元。财政总收入率全省城区之先突破百亿元大关，达到1186561万元，收入总量连续13年位居全省城区第一。

“高铁时代”拓开“黄金走廊”

2009年12月26日，武广高铁的开通将雨花带入全新的时代。

高铁改变的不仅仅是一个地方的交通，更让城市之间距离缩短，带动了周边城镇发展，增加区域辐射力，让雨花成为城市新中心。

2012年12月5日作为中国中部强区的雨花区，依托得天独厚的高铁交通优势和雄厚的产业基础，提出“打造中部现代服务业中心”的战略构想，建设“十里长廊、百座楼宇、千亿产业”的现代服务业“黄金走廊”。

令人欣喜的是，如今这个构想正在一步步变成现实。

京、深、沪等地客人打“铁的”来长沙，走出高铁长沙南站，可沿湘府路往西，到雨花汇艺中心音乐厅，徜徉于湖南交响乐团奏响的天籁之声中；可上湖南最大的城市综合体德思勤城市广场潮店“血拼”，泡在24小时图书馆里求知不打烊，倦了去顶级国际星级酒店融城花园下榻洗尘……总之，从长沙火车南站到红星商圈，沿湘府路一线，吃、住、行、游、购、娱，可以任性到底。

除了红星商圈，集金融、文化创意、健康养老、专业服务等现代服务业为核心的“黄金走廊”也已经形成。如果把大都市的写字楼比喻为“垂直的商业街”，那么，位于湘府路上的5A绿色生态写字楼汇艺文创中心可谓长沙第一条垂直的“文化创意街”。作为雨花区文化产业示范基地，汇艺文创中心已云集了湖南演艺集团总部、湖南佳悦文化创意集团总部、湖南思齐文化教育集团总部三家企业总部以及加拿大环球传媒、腾讯·大湘网、天闻数媒等龙头文化企业。截至目前，入驻的文化产业项目总物业面积达17080平方米，占项目写字楼总面积的71%。

以“汇艺文创中心”为核心，近年来，雨花区文化产业以高达20%年增长速度快速发展，2014年，全区共有文化企业1834家，其中规模以上文化企业126家，企业数量位居全市前茅，文化产业总产值达到210亿元，增加值60亿元，排位较前一年前进2位。

目前61家规模文化企业、300余家中小文化企业在湘府路两厢集聚，一条东起长沙新广电中心，西至德思勤，长约2000米的湘府路文化产业的“黄金走廊”正在崛起。

互联网时代　抢占电子商务发展先机

如今，“互联网+”正成为一些企业追逐的新业态和提质、升级新的路线图。然而，知情人透露，雨花区的决策者早在2012年，就抢占先机，获批了国家级电子商务示范基地。

“任何一个城市发展的宏大蓝图里，都不会缺少传统商贸的升级和新型商贸的涌现，雨花区更是概莫能外。作为现代服务业为主体的经济体，雨花区只有牢牢把握产业提质和升级的主动权，才能获得经济发展的先机。”谈起区域经济的未来走势，区委书记邱继兴思路异常清晰：“发展电子商务，是进一步做大做强雨花企业，提升雨花经济实力的必由之路！”

时至今日，基地已相继成功引进了一力钢铁现货交易网、“义乌购”、“三亿农网”等知名电商企业，2013年全区电子商务企业已达115家，约占全市电子商务企业总数的40%，其中16家重点电子商务企业相关交易额达907亿元，同比增长195%。

2014年，全区实现第三产业增加值580亿元。50亿元以上产业项目6个，10亿元以上产业项目59个，高桥大市场提质、红星冷冻四期、养天和大药房3个项目纳入国家级现代服务业综合试点，至此，纳入国家级现代服务业综合试点的企业总数达12个。

电子商务在物流行业更是书写了传奇。依托电子商务“搭台”，雨花区的物流业获得快速提质和发展，全区物流公司近1600多家，其中大型物流企业近30家，物流跨省专运线路3000多条，基本上能抵达全国2400多个地市县。

雨花区还致力于推动现代制造业产业升级和电子商务化。去年，比亚迪汽车产值突破100亿元大关，湖南工业机器人产业示范基地落户雨花经济开发区，目前，雨花经开区正计划引进世界著名工业机器人制造集团德国库卡，以市场换工厂，形成由10余家企业聚集的“机器人方阵”。

“以电子商务示范基地为引领，雨花区接下来要积极打造现代服务业总部经济，吸引国际知名品牌30个，全国知名品牌100个；楼宇经济占现代服务业增加值比重达到50%；培育出一批有核心竞争力的本地现代企业，尤其要培育和发展年营业收入过百亿元的企业。”面对未来，邱继兴显得信心满满。

幸福，就是要百姓得实惠

——长沙市雨花区全面建成小康社会纪实之三

（原载于2015年5月15日《湖南日报》）

湖南日报记者　姚学文　毛敏轩　通讯员　龙峥嵘　罗　玲

在近日召开的雨花区小康总结大会上，一组数据让人感叹：去年雨花区城镇居民人均可支配收入40497元，增长9%；新增城镇就业1.94万人，农村劳动力转移就业2600人，城镇登记失业率2.3%，城乡低保救助6.8万人次，高龄老人津贴1.06万人。

腾飞的雨花就像高铁一样，在全面建成小康社会的幸福大道加速领跑。“保障和改善民生是我们的根本。”雨花区委书记邱继兴说，要坚持把老百姓的幸福感、获得感作为着力点和落脚点，每年新增财力的80%以上用于改善民生。

他乡似故乡

“新工作就到家门口，既能上班，还方便照顾家里。”找到了一份满意的工作，东塘街道芙蓉南路社区残疾居民李建民心中十分感激。近两年来，全区组织各类招聘会160余场，现场提供岗位4万余个，解决了近万人的就业问题。

怡园社区位于高桥附近，常住人口305户，流动人口5900余人，因为流动人口多，社区管理困难，为了缓解外来人口众多的矛盾，社区创新成立了“他乡美俱乐部”，积极搭建政府与务工人员的交流平台。

怡园社区风景优美、绿树成荫，体育设施齐全，社区办公室的门上都有“他乡美俱乐部”的标志，让怡园洋溢着爱的氛围，很多外来务工人员因为社区的帮扶，生活才走上了正轨。

46岁的禹带花是邵阳人，2007年陪孩子读书来到长沙，因为没有专业技能，刚来长沙她只能靠打零工勉强维持生活。“还好有了社区帮助，我从2012年开始做流动人口登记和录入工作，有了稳定的经济来源。”禹带花对社区的感激之情溢于言表。

另外一个通过“他乡美俱乐部”改变命运的是杨通检，他因天生侏儒，加上老婆得了肾病，家里还有两个孩子要照顾，家庭条件相当困难。社区干部在了解情况后，为杨通检安排了一份清扫保洁的工作，并对他进行一对一帮扶，每年提供2400元帮扶基金，还号召社会各界人士为他捐款。

现在，杨通检一家人温饱问题解决了，老婆的病也好了很多，生活自然幸福多了，“我穿的衣服都是社区送的，平时生活必需品也是去雷锋超市领取。”杨通检说，没有社区就没有今天的好日子。

“小病进社区，康复回社区”

家住高桥街道的游女士最近就经历了一场闹剧：两姐妹吃了火锅后，同时出现了喉咙肿胀症状，游女生就近去了社区卫生服务中心，最终花费五块七；弟妹去了大医院花了五六百。游女士感叹：“社区卫生院真是省钱、省力、省时，今后小毛病再不用去大医院了！”

“我区去年门诊、住院人次分别增长82.38%、49.10%，门诊、住院次均药费分别下降48.74%、16.50%。”区卫生局副书记辜大为告诉记者，雨花区形成了“小病进社区、大病到医院、康复回社区”的就医新格局，降低了市民看病费用，免去市民到大医院排队的烦恼。

2014年雨花区落实国家基本药物制度，区公卫大楼完成主体工程，砂子塘、洞井社区卫生服务中心建设如期推进，改造村级卫生室7所。建设了15个标准化的社区卫生服务中心，57个卫生服务站，27个村卫生室。

“有了社区卫生服务中心，小孩病了家门口就能看病。”住在雨花区圭塘街道的刘女士过去带小孩看病只能去省妇幼保健院，经常人满为患，现在有了圭塘街道卫生服务中心方便多了。

很多老年人常担心“看不起病”，而在雨花亭社区的李新发看来，通过社区医院和二、三级医院之间的双向转诊，看病不仅不难，还很省钱。

去年4月李新发骨折，被家人送到长沙市中心医院。治疗16天后，病情平稳的李新发通过双向转诊转入雨花亭社区卫生服务中心继续康复，直到出院。“我算了一下，至少省了1000块钱。”李新发说，区里面65岁以上老人还能在社区享受免费的医疗服务。

“社区卫生服务中心的病人转诊到大医院，可以不需要到门诊挂号，直接进病房。”辜大为说，双向转诊从2011年5月开始实施，在基层医疗机构和湖南省人民医院、长沙市中心医院等上级医院之间开展。

据了解，双向转诊指的是由于社区卫生服务机构在设备和技术条件方面的限制，对一些无法确诊的及危重的病人转移到上一级的医疗机构进行治疗。

参加了城镇医保的居民，在开展双向转诊住院时可享受“一增一减一免”政策：“一增”，即增加患者住院报销标准，对双向转诊的患者，住院报销比例提高3%；“一减”，即双向转诊的患者，由社区卫生服务中心转到上级医院的免基层医疗机构起付线，由上级医院转到社区卫生服务中心的，免去上级医院50%的起付线；“一免”，即免除第二次住院须间隔28天的限制。

“同一片蓝天，同一种感受”

现读小学五年级的王同学来自武汉，今年刚转入雨花学校就读。由于来自外地，口音不同，性格内向，她很少与同学交往，但自从参加了学校举办的“扬帆小组”活动，两个多月后，王同学变得开朗了。

民众的幸福，来自教育工程的建设。有统计表明，2015年春季，全区义务教育阶段共有学生80608人，其中务工人员子女26637人，占总人数的33.05%，约占全市务工人员学生总数的26.77%，是长沙市基础教育大区和务工人员子女就学最集中区。

雨花区名校名师资源让外来务工人员子女和失地农民子女共享，通过各个学校开展“扬帆小组”、“同一片蓝天，同一种感受”等一系列活动，让外来娃不仅“有书读”，还能“读好书”，全力铸造了教育公平的“雨花梦”。

“高位上的义务教育，走在了全省前列”。教育部原副部长陈小娅来雨花区考察工作时，高度评价了雨花区妥善解决务工人员子女就读工作。

据悉，雨花区近年来加快了建设步伐。三年来，共有红星二小、砂子塘吉联小学、市一中雨花新华都学校等10所中小学建成投入使用，新增教育用地298亩，新增班级372个，新增学位17190个，投入建设经费12.5亿元。

通过建设，雨花区很多学校环境大变样，稻田中学、砂子塘泰禹小学、王家冲、红星二小等学校打造文化校园，从校园的走道到各类场馆，步步为景，处处凸显生命的美好。每个学校像公园又像花园，环境优美，绿树成荫。高标准的硅胶篮球场、塑料跑道，设备齐全的学生食堂和功能室，可谓一应俱全。

此外，雨花区以办人民满意教育为宗旨，在2013年、2014年分别完成12所、8所相对薄弱义务教育学校的提质改造，到2015年实现区域义务教育基本均衡发展。对名校实行“捆绑式”发展，合作兴办了雅礼雨花中学、明德洞井中学、砂子塘小学，发展规划为“一校八址”，实现优质教育资源的辐射扩张。

“让每一个孩子享受公平、优质的教育服务”，是雨花区教育局提出的教育高位均衡战略目标。区教育局副局长张新卫深情地说：“雨花区将特色立校作为教育内涵发展，通过合理引导让每个孩子都有一个可以自由飞翔的多彩梦。”

和谐，生长在每一个角落

——长沙市雨花区全面建成小康社会纪实之四

（原载于 2015 年 5 月 18 日《湖南日报》）

湖南日报记者　姚学文　通讯员　龙峥嵘　罗　玲　毛敏轩

在挖掘机的隆隆轰鸣声中，位于长沙市雨花区东山街道红旗路的违法仓储群成片倒下。近日，在雨花区“两年拆违大行动”现场，记者看到，高铁新城片区内最重要的征拆项目沪昆铁路客运专线范围内的拆违行动进展顺利。

拆违只是雨花区社会发展“加速度”的一个缩影，近年来，雨花区不断加强基础设施建设、优化环境，将老百姓的养老、住房、环境等问题放在心上，为市民创造出好的生活环境。

拆违腾地谋发展

2015 年 4 月 4 日，对于川河社区主任黎继忠一家来说，是忙碌辛苦的一天。为了积极响应市、区各级党委政府的号召，更为支持地方建设与发展，黎继忠一家舍弃了不菲的年收入，带头拆除自家 2000 多平方米违章建筑，并带动社区群众积极响应，累计实现拆除违建 1.3 万平方米，有效推动了红旗北路项目的拆违工作。

在这一次项目拆迁推进突遇瓶颈之际，他毅然带头拆除自家房屋，表现出了一个共产党员克己为公的优秀品质。

由于历史原因，雨花区的违章建筑较多。去年雨花强力推进征拆工作，全年腾地 5570 亩。实施了“百万拆违”大行动，拆除违法建筑 126 万平方米、违章户外广告招牌 5.5 万平方米。

随着沪昆高铁的开通，高铁新城的建设蓄势待发。雨花区高起点谋划，制定了“一年完成核心片区、二年完成高铁新城片区征拆任务”的战略目标，提出了“奋战三个月，腾地 2000 亩”的工作目标。

截至今年 4 月，长沙东大门黎托街道大桥社区两年已拆除违法建筑 40 余万平方米，违法建筑 5 月全部清零，其“整村拆迁、整村安置、整村开发”的经验获得省委常委、长沙市委书记易炼红的肯定。

拆迁拆违带来了大桥社区脱胎换骨的变化，实惠让居民们看得见、摸得着。崭新的安置小区由于区位优越，一栋四层小楼每年平均可给每户居民带来 20 万元租金，随着社区周边配套更趋完善，居民们对未来生活更有信心。

在违章建筑拆除后，雨花区采取“两条腿走路”的方法，对于项目红线内的地块，政府督促加快建设，让群众“安心”；对于无产业项目支撑的，区政府拟采用租用形式进行绿地建设，以保障群众既得利益的方式来“安民”。

夕阳生活更幸福

在雨花区枫树山社区，杨再辰老人住的养老院离家只有一公里。2013 年 9 月，由政府主导将东塘街道的办公楼改建成枫树山养老服务中心，86 岁的她成为中心第一个全托的老人。

“其实不用去远方，社区养老院就很温暖。”枫树山养老服务中心每个地方都是干净整洁的，几乎看不见灰尘。娱乐室、休息室、书吧设施齐全，老人们每天只要交 12 元就能吃中餐、午休、打牌，还可以认识很多朋友。

自2007年以来，雨花区建立了8个居家养老服务中心，27个居家养老服务站，为3800多位居家老人提供了日托服务、医疗保健等方面服务。砂子塘街道还为行动不便的老人提供预约上门服务，已开展高龄津贴预约上门服务100余人次。

雨花区去年在圭塘街道创新试点“温心家园”社工服务项目，由财政出资33万元购买专业社工服务，并斥资15万元设立专项救助资金，为失独家庭提供经济辅助、心理关怀等四大方面17个小项的服务。

“有人能常想着我们，惦记着我们，是我们最大的欣慰。”雨花区圭塘街道长重社区60岁的老吴7年前失去儿子，也失去了生活的希望。是“温心家园”社工一次次上门走访、陪伴，让他走出了自闭。

从今年8月起，区内7万余名老人多了一种养老服务选择：通过拨打83912349或GPS定位器发出服务需求，能享受到紧急救助、生活照料、医疗康复、精神慰藉等服务。

养老服务信息平台相当于一个“虚拟养老院”，靠信息网络技术，采用政府引导、财政补助、企业运作、专业人员服务与社会志愿者服务相结合的方式，以最小的建设成本覆盖最广人群。

保障性住房1200元/平方米

“多亏了政策好，我这一辈子都要感谢党，感谢国家。”说起保障性住房，家住凤凰苑的孤寡老人徐德松十分激动。

今年82岁的徐德松，原住雨花区东山片区，“我原来住的是棚子屋，外面下雨屋里要打伞，住了几十年。去年我搬进了凤凰苑小区，一个人住41平方米的一室一厅，生活条件好多了。”

自2008年以来，雨花区城市建设规模逐渐扩大，为安置这些拆迁的农民，雨花区先后启动15个保障性住房建设项目，建设规模达350万平方米，安置人口4万余人，居全市首位。

据区征地办介绍，目前全区已建、在建、拟建安置保障住房项目15个，建筑面积约348万平方米，预计可安置30730人。2014年建成项目包括黎雅苑、太和苑、洪塘佳苑、黎景苑一期、颐景园一期，共计建筑面积99.78万平方米，已安置9539人。

雨花区农民保障房建设规模和投资总量居长沙之首。黎锦苑，属于长沙城区最大的农民保障住房项目，共有21栋电梯高层建筑，共可以提供农村拆迁保障住房3027套，安置人口3675人。黎锦苑附近征拆农民只需要1200元/平方米，就能购置配套齐全的新房，而高铁新城周边楼盘均价已涨至6000元/平方米。

按照计划，今年雨花区将对小林子冲、省话剧团老旧宿舍区及周边地块、长城信息及周边地块等9片区域进行棚改和建设，区级年度计划投资19.5亿元。

城市网格化管理

“小区路平、沟通、灯亮、绿化美，有24小时保安服务，还不要居民出一分钱物管费，早就盼有这一天！”雨花区长塘里社区居民吴冬莲代表街坊邻居，在社区物业化管理调查问卷上写下大大的“支持”两字。

多年以来，雨花区侯家塘街道长塘里社区居民楼破败不堪，马路菜市场占道经营；楼栋之间挨家挨户破墙开宵夜排档，入夜以后油烟漫街。长塘里社区共有20栋居民楼，建于20世纪80年代初，基础设施破落老旧。

没有专业物管，如何留住小区文明？雨花区在此试点网格化社区物业管理：以社区为单位，把街道划分为若干单元网格，每个网格内派驻城管、市政、园林、环卫、综治等部门人员，替代物业管理公司的收费服务。

根据试点方案，一道通透式景观围墙将把过去敞露的长塘里社区圈起来，雨花区市政、园林、环卫部门进行社区修路、补绿、美化、亮化。一支由15人组成的护管员队伍也将成为居民随叫随应的“小区110”。

除了试点网络化社区物业管理，雨花区还探索“城市网格化管理”之路，“一栋楼一个网格，一个街道一个网格”，通过实行城市环境保护网格化管理模式，化被动为主动，定区域、定人员、定职责、定任务。意味着每发生一起环保事故，都能立即找到事故负责人。

“楼道里贴上了网格负责环卫工人名单，公布了联系方式，随时有人清扫垃圾。”雨花区廖家湾社区 28 栋居民张曼希告诉记者，环卫精细化管理让社区楼栋角落都有了贴身管家。“居民家门口的垃圾她都细心用废布包住，再也闻不到臭烘烘的味道了。”

法治，深入人心成为自觉

——长沙市雨花区全面建成小康社会纪实之五

（原载于 2015 年 5 月 20 日《湖南日报》）

湖南日报记者 姚学文 通讯员 龙峥嵘 罗 玲 毛敏轩

去年年底，《人民日报》刊发的一篇《全民守法 法治的力量深入人心》，让雨花区的法治建设以强有力的姿态呈现在读者面前：

雨花区一直着力打造“法治新样板”城区，顺应民众对社会公平正义的期盼，用法治思维和法治方式创新社会治理，让群众享受到法治带来的公平正义。

以法治深化改革

“原来是厚厚一本书，现在只有薄薄四页纸。”到雨花区政务服务中心办事的市民细心地发现，市、区两级行政审批事项目录大大“缩水”，以往摞起来如厚厚一本书，精简后只有 4 张 A3 打印纸篇幅。

雨花区做权力的减法，做服务的加法。原有的区本级加上承接市级第一、第二批下放的行政审批项目共计 224 项，最终精简至 65 项，总精简比例达 61.76%，上述 65 个项目办理流程全部实现提速 50% 以上。同时推进商事制度登记改革，企业和个体工商户营业执照办结时限，由法定的 10 天分别缩减至 2.5 天和 1 天。

“原本听说办证要等两个月，没想到 20 个工作日内就拿到证，新店能提前开业了。”去年 7 月初，到雨花区政务服务中心办理图书、报纸、期刊、电子出版物零售经营单位行政许可证的市民张哲惊喜地发现，他开店需要办理的这项行政许可证，办理流程便捷了许多，法定期限 60 个工作日，20 个工作日就能办妥。

雨花区电子政务管理办公室主任戴玺介绍说，在深化改革的进程中，雨花区利用互联网技术，开发出行政审批流程，把每个项目的办结时间规定到了具体的对应单位。一旦某单位办结超时，监察部门就会及时督办。

“要将‘小巷总理’还给小巷，减轻社区负担，让社区回归服务居民的本位。”雨花区委书记邱继兴表示，今后凡不属于社区职责范围内的事项，上级部门不得随意转嫁社区，让居委会腾出精力融入居民中。去年雨花区扎实开展社区减负增效。社区事项由 558 项核减至 147 项，核减率达到 74%。

楼盘型社区，左邻右舍一年难得敲一次门；单位型社区是微型“熟人社会”，彼此只认同事不认同社区……面对新形势下不同类型的社区，如果社区管理还是“眉毛胡子一把抓”，显然已不合拍。

雨花区创新社区管理模式，就将全区 110 个社区、36 个按村运作的社区筹委会分为七类：老旧城区型、单位型、新楼盘型、综合型、失地农民安置型、保障性住房型、商圈型。根据不同类型，开展以需求为导向的社区分类治理模式。

社区分类治理模式得到民政部的关注，今年 4 月 9 日，民政部政策研究中心与雨花区政府签约，在全国率先合作开展社区分类治理课题研究试点。

以法治化解矛盾

“雨花区老旧城区多，棚户改造区多，流动人口多，各类矛盾集中凸显。”雨花区城管局相关负责人告诉记者，去年启动老街重塑行动，对雨花巷进行提质改造，使之真正成为文化传承、经济发展的高品质城区。

东塘街道雨花巷连接新建西路与东塘支路，过去巷内人口密度高，人流量大，居住环境恶劣，没有菜市场导致小商小贩多，严重影响城市形象。

雨花区采取“疏堵结合”方式根治这一乱源，投入260万元新建了500平方米标准化生鲜市场，规范商贩经营。同时还投入300万元对雨花巷进行提质改造：修缮青石板地面，增加爱卫设施和路灯，房屋立面用青砖片修饰、建筑顶面采取马头墙、翘檐等仿古构造。

如今雨花巷美了，到处充满了文艺气息。生活在此多年的向嗲嗲感叹：“过去路面脏、摊贩多，行人走路都困难。改造后堵车少了，绿色多了，到处都充满了鸟语花香，让人心情愉悦。”

此外，2014年雨花区率全省之先，在雨花交警大队设立道路交通事故矛盾纠纷调处中心（以下简称调处中心），打造“保险理赔、人民调解、行政调解、司法调解”四位一体的调解模式，通过立体化办公，让办事效率大大提升。

今年1月12日，彭美如89岁父亲因车祸去世，父亲生前立遗嘱要大女儿继承其全部遗产，彭美如就希望得到所有遗产和赔偿金，但她的两个妹妹不乐意，并且肇事司机一时也拿不出资金赔付，她只能求助于调处中心。

调处中心受理了此案，调解员耐心帮彭美如解释相关法律问题，告诉她赔偿金不属于遗嘱继承的范围，以及究竟如何处理最为公平，不到半个月此案就办结了。最终彭美如遵照遗嘱多分了6万元，承担父亲的丧葬费，交通赔偿部分则由保险公司承担。

“真是感谢调处中心帮忙，不然我这一家人永远也不会和睦了。”彭美如说，调解员还帮他们找保险公司理赔，帮忙办理相关手续，让不懂法律的她轻松多了。

据区司法局副局长姚万军介绍，调节中心简化事故调处工作流程，减少事故群众在各个部门往返的时间和麻烦，义务帮老百姓进行调节，免收一切材料复印费，获得了群众好评。截至目前，交通事故咨询案件有300多起，已经调处了95起案件。

以法治维护稳定

发展需要法治，改革依靠法治，群众期盼法治。雨花区坚持用法治的思维、法治的方式高效行政、维护社会稳定。

雨花区去年开展了“平安园区”、“平安市场”、“四个十佳”等创建活动，全区平安建设覆盖率已达100%。在区里各银行网点都张贴着一张银行防诈骗宣传海报，上面列举了电话欠费诈骗、中奖信息诈骗、柜员机告示诈骗等10种常见的诈骗手段，以此提醒广大市民。

自从这些海报在雨花区各银行网点、居民楼栋密集张贴宣传以来，群众的防范意识大大提升，此类诈骗案件已经从高峰时期的每月40余起减少到8月份的不到20起，成效明显。

雨花区强调司法公信力，法院在全市率先启用数字化法庭建设，案件公审率达99%，近五年，共受理各类案件26943件，审（执）结案件25517件，审（执）结率达94.7%，先后获得“全国模范法院”等荣誉。检察院破除“口供为王”的陈旧观念，变“构罪即捕”为“确有必要逮捕”等，推进诉讼文明，全年共立案侦查贪贿案件7件19人，受理民商事案件7376件。

与此同时，雨花区加快“平安校园”建设的步伐，为近10万名在校学生、在园幼儿和数十万学生家长构筑了一张校园安全“防护网”。

“我区每年投入400万元，聘请了122名保安人员，做到保安配备率100%。同时我们要求上下学时段必须有学校行政人员、教师值班、交警部门派驻警力维持交通秩序，确保学生进出校园安全。”区教育局副局长张新卫告诉记者，除此之外，一部分热心的红袖章义务巡防队员无私奉献守卫着孩子们的安全。

“我们要让更多的人享受到法治带来的公平正义，用法治思维和法治方式化解社会矛盾、创新社会治理。”区委常委、政法委书记王维宁说，今年要推进“法治雨花”建设站在崭新的起点，展望法治雨花建设发展新路径。

清新，无论春夏抑或秋冬

——长沙市雨花区全面建成小康社会纪实之六

（原载于2015年5月22日《湖南日报》）

湖南日报记者　姚学文　毛敏轩　通讯员　龙峥嵘　罗　玲

“原来两堵黑墙，现在满眼绿意，开车进城心情都舒畅了。”4月15日，市民李小姐开车经雨花区黄谷路进入长沙绕城高速时，发现入口两侧变美了：金灿灿的三色槿在护坡上绣出“魅力雨花”的大字，玉兰、紫荆和红檵木花团锦簇，高速公路入城口成为一道靓丽的风景。

“环城绿化带”只是雨花区推动绿色城市建设的一个缩影，近年来雨花人重视环保，通过建设城市绿道、社区公园、绿色示范庭院等，想把城市变成森林，让雨花天更蓝、水更清，让市民生活零污染。

最美圭塘河

“与其推山绿地，不如封山育林；与其拆房造绿，不如养绿护绿，”雨花区委书记邱继兴说把圭塘河当作“母亲河”，希望搞好圭塘河全线28公里的生态绿化。

圭塘河沿线分布有众多市场、单位和居民小区，由于缺乏污水收集系统，沿线的污水全部直接排入圭塘河，使得圭塘河成了“臭水沟”。

记者沿着圭塘河从下游往上游走，流经黎托街道、高桥街道、雨花亭街道、洞井街道的河段，护坡绿化和水体工程已经建好，水流较细，且水质依然欠清澈。越往上游走，浑浊程度也越严重。

“设施确实建设得很好了，只是靠近上游这边的污水，仍旧没有根治。”家住红星村天华小区的罗桂清表示，夏天雨水多时还好，到了冬天这种枯水季节，污水就会越加严重。

为了治理好圭塘河，雨花区近年来共投资2000余万元，通过设置83个截污口，将西岸的污水全部收集进入截污干管，再汇入花桥污水处理厂进行处理。

去年圭塘河流域范围内共清退涉水污染非都市型企业110家，包括小洗涤5家、小食品36家、小塑料64家、小化工5家，还对5家违法的洗砂场进行立案查处并取缔。预计圭塘河截污工程整体完工后，每天将阻断16万吨污水直接排放，水质将得到较大改观。

现在圭塘河变成了居民乐享生活的地方，长达700米的绿道两边，错落有致地设置了台地花园、水韵广场、水生植物园等区域，旁边还配套了购物广场。

每到黄昏，老人们在这里跳起欢乐的广场舞，幸福的一家人在河边漫步，还有绿道方便市民骑行。

“圭塘河生态优势渐显，加上高铁枢纽和中部服务业中心如磁铁一般的吸引力，吸引了喜盈门范城、中烟工业、蓝光等全国知名企业。”雨花区委书记邱继兴说，未来圭塘河经济带不仅仅是一座绿色生态的城市公园，更是一座拉动区域经济发展的“绿色引擎”。

严控污染

西方医学之父希腊人希波克拉底说过：“人类最好的医生就是空气、阳光和运动”。为了让市民过上好的生活，雨花区严控环境污染，让空气清新、河水清澈、雾霾远离，城市更美丽。

环境污染主要涉及水、大气和噪声的污染，雨花区重点针对这三大污染源采取了有效措施。

污水处理设施建设不仅仅是国家政策要求，更是保护湘江、保护生态环境的需要。去年雨花区共投资约14亿元先后启动了花桥污水处理厂二期建设项目和雨花污水处理厂一期建设项目。该项目建成后，可以保证黎托、井圭、后河、花桥等四个片区所有的污水都能得到集中处理，确保没有污水下河，保证湘江下游的水质安全。

“美好的生活需要新鲜的空气，过去这边灰尘特别多，都不敢出门，怕得尘肺病。”住在潭阳州的夏阳伯伯感叹，现在空气清新多了，每天清晨都会在家附近小巷散步，享受一天美好生活的开始。

过去谭阳洲空气质量差，主要是因为有66家门窗企业在生产过程中产生很多工业废气，严重影响附近居民生活。区环保局在了解情况后，对这些企业进行了整治，对其中30家企业进行高污染燃烧设施改造，从烧柴改成了烧生物质颗粒，减少了大气污染。截至目前，谭阳洲上有30多家企业搬迁了，天空不再灰蒙蒙，多了亮丽的色彩。

“每天晚上7点以后，就会闻到一股燃烧塑料的刺鼻气味，下班回来不能开窗，饭后不能带小孩出门散步。”住在雨花区环保科技园的李女士非常不满，经常写信投诉金杯电工。

“虽然金杯电工是区里的纳税大户，但是只要造成了环境的污染，我们就必须要它搬迁。”据介绍，该企业目前已有两条生产线搬迁完毕，其余3条生产线将在今年6月底搬迁完毕。

美好的生活需要安静的享受。2014年雨花区在东塘政院社区开展了噪声达标示范区建设，实现了噪音零投诉。政院社区从原本的闹市区转变为城市里的一块净土。

“过去这边餐饮门店、卡拉OK、麻将馆多，产生的噪音严重影响了居民生活。”区环保局相关负责人说，现在通过对门店进行整治，让社区志愿者宣传和劝导，噪音少了，人们生活舒适多了。

经过这一系列强有力的措施，雨花区去年环境质量明显改善：空气质量优良率为93.7%，空气质量优良天数为342天，比2013年度增加33天，PM10均值比去年同比下降13.3%；地表水质达标率98.8%；区域环境噪声值为54.6分贝，达到声环境质量二级标准。

全民造绿

“家在林中住，人在林中行”。生活在森林化的城市，这对于雨花人来说不再是梦想，即将变成现实。

森林植物园一年四季花香四溢，每逢春天园内人满为患，同升湖山庄犹如一处清新淡雅的泼墨山水画，留下了“看不尽、望不穿”的诗情画意。

“要保护好清泉寺城市公园、狮子山城市公园、牛栏山城市公园、石燕湖生态公园和跳马的绿心绿肺等原始生态。”区环保局相关负责人说，他们坚持“不毁山砍树，不开发建房”，提升环境质量，改善人居环境。

要变“水泥森林”为“城市溪谷”，还得从植树开始，2014年雨花区实施“三年造绿”大行动，开展了花侯路、长沙大道等道路绿化提质，打造了2条景观街，兴建了2个社区公园和4个小游园，新增绿地67.3公顷。

老长沙赵晨宁每天吃完晚饭，都会去红星社区公园散步，“这里很早以前是红星水库，现在是长沙城区面积最大的社区公园。周边起码4万人受益。” 赵晨宁告诉记者，社区公园里面基础设施齐全，有器材锻炼身体、有长椅可以休息，到处绿树成荫，去了就不想走。

“居民出门300米之内就有绿化带，500米之内就有可以活动的社区公园。”据区园林局介绍，过去5年里雨花区先后投入7378万元，建成21个社区公园，绿化面积约18万平方米。此外通过对韶山路沿线进行立体绿化，切实提高城市绿化覆盖率，有效改善城区空气质量。

为了增加更多绿地，雨花区今年3月17日启动区机关大院围墙拆除及绿化补栽工作，在拆墙现场，记者看到三名建筑工人将一扇一扇铁栏栅卸下，两名园林工人有条不紊地松土植树。墙拆了，绿增了，通过拆违新增绿地面积4560平方米。朝区治大院望去，行人看到的不再是铁铸围墙，而是一片葱绿的园林景观。

雨花区委书记邱继兴说，要让居民“望得见山、看得见水、记得住乡愁”，力争做到“一年一变样、两年大变样、三年成榜样”。到2016年末，全区实现现有林地面积净增6000亩以上，建成区绿化覆盖率达到50%。

璀璨红星耀南城

（原载于2015年6月12日《湖南日报》）

湖南日报记者　王　晗　通讯员　金　慧　雨　轩

一座城市，常常因为一座地标而被铭记至深。

从全球第一高楼迪拜塔到纽约帝国大厦，从上海金茂中心到广州“小蛮腰”……它们铭记着城市发展的每一步辉煌，标刻着世人眼中的高度，犹如城市封面，打开即可见这座城市的历史、现在与未来。

在长沙，南城雨花区现代服务业的“黄金走廊”上，以德思勤城市广场为地标的红星商圈璀璨夺目，长沙“曼哈顿”呼之欲出！

繁华背后，是决策者的深谋远虑、高屋建瓴，更是雨花人十年磨一剑的砥砺前行。

梦想照亮现实
——红星村褪去泥巴味

20世纪90年代以前，红星村村民祖祖辈辈都过着“日出而作，日落而息”的生活，然而田园美梦惊醒于偶然。

1991年，当时的红星村党委书记吴建松带队去温州考察，得知当时温州市郊区年GDP为60亿元，三产收入占比27%；而长沙市郊区GDP为21亿元，三产占比9%，仅为温州的1/3。这让面朝黄土背朝天生活的红星人做起了进军三产的大梦！

征地38亩，从信用社贷款400万元，1993年，红星人建起了井湾子家具城，淘到了第一桶金，红星人的一只脚已经上岸。

初尝“创业”甜头后，红星开始盘算着建红星农副产品大市场。

然而问题来了，在荒山野岭建市场，人气何来？政策补贴租户租金，资金何来？看着2000多经营户生意惨淡，吴建松心急如焚。

办会展！同时解决人气和商户经营困难，一举两得。吴建松立志要带着红星人杀出一条血路。

1999年11月18日，在省、市、区各级党委、政府的支持下，湖南首届农博会在红星农副产品大市场开锣！

就在红星村搭的土台子上，14个市州的土特产一举成交17亿元，盛况空前，成果斐然，超过湖南在广东举办的农博会。

从此，每年的11月18日，农博会的锣鼓在红星如期敲响。

十六载春秋，一展农博会，千万人次的盛宴。雨花人16年的倾情坚守，悉心呵护，把一个长沙郊外小村庄的“草根”大集市，办成了辐射中部、享誉全国、驰名中外的品牌盛会。

据统计，16届农博会打造农业名牌产品逾千个，创下成交额1200亿元，吸引消费观摩者达1580万人次。

在福泽一方百姓之时，雨花人创造了湖南农业产业化的雄壮剧！而农博会，也在反哺着雨花，催生出农村城市化、产业高端化、民生幸福化的美丽蝶变！

顺势择址迁建
——跳马“跳”出个新红星

“生意是很好，但运输车辆太多，稍不注意就把路堵起，货都卸不下来啊！”5月11日，在红星农副产品大市场做了10年水果生意的张青顾不上吃午饭，忙着在店前指挥帮工装卸水果。

红星农副产品大市场内，繁忙的运货车辆和源源不断的客流，常常把马路堵得水泄不通。这个中南地区规模最大、产品最丰富的大型农产品综合集群交易市场，面临着日益凸显的交通泊车和物流储运等问题。不少商户感慨："火了18年的红星大市场，到了该搬家的时候。"

"农产品市场既要服务于城市，又不能影响城市发展。"现红星实业集团董事长、红星村社区党委第一书记罗跃说，十余年的发展，红星大市场已由一个农产品集散市场，蜕变成现代化商圈，原有的设计和配套建设已无法满足城市发展和提质，市场迁址势在必行！

历经6年选址谋划，今年4月，雨花区政府对外通报，红星市场迁址拟定跳马镇白竹村，项目建设用地拟控规1500亩，红星5000余商户拍手称赞。

选择依山傍水的跳马镇打造一个新红星，雨花区的决策者经过了深思熟虑。位于三环边的跳马镇既有绕城高速、京港澳高速两条商贸物流"大动脉"，又有时代阳光大道、红旗路等城市主干道供给交通运输的"血管"，其得天独厚的交通优势不可替代。同时，上千白竹村村民也满心期盼着成为新一代的"红星人"，实现洗脚上楼的华丽转型。

按照省委、省政府提出的四化两型和现代服务业试点要求，易址跳马的红星大市场将建设成为湖南最大、最潮的市民"菜篮子"，包括农产品交易展示、冷冻储藏、冷链物流、电子交易、集疏中转、分选包装、检验检疫等多功能一体的国际化大型优质农产品物流园区。

"功成不必在我，建功必须有我！"罗跃常把这句话挂在嘴边。他说，市场搬迁工作远比我们想象的要复杂，规划、征地、拆迁、招商……要处理好发展与保护之间的矛盾，各项工作都不容马虎。

虽然工程量巨大，但罗跃思路清晰，目标明确，他给记者描述着这样的规划：2015年完成征地工作；2016年启动相关建设；2017年，完成新红星市场建设的主体工作……三年后，一个崭新的红星大市场将在跳马开门纳客！

促发展谋转型
——变身现代服务业核心之"核"

站在湘府路和韶山南路的黄金交叉点放眼环顾，车水马龙、高楼林立、物阜民丰。

作为集农产品、花卉、副食品、建材、机电、工程机械、家具等各种产业的市场集群，红星商圈已经蜕变成了一块遍地黄金的风水宝地，与东塘商圈、高桥商圈共同架起雨花经济的"金三角"。

2015年4月26日，将被载入雨花区产业发展的史册。一个具有文化、旅游地标意义和国际龙头地位的品牌企业——德思勤·四季汇购物中心，在雨花区文化产业聚集区湘府路揭开神秘面纱。作为国内首个全业态、全业种的商业娱乐中心、都市综合体，其集娱乐、运动、读书、购物、休闲于一体的丰富内涵，让人目眩。

雨花区现代服务业"黄金走廊"上崛起了国际范的文化新地标！

"红星大市场迁建之后将腾出540亩土地，进一步发挥'黄金码头'效益，发展现代服务业。"对于红星商圈未来的发展，雨花区早已有了很好的规划。

产业兴则经济活。2012年，在激烈多元的经济发展大潮中，雨花区决策者抢抓先机，率先吹响区域经济鏖战的号角，响亮提出打造"中部现代服务业中心"的战略规划，全力打造"一核两带四组团"的现代服务业集聚区！

以红星商圈为中心，从省府到长沙火车南站的"两点一线"上，高端商务写字楼、金融街、精英化商务公寓、商贸街集聚，一条十公里长的现代服务业"黄金走廊"徐徐展开，成为雨花区现代服务业战略规划的核心区域。

依托这条"黄金走廊"，雨花区规划建设中部金融中心、国际会议中心、世界名品中心、国际时尚中心、文化传媒中心、现代物流中心、湘雅健康中心，致力实现"十公里长廊、百座楼宇、千亿产值”。

“作为红星商圈的心脏腹地，红星大市场也将变身为现代服务业中心的核心之‘核’，雨花区中部现代服务业中心的新亮点和经济增长点将在这里向世人一一呈现。”雨花区委书记邱继兴告诉记者。

昔日的红星已抖落一身泥土，面向中部、面向世界打开了一扇精致大气的窗！

在时光的砥砺中，红星即将完成一场凤凰涅槃、浴火重生的洗礼，一个高度集聚、高度发达、具有强大核心竞争力的高端产业化新格局将在这里打开，雨花区打造中国中部现代服务业中心的宏伟蓝图指日可待！

小康雨花别样红

（原载于2015年6月25日《长沙晚报》）

长沙晚报记者　徐　辉　唐薇频　李　卓

《诗经》有云，“民亦劳止，汔可小康。”小康，曾是民生疲敝的先民，对安逸生活的美好期许。

斗转星移，先民们“小康”的生活理想，如今已然成为百万雨花居民的理想生活。财政总收入在全省城区中稳居第一，城市人均可支配收入达4.04万元，连续7年以八成新增财力为民生埋单，平安建设实现100%覆盖—2014年，长沙市雨花区全面小康实现程度达93%，连续两年在全省一类地区获得第一名。

全面建成小康社会，雨花区凭什么走在全省前列？小康雨花，给老百姓(603883,股吧)带来了什么？连日来，记者深入街道社区，走访居民群众，寻找真实的答案。

“小康不是得多少分、排第几名，老百姓更关心的是身边事解决了多少，获得感、幸福感怎样。”正如雨花区委书记邱继兴所说，剖析雨花区这个率先全面建成小康的典型样本，我们在冷僻的指标背后，触感到了滚烫的温度：全面小康，不只是数据排名领先，而是老百姓办事更公平便捷，出家门就能上班、逛公园，就学、就医、养老更称心；全面小康，不只是财政钱袋子鼓鼓的，而是经济、政治、文化、社会、生态全面发展。

“一个都不能少，一项都不能缺”
五轮驱动的全面小康
故事打交通事故官司一站式解决

“以前总觉得因为交通事故打官司很麻烦，现在免去了东奔西走的折腾，在一个院子里就能全部处理完，方便了许多。”今年初，市民彭丽（化名）89岁的父亲因车祸去世，父亲生前立遗嘱要她继承其全部遗产，她希望得到所有遗产和赔偿金，但两个妹妹却不乐意，肇事司机一时也拿不出资金赔付。无奈之下，她敲开雨花区交通事故矛盾调处中心的大门。

调解员耐心向彭丽解释相关法律问题，告诉她赔偿金不属于遗嘱继承的范围，以及究竟如何处理最为公平。不到半个月此案就顺利办结。雨花区政法委副书记王强告诉记者，该区率全省之先，设立道路交通事故矛盾纠纷调处中心，打造“保险理赔、人民调解、行政调解、司法调解”四位一体的调解模式，通过立体化办公，让办事效率大大提升。

让老百姓办事便捷高效公平公正。在雨花区，这样的故事口口相传。该区还在东塘街道设立湖南首个医疗纠纷联合调处中心，在侯家塘街道创立“街坊仲裁庭”，化纠纷于萌芽中，让老百姓求告有门，解难给力。

数读

记者从小康指标监测表上看到，雨花区2014年全面建成小康工作实现程度为93%。其中，经济发展实现程度为90.1%，排全省第三，9个分项指标中有5项指标实现程度为100%；人民生活实现程度91.0%，排全省第一，7个分项指标中有5项指标实现程度为100%；社会发展实现程度均为100%，排全省第一；民主法治实现程度为92.7%，排全省第七，7个分项指标中有5项指标实现程度为 100%；生态文明实现程度为 99.5%，排全省第三，7 个分项指标中有 5 项指标实现程度为 100%。

邱继兴用“两个不能”生动诠释了第一背后的原动力：“"一个都不能少"，全面小康应该覆盖到雨花区的每一寸土地、每一位市民；"一项都不能缺"，不仅仅是经济的小康，而应是包含政治、文化、社会、生态"五位一体"的小康。”

如何落实“一个都不能少”？雨花区多年来践行“民生普惠化”战略，优质就医、就业、教育、养老等资源除了惠及城市常住居民外，外来务工人员和失地农民也一视同仁。据统计，雨花区流动人口数占全市总数的 1/3，仅教育领域就承受着每年新增 5000 外来生源入学的压力。然而，雨花区不仅没有对外来生源另眼相看，而且还让外来娃们和本地孩子一样，充分沐浴了名校名师均衡教育的阳光雨露。“一项都不能缺”，则在雨花区激发了一个又一个“率先”。仅以民主法制的推进为例，雨花区深入推进“管理法治化”战略，在全市率先完成行政审批项目清理精简，硬是把行政审批项目由 224 项精简到 65 项，精简比例达到 71%。率全省之先，扎实开展社区减负增效，社区事项由 558 项核减至 147 项，核减率达到 74%。用法治思维解决各种矛盾纠纷，创新了联合评查、联动办理、联手办结“三联”化解机制，探索了疑难信访问题听证模式，化解了一大批信访积案。构建了全方位、全天候、立体型治安防控网络，连续八年保持全省平安区（县）称号。

小康社会实现程度，体现了一个地区的综合发展水平。雨花区像一个全能选手，“五轮驱动”夺得全省冠军。正如专家所言，小康雨花折射了经济建设、政治建设、文化建设、社会建设、生态文明建设协调发展、均衡发展、全面发展，如果有哪一个方面掉了队，雨花区都不能率先实现全面小康。

“把长沙和世界连接起来”
产业转型支撑的全面小康
故事菜地里“长”出文化创意中心

“我屋里住的这地方过去叫红星大队，过一片田坎对面就是洞井铺。”80 后的张泽算得上是土生土长的雨花区菜农户子弟，如今他如数家珍道出一些洋气的新地名：德思勤·四季汇、汇艺文创中心……如雨后春笋般从家门口菜地上冒出来。张泽说，自己从小到大，看到红星由一个农贸大市场发展成一个繁荣大商圈，现在又变成城市文化创意产业中心。

去年，雨花区现代服务业占 GDP 比重达 63%。其中，文化创意企业 1834 家，数量居内城区第一；实现文化产业增加值 67 亿元，占 GDP 比重 7.3%，在内城区排名由 2013 年的垫底飙升至第二。

“雨花区世界 500 强企业和大型央企区域性总部达 32 家，去年年中才招商的汇艺文创大厦，半年时间便吸引全球 100 多家顶尖级文化企业入驻。”雨花区小康办负责人以两大数据来形容产业雨花的魅力。记者驱车湘府东路现场感受了一把：一条东起长沙新广电中心，西至德思勤，长约 2000 米的湘府路文化产业“黄金走廊”呼之欲出。京、深、沪等地客人打“铁的”来长沙，走出高铁长沙南站，可沿湘府路往西，到雨花汇艺中心音乐厅，徜徉于湖南交响乐团奏响的天籁之声中；可上湖南最大的城市综合体德思勤城市广场潮店“血拼”，泡在 24 小时图书馆里求知不打烊，倦了去顶级国际星级酒店融城花园下榻洗尘。

记者采访获悉，雨花区在 1996 年区划调整、由原来的郊区改设新区时，是典型的农业为主体的区域经济，底子薄、经济基础弱。随着高桥大市场、红星大市场等商贸大市场崛起，“湖南市场看长沙，长沙市场看雨花”，一度成为雨花产业新名片。2009 年，武广高铁的开通将雨花带入全新的高铁时代。今天，现代金融、总部经济、文化创意、健康产业、电子商务等现代服务业，蝶变为区域性经济的主导产业。

高铁枢纽的区位优势，是怎样演变成产业优势？

在采访中，记者数次听到对雨花产业发展路径的生动解读：以“拆”腾空间。强力实施“4+X”征拆行动，扎实推进“百万大拆违”。两年来，累计拆除违章建筑240万平方米，实现腾地1.2万亩。今年，更是自我加压，确定了300万平方米的拆违任务和1.6万亩的腾地目标。以“转”立产业。紧扣打造“中部现代服务业中心”的战略目标，按照“一核两带四组团”的总体布局，推动和壮大现代金融、总部经济、文化创意、电子商务和信息服务等主导产业，成为全省机器人产业发展集聚区和新能源汽车生产基地。以“帮”优服务。从2012年开始，持续推进定目标、定责任、定奖惩，抓引进落地、抓建设成长、抓提质升级的“三定三抓”活动，全体县级领导、区直部门实行一个项目、一名领导、一套班子、一个方案、一抓到底的“五个一”帮扶模式，促进了一大批项目的提速建设、达产增效。

比亚迪(002594,股吧)汽车产值突破100亿元大关，湖南工业机器人产业示范基地落户雨花经济开发区，抢占先机获批国家级电子商务示范基地……没有经济发展，全面小康只能是镜花水月。作为省会中心城区、“两型”示范核心区和高铁枢纽区，正是雨花区决策者的主动作为，以产业的转型升级支撑起了全面小康。

社区养老中心成了“开心乐园”
有温度可触摸的全面小康
故事智能升降椅加手机App社区养老也很潮

坐在智能升降椅上舒坦地从一楼“爬”到3楼，再和婆婆姥姥们搓一圈麻将，如果觉得热便喊一声，一楼的护工小惠就会打开手机App，远程控制将楼上空调打开……距家只有几百米的东塘街道枫树山社区老人日间照料中心，是89岁的肖佩纯娭毑及老伙伴们的开心乐园。这个湖南首个智能化老人日间照料中心，运用了移动互联网结合物联网技术，让社区养老变得很潮很惬意。

从社区养老中心到社区卫生服务中心，从建筑工地到农民保障房小区，从学校到公园，在和谐雨花的每个角落，总能看到一张张幸福的笑脸。

2011年以来，雨花区先后启动了15个保障性住房建设项目，建设规模达350万平方米，安置人口4万余人；累计投入20亿元，新、改扩建学校40所，解决了全市1/3以上外来人口子女入学问题。

“小康应该让居民真切感受到GDP增长带来的获得感与幸福感。”在雨花区委副书记、区长张能峰眼中，小康推进的过程，就是老百姓得到更多实惠、享受更多发展成果的过程。在全面小康建设中，雨花区坚持推动“民生幸福化”战略，每年以新增财力的80%以上用于保障和改善民生、办实事。

“让发展从数据数字的表象变化转向老百姓的内在实惠！”在雨花区，民生普惠的步伐迈得如此坚实。仅以教育为例，该区以办人民满意教育为宗旨，在2013年、2014年分别完成12所、8所相对薄弱义务教育学校的提质改造，到2015年实现区域义务教育基本均衡发展。对名校实行“捆绑式”发展，合作兴办了雅礼雨花中学、明德洞井中学、砂子塘小学，发展规划为“一校八址”，实现优质教育资源的辐射。

外来务工人员子女和失地农民子女共享名校名师资源、基本医疗保险覆盖率获满分，农民保障房建设规模和投资总量居长沙之首，找工作有“15分钟就业圈”……将老百姓的养老、住房、环境等问题放在心上，不断加强基础设施建设、优化环境，为市民创造出好的生活环境。今天的雨花就像一个标有幸福标签的巨大磁场，吸引着人们安居乐业。在这里，有着比简单的建筑数量与路网数量叠加更加重要的城市满意度。

两型雨花“染绿”GDP
绿色打底的全面小康
故事入城口戴上“绿围脖”外地司机直叹有面子

“这个出入城口真正变成了长沙的"面子"！”广东籍司机刘贤驾车从绕城高速黄谷路口驶入长沙城，姹紫嫣红的景致让他眼前一亮。他跑货运经常来湖南，京港澳高速和绕城高速是进出长沙的必经之路，过去高速路两厢绿化残缺，入城口泥土裸露，扬尘漫天，现在走绕城高速进雨花区，眼前一路风景，金灿灿的三色槿在护坡上绣出“魅力雨花”的大字，高速公路入城口仿佛花海。借鉴深圳深南大道的经验，长沙环城绿带雨花段一期南侧率先建成。

近年来，雨花区相继启动了花桥污水处理厂二期、雨花污水处理厂一期建设，关停、搬迁“五小”企业46家，提前完成“十二五”总量减排目标。实施“三年造绿”大行动，全面提升城市环境生态容量。

环城绿带建设只是雨花区推动绿色城市建设的一个缩影。近年来雨花人重视环保，通过建设城市绿道、社区公园、绿色示范庭院等，想把城市变成森林，让雨花天更蓝、水更清，让市民生活零污染。

圭塘河横穿雨花区，沿线分布有众多市场、单位和居民小区，由于缺乏污水收集系统，沿线的污水全部直接排入圭塘河,使得圭塘河成了“臭水沟”。为了治理好圭塘河，雨花区近年来共投资2000余万元，通过设置83个截污口，将西岸的污水全部收集进入截污干管，再汇入花桥污水处理厂进行处理。预计圭塘河截污工程整体完工后，每天将阻断16万吨污水直接排放，水质将得到较大改观。圭塘河生态优势渐显，加上高铁枢纽和中部服务业中心如磁铁一般的吸引力，吸引了喜盈门范城、中烟工业、蓝光等全国知名企业。未来圭塘河经济带不仅仅是一座绿色生态的城市公园，更是一座拉动区域经济发展的“绿色引擎”。

谭阳洲上66家门窗企业，有30家企业进行高污染燃烧设施改造，减少了大气污染，30多家企业搬迁了；雨花环科园里的纳税大户金杯电工(002533,股吧)因污染被搬迁生产线……在严控污染的同时，2014年雨花区实施“三年造绿”大行动，开展了花侯路、长沙大道等道路绿化提质，打造了2条景观街，兴建了2个社区公园和4个小游园，新增绿地67.3公顷。

率先设立“两型社会”专项扶持资金，率先建成全省首个立体绿化工程，率先启动长沙环城绿带建设……家在林中住，人在林中行。一个个率先，正是全面小康征程中雨花人建设“品质城区”交出的绿色答卷

全力打造雨花“法治新样板”

邱继兴 作者系中共湖南省长沙市雨花区委书记

“坚持依法治国、依法执政共同推进，坚持法治国家、法治政府、法治社会一体建设。”党的十八届四中全会描绘了建设社会主义法治国家的总蓝图，内涵丰富，意义深远。近年来，湖南省长沙市雨花区委、区政府紧紧围绕依法治国战略部署，按照《法治湖南建设纲要》《长沙市推进社会管理法治化实施纲要》，大力加强法治建设，推动科学民主决策，规范行政行为，化解社会矛盾，加强自身建设，全力打造雨花“法治新样板”，先后获得“全国首批法治区（县、市）创建先进单位”“全国首批和谐社区建设示范城区”等荣誉，为“打造中部现代服务业中心”提供了坚实的法治服务。

科学民主机制确保决策客观合理

党委、政府的决策对一个地方的发展起着至关重要的作用，一项重要决策仅凭领导个人或领导班子关起门来讨论，很难保证其科学性、合理性。因此，完善、科学的决策形成机制和执行机制，是党委、政府为人民执好政、用好权的基本前提。

近年来，雨花区委常委会制定了《雨花区委常委会议事决策规则》，完善区委全会、区委常委会议事决策程序、决策跟踪反馈、责任追究等制度，并建立健全了党代表参与重大决策、列席党委会议制度，使区委决策进一步民主；区政府聘请民主党派、工商联人士担任区政府对口联系特约人员，参与民主监督和参政议政工作。积极发挥“两代表一委员”监督作用，形成重大决策党代表、人大代表、政协委员出席制度；区总工会、共青团、妇联等群众团体也积极参与社会事务管理中的民主监督。

另一方面，在选人用人上形成科学民主决策导向，领导干部任前进行法律知识考试、公示和常委会票决等制度；通过采取“三个一批”方式，每年派选一批年轻干部到基层锻炼，充实后备干部库；积极推进社区党组织书记公推直选，进一步扩大基层党内民主。

党务政务公开确保权力阳光运行

党委、政务公开是法治建设的重要范畴，是提升依法行政工作水平的重要抓手。近年来，雨花区坚持公开是原则、不公开是例外的原则，凡是经济社会发展重大事项、群众普遍关注事项、涉及群众切身利益事项、容易发生腐败问题领域和环节的事项，都及时公开，提高权力运行的透明度。按照《关于在全区基层党组织推行党务公开工作的意见》要求，进一步明确党的基层组织党务公开目录，完善党务信息例行公开、依申请公开、党员问询、责任追究等工作制度；按照《长沙市雨花区政府信息公开实施办法》《雨花区公共企事业单位办事公开实施办法》有关规定，推进政务信息网上公开，打造透明政府。

同时，通过政审批制度改革，审批程序不断简化，发展环境不断优化。承接市下放权限 78 项，区本级行政审批项目由 224 项精简至 65 项，精简比例达 70.9%；精简社区职责事项，社区事项由 558 项核减至 147 项，核减率达到 74%；发挥“12345”市民服务热线作用，窗口服务进一步向基层延伸；推出“三定三抓”举措，即定目标、定责任、定奖惩，抓引进落地、抓建设成长、抓提质升级，对重点项目提出调查研究、项目对接、审批服务、征地拆迁、融资衔接、优化环境等六项服务。

及时调处矛盾确保社会和谐稳定

矛盾纠纷能不能及时化解、群众满意率高不高，是一个地方稳定状况最直接的反映，也是社会法治水平最直观的评判。近年来，雨花区经济在转型中稳定和谐发展，群众安全感、幸福感比较高。一是得益于高效的联动机制。区委、区政府把握重点难点，要求区国土、公安、劳动、法院等区直单位积极配合，重点排查土地征收、控违拆违、企业改制、涉法涉诉、劳动社保等方面的矛盾纠纷，并成立了拆违拆迁纠纷、物业服务纠纷、劳动纠纷人民调解工作室。街道成立“群众维权工作室”等，聘请律师专门为居民进行服务；社区成立“雷锋号”志愿者工作站、“银发先锋义务调解室”“鹤发给力先锋队”等新型调解服务管理队伍。五年来，全区各级人民调解组织共调解矛盾纠纷2万余起，其中涉及重点工程、拆迁安置的纠纷300余起。二是用好的工作方法开展工作。今年来，雨花区开展拆违拆迁大行动，因要拆掉近800万平方米的违法建筑，涉及很多群众的切身利益，但拆违拆迁基本没有发生安全事故，没有发生集访群访，其关键就在于坚持民本思维，坚持通过走村入户的耐心宣传和细致工作，让群众自觉认识拆违拆迁与全区经济发展大局的关系，实现主动支持配合工作，极大减少矛盾纠纷数量和工作阻力。

筑牢篱笆确保法治思维成为自觉

“天下之事，不难于立法，而难于法之必行”，近年来，雨花区在深化改革、推动发展、化解矛盾、维护稳定的同时，自觉形成运用法治思维，办事依法、遇事找法、解决问题和化解矛盾靠法，得到干部群众广泛认可。

这些年来，雨花区注重普法学法。通过深化“六五”普法教育，积极培育人民群众法治观念，营造法治环境。区委中心组带头组织学习法律专项知识，并将依法行政作为干部培训主要内容，不断增强干部职权法定、带头依法观念。

这些年来，雨花区注重制度建设。进一步规范行政裁量权，把与群众利益密切相关的自由裁量事项（如行政审批、行政处罚、行政征收等）科学细分成若干裁量等级，由“个体说了算”变为由“制度说了算”。聘请资深专业律师和法学专家组成“法治专家团”，建设强大依法行政“智库”。

这些年来，雨花区注重监督监管。区人大修订出台《讨论决定重大事项暂行办法》，推进重大事项决定权试点工作；区政协参与区委碰头会、区委常委会等重要会议，就事关全局的重要事项发表意见；区纪委对全区13个部门网上行政审批事项实行24小时电子监控，建立“廉政风险防控”“信访监控”工作模式等，用强有力的监督，筑牢法治“篱笆”，遏制权力“越线”。

用生命践行忠诚

——追记长沙市雨花区人民法院法官张虎

（原载于2015年8月25日《湖南日报》）

26年里，他审结案子1912件，参与办案2000多件，没有一件错案；

26年里，他穿过的最好衣服是法院配发的制服；

26年里，他从未向组织提过任何要求；生命的最后一刻，他的愿望竟然是希望在遗体上覆盖一面鲜红的党旗。

他，就是长沙市雨花区人民法院审判员、优秀共产党员张虎，一位用生命践行“忠诚、为民、公正、廉洁”政法干警核心价值观的基层法官。

正在写文书的他，倒在办公桌旁

2015年5月21日，正在办公室写裁判文书的张虎突然栽倒在办公桌旁。同事们将他扶起，他稍稍缓过神又拿起笔想继续写，但手不听使唤无法握笔，舌头打结……同事意识到问题严重，紧急将他送到医院。

谁也没想到，这一去，他再也没能回到办公室。

张虎被确诊为恶性脑瘤。病情迅速发展。7月15日，张虎去世，年仅45岁。

“不管公事还是私事，张虎从不向组织提要求。他心中总是装着别人，唯独没有自己。”说起张虎，雨花区人民法院院长王均全非常动容。

在病床上弥留之际，生命的最后一刻，张虎的愿望竟然是希望在遗体上覆盖一面鲜红的党旗。雨花区法院党组经过研究，满足了他这一要求。

追悼会那天，哀乐阵阵，哭声一片。张虎的生前好友来了，不少案件当事人也自发赶来，送这位倾心办案的法官最后一程。

张虎去世后，雨花区人民法院、雨花区委政法委先后发出通知，号召大家向他学习。

长沙市中级人民法院追记张虎同志个人三等功，并追授“全市优秀法官”荣誉称号。

送达文书，6年骑坏4辆自行车

1969年8月20日，张虎出生在长沙。1990年，他从湖南省司法学校毕业，分配到长沙市郊区人民法院岳麓山法庭工作。

雨花区法院审委会专职委员蒋忠良回忆说，那时的郊区范围很大，交通非常不便，很多地方没有通公交车。当时岳麓山法庭办公条件简陋，文书需要送到院里审批、刻蜡制作。年轻的张虎主动承担起这项任务，每天骑着自行车往返于法庭、法院、当事人之间。从1990年到1996年的6年里，张虎至少骑坏4辆自行车，累计行程2万多公里。

郊区法院调整为雨花区法院后，张虎先后在经济审判庭、执行局等审执一线工作。院里将他定岗在哪里，他就安心待在哪里。从2011年开始，他视力开始模糊，只能借助放大镜看清楚电脑屏幕和案卷上的文字。为了不耽误办案，他经常加班至深夜。

2014年，雨花区法院从8000多件案件中评出10大优秀裁判文书，其中就有张虎的一份。

26年来，张虎主审结案1912件，参与办案2000多件，无一错案，无一违法违纪案，无一案被举报或投诉。

今年夏天，病床上的张虎得知刚考上大学的女儿报读的也是法律专业，露出欣慰笑容。

连夜出省，为当事人划拨70万元执行款

“多数人一生可能只打一次官司，身为法官必须公正办案。”这是不善言辞的张虎说得最多的一句话。

2014年8月，申请执行人湖南惠畅有限公司和被执行人广西某公司一案立案的第二天，诉讼保全措施就要到期，而被执行人被查封的账户远在广西，如果不能及时赶到广西，70万元的执行款就有可能随时被转移。当天，长沙到广西的两趟动车车票均已售罄。张虎二话没说，和同事连夜开车赶路，当晚凌晨5点赶到桂林市。他们顾不上休息，干脆坐到银行门口等银行开门营业，第一时间将被执行人的70万元划拨到法院账户。

一次，张虎的同学刘某来到家里，送上烟酒、土特产等，请他帮忙。原来刘某的弟弟欠债，房子面临被查封。张虎拒收礼物，解释道：“老同学啊，不是我不给你面子，法律不能打折扣，我得依法办案！”刘某弟弟房子被查封后，主动履行了还债义务。

整理遗物时，他最好的衣服是法官制服

这是怎样一个清贫的家。

张虎去世后，大家整理遗物时，发现他最好的衣服竟然是法院2013年发的那件法官制服。

张虎上有72岁的老母需要赡养，妻子胡建霞瘦小单薄，靠打零工补贴家用。直到2011年，他家才购买首套商品房。这套50多万元的房产，张虎贷款40万元。胡建霞说：“这套房子现在仍在还贷。”

胡建霞1998年下岗，看到姐妹们很快找关系重新就业，她有些坐不住，对张虎说，你是法官，多少有些人脉，你帮我找个工作吧。张虎不肯：“社会的不正之风就是这样形成的。我管不了别人，但我可以管住自己。”相濡以沫多年的妻子理解丈夫，也不强求。

雨花区法院执行局局长聂志强知道张虎家清贫。有次法院选聘人民陪审员时，建议他妻子试一试，如果选聘上，陪审一次有一定的补贴。张虎拒绝道：“我自己在法院当法官，妻子来当陪审员影响不好。”

憨憨的张虎总是笑眯眯的，从不追求时尚的穿着。年轻同事见他总是穿着洗得泛白的制服，要他去买新衣服。张虎买了2件T恤，一共120元。

张虎心地善良。住院时看到同室两位病友家境困难，他嘱咐妻子分别给他们200元，转院时甚至连食堂饭卡内的余额都转赠给病友。

长沙市雨花区“民意快线”工程创新群众工作

（原载于 2015 年 11 月 5 日《湖南日报》）

湖南日报记者　姚学文　通讯员　刘昌军　熊　灿　周　红

10 月 28 日，长沙市雨花区雨花亭街道雨新路社区，风雨中，满含暖意的“580 互助联盟”活动启动。主办方将组织党员、干部通过满足微心愿、困难帮扶等 5 个主题、8 大活动，对社区居民、特别是困难群众开展贴心服务。

今年 4 月以来，雨花区遍开爱民“暖花”。针对群众工作容易出现党员干部下乡“蜻蜓点水”、帮扶服务“虚多实少”、群众问题“拖而不决”等实情，该区创新工作思路，实施“民意快线”工程，引导党员干部全员快速下沉、群众诉求快速收集、民生问题快速解决，将党的群众工作做实、做透、做深。

新机制“倒逼”党员干部串家入户

区内干净、整洁，百姓脸上笑意融融。东塘街道牛婆塘社区，给人温馨和谐之感。该社区下岗职工多、老弱病残人员多、困难群众多，是全区群众工作“老大难”社区，然而，在不久前区里开展的民意满意度调查中，该社区在全区 163 个社区中排名第一。这一变化与“民意快线”工程的实施分不开。

有个小故事，从一个侧面可说明问题。社区以前没有架子给居民们晾衣服、被子，每当天气晴好，居民们便把绳子系在树上，晾衣服、被子，影响了小区形象。4 月初，有居民就此向前来“串家入户”的干部反映了这一问题。不到 10 天，铝合金制作的晾衣架便搭建了起来。记者看到，整齐排列在居民楼周围的晾衣架，在阳光的照耀下熠熠生辉，成了小区一道风景。

从改变评价机制入手，“倒逼”党员干部沉下去，是“民意快线”工程的特点之一。他们要求党员干部每月下基层至少 10 次，并记录民情日记，纳入年终绩效考核。同时，加大群众工作绩效分值，由 1 分提高到 5 分，分值比重接近经济工作，位列第二。考核不再是领导说了算，群众的打分评价比重占 60%。还实行“交叉督查”，一旦发现联点党员干部不到岗、不作为、乱作为，都将视情况追究责任。

“目前进行了 3 次交叉督查。后面两次到岗率都在 100%。”区委书记邱继兴介绍。

以问题做导向
引导党员干部人到心到

在东塘街道枫树山社区，一块公示“民意快线”工程首批民生问题清单的牌子，特别引人注目。上面除标注以上内容外，还注明了联点县级领导，联点部门和问题反映人的名字和电话。

以民生问题做导向，引导党员干部人到心到，是“民意快线”工程的另一大特点。他们在全区开展“五访五问”、“万卷问民心”，每季度还开展一次民意调查，对民生问题快速收集。在这个基础上，列出问题清单、时间清单和责任清单等 3 张清单，并召开集中交办调度会，严格限时解决。同时规定每个社区要在“民意快线”公示栏进行公示。

“问题明白，时间确定，责任清楚。对于联点干部和部门来说，既是压力，也是动力。从根本上解决了党员干部下基层‘浮’的问题。”区长张能峰如是认为。

严格督查避免出现互相推诿“踢皮球”

“非常感谢你们，你们的爱心，让我鼓起了战胜病魔的勇气。”10月30日，左家塘街道窑岭社区妇女彭某，给社区群众工作站站长蒙建国打电话，表达感激之情。今年7月，彭某检查出患有重病，家庭本就困难的彭某，遭受双重打击，非常痛苦。蒙建国知道后，多次前往看望，还设法为其开展经济资助，并给她女儿申请5000元助学金。

“民意快线”实施以来，社区通过组织“微心愿帮帮团”、蒲公英教育成长基地、兵哥五彩助残工作室、知心娘家工作室等，分别对未成年人、残疾人、妇女等开展帮扶上百次。

严格责任督查，是“民意快线”工程的又一个特点。民生问题解决，往往涉及部门多，容易出现互相推诿、踢皮球。“民意快线”工程制定了目标书，规定每个群众工作站年度至少办理3件民生实事。建立保障机制，每个区直部门联点社区配备20万惠民资金。每个月组织开展一次交叉督查，每季度进行一次民调排名，强化群众评议。

新机制催生新风尚。目前，全区494件为民承诺实事已办结412件，办结率达94.4%，集中交办的3188个问题已办结93%以上，群众的满意度大大提升。

“农博梦”助推雨花经济加速

——2015 中国中部（湖南）国际农博会系列报道之一

（原载于 2015 年 11 月 10 日《湖南日报》）

湖南日报记者　毛敏轩　周　红　姚学文

长沙市雨花区东塘街道的王嫔驰每年 11 月都会去农博会进行为期一周的采购，眼看第十七届农博会又要开幕了，她内心十分激动。

展会未到，她期盼；展会闭幕，她期待。

与王嫔驰一样，对农博会注入深厚情感的，大有人在。

1999 年，一颗梦想的种子在长沙市雨花区生根发芽，孕育出第一届中部农博会的雏形，从此开启了湖湘农业划时代的新征程。从地区性到区域性，再发展到国际性，17 年来，农博会的影响越来越大，辐射越来越广。

每一届农博会都对区域经济社会的发展产生了重大的影响，尤其对红星商圈的打造、城市形象的提升发挥了不可小觑的作用。据不完全统计，至 2015 年，前十六届农博会，累计合同成交额达 1950.1 亿元，现金成交额达 183.58 亿元之多，参展企业达 8.36 万余家，观展人数达到 2100 多万人次。

一年一届，走过 16 届，农博会在坚守中跨越，在跨越中蝶变，成为企业成长的支点，催生出湖南农村城市化、产业高端化、民生幸福化的美丽蝶变。

赶集赶出大商圈

“农博会是一场赶集成就了一个商圈，提质了一个片区发展，再造了一个城市的中心！”雨花区委书记邱继兴感慨地说，首届农博会红星大市场还守着一片菜地，谁也不曾预想到，农博会由挂着“地方牌照”的小展会，逐步提升为“国际名头”的大平台；参展者由本土为主，发展为大江南北的客商竞逐农博。

时间回溯到 1989 年，时年 35 岁的吴建松当上了红星村的党支部书记。当时的红星村，还是长沙郊区一个偏僻的山村，只有一条韶山路，穿村而过，通向村外。村里有五家村办企业，年收入加起来才 400 万元。

1991 年春天，当时的郊区组织吴建松等一批支部书记去温州考察。当时的温州市郊区年 GDP60 亿元，三产收入占比 27%；而长沙市郊区 GDP21 亿元，三产占比 9%，仅为温州的 1/3。

外面的世界很精彩，精彩的世界让红星村开始做起进军三产的大梦！

“我认准一点：湖南农产品需要一个交易的大平台；湖南农业产业化，要依靠大市场、大流通！”湖南农业的困境，恰恰也让吴建松和雨花区决策者看到希望。

1998 年 1 月 18 日，红星市场开门迎客，得到了致力于农业强省战略的省委、省政府强力支持。接下来，湖南农博会应运而生，农博会是湖南农产品的盛会。人们从城东城西，甚至从湘潭、株洲，从四面八方，潮水般涌来。农博会为期一周，每天逛会展的人流超过十万人次！

第一届农博会，一举成交 17 亿元，其盛况，其成果，超过湖南在广东举办的农博会。

从“湖南农博”到“中部农博”，经过十七年的努力，农博会一届比一届品位高、影响大，就像是一台“农业春晚”,每年都能推出很多优秀农产品。

农博会先后荣获“中国品牌展会金鼎奖”、“新世纪十年中国会展产业杰出典范”、“中国最具影响力的专业展会”等称号。在去年国务院清理整顿会展、论坛后，农博会列在湖南经国务院批准的由政府举办的四大大型展会之首。

利用互联网平台演大剧

雨花区作为城区，本身没有多少农业，农博会参展的企业，也寥寥无几。雨花区17年的坚守，17年的付出，源于一种视农业强省为己任的职责。

曾记得去年农博会上，雨花区委书记邱继兴，在接受记者采访时如此吐露心声：“湖南是农业大省，‘卖难买难’困境依然存在，农产品需要吆喝，农业产业化需要舞台，农民增收需要平台。”

每当进入下半年，办农博会就成为雨花区委、区政府的中心工作。一次一次的调度会，宣传、综治、维稳、信访、公安、交通、交警、消防、建设、食安、安监……各项事宜面面俱到。

雨花区不仅做好了这些基础工作，还不断为农博会增设新的亮点和创意。

2014届农博会就创新推出“手机农博汇”，该产品是为参展企业量身定做的农产品O2O移动电子商务平台，让参展企业拥有永不落幕的“手机店铺”，实现对消费者直接销售，省去中间流通环节，也方便消费者手机逛农博，远程订购或现场扫码下单。

同时还首次推出超级APP应用“小辣椒”和农博会二维码，让市民足不出户用手机逛农博，在家里就能买到全国最优质的农产品。

对于“手机逛农博”的便利性，家住井湾子小区的王娭驰还记忆犹新：“过去农博会人山人海，排队等很久，现在只要通过手机下单购买，走的时候直接在展馆门口拿货就行了，这样的体验真是方便了很多。”

农博会年年办，今年的如何推陈出新？2015年农博会以“绿色与品牌、交流与合作”为主题，全面涉“电”触“网”，“掌上农博”全面启动，充分发挥“手机农博会”“网上农博会”和“农博二维码”的电商服务功能，链接“线上线下”，实现农博产品物流配送，构建智慧型农博生态系统。

据悉，今年农博会吸引了国内外1200余家中外企业，共有国家级农业龙头企业50余家、省级农业龙头企业近100家参展，合同成交和现金交易总额预计超过200亿元。

“农博效应”助推现代服务业

农博会创造出“农博效应”，脱胎于农博会的红星商圈，已经渐渐褪去“泥巴味”，跻身成为长沙区域国际化的名片。

2015年4月26日，德思勤·四季汇购物中心的全新开业，让雨花区的发展迈向了新高度，德思勤城市广场占地550亩、总规划建筑面积156万平方米，大气恢宏的设计理念，舒适美好的购物环境，已经成为南城独居特色的文化地标。

如果把德思勤比喻为“垂直的商业街”，那么，位于湘府路上的汇艺文创中心可谓长沙第一条垂直的“文化创意街”。作为雨花区文化产业示范基地，目前，汇艺文创中心已签约入驻湖南演艺集团、文交所、加拿大环球传媒、佳悦集团、思齐教育知名文化企业，签约面积达2.56万平方米，占总面积的80%。

据悉，雨花区共有文化企业1834家，其中规模以上文化企业126家，今年1~9月新增文化项目和企业200余个，新增规模以上文化企业近30家。下阶段，拟进一步策划包装1~2条文化产业特色街市，新推出1~2栋文化产业专业楼宇。

以雨花文化产业示范基地为核心，雨花区将加快湘府路两厢开发，规划建设中部金融中心、国际时尚中心、文化传媒中心、现代物流中心，建成“十里长廊、百座楼宇、千亿产值”的现代服务业黄金走廊。

通过红星商圈的带动作用，雨花区经济发展的脚步越迈越坚定。

今年1–10月份，全区利用招商会、上门招商的形式，开展较大规模招商10余次，招引企业和项目200余家，招引金额达500亿元。年初铺排的77个重大产业项目，区内全力以赴抓开工、抓投产、抓增效，使得10个现代服务业项目纳入国家试点，磁浮工程、万家丽路快速化改造等一大批省、市重点工程建设顺利推进。

此外，雨花区今年相继引进了阿里云“创客+”、众神之车主题公园、永清环保总部、湖南人工智能雨花等多个极具发展潜力的项目，这些新项目的引进给全区的经济提供了很好的支撑作用，通过这些新的项目引进和培育，形成雨花新的支柱产业，打破传统产业结构的单一性、传统性，向现代产业、高端领域攀升。

雨花区，一个新型的中国中部现代服务业中心呼之欲出！

1000家企业"借力"展翅高飞

——2015中国中部(湖南)国际农博会系列报道之二

(原载于2015年11月13日《湖南日报》)

湖南日报记者 毛敏轩 周 红 姚学文

11月8日，在2015中国中部(湖南)农博会召开前夕，我们走进红星木雕市场，但见这个新兴的非遗文化传承中心既有旗袍、湘绣、苗绣等各类手工刺绣，又有木雕、竹雕、根雕、沙石画、铜官陶艺、菊花石雕等，琳琅满目的无数非遗文化作品在这里一一呈现，叫人流连忘返。

湖南雨花非遗文化传播有限公司董事长郭存勇动情地说："之所以把中心选择在这里，一方面看重它商业氛围浓、文化气息足、交通条件好；另一方面，这里还是湖南政治经济文化中心。同时，也看重农博会的品牌和带动效应。"

福建籍的非遗传人郭存勇，从小师从竹雕名家，曾多次参加农博会，与农博会结下深厚情谊，也看到了农博会巨大的影响力。2014年，他毅然投巨资，在农博会主会场附近建设这个非遗文化传承中心。去年12月，中心正式开业，在业内造成巨大反响，一次性就招满了商家。截至目前，市场内已有木艺、书画、茶具等经营户一百多家，其中非遗项目290个，还有20多个手工艺人将在今年年底前入驻，发展势头迅猛。

非遗文化传承中心只是借农博会东风发展的众多企业之一。据权威统计，农博会举办17年来，有上千家企业在其带动和助推下不断发展，壮大成长为全省、甚至全国有名的商业巨头。

农博助推红星、高桥提质

今年10月底，高桥大市场全面启动市场采购贸易试点，标志着这个跨入全国三强的物流市场，已经脱胎换骨，成为我省乃至我国中部地区首个内外贸结合的市场。专家分析，高桥大市场的提质，农博会起到了一定的助推作用。

红星村则是更大的受益者。1990年的红星村，全村年收入仅20余万元，那时，红星村还只有几家作坊式的小规模加工企业，村里人主要靠种菜养猪度日，住的大多是陈旧的砖瓦房。

1999年11月18日，一场湖南农大哥都来"晒"宝贝的热闹大集"农博会"在位居长沙南大门的红星村火爆开市。从此以后，众多涉农企业在农博会上收获颇丰，不少农产品从不知名的小品牌变成享誉中外的大品牌。

在农博会的带动下，很多国内外大型企业也纷纷入驻红星商圈，助推雨花区经济飞速发展。2005年11月，本土超市巨头步步高进驻；2009年8月，红星美凯龙全球建材装饰广场全面亮相；2010年，通程集团雄踞商圈西北角；2011年4月，华润万家入驻，超五星级酒店融城花园酒店开业迎客。

如今，红星大市场已然成为辐射全国26省2000余县市的商品交易集散地，市场群周边也积聚了多家农产品深加工企业。红星商圈已经蜕变成了一块黄金遍地的"风水宝地"，与东塘商圈、高桥商圈共同架起雨花经济的"金三角"。

通过农博会的带动效应，红星国际会展中心每年都要举办近60场各类各级展会，相继衍生培育了"汽车展"、"房交会"、"建材展"等一系列会展品牌，为各类企业的发展搭建了优质平台。

万余农产品借助农博"脱胎换骨"

从生产环节到销售领域，从个体商户到涉农企业，巨大的人流、物流、资金流、信息流汇聚在农博会场馆，带动上千家"农"字号产品脱胎换骨，打响品牌。

2005年君山银针首次参加农博会时，蜗居在一个9平方米的小展柜，如今成交额过亿；君山茶业也从不到200万元营业额发展到突破2亿元营业额，带动湖南6万户茶农增收致富。

舜华鸭业第一次走进农博会时，企业还蜷缩在一间破破烂烂的鸭棚里，地区农办组团参展时，还为企业太小而不好意思。农博舞台，让这位"深闺靓女"一亮风采，获得万千宠爱，逐步入驻省城150家大型超市，覆盖全国大型零售店。

"每届农博会我们都收获满满。"常德广积米业有限公司副总经理张立波告诉我们，他们特别重视农博会，广积生态米、富硒米等6个新品种一经推出，就受到市场热烈追捧，现在已经跟3家企业建立合作关系，一天售出大米近10吨。

像"君山银针""临武鸭""广积生态米"这样借农博会展台完成"蝶变"的湖南农产品，据不完全统计，有1万多个，借农博会孵大的企业逾千家!

中小品牌更是感激农博会的"捧角"效应。益农健果业第一次参加农博会时，其"总经理"还只是一个守着广西200亩果园的农民，两个人守着一个4平方米的展位。如今，企业拥有桂林和长沙两处研发和销售总部，果园跨越湘、桂两地超过7000亩。其成长完全是伴着农博会巨大的品牌放大和人气推广效应。

益农健果业负责人欣喜地说："农博会现在给了我们一个很好的平台，特别是线上和线下农博会的结合，令我们的销售成倍增长。"

让许多参展企业家深有同感的是，参加农博会不仅可以了解竞争者的情况和行业最先进的技术，还可以及时了解顾客需要，促进企业快速健康成长。此外，农博会每年吸引大量媒体报道和上百万名市民观展，无形中增加了企业知名度，降低了企业营销成本。

等闲识得东风面，万紫千红总是春。据省农委2015年最新数据显示，1999年前湖南只有20多家省级涉农龙头企业，如今已拥有国家级农业龙头企业47家、省级龙头企业556家。通过16届农博会的力捧，5万余个品牌企业不断壮大，走出湖南、走向国际。

农博助力企业满载而归

"市民逛农博不仅仅是为了购买农产品，也可以来休闲放松，感受浓厚的文化氛围。"区委书记邱继兴说，雨花区一直在思考如何提升农博会的文化品位，吸引更多外地企业前来办展。

为了把今年的农博会办得更加出彩，组委会不断创新，推出名优产品推介会、企业线上宣传日、雨花非遗文化节等系列活动，深受广大参展企业的欢迎。

特别是"2015雨花非遗文化节"，将通过湖南老湘绣展、木雕大师黄小明大师作品展、非遗传奇"新奇特"技艺展示等活动，一方面让市民增加对非遗文化的了解，一方面帮传统手工艺人打开市场，树立品牌，让他们不放弃"绝活"，可谓一举两得。

此外，今年的农博会将借助新技术，打造新农博，逐步实现从"传统农博"到"智慧农博"的转变。通过开展"农业电子商务发展推进活动"，积极探索具有我省特色的农业农村电子商务发展道路；采取现场直播与演播室嘉宾采访结合方式的"小辣椒逛农博"全民互动活动，开创了农博会上第一个台网互动、多屏互动的范例。

据悉，2014届农博会成交额超过200亿元，现场交易过亿元，观展人次日均超10万，11对企业签订产销意向协议，签约总额达40亿元；40余家参展企业与大型连锁超市、品牌餐饮、高校餐饮单位达成合作意向。

农博会组委会介绍，在去年的基础上，今年的农博会将进一步为企业打开一扇窗，搭建一座桥，争取让更多的企业达成合作意向，共同成长进步。由于展馆面积有限，农博会采取“以老带新”的模式，请一些已经有知名度的品牌“让位”给新鲜面孔，使更多新产品得到展现机会。

17 年来，农博会探索出了一条以市场带动龙头企业和品牌，以龙头企业和品牌带动农业的农村小康建设之路，而农博会本身也已经成为一个深入人心的经典品牌。

索　　引

说明：

1. 本索引采用分析索引方法，按索引词首字汉语拼音顺序排列（阿拉伯数字开头的索引词转成对应的汉语再按拼音顺序排列），首字母音序相同者，按第二音序排列，依次类推。

2. 类目、分目、人名作索引词的用加粗宋体字标明。

3. 索引词后的阿拉伯数字表示内容所在页码，拉丁字母a、b表示左右栏；索引词后括注“表”字样的为表。

4. “大事记”“统计资料”“文献选录” “附录” “专文选录”中内容未作索引。

A

B

E

F

G

K

L

M

N

O

P

Q

R

T